Das Fernsehrecht Spaniens

Europäische Hochschulschriften

Publications Universitaires Européennes
European University Studies

Reihe II
Rechtswissenschaft

Série II   Series II
Droit
Law

Bd./Vol. 3321

PETER LANG
Frankfurt am Main · Berlin · Bern · Bruxelles · New York · Oxford · Wien

Hans Kieserling

Das Fernsehrecht Spaniens

PETER LANG
Europäischer Verlag der Wissenschaften

Die Deutsche Bibliothek - CIP-Einheitsaufnahme

Kieserling, Hans :

Das Fernsehrecht Spaniens / Hans Kieserling. - Frankfurt am Main ; Berlin ; Bern ; Bruxelles ; New York ; Oxford ; Wien : Lang, 2002
(Europäische Hochschulschriften : Reihe 2, Rechtswissenschaft ; Bd. 3321)
Zugl.: Trier, Univ., Diss., 2001
ISBN 3-631-38930-2

D 385
ISSN 0531-7312
ISBN 3-631-38930-2

www.peterlang.de

VORWORT

Obgleich die Zahl der rechtsvergleichenden Arbeiten in jüngerer Zeit zunimmt, gibt es leider nur sehr wenige Arbeiten, die die Rechtsordnung des boomenden EG-Mitgliedstaates Spanien behandeln. Dies gilt insbesondere für das Fernsehrecht, einen wichtigen Faktor der wachsenden Informationsgesellschaft an der Schwelle zum dritten Jahrtausend.
Die vorliegende Dissertation untersucht das gesamte Fernsehrecht des Königreichs Spanien, mit Schwerpunkt auf den einfachgesetzlichen Normen des Fernseh-Verwaltungsrechts. Allen Interessierten möge sie als ein rechtlicher Wegweiser dienen.

Diese Arbeit wurde im November 2000 fertiggestellt und im Sommersemester 2001 vom Fachbereich Rechtswissenschaft der Universität Trier als Dissertation angenommen.
Gesetzgebung und Literatur sind bis Jahresende 2000 berücksichtigt.

Besonderer Dank gilt meinem verehrten Doktorvater Professor Doktor Gerhard Robbers für die Betreuung und Erstbegutachtung dieser Arbeit.
Herzlichen Dank schulde ich der Gottlieb Daimler- und Karl Benz- Stiftung, die zur Finanzierung meines Forschungsaufenthaltes 1999/ 2000 in Madrid wesentlich beigetragen hat. Während des Forschungsaufenthaltes genoß ich die freundliche Unterstützung durch Herrn Professor Doktor Juan José Lavilla Rubira von der Universidad Complutense de Madrid und durch Frau Professor Doktor Gema Rosado Iglesias von der Universidad Carlos III. de Madrid, denen hiermit herzlich gedankt sei. Für seine Anregungen bei der Übersetzung der im Anhang dieser Arbeit enthaltenen Gesetze danke ich meinem Freund Professor Doktor José María Coma Fort von der Universidad Complutense de Madrid.

Ich danke meiner lieben Frau und meiner Familie, die mich während der gesamten Ausbildung gestützt und begleitet haben.
Ihnen widme ich diese Arbeit.

Lübeck, im August 2001 Hans Friedrich Kieserling

INHALTSÜBERSICHT

Inhaltsverzeichnis 7

Abkürzungsverzeichnis 25

A. DIE ENTWICKLUNG DES SPANISCHEN RUNDFUNKS UND SEINER RECHTLICHEN REGULIERUNG 31

B. FERNSEHRECHTLICHE VORGABEN DES VÖLKER- UND EUROPARECHTS UND IHRE UMSETZUNG IN DIE SPANISCHE RECHTSORDNUNG 43

C. VERFASSUNGSRECHTLICHE GRUNDLAGEN DER SPANISCHEN RUNDFUNKORDNUNG 81

D. DIE EINFACHGESETZLICHE FERNSEHORDNUNG IN SPANIEN 97

E. ANHANG: DIE WICHTIGSTEN FERNSEHGESETZE SPANIENS IN ORIGINALTEXT UND DEUTSCHER ÜBERSETZUNG 351

Literaturverzeichnis 571

Schlagwortverzeichnis 583

INHALTSVERZEICHNIS

Abkürzungsverzeichnis 25

A. DIE ENTWICKLUNG DES SPANISCHEN RUNDFUNKS UND SEINER RECHTLICHEN REGULIERUNG 31

I. Einleitung 31

II. Spanischer Rundfunk vor Franco 31

III. Die Ära Franco (1939 – 1975) 32
1. Hörfunk 32
2. Fernsehen 33

IV. Die Entwicklung seit 1975 34
1. Die öffentlichen Rundfunkveranstalter 34
a. Bemühungen um eine höhere Regierungsunabhängigkeit der RTVE 34
b. Dritte Fernsehprogramme der Autonomieregionen 35
c. Lokale Hörfunkprogramme 36
2. Die privaten Rundfunkveranstalter 37
a. Hörfunk 37
b. Privatfernsehen 37
aa. Der lange Weg zur Einführung des landesweiten Privatfernsehens 37
bb. Das Privatfernsehgesetz von 1988 (LTP) 39
cc. Privates Lokalfernsehen 39

V. Weitere Fernsehgesetze der Gegenwart 40
1. Das Gesetz zur Umsetzung der EG-Fernsehrichtlinie (LID) 40
2. Die Gesetze zum Satelliten-, Lokal-, und Kabelfernsehen 40
3. Weitere wichtige Fernsehgesetze 41
4. Andere fernsehrelevante Gesetze 41

B.FERNSEHRECHTLICHE VORGABEN DES VÖLKER- UND EUROPARECHTS UND IHRE UMSETZUNG IN DIE SPANISCHE RECHTSORDNUNG 43

I. Die Vorgaben der EG-Fernsehrichtlinie und ihre Umsetzung in die spanische Rechtsordnung 43
1. Ein Überblick über die spanischen Umsetzungsnormen der EG-Fernsehrichtlinie 44
2. Die graphische Gegenüberstellung der Vorgaben der EG-Fernsehrichtlinie und ihrer entsprechenden Umsetzungsnormen des spanischen Rechts 44

II. Die Richtlinie 95/47/EG und ihre Umsetzung in die spanische Rechtsordnung 74

III. Völkerrechtliche Grundlagen der spanischen Rundfunk-Rechtsordnung 74
1. Art. 10 EMRK 74
a. Der Schutzbereich des Art. 10 I EMRK im Lichte der Rechtsprechung des EGMR 75
b. Rechtfertigung eines Eingriffs 76
aa. Die Rundfunkklausel, Art. 10 I S. 3 EMRK 76
bb. Die Schrankenregelung, Art. 10 II EMRK 77
2. Das Europäische Übereinkommen über das grenzüberschreitende Fernsehen (FSÜ) 77
a. Geltungsbereich 78
b. Anwendungsbereich und Regelungskonzeption des FSÜ 78
c. Ein Überblick über die Regelungsinhalte des FSÜ 79

C. VERFASSUNGSRECHTLICHE GRUNDLAGEN DER SPANISCHEN RUNDFUNKORDNUNG 81

I. Die rundfunkrelevanten Verfassungsnormen 81

II. Die Gewährleistung der Rundfunkfreiheit nach der Rechtsprechung des Tribunal Constitucional 82
1. Einleitung 82
2. Die subjektiv-rechtliche Ebene 82
3. Die objektiv-rechtliche Ebene 83
4. Die Ausgestaltungskompetenz des Rundfunkgesetzgebers 84
a. Anforderungen an den öffentlichen Rundfunk 84
b. Anforderungen an den privaten Rundfunk 84
5. Die Verfassungsmäßigkeit des staatlichen Fernsehmonopols 86

6. Abkehr vom Modell des servicio público ? 88

III. Die Kompetenzverteilung zwischen dem spanischen Zentralstaat und den Autonomieregionen im Telekommunikations- und Rundfunkwesen 90
1. Die Kompetenz zur Regelung des Telekommunikationsrechts 90
2. Die Kompetenzen zur Regelung des Rundfunkrechts 91
a. Die Regelungen des Art. 149 I Nr. 27 CE 91
b. Die Regelungen der Autonomiestatute 92
c. Die rundfunkrechtlichen Kompetenzen nach der Rechtsprechung des Tribunal Constitucional 93
d. Die einfachgesetzliche Normierung der Exekutivkompetenzen 95

D. DIE EINFACHGESETZLICHE FERNSEHORDNUNG IN SPANIEN 97

I. Einführung und allgemeine Prinzipien der einfachgesetzlichen Fernsehordnung 97
1. Einführung in die einfachgesetzliche Fernsehordnung Spaniens 97
a. Das Fernsehen als Telekommunikationsform mit spezialgesetzlicher Regelung 97
b. Ein Überblick über die spanischen Fernsehgesetze 98
2. Die allgemeinen Prinzipien der spanischen Fernsehordnung 99
a. Allgemeingültige Prinzipien 99
aa. Das Prinzip des öffentlichen Dienstes in staatlicher Inhaberschaft .. 99
bb. Die allgemeinen Programmgrundsätze des Artikels 4 ERTV 101
cc. Der Grundsatz der Regierungsmacht 102
dd. Die Grundsätze der geregelten Wahlwerbung und der Pflicht zur Sendung von Regionalfensterprogrammen 103
ee. Die Prinzipien der LID 103
b. Prinzipien des staatlichen Fernsehens 104
aa. Der Grundsatz der Regierungsmacht im Staatsfernsehen 104
bb. Die einheitliche Organisation staatlicher Fernsehanstalten 105
cc. Der Grundsatz der Parlamentskontrolle 106
c. Prinzipien des Privatfernsehens 106
aa. Der Grundsatz der begrenzten Marktöffnung 106
bb. Der Grundsatz gleicher Anforderungen an die Konzessionsgesellschaften 107
cc. Der Grundsatz der Nichtkonzentration der Fernsehgesellschaften 107

II. Das Fundamentalgesetz der spanischen Fernsehlandschaft, die Ley 25/1994 (LID) 110
1. Der Regelungs- und Anwendungsbereich der LID 110
a. Regelungsbereich der LID 110
b. Anwendungsbereich der LID 111
aa. Fernsehsendungen 113
bb. Tatbestandsmerkmal der „Niederlassung in Spanien“, Art. 2 II LID 114
cc. Tatbestandsmerkmal „unter spanischer Rechtshoheit stehend“, Art. 2 III LID 115
dd. Ausnahmen, Art. 2 IV und V LID 116
ee. Ergebnis 116
2. Die Definitionen des Art. 3 LID 117
a. Fernsehen 117
b. Fernsehveranstalter 117
c. Fernsehwerbung 117
d. Schleichwerbung 118
e. Indirekte Werbung 118
f. Werbesponsoring im Fernsehen 119
g. Unabhängige Hersteller 119
h. Teleshopping 120
3. Die Garantie der Empfangsfreiheit nach Art. 4 LID, das Sendestaatsprinzip und die vorübergehende Aussetzung der Weiterverbreitung nach Spanien 120
4. Die Quotenregelungen zur Förderung europäischer Fernsehproduktionen nach den Artikeln 5 – 7 LID 121
a. Definition der „europäischen Werke“ in Art. 5 III – VII LID 122
b. Rechtsfolgen der Einstufung als europäisches Werk i.S.d. Art. 5 LID 123
aa. Die Quote für die Ausstrahlung europäischer Werke 124
(1) Die Grundregel, Art. 5 I LID 124
(2) Der Berechnungsausschluß des Art. 7 I LID 124
(3) Erleichternde Übergangsregelung 125
bb. Die Quote für die Ausstrahlung europäischer Werke unabhängiger Hersteller 126
c. Ausnahmen der Quotenregelungen 126
aa. Ausnahme für Pay-TV-Pakete 126
bb. Ausnahme für Lokalfernsehveranstalter und reine Teleshopping- und Eigenwerbekanäle 127
5. Die Werbe-, Teleshopping- und Sponsoringregelungen der LID 127
a. Die Werbe- und Teleshoppingregeln 127
aa. Verbotene Formen der Werbung und des Teleshoppings, Artt. 8 und 9 LID 127

(1) Allgemeine Werbe- und Teleshoppingverbote nach Art. 8 LID 128
(2) Nach Art. 9 LID verbotene Werbe- und Teleshoppinginhalte 129
bb. Regeln für Werbung und Teleshopping für alkoholische Getränke, Art. 10 LID 130
cc. Allgemeine Regeln für die Identifizierung und Plazierung von Werbung und Teleshoppingspots, Art. 11 LID 131
(1) Das Kennzeichnungs- und Trennungsgebot des Art. 11 I LID 132
(2) Das Blockwerbegebot, Art. 11 II LID 132
(3) Die Grundregel für die Plazierung der Werbung und Teleshoppingspots, Art. 11 III LID 133
(4) Werbeshows und Dauerwerbesendungen, Art. 11 IV LID 133
(5) Visuelle Texteinfügungen mit Werbe- und Teleshoppinginformationen in Sportübertragungen, Art. 11 V LID 134
dd. Spezielle Regelungen für die Einfügung von Werbung und Teleshoppingspots, Art. 12 LID 134
(1) Sendungen, die aus eigenständigen Teilen bestehen, Art. 12 I LID 136
(2) Sport- und ähnliche Sendungen, Art. 12 II LID 136
(3) Andere als die unter Art. 12 I und II LID fallenden Sendungen, Art. 12 III LID 137
(4) Audiovisuelle Werke, Art. 12 IV LID 137
(5) Nachrichten, Dokumentarfilme, religiöse Sendungen und Kindersendungen, Art. 12 V LID 138
(6) Gottesdienstübertragungen 138
(7) Die technische Sonderregel des Art. 12 VIII LID 138
(8) Die Legaldefinition der „programmierten Sendezeit“ in Art. 12 VII LID: Das Bruttoprinzip 139
ee. Die maximale Sendedauer für Werbung und Teleshopping, Art. 13 LID 140
(1) Beschränkung der täglichen Werbe- und Teleshoppingzeit, Art. 13 I LID 140
(2) Beschränkung der stündlichen Werbe- und Teleshoppingzeit, Art. 13 II LID 141
(3) Berechnungsausschlüsse nach Art. 13 IV LID 141
(4) Teleshoppingfenster nach Art. 13 III LID 141
ff. Reine Teleshopping- und Eigenwerbekanäle, Art. 14 LID 142
(1) Reine Teleshoppingkanäle 142
(2) Reine Eigenwerbekanäle 142
(3) Mitteilungspflicht der Betreiber reiner Teleshopping- und Eigenwerbekanäle 143
b. Die Sponsoringregeln 143
aa. Voraussetzungen des Fernsehsponsorings 144

bb. Sponsoringverbote 145
cc. Nicht sponsoringfähige Sendungen 145
dd. Berechnungsausschluß 145
6. Die Jugendschutzregeln der Artt. 16 und 17 LID 146
a. Der Jugendschutz in Werbung und Teleshopping, Art. 16 LID 146
aa. Keine Kaufappelle, die die Unerfahrenheit der Minderjährigen ausnutzen 147
bb. Kein Ausnutzen des besonderen Vertrauens der Minderjährigen 147
cc. Minderjährige in gefährlichen Situationen 147
dd. Werbung und Teleshopping für Spielzeug 147
ee. Die Zusatzregel für das Teleshopping 148
b. Der Jugendschutz im allgemeinen Programm, Art. 17 LID 148
aa. Das Sendeverbot für ernsthaft jugendgefährdende Sendungen, Art. 17 I 1.Alt. LID 149
bb. Das allgemeine Aufstachelungsverbot, Art. 17 I 2.Alt. LID 149
cc. Die Ausstrahlung von jugendgefährdenden Sendungen, Art. 17 II LID 150
dd. Die Kennzeichnungsvorschrift des Art. 17 III LID 151
7. Das Zuschauerinformationsrecht nach Art. 18 LID 152
8. Die Sanktionsvorschriften der LID 154
a. Passivsubjekte der Sanktionen, Art. 19 I LID 155
b. Die Zuständigkeiten für Kontrolle, Beaufsichtigung und Anordnung von Sanktionen nach der LID, Art. 19 II LID 155
aa. Fernsehveranstalter innerhalb der Grenzen einer Autonomieregion 155
bb. Fernsehveranstalter, die andere Verbreitungsgebiete bedienen 156
(1) Die Kompetenzen des Ministerio de Ciencia y Tecnología 156
(2) Die Kompetenz des Ministerrats 157
c. Informations- und Aufbewahrungspflichten der Fernsehveranstalter, Art. 19 III LID 157
d. Das Beschwerderecht Dritter, Art. 19 IV LID 157
e. Die Sanktionierung von Verstößen gegen Normen der LID, Art. 20 LID 157
aa. Vorgehen nach allgemeinen Prinzipien des Verwaltungsrechts, Art. 20 I LID 158
bb. Die Verstoßtatbestände, Art. 20 II LID 158
(1) Schwere Verstöße gegen die LID 158
(2) Sehr schwere Verstöße gegen die LID 159
cc. Die Rechtsfolgen, Art. 20 III LID 159
(1) Die Rechtsfolge schwerer Verstöße 159
(2) Die Rechtsfolgen sehr schwerer Verstöße 159
(3) Allgemeine Regeln für die Sanktionierung, Art. 20 III S. 3 LID 159

9. Weitere Regelungen der LID 160
a. Informationspflichten der Aufsichtsbehörden der Autonomieregionen 160
b. Die Ausübung von Exklusivrechten bei Ereignissen von generellem gesellschaftlichen Interesse 160
c. Selbstregulierungsorganisationen des Fernsehsektors 161
d. Weitere Informationspflichten der Fernsehveranstalter 161
aa. Informationspflichten aller Fernsehveranstalter nach der 5. Zusatzbestimmung LID 161
bb. Informationspflichten der Pay-TV-Veranstalter, Art. 5 des Anhangs des Real Decreto 1462/1999 162
cc. Die Informationspflicht aller Fernsehveranstalter aus Art. 6 des Anhangs des Real Decreto 1462/1999 162

III. Das Gesetz 21/1997 zur Regelung der Sendung und Verbreitung von sportlichen Wettkämpfen und Ereignissen: Das Kurzberichterstattungsrecht und Ereignisse von generellem Interesse 164
1. Einleitung 164
2. Der Anwendungsbereich der Ley 21/1997 165
3. Das allgemeine Zugangs- und Kurzberichterstattungsrecht aus Art. 2 der Ley 21/1997 165
4. Die Übertragung der Sportveranstaltungen von generellem Interesse, Artt. 4 und 5 der Ley 21/1997 167
a. Der Tatbestand der „Sportereignisse von generellem Interesse", Art. 4 I und II der Ley 21/1997 167
b. Rechtsfolgen der Einstufung als Ereignis von generellem Interesse, Artt. 4 III bis V der Ley 21/1997: Ausstrahlung live, unverschlüsselt und in ganz Spanien 169
c. Weitere Sportereignisse von generellem Interesse, Art. 5 der Ley 21/1997 169
5. Exklusivübertragungsrechte und Ereignisse erheblicher gesellschaftlicher Bedeutung in einem anderen Mitgliedstaat 170

IV. Die Grundzüge des Gegendarstellungsrechts nach der Ley Orgánica 2/1984 172
1. Einleitung 172
2. Anwendungsbereich der Ley Orgánica 2/1984 172
3. Das Recht auf Gegendarstellung nach Art. 1 der Ley Orgánica 2/1984 172
4. Die Ausübung des Rechts auf Gegendarstellung, Art. 2 der Ley Orgánica 2/1984 173
a. Form und Frist der Gegendarstellung 173
b. Inhalt und Ausmaß der Gegendarstellung 174

5. Die Veröffentlichung der Gegendarstellung, Art. 3 der Ley Orgánica 2/1984 ... 174
6. Die Zulässigkeitsvoraussetzungen der Gegendarstellungsklage, Artt. 4 und 5 der Ley Orgánica 2/1984 ... 175
7. Der Ablauf der Gegendarstellungsklage ... 176

V. Ein Überblick über die Regelungen der Ley 17/1997, die allgemeine Regeln zur Übertragung der Fernsehsignale und zum Empfang der Fernsehdienste enthält ... 177
1. Einführung und Anwendungsbereich ... 177
2. Der Regelungsbereich der Ley 17/1997 ... 177
3. Die Regelungen der Ley 17/1997 im Überblick ... 177
a. Technische Anforderungen an alle Fernsehdienste und Empfangsgeräte ... 178
aa. Technische Anforderungen an alle Fernsehdienste, Art. 5 der Ley 17/1997 ... 178
bb. Technische Anforderungen an die Fernseh-Empfangsgeräte, Art. 6 der Ley 17/1997 ... 178
b. Regelungen, die auf alle Pay-TV-Anbieter anzuwenden sind ... 178
aa. Regelungen für die Pay-TV-Anbieter ... 178
bb. Wettbewerbsschutzregel für den Pay-TV-Markt, Art. 2 der Ley 17/1997 ... 180
c. Regelungen bezüglich des Digital-Pay-TV, Artikel 4 und 7 der Ley 17/1997 ... 180
aa. Technische Regeln für die digitalen Pay-TV-Systeme und Empfangsgeräte ... 180
bb. Die Pflichten der Digital-Pay-TV-Veranstalter ... 181
(1) Einschreibung in das Register der Pay-TV-Anbieter ... 181
(2) Kontinuität des digitalen Pay-TV-Dienstes ... 181
(3) Gleichberechtigter Zugang aller Sender und unabhängiger Programmhersteller und die 40-Prozent-Quote für Produktionen unabhängiger Programmanbieter ... 181
(4) Die Pflicht zur getrennten Buchführung ... 182
d. Die Sanktionsvorschrift der Ley 17/1997 ... 182

VI. Die gesetzliche Ordnung des spanischen Staatsfernsehens: Die Ley 4/1980, Estatuto de la Radio y de la Televisión (ERTV) ... 184
1. Einführung ... 184
2. Der Anwendungsbereich des ERTV ... 185
3. Die Einstufung des Rundfunks als öffentlicher Dienst ... 186
4. Die Beschränkung auf das terrestrisch ausgestrahlte Fernsehen ... 187
5. Die Hörfunkdefinition des Art. 1 III ERTV ... 187
6. Der Regelungsbereich des ERTV, Art. 2 ERTV ... 188

a. Nationaler Regelungsbereich, Art. 2 I ERTV 188
b. Geltung in den Autonomieregionen, Art. 2 II und III ERTV 188
aa. Der Beginn der Dezentralisierung, Art. 2 II ERTV 189
bb. Organisation und Kontrolle der Dritten Kanäle, Art. 2 III ERTV 190
7. Die Frequenzzuteilung, Art. 2 IV ERTV 191
8. Artikel 3 ERTV 191
9. Die allgemeinen Programmgrundsätze aus Artikel 4 ERTV 192
a. Reichweite der Regelung 192
b. Die Objektivität, Wahrhaftigkeit und Unparteilichkeit der Information, Art. 4 lit. a) ERTV 193
c. Trennung von Information und Meinung, Identifizierung der Meinung, Art. 4 lit. b) ERTV 195
d. Politischer, religiöser, sozialer, kultureller und sprachlicher Pluralismus 196
e. Die weiteren Prinzipien des Artikels 4 ERTV 197
f. Bewertung und Umsetzung der Prinzipien des Art. 4 ERTV 198
10. Die Organisation des Staatsrundfunks, Artikel 5 – 15 ERTV 199
a. Die Rechtsnatur der RTVE 200
b. Die Organe der RTVE 200
aa. Der Verwaltungsrat, Artt. 7 und 8 ERTV 200
(1) Zusammensetzung und Beschlußfassung im Verwaltungsrat der RTVE und Inkompatibilitätsregeln, Art. 7 ERTV 200
(2) Die Aufgaben des Verwaltungsrats, Art. 8 I ERTV 202
(3) Das Erfordernis qualifizierter Mehrheiten für Beschlüsse des Verwaltungsrats, Art. 8 II ERTV 204
(4) Ergebnis 205
bb. Die Beiräte, Art. 9 ERTV 205
(1) Die gesetzliche Zusammensetzung der Beiräte, Art. 9 I ERTV 206
(2) Die gesetzliche Aufgabe der Beiräte, Art. 9 II ERTV 206
(3) Die Realität 207
cc. Der Generaldirektor der RTVE, Artt. 10 bis 12 ERTV 207
(1) Ernennung und Funktion des Generaldirektors, Art. 10 ERTV 208
(2) Die Aufgaben des Generaldirektors, Art. 11 ERTV 209
(3) Entlassungsgründe, Art. 12 ERTV und Zusammenfassung 210
dd. Die territorialen Organe der RTVE nach Artt. 13 - 15 ERTV 211
(1) Die Gebietsbeauftragten und die RTVE-Regionalfensterprogramme 212
(2) Die Gebietsbeiräte 212
11. Der Betrieb der RTVE nach den Artikeln 16 bis 20 ERTV 214

a. Die RTVE und ihre staatlichen Aktiengesellschaften RNE, S.A. und TVE, S.A. ... 215
b. Weitere Tochtergesellschaften der RTVE ... 216
c. Die Aktiengesellschaft Televisión Española (TVE, S.A.) ... 216
12. Die Programmvorgaben der Artikel 21 bis 24 ERTV ... 217
a. Die Normierung von Programmpflichten nach Art. 21 und weiteren Normen des ERTV ... 217
b. Die Pflicht zur Veröffentlichung von Bekanntmachungen der Regierung, Art. 22 ERTV ... 219
c. Die Programmgestaltung in Wahlkampfzeiten, Art. 23 ERTV ... 219
d. Pluralismus und Zugang gesellschaftlicher Gruppen zum Programm der Kommunikationsmedien, Art. 24 ERTV ... 220
13. Die wirtschaftliche, parlamentarische und gerichtliche Kontrolle der RTVE ... 222
a. Die wirtschaftliche Kontrolle über RTVE ... 222
b. Die parlamentarische Kontrolle der RTVE ... 223
c. Die gerichtliche Kontrolle der RTVE ... 224
14. Der Haushalt und die Finanzierung der RTVE ... 225
a. Die Haushalte von RTVE, RNE und TVE ... 225
b. Die Finanzierung von RTVE, RNE und TVE ... 227
c. Das spanische und das deutsche Finanzierungsmodell ... 229

VII. Die gesetzliche Regelung der staatlichen Fernsehsender der Autonomieregionen: Die Ley 46/1983, de 26.12.83, reguladora del tercer canal de televisión (LTC) und die entsprechenden Regelungen der Autonomieregionen ... 231
1. Einleitung ... 231
2. Die Konzession zum Betrieb der „Dritten" Fernsehkanäle nach der LTC ... 233
3. Die Organisation der staatlichen Fernsehsender der Autonomieregionen ... 234
a. Die Verwaltungsräte der Rundfunkanstalten der Autonomieregionen ... 235
aa. Zusammensetzung der Verwaltungsräte ... 235
bb. Aufgaben der Verwaltungsräte ... 235
b. Die Beiräte ... 236
c. Die Generaldirektoren der Rundfunkanstalten der Autonomieregionen ... 236
4. Betrieb und Finanzierung des Fernsehens der Autonomieregionen ... 236
5. Das Programm der staatlichen Fernsehsender der Autonomieregionen ... 237

VIII. Die gesetzliche Regulierung der terrestrischen landesweiten Privatfernsehveranstalter: Die Ley 10/1988, das Privatfernsehgesetz (LTP) ... 239
1. Einleitung ... 239
2. Der Regelungs- und Anwendungsbereich der LTP ... 239
a. Regelungsbereich ... 239
b. Anwendungsbereich: Landesweite terrestrische Privatfernsehsender ... 240
3. Die Programmgrundsätze der LTP ... 240
4. Der Plan Técnico Nacional de la Televisión privada ... 241
5. Die Bindung der Konzessionäre an den Plan Técnico und internationale Abkommen; Ausschluß bestimmter Ansprüche ... 242
6. Die Aufgaben und Befugnisse des Ministerio de Ciencia y Tecnología nach der LTP ... 243
a. Die Neubenennung der früheren Aufsichtsbehörde ... 244
b. Die Übertragung der Kompetenzen auf das Ministerio de Ciencia y Tecnología ... 244
c. Die Aufgaben des Ministerio de Ciencia y Tecnología nach der LTP ... 245
aa. Ausarbeitung und Überwachung des Plan Técnico Nacional de la Televisión privada ... 245
bb. Vertragschlüsse mit Transport- und Ausstrahlungssystemen ... 245
cc. Die Aufsicht über die Einhaltung der Regeln der LTP ... 246
dd. Weitere Aufgaben ... 246
7. Die LTP-Konzession zum Betrieb eines landesweiten terrestrischen Fernsehsenders ... 246
a. Das Objekt der Verwaltungskonzession, Art. 4 LTP ... 246
aa. Landesweite Ausstrahlung ... 247
bb. Regionalfensterprogramme ... 247
b. Die Anzahl der Konzessionen nach der LTP ... 248
c. Die Rechtsnatur der LTP-Konzession und das Verwaltungsvertragsgesetz ... 248
d. Die zuständige Behörde der Konzessionserteilung, Art. 8 LTP ... 249
e. Das Ausschreibungsverfahren ... 249
f. Die Kriterien zur Vergabe der Konzession nach Art. 9 LTP ... 249
aa. Technische und wirtschaftliche Kriterien der Konzessionsvergabe ... 250
bb. Inhaltliche Kriterien der Konzessionsvergabe ... 250
(1) Garantie der freien und pluralistischen Meinungsäußerung ... 250
(2) Spanische, europäische und andere Produktionen ... 251
(3) Verschiedene Publikumsinteressen ... 251
(4) Gewichtung der inhaltlichen Kriterien ... 251
g. Von der Konzessionsvergabe ausgeschlossene Gesellschaften, Art. 10 LTP ... 252

h. Die Dauer der Konzession ... 253
i. Nutzungspflicht und Unübertragbarkeit der Konzession, Art. 12 LTP ... 253
j. Die Technik: Übertragung und Verteilung der Fernsehsignale nach Art. 13 LTP und die Liberalisierung des Telekommunikationswesens ... 254
aa. Bisheriger Stand ... 254
bb. Der Stand nach der Liberalisierung des Telekommunikationswesens ... 254
k. Mindestausstrahlungszeiten und Archivierungspflichten der Konzessionsgesellschaften und öffentliche Bekanntmachungen der Regierung, Artt. 14 – 16 LTP ... 255
aa. Die Mindestsendezeiten nach Art. 14 I und II LTP ... 256
bb. Die Archivierungspflichten der Konzessionäre nach Art. 14 VI LTP ... 256
cc. Die Ausstrahlungspflicht für Bekanntmachungen der spanischen Regierung nach Art. 16 LTP ... 257
l. Das Erlöschen der Konzession, Art. 17 LTP ... 257
aa. Fristablauf ... 258
bb. Verstöße gegen Artt. 18 und 19 LTP ... 258
cc. Erlöschen der Privatfernsehgesellschaft ... 258
dd. Unterschreiten des Mindestkapitals nach Art. 18 II LTP ... 258
ee. Ungerechtfertigter Nichtbeginn bzw. Unterbrechung der Sendungen ... 259
8. Die Vorschriften über die LTP-Konzessionsgesellschaften ... 259
a. Gesellschaftsform, Gesellschaftszweck, Mindestkapital und Nationalität der Konzessionsgesellschaften, Art. 18 LTP ... 259
aa. Gesellschaftsform und -zweck ... 260
bb. Mindestkapital ... 260
cc. Nationalität und Sitz ... 260
b. Die Konzentrationsbegrenzung und ausländische Kapitalbeteiligungen, Art. 19 LTP ... 260
aa. Die Konzentrationsbegrenzungsregel des Art. 19 I LTP ... 261
bb. Kapitalbeteiligungen von Unionsbürgern ... 262
cc. Kapitalbeteiligungen von Personen aus Nichtmitgliedstaaten ... 262
c. Das Register der Konzessionsgesellschaften, Art. 20 LTP ... 262
aa. Das Register der Konzessionsgesellschaften ... 263
bb. Mitteilungspflichten der Konzessionsgesellschaften ... 263
d. Der Erwerb von Anteilen an den LTP-Konzessionsgesellschaften ... 263
aa. Genehmigungsbedürftige Erwerbstatbestände ... 265
(1) Ersterwerb von Kapitalbeteiligungen ... 265
(2) Erhöhung bestehender Kapitalbeteiligungen ... 265

(3) Die Legaldefinition des „indirekten Kontrollierens“ und „indirekter Beteiligungen“ nach Art. 23 LTP ... 265
bb. Der Regelungszweck des Art. 21 LTP ... 266
cc. Das Genehmigungsverfahren und Ablehnungsgründe ... 266
dd. Weitere Mitteilungspflichten nach erfolgtem Erwerb von Kapitalbeteiligungen ... 267
e. Externe Rechnungsprüfung der Konzessionsgesellschaften ... 268
9. Die Sanktionsvorschriften nach der LTP ... 268
a. Passivsubjekte und Sanktionsbehörden ... 268
b. Die Verstoßtatbestände, Art. 24 LTP ... 268
aa. Die sehr schweren Verstöße nach Art. 24 II LTP ... 270
(1) Sehr schwere Verstöße nach Art. 24 II lit. a) LTP ... 270
(2) Sehr schwere Verstöße nach Art. 24 II lit. b) LTP ... 270
(3) Sehr schwere Verstöße nach Art. 24 II lit. c) LTP ... 271
(4) Sehr schwere Verstöße nach Art. 24 II lit. d) LTP ... 271
(5) Sehr schwere Verstöße nach Art. 24 II lit. e) LTP ... 272
(6) Sehr schwere Verstöße nach Art. 24 II lit. f) LTP ... 272
(7) Sehr schwere Verstöße nach Art. 24 II lit. g) LTP ... 272
bb. Die schweren Verstöße nach Art. 24 III LTP ... 272
(1) Schwere Verstöße technischer Art nach Art. 24 III lit. a) bis e) LTP ... 272
(2) Schwere Verstöße nach Art. 24 III lit. f) LTP ... 273
(3) Schwere Verstöße nach Art. 24 III lit. g) LTP ... 273
cc. Leichte Verstöße nach Art. 24 IV LTP ... 273
dd. Die Legaldefinition der „Wiederholung“, Art. 24 V LTP ... 273
ee. Pflichtverletzungen der öffentlichen Urkundspersonen, Art. 24 VI LTP ... 273
c. Die Rechtsfolgen der Verstöße gegen die LTP, Art. 25 LTP ... 274
aa. Rechtsfolgen leichter Verstöße, Art. 25 I lit. a) LTP ... 274
bb. Rechtsfolgen schwerer Verstöße, Art. 25 I lit. b) LTP ... 274
cc. Rechtsfolgen sehr schwerer Verstöße, Art. 25 I lit. c) LTP ... 274
d. Verfahrens- und Zuständigkeitsregeln, Art. 25 II bis IV LTP ... 275
e. Die Sanktionen gegen illegale Fernsehsender nach Art. 26 LTP ... 275

IX. Die gesetzliche Regelung des Satellitenfernsehens: Die Ley 37/1995 (LTS), das Satellitenfernsehgesetz ... 277
1. Einleitung ... 277
2. Der Anwendungsbereich der LTS ... 277
a. Anwendungsbereich der LTS vor Inkrafttreten der LGT und die Liberalisierung des Satelliten-Telekommunikationswesens ... 277
b. Heutiger Anwendungsbereich der LTS ... 278
c. Vom Anwendungsbereich der LTS ausgeschlossene Fernsehdienste ... 279

3. Der Regelungsbereich der LTS ... 281
4. Die Genehmigung zum Betrieb des Satellitenfernsehens ... 281
a. Die Genehmigungsbehörde ... 283
b. Keine subjektiven Anforderungen an die Satellitenfernsehanbieter ... 283
c. Die Rechtsnatur der LTS-Genehmigungen ... 284
d. Die Rechtstitel zum Betrieb des Satellitenfernsehens ... 285
aa. Bei Zuteilung eigener Frequenzen: Genehmigung nach Art. 5 Nr. 1 Anh. des R.D. 136/1997 ... 285
bb. Die Konzession des öffentlichen Luftraums als Anhang zur LTS- Genehmigung ... 286
cc. Der Antrag auf Erlaß einer LTS-Luftraumkonzession ... 286
e. Das Verfahren der Genehmigungs- und Konzessionserteilung ... 286
aa. Die Erteilung der LTS-Genehmigung ... 287
bb. Die Erteilung der Konzession des öffentlichen Luftraums ... 287
f. Die Gründe zur Ablehnung der LTS-Genehmigung ... 288
g. Die Dauer der LTS-Genehmigung und der Konzession des öffentlichen Luftraums ... 289
h. Das Erlöschen der LTS-Genehmigung ... 289
5. Die Pflichten der Satellitenfernsehanbieter ... 290
a. Die Pflichten der Satellitenfernsehanbieter im Allgemeinen ... 290
b. Die technischen Vorgaben für Satellitenfernsehsender ... 291
c. Die Programmpflichten der Satellitenfernsehsender ... 291
aa. Die Pflicht zur Beachtung der Prinzipien des Art. 4 ERTV ... 292
bb. Die Pflicht zur Befolgung aller Regeln der LID ... 292
(1) Der Tatbestand des Art. 7 lit. b) Anh. des R.D. 136/1997 ... 292
(2) Die Rechtsfolgen des Art. 7 lit. b) Anh. des R.D. 136/1997 ... 293
cc. Die Pflicht zur Beachtung der Gesetze über geistiges Eigentum ... 294
d. Weitere Pflichten aus anderen Gesetzen ... 294
6. Die auf die Satellitenfernsehanbieter anwendbaren Sanktionsvorschriften ... 294
a. Die Sanktionsbehörde ... 294
b. Die Sanktionsnormen ... 295

X. Die gesetzliche Regelung des Kabelfernsehens: Die Ley 42/1995 (LTCC), das Kabelfernsehgesetz ... 296
1. Einleitung ... 296
2. Der Anwendungsbereich der LTCC ... 296
a. Anwendungsbereich der LTCC vor Inkrafttreten des Allgemeinen Telekommunikationsgesetzes LGT ... 297
b. Heutiger Anwendungsbereich der LTCC ... 297
3. Regelungsbereich der LTCC ... 298
4. Die Bezirke zum Betrieb des Kabelfernsehens nach der LTCC ... 299
5. Die Konzession zum Betrieb des lokalen Kabelfernsehens ... 300

a. Die Konzessionsbehörde 300
b. Die gesetzlichen Anforderungen an die Kabelfernsehanbieter 301
aa. Die Kabelfernseh-Aktiengesellschaften und ihr Mindestkapital 302
bb. Nationalität und Auslandsbeteiligungen 302
cc. Die Konzentrationsbegrenzungsregeln 302
dd. Die Überwachung der Beteiligungsverhältnisse 303
c. Das spezielle Register der Kabelfernsehbetreiber 303
d. Anzahl und Rechtsnatur der LTCC-Konzessionen 304
e. Die Kriterien zur Erteilung der Anträge auf Erlaß einer LTCC-Konzession 305
f. Die Dauer der LTCC-Konzessionen 306
g. Zession und Erlöschen der LTCC-Konzession 306
aa. Die Zession der LTCC-Konzession 306
bb. Das Erlöschen der LTCC-Konzession 307
6. Die Rechte der konzessionierten Kabelfernsehanbieter 308
a. Das Recht zum Betrieb des Kabelfernsehens 308
b. Das Recht zur Nutzung des Kabelnetzes für Telekommunikationsleistungen 309
7. Die Pflichten der konzessionierten Kabelfernsehanbieter 311
a. Die Pflicht zur Errichtung eines Kabelnetzes, Art. 7 LTCC 311
b. Die Pflicht zur Qualitätssicherung und zum gleichberechtigten Netzzugang 311
c. Die Pflicht zur Beachtung der Normen über intellektuelles Eigentum 312
d. Die Pflicht zur Verbreitung der terrestrisch ausgestrahlten Fernsehprogramme 312
aa. Die Verbreitung der landesweiten terrestrischen Fernsehprogramme 313
bb. Die Verbreitung der staatlichen Fernsehprogramme der jeweiligen Autonomieregion 313
cc. Die Verbreitung der Programme der jeweiligen Lokalfernsehveranstalter 313
dd. Der Erwerb des Programms der terrestrischen Fernsehkanäle 313
e. Die Pflicht zur Verbreitung von unabhängig produzierten Programmen 314
aa. Definition des „Unabhängigen Programmanbieters" 315
bb. Die Pflicht zur Verbreitung von Programmen unabhängiger Programmanbieter 315
8. Die inhaltlichen Vorgaben für die Kabelfernsehkanäle 316
a. Die Geltung bestimmter Normen des Allgemeinen Werbegesetzes und des Wettbewerbsschutzgesetzes 317
b. Die Geltung der Normen der LID 317
c. Das „Paketverbot" für jugendgefährdende Kabelfernsehkanäle 318

d. Die Möglichkeit weiterer inhaltlicher Vorgaben der Autonomieregionen ... 318
e. Ergebnis ... 319
9. Die auf die Kabelfernsehanbieter anwendbaren Sanktionsvorschriften ... 320
a. Die Sanktionsbehörde ... 320
b. Die Normierung der Sanktionsvorschriften ... 320

XI. Die gesetzliche Regelung des terrestrischen Lokalfernsehens: Die Ley 41/1995, de televisión local por ondas terrestres (LTL) ... 322
1. Einleitung ... 322
2. Der Anwendungs- und Regelungsbereich der LTL ... 322
3. Rechtsnatur und Rechtsrahmen des Lokalfernsehens nach Art. 2 LTL ... 323
4. Die Reichweite der Lokalfernsehsender nach Art. 3 LTL ... 324
5. Die Konzession zum Betrieb eines Lokalfernsehsenders ... 325
a. Allgemeine Regelungen ... 325
b. Der Betrieb des Lokalfernsehens durch die eigene Gemeinde ... 327
c. Der Betrieb des Lokalfernsehens durch Privatpersonen ... 327
d. Gemeinsame zusätzliche Regeln für die Inhaber der Lokalfernsehkonzessionen ... 329
aa. Inhalt und Dauer der Lokalfernsehkonzession ... 329
bb. Das Erlöschen der Lokalfernsehkonzession ... 329
6. Inhaltliche Vorgaben für die Lokalfernsehsender ... 331
a. Die allgemeinen Programmgrundsätze nach Art. 6 LTL ... 331
b. Die Werbe- und Sponsoringregelungen ... 332
c. Inhaltliche Vorgaben weiterer Gesetze ... 333
7. Die Verbote nach Art. 7 LTL ... 334
a. Das Verbot, Fernsehkanälen anzugehören ... 335
b. Das Verbot, über einen Fernsehkanal auszustrahlen ... 335
c. Der Ausnahmetatbestand des Art. 7 IV LTL ... 335
8. Die technischen Voraussetzungen für die terrestrischen Lokalfernsehveranstalter ... 336
a. Das Frequenzzuteilungsverfahren ... 336
b. Anzahl und Ort der Übertragungsstationen und weitere technische Anforderungen ... 337
9. Die Sanktionsvorschriften nach der LTL ... 337
a. Die zuständigen Sanktionsbehörden, Art. 17 LTL ... 338
b. Verstoßtatbestände und Sanktionen nach anderen Gesetzen, Art. 16 I LTL ... 338
c. Verstoßtatbestände und Sanktionen nach der LTL, Art. 16 II LTL ... 339
10. Die Übergangsbestimmung der LTL und die „Anwendung“ der LTL in der Realität ... 340

XII. Die Gesetzgebung zum zukünftigen terrestrischen Digitalfernsehen 342
1. Einführung 342
2. Terrestrisches Digitalfernsehen der staatlichen Fernsehveranstalter 343
3. Terrestrisches Digitalfernsehen der Privatfernsehveranstalter 343
a. Einführung und die Geltung der LTP 343
b. Die zuständigen Behörden zur Erteilung der LTDT-Konzessionen 344
c. Der Umfang der LTDT-Konzessionen 345
d. Dauer und Rechtsnatur der LTDT-Konzessionen 346
e. Spezielle Vorgaben für „neue" LTDT-Konzessionäre 346
f. Programm- und Technikvorgaben für die LTDT-Konzessionäre 346
g. Die Kriterien zur Vergabe der LTDT-Konzessionen 347
h. Die LTDT-Konzessionen für kleinere Verbreitungsgebiete 347
4. Die Kanal- und Programmzuteilung und der gesetzliche Zeitplan zur Einführung des terrestrischen Digitalfernsehens 347

E. ANHANG: DIE WICHTIGSTEN FERNSEHGESETZE SPANIENS IN ORIGINALTEXT UND DEUTSCHER ÜBERSETZUNG 351

I. Die fernsehrelevanten Normen der spanischen Verfassung (CE) 352

II. Die LOT: Ley 31/1987, das alte Telekommunikationsgesetz 356

III. Die LID: Ley 15/1994, das Gesetz zur Umsetzung der EG-Fernsehrichtlinie 358

III.A. Das Real Decreto 1462/1999 zur LID 388

IV. Die Ley 21/1997: Das Gesetz zur Regelung des Rechts auf Kurzberichterstattung und der Übertragung sportlicher Ereignisse genereller Bedeutung 396

V. Die Ley Orgánica 2/1984: Das Gegendarstellungsgesetz 402

VI. Die Ley 17/1997: Das Umsetzungsgesetz zur Richtlinie 95/47/EG 408

VII. Das ERTV: Ley 4/1980, das Radio- und Fernsehstatut 422

VIII. Die LTC: Ley 46/1983 zur Regelung des Dritten Fernsehkanals 446

VIII.A. Anhang zu Ley 46/1983 456

VIII.B. Die Gesetze der Autonomieregionen zur Errichtung des Dritten Kanals 459

IX. Die LTP: Ley 10/1988, das Privatfernsehgesetz 460

X. Die LTS: Ley 37/1995, das Satellitenfernsehgesetz 478
X.A. Auszüge aus dem Real decreto 136/1997 zur LTS 482
XI. Die LTCC: Ley 42/1995, das Kabelfernsehgesetz 500
XI.A. Auszüge aus dem Real Decreto 2.066/1996 zur LTCC 518
XII. Die LTL: Ley 41/1995, das Lokalfernsehgesetz 538
XIII. Die LTDT und weitere Normen zum terrestrischen Digitalfernsehen.. 552
XIII.1. Die LTDT: 44. Zusatzbestimmung der Ley 66/1997 552
XIII.2. Die Rechtsverordnung 2169/1998, der nationale Technikplan des terrestrischen Digitalfernsehens 552
XIII.3. Die Anordnung vom 09.10.1998 zum Erlaß des Technik- u. Betriebsreglements des Terrestrischen Digitalfernsehens 566

Literaturverzeichnis 571
Schlagwortverzeichnis 583

ABKÜRZUNGSVERZEICHNIS

a.A.	anderer Ansicht
ABC	Tageszeitung ABC
ABl. EG	Amtsblatt der Europäischen Gemeinschaft(en)
Abs.	Absatz
a.E.	am Ende
a.F.	alte Fassung
AfP	Archiv für Presserecht
AG	Aktiengesellschaft
allg.	allgemein
Alt.	Alternative
amtl.	amtliche
Anh.	Anhang
Anm.	Anmerkung
ARD	Arbeitsgemeinschaft der öffentlich-rechtlichen Rundfunk anstalten der Bundesrepublik Deutschland
Art.	Artikel
Artt.	Artikel (Plural)
Aufl.	Auflage
Bd.	Band
BGBl.	Bundesgesetzblatt
B.O.	Boletín Oficial
B.O.C.G.	Boletín Oficial de las Cortes Generales
B.O.E.	Boletín Oficial del Estado
B.O.P.V.	Boletín Oficial del País Vasco
BVerfG	Bundesverfassungsgericht
BVerfGE	amtliche Sammlung der Entscheidungen des Bundes-verfassungsgerichts
BVerwG	Bundesverwaltungsgericht
bzgl.	bezüglich
bzw.	beziehungsweise
ca.	circa
CE	*C*onstitución *E*spañola: Die Verfassung des Königreichs Spanien vom 27.12.1978; B.O.E. núm. 311, de 29.12.1978
ders.	derselbe
d.h.	das heißt
Diss.	Dissertation
DöV	Die öffentliche Verwaltung

dt.	deutsch
EG	Europäische Gemeinschaft(en)
EGV	Vertrag zur Gründung der Europäischen Gemeinschaft vom 25.03.1957, in der konsolidierten Fassung mit den Änderungen durch den Vertrag von Amsterdam vom 02.10.1997, ABl. EG Nr. L 1, S. 1, berichtigt in ABl. EG Nr. L 179, S. 12
EG-FRL	EG-Fernsehrichtlinie, s. unter „FRL"
EGMR	Europäischer Gerichtshof für Menschenrechte (Straßburg)
EL	Ergänzungslieferung
EMRK	Konvention zum Schutze der Menschenrechte und Grundfreiheiten vom 04.11.1950, BGBl. II 1952, S. 686
engl.	englisch
EP	das Europäische Parlament
erl.	erläuternd
ERTV	*E*statuto de *R*adio y *T*ele*v*isión: Ley 4/1980, de 10.01.80, del Estatuto de la Radio y la Televisión; B.O.E. núm. 11, de 12.01.1980, S. 844
et al.	et alii
etc.	et cetera(e)
EuGH	Gerichtshof der Europäischen Gemeinschaften
EuGRZ	Europäische Grundrechte-Zeitschrift
EuZW	Europäische Zeitschrift für Wirtschaftsrecht
f.	folgend(e)
ff.	fortfolgend(e)
FAZ	Frankfurter Allgemeine Zeitung
FJ	*F*undamento *j*urídico, Erwägung
FN	Fußnote
franz.	französisch
FRL/ EG-FRL	EG-Fernsehrichtlinie, Richtlinie 89/552/EWG des Rates zur Koordinierung bestimmter Rechts- und Verwaltungsvor schriften der Mitgliedstaaten über die Ausübung der Fern sehtätigkeit, ABl. EG Nr. L 298 vom 17.10.1989, S. 23, i.d.F. der Richtlinie 97/36/EG des EP und des Rates vom 30.07.1997, ABl. EG Nr. L 202 vom 30.06.1997, S. 60
FSÜ	Europäisches Übereinkommen über das grenzüberschreitende Fernsehen (Europaratskonvention) vom 15.05.1989, dt. Zustimmungsgesetz vom 27.05.1994, BGBl. II S. 638
gem.	gemäß
GG	Grundgesetz für die Bundesrepublik Deutschland vom 23.05.1949, BGBl. S. 1

ggf.	gegebenenfalls
grds.	grundsätzlich
GVG	Gerichtsverfassungsgesetz
h.M.	herrschende Meinung
Hrsg.	Herausgeber
id.	identisch
i.d.F.	in der Fassung
i.E.	im Ergebnis
insbes.	insbesondere
i.S.d.	im Sinne des/ der
i.V.m.	in Verbindung mit
JC	*J*urisprudencia *C*onstitucional
JöR	Jahrbuch für öffentliches Recht
Kap.	Kapitel
LGT	*L*ey *G*eneral de *T*elecomunicaciones: Ley 11/1998, de 24.04.98, general de telecomunicaciones; B.O.E. núm. 99, de 25.04.1998, S. 13909, Berichtigungen in B.O.E. núm. 162, de 08.07.1998, S. 22765
LID	*L*ey de *I*ncorporación de la *D*irectiva: Ley 25/1994, de 12.07.94, de incorporación al ordenamiento jurídico español de la directiva 89/552/CEE, sobre la coordinación de disposiciones legales, reglamentarias y administrativas de los estados miembros relativas al ejercicio de actividades de radiodifusión televisiva; B.O.E. núm. 166, de 13.07.1994, S. 22342; i.d.F. der Ley 22/1999, de 07.07.99, de modificación de la Ley 25/1994, de 12.07.94; B.O.E. núm. 136, de 08.06.1999, S. 21765
lit.	litera(e)
Lit.	Literatur
L.O.	*L*ey *O*rgánica, Organgesetz
LOT	*L*ey de *O*rdenación de las *T*elecomunicaciones: Ley 31/1987, de 18.12.87, de ordenación de las telecomunicaciones; B.O.E. núm. 303, de 19.12.1987, S. 37409
LRG	Landesrundfunkgesetz
lt.	laut
LTC	*L*ey del *T*ercer *C*anal: Ley 46/1983, de 26.12.83, reguladora del Tercer Canal de televisión; B.O.E. núm. 4, de 05.01.1984, S. 247

LTCC	*L*ey de *T*ele*c*omunicaciones por *C*able: Ley 42/1995, de 22.12.95, de las telecomunicaciones por cable; B.O.E. núm. 306, de 23.12.1995, S. 36790
LTDT	*L*ey de *T*elevisión *d*igital *t*errenal: 44. Zusatzbestimmung der Ley 66/1997, de 30.12.97, de mèdidas fiscales, administrativas y del orden social; B.O.E. núm. 313, de 31.12.1997, Berichtigungen in B.O.E. núm. 157, de 02.07.1998, S. 21886
LTL	*L*ey de *T*elevisión *l*ocal: Ley 41/1995, de 22.12.95, de televisión local por ondas terrestres; B.O.E. núm. 309, de 27.12.1995, S. 36940
LTP	*L*ey de la *T*elevisión *P*rivada: Ley 10/1988, de 03.05.88, de televisión privada; B.O.E. núm. 108, de 05.05.1988, S. 13666
LTS	*L*ey de *T*elecomunicaciones por *S*atélite: Ley 37/1995, de 12.12.95, de telecomunicaciones por satélite; B.O.E. núm. 297, de 13.12.1995, S. 35705
m.a.W.	mit anderen Worten
m.E.	meines Erachtens
MHz	Megahertz
Mio.	Millionen
m.N.	mit Nachweisen
MP	Media Perspektiven
Mrd.	Milliarden
m.w.N.	mit weiteren Nachweisen
n.F.	neue Fassung
NJW	Neue Juristische Wochenschrift
Nr.	Nummer(n)
NRW	Nordrhein-Westfalen
núm.	número, Nummer(n)
NZZ	Neue Züricher Zeitung
o.	oben
o.g.	oben genannt
o.zit.	oben zitiert
PP	Partido Popular
PSOE	Partido Socialista Obrero Español
RCE	Radio Cadena Española
R.D.	Real Decreto, Rechtsverordnung
REDETI	*Re*vista del *De*recho de las *T*elecomunicaciones e *I*nfraestructuras en Red

RfStV	Staatsvertrag über den Rundfunk im vereinten Deutschland vom 31.08.1991, i.d.F. des Vierten Rundfunkänderungsstaatsvertrages vom 31.08.1999, abgedruckt bei Hartstein/ Ring/ Kreile/ Dörr/ Stettner, Rundfunkstaatsvertrag, A 1.1
Rh.-Pf.	Rheinland-Pfalz
RN	Randnummer
RNE	Radio Nacional de España
Rs.	Rechtssache
Rspr.	Rechtsprechung
RTVE	*R*adio *T*ele*v*isión *E*spañola
RuF	Rundfunk und Fernsehen
s.	siehe
S.	Seite/ Satz
S.A.	*S*ociedad *A*nónima, Aktiengesellschaft
Slg.	Sammlung der Rechtsprechung des Gerichtshofes und des Gerichts erster Instanz der Europäischen Gemeinschaften
s.o.	siehe oben
sog.	sogenannt
span.	spanisch
STC	*S*entencia del *T*ribunal *C*onstitucional, Urteil des spanischen Verfassungsgerichts
st.Rspr.	ständige Rechtsprechung
s.u.	siehe unten
TC	*T*ribunal *C*onstitucional, das spanische Verfassungsgericht
TVE	*T*ele*v*isión *E*spañola
u.	und
u.a.	unter anderem/ und andere
UCD	Unión del Centro Democrático
Unterabs.	Unterabsatz
v.a.	vor allem
vgl.	vergleiche
VwVfG	Verwaltungsverfahrensgesetz vom 25.05.1976
w.N.	weitere Nachweise
z.B.	zum Beispiel
ZDF	Zweites Deutsches Fernsehen
zit.	zitiert

z.T.	zum Teil
ZUM	Zeitschrift für Urheber- und Medienrecht
z.Zt.	zur Zeit

A. DIE ENTWICKLUNG DES SPANISCHEN RUNDFUNKS UND SEINER RECHTLICHEN REGULIERUNG

I. Einleitung

Die Entwicklung des spanischen Rundfunks ist eng verknüpft mit der wechselvollen Geschichte Spaniens im 20. Jahrhundert. In der Zeit des totalitären Regimes unter General Franco, in der politischer Stillstand und Isolation bis 1975 Spaniens Alltag bestimmten, war der Rundfunk ebenso wie die gesamte Gesellschaft starker Kontrolle ausgesetzt und eine freie Berichterstattung, wie sie heute als selbstverständlich erscheint, noch undenkbar.

Heute existiert in Spanien - wie auch in den meisten anderen europäischen Staaten - ein duales Rundfunksystem, das eine freie Meinungsäußerung ermöglicht, welche ein essentieller Grundbestandteil jeder Demokratie ist.

II. Spanischer Rundfunk vor Franco

Die ersten Versuchssendungen des Hörfunks in Spanien begannen bereits 1916[1]. Aufbauend auf einem Gesetz von 1907 und der entsprechenden Rechtsverordnung von 1908 bestimmte am 27.02.1923 ein königliches Dekret, daß das Radio ein öffentlicher Dienst, also ein Staatsmonopol, sei, das direkt von der öffentlichen Verwaltung wahrgenommen wird und durch Konzession an Privatpersonen vergeben werden kann[2]. An dieser Einordnung des Rundfunks als öffentlicher Dienst („servicio público“) hat sich bis heute nichts geändert[3].

Die erste auf dem königlichen Dekret von 1923 und seinen Ausführungsverordnungen beruhende Radiolizenz wurde einer katalonischen Gemeinschaft unter José María Guillén García erteilt, die am 14.07.1924 mit „Radio Barcelona“ den regelmäßigen Sendebetrieb aufnahm und damit Spaniens erster und erster privater Rundfunkveranstalter war[4].

Die erste - ebenfalls privatrechtlich betriebene - Senderkette war „Unión Radio“, das zu Beginn des spanischen Bürgerkrieges[5] bereits 5 eigene und 20 assoziierte

[1] Faus Belau, Internationales Handbuch 1986/87, S. E 168.

[2] Ausführlich zu den Anfängen des spanischen Rundfunkverwaltungsrechts Quadra-Salcedo, El servicio público, 1976, S. 36; vgl. auch Muñoz Machado, Público y privado, 1993, S. 21.

[3] S. Art. 1 II ERTV, Art. 1 LTP, Art. 1 I LTCC und Art. 2 LTL. Auch das Privatfernsehen wird noch heute als ein öffentlicher Dienst verstanden, der von Privatpersonen mittels Verwaltungskonzession indirekt für den Staat („gestión indirecta“) betrieben wird; vgl. die Ausführungen unter D.I.2.a.aa. (allgemein) und D.VIII.2.a. (für das Privatfernsehen).

[4] Faus Belau, Internationales Handbuch 1986/87, S. E 168 m.w.N.; Dörr, Medienrecht, 1994, S. 264.

[5] Kriegsbeginn war der 18.07.1936.

Sender betrieb; nach dem Bürgerkrieg nahm „Unión Radio“ den Namen „SER“ („Sociedad Española de Radiodifusión“) an, unter dem sie noch heute sendet.

Daneben gab es eine Vielzahl kleinerer privater Radiosender, einen öffentlichen Rundfunk gab es vor dem Bürgerkrieg nicht.

Durch das Gesetz vom 26.06.1934, das bis 1987 Geltung hatte[6], wurde die Regelung des Dekrets von 1923 bestätigt, die das Staatsmonopol für den Rundfunk und die Beteiligung Privater per Konzession vorsieht. Das Gesetz sah außerdem die Einführung eines staatlich betriebenen Hörfunkdienstes vor[7], die erst später von Franco in die Tat umgesetzt wurde.

III. Die Ära Franco (1939 – 1975)

Die historische Entwicklung des spanischen Rundfunks ist stark durch die Franco-Diktatur geprägt[8]. In dieser Zeit wurden Hörfunk und Fernsehen strikt überwacht und für die politischen Interessen der franquistischen Bewegung eingesetzt[9].

1. Hörfunk

Am 19.01.1937 befahl General Franco in Salamanca die Bildung des ersten öffentlichen Radiosenders, „Radio Nacional de Salamanca“, aus dem alsbald „Radio Nacional de España“ (RNE) hervorging[10]. RNE, besetzt mit Parteigängern des Diktators, war ein wichtiger Faktor für Francos Propaganda, nicht zuletzt deshalb, weil RNE durch königliches Dekret von 1939 bis zum 06.10.1977 - also bis fast zwei Jahre nach Francos Tod - für ganz Spanien das Monopol für nationale und internationale Hörfunknachrichten innehatte: Die anderen Sender waren verpflichtet, auf eigene Kosten die RNE-Nachrichtensendungen zu übernehmen; ab 1964 durften sie zumindest eigene Lokal- und Regionalnachrichten ausstrahlen[11], unterlagen aber weiterhin der strikten Vorzensur[12].

Das Regime Franco kontrollierte neben RNE noch weitere Radioketten, und es verwundert nicht, daß diese Sender mangels Objektivität die Glaubwürdigkeit und nach langer Zeit der Propaganda auch die Akzeptanz vieler Hörer verloren.

---

[6] De Mateo, Internationales Handbuch 1998/99, S. 536.

[7] Quadra-Salcedo, El servicio público, 1976, S. 54; dort ausführlich zum Rundfunkgesetz von 1934.

[8] Martín y Perez de Nanclares, EG-Fernsehrichtlinie, 1995, S. 361.

[9] Holznagel, Rundfunkrecht, 1996, S. 82; vgl. auch Faus Belau, La era audiovisual, 1995, S. 43.

[10] Faus Belau, Internationales Handbuch 1986/87, S. E 168.

[11] S. dazu De Mateo, Internationales Handbuch 1998/99, S. 536; Dörr, Medienrecht, 1994, S. 264; Faus-Belau, Internationales Handbuch 1986/87, S. E 169.

[12] Holznagel, Rundfunkrecht, 1996, S. 83.

Als Folge der internationalen Opposition gegen das Franco-Regime wurde das spanische Radio von den europäischen Wellenkonferenzen in Montreux und Kopenhagen und damit von der Frequenzvergabe ausgeschlossen[13]. Das hielt Franco nicht ab, viele Lizenzen an (meist kleine und kleinste) private Hörfunksender zu vergeben: Im Jahre 1962 gab es über 1.300 private Hörfunksender in Spanien[14].

2. Fernsehen

Im Juni 1948 fand auf Initiative der Firma Philips die erste öffentliche Fernsehvorführung in Barcelona statt[15], und nach mehreren Versuchsjahren begannen am 28.10.1956 die regelmäßigen Ausstrahlungen durch „Televisión Española" (TVE), anfangs noch in einem bescheidenen Radius von 70 km rund um Madrid.

„TVE 1" sendete als einziger Fernsehkanal des spanischen Fernsehens TVE, das 1956 als Staatsmonopol und als Teil der staatlichen Administration gegründet wurde. Eine eigene gesetzliche Grundlage gab es hierfür nicht, vielmehr fand das Rundfunkgesetz von 1934 Anwendung.

Auch das Fernsehen war von Anfang an der Überwachung und Einflußnahme des Regimes völlig ausgeliefert, Vorzensur war üblich; in den ersten Jahren wurden sogar die Nachrichtensendungen vom RNE übernommen[16].

Die Finanzierung von TVE erfolgte direkt aus dem Staatshaushalt, dem wiederum die Werbeeinnahmen von TVE zuflossen[17]. Seit 1958 strahlt TVE Werbespots aus.

Die Reichweite der terrestrischen Ausstrahlung wurde rasch ausgeweitet, so daß im Jahre 1963 bereits 90 % der spanischen Bevölkerung das Programm von „TVE 1" empfangen konnten, Vollversorgung wurde 1975 erreicht. Seit 1965 gibt es den zweiten Kanal, „TVE 2", „La Dos" genannt, der bis heute ein kulturell anspruchsvolleres Programm als TVE 1 sendet.

Teilnehmergebühren hat es in Spanien nie gegeben, weder für das Radio noch für das Fernsehen; allerdings wurde ab 1957 eine Luxussteuer auf alle Fernseh-Endgeräte erhoben, die jedoch 1965 wieder abgeschafft wurde[18].

---

[13] Faus Belau, Internationales Handbuch 1986/87, S. E 169.

[14] Holznagel, Rundfunkrecht, 1996, S. 84 m.w.N.

[15] Carlón Ruiz, Régimen jurídico de las telecomunicaciones, 2000, S. 41, die eine umfassende Einführung in die Geschichte des spanischen Fernsehens und Fernsehrechts gibt.

[16] S. dazu Faus Belau, Internationales Handbuch 1986/87, S. E 170; ausführlicher Holznagel, Rundfunkrecht, 1996, S. 84.

[17] Martín y Perez de Nanclares, EG-Fernsehrichtlinie, 1995, S. 361.

[18] Spangenberg, Die Liberalisierung des Fernsehens, 1998, S. 637.

1973 wurden RNE und TVE zur „Radiotelevisión Española“ (RTVE) zusammengefaßt, die zunächst Teil der direkten Staatsverwaltung blieb und deren Leitung von hohen Regierungsbeamten übernommen wurde.

IV. Die Entwicklung seit 1975

1. Die öffentlichen Rundfunkveranstalter

Nach dem Tode Francos am 20.11.1975 begann in Spanien ein Umbruch, der nicht nur die Restauration der Monarchie und schließlich das Ende der Isolation Spaniens mit sich brachte, sondern auch tiefgreifende Veränderungen in der Gesellschaft.

Damit verbunden war eine einschneidende Umstrukturierung des öffentlichen Rundfunks: 1977 wurden die vormals franquistischen Radiosender zur „Radio Cadena Española“ (RCE) zusammengeschlossen und in die RTVE eingegliedert.

a. Bemühungen um eine höhere Regierungsunabhängigkeit der RTVE

Die erste nachfranquistische Regierung Suárez (1976 - 1981) bemühte sich, dem öffentlichen Rundfunksektor mehr Regierungsunabhängigkeit zu verschaffen: 1977 wandelte sie RTVE in die - prinzipiell vom Staat unabhängige - „Ente Público Radiotelevisión Española“ (öffentliche Körperschaft RTVE) um, die jedoch noch heute aus der Sicht der deutschen Rundfunkordnung eine Struktur aufweist, die durch geringe Staatsferne und erhebliche Regierungsmacht[19] gekennzeichnet ist: Z.B. wird der Verwaltungsrat der RTVE für jede Legislaturperiode durch die beiden Parlamentskammern gewählt[20] und setzt sich ausschließlich aus Repräsentanten der im Parlament vertretenen Parteien zusammen. Ferner wird der Generaldirektor der RTVE bis heute nach unverbindlicher Anhörung des Verwaltungsrates direkt von der spanischen Regierung ernannt[21].

Auch deshalb verwundert es nicht, daß noch heute die spanischen Rezipienten einen erheblichen Einfluß der jeweiligen Regierung - zumindest auf das Staatsfernsehen TVE - vermuten[22].

Die Regierung Suárez hat sich zweifelsohne um die Demokratisierung Spaniens in der Umbruchsphase verdient gemacht[23]. Dennoch erhielt sie bis zum

---

[19] Vgl. zum Grundsatz der Regierungsmacht die Ausführungen unter D.I.2.b.aa.

[20] S. Art. 7 I ERTV.

[21] S. Art. 10 I ERTV; kritisch dazu Martín y Perez de Nanclares, EG-Fernsehrichtlinie, 1995, S. 363 m.N.

[22] Faus Belau, Internationales Handbuch 1986/87, S. E 170 formuliert es drastisch: "Von seinen Anfängen bis heute wurde TVE für die politische Propaganda benutzt: Zuerst von der Diktatur, später von den verschiedenen demokratischen Regierungen, sowohl von der UCD (Unión del Centro Democrático von Suárez und Calvo Sotelo) als auch von den Sozialisten."

06.10.1977, also bis beinahe zwei Jahre nach Francos Tod, das Monopol der RNE für nationale und internationale Radio-Nachrichtensendungen aufrecht.

Erst 1980 kam es zu einer umfassenden gesetzlichen Neuregelung des öffentlichen Rundfunks durch das Estatuto de la Radio y la Televisión (ERTV)[24], das bis heute Rechtskraft hat[25]. Neben der o.g. Ausgliederung der RTVE aus der staatlichen Administration, die eine größere Unabhängigkeit vom Staat bewirken sollte, unterwirft das ERTV den öffentlichen Rundfunk den klassischen Treuhandbindungen[26] und sah erstmals die Schaffung einer parlamentarischen Kontrollkommission vor, die RTVE überwacht[27]. Trotzdem konnte das ERTV nicht verhindern, daß die jeweiligen Regierungen in erheblichem Umfang auf den öffentlichen Rundfunk Einfluß nahmen und nehmen[28].

Art. 1 II ERTV enthält die Einstufung des Rundfunks als „wichtiger öffentlicher Dienst, dessen Rechtsinhaberschaft der Staat innehat", er normiert also wiederum das staatliche Rundfunkmonopol, wie es bereits im Königlichen Dekret von 1923 geregelt war.

b. Dritte Fernsehprogramme der Autonomieregionen

Von ganz besonderer Bedeutung innerhalb der Regelungen des ERTV ist Art. 2 II ERTV: In dieser Norm wurde erstmals die Möglichkeit vorgesehen, den neu geschaffenen Autonomieregionen („Comunidades Autónomas", ansatzweise vergleichbar mit den deutschen Bundesländern[29]) die Kompetenz zu verleihen, eigene öffentliche Fernsehsender zu betreiben. Aufgrund dieser Vorschrift - zusammen mit der LTC, dem Gesetz zum Dritten Fernsehkanal[30] und den Autono-

---

[23] Vgl. nur Sommermann, Schutz der Grundrechte, 1984, S. 75 zur Umbruchsphase „transición".

[24] Ley 4/1980 de 10.01.80, del Estatuto de la Radio y la Televisión; B.O.E. núm. 11, de 12.01.1980, S. 844.

[25] S. die Ausführungen zum ERTV unter D.VI. in dieser Arbeit.

[26] Vgl. v.a. Art. 4 ERTV: Die Grundsätze der Objektivität, Unparteilichkeit, Wahrheitspflicht, Trennung von Information und Meinung etc., s. dazu unten D.VI.9.

[27] Art. 26 ERTV, vgl. dazu D.I.2.b.cc. und D.VI.13.a. und b.

[28] Holznagel, Rundfunkrecht, 1996, S. 85 mit Beispielen; López-Escobar, Vulnerable Values, 1992, S. 162; vgl. auch Faus Belau, Internationales Handbuch 1986/87, S. E 172 und Kleinsteuber/ Roßmann, Europa als Kommunikationsraum, 1994, S. 226. S. auch unter D.I.2.b.aa.

[29] Vgl. zu den Autonomieregionen die Artt. 143 – 158 CE; eine hervorragende Komplettübersetzung der Verfassung des Königreichs Spanien vom 29.12.1978 gibt Weber, Die spanische Verfassung von 1978, JöR 1980, S. 209 - 278; ferner Kimmel, Die Verfassungen der EG-Mitgliedstaaten, 1996, S. 522 – 566. Ausführlich zu den Comunidades Autónomas Sommermann, Schutz der Grundrechte, 1984, S. 102 – 106.

[30] Ley 46/1983, de 26.12.83, reguladora del Tercer Canal de Televisión (LTC); B.O.E. núm. 4, de 05.01.1984, S. 247. S. zur LTC die Ausführungen unter D.VII. in dieser Arbeit.

miestatuten der Comunidades Autónomas[31] - konnten alle Autonomieregionen eigene Rundfunkgesetze zur Schaffung der Dritten Fernsehkanäle verabschieden, was de facto das Ende des Staatsmonopols für das Fernsehen bedeutete[32]. Die verschiedenen Kulturen und Sprachen Spaniens konnten nun endlich auch im Massenmedium Fernsehen ihren Ausdruck finden, nachdem dies unter Franco jahrzehntelang verhindert worden war.

Die Umsetzung dieser Möglichkeit zur Schaffung Dritter öffentlicher Kanäle dauerte freilich noch an: Zwar war bereits am 10.01.1980 das ERTV erlassen worden, das grundsätzlich die Möglichkeit der Schaffung der Dritten Fernsehprogramme der Autonomieregionen vorsah, vgl. Art. 2 II ERTV. Das als Ermächtigungsgrundlage dienende Gesetz zum Dritten Kanal (LTC) wurde aber erst am 26.12.1983 verabschiedet. Diese Verzögerung hielt aber z.B. das Baskenland nicht davon ab, schon am 20.05.1982 ein eigenes Gesetz zur Gründung seines Dritten Fernsehkanals zu erlassen[33] und bereits seit Januar 1983 ein eigenes (und später zwei) Fernsehprogramme zu betreiben und damit den Zentralstaat vor vollendete Tatsachen zu stellen[34]. Ähnlich schnell handelte Katalonien[35]. Heute haben sechs der 19 Autonomieregionen Spaniens trotz erheblicher Finanzierungsprobleme der Fernsehanstalten ein oder zwei eigene „Dritte" Fernsehprogramme. Zum Zwecke der gemeinsamen Produktion und des gemeinsamen Erwerbs von Fernsehprogrammen schlossen sich 1988 die Dritten zur „Federación de la Radio y Televisión autonómica" („FORTA") zusammen[36].

c. Lokale Hörfunkprogramme

Ähnlich wie die Autonomieregionen errichteten daraufhin auch viele Gemeindeverwaltungen, ohne staatliche oder regionale Konzessionen zu besitzen, ihre kleinen öffentlichen UKW-„Munizipalsender"[37].

---

[31] S. die Namen und Fundstellen aller spanischen Autonomiestatute unter C.III.2.b. dieser Arbeit.

[32] S. zu den Kompetenzen der Comunidades Autónomas im Rundfunkbereich Laguna de Paz, Régimen jurídico, 1994, S. 164; ausführlich García Llovet, El régimen jurídico, 1991, S. 221.

[33] Ley de la Comunidad Autónoma del País Vasco 5/1982, de 20.05.82, de creación del Ente Público "Radiotelevisión Vasca"; B.O.P.V. núm. 71, de 02.06.1982.

[34] Villagrasa, 1992, S. 342; ausführlich Spangenberg, Die Liberalisierung des Fernsehen, 1998, S. 614 f.; ferner Martín y Pérez de Nanclares, EG-Fernsehrichtlinie, 1995, S. 364. Im Falle der Autonomieregion Baskenland ist umstritten, ob ihr das baskische Autonomiestatut bereits das Recht auf Gründung eigener Fernsehkanäle verliehen hat, so daß sie nicht den Erlaß der LTC abwarten mußte. Vgl. auch die Ausführungen unter C.III.2.b.

[35] Vgl. Dörr, Medienrecht, 1994, S. 264 f.; ebenso Holznagel, Rundfunkrecht, 1996, S. 342.

[36] Salamanca O., Spaniens Medien, MP 1996, S. 210; s. zu den Fernsehsendern der Autonomieregionen die Ausführungen zur LTC unter D.VII.

[37] Faus Belau, Internationales Handbuch 1986/87, S. E 171.

2. Die privaten Rundfunkveranstalter

a. Hörfunk

Bereits die Regierung Suárez hatte über 300 neue UKW-Hörfunkfrequenzen für den Privatbetrieb zur Verfügung gestellt, und die Autonomieregionen machten alsbald von ihrer Befugnis, selbst Hörfunklizenzen zu vergeben, regen Gebrauch. Ob mit oder ohne Lizenz, viele private Hörfunkstationen begannen ihren Sendebetrieb und bildeten schließlich Senderketten mit zumeist regionaler Ausbreitung[38]. Die älteste private Senderkette ist „SER" („Sociedad Española de Radiodifusión"), später gründeten sich weitere mit z.T. erheblicher Verflechtung mit Presseunternehmen.

Bis heute verfügt nur ein Teil der zahlreichen privaten Hörfunkveranstalter über eine wirksame Konzession[39].

b. Privatfernsehen

aa. Der lange Weg zur Einführung des landesweiten Privatfernsehens

Die Einführung des landesweiten Privatfernsehens - und somit des dualen Fernsehsystems - geschah in einer wenig konsistenten Entwicklung, die immer wieder durch Positionswechsel der politischen Akteure und mehrfache Verzögerungen gekennzeichnet ist[40].

Schon die konservativen UCD-Regierungen unter Adolfo Suárez und Leopoldo Calvo Sotelo befürworteten die Privatisierung der Massenmedien, schafften es aber nicht, dies gesetzlich umzusetzen: Bereits Anfang 1981 hatte das Kabinett Calvo Sotelo einen Entwurf für ein Gesetz zur Einführung des Privatfernsehens ausgearbeitet, welcher aber innerhalb der Gruppierungen der UCD stark umstritten war[41] und schließlich scheiterte.

Auch die Verfassungsbeschwerde der „Antena 3"-Fernsehgesellschaft vom März 1981[42], die auf dem Rechtswege die Einführung des Privatfernsehens versuchte, brachte keinen Fortschritt, da das spanische Verfassungsgericht

---

[38] Holznagel, Rundfunkrecht, 1996, S. 87.

[39] Lt. Holznagel, Rundfunkrecht, 1996, S. 87, soll es in den achtziger Jahren mehr als 640 Piratensender gegeben haben; Faus Belau, Internationales Handbuch 1986/87, S. E 171, nennt die Zahl 300 und Souvirón Morenilla, Derecho público de los medios audiovisuales, 1999, S. 240 gibt die Zahl 500 an.

[40] Spangenberg, Die Liberalisierung des Fernsehens, 1998, S. 617.

[41] Hierbei ging es weniger um inhaltliche Meinungsverschiedenheiten, sondern vielmehr um das politische Ärgernis, daß der Gesetzentwurf nicht zuvor mit allen UCD-Gruppierungen abgesprochen war; ferner befürchtete man, im Parlament nicht die erforderliche Mehrheit für ein Organgesetz (s. dazu die übernächste FN) zu erlangen. S. dazu Díaz Mancisidor/ Díezhandino, Das private Fernsehen, RuF 1988, S. 508 – 510.

[42] STC 12/1982, JC Bd. 3, S. 160; vgl. Sommermann, Schutz der Grundrechte, 1984, S. 158; zur Verfassungsrechtsprechung s. unter C.II.

(Tribunal Constitucional, „TC“) die Einführung des Privatfernsehens als eine politische Frage beurteilte, die mittels eines Organgesetzes[43] zu beantworten sei. Mit diesem Urteil und einem weiteren im Dezember desselben Jahres[44] wurde das Fernsehmonopol der RTVE bestätigt.

Infolge der genannten Urteile des Verfassungsgerichts beschloß der Ministerrat am 16.04.1982, dem Parlament zwei Gesetzesentwürfe zur Einführung des Privatfernsehens vorzulegen. Diese scheiterten an der Parlamentsauflösung vom 27.08.1982 durch Präsident Calvo Sotelo; die anschließenden Neuwahlen verlor die UCD, die sich im Februar 1983 komplett auflöste, an den PSOE (Partido Socialista Obrero Español) unter Felipe González Márquez[45].

Die von 1982 bis 1996 regierenden Sozialisten sahen zunächst trotz anderslautender Wahlversprechen keine Dringlichkeit, das Privatfernsehen einzuführen. Stattdessen wollten sie den öffentlichen Rundfunk RTVE stärken, bei dem sie erhebliche Einflußmöglichkeiten hatten, welche sie auch nutzten[46].

Unter dem Druck der Öffentlichkeit änderte sich jedoch ab 1984 die Einstellung der Regierung González, die schließlich im September 1985 einen Entwurf für ein Privatfernsehgesetz einbrachte, der im April 1986 vom Ministerrat gebilligt wurde. Wie schon 1982 verhinderte aber die vorzeitige Parlamentsauflösung 1986 die Verabschiedung des Gesetzes. Zum zweiten Male wurde die Einführung des privaten Fernsehens bzw. des dualen Fernsehsystems durch vorzeitige Wahlen unterbunden[47]. Nach dem erneuten Wahlsieg des PSOE ließ sich die Regierung wiederum einige Zeit, erarbeitete aber trotz interner Meinungsverschiedenheiten das Privatfernsehgesetz[48] (LTP), das am 03.04.1987 den Ministerrat passierte und endlich am 14.04.1988 als einfaches Gesetz verabschiedet wurde.

---

[43] Art. 81 CE: Organgesetze sind Gesetze, die sich auf bestimmte Materien beziehen (z.B. auf die Grundrechte, Autonomiestatute, das allgemeine Wahlsystem – s. Art. 81 I CE) und deshalb einen erhöhten formellen Bestandsschutz genießen, indem sie gem. Art. 81 II CE die absolute Mehrheit der *gesetzlichen* Zahl der Stimmen im Unterhaus erfordern (nicht jedoch ein qualifiziertes Stimmenquorum wie es z.B. in Art. 79 II GG verlangt wird, so daß im Regelfall die Regierungsmehrheit zur Verabschiedung eines Organgesetzes ausreicht). S. auch Weber, Die spanische Verfassung von 1978, JöR 1980, S. 232.

[44] STC 74/1982, JC Bd. 4, S. 451.

[45] Díaz Mancisidor/ Díezhandino, Das private Fernsehen, RuF 1988, S. 509.

[46] Mehrere „Vorfälle“ politischer Einflußnahme schildert nicht unemotional Faus Belau, Internationales Handbuch 1986/87, S. E 172 f.

[47] Díaz Mancisidor/ Díezhandino, Das private Fernsehen, RuF 1988, S. 509.

[48] Ley 10/1988, de 03.05.88, de televisión privada (LTP); B.O.E. núm. 108, de 05.05.1988, S. 13666.

bb. Das Privatfernsehgesetz von 1988 (LTP)

Gem. Art. 1 LTP bleibt der Staat i.S.d. Art. 128 II CE[49] Inhaber des „essentiellen öffentlichen Dienstes" Fernsehen; die Sendelizenzen werden gem. Art. 2 LTP durch die spanische Regierung an Aktiengesellschaften vergeben, die unter den Voraussetzungen des Gesetzes indirekt für den Staat den Fernsehdienst betreiben[50].

Das Gesetz, dessen Verfassungsmäßigkeit später durch den TC bestätigt wurde[51], (obwohl es nicht in Form eines Organgesetzes erlassen wurde,) sieht die Erteilung von drei Konzessionen für je einen landesweiten terrestrischen Privatfernsehkanal vor, welche schließlich mitsamt den erforderlichen Sendefrequenzen an die privaten Veranstalter „Antena 3 TV", „Tele Cinco" und dem Pay-TV-Anbieter „Canal Plus" erteilt wurden.

Den Veranstaltern des Privatfernsehens werden gem. Art. 3 LTP dieselben Treuhandbindungen wie auch dem öffentlichen Rundfunk auferlegt[52], ferner werden Mindestsendezeiten und Produktionsquoten festgelegt. Das Gesetz enthält, wie auch der Rundfunkstaatsvertrag und die Landesrundfunkgesetze der deutschen Bundesländer, Regeln zur Konzentrationsbegrenzung und Regelungen für die Konzessionserteilung und die Ahndung von Verstößen gegen das Gesetz oder die Bestimmungen der Konzession; die Dauer der verlängerbaren Konzessionen wird auf 10 Jahre festgelegt. Zu den einzelnen Regelungen der LTP s.u. den Abschnitt D.VIII.

cc. Privates Lokalfernsehen

Da das Privatfernsehgesetz gem. Art. 4 I LTP nur das landesweite Privatfernsehen regelt, werden von ihm regionale und lokale Privatfernsehsender nicht erfaßt. Ebensowenig erfaßt es das Kabel- und Satellitenfernsehen.

Seit Beginn der achtziger Jahre wurden - zunächst mangels einer gesetzlichen Regelung in völliger Illegalität[53] - viele private Lokalfernsehsender gegründet, die bis heute ohne Konzession ihre „TV de barrios" ausstrahlen[54]. Ferner bildeten sich sog. „video comunitarios", d.h. Gemeinschaften mehrerer Haushalte, die

---

[49] Gem. Art. 128 II S. 2 CE können durch Gesetz dem Staat wesentliche Dienste vorbehalten werden, wenn das Allgemeinwohl dies erfordert.

[50] S. dazu ausführlich unter D.VIII.7.

[51] STC 127/1994, JC Bd. 39, S. 1.

[52] Art. 4 ERTV; s. die Ausführungen zu Art. 4 ERTV unter D.VI.9.

[53] STC 189/1991, JC Bd. 31, S. 162 (173) besagte ausdrücklich, daß das Gesetz durch Nichtregelung des Lokal- und Kabelfernsehens diese Verbreitungsarten verbiete; a.A. Rubio Llorente in seinem Sondervotum zu STC 189/1991, ferner Laguna de Paz, Régimen jurídico, 1994, S. 214 (FN 39).

[54] Holznagel, Rundfunkrecht, 1996, S. 87; Spangenberg, Die Liberalisierung des Fernsehens, 1998, S. 618.

sich gemeinsam an einen Videorecorder (und später häufig an Satellitenempfangsanlagen) anschlossen.

V. Weitere Fernsehgesetze der Gegenwart

Neben den bereits genannten Gesetzen ERTV und LTP enthält die Fernsehordnung Spaniens eine Reihe weiterer Normenkomplexe unterschiedlicher Reichweite und Relevanz.

1. Das Gesetz zur Umsetzung der EG-Fernsehrichtlinie (LID)

Größte Bedeutung für alle öffentlichen und privaten Fernsehveranstalter bezüglich der innereuropäischen Weiterverbreitung von Fernsehprogrammen, der Förderung europäischer Fernsehproduktionen, der Fernsehwerbe- und Sponsoringregelungen und des Jugendschutzes hat das 1994 erlassene Gesetz zur Umsetzung der „EG-Fernsehrichtlinie" (FRL)[55], die Ley 25/1994 (LID)[56]. Die LID ist die Fundamentalnorm der spanischen Fernsehordnung schlechthin und wird unter D.II. ausführlich untersucht.

2. Die Gesetze zum Satelliten-, Lokal-, und Kabelfernsehen

Im Dezember 1995 wurde kurz vor dem Ende der Regierung González schließlich das Gesetz 37/1995 zur Regelung der Satelliten-Telekommunikation (LTS) erlassen, das auch das bis dato ungeregelte, aber zu diesem Zeitpunkt längst in Betrieb befindliche Satellitenfernsehen erfaßt[57].

Ferner wurde ebenfalls im Dezember 1995 das o.g. rechtliche Vakuum, in dem sich die vielen privaten Lokalfernsehveranstalter befanden, durch das Lokalfernsehgesetz Ley 42/1995 (LTL)[58] gefüllt und an demselben Tag auch das Gesetz

---

[55] Richtlinie 89/552/EWG des Rates zur Koordinierung bestimmter Rechts- und Verwaltungsvorschriften der Mitgliedstaaten über die Ausübung der Fernsehtätigkeit, ABl. EG Nr. L 298 vom 17.10.1989, S. 23, i.d.F. der Berichtigung gem. ABl. EG Nr. L 331 vom 16.11.1989, S. 51 - zuletzt geändert durch die Richtlinie 97/36/EG des Europaparlaments und des Rates vom 30.07.1997, ABl. EG Nr. L 202 vom 30.06.1997, S. 60.

[56] Ley 25/1994, de 12.07.94, de incorporación al ordenamiento jurídico español de la directiva 89/552/CEE, sobre la coordinación de disposiciones legales, reglamentarias y administrativas de los estados miembros relativas al ejercicio de actividades de radiodifusión televisiva (LID), B.O.E. núm. 166, de 13.07.1994, S. 22342. Die Änderungen der EG-Änderungsrichtlinie 97/36/EG wurden durch das Änderungsgesetz 22/1999 vom 25.05.1999 (B.O.E. núm. 136, de 08.06.1999, S. 21765) umgesetzt, also früher als in Deutschland mit dem 4. Rundfunkänderungsstaatsvertrag, der erst am 01.04.2000 in Kraft getreten ist.

[57] Ley 37/1995, de 12.12.95, de telecomunicaciones por satélite (LTS); B.O.E. núm. 297, de 13.12.1995, S. 35705. Heute ist die LTS nur noch auf das Satellitenfernsehen anwendbar, vgl. die Untersuchung unter D.IX.

[58] Ley 41/1995, de 22.12.95, de televisión local por ondas terrestres (LTL); B.O.E. núm. 309, de 27.12.1995, S. 36940. Lt. Salamanca O., Spaniens Medien, MP 1996, S. 210, gab es zum

41/1995 zur Regelung der Kabel-Telekommunikation (LTCC)[59] inklusive des Kabelfernsehens erlassen.

3. Weitere wichtige Fernsehgesetze

Zur Umsetzung der Richtlinie 95/47/EG erließ 1997 die neue konservative Regierung unter José María Aznar López die Ley 17/1997[60], die allgemeine Regeln zur Übertragung der Fernsehsignale und zum Empfang der Fernsehdienste enthält, insbesondere zu Übertragung und Empfang des digitalen Satellitenfernsehens[61].

In Umsetzung der Ermächtigung aus Art. 3 a I FRL wurde das Gesetz 21/1997[62] erlassen, das das Recht auf Kurzberichterstattung und die Übertragung von Ereignissen erheblichen gesellschaftlichen Interesses regelt[63]. Die neuesten fernsehrechtlichen Normierungen wurden 1998 zur Regelung des terrestrischen Digitalfernsehens erlassen[64].

Alle bislang genannten Gesetze werden in Teil D dieser Arbeit ausführlich untersucht.

4. Andere fernsehrelevante Gesetze

Neben den beschriebenen Gesetzen sind noch einige weitere zu nennen, die heute für alle Fernsehveranstalter von Bedeutung sind: Dies sind in erster Linie das (in Art. 23 FRL vorgesehene) Gesetz zur Regelung des Gegendarstellungsrechts[65], ferner das Allgemeine Werbegesetz[66], auf das sich die LID ausdrück-

---

Erlaßzeitpunkt dieses Gesetzes bereits 534 Stadtviertelsender. S. die Untersuchung der LTL unter D.XI.

[59] Ley 42/1995, de 22.12.95, de las telecomunicaciones por cable (LTCC); B.O.E. núm. 306, de 23.12.1995, S. 36790. Heute ist die LTCC nur noch auf das Kabelfernsehen anwendbar, vgl. die Untersuchung unter D.X.

[60] Ley 17/1997, de de 03.05.97, por la que se incorpora al Derecho español la Directiva 95/47/CE, de 24.10.95, del Parlamento Europeo y del Consejo, sobre el uso de normas para la transmisión de señales de televisión y se aprueban medidas adicionales para la liberalización del sector; B.O.E. núm. 108, de 06.05.1997, S. 14153.

[61] S. zur Ley 17/1997 die Ausführungen unter D.V.

[62] Ley 21/1997, de 03.07.97, reguladora de las emisiones y retransmisiones de competiciones y acontecimientos deportivos; B.O.E. núm. 159, de 04.07.1997, S. 20742.

[63] S. zur Ley 21/1997 die Ausführungen unter D.III.

[64] S. dazu unter D.XII.

[65] Ley Orgánica 2/1984, de 26.03.84, reguladora del derecho de rectificación, B.O.E. núm. 74 de 27.03.1984, S. 8387, Berichtigungen in B.O.E. núm. 90, de 14.04.1990, S. 10661; s. zu diesem Gesetz die Ausführungen unter D.IV.

[66] Ley 34/1988, de 11.11.88, General de Publicidad, B.O.E. núm. 274 de 15.11.1988, S. 32464.

lich bezieht[67], und das Gesetz zum Schutze der Ehre, der Intimsphäre und des eigenen Bildes[68].

Abschließend zu nennen sind das Allgemeine Wahlgesetz[69], das allgemeine Regeln über die Wahlwerbung - auch im Fernsehen - aufstellt, und das Gesetz zur Regelung der Wahlwerbung im Privatfernsehen[70].

---

[67] Artt. 9 I und 10 I LID stellen die Regeln der LID ausdrücklich neben die Regeln des Allgemeinen Werbegesetzes.

[68] Ley Orgánica 1/1982, de 05.05.1982, de protección civil del derecho al honor, a la intimidad personal y familiar y a la propia imagen, B.O.E. núm. 115 de 14.05.1982, S. 12546.

[69] Ley Orgánica 5/1985, de 19.06.85, del Régimen Electoral General; B.O.E. núm. 147, de 20.06.1985, S. 19110, Berichtigungen in B.O.E. núm. 17, de 20.01.1986, S. 2759.

[70] Ley Orgánica 2/1988, de 03.05.88, reguladora de la publicidad electoral en emisoras de televisión privada; B.O.E. núm. 108, de 05.05.1988, S. 13666.

B. FERNSEHRECHTLICHE VORGABEN DES VÖLKER- UND EUROPARECHTS UND IHRE UMSETZUNG IN DIE SPANISCHE RECHTSORDNUNG

Dem Europäischen Medienrecht kommt - v.a. in bezug auf das Fernsehen - eine immer größere Bedeutung zu, was in erster Linie der rasant fortschreitenden Entwicklung neuer Verbreitungstechnologien zu verdanken ist: Rundfunkwellen halten sich nicht nur nicht an Ländergrenzen[71], sondern sind heute durch moderne Satelliten-, Kompressions- und Mehrkanaltechnik zumindest in ganz Europa, oft auch weit darüberhinaus zu empfangen[72]. Dies erfordert aber weitergehende als die traditionell nationalstaatlichen Regelungen, weshalb sich die Europäischen Gemeinschaften – und auch der Europarat, s. dazu B.III. – schon frühzeitig um eine europaweite Rundfunkpolitik bemühten[73].

I. Die Vorgaben der EG-Fernsehrichtlinie und ihre Umsetzung in die spanische Rechtsordnung

Diese Bemühungen mündeten am 03.10.1989 in die Verabschiedung der hinlänglich bekannten „EG-Fernsehrichtlinie“ (FRL)[74], die heute die wichtigste Grundlage des europäischen Fernsehrechts bildet und z.T. sehr weitreichende Regelungen bzgl. der Weiterverbreitung von Fernsehsendungen innerhalb der Mitgliedstaaten, der Übertragung von Ereignissen erheblichen gesellschaftlichen Interesses, der Sendung europäischer Fernsehproduktionen, der Werbung, des Sponsorings und des Teleshoppings, des Jugendschutzes und des Rechts auf Gegendarstellung enthält.

Rechtsgrundlage der Richtlinie waren Art. 66 i.V.m. Art. 57 II EGV a.F. (dies sind nach Änderung des EGV durch den Amsterdamer Vertrag Art. 55 i.V.m. Art. 42 II EGV n.F.).

---

[71] Vgl. BVerfGE 12, 205 (251).

[72] Dörr, Auf dem Weg zur europäischen Informationsgesellschaft, 1997, S. 73 f.

[73] Bereits im März 1982 hatte die Versammlung (heute das Europäische Parlament) die EG-Kommission einstimmig aufgefordert, eine europäische Rahmenordnung für den Rundfunk zu entwickeln, s. Möwes/ Schmitt-Vockenhausen, Europäische Medienordnung, EuGRZ 1990, S. 121; Knothe/ Bashayan, Die Revision, AfP 1997, S. 849.

[74] Richtlinie 89/552/EWG des Rates zur Koordinierung bestimmter Rechts- und Verwaltungsvorschriften der Mitgliedstaaten über die Ausübung der Fernsehtätigkeit, ABl. EG Nr. L 298 vom 17.10.1989, S. 23, i.d.F. der Berichtigung gem. ABl. EG Nr. L 331 vom 16.11.1989, S. 51 - zuletzt geändert durch die Richtlinie 97/36/EG des EP und des Rates vom 30.07.1997, ABl. EG Nr. L 202 vom 30.06.1997, S. 60.

1. Ein Überblick über die spanischen Umsetzungsnormen der EG-Fernsehrichtlinie

Die Umsetzung der Vorgaben der FRL erfolgte in Spanien in erster Linie 1994 durch Erlaß der Ley 25/1994 (LID)[75], die fast alle Vorgaben der FRL in die spanische Rechtsordnung einbindet und im Abschnitt D.II. ausführlich untersucht wird. Die LID ist die Fundamentalnorm des spanischen Fernsehrechts.

In zweiter Linie enthält die spanische Fernseh-Rechtsordnung zwei spezielle Gesetze, die bestimmte einzelne Vorgaben aus der FRL umsetzen: Dies sind die Ley 21/1997[76], die u.a. das in Art. 3 a FRL geregelte Recht der Sendung von Ereignissen erheblichen gesellschaftlichen Interesses[77] normiert (s. zur Ley 21/1997 die Ausführungen unter D.III.) und die Ley Orgánica 2/1984[78], die das in Art. 23 FRL geforderte Gegendarstellungsrecht regelt (s. zur Ley Orgánica 2/1984 die Ausführungen unter D.IV.).

2. Die graphische Gegenüberstellung der Vorgaben der EG-Fernsehrichtlinie und ihrer entsprechenden Umsetzungsnormen des spanischen Rechts

Die Vorgaben der FRL wurden in Spanien v.a. durch Erlaß der LID, aber auch der Ley 21/1997 und durch die (bei Erlaß der FRL von 1989 bereits bestehende) Ley Orgánica 2/1984 umgesetzt, s.o.

Diese Umsetzung der Vorgaben der FRL läßt sich am besten durch eine graphische synoptische Gegenüberstellung der Vorschriften der verschiedenen Normenkomplexe darstellen. Die anschließende Synopse soll einen schnellen Überblick über die Vorgaben der FRL und ihre Umsetzung in das spanische Recht geben; eine genaue Untersuchung der spanischen Umsetzungsnormen enthalten die Abschnitte D.II. bis D.IV.

Die Synopse geht chronologisch nach den Vorgaben der FRL vor; Abweichungen der nationalen Regelungen von den Vorgaben der FRL sind kursiv gedruckt.

---

[75] Ley 25/1994, de 12.07.94, de incorporación al ordenamiento jurídico español de la directiva 89/552/CEE, sobre la coordinación de disposiciones legales, reglamentarias y administrativas de los estados miembros relativas al ejercicio de actividades de radiodifusión televisiva, B.O.E. núm. 166, de 13.07.1994, S. 22342; das Gesetz wurde geändert durch die Ley 22/1999, de 07.07.99, de modificación de la Ley 25/1994, de 12.07.94, B.O.E. núm. 136, de 08.06.1999, S. 21765.

[76] Ley 21/1997, de 03.07.97, reguladora de las emisiones y retransmisiones de competiciones y acontecimientos deportivos, B.O.E. núm. 159, de 04.07.1997, S. 20742.

[77] Entsprechende Regelungen enthält in Deutschland § 5 a RfStV.

[78] Ley Orgánica 2/1984, de 26.03.84, reguladora del derecho de rectificación; B.O.E. núm. 74, de 27.03.1984, S. 8387; Berichtigung in B.O.E. núm. 90, de 14.04.1984, S. 10661.

SPALTE 1: DIE EG-FERNSEHRICHTLINIE – SPALTE 2: DIE LID, LEY 25/1994[79]

(Präambel)	**(Präambel, Begründung des Änderungsgesetzes)**
KAPITEL I Begriffsbestimmungen	
Art. 1	**Art. 3**
Für die Zwecke dieser Richtlinie bedeutet:	Für die Zwecke dieses Gesetzes bedeutet:
a) „Fernsehsendung": Die drahtlose oder drahtgebundene, erdgebundene oder durch Satelliten ermittelte, unverschlüsselte oder verschlüsselte Erstsendung von Fernsehprogrammen, die zum Empfang durch die Allgemeinheit bestimmt ist. Der Begriff schließt die Übermittlung an weitere Veranstalter zur Weiterverbreitung an die Allgemeinheit ein. Nicht eingeschlossen sind Kommunikationsdienste, die auf individuellen Abruf Informationen oder andere Inhalte übermitteln, wie Fernkopierdienste, elektronische Datenbanken und andere ähnliche Dienste.	**Art. 3 a)** *„Fernsehen"*: Die Erstausstrahlung von Fernsehprogrammen, sei sie drahtlos oder drahtgebunden, erdgebunden oder durch Satelliten, verschlüsselt oder unverschlüsselt, die sich an die Allgemeinheit richtet. Der Begriff schließt den Austausch von Programmen zwischen natürlichen und juristischen Personen, seien es öffentliche oder privatrechtliche, mit ein, die die Fernsehausstrahlung für die Allgemeinheit zum Ziel haben. Im Gegensatz dazu sind Kommunikationsdienste, die auf individuellen Abruf Informationen oder andere Inhalte übermitteln, wie Fernkopierdienste, elektronische Datenbanken und andere ähnliche Dienste, nicht mit erfaßt.
b) „Fernsehveranstalter": Die natürliche oder juristische Person, die die redaktionelle Verantwortung für die Zusammensetzung von Fernsehprogrammen im Sinne von Buchstabe a trägt und die diese Fernsehprogramme sendet oder von Dritten senden läßt.	**Art. 3 b)** „Fernsehveranstalter": Die natürliche oder juristische Person, die die redaktionelle Verantwortung für die Zusammensetzung von Fernsehprogrammen im Sinne von Buchstabe a trägt und die diese Fernsehprogramme sendet oder von Dritten senden läßt.
c) „Fernsehwerbung": Jede Äußerung bei der Ausübung eines Handels, Gewerbes, Handwerks oder freien Berufs, die im Fernsehen von einem öffentlich-rechtlichen oder privaten Veranstalter entweder gegen Entgelt oder gegen eine ähnliche Gegenleistung oder als Eigenwerbung gesendet wird mit dem Ziel, den Absatz von Waren oder die Erbringung von Dienstleistungen, einschließlich unbeweglicher Sachen, Rechte und Verpflichtungen, gegen Entgelt zu fördern.	**Art. 3 c)** „Fernsehwerbung": Jede Äußerung bei der Ausübung eines Handels, Gewerbes, Handwerks oder freien Berufs, die im Fernsehen von einem öffentlich-rechtlichen oder privaten Veranstalter entweder gegen Entgelt oder gegen eine ähnliche Gegenleistung oder als Eigenwerbung gesendet wird mit dem Ziel, den Absatz von Waren oder die Erbringung von Dienstleistungen, einschließlich unbeweglicher Sachen, Rechte und Verpflichtungen, gegen Entgelt zu fördern. *Die Äußerungen, die im Sinne dieses Gesetzes der Eigenwerbung dienen, sind ebenfalls Fernsehwerbung.*

[79] Bzw. Hinweise auf die anderen Normen zur Umsetzung der FRL.

	Auch jede Form der Äußerung, die für Dritte ausgestrahlt wird, um eine bestimmte Einstellung oder ein bestimmtes Verhalten bei den Fernsehzuschauern zu fördern, ist Fernsehwerbung. **Art. 3 e)** *„Indirekte Werbung": Wenn ohne direkte Erwähnung der Produkte Marken, Symbole oder andere unterscheidbare Charakteristika dieser Produkte oder der Firmen, deren Hauptaktivitäten oder bekannte Aktivitäten ihre Produktion oder ihr Absatz ist, benutzt werden.*
d) „Schleichwerbung": Die Erwähnung oder Darstellung von Waren, Dienstleistungen, Namen, Warenzeichen oder Tätigkeiten eines Herstellers von Waren oder eines Erbringers von Dienstleistungen, wenn sie vom Fernsehveranstalter absichtlich zu Werbezwecken vorgesehen ist und die Allgemeinheit hinsichtlich des eigentlichen Zwecks dieser Erwähnung irreführen kann. Eine Erwähnung oder Darstellung gilt insbesondere dann als beabsichtigt, wenn sie gegen Entgelt oder eine ähnliche Gegenleistung erfolgt.	**Art. 3 d)** „Schleichwerbung": Die Form der Werbung, die verbal, visuell oder durch Geräusche innerhalb der Programme Waren, Dienstleistungen, Namen, Warenzeichen oder Tätigkeiten eines Herstellers von Waren oder eines Erbringers von Dienstleistungen darstellt, wenn sie vom Fernsehveranstalter absichtlich zu Werbezwecken vorgesehen ist und die Allgemeinheit hinsichtlich des eigentlichen Zwecks dieser Erwähnung irreführen kann. Eine Erwähnung oder Darstellung gilt insbesondere dann als beabsichtigt, wenn sie gegen Entgelt oder eine ähnliche Gegenleistung erfolgt. Nicht unter diesen Begriff fällt die Darstellung öffentlicher Ereignisse, die durch Dritte organisiert sind, deren Ausstrahlungsrechte auf einen Fernsehveranstalter übertragen wurden, wenn sich die Teilnahme desselben auf die einfache Wiedergabe des Ereignisses beschränkt und ohne eine gewollte Abweichung zur Erhöhung des Werbecharakters durchgeführt wird.
e) „Sponsoring": Jeder Beitrag eines nicht im Bereich der Produktion von audiovisuellen Werken tätigen öffentlichen oder privaten Unternehmens zur Finanzierung von Fernsehprogrammen mit dem Ziel, sein Warenzeichen, sein Erscheinungsbild, seine Tätigkeit oder seine Leistungen zu fördern.	**Art. 3 f)** *„Werbesponsoring im Fernsehen":* Der Beitrag eines nicht im Bereich der Produktion von audiovisuellen Werken tätigen öffentlichen oder privaten Unternehmens (Sponsor) zur Finanzierung von Fernsehprogrammen eines Fernsehveranstalters (Gesponserter) mit dem Ziel, sein Warenzeichen, sein Erscheinungsbild, seine Tätigkeit oder seine Leistungen zu fördern
f) „Teleshopping": Sendungen direkter Angebote an die Öffentlichkeit für den Absatz von Waren oder die Erbringung von Dienstleistungen, einschließlich unbeweglicher	**Art. 3 h)** „Teleshopping": Sendungen direkter Angebote an die Öffentlichkeit für den Absatz von Waren oder die Erbringung von Dienstleistungen, einschließlich unbeweglicher

Sachen, Rechte und Verpflichtungen, gegen Entgelt.	Sachen, Rechte und Verpflichtungen, gegen Entgelt.
KAPITEL II Allgemeine Bestimmungen	
Art. 2 (I) Jeder Mitgliedstaat sorgt dafür, daß alle Fernsehsendungen, die von seiner Rechtshoheit unterworfenen Fernsehveranstaltern gesendet werden, den Vorschriften des Rechtssystems entsprechen, die auf für die Allgemeinheit bestimmte Sendungen in diesem Mitgliedstaat anwendbar sind.	
(II) Im Sinne dieser Richtlinie unterliegen diejenigen Fernsehveranstalter der Rechtshoheit eines Mitgliedstaates, - die gemäß Absatz 3 in diesem Mitgliedstaat niedergelassen sind; - auf die Absatz 4 anwendbar ist.	**Art. 2 (I)** Dieses Gesetz findet Anwendung auf die Fernsehsendungen von Fernsehveranstaltern, die in Spanien niedergelassen sind oder, falls sie keiner Rechtshoheit eines EG-Mitgliedstaates unterfallen, die Voraussetzungen des Absatzes 3 erfüllen.
(III) Im Sinne dieser Richtlinie gilt ein Fernsehveranstalter in folgenden Fällen als in einem Mitgliedstaat niedergelassen: a) Der Fernsehveranstalter hat seine Hauptverwaltung in diesem Mitgliedstaat, und die redaktionellen Entscheidungen über das Programmangebot werden in diesem Mitgliedstaat getroffen; b) Wenn ein Fernsehveranstalter seine Hauptverwaltung in einem Mitgliedstaat hat, die redaktionellen Entscheidungen über das Programmangebot jedoch in einem anderen Mitgliedstaat getroffen werden, so gilt er als in dem Mitgliedstaat niedergelassen, in dem ein wesentlicher Teil des Sendepersonals tätig ist; ist ein wesentlicher Teil des Sendepersonals in jedem dieser Mitgliedstaaten tätig, so gilt der Fernsehveranstalter als in dem Mitgliedstaat niedergelassen, in dem er seine Hauptverwaltung hat; ist ein wesentlicher Teil des erforderlichen Sendepersonals in keinem dieser Mitgliedstaaten tätig, so gilt der Fernsehveranstalter als in dem Mitgliedstaat niedergelassen, in dem er zuerst mit der Sendetätigkeit gemäß dem Rechtssystem dieses Mitgliedstaates begonnen hat, sofern eine dauerhafte und tatsächliche Verbindung mit der Wirtschaft dieses Mitgliedstaates weiterbesteht; c) wenn ein Fernsehveranstalter seine Hauptverwaltung in einem Mitgliedstaat hat, die	**Art. 2 (II)** Fernsehveranstalter gelten als in Spanien niedergelassen, falls sie eine der folgenden Voraussetzungen erfüllen: a) Sie haben ihren Hauptsitz in Spanien und die redaktionellen Entscheidungen werden auf spanischem Territorium gefällt oder ein wesentlicher Teil ihres Personals arbeitet dort. b) Wenn sie ihren Hauptsitz in einem anderen EG-Mitgliedstaat haben, ein wesentlicher Teil des Personals aber in Spanien arbeitet und die Entscheidungen über das Programmangebot in diesem anderen Land getroffen werden. c) Wenn sie ihren Hauptsitz in Spanien haben und ihre Entscheidungen über das Programmangebot in einem anderen EG-Mitgliedstaat fällen, oder wenn der umgekehrte Fall vorliegt und weder in Spanien noch diesem anderen Land ein wesentlicher Teil des Personals arbeitet, wenn sie zuerst mit der Sendetätigkeit in Spanien begonnen haben und eine dauerhafte und tatsächliche Verbindung mit der Wirtschaft Spaniens weiterbesteht. d) Wenn sie ihren Hauptsitz in einem Staat haben, der nicht ein EG-Mitgliedstaat ist, die redaktionellen Entscheidungen über das Programmangebot aber in Spanien gefällt werden und in diesem Land ein wesentlicher Teil seines Personals arbeitet. Bei der Anwendung der genannten Vor-

Entscheidungen über das Programmangebot jedoch in einem Drittland getroffen werden, oder wenn der umgekehrte Fall vorliegt, gilt er als in dem betreffenden Mitgliedstaat niedergelassen, sofern ein wesentlicher Teil des Sendepersonals in diesem Mitgliedstaat tätig ist.	aussetzungen in den vorangegangenen Absätzen wird als Personal des Fernsehveranstalters nur solches verstanden, das spezielle Sendetätigkeiten ausübt, so wie in Art. 3 a) definiert.
(IV) Fernsehveranstalter, auf die Absatz 3 nicht anwendbar ist, gelten in folgenden Fällen als Veranstalter, die der Rechtshoheit eines Mitgliedstaates unterliegen: a) Sie nutzen eine von diesem Mitgliedstaat zugeteilt Frequenz; b) Sie nutzen, sofern keine von einem Mitgliedstaat der Gemeinschaft zugeteilte Frequenz genutzt wird, eine diesem Mitgliedstaat gehörende Übertragungskapazität eines Satelliten; c) Sie nutzen, sofern weder eine von einem Mitgliedstaat zugeteilte Frequenz noch die einem Mitgliedstaat gehörende Übertragungskapazität eines Satelliten genutzt wird, eine Erd-Satelliten-Sendestation in diesem Mitgliedstaat.	**Art. 2 (III)** Fernsehsendungen von Fernsehveranstaltern, die in einem Staat niedergelassen sind, der nicht EG-Mitgliedstaat ist, werden in diesem Gesetz unter folgenden Voraussetzungen als unter der spanischen Rechtshoheit stehend behandelt: a) Sie nutzen eine von der spanischen Verwaltung zugeteilte Frequenz. b) Sie nutzen, sofern keine Frequenz benutzt wird, die von der spanischen Verwaltung oder der eines anderen Mitgliedstaates zugeteilt wurde, eine Übertragungskapazität, die für Spanien reserviert wurde. c) Sie nutzen, sofern weder eine von der spanischen Verwaltung noch von einem anderen EG-Mitgliedstaat zugeteilte Frequenz benutzt wird, noch eine Übertragungskapazität eines dieser Staaten, zur Verbindung mit dem Satelliten eine Erd-Satelliten-Sendestation auf spanischem Boden.
(V) Kann die Frage, welcher Mitgliedstaat die Rechtshoheit ausübt, nicht nach den Absätzen 3 und 4 entschieden werden, so liegt die Zuständigkeit bei dem Mitgliedstaat, in dem der Fernsehveranstalter gemäß Artikel 52 ff. des Vertrags zur Gründung der Europäischen Gemeinschaft niedergelassen ist.	
(VI) Diese Richtlinie gilt nicht für Fernsehsendungen, die ausschließlich zum Empfang in Drittländern bestimmt sind und die nicht unmittelbar oder mittelbar von der Allgemeinheit in einem oder mehreren Mitgliedstaaten empfangen werden.	**Art. 2 (IV)** Auf Fernsehsendungen, die ausschließlich zum Empfang in Drittländern bestimmt sind und die nicht unmittelbar oder mittelbar von der Allgemeinheit in einem oder mehreren Mitgliedstaaten empfangen werden können, ***finden nur die Regelungen der Artikel 8, 9, 10 und des Kapitels IV dieses Gesetzes Anwendung.***
Art. 2 a **(I)** Die Mitgliedstaaten gewährleisten den freien Empfang und behindern nicht die Weiterverbreitung von Fernsehsendungen aus anderen Mitgliedstaaten in ihrem Hoheitsgebiet aus Gründen, die Bereiche betreffen, die durch diese Richtlinie koordiniert sind.	**Art. 4 (I)** Der freie Empfang und die freie Weiterverbreitung im spanischen Territorium werden für Fernsehsendungen von Veranstaltern, die unter der Rechtshoheit eines anderen EG-Mitgliedstaates senden, gewährleistet, solange sie nicht rechtmäßig sendende spanische Veranstalter technisch stören oder

	spanische Normen verletzen, die sich auf andere Materien als das vorliegende Gesetz beziehen.
(II) Die Mitgliedstaaten können vorübergehend von Absatz 1 abweichen, wenn die folgenden Bedingungen erfüllt sind: a) Mit einer Fernsehsendung wird in offensichtlicher, ernster und schwerwiegender Weise gegen Artikel 22 Absätze 1 oder 2 und/ oder Artikel 22 a verstoßen; b) Der Fernsehveranstalter hat während der vorangegangenen zwölf Monate bereits mindestens zweimal gegen die Vorschriften des Buchstabens a verstoßen; c) Der betreffende Mitgliedstaat hat dem Fernsehveranstalter und der Kommission schriftlich die behaupteten Verstöße sowie die für den Fall erneuter Verstöße beabsichtigten Maßnahmen mitgeteilt; d) Die Konsultationen mit dem Mitgliedstaat, der die Sendung verbreitet, und der Kommission haben innerhalb von 15 Tagen ab der unter Buchstabe c genannten Mitteilung zu keiner gütlichen Regelung geführt, und es kommt zu einem erneuten Verstoß. Die Kommission trifft innerhalb einer Frist von zwei Monaten ab dem Zeitpunkt der Mitteilung der Maßnahmen durch den Mitgliedstaat eine Entscheidung über die Vereinbarkeit der Maßnahme mit dem Gemeinschaftsrecht. Im Fall der negativen Entscheidung muß der betreffende Mitgliedstaat die beanstandeten Maßnahmen unverzüglich beenden.	**Art. 4 (II)** Absatz 1 gilt nicht für Sendungen, die innerhalb von 12 Monaten mindestens zweimal die Regelungen der Artikel 17 Absätze 1 und 2 dieses Gesetzes verletzt haben, und wenn diese Verstöße in den entsprechenden Verfahren durch das Ministerio de Fomento festgestellt wurden. In diesem Fall übt der spanische Staat seinerseits die Befugnisse aus, die ihm die anzuwendende gemeinschaftsrechtliche Norm verleiht.
(III) Absatz 2 läßt die Anwendung entsprechender Verfahren, Rechtsmittel oder Sanktionen bezüglich der betreffenden Verstöße in dem Mitgliedstaat, dessen Rechtshoheit der Fernsehveranstalter unterworfen ist, unberührt.	
Art. 3 **(I)** Die Mitgliedstaaten können Fernsehveranstalter, die ihrer Rechtshoheit unterworfen sind, verpflichten, strengeren oder ausführlicheren Bestimmungen in den von dieser Richtlinie erfaßten Bereichen nachzukommen.	
(II) Die Mitgliedstaaten sorgen mit geeigneten Mitteln im Rahmen ihrer Rechtsvor-	**Art. 19** **(I)** Die Sanktionen, die dieses Kapitel (Anm.:

schriften dafür, daß die jeweils ihrer Rechtshoheit unterworfenen Fernsehveranstalter die Bestimmungen dieser Richtlinie tatsächlich einhalten.	Artt. 19 – 20) vorsieht, findet auf diejenigen öffentlichen und privaten Fernsehveranstalter Anwendung, auf die sich Art. 2 Absätze 1, 2 und 3 dieses Gesetzes beziehen. **(II)** Die Autonomen Gemeinschaften üben die zur Erfüllung dieses Gesetzes erforderliche Kontrolle und Überwachungstätigkeit aus, sie handeln die dazugehörenden Sanktionen aus und erlassen sie gegenüber den Fernsehanbietern, deren Reichweite die jeweiligen Territorialgrenzen nicht überschreiten, gleich welche Übertragungstechnik diese verwenden. Sie sind dazu auch befugt gegenüber Fernsehanbietern, deren Abwicklung sie selbst durchführen (Anm.: die Dritten) oder gegenüber Firmen, denen ein ermächtigender Titel innerhalb des jeweiligen autonom geregelten Gebiets verliehen wurde. Bezüglich aller übrigen Fernsehanbieter ist der Zentralstaat befugt, die Erfüllung der Regelungen dieses Gesetzes zu garantieren. Die Beaufsichtigung und die Kontrolle werden (...[80]) durch das Ministerio de Fomento ausgeübt. Die Anordnung von Sanktionen wegen Nichterfüllung obliegt im Falle von schweren Verstößen gegen die Regelungen dieses Gesetzes dem Ministerio de Fomento, bei sehr schweren Verstößen dem Ministerrat auf dessen Vorschlag hin. **(III)** Die zuständigen Aufsichts- und Kontrollorgane können von den öffentlichen oder privaten Veranstaltern Daten anfordern, die sie für die Ausführung ihrer Aufgaben für erforderlich halten. Dazu müssen alle Fernsehveranstalter alle ausgestrahlten Programme, inklusive Werbung und Teleshopping, 6 Monate lang ab dem Erstausstrahlungsdatum aufbewahren und die Daten, die sich auf diese Programme beziehen, registrieren. Die so gewonnenen Informationen sind vertraulich zu behandeln und dürfen nicht für Ziele außerhalb dieses Gesetzes benutzt werden. **Art. 20** (I) Die Sanktionsbefugnisse dieses Gesetzes

[80] Hier wird auf Art. 19 I LID Bezug genommen, der klarstellt, daß öffentliche und private Veranstalter, auf die sich Art. 2 I, II und III LID (s.o.) beziehen, darunter fallen.

	sind im Einklang mit den Prinzipien, die der Titel IX des Gesetzes 30/1992 über den Rechtsrahmen der öffentlichen Verwaltungen und die gemeinsame verwaltungsmäßige Vorgehensweise regelt, auszuüben. **(II)** Die Verletzung der Verpflichtungen und Verbote, die in den Artikeln 5, 6, 8 bis 16, 17.II und III, 18, 19.III und in der Fünften Zusatzbestimmung[81] entwickelt werden, werden als schwerer Verstoß angesehen. Die Zuwiderhandlung gegen die Verpflichtungen und Verbote des Artikels 17.I und IV und der Zweiten Zusatzbestimmung[82] wird als sehr schwerer Verstoß angesehen. Zwei oder mehr endgültige schwere Verstöße innerhalb eines Jahres werden gleichermaßen als sehr schwerer Verstoß angesehen. **(III)** Die in diesem Gesetz geregelten schweren Verstöße werden mit einer Geldbuße von bis zu 50.000.000 Peseten, und die sehr schweren Verstöße werden mit Geldbuße von 50.000.001 bis 100.000.000 Peseten bestraft. Die sehr schweren Verstöße aus Artikel 17.I können eine Aussetzung des zur Ausübung des Fernsehdienstes ermächtigenden Rechtstitels (= der Zulassung) führen und im Wiederholungsfalle den Widerruf desselben nach sich ziehen. In jedem Fall muß die Höhe der auferlegten Sanktion sich in den genannten Grenzen bewegen und es muß abgesehen von dem in Artikel 131.III des Gesetzes 30/1992, vom

[81] Fünfte Zusatzbestimmung zur LID: „(Zusätzliche Informationspflichten): Die Veranstalter eines Dienstes mit bedingten Zugangsvoraussetzungen oder von Telekommunikationsnetzen, die in der Lage sind, einen Dienst der Fernsehausstrahlung anzubieten, und generell alle die, die über einen Rechtstitel zur Fernsehausstrahlung verfügen, haben vorschriftsmäßig über die Charakteristika jedes einzelnen der von ihnen angebotenen Fernsehkanäle zu informieren, indem sie offenlegen, ob diese Kanäle eigene sind oder durch einen Dritten geliefert wurden und im letzteren Falle, wer der inhaltlich Verantwortliche derselben ist. Es ist ebenso darüber zu informieren, ob es sich um die Übertragung eines Kanals handelt, dessen ursprüngliche Ausstrahlung auf anderem Wege durchgeführt wird, und in diesem Falle ist anzugeben, ob der inhaltlich Verantwortliche sich unter der Rechtshoheit eines EG-Mitgliedstaates befindet oder nicht.
Diese Information muß jederzeit aktualisiert werden und wird dem Verwaltungsorgan, das über die in diesem Gesetz vorgesehenen Aufsichts- und Kontrollkompetenzen verfügt, weitergegeben."

[82] Zweite Zusatzbestimmung zur LID: s.u. gegenüber Art. 3 a III FRL.

	26.11.92, über den Rechtsrahmen der öffentlichen Verwaltungen und die gemeinsame verwaltungsmäßige Vorgehensweise Geregelten Folgendes berücksichtigt werden: a) Die gesellschaftliche Auswirkung des Verstoßes. b) Der Gewinn, den der Verstoßende durch das sanktionierte Verhalten gemacht hat c) Die Schwere der Zuwiderhandlung.
(III) Die Maßnahmen schließen geeignete Maßnahmen ein, damit sich direkt betroffene Dritte, einschließlich Staatsangehörige anderer Mitgliedstaaten, an die zuständigen Justizbehörden oder sonstigen Stellen wenden können, um die tatsächliche Einhaltung der Bestimmungen gemäß den einzelstaatlichen Vorschriften zu erwirken.	**Art. 19 (IV)** Wenn sich ein Dritter, einschließlich eines Staatsangehörigen eines anderen EG-Mitgliedstaates, sich durch eine vermeintliche Nichterfüllung einer Verpflichtung dieses Gesetzes durch einen Fernsehveranstalter verletzt fühlt, kann er eine begründete Beschwerde bei dem für den möglicherweise verstoßenden Anbieter zuständigen Aufsichts- und Kontrollorgan einreichen, welches durch Einleitung des jeweiligen Verfahrens ermittelt und gegebenenfalls dem zuständigen Organ einen Lösungsvorschlag für die jeweils durchzuführenden Sanktionen macht. Die Lösung, die dieses Organ beschließt, geschieht auf dem Verwaltungswege.
Art. 3 a **(I)** Jeder Mitgliedstaat kann im Einklang mit dem Gemeinschaftsrecht Maßnahmen ergreifen, mit denen sichergestellt werden soll, daß Fernsehveranstalter, die seiner Rechtshoheit unterliegen, nicht Ereignisse, denen der betreffende Mitgliedstaat eine erhebliche gesellschaftliche Bedeutung beimißt, auf Ausschließlichkeitsbasis in der Weise übertragen, daß einem bedeutenden Teil der Öffentlichkeit in dem Mitgliedstaat die Möglichkeit vorenthalten wird, das Ereignis im Wege direkter oder zeitversetzter Berichterstattung in einer frei zugänglichen Fernsehsendung zu verfolgen. Falls ein Mitgliedstaat entsprechende Maßnahmen ergreift, so erstellt er dabei eine Liste der nationalen und nicht-nationalen Ereignisse, denen er eine erhebliche gesellschaftliche Bedeutung beimißt. Er trägt dafür auf eindeutige und transparente Weise rechtzeitig	Hierzu findet sich keine Bestimmung der LID. **Ley 21/1997, de 03.07.97, reguladora de las emisiones y retransmisiones de competiciones y acontecimientos deportivos**[83] enthält aber entsprechende Regelungen über den freien Zugang bzw. die Kurzberichterstattungsrechte bei Sportereignissen. S. die Besprechung unter D.III. in dieser Arbeit.

[83] B.O.E. núm. 159, de 04.07.1997, S. 20742.

wirksam Sorge. Dabei legt der betreffende Mitgliedstaat auch fest, ob diese Ereignisse im Wege direkter Gesamt- oder Teilberichterstattung oder, sofern im öffentlichen Interesse aus objektiven Gründen erforderlich oder angemessen, im Wege zeitversetzter Gesamt- oder Teilberichterstattung verfügbar sein sollen.	
(II) Die Mitgliedstaaten teilen der Kommission unverzüglich alle Maßnahmen mit, die sie gemäß Absatz 1 getroffen haben oder in Zukunft treffen werden. Die Kommission prüft binnen drei Monaten nach der Mitteilung, ob die Maßnahmen mit dem Gemeinschaftsecht vereinbar sind, und teilt sie den anderen Mitgliedstaaten mit. Sie holt die Stellungnahme des gemäß Art. 23 a eingesetzten Ausschusses ein. Sie veröffentliche die getroffenen Maßnahmen unverzüglich im Amtsblatt der Europäischen Gemeinschaften; mindestens einmal jährlich veröffentlicht sie eine konsolidierte Liste der von den Mitgliedstaaten getroffenen Maßnahmen.	
(III) Die Mitgliedstaaten stellen im Rahmen des innerstaatlichen Rechts durch geeignete Maßnahmen sicher, daß die ihrer Rechtshoheit unterliegenden Fernsehveranstalter die von ihnen nach der Veröffentlichung dieser Richtlinie erworbenen ausschließlichen Rechte nicht in der Weise ausüben, daß einem bedeutenden Teil der Öffentlichkeit in einem anderen Mitgliedstaat die Möglichkeit vorenthalten wird, die von diesem anderen Mitgliedstaat gemäß den Absätzen 1 und 2 bezeichneten Ereignisse als direkte Gesamt- oder Teilberichterstattung oder, sofern im öffentlichen Interesse aus objektiven Gründen erforderlich oder angemessen, als zeitversetzte Gesamtberichterstattung in einer frei zugänglichen Fernsehsendung zu verfolgen, wie dies von dem anderen Mitgliedstaat gemäß Absatz 1 festgelegt worden ist.	**Zweite Zusatzbestimmung der LID, Ley 25/1994:** Kein Fernsehveranstalter kann die nach dem 30.06.1997 erworbenen exklusiven Übertragungsrechte von Ereignissen in der Weise ausüben, daß er einem erheblichen Teil des Publikums eines anderen EG-Mitgliedstaates die Reche auf freien Zugang zum Fernsehen beschneidet, wenn diese Ereignisse in dem betreffenden Staat als von generellem Interesse angesehen werden. Diese Rechte haben die Reichweite und den Inhalt, die ihnen die Europäische Kommission durch einen Rechtsakt oder Beschluß zuerkennt, der im Amtsblatt der Europäischen Gemeinschaften veröffentlicht ist. **Einzige Übergangsbestimmung des Änderungsgesetzes, Ley 22/1999:** Die Ausübung von Exklusivrechten, die nach dem 30.07.1997 und vor dem Inkrafttreten dieses Gesetzes (Anm.: 09.06.1999) erworbenen wurden, in anderer Form als in der Zweiten Zusatzbestimmung der Ley 25/1994 geregelt, bedeutet dann keine Gesetzesverletzung, wenn der Veranstalter das Vorliegen folgender Umstände beweisen kann:

	a) Er hat nicht die Möglichkeit, direkt die durch die genannte Zweite Übergangsbestimmung auferlegte Verpflichtung zu erfüllen, dadurch daß er das Ereignis für den, der die Rechte hat, unter den Bedingungen der durch die Kommission geprüften Berichte frei zugänglich ausstrahlt. b) Er hat alle angemessenen Anstrengungen unternommen, diese Verpflichtung auf indirektem Wege zu erfüllen, indem er in öffentlicher und offener Form zu einem angemessenen Preis den Erwerb der Rechte von den Veranstaltern angeboten hat, die die genannten Bedingungen erfüllen. c) Sein Angebot wurde trotzdem von keinem Veranstalter, der in der Lage wäre, die Bedingungen des Absatzes a) zu erfüllen, angenommen.
KAPITELIII Förderung der Verbreitung und Herstellung von Fernsehprogrammen	
Art. 4 **(I)** Die Mitgliedstaaten tragen im Rahmen des praktisch Durchführbaren und mit angemessenen Mitteln dafür Sorge, daß die Fernsehveranstalter den Hauptteil ihrer Sendezeit, die nicht aus Nachrichten, Sportberichten, Spielshows, Werbung, Videotextleistungen und Teleshopping besteht, der Sendung von europäischen Werken im Sinne des Artikels 6 vorbehalten. Dieser Anteil ist unter Berücksichtigung der Verantwortung der Rundfunkveranstalter gegenüber ihrem Publikum in den Bereichen Information, Bildung, Kultur und Unterhaltung schrittweise anhand geeigneter Kriterien zu erreichen.	**Art. 5** **(I)** Die Fernsehveranstalter müssen *51 Prozent* ihrer jährlichen Sendezeit für die Ausstrahlung europäischer audiovisueller Werke reservieren. *Zur Erfüllung dieser Verpflichtung müssen sie vorsehen, daß jedes Jahr mindestens 5 Prozent der gesamten Zahlungen des vorherigen Geschäftsjahres, bezogen auf ihren Haushalt, für die Finanzierung von europäischen Spiel- und Fernsehfilmen bestimmt sind.* **(II)** *Mehr als 50 Prozent der Sendezeit, auf die sich der Absatz 1 bezieht, ist ihrerseits für die Ausstrahlung europäischer Werke in einer spanischen Sprache bestimmt.* **Art. 7 (I)** Bezüglich der vorangegangenen Artikel in diesem Kapitel wird als Sendezeit nicht die Zeit gerechnet, in der Nachrichten, Sportübertragungen, Wettbewerbe oder Spielshows, Werbung, Teleshopping oder Videotextleistungen gesendet werden. **Art. 7 (II)** *Innerhalb von Pay-TV-Diensten, die in gemeinsamer und untrennbarer Form ihre Dienste in einem bestimmten Angebot offerieren, werden für die Fernsehsendungen eines Veranstalters die Regeln der genannten Artikel (Artt. 5 und 6 LID) so angewendet, daß sie sich auf die gesamte Sendezeit (Anm.: des Gesamtpaketes) beziehen.*

(II) Kann der Anteil gemäß Absatz 1 nicht erreicht werden, so darf dieser nicht niedriger als der Anteil sein, der 1988 in dem betreffenden Mitgliedstaat im Durchschnitt festgestellt wurde. (... Sonderregelung für Griechenland und Portugal).	**Erste Übergangsbestimmung der Ley 25/1994:** Die Quote, die Artikel 5 (I) für die Ausstrahlung europäischer Werke stellt, kann durch die Fernsehanbieter allmählich angestrebt werden, indem sie am Ende des vierten Jahres nach Inkrafttreten dieses Gesetzes oder ggf. nach Sendebeginn 40 Prozent der Sendezeit erreicht. Jedoch muß dieser Prozentsatz nach und nach erreicht werden. Nach Verstreichen der genannten Frist muß die Quote jährlich ansteigen, bis sie die in Art. 5 (I) genannte Quote erreicht.
(III) Ab dem 03. Oktober 1991 übermitteln die Mitgliedstaaten der Kommission alle zwei Jahre einen Bericht über die Durchführung des vorliegenden Artikels und des Artikels 5. Dieser Bericht enthält insbesondere eine statistische Übersicht, aus der hervorgeht, inwieweit jedes der Rechtshoheit des betreffenden Mitgliedstaats unterworfene Fernsehprogramm den im vorliegenden und in Artikel 5 genannten Anteil erreicht hat, aus welchen Gründen dieser Anteil in jedem einzelnen Fall nicht erzielt werden konnte und welche Maßnahmen zur Erreichung dieses Anteils getroffen oder vorgesehen sind. Die Kommission bringt diese Berichte – gegebenenfalls zusammen mit einer Stellungnahme – den übrigen Mitgliedstaaten und dem Europäischen Parlament zur Kenntnis. Sie trägt dafür Sorge, daß der vorliegende Artikel und Artikel 5 gemäß den Bestimmungen des Vertrages durchgeführt werden. In ihrer Stellungnahme kann die Kommission insbesondere den gegenüber den Vorjahren erzielten Fortschritten, dem Anteil von Erstausstrahlungen bei der Programmgestaltung, den besonderen Gegebenheiten bei den neuen Fernsehveranstaltern sowie der besonderen Lage der Länder mit niedriger audiovisueller Produktionskapazität oder begrenztem Sprachraum Rechnung tragen.	
(IV) Der Rat überprüft spätestens am Ende des fünften Jahres nach Erlaß dieser Richtlinie anhand eines Berichts der Kommission, der gegebenenfalls angemessene Änderungsvorschläge enthält, die Durchführung des vorliegenden Artikels.	

Zu diesem Zweck berücksichtigt die Kommission in ihrem Bericht unter Zugrundelegung der von den Mitgliedstaaten gemäß Absatz 3 übermittelten Informationen insbesondere die Entwicklung auf dem Gemeinschaftsmarkt sowie die internationale Situation.	
Art. 5 Die Mitgliedstaaten tragen im Rahmen des praktisch Durchführbaren und mit angemessenen Mitteln dafür Sorge, daß Fernsehveranstalter mindestens 10 v.H. ihrer Sendezeit, die nicht aus Nachrichten, Sportberichten, Spielshows, Werbung, Videotextleistungen und Teleshopping besteht, oder alternativ nach Wahl des Mitgliedstaats mindestens 10 v.H. ihrer Haushaltsmittel für die Programmgestaltung der Sendung europäischer Werke von Herstellern vorbehalten, die von den Fernsehveranstaltern unabhängig sind. Dieser Anteil ist unter Berücksichtigung der Verantwortung der Fernsehveranstalter gegenüber ihrem Publikum in den Bereichen Information, Bildung, Kultur und Unterhaltung schrittweise anhand geeigneter Kriterien zu erreichen; dazu muß ein angemessener Anteil neueren Werken vorbehalten bleiben, d.h. Werken, die innerhalb eines Zeitraums von fünf Jahren nach ihrer Herstellung ausgestrahlt werden.	**Art. 3 g** Für die Zwecke dieses Gesetzes bedeutet „Unabhängiger Hersteller“: Eine natürliche oder juristische Person, die keiner erheblichen Einflußnahme durch Fernsehanbieter aus Gründen des Eigentums, einer finanziellen Beteiligung oder der für ihn geltenden Regeln ausgesetzt ist. Eine erhebliche direkte oder indirekte Einflußnahme aus Gründen des Eigentums oder einer finanziellen Beteiligung wird dann angenommen, wenn Fernsehanbieter mehr als 50 Prozent des gegengezeichneten Kapitals der Produktionsfirma besitzen, über die Mehrheit der Stimmen aus den Beteiligungen der Produktionsfirma verfügen, oder mehr als die Hälfte der Verwaltungs- oder Geschäftsführungsorgane der Produktionsfirma bestimmen können. **Art. 6** Die Fernsehveranstalter reservieren innerhalb des in Art. 5 (I) genannten Zeitraums mindestens 10 Prozent ihrer Sendezeit für Werke von europäischen Herstellern, die von den Fernsehanbietern unabhängig sind, und von diesen Werken muß *mindestens die Hälfte* in den vergangenen 5 Jahren produziert worden sein. **Art. 7 (I)** Bezüglich der vorangegangenen Artikel in diesem Kapitel wird als Sendezeit nicht die Zeit gerechnet, in der Nachrichten, Sportübertragungen, Wettbewerbe oder Spielshows, Werbung, Teleshopping oder Videotextleistungen gesendet werden.
Art. 6 **(I)** Unter „europäischen Werken“ im Sinne dieses Kapitels sind zu verstehen: a) Werke aus den Mitgliedstaaten; b) Werke aus europäischen Drittländern, die Vertragsparteien des Europäischen Übereinkommens über grenzüberschreitendes Fernsehen des Europarates sind, sofern diese Werke den Voraussetzungen von Absatz 2 genügen;	**Art. 5 (III)** Als europäische Werke werden die Werke angesehen, die aus EG-Mitgliedstaaten stammen oder aus europäischen Drittstaaten, die Vertragsparteien des Europäischen Übereinkommens über grenzüberschreitendes Fernsehen des Europarates sind und wenn *51 Prozent* der gesamten Autoren, Darsteller, Techniker und anderen Arbeitnehmer der Produktion in einem der genannten Staaten ansässig sind.

c) Werke aus anderen europäischen Drittländern, sofern diese Werke den Voraussetzungen von Absatz 3 genügen. Die Anwendung der Buchstaben b) und c) setzt voraus, daß in den betreffenden Drittstaaten keine diskriminierenden Maßnahmen gegen Werke aus den Mitgliedstaaten bestehen.	Die genannten Werke müssen eine der folgenden Voraussetzungen erfüllen: a) Sie sind von einem oder mehreren in einem bzw. mehreren dieser Staaten ansässigen Hersteller(n) geschaffen worden; b) ihre Herstellung wird von einem oder mehreren in einem bzw. mehreren dieser Staaten ansässigen Hersteller(n) überwacht und tatsächlich kontrolliert; c) der Beitrag von Koproduzenten aus diesen Staaten zu den Gesamtproduktionskosten beträgt mehr als die Hälfte, und die Koproduktion wird nicht von einem bzw. mehreren außerhalb dieser Staaten ansässigen Hersteller(n) kontrolliert. **Art. 5 (V)** Die Absätze 3 und 4 dieses Artikels werden auf Werke aus Drittstaaten, ob sie das Übereinkommen über grenzüberschreitendes Fernsehen des Europarates unterzeichnet haben oder nicht, nur dann angewendet, wenn in ihnen keine diskriminierenden Maßnahmen gegen Werke aus den Mitgliedstaaten bestehen.
(II) Werke im Sine des Absatzes 1 Buchstaben a) und b) sind Werke, die im wesentlichen in Zusammenarbeit mit in einem oder mehreren der in Absatz 1 Buchstaben a) und b) genannten Staaten ansässigen Autoren und Arbeitnehmern geschaffen wurden und eine der drei folgenden Voraussetzungen erfüllen: a) Sie sind von einem oder mehreren in einem bzw. mehreren dieser Staaten ansässigen Hersteller(n) geschaffen worden; b) ihre Herstellung wird von einem oder mehreren in einem bzw. mehreren dieser Staaten ansässigen Hersteller(n) überwacht und tatsächlich kontrolliert; c) der Beitrag von Koproduzenten aus diesen Staaten zu den Gesamtproduktionskosten beträgt mehr als die Hälfte, und die Koproduktion wird nicht von einem bzw. mehreren außerhalb dieser Staaten ansässigen Hersteller(n) kontrolliert.	s.o. Art. 5 (III).
(III) Werke im Sinne des Absatzes 1 Buchstabe c sind Werke, die entweder ausschließlich oder in Koproduktion mit in einem oder mehreren Mitgliedstaaten ansässigen Herstellern von Herstellern geschaffen wurden, welche in einem oder mehreren europäischen	**Art. 5 (IV)** Gleichermaßen gelten als europäische Werke solche aus europäischen Drittstaaten, die nicht in Absatz III genannt wurden, mit denen die Gemeinschaft Abkommen im audiovisuellen Bereich abgeschlossen hat, sofern *51 Prozent* der

Drittländern ansässig sind, mit denen die Gemeinschaft Abkommen im audiovisuellen Bereich abgeschlossen hat, sofern diese Werke im wesentlichen unter Mitwirkung von in einem oder mehreren europäischen Staaten ansässigen Autoren und Arbeitnehmern geschaffen wurden.	gesamten Autoren, Darsteller, Techniker und anderen Arbeitnehmer der Produktion in einem der im Absatz (III) genannten Staaten ansässig sind.
(IV) Werke, die keine europäischen Werke im Sinne von Absatz 1 sind, jedoch im Rahmen von bilateralen Koproduktionsverträgen zwischen Mitgliedstaaten und Drittländern hergestellt werden, werden als europäische Werke betrachtet, sofern die Koproduzenten aus der Gemeinschaft einen mehrheitlichen Anteil der Gesamtproduktionskosten tragen und die Herstellung nicht von einem oder mehreren außerhalb des Hoheitsgebiets der Mitgliedstaaten ansässigen Herstellern kontrolliert wird.	**Art. 5 (VI)** Werke, die keine europäischen Werke im Sinne von Absatz 1 sind, jedoch im Rahmen von bilateralen Koproduktionsverträgen zwischen Mitgliedstaaten und Drittländern hergestellt werden, werden als europäische Werke betrachtet, sofern die Koproduzenten aus der Gemeinschaft einen mehrheitlichen Anteil der Gesamtproduktionskosten tragen und die Herstellung nicht von einem oder mehreren außerhalb des Hoheitsgebiets der Mitgliedstaaten ansässigen Herstellern kontrolliert wird.
(V) Werke, die keine europäischen Werke im Sinne von Absätzen 1 und 4 sind, jedoch im wesentlichen in Zusammenarbeit mit in einem bzw. mehreren Mitgliedstaaten ansässigen Autoren und Arbeitnehmern geschaffen wurden, gelten proportional zu dem Beitrag von Koproduzenten aus der Gemeinschaft zu den Gesamtproduktionskosten als europäische Werke.	**Art. 5 (VII)** Werke, die keine europäischen Werke im Sinne der vorangegangenen Absätze sind, jedoch *zu 51 Prozent* unter Mitwirkung der gesamten Autoren, Darsteller, Techniker und anderen Arbeitnehmer der Produktion, die in einem oder mehreren Staaten der Gemeinschaft ansässig sind, geschaffen wurden, gelten proportional zu dem Beitrag von Koproduzenten aus der Gemeinschaft zu den Gesamtproduktionskosten als europäische Werke.
Art. 7 Die Mitgliedstaaten sorgen dafür, daß die ihrer Rechtshoheit unterliegenden Fernsehveranstalter Kinospielfilme nicht zu anderen als den mit den Rechtsinhabern vereinbarten Zeiten ausstrahlen.	Hierzu gibt es in der n.F. der LID keine korrespondierende Regelung mehr, vielmehr unterliegt es der freien Vereinbarung der Rechtsinhaber und Fernsehanbieter, wann Kinospielfilme im Fernsehen gesendet werden[84].
Art. 8 (entfällt)	
Art. 9 Diese Kapitel gilt nicht für Fernsehsendungen, die sich an ein lokales Publikum richten und die nicht an ein nationales Fernsehnetz angeschlossen sind.	**Art. 2 (V)** Kapitel II dieses Gesetzes (Anm.: Artt. 5–7) gilt nicht für Fernsehsendungen lokaler Reichweite und die nicht an ein nationales Fernsehnetz angeschlossen sind. *Jedoch können die Autonomen Gemeinschaften Normen mit gleichem Inhalt wie die in diesem Kapitel Vorgesehenen einführen, um bei den Fernsehanbietern, die in ihren Regelungsbereich fallen, die audiovisuelle Produktion in ihrer eigenen Sprache zu fördern.*

[84] Souvirón Morenilla, Derecho público, 1999, S. 566.

KAPITEL IV Fernsehwerbung, Sponsoring und Teleshopping	
Art. 10 (I) Fernsehwerbung und Teleshopping müssen als solche klar erkennbar und durch optische und/ oder akustische Mittel eindeutig von anderen Programmteilen getrennt sein.	**Art. 11** (I) Fernsehwerbung und Teleshopping müssen als solche klar erkennbar und durch optische *oder* akustische Mittel eindeutig von anderen Programmteilen getrennt sein.
(II) Einzeln gesendete Werbespots und Teleshopping-Spots müssen die Ausnahme bilden.	**Art. 11 (II)** Werbespots und Teleshopping-Spots sind in gruppierter Form zu senden. Einzelne Werbespots und Teleshopping-Spots dürfen nur ausnahmsweise gesendet werden.
(III) In der Werbung und im Teleshopping dürfen keine subliminalen Techniken eingesetzt werden.	**Art. 8 (II)** In der Werbung und im Teleshopping dürfen keine subliminalen Techniken eingesetzt werden, die als solche verstanden werden, wenn sie Elemente enthalten, die das Allgemeine Werbegesetz[85] zur Definition einer subliminalen Technik heranzieht.
(IV) Schleichwerbung und entsprechende Praktiken im Teleshopping sind verboten.	**Art. 9 (II)** Schleichwerbung und entsprechende Praktiken im Teleshopping sind verboten.
Art. 11 Fernsehwerbung und Teleshopping-Spots müssen zwischen den Sendungen eingefügt werden. Unter den in den Absätzen 2 bis 5 genannten Voraussetzungen können die Werbung und die Teleshopping-Spots auch in die laufenden Sendungen eingefügt werden, sofern sie den Zusammenhang und den Wert der Sendungen nicht beeinträchtigen – wobei die natürlichen Programmunterbrechungen und die Länge und Art des Programms zu berücksichtigen sind – und sofern nicht gegen die Rechte von Rechtsinhabern verstoßen wird.	**Art. 11 (III)** Fernsehwerbung und Teleshopping-Spots müssen zwischen den Sendungen eingefügt werden. Unter den im folgenden Absatz (Art. 11 (IV)) genannten Voraussetzungen können die Werbung und die Teleshopping-Spots auch in die laufenden Sendungen eingefügt werden, sofern sie den Zusammenhang und den Wert der Sendungen nicht beeinträchtigen – wobei die natürlichen Programmunterbrechungen und die Länge und Art des Programms zu berücksichtigen sind – und sofern nicht gegen die Rechte von Rechtsinhabern verstoßen wird. **Art. 11 (IV)** *Bei der Ausstrahlung von Werbeshows und Dauerwerbesendungen und generell anderen Formen der Fernsehwerbung, die wegen ihres Ausstrahlungscharakters den Zuschauer bezüglich des Werbecharakters irreführen können, muß dauerhaft und klar erkennbar ein Hinweis auf die Werbung eingeblendet werden.* **Art. 11 (V)** *Bei Sportübertragungen können Werbe- und Teleshoppinginformationen eingefügt werden, indem Folien oder andere Veränderungen des Fernsehbildes benutzt werden, jedoch nur in den Momenten, in*

[85] Ley 34/1988, de 11.11.1988, General de Publicidad, B.O.E. núm. 274, de 15.11.1988.

	denen der Fortgang des übertragenen Ereignisses gerade ruht, und niemals darf die Sicht auf das Ereignis gestört oder mehr als ein Sechstel des Bildschirms mit einer solchen Folie überdeckt sein. *Diese Informationen bestehen ausschließlich aus geschriebenem Text, nicht aus anderen Bildern oder einer Animation des Markenzeichens der Marke.*
(II) Bei Sendungen, die aus eigenständigen Teilen bestehen, oder bei Sportsendungen und Sendungen über ähnlich strukturierte Ereignisse und Darbietungen mit Pausen können Werbung und Teleshopping-Spots nur zwischen die eigenständigen Teile oder in die Pausen eingefügt werden.	**Art. 12 (I)** Bei Sendungen, die aus eigenständigen Teilen bestehen, können Werbung und Teleshopping-Spots nur zwischen die eigenständigen Teile oder in die Pausen eingefügt werden. **Art 12 (II)** Bei Sportsendungen oder -übertragungen oder Ereignissen oder Veranstaltungen ähnlicher Struktur, die zeitliche Unterbrechungen zwischen den einzelnen Teilen haben, dürfen Werbung und Teleshopping-Spots nur in die Unterbrechungen eingefügt werden. Für Sportübertragungen, auf die dies nicht anwendbar ist, gelten die in Absatz (III) festgelegten Regeln, mit der Ausnahme, daß sie nicht in den Momenten des maximalen Interesses des übertragenen Ereignisses durch Werbung oder Teleshopping unterbrochen werden dürfen.
(III) Die Übertragung audiovisueller Werke wie Kinospielfilme und Fernsehfilme (mit Ausnahme von Serien, Reihen, leichten Unterhaltungssendungen und Dokumentarfilmen) kann für jeden vollen Zeitraum von 45 Minuten einmal unterbrochen werden, sofern ihre programmierte Sendezeit mehr als 45 Minuten beträgt. Eine weitere Unterbrechung ist zulässig, wenn die programmierte Sendedauer um mindestens 20 Minuten über zwei oder mehrere volle 45-Minuten-Zeiträume hinausgeht.	**Art. 12 (IV)** Audiovisuelle Werke wie Kinospielfilme können für jeden vollen Zeitraum von 45 Minuten einmal unterbrochen werden, sofern ihre programmierte Sendezeit mehr als 45 Minuten beträgt. Eine weitere Unterbrechung ist zulässig, wenn die programmierte Sendedauer um mindestens 20 Minuten über zwei oder mehrere volle 45-Minuten-Zeiträume hinausgeht. Diese Unterbrechungen müssen die Integrität und den Wert des Werkes berücksichtigen, dessen Abspann nicht weggeschnitten werden darf. Von der Regelung dieses Absatzes sind Reihen, Serien und Unterhaltungssendungen ausgenommen, auf sie finden die Regelungen der restlichen Absätze dieses Artikels (Art. 12 (V - VIII)) Anwendung.
(IV) Werden andere als die unter Absatz 2 fallenden Sendungen durch Werbung oder Teleshopping-Spots unterbrochen, so sollte	**Art. 12 (III)** Werden andere als die unter Absätze 1 und 2 fallenden Sendungen durch Werbung oder Teleshopping-Spots unterbro-

zwischen zwei aufeinanderfolgenden Unterbrechungen innerhalb der Sendung ein Abstand von mindestens 20 Minuten liegen.	chen, so sollte zwischen zwei aufeinanderfolgenden Unterbrechungen innerhalb der Sendung ein Abstand von mindestens 20 Minuten liegen, unbeschadet der Regelungen in den folgenden Absätzen (Art. 12 (IV – VIII)). *Der Zeitraum zwischen der Ausstrahlung der Werbung und des Teleshoppings vor und nach der Sendung und den ersten oder letzten Werbe- oder Teleshopping-Unterbrechungen der Sendung kann kürzer sein als 20 Minuten. Innerhalb jeder Sendung darf der Zeitraum zwischen zwei Werbe- oder Teleshopping-Abschnitten ein einziges Mal weniger als 20, aber mindestens 15 Minuten betragen, um die natürlichen Unterbrechungen zu berücksichtigen.*
(V) Die Übertragung von Gottesdiensten darf nicht durch Werbung oder Teleshopping unterbrochen werden. Des weiteren dürfen Nachrichten, Magazine über das aktuelle Zeitgeschehen, Dokumentarfilme, Sendungen religiösen Inhalts und Kindersendungen, die eine programmierte Sendezeit von weniger als 30 Minuten haben, nicht durch Werbung oder Teleshopping unterbrochen werden. Beträgt ihre programmierte Sendezeit mindestens 30 Minuten, so gelten die Bestimmungen der vorangegangenen Absätze.	**Art. 12 (VI)** Die Übertragung von Gottesdiensten darf nicht durch Werbung oder Teleshopping unterbrochen werden. **Art. 12 (V)** Nachrichten, Dokumentarfilme, Sendungen religiösen Inhalts oder Kindersendungen dürfen weder durch Werbung noch durch Teleshopping unterbrochen werden, außer ihre programmierte Sendezeit beträgt mehr als 30 Minuten, so daß dann Absätze (I, II, und III) dieses Artikels anzuwenden sind.
	Art. 12 (VII) Unter „programmierte Sendezeit“ im Sinne dieses Artikels ist der Zeitraum der gesamten Dauer des Programms oder des Werkes einschließlich der Werbezeiten innerhalb des Werks oder Programms zu verstehen. **Art. 12 (VIII)** Während der Zeiträume, in denen Werbung und Teleshopping ausgestrahlt werden, müssen die technischen Bedingungen der Signalübertragung in jedem Fall die Parameter, die in der technischen Norm des jeweiligen Übertragungsmediums festgelegt wurde, beachten. Die zur Ausstrahlung des Fernsehsignals ermächtigten Veranstalter müssen die nötigen Mittel einsetzen, damit auf keinen Fall die Vorgänge der Behandlung der Originalsignale beim Fernsehzuschauer einen Effekt des hörbaren lautstärkemäßigen Anwachsens im Gegensatz zur direkt vorhergegangenen Sendung entsteht.

	Durch Verordnung des Ministerio de Fomento können, um das in diesem Absatz Geregelte weiterzuentwickeln neue technische Parameter entwickelt werden, die die Fernsehausstrahlungsdienste übernehmen müssen.
Art. 12 Die Fernsehwerbung und Teleshopping dürfen nicht a) die Menschenwürde verletzen; b) Diskriminierungen nach Rasse, Geschlecht oder Nationalität enthalten; c) religiöse oder politische Überzeugungen verletzen; d) Verhaltensweisen fördern, die die Gesundheit oder Sicherheit gefährden e) Verhaltensweisen fördern, die den Schutz der Umwelt gefährden.	**Art. 8 (I)** Zusätzlich zu den verbotenen Werbeformen aus Artikel 3 der Ley 34/1988, de 11.11.1988, General de Publicidad[86], sind alle Formen der Werbung oder des Teleshoppings verboten, die Verhaltensweisen fördern, die die Gesundheit, die menschliche Sicherheit oder den Umweltschutz gefährden; sie müssen die Würde der Menschen und ihre religiösen und politischen Überzeugungen respektieren und dürfen keine Diskriminierungen nach *Geburt*, Rasse, Geschlecht, *Religion*, Nationalität, *Meinung oder eines anderen persönlichen oder sozialen Umstandes* enthalten. *Werbung oder Teleshopping sind gleichermaßen verboten, wenn sie zu Gewalt oder antisozialen Verhaltensweisen aufhetzen oder an die Angst oder den Aberglauben appellieren oder Mißbräuche, Unvorsichtigkeiten, Fahrlässigkeiten oder aggressive Verhaltensweisen fördern.* *Ebenso eingestuft werden Werbung und Teleshopping, wenn sie zu Gewalt oder der Mißhandlung von Personen oder Tieren oder zur Zerstörung von natürlichen oder kulturellen Gütern aufhetzen.*
Art. 13 Jede Form der Fernsehwerbung und des Teleshoppings für Zigaretten und andere Tabakerzeugnisse ist untersagt.	**Art. 9 (I) lit. a)** Abgesehen von dem in Artikel 8 der Ley 34/1988, de 11.11.1988, General des Publicidad[87], Geregelten ist im Fernsehen verboten: a) Jede direkte oder indirekte Form von Werbung oder Teleshopping für Zigaretten oder andere Tabakerzeugnisse.
Art. 14 **(I)** Fernsehwerbung ist untersagt für Arzneimittel und ärztliche Behandlungen, die in dem Mitgliedstaat, dessen Rechtshoheit der Fernsehveranstalter unterworfen ist, nur auf	**Art. 9 (I) lit. b)** Abgesehen von dem in Artikel 8 der Ley 34/1988, de 11.11.1988, General des Publicidad[88], Geregelten ist im Fernsehen verboten: b) Jede direkte oder indirekte Form von Wer-

[86] Das Allgemeine Werbegesetz Ley 34/1988, abgedruckt in B.O.E. núm. 274, de 15.11.1988.
[87] S. vorige FN.
[88] S. vorige FN.

ärztliche Verordnung erhältlich sind.	bung für Arzneimittel oder ärztliche Behandlungen, die im nationalen Territorium (Spanien) nur auf ärztliche Verordnung erhältlich sind.
(II) Teleshopping für Arzneimittel, die einer Genehmigung für das Inverkehrbringen im Sinne der Richtlinie 65/65/EWG des Rates vom 26. Januar 1965 zu Angleichung der Rechts- und Verwaltungsvorschriften über Arzneimittel[89] unterliegen, sowie Teleshopping für ärztliche Behandlungen ist untersagt.	**Art. 9 (I) lit. d, c)** Abgesehen von dem in Artikel 8 der Ley 34/1988, de 11.11.1988, General des Publicidad[90], Geregelten ist im Fernsehen verboten: d) Teleshopping für Arzneimittel, ärztliche Behandlungen *und Sanitätsprodukte*. c) *Werbung mit ausschließlich oder vorrangig politischem Inhalt oder die ein solches Ziel verfolgt, abgesehen von dem in der Ley Orgánica del Régimen Electoral General*[91] *Geregelten.*
Art. 15 Fernsehwerbung und Teleshopping für alkoholische Getränke müssen folgenden Kriterien entsprechen: a) Sie dürfen nicht speziell an Minderjährige gerichtet sein und insbesondere nicht Minderjährige beim Alkoholgenuß darstellen. b) Es darf keinerlei Verbindung zwischen einer Verbesserung der physischen Leistung und Alkoholgenuß oder dem Führen von Kraftfahrzeugen und Alkoholgenuß hergestellt werden. c) Es darf nicht der Eindruck erweckt werden, Alkoholgenuß fördere sozialen oder sexuellen Erfolg. d) Sie dürfen nicht eine therapeutische, stimulierende, beruhigende oder konfliktlösende Wirkung von Alkohol suggerieren. e) Unmäßigkeit im Genuß alkoholischer Getränke darf nicht gefördert oder Enthaltsamkeit oder Mäßigung nicht negativ dargestellt werden. f) Die Höhe des Alkoholgehalts von Getränken darf nicht als positive Eigenschaft hervorgehoben werden.	**Art. 10** **(I)** *Jede direkte oder indirekte Form von Werbung oder Teleshopping für Getränke mit einem Alkoholgehalt von mehr als 20 Volumenprozent ist verboten.* **(II)** Werbung oder Teleshopping für andere alkoholhaltige Getränke muß die folgenden Prinzipien erfüllen: a) Sie dürfen nicht speziell an Minderjährige gerichtet sein und insbesondere nicht Minderjährige beim Alkoholgenuß darstellen. b) Es darf weder eine Verbindung zwischen Alkohol und einer Verbesserung der physischen Leistung oder dem Führen von Kraftfahrzeugen hergestellt werden, noch darf der Eindruck erweckt werden, Alkoholgenuß fördere sozialen oder sexuellen Erfolg, noch darf eine therapeutische, stimulierende, beruhigende oder konfliktlösende Wirkung von Alkohol suggeriert werden. c) Unmäßigkeit im Genuß alkoholischer Getränke darf nicht gefördert oder Enthaltsamkeit oder Mäßigung nicht negativ dargestellt werden. Die Höhe des Alkoholgehalts von Getränken darf nicht als positive Eigenschaft hervorgehoben werden.

[89] ABl. EG Nr. L 22 vom 09.02.1965, S. 369, zuletzt geändert durch die Richtlinie 93/39/EWG, ABl. EG Nr. L 214 vom 24.08.1993, S. 22.

[90] Das Allgemeine Werbegesetz, abgedruckt in B.O.E. núm. 274, de 15.11.1988.

[91] Das Allgemeine Wahlgesetz, Ley Orgánica 5/1985, de 19.06.85, del Régimen Electoral General, B.O.E. núm. 147, de 20.06.1985; Berichtigung in B.O.E. núm. 17, de 20.01.1986.

Art. 16 **(I)** Die Fernsehwerbung darf Minderjährigen weder körperlichen noch seelischen Schaden zufügen und unterliegt daher folgenden Kriterien zum Schutz Minderjähriger: a) Sie soll keine direkten Kaufappelle an Minderjährige richten, die deren Unerfahrenheit und Leichtgläubigkeit ausnutzen. b) Sie soll Minderjährige nicht unmittelbar dazu auffordern, ihre Eltern oder Dritte zum Kauf der beworbenen Ware oder Dienstleistung zu bewegen. c) Sie soll nicht das besondere Vertrauen ausnutzen, das Minderjährige zu Eltern, Lehrern und anderen Vertrauenspersonen haben. d) Sie soll Minderjährige nicht ohne berechtigten Grund in gefährlichen Situationen zeigen.	**Art. 16** **(I)** Die Fernsehwerbung darf keine Bilder oder Inhalte enthalten, die Minderjährigen seelische oder körperliche Schäden zufügen können. Dazu sind folgende Prinzipien einzuhalten: a) Sie soll weder direkte Kaufappelle an Minderjährige richten, die deren Unerfahrenheit und Leichtgläubigkeit ausnutzen, noch Minderjährige dazu auffordern, ihre Eltern oder ihren Vormund oder die Eltern oder den Vormund eines Dritten zum Kauf der beworbenen Ware oder Dienstleistung zu bewegen. b) Sie darf auf keinen Fall das besondere Vertrauen ausnutzen, das Minderjährige zu ihren Eltern, Lehrern und anderen Personen haben, *namentlich zu Personen aus Kindersendungen oder auch zu fiktiven Personen.* c) Sie soll Minderjährige nicht ohne berechtigten Grund in gefährlichen Situationen zeigen. *d) Werbung oder Teleshopping für Spielzeug darf weder einen Irrtum über die Eigenschaften der Spielzeuge erzeugen, noch über seine Sicherheit, noch über die Fähigkeiten und Eignungen, die das Kind benötigt, um diese Spielzeuge zu benutzen, ohne sich oder anderen Schaden zuzufügen.*
(II) Teleshopping muß die in Absatz 1 genannten Anforderungen erfüllen und darf darüber hinaus Minderjährige nicht dazu anhalten, Kauf- oder Miet- bzw. Pachtverträge für Waren oder Dienstleistungen zu schließen.	**(II)** Teleshopping muß die in Absatz 1 genannten Anforderungen erfüllen und darf darüber hinaus Minderjährige nicht dazu anhalten, Kauf- oder Miet- bzw. Pachtverträge für Waren oder Dienstleistungen zu schließen.
Art. 17 **(I)** Gesponserte Fernsehsendungen müssen folgenden Anforderungen genügen: a) Inhalt und Programmplatz einer gesponserten Sendung dürfen vom Sponsor auf keinen Fall in der Weise beeinflußt werden, daß die Verantwortung und die redaktionelle Unabhängigkeit des Fernsehveranstalters in bezug auf die Sendungen angetastet werden. b) Sie sind als Sponsorprogramme durch den Namen und/ oder das Firmenemblem des Sponsors am Programmanfang und/ oder Programmende eindeutig zu kennzeichnen. c) Sie dürfen nicht zum Kauf oder zur Anmietung von Erzeugnissen oder zur	**Art. 15** **(I)** Gesponserte Fernsehsendungen müssen folgenden Anforderungen genügen: a) Die Sponsortätigkeit und der Sponsor müssen als solche klar erkennbar sein, indem der Name, das Firmenemblem, die Marke oder andere unterscheidbare Zeichen von ihm am Anfang und/ oder am Ende der Übertragung gezeigt werden. Sponsortätigkeit und Sponsor müssen auch bei Werbepausen erkennbar sein, und auch im Verlauf des gesponserten Programms, wenn dies sporadisch und ohne eine Störung des Programmablaufs möglich ist. Diese Kennzeichnung darf keine Werbenach-

Inanspruchnahme von Dienstleistungen des Sponsors oder eines Dritten, insbesondere durch spezifische verkaufsfördernde Hinweise auf diese Erzeugnisse oder Dienstleistungen, anregen.	richt beinhalten, die in direkter oder ausgesprochener Form Kauf oder Inanspruchnahme von Produkten oder Dienstleistungen des Sponsors oder eines Dritten fördern soll. b) Inhalt und Programmplatz einer gesponserten Sendung dürfen vom Sponsor auf keinen Fall in der Weise beeinflußt werden, daß die Verantwortung und die redaktionelle Unabhängigkeit des Fernsehveranstalters in bezug auf die Sendungen angetastet werden, ferner dürfen sie keine Inhalte haben, die zum Kauf oder zur Anmietung von Erzeugnissen oder zur Inanspruchnahme von Dienstleistungen des Sponsors oder eines Dritten, insbesondere durch spezifische verkaufsfördernde Hinweise auf diese Erzeugnisse oder Dienstleistungen, anregen, außer, wenn dies innerhalb der für Werbe- oder Teleshopping vorbehaltenen Zeiten geschieht, wie sie in den Artikeln 11 und 12 geregelt sind.
(II) Die Fernsehprogramme dürfen nicht von Unternehmen gesponsert werden, deren Haupttätigkeit die Herstellung von Zigaretten und anderen Tabakerzeugnissen ist.	**(II) S.1** Die Fernsehprogramme dürfen nicht durch natürliche oder juristische Personen gesponsert werden, deren Haupttätigkeit die Herstellung oder der Verkauf von Waren oder das Anbieten von Diensten ist, für die gemäß der Artikel 8 und 9 dieses Gesetzes die Werbung verboten ist.
(III) Beim Sponsoring von Fernsehprogrammen durch Unternehmen, deren Tätigkeit die Herstellung oder den Verkauf von Arzneimitteln und medizinischen Behandlungen umfaßt, darf für den Namen oder das Image des Unternehmens gesponsert werden, nicht jedoch für bestimmte Arzneimittel oder medizinische Behandlungen, die in dem Mitgliedstaat, dessen Rechtshoheit der Fernsehveranstalter unterworfen ist, nur auf ärztliche Verordnung erhältlich sind.	**(II) S.2** Jedoch ist ein Sponsoring von Fernsehprogrammen zulässig für Firmen, die Arzneimittel, Sanitätsprodukte oder medizinische Behandlungen herstellen, verkaufen oder anbieten, wenn eine Erwähnung des Namens der Sponsorfirma erfolgt, ohne sich auf die Waren oder Dienstleistungen, die sie anbietet, zu beziehen.
(IV) Nachrichtensendungen und Sendungen zur politischen Information dürfen nicht gesponsert werden.	**(III)** Tägliche Nachrichtensendungen und Sendungen zur politischen Information dürfen nicht gesponsert werden. Ebensowenig sind die Teile der genannten Sendungen sponsoringfähig, außer solche Teile, die für sportliche oder meteorologische Informationen vorgesehen sind. **(IV)** *Die Zeitabschnitte, die zur Kennzeichnung des Fernsehsponsorings vorgesehen sind und auf die sich Absatz (I) lit. a dieses Artikels bezieht, werden nicht in die im*

	Artikel 13 genannten maximalen Werbezeiten eingerechnet.
Art. 18 **(I)** Der Anteil an Sendezeit für Teleshopping-Spots, Werbespots und andere Formen der Werbung darf mit Ausnahme von Teleshopping-Fenstern im Sinne des Artikels 18 a 20 v.H. der täglichen Sendezeit nicht überschreiten. Die Sendezeit für Werbespots darf 15 v.H. der täglichen Sendezeit nicht überschreiten.	**Art. 13** **(I)** Der Anteil an Sendezeit für Teleshopping-Spots, Werbespots und andere Formen der Werbung darf mit Ausnahme von Teleshopping-Fenstern im Sinne des Absatzes 3 dieses Artikels 20 Prozent der täglichen Sendezeit nicht überschreiten. Die Sendezeit für Werbespots darf 15 Prozent der täglichen Sendezeit nicht überschreiten.
(II) Der Anteil an Sendezeit für Werbespots und Teleshopping-Spots innerhalb einer Stunde, gerechnet ab einer vollen Stunde, darf 20 v.H. nicht überschreiten.	**(II)** Innerhalb jeder vollen natürlichen Stunde eines Tages darf die Sendezeit für Werbung in allen Erscheinungsformen und für Teleshopping-Spots *17 Minuten* nicht überschreiten. Bezüglich des vorgenannten Zeitlimits darf die Sendezeit für Werbespots und Teleshopping in demselben Zeitraum 12 Minuten nicht überschreiten, wobei Eigenwerbung nicht mitgerechnet wird.
(III) Im Sinne dieses Artikels gilt folgendes nicht als Werbung: - Hinweise des Fernsehveranstalters auf eigene Programme und auf Begleitmaterialien, die direkt von diesen Programmen abgeleitet sind; - Beiträge im Dienst der Öffentlichkeit und kostenlose Spendenaufrufe zu Wohlfahrtszwecken.	**(IV)** Im Sinne dieses Artikels gelten Beiträge des öffentlichen Dienstes oder mit Wohltätigkeitscharakter, ferner Hinweise des Fernsehveranstalters auf eigene Programme nicht als Werbung.
Art. 18 a **(I)** Teleshopping-Fenster, die von einem Programm gesendet werden, das nicht ausschließlich für Teleshopping bestimmt ist, müssen eine Mindestdauer von 15 Minuten ohne Unterbrechung haben.	**Art. 13 (III)** Jeder Fernsehkanal kann bis zu drei Stunden täglich Teleshopping-Fenster ausstrahlen. Diese müssen eine Mindestdauer von 15 Minuten ohne Unterbrechung haben und optisch und akustisch klar als Teleshopping-Fenster gekennzeichnet sein. Es sind für einen Fernsehkanal höchstens acht solcher Teleshopping-Fenster täglich zulässig
(II) Es sind höchstens acht solcher Fenster täglich zulässig. Ihre Gesamtsendedauer darf drei Stunden pro Tag nicht überschreiten. Die Fenster müssen optisch und akustisch klar als Teleshopping-Fenster gekennzeichnet sein.	s.o. Art. 13 (III).
Art. 19 Die Kapitel I, II, IV, V, VI, VI a und VII gelten entsprechend für reine Teleshoppingsender. Bei diesen Sendern ist Werbung im Rahmen der täglichen Beschränkungen gemäß Artikel 18 Absatz 1 zulässig. Artikel 18 Absatz 2 findet keine Anwendung.	**Art. 14 (I)** Die zeitlichen Beschränkungen für Teleshopping, die Artikel 13 auferlegt, gelten nicht für reine Teleshopping-Kanäle. Diese Kanäle können unter den Anforderungen und Beschränkungen dieses Gesetzes auch Werbung ausstrahlen. Jedoch findet

	Artikel 13 Absatz 2 für sie keine Anwendung. Damit die Regelungen dieses Absatzes Anwendung finden, dürfen die genannten Kanäle keine anderen Sendungen als Teleshopping und Werbung ausstrahlen. **Art. 14 (III)** Kapitel II dieses Gesetzes (Anm.: Artt. 5 – 7 LID) findet auf die in Art. 14 (I) und (II) geregelten Fernsehkanäle keine Anwendung.
Art. 19 a Die Kapitel I, II, IV, V, VI, VI a und VII gelten entsprechend für reine Eigenwerbekanäle. Bei diesen Kanälen sind andere Formen der Werbung im Rahmen der Beschränkungen gemäß Artikel 18 Absätze 1 und 2 zulässig. Insbesondere diese Bestimmung wird nach Artikel 26 überprüft.	**Art. 14 (II)** Die zeitlichen Beschränkungen für Werbung, die Artikel 13 auferlegt, gelten nicht für reine Eigenwerbekanäle. Diese Kanäle können unter den Voraussetzungen und innerhalb der Zeitgrenzen, die dieses Gesetz allgemein für Werbung aufstellt, auch Fremdwerbung senden. Um die Regelungen dieses Absatzes anpassen zu können, dürfen die Kanäle, auf die sich dieser Absatz bezieht, nur Eigenwerbung oder Werbung für Rechnung Dritter senden. **Art. 14 (III)** Kapitel II dieses Gesetzes (Anm.: Artt. 5 – 7 LID) findet auf die in Art. 14 (I) und (II) geregelten Fernsehkanäle keine Anwendung.
Art. 20 Unbeschadet des Artikels 3 können die Mitgliedstaaten für Sendungen, die ausschließlich für ihr eigenes Hoheitsgebiet bestimmt sind und weder unmittelbar noch mittelbar in einem oder mehreren anderen Mitgliedstaaten öffentlich empfangen werden können, unter Einhaltung des Gemeinschaftsrechts andere als die in Artikel 11 Absätze 2 bis 5 und in Artikeln 18 und 18 a festgelegten Bedingungen vorsehen.	
Art. 21 (entfällt)	
Art. 22 **(I)** Die Mitgliedstaaten ergreifen angemessene Maßnahmen, um zu gewährleisten, daß Sendungen von Fernsehveranstaltern, die ihrer Rechtshoheit unterworfen sind, keinerlei Programme enthalten, die die körperliche, geistige und sittliche Entwicklung von Minderjährigen ernsthaft beeinträchtigen können, insbesondere solche, die Pornographie oder grundlose Gewalttätigkeiten zeigen.	**Art. 17** **(I)** Fernsehsendungen dürfen weder Programme, Szenen oder Nachrichten gleich welcher Art enthalten, die die körperliche, seelische oder sittliche Entwicklung von Minderjährigen ernsthaft verletzen können, noch dürfen Sendungen Haß, Verachtung oder Diskriminierungen wegen *Geburt*, Rasse, Geschlecht, Religion, Staatsangehörigkeit, *Meinung oder jedweden anderen persönlichen oder sozialen Umstandes* fördern.
(II) Die Maßnahmen gemäß Absatz 1 gelten auch für andere Programme, die die körperliche, geistige und sittliche Entwicklung von	**(II) S. 1** Die Ausstrahlung von Programmen, die die körperliche, geistige oder sittliche Entwicklung von Minderjährigen beeinträch-

Minderjährigen beeinträchtigen können, es sei denn, es wird durch die Wahl der Sendezeit oder durch sonstige technische Maßnahmen dafür gesorgt, daß diese Sendungen von Minderjährigen im Sendebereich üblicherweise nicht gesehen oder gehört werden.	tigen können, darf nur zwischen 22 Uhr und 6 Uhr durchgeführt werden und es muß durch akustische *und* optische Mittel auf ihren Inhalt hingewiesen werden.
(III) Werden derartige Programme in unverschlüsselter Form gesendet, so sorgen die Mitgliedstaaten dafür, daß ihre Ausstrahlung durch akustische Zeichen angekündigt oder durch optische Mittel während der gesamten Sendung kenntlich gemacht wird.	**(II) S. 2** Werden derartige Programme in unverschlüsselter Form gesendet, so müssen sie während der gesamten Sendezeit durch ein visuelles Symbol gekennzeichnet werden. Diese Regeln gelten auch für die Ausstrahlung von Werbung, Teleshopping und Eigenprogrammwerbung. **(III)** Zu Beginn der Ausstrahlung eines jeden Fernsehprogramms und bei Wiederbeginn nach jeder Werbe- oder Teleshopping-unterbrechung muß eine optische und akustische Mitteilung erfolgen, die zur Information der Zuschauer eine Einstufung über die große oder geringe Eignung des Programms für Minderjährige enthält. Bezüglich der Kinofilme ist diese Einstufung im Einklang mit den speziellen Regelungen dieselbe, die sie für die Ausstrahlung in Kinos oder den Verkauf als Video erhalten haben. Die Fernsehveranstalter können diese Einstufung jedoch durch detailliertere Indikatoren zur besseren Information der Eltern oder Erziehungsberechtigten von Minderjährigen vervollständigen. Bezüglich der restlichen Programme obliegt es den Fernsehveranstaltern, individuell oder in koordinierter Art und Weise eine Einstufung ihrer Sendungen vorzunehmen. Falls innerhalb einer Dreimonatsfrist nach Inkrafttreten dieses Gesetzes (Anm. gemeint ist das Änderungsgesetz, das am 09.06.1999 in Kraft trat, die Frist lief also am 09.09.99 ab) sich die Fernsehveranstalter auf kein einheitliches System zur Präsentation dieser Einstufung geeinigt haben sollten, wird die Zentralregierung die genauen Normen erlassen, um ihr Funktionieren sicherzustellen. **(IV)** Die Sendungen von Fernsehveranstaltern, die unter spanischer Rechtshoheit stehen, müssen immer die Vorschriften der Verfassung beachten.
Art. 22 a Die Mitgliedstaaten tragen dafür Sorge, daß die Sendungen nicht zu Haß auf-	**s.o. Art. 17 (I).**

grund von Rasse, Geschlecht, Religion oder Nationalität aufstacheln.	
Art. 22 b (I) Die Kommission mißt der Anwendung der Bestimmungen dieses Kapitels in dem in Artikel 26 vorgesehenen Bericht besondere Bedeutung bei.	
(II) Die Kommission führt binnen eines Jahres nach Veröffentlichung dieser Richtlinie zusammen mit den zuständigen Behörden der Mitgliedstaaten eine Untersuchung der möglichen Vor- und Nachteile weiterer Maßnahmen durch, die den Eltern oder Aufsichtspersonen die Kontrolle der Programme, die von Minderjährigen gesehen werden können, erleichtern sollen. In dieser Untersuchung wird unter anderem die Zweckmäßigkeit folgender Punkte geprüft: - die Vorschrift, daß neue Fernsehgeräte mit einer technischen Vorrichtung versehen sein müssen, damit Eltern oder Aufsichtspersonen bestimmte Programme herausfiltern können; - Festlegung geeigneter Bewertungssysteme; - Förderung einer Politik zugunsten des familienfreundlichen Fernsehens sowie weitere pädagogische und Aufklärungsmaßnahmen; - Berücksichtigung der innerhalb und außerhalb Europas gewonnenen Erfahrungen auf diesem Gebiet sowie Einholung der Standpunkte von betroffenen Kreisen wie Fernsehveranstaltern, Produzenten, Pädagogen, Mediensachverständigen und einschlägigen Verbänden.	
KAPITEL VI Recht auf Gegendarstellung	
Art. 23 (I) Unbeschadet der übrigen von den Mitgliedstaaten erlassenen zivil-, verwaltungs- oder strafrechtlichen Bestimmungen muß jede natürliche oder juristische Person, deren berechtigte Interessen – insbesondere Ehre und Ansehen – aufgrund der Behauptung falscher Tatsachen in einem Fernsehprogramm beeinträchtigt worden sind, unabhängig von ihrer Nationalität ein Recht auf Gegendarstellung	Hierzu enthält die LID keine korrespondierende Regelung. **Ley Orgánica 2/1984, de 26.03.1984, reguladora del derecho de rectificación**[92] enthält aber entsprechende Regelungen. S. die Besprechung unter D.IV in dieser Arbeit.

[92] Das Gesetz zur Regelung des Gegendarstellungsrechts, abgedruckt in B.O.E. núm. 74, de 27.03.1984, S. 8387, Berichtigungen in B.O.E. núm. 90, de 14.04.1984, S. 10661.

oder gleichwertige Maßnahmen beanspruchen können. Die Mitgliedstaaten sorgen dafür, daß die tatsächliche Ausübung des Rechts auf Gegendarstellung oder gleichwertige Maßnahmen nicht durch Auferlegung unbilliger Bestimmungen oder Bedingungen behindert wird. Die Gegendarstellung muß innerhalb einer angemessenen Frist nach Eingang des begründeten Antrags zu einer Zeit und in einer Weise gesendet werden, die der Sendung, auf sie sich der Antrag bezieht, angemessen sind.	
(II) Das Recht auf Gegendarstellung oder gleichwertige Maßnahmen gilt in bezug auf alle Fernsehveranstalter, die der Rechtshoheit eines Mitgliedstaats unterworfen sind.	
(III) Die Mitgliedstaaten treffen die erforderlichen Maßnahmen zur Ausgestaltung dieses Rechts oder dieser Maßnahmen und legen das Verfahren zu deren Wahrnehmung fest. Sie sorgen insbesondere dafür, daß die Frist für die Wahrnehmung des Rechts auf Gegendarstellung oder gleichwertige Maßnahmen ausreicht und daß die Vorschriften so festgelegt werden, daß dieses Recht oder diese Maßnahme von den natürlichen oder juristischen Personen, deren Wohnsitz oder Niederlassung sich in einem anderen Mitgliedstaat befindet, in angemessener Weise wahrgenommen werden können.	
(IV) Der Antrag auf Gegendarstellung oder gleichwertige Maßnahmen kann abgelehnt werden, wenn die in Absatz 1 genannten Voraussetzungen für eine solche Gegendarstellung nicht vorliegen, die Gegendarstellung eine strafbare Handlung beinhaltet, ihre Sendung den Fernsehveranstalter zivilrechtlich haftbar machen würde oder wenn sie gegen die guten Sitten verstößt.	
(V) Bei Streitigkeiten über die Wahrnehmung des Rechts auf Gegendarstellung oder gleichwertige Maßnahmen ist eine gerichtliche Nachprüfung zu ermöglichen.	
KAPITEL VI a Kontaktausschuß	
Art. 23 a **(I)** Es wird ein Kontaktausschuß bei der Kommission eingesetzt. Dieser Ausschuß	

setzt sich aus Vertretern der zuständigen Behörden der Mitgliedstaaten zusammen. Den Vorsitz führt ein Vertreter der Kommission; der Ausschuß tagt auf Initiative des Vorsitzenden oder auf Antrag der Delegation eines Mitgliedstaates.	
(II) Der Ausschuß hat folgende Aufgaben: a) er erleichtert die tatsächliche Umsetzung dieser Richtlinie durch regelmäßige Konsultationen über praktische Probleme im Zusammenhang mit der Anwendung der Richtlinie, insbesondere von deren Artikel 2, sowie über alle anderen Fragen, die einen Gedankenaustausch zweckdienlich erscheinen lassen; b) er gibt von sich aus oder auf Antrag der Kommission Stellungnahmen ab zur Anwendung dieser Richtlinie durch die Mitgliedstaaten; c) er ist das Forum für einen Gedankenaustausch über die Themen, die in den von den Mitgliedstaaten gemäß Artikel 4 Absatz 3 vorzulegenden Berichten behandelt werden sollen, über die Methodologie dieser Berichte, über die Ziele der unabhängigen Studie gemäß Artikel 25 a, über die Evaluierung der Angebote für diese Studie und über die Studie selbst; d) er erörtert das Ergebnis der regelmäßigen Konsultationen, die zwischen der Kommission und Vertretern der Fernsehveranstalter, der Produzenten, der Verbraucher, der Hersteller, der Dienstanbieter, der Gewerkschaften und der Kunstschaffenden stattfinden; e) er erleichtert den Informationsaustausch zwischen den Mitgliedstaaten und der Kommission über die Lage und die Entwicklung bei den Ordnungstätigkeiten in bezug auf die Fernsehdienste, wobei die Politik der Gemeinschaft im audiovisuellen Bereich berücksichtigt wird; f) er prüft die Entwicklungen auf dem betreffenden Sektor, die einen Gedankenaustausch zweckdienlich erscheinen lassen.	
KAPITEL VII Schlußbestimmungen	
Art. 24 In Bereichen, die nicht durch diese Richtlinie koordiniert werden, bleiben die	

Rechte und Verpflichtungen der Mitgliedstaaten, die sich aus den Bereichen Telekommunikation und Fernsehen bestehenden Übereinkommen ergeben, von dieser Richtlinie unberührt.	**Ergänzung:** Zu ergänzen ist der *nicht in der FRL vorgesehene **Art. 18 LID***, der den Fernsehzuschauern ein Recht auf frühzeitige Programminformation gibt:
Art. 25 (I) Die Mitgliedstaaten erlassen die erforderlichen Rechts- und Verwaltungsvorschriften, um dieser Richtlinie[93] spätestens am 03. Oktober 1991 nachzukommen. Sie setzen die Kommission unverzüglich davon in Kenntnis. **(II)** Die Mitgliedstaaten teilen der Kommission den Wortlaut der wichtigsten einzelstaatlichen Rechtsvorschriften mit, die sie auf dem unter dieser Richtlinie fallenden Gebiet erlassen.	*„**Art. 18** (Recht auf Information): (S.1) Im Einklang mit dem im Artikel 2.1 lit. d) des Allgemeinen Gesetzes 26/1984 vom 19.07.84 zur Verteidigung der Verbraucher und Benutzer Geregelten gibt es das Recht der Fernsehzuschauer, mit ausreichendem zeitlichen Vorlauf das Fernsehprogramm inklusive der Kinospielfilme und Übertragungen von Ereignissen zu erfahren.*
Art. 25 a Ein weitere Überprüfung findet gemäß Artikel 4 Absatz 4 vor dem 19. Juni 2002 statt. Dabei wird eine unabhängige Studie über die Auswirkungen der betreffenden Maßnahme auf Gemeinschaftsebene und auf einzelstaatlicher Ebene berücksichtigt.	*(S.2) Die Zentralregierung und die zuständigen Organe der Autonomieregionen entwickeln regelmäßig innerhalb ihrer Zuständigkeiten die Vorgehensweise, um dieses Recht umzusetzen.*
Art. 26 Spätestens am 31. Dezember 2000 und anschließend alle zwei Jahre übermittelt die Kommission dem Europäischen Parlament, dem Rat und dem Wirtschafts- und Sozialausschuß einen Bericht über die Anwendung dieser Richtlinie in ihrer geänderten Fassung und macht erforderlichenfalls Vorschläge zu ihrer Anpassung an die Entwicklungen im Fernsehbereich, und zwar insbesondere im Lichte neuerer technologischer Entwicklungen.	*(S.3) Veränderungen im angekündigten Programm sind nur möglich, wenn sie auf Vorfällen beruhen, die außerhalb des Willens der Fernsehveranstalter liegen und zur Zeit der Veröffentlichung des Programms nicht vernünftigerweise vorhersehbar waren.“*
Art. 27 (I) Die Mitgliedstaaten setzen die Rechts- und Verwaltungsvorschriften in Kraft, die erforderlich sind, um dieser Richtlinie[94] spätestens zum 19. Dezember 1998 nachzukommen. Sie setzen die Kommission unverzüglich davon in Kenntnis. Wenn die Mitgliedstaaten diese Vorschriften erlassen, nehmen sie in den Vorschriften selbst oder durch einen Hinweis bei der amtlichen Veröffentlichung auf diese Richtlinie Bezug. Die Mitgliedstaaten regeln die Einzel-	(Ferner enthält die LID noch einige Zusatz-, Übergangs-, Außerkraftsetzungs- und Schlußbestimmungen)

[93] Gemeint ist die FRL in ihrer ursprünglichen Fassung vom 03.10.1989.

[94] Gemeint ist die Änderungsrichtlinie 97/36/EG vom 30.06.1997.

heiten der Bezugnahme. **(II)** Die Mitgliedstaaten teilen der Kommission den Wortlaut der wichtigsten innerstaatlichen Rechtsvorschriften mit, die sie auf dem unter diese Richtlinie fallenden Gebiet erlassen.	
Art. 28 Diese Richtlinie tritt am Tag ihrer Veröffentlichung im Amtsblatt der Europäischen Gemeinschaften in Kraft[95].	
Art. 29 Diese Richtlinie ist an die Mitgliedstaaten gerichtet.	

[95] Die ursprüngliche Richtlinie 89/552/EWG trat damit am 18.10.1989 in Kraft, die Änderungsrichtlinie 97/36/EG am 01.07.1997.

II. Die Richtlinie 95/47/EG und ihre Umsetzung in die spanische Rechtsordnung

Im Hinblick auf die Angleichung der technischen Übertragungsnormen in Europa wurde am 24.10.1995 die Richtlinie 95/47/EG des EP und des Rates über die Anwendung von Normen für die Übertragung von Fernsehsignalen[96] erlassen, die z.B. das 16:9-Format für europäische Fernsehdienste vorsieht und wichtige - zumeist technische - Vorgaben v.a. für die Digital-Pay-TV-Anbieter enthält[97].

Die Umsetzung in das spanische Recht erfolgte durch die Ley 17/1997[98]. S. zu den Regelungen der Ley 17/1997 die Ausführungen unter D.V. in dieser Arbeit.

III. Völkerrechtliche Grundlagen der spanischen Rundfunk-Rechtsordnung

Neben den gemeinschaftsrechtlichen Regelungen bilden die Regelungen des Europarates die zweite Säule des Europäischen Kommunikationsrechts.

Diese sind in erster Linie Art. 10 EMRK[99] und das Europäische Übereinkommen über das grenzüberschreitende Fernsehen (FSÜ)[100].

1. Art. 10 EMRK

Art. 10 EMRK lautet:

„**Art. 10 (Recht der freien Meinungsäußerung)**
(I) Jeder hat Anspruch auf freie Meinungsäußerung. Dieses Recht schließt die Freiheit der Meinung und die Freiheit zum Empfang und zur Mitteilung von Nachrichten oder Ideen ohne Eingriffe öffentlicher Behörden und ohne Rücksicht auf Landesgrenzen ein. Dieser Artikel schließt nicht aus, daß die Staaten Rundfunk-, Lichtspiel- oder Fernsehunternehmen einem Genehmigungsverfahren unterwerfen.
(II) Da die Ausübung dieser Freiheiten Pflichten und Verantwortung mit sich bringt, kann sie bestimmten, vom Gesetz vorgesehenen Formvorschriften, Bedingungen, Einschränkungen oder Strafdrohungen unterworfen werden, wie sie vom Gesetz vorgeschrieben und in einer demokratischen Gesellschaft im Interesse der nationalen Sicherheit, der territorialen Unver-

---

[96] ABl. EG Nr. L 281 vom 23.11.1995, S. 51.
[97] S. zu weiteren gemeinschaftsrechtlichen Normen zur technischen Harmonisierung Godoy, El derecho de la televisión sin fronteras, 1995, S. 305.
[98] Ley 17/1997, de 03.05.97, por la que se incorpora al derecho español la directiva 95/47/CE, de 24.10.95, del parlamento europeo y del consejo, sobre el uso de normas para la transmisión de señales de televisión y se aprueban medidas adicionales para la liberalización del sector; B.O.E. núm. 108, de 06.05.1997, S. 14153.
[99] Konvention zum Schutze der Menschenrechte und Grundfreiheiten vom 04.11.1950, BGBl. II 1952, S. 686, in Spanien ratifiziert durch das Gesetz vom 26.09.1979, B.O.E. núm. 243, de 10.10.1979, S. 23564.
[100] S. zum FSÜ sogleich unter B.III.2. in dieser Arbeit.

sehrtheit oder der öffentlichen Sicherheit, der Aufrechterhaltung der Ordnung und der Verbrechensverhütung, des Schutzes der Gesundheit und der Moral, des Schutzes des guten Rufes oder der Rechte anderer, um die Verbreitung von vertraulichen Nachrichten zu verhindern oder das Ansehen und die Unparteilichkeit der Rechtsprechung zu gewährleisten, unentbehrlich sind."

Art. 10 EMRK garantiert nicht nur die Meinungsfreiheit, sondern nach der Rspr. des Europäischen Gerichtshofs für Menschenrechte (EGMR) auch die Rundfunkfreiheit. Die Norm ist deshalb so bedeutsam und wirkt sich erheblich auf das nationale Medienrecht aus, weil es sich bei ihr nicht nur um ein europäisches Menschenrecht, sondern auch um ein Gemeinschaftsgrundrecht handelt, wie dies der Unionsvertrag ausdrücklich klarstellt[101], s. Art. 6 II EUV (n.F.); sie soll in gebotener Kürze dargestellt werden.

a. Der Schutzbereich des Art. 10 I EMRK im Lichte der Rechtsprechung des EGMR

Obwohl die Rundfunkfreiheit in Art. 10 EMRK nicht ausdrücklich erwähnt ist, entschied der EGMR mehrfach[102], daß auch die Verbreitung von Rundfunkprogrammen von der Norm umfaßt sei, und zwar in allen Verbreitungsarten des Rundfunks. Auch eine Differenzierung nach Inhalt, Art und Qualität der Äußerung ist nach der Rspr. des EGMR unzulässig, weshalb auch die Ausstrahlung von Unterhaltungsmusik und allen Arten künstlerischer Darbietungen, Informationen und Nachrichten erfaßt sei[103].

Ob auch die Ausstrahlung von kommerzieller Werbung in den Schutzbereich des Art. 10 EMRK fällt, ist noch nicht abschließend geklärt[104]; der EGMR hielt Art. 10 I EMRK jedoch zumindest dann für anwendbar, wenn die Werbung mit der Äußerung von Meinungen und mit der Kundgabe von Informationen untrennbar verbunden ist[105].

---

[101] Vgl. Dörr, Auf dem Weg zur europäischen Informationsgesellschaft, 1997, S. 84.

[102] Die wichtigsten Urteile des EGMR bezüglich der Rundfunkfreiheit sind:
- EGMR 28.03.1990 Nr. 14/1988/158/214 (Groppera Radio AG u.a./ Schweiz) amtl. Sammlung der Entscheidungen des EGMR Serie A 173, S. 20, auf dt. in EuGRZ 1990, S. 255;
- EGMR 22.05.1990 Nr. 15/1989/175/231 (Autronic AG/ Schweiz) Serie A 178, S. 21, auf dt. in EuGRZ 1990, S. 261; und
- EGMR 24.11.1993 Nr. 36/1992/381/455 – 459 (Informationsverein Lentia u.a./ Österreich) Serie A 276, S. 13, auf dt. in EuGRZ 1994, S. 549.

[103] S. das o.g. Urteil in der Rs. Groppera, EuGRZ 1990, S. 255 (256).

[104] Die h.M. in der deutschen und spanischen Lit. bejaht dies jedoch, vgl. Gay Fuentes, La televisi6n, 1994, S. 80; Petersen, Rundfunkfreiheit und EGV, 1994, S. 260 m.w.N.; Holznagel, Rundfunkrecht, 1996, S. 154.

[105] EGMR 25.03.1985 Nr. 10/1983/66/101 (Barthold/ Bundesrepublik Deutschland), Serie A 90, S. 20, auf dt. in EuGRZ 1985, S. 170 (171).

Weiterhin entschied der EGMR, daß neben der Sendung und Weiterverbreitung von Rundfunkprogrammen auch deren Empfang und die technischen Übertragungs- und Empfangsmittel von Art. 10 I EMRK geschützt seien; ferner können auch juristische Personen Träger dieses Menschenrechts sein[106].

Nach wie vor umstritten ist die Frage, ob Art. 10 I EMRK ein subjektives Recht auf Zulassung als Rundfunkveranstalter anerkennt oder nicht. Der überwiegende Teil der Lit. bejaht dies und stützt sich dabei auf ein Urteil des EGMR über die Zulässigkeit des Rundfunkmonopols des österreichischen ORF[107].

b. Rechtfertigung eines Eingriffs

aa. Die Rundfunkklausel, Art. 10 I S. 3 EMRK

Zunächst können Eingriffe in die Rundfunkfreiheit durch die sog. „Rundfunkklausel" des Art. 10 I S. 3 EMRK gerechtfertigt sein, die vorsieht, daß Rundfunk- und Fernsehunternehmen einem Genehmigungsverfahren unterworfen werden können. Unklar ist hierbei die systematische Funktion der Rundfunkklausel; der EGMR urteilte, daß sie im Gesamtzusammenhang von Art. 10 EMRK und insbesondere im Hinblick auf die Erfordernisse des Abs. II gesehen werden müsse. Ihr Zweck bestehe darin, daß die Staaten durch ein Genehmigungsverfahren die Art und Weise der Rundfunkorganisation auf ihrem Gebiet insbesondere hinsichtlich technischer Aspekte regeln dürfen – während das Genehmigungsverfahren ferner aber auch den Bedingungen des Abs. II unterliege[108].

Später erweiterte der EGMR den Anwendungsbereich der Rundfunkklausel, so daß neben den technischen Aspekten die Lizenzvergabe auch von anderen Bedingungen abhängig gemacht werden könne, namentlich von kommunikations- und kulturspezifischen Zielsetzungen. Allerdings sei es möglich, daß Eingriffe, deren Ziele nach der Rundfunkklausel legitimiert sind, keinem der Ziele des Art. 10 II EMRK entsprächen, weshalb die Eingriffe zusätzlich im Lichte der übrigen Anforderungen des Abs. II beurteilt werden müßten[109].

---

[106] S. das o.g. Urteil in der Rs. Autronic, EuGRZ 1990, S. 261 (262); so bereits EGMR 26.04.1979 (Sunday Times u.a./ Vereinigtes Königreich), Serie A 30, S. 28, auf dt. in EuGRZ 1979, S. 386 (387).

[107] S. das o.g. Urteil in der Rs. Informationsverein Lentia, EuGRZ 1994, S. 549 (550). Vgl. Frowein/ Peukert, EMRK-Kommentar, 1996, S. 394 RN 18. Zum Stand der Literatur Rosenthal, Die Kompetenz der EG, 1998, S. 160 f.; Holznagel, Rundfunkrecht, 1996, S. 155 m.w.N.; Dörr, Auf dem Weg zur europäischen Informationsgesellschaft, 1997, S. 85 (diese bejahen alle das Zulassungsrecht); a.A. dagegen Petersen, Rundfunkfreiheit und EGV, 1994, S. 255 f. m.w.N.

[108] S. das o.g. Urteil in der Rs. Groppera, EuGRZ 1990, S. 255 (257); ferner Rosenthal, Die Kompetenz der EG, 1998, S. 161.

[109] S. das o.g. Urteil in der Rs. Informationsverein Lentia, EuGRZ 1994, S. 549 (550); Frowein/ Peukert, EMRK-Kommentar, 1996, S. 395 (RN 19).

bb. Die Schrankenregelung, Art. 10 II EMRK

Nach der Schrankenregelung des Art. 10 II EMRK müssen Eingriffe vom Gesetz vorgesehen sein, einen legitimen Zweck verfolgen und zu dessen Erreichung in einer demokratischen Gesellschaft unentbehrlich sein.

Zunächst ist anzumerken, daß der Gesetzesbegriff in der EMRK weit auszulegen ist und auch ungeschriebenes Recht umfaßt, wenn die notwendige Klarheit, Bestimmtheit, Vorhersehbarkeit und Zugänglichkeit vorliegen[110].

Als legitime Zwecke i.S.d. Art. 10 II EMRK hat der EGMR eine Vielzahl von Zwecken anerkannt, z.B. die „Aufrechterhaltung der Ordnung des Fernmeldewesens“, den „Schutz der Rechte anderer am Pluralismus“ (Groppera-Urteil) oder „die Verhinderung der Bekanntgabe vertraulich erhaltener Informationen“(Autronic-Urteil).

Die Prüfung der Frage, welche Eingriffe in einer demokratischen Gesellschaft unentbehrlich sind, gerät bei der Vielzahl der anerkannten legitimen Zwecke zum Schwerpunkt der Prüfung: Hier überläßt der EGMR den Vertragsstaaten zunächst einen Beurteilungsspielraum, dessen Einhaltung aber wiederum der Überprüfung durch den EGMR unterliegt. Angesichts der hohen Bedeutung des Art. 10 EMRK legt das Gericht hier einen strengen Maßstab an, indem zunächst ein dringendes soziales Bedürfnis an dem Eingriff bestehen muß[111]; letzterer muß zudem zu dem verfolgten Ziel verhältnismäßig sein[112], und die Maßnahme muß zutreffend und ausreichend begründet sein.

2. Das Europäische Übereinkommen über das grenzüberschreitende Fernsehen (FSÜ)

Das Europäische Übereinkommen des Europarats (bzw. die Europaratskonvention) über das grenzüberschreitende Fernsehen vom 15.05.1989 (FSÜ)[113] ist die völkerrechtliche Entsprechung zur gemeinschaftsrechtlichen FRL vom 03.10.1989.

---

[110] Insofern sind z.B. auch die ungeschriebenen Prinzipien des Common Law erfaßt; vgl. EGMR 26.04.1979 (Sunday Times), EuGRZ 1979, S. 386 (387); Holznagel, Rundfunkrecht, 1996, S. 158.

[111] EGMR 26.04.1979 (Sunday Times), EuGRZ 1979, S. 386 (389).

[112] An dieser Voraussetzung, genauer am Tatbestandsmerkmal der Angemessenheit, scheiterte die Rechtfertigung des öffentlichen Rundfunkmonopols in Österreich in der Rs. Informationsverein Lentia.

[113] Veröffentlicht in den Amtssprachen des Europarates (engl. u. franz.) in: European Treaty Series Nr. 132, Edition Mai 1989. Das FSÜ ist am 01.05.1993 in Kraft getreten, nachdem es gem. Art. 29 II FSÜ sieben Staaten ratifiziert haben. Die Umsetzung erfolgte in der Bundesrepublik Deutschland mit Zustimmungsgesetz vom 27.05.1994, BGBl. II 1994, S. 638 (dort auch auf dt. zu finden) und in Spanien mit Zustimmungsgesetz vom 19.01.1998, abgedruckt in B.O.E. núm. 96, de 22.04.1998, S. 2563.

Da das FSÜ inhaltlich im wesentlichen mit der FRL übereinstimmt, soll sich die Darstellung kurz auf die Grundzüge des FSÜ und die Unterschiede der beiden Regelungswerke beschränken[114].

a. Geltungsbereich

Die Tragweite beider Regelungsinstrumente ist wegen der unterschiedlichen Geltungsbereiche sehr verschieden. In territorialer Hinsicht gilt, daß die FRL sich auf die EG-Mitgliedstaaten beschränkt, während das FSÜ potentiell alle Mitgliedstaaten des Europarats und die Vertragsstaaten des europäischen Kulturabkommens bindet (Art. 29 I FSÜ); nach Art. 30 FSÜ kann darüberhinaus *jeder* andere Staat eingeladen werden, dem FSÜ beizutreten.

Ferner ist zu betonen, daß das Zusammenspiel von Art. 27 I FSÜ mit Art. 24 FRL zwar der FRL für die harmonisierten Bereiche unter den dem FSÜ beigetretenen EG-Mitgliedstaaten den Vorrang vor dem FSÜ einräumt[115], aber im Verhältnis zwischen EG und EG-Mitgliedstaaten einerseits und anderen Vertragsparteien andererseits gelten allein die Regelungen des FSÜ. Dies ist nicht zu unterschätzen angesichts der v.a. im osteuropäischen Raum steigenden Zahl der FSÜ-Vertragstaaten[116] und der dort wachsenden Rundfunkmärkte.

b. Anwendungsbereich und Regelungskonzeption des FSÜ

Im Gegensatz zur FRL ist das FSÜ gem. Art. 1 S. 2 FSÜ allein auf grenzüberschreitende Fernsehprogramme beschränkt. Anhand des Art. 28 FSÜ, der - wie auch Art. 3 I FRL - den Vertragsparteien in ihrem Hoheitsgebiet die Anwendung strengerer oder ausführlicherer Bestimmungen als denen des FSÜ ermöglicht, ist zu erkennen, daß das FSÜ wie auch die FRL lediglich Mindeststandards aufstellen soll.

Entsprechend der FRL erfaßt das FSÜ keine Hörfunk-, sondern allein Fernsehprogramme. Ebenso im Gleichklang mit der FRL legt das FSÜ das eigentlich europarechtliche Sendestaatsprinzip (Art. 5 FSÜ)[117] und den Grundsatz des

---

[114] Die Entstehungsgeschichte und eine Kommentierung des FSÜ ist zu finden in Ring, Medienrecht, E-I 1.2; einen Rechtsvergleich der beiden Regelungsinstrument bietet Höfling/ Möwes/ Pechstein, Europäisches Medienrecht, 1991, S. 2.

[115] Dies gilt sowohl für das Verhältnis der EG-Mitgliedstaaten untereinander, als auch im Verhältnis dieser zu den Europäischen Gemeinschaften selbst, Höfling/ Möwes/ Pechstein, Europäisches Medienrecht, 1991, S. 8. Vgl. auch Gay Fuentes, La televisión, 1994, S. 247.

[116] Die Mitgliedstaaten des FSÜ sind: Deutschland, Österreich, Bulgarien, Zypern, Slowakei, Slovenien, Spanien, Finnland, Frankreich, Griechenland, Ungarn, Italien, Lettland, Liechtenstein, Litauen, Luxemburg, Malta, Norwegen, Niederlande, Polen, Portugal, Großbritannien, Rumänien, San Marino, Vatikanstaat, Schweden, Schweiz, Türkei und die Ukraine (Stand Jan. 1998, zit. aus dem spanischen FSÜ-Zustimmungsgesetz, B.O.E. núm. 96, de 22.04.1998, S. 2563).

[117] Das Sendestaatsprinzip beruht im Prinzip auf der Cassis-de-Dijon-Entscheidung des EuGH (Rs. 120/78, Slg. 1979, S. 649) und ist als Regelung des Europarats sehr weitgehend, wenn

freien Empfangs (Art. 4 FSÜ) fest, und es gibt den Vertragsstaaten in Art. 24 FSÜ nach einem ähnlichen Verfahren wie in der FRL die Möglichkeit der Aussetzung der Weiterverbreitung, und zwar nicht nur bei Verstößen gegen Jugendschutznormen (so Art. 2 a II lit. a) FRL), sondern auch bei ernsthaften und schwerwiegenden Verletzungen von wichtigen allgemeinen Programmgrundsätzen und Werbebestimmungen.

Wesentlich unterschiedlich sind aber die Grundkonzeptionen der beiden Regelungen: Während sich die wirtschaftlich orientierte FRL um den Abbau der Beschränkungen für den freien Dienstleistungsverkehr i.S.d. Artt. 49 ff. EGV (n.F.) bemüht, geht das FSÜ von einem kulturell formulierten Denkansatz aus und betont in seiner Präambel u.a. die „Bedeutung des Rundfunks für die kulturelle Entwicklung der freien Meinungsäußerung“[118].

c. Ein Überblick über die Regelungsinhalte des FSÜ

Im Gegensatz zur FRL[119] regelt das FSÜ in seinem Art. 7 allgemeine Programmgrundsätze: Hier wird die Beachtung der Menschenwürde und der Grundrechte[120] in allen Sendungen eines Programms verlangt; dies wird exemplarisch konkretisiert durch das Verbot unsittlicher und insbesondere pornographischer Darstellungen, unangemessener Gewaltdarstellung und zum Rassenhaß aufstachelnder Sendungen. Ferner verlangt Art. 7 III FSÜ, daß Nachrichtensendungen die Tatsachen sachgerecht darstellen und die freie Meinungsbildung fördern sollen[121].

Beide Regelungswerke beinhalten im wesentlichen identische Mindeststandards im Bereich des Jugendschutzes (Artt. 15, 16, 22 und 22 b FRL gegenüber Artt. 7 und 11 FSÜ, wobei Art. 7 FSÜ als allgemeine Programmanforderung bereits wesentliche Belange abdeckt), der Quotenregelungen zur Förderung der Herstellung und Verbreitung europäischer audiovisueller Produktionen (Artt. 4 - 6 FRL gegenüber Art. 10 und Art. 2 lit. e) FSÜ, der als „europäische Produk-

---

man bedenkt, daß sich im Europarat uneingeschränkt souverän gebliebene Staaten per völkerrechtlichem Vertrag diesem Prinzip unterwerfen. S. Höfling/ Möwes/ Pechstein, Europäisches Medienrecht, 1991, S. 6.

[118] Rosenthal, Die Kompetenz der EG, 1998, S. 164.

[119] Die FRL enthält keine derartigen programminhaltlichen Anforderungen; die EU ist für derartige Regelungen aus dem Kernbereich der Rundfunkfreiheit nicht zuständig.

[120] Der Begriff „Grundrechte“ ist nicht im Sinne des deutschen Verfassungsrechts zu verstehen, sondern es sind vielmehr die Grund*werte* und Grundfreiheiten gemeint, die sich als gemeinsame Basis und Schranke staatlichen Handelns der Europaratsmitglieder herausgebildet und insbes. in der EMRK ihren Niederschlag gefunden hat.

[121] Art. 7 FSÜ verleiht trotz seiner Überschrift „Verantwortlichkeit des Rundfunkveranstalters“ und seinem Bezug auf die „Grundrechte“(s. auch vorige Fußnote) dem einzelnen Zuschauer keine subjektiven Rechte gegenüber dem Fernsehveranstalter auf Einhaltung dieser Programmgrundsätze – s. Höfling/ Möwes/ Pechstein, Europäisches Medienrecht, 1991, S. 10.

tionen“ selbstverständlich auch die aus Nicht-EG-Mitgliedstaaten anerkennt), der Werbung (Artt. 10 – 15 und 18 FRL gegenüber Artt. 11 – 16 FSÜ[122]) und des Sponsorings (Art.17 FRL gegenüber Artt. 17 und 18 FSÜ).

Schließlich sind die jeweiligen Regelungen zum Recht auf Gegendarstellung oder gleichwertige Maßnahmen (Art. 23 FRL gegenüber Art. 8 FSÜ) praktisch deckungsgleich, ebenso wie die Regelungen zur Ausübung von Exklusivrechten (Art. 3 a FRL gegenüber Art. 9 FSÜ).

Bezüglich der Überwachung der Regelungswerke richten beide einen Ausschuß ein (der „Kontaktausschuß“ nach Art. 23 a FRL gegenüber dem „Ständigen Ausschuß“ nach Artt. 20 – 22 FSÜ).

Das FSÜ kennt, falls Streitigkeiten auftreten, den Vergleich nach Art. 25 FSÜ bzw. das Schiedsverfahren nach Art. 26 FSÜ. Eine entsprechende Regelung benötigt die FRL nicht, da im Verhältnis der EG-Mitgliedstaaten zueinander die allgemeinen Regeln des EGV greifen und der EuGH über Streitfragen zu richten hat.

---

[122] Eine Besonderheit des FSÜ ist Art. 13 IV FSÜ, der als Konkretisierung des Trennungsgrundsatzes (Art. 10 I FRL und Art. 13 I FSÜ) allen Personen, die regelmäßig Nachrichtensendungen oder Sendungen zum politischen Zeitgeschehen moderieren, das Werben im Fernsehen verbietet.

C. VERFASSUNGSRECHTLICHE GRUNDLAGEN DER SPANISCHEN RUNDFUNKORDNUNG

I. Die rundfunkrelevanten Verfassungsnormen[123]

Das Fernsehen ist ein herausragendes Mittel für die Übertragung von Informationen und für die Beeinflussung der öffentlichen Meinung. Damit sind für das Fernsehen in erster Linie die in Art. 20 CE anerkannten Grundrechte einschlägig[124].

Art. 20 I lit. a) CE garantiert das Recht, Gedanken, Ideen und Meinungen durch Wort, Schrift oder jedes andere Medium frei auszudrücken und zu verbreiten; lit. d) schützt weiterhin das Recht, wahre Informationen durch jegliches Verbreitungsmedium frei mitzuteilen oder zu empfangen. Die Ausübung dieser Rechte darf durch keine Art der Vorzensur eingeschränkt werden, Art. 20 II CE.

Art. 20 III CE enthält einen Gesetzesvorbehalt bezüglich des öffentlichen Rundfunks: Das Gesetz regelt die Organisation und parlamentarische Kontrolle der vom Staat oder irgendeiner öffentlichen Einrichtung abhängigen sozialen Kommunikationsmedien und garantiert den bedeutenden sozialen und politischen Gruppen den Zugang zu diesen Medien, unter Achtung des Pluralismus der Gesellschaft und der verschiedenen Sprachen Spaniens.

Die Schranken formuliert Art. 20 IV CE, der die Achtung der Grundrechte und insbesondere das Recht auf Ehre, Intimsphäre und das eigene Bild[125] sowie auf Schutz der Jugend und der Kindheit[126] nennt.

Die in Art. 20 I CE genannten Grundrechte binden gem. Art. 53 I CE die öffentliche Gewalt und ihr Wesensgehalt darf nicht angetastet werden[127]. Nach Art. 81 I CE benötigt die Konkretisierung der Grundrechte und öffentlichen Freiheiten ein Organgesetz (Art. 81 II CE).

Neben Art. 20 CE ist auch der die Unternehmensfreiheit schützende Art. 38 CE zu nennen; die Unternehmensfreiheit muß aber mit den gesamten Zielen der Verfassung in Einklang stehen und kann im öffentlichen Interesse beschränkt oder gem. Art. 128 II CE für bestimmte Bereiche sogar ausgeschlossen werden.

---

123 S. die Übersetzung der fernsehrelevanten Normen der CE im Anhang dieser Arbeit.

124 Laguna de Paz, Privates Fernsehen in Spanien, DöV 1995, S. 502.

125 Der Schutz dieser Rechte ist kodifiziert in der Ley Orgánica 1/1982, de 05.05.82, de protección civil del derecho al honor, a la intimidad personal y familiar y a la propia imagen; B.O.E. núm. 115, de 14.05.1982, S. 12546.

126 Abgesehen von den Jugendschutznormen der LID (s. dazu unten D.II.6.) finden sich Normen zum Jugend- und Kindheitsschutz in der Ley Orgánica 1/1996, de 15.01.96, de Protección Jurídica del Menor, B.O.E. núm. 15, de 17.01.1996, S. 1225.

127 Uwer, Medienkonzentration, 1998, S. 330; Laguna de Paz, Privates Fernsehen in Spanien, DöV 1995, S. 502.

Zu nennen ist ferner Art. 149 CE, der die Gesetzgebungs- und Exekutivkompetenzen zwischen dem spanischen Staat und den Autonomieregionen regelt: Gem. Art. 149 I Nr. 21 CE hat der span. Staat die ausschließliche Kompetenz für die allgemeine Leitung des Kommunikationswesens und die Radiokommunikation; Nr. 27 gibt ihm die Kompetenz zum Erlaß von „Basisnormen" der Ordnung von Presse, Rundfunk und Fernsehen und generell aller sozialen Kommunikationsmedien, unbeschadet der zu ihrer „Entwicklung und Betreibung" den Autonomieregionen zustehenden Befugnisse[128].

II. Die Gewährleistung der Rundfunkfreiheit nach der Rechtsprechung des Tribunal Constitucional

1. Einleitung

Wie in Deutschland, so wurde auch in Spanien die Rundfunkordnung erheblich durch die Rechtsprechung des Verfassungsgerichts geprägt und entwickelt. Die hiesige Darstellung soll sich auf die wesentlichen Eckpfeiler dieser Rundfunkurteile beschränken[129].

2. Die subjektiv-rechtliche Ebene

Nach st. Rspr. des Tribunal Constitucional (TC) handelt es sich bei der in Art. 20 I CE verankerten Meinungsäußerungsfreiheit[130] in erster Linie um ein subjektives Abwehrrecht gegen den Staat. Die Kommunikationsfreiheiten sollen absichern, daß der Kommunikationsprozeß grundsätzlich ohne die Einmischung und Einwirkung der staatlichen Autoritäten erfolgen kann[131]. Ein umfassendes Gebot der Staatsfreiheit des Rundfunks[132], das sich gegen jede politische Instrumentalisierung durch die Regierung oder die im Parlament vertretenen Parteien wendet, formuliert der TC allerdings nicht.

---

[128] S. zur Kompetenzverteilung des Art. 149 I Nr. 21 und 27 CE die Ausführungen unter C.III. in dieser Arbeit, vgl. dazu auch Montoro Chiner, Spanische Kompetenzverteilung im Bereich von Kultur, Bildung und Medien, 1990, S. 200 und Laguna de Paz, Régimen jurídico, 1994, S. 166.

[129] Neben den genannten Quellen vgl. ausführlich zum Grundrecht der Meinungsfreiheit Cremades, Das Grundrecht der Meinungsfreiheit in der spanischen Verfassung, 1994; ausführlich zu allen Grundrechten der CE Sommermann, Schutz der Grundrechte, 1984, (insbes. S. 158) und Prats-Canut, Spanien, 1986, S. 653.

[130] Die *Rundfunk*freiheit findet eine ausdrückliche Erwähnung nur im deutschen GG; in Spanien gilt die freie Rundfunktätigkeit als eine besondere Form der grundrechtlich geschützten Meinungsfreiheit. Holznagel, Rundfunkrecht, 1996, S. 119.

[131] STC 6/1981, JC Bd. 1, S. 112 (121); STC 12/1982, JC Bd. 3, S. 160 (170); STC 74/1982, JC Bd. 4, S. 451 (461).

[132] Vgl. zur Staatsfreiheit des Rundfunks in Deutschland BVerfGE 12, S. 205 (260); E 57, S. 295 (320); E 73, S. 118 (152); und E 74, S. 297 (324).

Der Charakter als Abwehrrecht bedeutet aber nicht nur eine Neutralitätspflicht des Staates, sondern der TC hat schon frühzeitig anerkannt, daß kein Hindernis bestehe, das Recht auf Ausdruck der Ideen und Meinungen so zu verstehen, daß es im Prinzip das Recht auf Schaffung der Medien, durch die die Ausstrahlung bzw. Verbreitung der Meinungen ermöglicht wird, mitumfasse[133]. Damit hat der TC als einziges europäisches Verfassungsgericht ausdrücklich ein subjektives Recht auf Gründung eines Rundfunkunternehmens anerkannt[134].

3. Die objektiv-rechtliche Ebene

Andererseits enthält Art. 20 I lit. a) und d) CE auch eine objektiv-rechtliche Ebene, auf die der TC z.B. zurückgreift, um Ausgestaltungen und Beschränkungen der Kommunikationsfreiheiten zu rechtfertigen[135]. Art. 20 I lit. a) und d) werden in st. Rspr. des TC als Verfassungsnorm verstanden, die eine fundamentale politische Institution, nämlich die der freien öffentlichen Meinungsbildung, garantiert und anerkennt. Die freie öffentliche Meinungsbildung sei unauflösbar mit dem politischen Pluralismus verbunden, der wiederum gem. Art. 1 I CE zu den obersten Verfassungswerten gehöre und eine Grundbedingung für das Funktionieren eines demokratischen Staates sei[136]. Deshalb ist der Gesetzgeber nicht nur berechtigt, sondern auch verpflichtet, Maßnahmen zur Sicherung des Pluralismus und der Meinungsvielfalt zu ergreifen[137].

Nach der Interpretation des TC haben die in Art. 20 I CE genannten Grundrechte also einen doppelten Charakter, indem sie als subjektive Rechte gewährleistet werden und zugleich Grundelemente einer positiven Ordnung bilden. Ihrem Inhalt nach sind die Grundrechte somit einerseits Abwehrrechte gegen den Staat, andererseits stehen sie im Dienste der Aktualisierung der durch die Verfassung geschützten Freiheiten[138].

---

[133] So bereits STC 12/1982, JC Bd. 3, S. 160 (170); ferner STC 206/1990, JC Bd. 28, S. 738 (756); vgl. Laguna de Paz, Régimen jurídico, 1994, S. 210 f.; ders., Televisión y Competencia, 2000, S. 38. S. zu diesem Recht aber unten C.II.4.b.

[134] Holznagel, Rundfunkrecht, 1996, S. 120.

[135] Holznagel, Rundfunkrecht, 1996, S. 116 f.

[136] S. nur STC 6/1981, JC Bd. 1, S. 112 (120); STC 74/1982, JC Bd. 4, S. 451 (461); STC 206/1990, JC Bd. 28, S. 738 (757).

[137] Das BVerfG sieht dies nüchterner und weist dem Grundrecht der Meinungsfreiheit die Aufgabe zu, der freien individuellen und öffentlichen Meinungsbildung zu „dienen" (BVerfGE 57, S. 295 (319), st.Rspr.). Deshalb bedürfe der Rundfunk einer gesetzlichen Ordnung, die sicherstellt, daß er den verfassungsrechtlich vorausgesetzten Dienst leistet (BVerfGE 87, S. 181 (197 f.) unter Bezugnahme auf BVerfGE 57, S. 295 (320) und 83, S. 238 (296)), d.h. der Gesetzgeber muß durch eine positive Rundfunkordnung dafür sorgen, daß dieses Normziel erreicht wird.

[138] Petersen, Rundfunkfreiheit und EGV, 1994, S. 241; López-Pina, Der gerichtliche Grundrechtsschutz in Spanien, KritV 1990, S. 38.

4. Die Ausgestaltungskompetenz des Rundfunkgesetzgebers

Damit die durch Art. 20 I CE garantierten Freiheiten in diesem objektiv-rechtlichen Sinne wirksam werden können, wird dem Staat durch die CE eine Gewährleistungsaufgabe übertragen[139].

a. Anforderungen an den öffentlichen Rundfunk

Art. 20 III CE enthält eine spezielle Regelung für die Ausführung dieses Gestaltungsauftrags bezüglich des öffentlichen Rundfunks, welcher überwiegend als institutionelle Garantie der Presse- und Rundfunkfreiheit verstanden wird[140].

Danach müssen Organisation und parlamentarische Kontrolle der vom Staat oder irgendeiner anderen öffentlichen Einrichtung abhängigen sozialen Kommunikationsmedien gesetzlich geregelt werden. Hierbei ist - verfassungsmäßig garantiert - den bedeutenden sozialen und politischen Gruppen der Zugang zu den öffentlichen Medien zu gewähren, unter Achtung des Pluralismus der Gesellschaft und der verschiedenen Sprachen Spaniens.

Diesen Verfassungsauftrag erfüllte der spanische Gesetzgeber 1980 durch Erlaß des ERTV[141].

b. Anforderungen an den privaten Rundfunk

Während Art. 20 III CE einen ausdrücklichen Gesetzgebungsauftrag zur Ausgestaltung des öffentlichen Rundfunksektors enthält, besagt die CE nichts über eine gesetzliche Regelung des privaten Rundfunks.

Die Frage, ob Art. 20 CE die Zulassung privaten Rundfunks fordert, wurde durch den TC im Ergebnis verneint: Zwar bestehe grundsätzlich das Recht auf Gründung von privaten Fernsehunternehmen (vgl. o.), dieses Recht finde aber seine Schranken in der Notwendigkeit, die gleiche Ausübung derselben Rechte durch die anderen Bürger nicht zu verhindern, so daß die Schaffung eines Verbreitungsmediums nicht die Schaffung anderer oder ähnlicher Medien ausschließe. Bei der Ausstrahlung von Radiowellen, deren Benutzung aus natürlichen, technologischen und rechtlichen Gründen beschränkt sei, entstehe

---

[139] In STC 6/1981, JC Bd. 1, S. 112 (120) stellt der TC fest, die Freiheit der Kommunikationsmittel, ohne die eine effektive Ausübung der in Art. 20 CE genannten Grundrechte nicht möglich sei, beinhalte die Notwendigkeit, daß die öffentliche Gewalt diese nicht nur nicht beeinträchtige, sondern auch die erforderlichen Maßnahmen ergreife, um die Hindernisse zu beseitigen, die sich dem freien Spiel der sozialen Kräfte in den Weg stellen könnten.

[140] Holznagel, Rundfunkrecht, 1996, S. 117; López-Pina, Der gerichtliche Grundrechtsschutz in Spanien, KritV 1990, S. 39.

[141] Ley 4/1980, de 10.01.80, del Estatuto de la Radio y la Televisión, B.O.E. núm. 11, de 12.01.1980, S. 844; s. die Übersetzung im Anhang dieser Arbeit und die ausführliche Untersuchung des ERTV unter D.VI.

aber zwangsläufig eine oligopolistische Tendenz, die den rechtlichen und politischen status quo des sie verwendenden Mediums und damit letztlich das Recht auf freie Verbreitung und Information konditioniere[142]. Das Recht auf Gründung eines Rundfunkunternehmens wird also aus Gründen der kommunikativen Chancengleichheit und der Sondersituation des Rundfunks, der begrenzte Verbreitungsmittel nutzt und deshalb eine Tendenz zur Oligopolbildung hat, ferner wegen der Benutzung des öffentlichen Eigentums Luftraum und schließlich wegen Spaniens Bindungen an die internationale Rundfunkregulierung beschränkt.

Der TC hat zudem klargestellt, daß die Intensität des Schutzes der „direkt" in Art. 20 CE garantierten Rechte nicht die gleiche sei wie die der aus Art. 20 CE abgeleiteten „instrumentalen" Rechte, zu denen auch das Recht auf Gründung eines Rundfunkunternehmens gehört; bezüglich dieses Rechts stehe dem Gesetzgeber bei der Regelung ein größerer Ermessensspielraum zu, solange er nicht seinen essentiellen Inhalt beeinträchtige[143]. Wenn aber – wie ausgeführt – das prinzipiell bestehende Recht auf Gründung eines Rundfunkunternehmens durch den Gesetzgeber zugunsten anderer konkurrierender Rechte beschränkt werden kann, ergibt sich daraus, daß nach Auffassung des TC die Zulassung des privaten Fernsehens kein verfassungsrechtliches Gebot ist. Die Zulassung von Privatfernsehen sei verfassungsrechtlich nicht ge-, aber auch nicht verboten, vielmehr hänge sie von einer politischen Entscheidung des Gesetzgebers ab[144], die – soweit sie die Entwicklung eines der in Art. 20 CE verankerten Rechte betreffe – per Organgesetz geregelt werden könne[145]. Auch habe der Gesetzgeber die Frage der direkten oder indirekten Leitung des Fernsehens (Durchführung der öffentlichen Dienstleistung durch öffentliche oder private Anstalten) selbst zu entscheiden[146].

Nach Ansicht des TC gewährleistet Art. 20 I CE also ein subjektives Recht auf private Sendetätigkeit, das aber aus natürlichen, technologischen und völkerrechtlichen Gründen beschränkt ist, s.o. Die Ausübung privater Rundfunktätigkeiten setzt jedoch eine vorherige gesetzliche Regelung voraus, deren Erlaß im Ermessen des Gesetzgebers liegt und 1988 durch Verabschiedung der LTP erfolgte. Die LTP muß neben der Wahrung der Grundsätze der

[142] STC 12/1982, JC Bd. 3, S. 160 (171); Sommermann, Schutz der Grundrechte, 1984, S. 160.
[143] STC 206/1990, JC Bd. 3, S. 738 (757); Laguna de Paz, Régimen jurídico, 1994, S. 211; ders., Televisión y Competencia, 2000, S. 38.
[144] STC 12/1982, JC Bd. 3, S. 160 (172); STC 74/1982, JC Bd. 4, S. 451 (462); vgl. Laguna de Paz, Privates Fernsehen in Spanien, DöV 1995, S. 504.
[145] STC 74/1982, JC Bd. 4, S. 451 (462); ähnlich bereits STC 12/1982, JC Bd. 3, S. 160 (172); vgl. Laguna de Paz, Privates Fernsehen in Spanien, DöV 1995, S. 505.
[146] STC 12/1982, JC Bd. 3, S. 160 (171 f.); Sommermann, Schutz der Grundrechte, 1984, S. 160.

Freiheit und Gleichheit insbesondere die Aufrechterhaltung des Pluralismus sicherstellen, der nach der Rechtsprechung des TC[147] unlösbar mit der freien öffentlichen Kommunikation verbunden ist, die wiederum durch die Garantie der Meinungs- und Kommunikationsfreiheit in Art. 20 I CE gewährleistet wird[148].

5. Die Verfassungsmäßigkeit des staatlichen Fernsehmonopols

Art. 1 II ERTV definiert das Fernsehen als „wesentlichen öffentlichen Dienst, dessen Rechtsinhaberschaft der Staat innehat" („servicio público esencial cuya titularidad corresponde al estado") und begründet damit wiederum und in alter spanischer Tradition[149] das staatliche Fernsehmonopol.

Viele Rundfunkurteile hatten sich mit der Frage auseinanderzusetzen, ob das staatliche Fernsehmonopol mit den Kommunikationsgrundrechten aus Art. 20 I lit. a) und d) CE vereinbar ist. Dieses Monopol bezieht sich nicht nur auf den öffentlichen Rundfunk (vgl. Art. 1 II ERTV), sondern erfaßt später auch das Privatfernsehen (Art. 1 LTP), das Lokalfernsehen (Art. 2 LTL) und das Kabelfernsehen (Art. 1 I LTCC). Diese Regelungen erklären die Fernsehtätigkeit zu einem öffentlichen Dienst i.S.d. Art. 128 II CE, wonach der öffentlichen Gewalt durch Gesetz wesentliche Mittel oder Dienstleistungen vorbehalten werden können.

Das öffentliche Fernsehmonopol bedeutet in concreto, daß im Unterschied zu den freien Tätigkeiten, zu deren Ausübung jeder, der die entsprechenden normativen Anforderungen erfüllt, das Recht hat, die Ausübung eines öffentlichen Monopols nur den Konzessionären erlaubt ist. Die Konzession verleiht ihnen erst das entsprechende Recht und erlaubt ihnen nur die Ausübung einer öffentlich vorbehaltenen Tätigkeit; das öffentliche Monopol legt entscheidende Lenkungs-, Kontroll-, Interpretations- und Sanktionsmöglichkeiten in die Hände des öffentlichen Rechtsträgers[150].

Nach Auffassung des TC ist die Ausgestaltung des Fernsehens als öffentliches Monopol i.S.d. Art. 128 II CE zunächst keine Notwendigkeit der spanischen Rechtsordnung. Sie sei aber dann eine verfassungskonforme Entscheidung, wenn der Gesetzgeber sie als nötig für die Gewährleistung der freien Meinungs-

---

147 STC 12/1982, JC Bd. 3, S. 160 (170); STC 74/1982, JC Bd. 4, S. 451 (460); STC 206/1990, JC Bd. 28, S. 738 (757); ähnlich STC 20/1990, auf dt. in EuGRZ 1991, S. 173 (175).

148 Petersen, Rundfunkfreiheit und EGV, 1994, S. 246.

149 Bereits das Königliche Dekret vom 23.02.1923 definierte das Radio als öffentlichen Dienst, der direkt von der öffentlichen Verwaltung wahrgenommen wird und per Konzession an Privatpersonen vergeben werden kann, vgl. Teil A.II. dieser Arbeit.

150 Laguna de Paz, Régimen jurídico, 1994, S. 206 f.; ders., Privates Fernsehen in Spanien, DöV 1995, S. 505.

bildung betrachte[151]; die betreffende Regelung dürfe aber keine unnötige oder unverhältnismäßige Beschränkung der Grundrechte bewirken[152].

Nach Ansicht des TC hatte der Gesetzgeber bei Erlaß des ERTV mit der Gestaltung des Fernsehens (und Hörfunks) als öffentlicher Dienst seine Befugnisse nicht überschritten, vielmehr sein Ermessen verfassungsgemäß ausgeübt[153]. Somit wurde zunächst das ERTV, das die Anforderungen an den öffentlichen Rundfunk statuiert, für verfassungskonform erklärt. -

In einem weiteren Urteil hatte der TC den Umfang des gesetzlichen Fernsehmonopols zu bestimmen, als ein Antragsteller versuchte, die damals nicht gesetzlich geregelten Verbreitungsarten Kabel- und Lokalfernsehen von dem Monopol auszuschließen. Nach dem Wortlaut des Art. 1 II ERTV erstreckt sich das Monopol aber auf *alle* Verbreitungsarten des Rundfunks. Deshalb sah der TC die Gesetzgebungslücke bezüglich des Kabel- und Lokalfernsehens als gewollt an mit der Konsequenz, daß sie ein Verbot für diese beiden Verbreitungsarten beinhalte[154]. Erst 1995 wurden die nötigen gesetzlichen Grundlagen für das Kabelfernsehen (die LTCC)[155] und das Lokalfernsehen (die LTL)[156] geschaffen und damit die vielen bereits bestehenden Lokalfernsehbetreiber aus der Illegalität befreit[157]; das staatliche Fernsehmonopol wurde auch in diesen Gesetzen beibehalten[158].

Die Frage nach der Verfassungsmäßigkeit des öffentlichen Fernsehmonopols stellte sich erneut wegen der Einstufung des 1988 eingeführten Privatfernsehens als öffentlicher Dienst[159]. Das private Fernsehen muß in diesem Rahmen als Beauftragung bzw. indirekte Betreibung (Art. 2 LTP: „gestión indirecta") durch den Staat angesehen werden. Nur die Unternehmer, die durch eine vorherige

---

[151] STC 12/1982, JC Bd. 3, S. 160 (171); STC 206/1990, JC Bd. 28, S. 738 (758); STC 189/1991, JC Bd. 31, S. 162 (173); vgl. aber das abweichende Sondervotum des späteren TC-Präsidenten Rubio Llorente in STC 12/1982, JC Bd. 3, S. 173 (175), der die Einstufung als öffentlicher Dienst zwar für verfassungsgemäß erachtet, nicht jedoch das staatliche Fernsehmonopol: Der Betrieb eines öffentlichen Dienstes wie dem des Fernsehens bringe die Ausübung von fundamentalen Bürgerrechten mit sich, die nicht in Form eines Staatsmonopols organisiert werden könne, weil es die Ausübung des Rechts verhindere.

[152] STC 127/1994, JC Bd. 39, S. 1 (45); Laguna de Paz, Televisión y Competencia, 2000, S. 39. Ausführlich dazu auch Petersen, Rundfunkfreiheit und EGV, 1994, S. 243 ff.

[153] STC 12/1982, JC Bd. 3, S. 160 (171 f.).

[154] STC 189/1991, JC Bd. 31, S. 162 (173); vgl. auch Laguna de Paz, Régimen jurídico, 1994, S. 30 f.

[155] S. zur LTCC das Kapitel D.X. dieser Arbeit.

[156] S. zur LTL das Kapitel D.XI. dieser Arbeit.

[157] vgl. auch Abschnitt A.IV.2.a.

[158] Art. 2 LTL; Art. 1 I LTCC; diese Gesetze finden sich in Originaltext und deutscher Übersetzung im Anhang dieser Arbeit.

[159] Art. 1 LTP stuft auch das Privatfernsehen als wesentlichen öffentlichen Dienst ein, dessen Rechtsinhaber der Staat ist; er ist insofern identisch mit Art. 1 II ERTV.

Verwaltungskonzession ermächtigt worden sind, dürfen diese Tätigkeit vornehmen, die Modalitäten der Konzessionserteilung regelt die LTP[160]. Der Konzessionär kann sich auf die Programmfreiheit, die zum Kernbereich der Informations- und Äußerungsfreiheit zählt, berufen und unter Einhaltung aller Bestimmungen der LTP Inhalt, Form und Zeit der Programme frei bestimmen[161]. Im Ergebnis hat der TC die Regelungen der LTP für verfassungsgemäß erklärt: Einerseits erforderten die in der LTP enthaltenen Regelungen nicht die Form eines Organgesetzes, da es keine Konkretisierung der Grundrechte des Art. 20 I CE vornehme, sondern nur bestimmte Modalitäten ihrer Ausübung betreffe[162]; andererseits seien die in der LTP erlassenen Zuständigkeitsnormen auch verfassungsmäßig i.S.d. Art. 149 CE[163].

6. Abkehr vom Modell des servicio público ?

Mit dem Aufkommen neuer Verbreitungstechnologien wurde v.a. durch die Literatur[164] die Einstufung des privaten Rundfunks als öffentlicher Dienst kritisiert und ihre Vereinbarkeit mit Art. 20 I CE zunehmend bestritten. In einem Urteil von 1990 bestätigte der TC die in früheren Urteilen aufgestellten Grundsätze und damit die Verfassungsmäßigkeit der Einstufung des Privatfernsehens als öffentlicher Dienst, erkannte aber auch an, daß sich dadurch nicht jedwede staatliche Regulierung für beliebige Zeit rechtfertigen lasse: Z.B. könnten die traditionellen Rechtfertigungsgründe durch veränderte technische Rahmenbedingungen entfallen[165]. Der TC hatte auch angemerkt, daß sich die Gründe, die das öffentliche Monopol auf staatlicher Ebene rechtfertigen, nicht auf das lokale Kabelfernsehen übertragen ließen, weshalb die entsprechende Regelung diesbezüglich Art. 20 I CE widersprechen könne[166].

---

[160] S. zu den Regelungen der LTP ausführlich unten D.VIII.

[161] Laguna de Paz, Privates Fernsehen in Spanien, DöV 1995, S. 503.

[162] STC 127/1994, JC Bd. 39, S. 1 (40); dieses Urteil enthielt jedoch vier Sondervoten von Verfassungsrichtern, die in den Regelungen des LTP sehr wohl eine Konkretisierung der Grundrechte aus Art. 20 I CE sahen, was das Erfordernis eines Organgesetzes und damit die Verfassungswidrigkeit des LTP nach sich zöge.

[163] STC 127/1994, JC Bd. 39, S. 1 (52).

[164] Vgl. Chinchilla Marín, La radiotelevisión como servicio público esencial, 1988, S. 87; Esteve Pardo, Revista de Administración Pública 1990, S. 185 (206); einen Überblick über verschiedene Literaturansichten gibt Abad Alcalá, El servicio público, 1999, S. 96.

[165] STC 206/1990, JC Bd. 28, S. 738 (757); vgl. Holznagel, Rundfunkrecht, 1996, S. 118; Laguna de Paz, Privates Fernsehen in Spanien, DöV 1995, S. 504 spricht von einer „inzwischen nuancierteren Betrachtungsweise".

[166] Vgl. STC 189/1991, JC Bd. 31, S. 162 (171), ferner STC 31/1994, JC Bd. 38, S. 326 (347 f.) und Laguna de Paz, Televisión y Competencia, 2000, S. 40 m.w.N.

Der Gesetzgeber hat durch den Erlaß des Satellitentelekommunikationsgesetzes LTS[167], das heute nur noch bezüglich des Satellitenfernsehens Anwendung findet, für das Satellitenfernsehen ausdrücklich die Einordnung als öffentlicher Dienst verneint, Art. 2 I LTS. Damit ist das Satellitenfernsehen heute die einzige Verbreitungsart des Fernsehens, die keinen öffentlichen Dienst darstellt.

Das neue Allgemeinen Telekommunikationsgesetz (LGT)[168] bezeichnet in Art. 2 LGT alle Telekommunikationsleistungen (abgesehen von der Telekommunikationsform Fernsehen, für welche die in dieser Arbeit untersuchten Spezialgesetze gelten, Art. 1 LGT) als Dienste von allgemeinem Interesse („servicios de interés general") und nicht mehr als öffentliche Dienste. Dieser terminologische Wechsel bedeutet eine erhebliche Änderung der juristischen Einordnung des Telekommunikationswesens und eine Änderung der Rechtsstellung der in diesem Bereich tätigen Unternehmer, die nicht mehr Konzessionäre eines öffentlichen Dienstes, sondern einfache Berechtigte einer „normalen" Tätigkeit sind, wenn sie die entsprechende Genehmigung besitzen[169]. Die Aufgabe der Verwaltung beschränkt sich hier nur noch auf eine reine Ordnungsfunktion mit Kontroll- und Regelungsbefugnissen, der Staat ist nicht mehr „Inhaber der Rechtsträgerschaft".

Alle Formen des Fernsehens – abgesehen von der des Satellitenfernsehens – bleiben aber öffentliche Dienste i.S.d. Art. 128 II CE, für deren Ausübung Privatpersonen einer Verwaltungskonzession bedürfen. Nach Ansicht des TC wäre das private Monopol der sozialen Kommunikationsmedien mit allen Risiken, die es mit sich brächte, nicht weniger verachtenswert („odioso") als das bestehende öffentliche Rundfunkmonopol[170].

In Bezug auf das Europäische Gemeinschaftsrecht wird in der Lit.[171] darauf hingewiesen, daß der EGV zwar grundsätzlich den Markt und den freien Wettbewerb fördere, die Einstufung des Fernsehens als öffentlicher Dienst aber ausnahmsweise zulasse, also nicht ausschließe, daß die Mitgliedstaaten das nationale Fernsehsystem als ein öffentliches Monopol organisieren könnten.

---

167 Ley 37/1995, de 12.12.95, de telecomunicaciones por satélite; B.O.E. núm. 297, de 13.12.1995, S. 35705; s. zu den Regelungen der LTS die Besprechung unter D.IX.

168 Ley 11/1998, de 24.04.98, General de Telecomunicaciones; B.O.E. núm. 99, de 25.04.1998, S. 13909, Berichtigungen in B.O.E. núm. 162, de 08.07.1998, S. 22765.

169 Abad Alcalá, El servicio público, 1999, S. 58.

170 STC 127/1994, JC Bd. 39, S. 1 (48).

171 Laguna de Paz, Televisión y Competencia, 2000, S. 42 f. m.N.

III. Die Kompetenzverteilung zwischen dem spanischen Zentralstaat und den Autonomieregionen im Telekommunikations- und Rundfunkwesen

Zur Verteilung der Kompetenzen zur Regelung des Telekommunikationsrechts und des Rundfunkrechts bestimmen Art. 149 I Nr. 21 und 27 CE Folgendes:

„**Art. 149 CE**
(I) Der Staat hat die ausschließliche Kompetenz in folgenden Bereichen: (...)
Nr. 21: Eisenbahnen und Bodentransporte, die das Territorium von mehr als einer Autonomieregion durchlaufen; die allgemeine Leitung des Kommunikationswesens; Betrieb und Verkehr von Motorfahrzeugen; Post und Fernverbindungen; Luft- und Tiefseekabel und Radiokommunikation. (...)
Nr. 27: Basisnormen der Ordnung von Presse, Rundfunk und Fernsehen und generell aller sozialen Kommunikationsmedien, unbeschadet der zu ihrer Entwicklung und Betreibung den Autonomieregionen zustehenden Befugnisse.“

1. Die Kompetenz zur Regelung des Telekommunikationsrechts

Gem. Art. 149 I Nr. 21 CE hat der spanische Zentralstaat die ausschließliche Kompetenz zur Regelung des Telekommunikationsrechts („allgemeine Leitung des Kommunikationswesens, ... Luft- und Tiefseekabel und Radiokommunikation“). Damit steht dem spanischen Staat – wie auch in Deutschland dem Bund nach Art. 73 Nr. 7 GG – die alleinige Kompetenz zu, Regelungen im Bereich des Telekommunikationswesens zu erlassen. Diese betreffen die Rundfunkveranstalter nur in bezug auf die technische Seite der Übertragung der Rundfunksignale[172].

Diese ausschließliche Kompetenz zur Regelung des Telekommunikationsrechts hat der spanische Staat 1987 durch Erlaß der LOT, des Gesetzes zur Regelung des Telekommunikationswesens[173], umgesetzt. Eine umfassende Neuregelung des Telekommunikationsrechts fand 1998 statt, durch Erlaß der die LOT ablösenden[174] LGT, des neuen allgemeinen Telekommunikationsgesetzes[175].

---

[172] So bereits Art. 1 LGT, nach dem die Rundfunkveranstalter grundsätzlich nicht durch die LGT erfaßt werden, wohl aber die Rundfunknetze, die als Übertragungsmedien für Hörfunk und Fernsehen an die Normen der LGT gebunden sind.

[173] Ley 31/1987, de 18.12.87, de ordenación de las telecomunicaciones (LOT); B.O.E. núm. 303, de 19.12.1987, S. 37409.

[174] Seit Erlaß der LGT sind nur noch wenige Normen der LOT in Kraft; dies sind die Artt. 25, 26, 36 II und die 6. Zusatzbestimmung der LOT.

[175] Ley 11/1998, de 24.04.98, general de telecomunicaciones (LGT); B.O.E. núm. 99, de 25.04.1998, S. 13909, Berichtigungen in B.O.E. núm. 162, de 08.07.1998, S. 22765.

2. Die Kompetenzen zur Regelung des Rundfunkrechts

a. Die Regelungen des Art. 149 I Nr. 27 CE

Komplizierter gestaltet sich die Kompetenzverteilung im Bereich des hier zu untersuchenden Rundfunkrechts: Gem. Art. 149 I Nr. 27 CE hat der spanische Zentralstaat die Kompetenz zur Regelung von „Basisnormen der Ordnung von (...) Rundfunk und Fernsehen und generell aller sozialen Kommunikationsmedien, unbeschadet der zu ihrer Entwicklung und Betreibung den Autonomieregionen zustehenden Befugnisse."

Das bedeutet, daß das Rundfunkrecht eine geteilte Materie ist – zwischen der Kompetenz des Zentralstaates, *Basisnormen* zu erlassen, während die Autonomieregionen *Entwicklungs- und Ausführungsnormen* des Rundfunkrechts erlassen können. Wichtig ist dabei, daß in beiden Fällen diese Kompetenzen grundsätzlich sowohl das Ordnen als auch die Umsetzung der Rundfunkaktivität umfassen können[176].

Die Kompetenzteilung des Art. 149 I Nr. 27 CE zielt nicht auf eine umfassende normative Regelung des Rundfunkrechts ab, sondern auf eine nachfolgende Beteiligung der Autonomieregionen an der Rundfunkgesetzgebung mittels eigener Normen der Autonomieregionen. Diese Gesetzgebungstechnik kann nicht mit der Technik der konkurrierenden Gesetzgebung nach Art. 72 GG verglichen werden, da letzterer das Prinzip einer unechten Konkurrenz zugrundeliegt, d.h., daß der Bund durch Ausübung seiner Gesetzgebungsbefugnis die der Länder verdrängen kann. Nach Art. 149 I Nr. 27 CE soll der spanische Staat aber nicht die Gesetzgebung der Autonomieregionen gänzlich verdrängen können.

Eher kann die Kompetenzverteilung des Art. 149 I Nr. 27 CE in typologischer Hinsicht mit der Rahmengesetzgebung des Bundes nach Art. 75 GG verglichen werden, da hier die Gesetzgebungsbefugnis der Länder in den entsprechenden Sachbereichen unberührt bleibt. In Art. 149 I Nr. 27 CE geht es – fernab vom Schema der Ausfüllungsbedürftigkeit und –fähigkeit – um eine unmittelbare Zuweisung von Gesetzgebungskompetenzen an die Autonomieregionen, die den Erlaß der Basisnormen durch den spanischen Staat nicht abwarten müssen, sondern unmittelbar ihre Zuständigkeit zum Erlaß der Entwicklungs- und Ausführungsnormen ausüben können. Andererseits ist die Basisgesetzgebung des spanischen Staates unmittelbar anwendbar und bedarf keiner Entwicklungsgesetzgebung, um ihre Wirksamkeit zu entfalten[177].

Bezüglich der konkreten Materie des Rundfunkrechts wird hier der erhebliche Unterschied zur Kompetenzverteilung des Grundgesetzes deutlich. Während in

---

[176] Souvirón Morenilla, Derecho público de los medios audiovisuales, 1999, S. 63.

[177] S. zum Prinzip der Basis- und Entwicklungsgesetzgebung in Spanien die umfassende Darstellung bei Blanke, Föderalismus und Integrationsgewalt, 1991, S. 91.

Deutschland die Länder durch Art. 70 GG die alleinige Kompetenz zur Regelung des Rundfunkwesens innehaben, kann der spanische Gesetzgeber Basisnormen im Bereich des Rundfunkrechts erlassen, zu denen die Autonomieregionen innerhalb ihrer Befugnisse weitergehende Entwicklungs- und Ausführungsnormen für ihre jeweilige Autonomieregion verabschieden können.

b. Die Regelungen der Autonomiestatute

Nach der Regelung des Art. 149 I Nr. 27 CE hat der spanische Staat die Basis-Kompetenz zur Regulierung des Rundfunkrechts, während die Autonomieregionen die Entwicklungs- und Ausführungskompetenz innehaben, s.o. Welche Befugnisse die Autonomieregionen nun innerhalb des oben beschriebenen Schemas nach Art. 149 I Nr. 27 CE tatsächlich innehaben, regeln in Spanien die Autonomiestatute („Estatutos de Autonomía") der einzelnen Autonomieregionen[178]. Diese Autonomiestatute wurden zwischen dem spanischen Staat und den jeweiligen Autonomieregionen ausgehandelt und als Organgesetze erlassen.

Die einzige Autonomieregion, die die verfassungsmäßige Möglichkeit nutzte, unabhängige Rundfunkkompetenzen zu erlangen, war das Baskenland. Es ist die einzige Autonomieregion, die direkt und unabhängig von der zentralstaatlichen Gesetzgebung (dies sind v.a. das ERTV und die LTC) die verfassungsmäßig

[178] Die rundfunkrechtlichen Kompetenzen der Autonomieregionen sind in folgenden Normen der Autonomiestatute geregelt: Art. 19 Ley Orgánica 3/1979, de 18.12.79, B.O.E. núm. 306, de 22.12.1979, S. 29357 (País Vasco); Art. 16 Ley Orgánica 4/1979, de 18.12.79, B.O.E. núm. 306, de 22.12.1979, S. 29363 (Cataluña); Art. 34 Ley Orgánica 1/1981, de 06.04.81, B.O.E. núm. 101, de 28.04.1981, S. 8997 (Galicia); Art. 16 Ley Orgánica 6/1981, de 30.12.81, B.O.E. núm. 9, de 11.01.1982, S. 517 (Andalucía); Art. 11 Ley Orgánica 7/1981, de 30.12.81, B.O.E. núm. 9, de 11.01.1982, S. 524 (Asturias); Art. 23 Ley Orgánica 8/1981, de 30.12.81, B.O.E. núm. 9, de 11.01.1982, S. 530 (Cantabria); Art. 9 Ley Orgánica 3/1982, de 09.06.82, B.O.E. núm. 146, de 19.06.1982, S. 16750 (La Rioja); Art. 11 Ley Orgánica 4/1982, de 09.06.82, B.O.E. núm. 146, de 19.06.1982, S. 16756 (Murcia); Art. 37 Ley Orgánica 5/1982, de 01.07.82, B.O.E. núm. 164, de 10.07.1982, S. 18813 (Valencia); Art. 36 Ley Orgánica 8/1982, de 10.08.82, B.O.E. núm. 195, de 16.08.1982, S. 22033 (Aragón); Art. 32 Ley Orgánica 9/1982, de 10.08.82, B.O.E. núm. 195, de 16.08.1982, S. 22040 (Castilla-La Mancha); Art. 31 Ley Orgánica 10/1982, de 10.08.82, B.O.E. núm. 195, de 16.08.1982, S. 22047 (Canarias); Art. 55 Ley Orgánica 13/1982, de 10.08.82, B.O.E. núm. 195, de 16.08.1982, S. 22054 (Navarra); Art. 8 Ley Orgánica 1/1983, de 25.02.83, B.O.E. núm. 49, de 26.02.1983, S. 5580 (Extremadura); Art. 11 Ley Orgánica 2/1983, de 25.02.83, B.O.E. núm. 51, de 01.03.1983, S. 5776 (Islas Baleares); Art. 27 Ley Orgánica 3/1983 de 25.02.83, B.O.E. núm. 51, de 01.03.1983, S. 5783 (Madrid); Art. 27 Ley Orgánica 4/1983, de 25.02.83, B.O.E. núm. 52, de 02.03.1983, S. 5966 (Castilla y León); Art. 22 Ley Orgánica 1/1995, de 13.03.95, B.O.E. núm. 62, de 14.03.1995, S. 8055 (Ceuta); Art. 22 Ley Orgánica 2 /1995, de 13.03.95, B.O.E. núm. 62, de 14.03.1995, S. 8061 (Melilla).

möglichen Kompetenzen übernimmt und damit ihren staatlichen Rundfunksender regeln und in eigener Rechtsinhaberschaft betreiben kann[179].

Die anderen Autonomieregionen normieren ebenso in ihren Autonomiestatuten die Gesetzgebungsbefugnis zur Regelung des Rundfunkrechts, allerdings mit einer Unterwerfungsklausel unter die zentralstaatliche Regelung des ERTV. Damit erkannten sie freiwillig die Norm des Art. 1 II ERTV an, nach der auch die staatlichen Fernsehprogramme der Autonomieregionen als Dritter Kanal in spanischer Rechtsinhaberschaft eingestuft werden, für die die Autonomieregionen einer Konzession nach der LTC bedürfen[180].

Diese freiwillige Unterwerfung fast aller Autonomieregionen unter die Regelungen des (gem. Art. 2 I ERTV als staatliche Basisnorm erlassenen) ERTV hat allgemeine Verwunderung ausgelöst[181], da sie faktisch die Kompetenzen der Autonomieregionen erheblich beschneidet. Art. 1 II ERTV erklärt den Rundfunk zum öffentlichen Dienst in staatlicher Rechtsinhaberschaft – mit der Folge, daß der Rechtsinhaber, der spanische Staat, eine weitreichende Gesetzgebungskompetenz zur Ordnung „seines" Rundfunksystems besitzt[182].

c. Die rundfunkrechtlichen Kompetenzen nach der Rechtsprechung des Tribunal Constitucional

Art. 149 I Nr. 27 CE verleiht dem spanischen Staat die Basiskompetenz zur Regelung des Rundfunkrechts - und den Autonomieregionen eine Entwicklungs- und Ausführungskompetenz, s.o. Nach dieser Regelung der spanischen Verfassung müßten die Autonomieregionen im Prinzip die Kompetenz zur

---

[179] Das Betreiben eines Rundfunkveranstalters in eigener Rechtsinhaberschaft steht in Widerspruch zur Regelung des Art. 1 II ERTV, der (als staatliche Basisnorm, Art. 2 I ERTV) dem spanischen Staat die Rechtsinhaberschaft über den gesamten Rundfunk zuspricht. Das baskische Autonomiestatut wurde jedoch vor dem ERTV erlassen, der Widerspruch besteht also nur gegen eine norma non nata. Ausführlich dazu Souvirón Morenilla, Derecho público de los medios audiovisuales, 1999, S. 68 und Laguna de Paz, Régimen jurídico, 1994, S. 167, der in Art. 1 II ERTV eine verfassungswidrige Überschreitung des Basis-Kompetenzrahmens des spanischen Staates sieht. S. auch Fernández Farreres, El paisaje televisivo en España, 1997, S. 53 und Montero/ Brokelmann, Telecomunicaciones y Televisión, 1999, S. 519.

[180] Diese freiwillige Unterwerfung enthält bereits das Autonomiestatut Kataloniens. Seit Erlaß der Ley Orgánica 9/1992, de transferencia de competencias a las Comunidades Autónomas, die die Kompetenzen der Autonomieregionen angeglichen hat, gilt dies für alle Autonomieregionen mit Ausnahme des Baskenlandes. – Es ist zu bemerken, daß auch das Baskenland trotz fehlender Unterwerfungsklausel die LTC-Konzession beim spanischen Staat beantragt und erhalten hat.

[181] Laguna de Paz, Régimen jurídico, 1994, S. 168, FN 157.

[182] Eine andere und umstrittene Frage ist, ob Art. 1 II ERTV als staatliche „Basisnorm" den Rundfunk zum Dienst in staatlicher Inhaberschaft erklären durfte. Nach einer oft zitierten Ansicht hat das ERTV damit nämlich den „Basis"-Kompetenzrahmen des Zentralstaates in dieser Materie überschritten – Laguna de Paz, Régimen jurídico, 1994, S. 164.

Regelung und Ausführung des Rundfunkrechts innerhalb ihrer Regionen innehaben, solange sie die Basisnormen des spanischen Staates respektieren. Aber die Tatsache, daß die Rundfunkaktivität gem. Art. 1 II ERTV als ein öffentlicher Dienst in ausschließlich (zentral-)staatlicher Rechtsinhaberschaft ausgestaltet ist, gibt dem spanischen Zentralstaat als Rechtsinhaber dieses öffentlichen Dienstes eine weitreichende Kompetenz zum Ordnen des Rundfunksektors[183] und zur Konzessionserteilung - und wirft die Frage auf, wie weit der verbleibende Inhalt der Entwicklungs- und Ausführungskompetenz der Autonomieregionen reicht. Dazu ergingen mehrere Urteile des TC, die nicht immer zur Klärung der Frage beitrugen[184].

Zunächst betonte der TC mehrfach, daß das als einfaches Gesetz ergangene ERTV selbst keine Kompetenzen zuordne. Dies sei Aufgabe der Autonomiestatute und der Verfassung selbst. Aber durch die Bezugnahme der Autonomiestatute auf das ERTV (abgesehen von dem des Baskenlandes, s.o.) hat es nach Auffassung des TC eine „Begrenzungsfunktion" der Kompetenzen der Autonomieregionen[185].

Die einzelnen spanischen Rundfunkgesetze wurden in den kompetenzrechtlichen Verfassungsklagen allesamt für verfassungsgemäß erklärt, teilweise mit widersprüchlichen Begründungen. In STC 26/1982[186] bestätigte der TC einerseits, daß die Rundfunkkompetenz - wie o. beschrieben - geteilt ist, und andererseits die Verfassungsmäßigkeit der Reservierung des Rundfunkdienstes für den Staat als Rechtsinhaber. Die Aufteilung der Rundfunkkompetenzen beschreibt der TC in diesem Urteil wie folgt: Dem spanischen Staat obliege demnach der Erlaß der Normen, die den radioelektrischen Raum abgrenzen, die Regelung der allgemeinen Bedingungen zum Betrieb des öffentlichen Dienstes Rundfunk, die Ausarbeitung der allgemeinen radioelektrischen Pläne und die Festlegung der technischen Bedingungen der Sendeeinrichtungen und der technischen Überwachung derselben. - Den Autonomieregionen obliegen dagegen die Regulierung des Verfahrens zur Ausübung der Rundfunkkompetenz, die Bearbeitung der Konzessionsanträge und die Erteilung der Rundfunkkonzessionen in ihrem jeweiligen Gebiet; d.h., ihnen obliegt einerseits die Kontrollkompetenz (mit Ausnahme der Überwachung der technischen Einrichtungen, s.o.) und

---

[183] Souvirón Morenilla, Derecho público de los medios audiovisuales, 1999, S. 76.

[184] Ausführlich, aber wenig strukturiert dazu Souvirón Morenilla, Derecho público de los medios audiovisuales, 1999, S. 61 ff.; ferner allgemein zur Verfassungsrechtsprechung im Bereich des Telekommunikationswesens Lavilla Rubira, El fenómeno, 1997, S. 275.

[185] STC 10/1982, JC Bd. 3, S. 128 (140); STC 26/1982, JC Bd. 3, S. 322 (332); STC 44/1982, JC Bd. 4, S. 23 (35).

[186] JC Bd. 3, S. 322.

andererseits die gesetzliche Entwicklung der Sekundärnormen im Rundfunkrecht[187]. –

In diesem Urteil (STC 26/1982, einem Verfahren bzgl. des Hörfunks) urteilte der TC, daß die für verfassungsgemäß erklärte zentralstaatliche Rechtsinhaberschaft des Dienstes nicht die Kompetenzen der Autonomieregionen aushöhlen dürfe, sondern in diesem Rahmen die o.g. Kompetenzverteilung gelten müsse, nach der u.a. die Normierung der Ausübung und der Konzessionsbefugnis (der Befugnis zur Erteilung der Konzessionen) den Autonomieregionen zustehe. – In seinen Entscheidungen bezüglich des Fernsehens widerspricht der TC aber dieser eigenen Lehre: Wenn die zentralstaatliche Inhaberschaft nicht die Kompetenzen der Autonomieregionen aushöhlen darf, so daß die Konzessionskompetenz den Autonomieregionen zustehen müsse, dann kann es nicht gleichzeitig in bezug auf das Fernsehen für verfassungsgemäß erklärt werden, daß die Autonomieregionen deshalb keine Konzessionskompetenz besitzen, weil dies die staatliche Rechtsinhaberschaft verhindere, m.a.W., daß die Unterwerfung der Autonomiestatute unter das ERTV materiell die Kompetenzen der Autonomieregionen eben doch erheblich beschneidet[188].

d. Die einfachgesetzliche Normierung der Exekutivkompetenzen

Zusammenfassend kann gesagt werden, daß der spanische Staat seine Basisgesetzgebungskompetenz aus Art. 149 I Nr. 27 CE umfassend umgesetzt hat und über sehr weitreichende Kompetenzen zur Kontrolle der Rundfunkveranstalter und zur Konzessionserteilung verfügt. Alle diese Gesetze wurden für verfassungsgemäß erklärt.

Bis 1994 folgten alle spanischen Rundfunkgesetze streng dem Modell der staatlichen Rechtsinhaberschaft und gaben dem spanischen Staat alle Aufsichts- und Konzessionskompetenzen bezüglich des regional oder national terrestrisch ausgestrahlten Fernsehens (ERTV, LTP und LTC).

Danach wurden mehr und mehr die Autonomieregionen in die staatlichen Rundfunkgesetze miteinbezogen. Die 1994 erlassene LID erteilt viele Kontrollkompetenzen dem spanischen Staat, gibt aber auch einige Kontrollkompetenzen an die Autonomieregionen (vgl. Art. 18 LID und die 1. Zusatzbestimmung der LID). Die 1995 erlassene LTL (das Lokalfernsehgesetz) erteilt den Autonomieregionen bereits weitergehende Gesetzgebungs- und Exekutivkompetenzen: Sie können Werberegelungen erlassen (Art. 8 LTL), per Gesetz spezielle Verstoßtatbestände normieren (Art. 16 I LTL) und die Lokalfernsehkonzessionen erteilen (Art. 9 I a.E. LTL).

---

[187] STC 26/1982, JC Bd. 3, S. 322 (335 f.); García Llovet, Régimen jurídico, 1991, S. 232 f.; Souvirón Morenilla, Derecho público de los medios audiovisuales, 1999, S. 78, FN 98.
[188] So aber STC 278/1993, JC Bd. 37, S. 100 (110); s. Souvirón Morenilla, Derecho público de los medios audiovisuales, 1999, S. 86 m.w.N.

Die LTCC von 1995 (das Kabelfernsehgesetz) erteilt wiederum den Autonomieregionen erhebliche Kompetenzen: Sie verabschieden die Bezirke (d.h. die Betriebsgebiete) für die Kabelfernsehveranstalter, wenn diese mehr als eine Gemeinde und nicht mehr als das Gebiet ihrer Autonomieregion umfassen (Art. 2 III S. 3 LTCC) – auch wenn die Kompetenz zur Erteilung der Kabelfernsehkonzession beim spanischen Staat verbleibt (Art. 3 LTCC): Ferner können die Autonomieregionen spezielle Regeln bezüglich unabhängiger Programmanbieter normieren (Art. 10 I LTCC) und Normen in bezug auf Werbung, Sponsoring und Jugendschutz im Kabelfernsehen erlassen (Artt. 40 und 41 Anh. des Real Decreto 2.066/1996, der Ausführungsverordnung zur LTCC). Das „Gesetz" über das terrestrische Digitalfernsehen (LTDT, die 44. Zusatzbestimmung der Ley 66/1997) gibt den Autonomieregionen gar die Kompetenz, die erforderlichen Betriebskonzessionen zu erteilen, wenn die beantragte Reichweite das Gebiet ihrer Region nicht überschreitet.

Alle anderen Gesetzgebungs- und Kontrollkompetenzen obliegen dem spanischen Staat; insgesamt ist aber zu beobachten, daß in den spanischen Gesetzen den Autonomieregionen allmählich mehr Kontroll- und Exekutivkompetenzen im Rundfunkbereich zugestanden werden.

Die Autonomieregionen selbst haben bislang von ihren Gesetzgebungskompetenzen im Rundfunkbereich nur sparsam Gebrauch gemacht: Allein die Autonomieregionen Katalonien, Galizien und Navarra haben eigene Gesetze in diesem Bereich erlassen[189], welche meist von untergeordneter Bedeutung sind.

---

[189] Katalonien: Ley 8/1996, de 05.07.96, de regulación de la programación audiovisual distribuida por cable, B.O.E. núm. 194, de 12.08.1996, S. 24895 und das ausführende Decreto 265/1997, de 17.10.97 (Einige Spezialregeln für das Kabelfernsehen in Katalonien, s. dazu unter D.X.8.e.); ferner Decreto Catalán 320/1996 de 01.10.96 de regulación del régimen jurídico de las televisiones locales por ondas terrestres (Spezialregeln zum Erlaß der terrestrischen Lokalfernsehkonzessionen), Do. Generalidad de Cataluña núm. 2268, de 14.10.1996, S. 10404. - Galizien: Ley 6/1999, de 01.09.99, regulando la actividad audiovisual; B.O.E. núm. 236, de 02.10.1999, S. 35444 (Wenige allgemeine Programmgrundsätze). – Navarra: Decreto Foral 313/1996, de 09.09.1996, de regulación de la gestión del servicio de televisión local por ondas terrestres en la Comunidad Foral; B.O. Navarra núm. 116, de 23.09.1996, S. 5570 (Einige Sonderregeln zum Kabelfernsehen in Navarra, v.a. zur Werbung).

D. DIE EINFACHGESETZLICHE FERNSEHORDNUNG IN SPANIEN

Schwerpunkt dieser Arbeit ist die Bearbeitung der einfachgesetzlichen Normen, die das Fernsehen in Spanien in seinen verschiedenen Formen regeln; alle wichtigen Rechtsnormen dazu sind im Anhang der Arbeit (Teil E.) in Originaltext und deutscher Übersetzung abgedruckt.

I. Einführung und allgemeine Prinzipien der einfachgesetzlichen Fernsehordnung

1. Einführung in die einfachgesetzliche Fernsehordnung Spaniens

Das spanische Fernsehrecht kennt keinen einheitlichen corpus iuris[190], so wie ihn der deutsche Jurist anhand des Rundfunkstaatsvertrags der Länder und der einzelnen Landesrundfunkgesetze gewohnt ist. Statt dessen ist heute eine Vielzahl von verschiedenen unzusammenhängenden Gesetzen mit unterschiedlichen Adressatenkreisen in Kraft[191], weshalb eine Analyse aller aktuellen Fernsehgesetze Spaniens erforderlich ist[192].

a. Das Fernsehen als Telekommunikationsform mit spezialgesetzlicher Regelung

Der Anhang des Allgemeinen Telekommunikationsgesetzes LGT definiert „Telekommunikation" als „die Übertragung, die Ausstrahlung oder den Empfang von Zeichen, Signalen, Tönen oder Informationen jedweder Art mittels Draht, Radioelektrizität, optischer Medien oder anderer elektromagnetischer Systeme". Diese Definition umfaßt demnach sowohl die traditionellen Telekommunikationsformen wie z.B. das Telefon, als auch die Rundfunkaktivitäten Hörfunk und Fernsehen. Gleichermaßen wird in der Fernsehdefinition des Art. 25 II S. 2 LOT das Fernsehen ausdrücklich als eine Form der Telekommunikation bezeichnet[193].

In Umsetzung der getrennten Gesetzgebungskompetenzen bezüglich der Telekommunikation (ausschließliche Kompetenz des spanischen Staates gem. Art. 149 I Nr. 21 CE) und des Rundfunks (geteilte Kompetenz zwischen dem spanischen Staat und den Autonomieregionen gem. Art. 149 I Nr. 27 CE)[194] wird das

---

[190] Martín y Pérez de Nanclares, EG-Fernsehrichtlinie, 1995, S. 362.

[191] Montero/ Brokelmann, Telecomunicaciones y Televisión, 1999, S. 508 bezeichnen das spanische Fernsehrecht als „conjunto de normas confusas e ineficaces", einen Komplex konfuser und ineffektiver Normen.

[192] Die einzelnen Fernsehgesetze werden anschließend in den Abschnitten D.II. bis D.XII. untersucht.

[193] S. zur Definition des Fernsehens im spanischen Recht die Ausführungen unter D.II.1.b.aa.

[194] Vgl. die Ausführungen unter C.III. in dieser Arbeit.

Fernsehen aber durch eine von den Telekommunikationsnormen getrennte spezielle Rechtsordnung geregelt („legislación específica“ gem. Art. 25 II S. 3 LOT), die aus verschiedenen Kodifizierungen besteht, welche die Regulierung des Fernsehdienstes zumeist nach der Übertragungsform (terrestrisch, via Satellit oder per Kabel), nach der Reichweite (landesweit, autonomieregionsweit oder lokal) und nach der Betriebsform (direkter Betrieb durch den Staat oder indirekter Betrieb durch Privatpersonen) unterscheiden.

b. Ein Überblick über die spanischen Fernsehgesetze

Das wichtigste und für alle Fernsehveranstalter Spaniens gleichermaßen geltende Gesetz ist die LID, Ley 25/1994[195] (s.u. die ausführliche Untersuchung im Abschnitt D.II.), welche fast alle der umfangreichen Vorgaben der EG-FRL 89/552/EWG in die spanische Rechtsordnung einbindet; die LID ist die Fundamentalnorm der spanischen Fernsehordnung schlechthin.

Weitere Gesetze, die verbindliche Regeln für alle Fernsehveranstalter normieren, sind die Ley 21/1997 zur Regelung des Rechts auf Kurzberichterstattung und der Übertragung von Ereignissen erheblicher gesellschaftlicher Bedeutung (s.u. Abschnitt D.III.), ferner das Gegendarstellungsgesetz Ley Orgánica 2/1984 (s.u. Abschnitt D.IV., in dem die Grundzüge des Gegendarstellungsrechts dargestellt werden), und schließlich die auf der Umsetzung der Richtlinie 95/47/EG beruhende Ley 17/1997, die allgemeine, zumeist technische Regeln zu Übertragung und Empfang der Fernsehdienste enthält[196].

Die weiteren Gesetze der spanischen Fernsehordnung betreffen kleinere Gruppen von Adressaten, sie richten sich nach der Organisationsform, der Reichweite und der verwendeten Sendetechnik (analog oder digital, terrestrisch, per Kabel oder via Satellit) der Fernsehveranstalter, für die sie gelten:

Das ERTV, Ley 4/1980, regelt den terrestrisch ausgestrahlten Staatsrundfunk RTVE (s.u. Abschnitt D.VI.), und die LTC, Ley 46/1983, die staatlichen und terrestrisch ausgestrahlten Dritten Fernsehprogramme der spanischen Autonomieregionen (s.u. Abschnitt D.VII.).

Von besonderer Bedeutung ist das Privatfernsehgesetz LTP, Ley 10/1988, das die Rechtsordnung für die landesweiten, terrestrisch sendenden Privatfernsehveranstalter Spaniens regelt (s.u. Abschnitt D.VIII.).

Das Satellitenfernsehgesetz LTS, Ley 37/1995, normiert Regeln für Privatfernsehdienste, die via Satellit fremde und selbstproduzierte Programme analog oder

---

[195] S. die Fundstellen aller angesprochenen Gesetze an den genannten Orten ihrer Untersuchungen in D.II. bis D.XII.

[196] Neben diesen allgemeinen technischen Regeln der Ley 17/1997 enthält sie Sonderregeln für alle Pay-TV-Anbieter und speziell bezüglich der Digital-Pay-TV-Anbieter, s. die Ausführungen zur Ley 17/1997 unter D.V.

digital verbreiten (s.u. Abschnitt D.IX.), und das Kabelfernsehgesetz LTCC, Ley 42/1995, normiert Entsprechendes für die privaten Kabelfernsehdienste (s.u. Abschnitt D.X.). Das Lokalfernsehgesetz LTL, Ley 41/1995, normiert das öffentlich oder privat betriebene terrestrische Lokalfernsehen (s.u. Abschnitt D.XI.) und schließlich bestimmen die als LTDT bezeichnete Norm und ihre Ausführungsnormen Regeln zur Einführung des terrestrischen Digitalfernsehens in Spanien (s.u. Abschnitt D.XII.).

2. Die allgemeinen Prinzipien der spanischen Fernsehordnung

Aus der Analyse der spanischen Fernsehordnung lassen sich einige allgemeine Prinzipien ableiten, die den einzelnen Fernsehgesetzen zugrundeliegen.

Zu unterscheiden sind allgemeingültige Prinzipien, die für alle Adressaten verbindlich sind, ferner solche, die für die staatlichen Fernsehveranstalter gelten, und solche, die für alle privaten Fernsehveranstalter gelten.

a. Allgemeingültige Prinzipien

aa. Das Prinzip des öffentlichen Dienstes in staatlicher Inhaberschaft

Das Grundprinzip der spanischen Rundfunkordnung schlechthin ist die *publicatio*, die Einstufung des Fernsehens (und des Hörfunks) als essentielle öffentliche Dienste in staatlicher Inhaberschaft, s. Art. 1 II ERTV, Art. 1 LTP, Art. 1 LTC, Art. 1 I LTCC und Art. 2 LTL. Hierauf begründet sich die Reservierung der Fernsehaktivität zugunsten des spanischen Staates, die einerseits das öffentliche Fernsehmonopol legitimiert und heute den Reformprozeß des Fernsehsektors mitbestimmt[197].

Die einzige Ausnahme vom Modell des öffentlichen Dienstes bildet heute das (1995 gesetzliche geregelte) Satellitenfernsehen, dessen Ausübung gem. Art. 1 I LTS ausdrücklich keinen öffentlichen Dienst darstellt, sondern eine Tätigkeit, die der freien privaten Initiative offensteht, gleichwohl aber genehmigungsbedürftig ist[198].

Obgleich die rasante technische Entwicklung den Fernsehsektor gleichermaßen erfaßte wie den Telekommunikationssektor, wird er - im Gegensatz zum heute

---

[197] Montero/ Brokelmann, Telecomunicaciones y Televisión, 1999, S. 483.

[198] Die Nichteinstufung des Satellitenfernsehens als öffentlicher Dienst wird in den Motiven des Satellitenfernsehgesetzes LTS mit den veränderten Marktbedingungen durch das Anwachsen der per Satellit verbreiteten spanischen Fernsehangebote aus dem Ausland und der Inbetriebnahme neuer Telekommunikationssatelliten über spanischem Territorium begründet. Auch die Notwendigkeit, die spanische Rechtsordnung an die Vorgaben der Richtlinie 94/46/EG der Kommission zur Änderung der Richtlinien 88/301/EWG und 90/388/EWG insbesondere betreffend die Satelliten-Telekommunikation (ABl. EG Nr. L 268 vom 19.10.1994, S. 15) anzupassen, wird als weiteres Motiv genannt. Laguna de Paz, Televisión y Competencia, 2000, S. 33.

in Spanien weitgehend liberalisierten Telekommunikationssektor - wegen seiner grundrechtlichen Relevanz und seiner Wichtigkeit für die öffentliche Meinungsbildung und das Allgemeinwohl auch weiterhin als öffentlicher Dienst qualifiziert[199].

Das staatliche Fernsehmonopol kann entweder direkt durch öffentliche Körperschaften (RTVE als zentralspanische Rundfunkanstalt oder die Rundfunkanstalten der Autonomieregionen) ausgeübt werden, oder aber indirekt durch Privatpersonen mittels einer Verwaltungskonzession, so bereits Art. 25 I S. 2 LOT. Die Ausübung des Satellitenfernsehens erfordert dagegen nur die Erteilung der entsprechenden Genehmigung, Art. 3 LTS[200].

Die Verwaltungskonzessionen zur Ausübung des öffentlichen Dienstes Fernsehen werden in Spanien in Form eines Verwaltungsvertrags erteilt, nicht als Verwaltungsakt.

Zu den Verwaltungsverträgen wurde das spezielle Verwaltungsvertragsgesetz Ley 13/1995[201] erlassen, das u.a. die Verwaltungsverträge zur Ausübung öffentlicher Dienste durch Privatpersonen regelt. Dieses Gesetz normiert zunächst in einem Allgemeinen Teil Regeln zur Auswahl des Vertragspartners, die mittels eines öffentlichen Ausschreibungsverfahrens gem. Art. 75 III Ley 13/1995 zu erfolgen hat[202], ferner das Schriftformerfordernis (Art. 56 Ley 13/1995) und die Garantien, die der private Vertragspartner abgeben muß, bei

[199] Es wird kritisiert, daß der Schutz des öffentlichen Interesses ein Hindernis für eine umfassende Liberalisierung des Fernsehsektors darstellt. Einerseits habe sich der spanische Gesetzgeber unter Beibehaltung des Modells des öffentlichen Dienstes für eine beschränkte Öffnung des Fernsehmarktes entschieden, andererseits habe er es aber nicht geschafft, eine Fernsehordnung einzuführen, die in der Lage sei, den Wettbewerb zwischen den Anbietern zu sichern und gleichzeitig einen effektiven Schutz des öffentlichen Interesses zu garantieren, was einen unausgeglichenen Fernsehmarkt bewirke. Montero/ Brokelmann, Telecomunicaciones y Televisión, 1999, S. 484; ähnlich Muñoz Machado, El servicio público III, 1998, S. 38.

[200] S. zur Einordnung des Rundfunks als öffentlicher Dienst auch unten D.VI.3. - Daß Private verschiedene berechtigende Rechtstitel (Genehmigung für Satellitenfernsehveranstalter oder Konzession für alle anderen Fernsehveranstalter) für den Betrieb des Fernsehens benötigen, bringt jedoch keine allzu unterschiedlichen Anforderungen an die eigentliche Fernsehtätigkeit mit sich; vgl. die Ausführungen zur LTS unter D.IX.4.

[201] Ley 13/1995, de 18.05.95, de Contratos de las Administraciones Públicas; B.O.E. núm. 119, de 19.05.1995, S. 14601, Berichtigungen in B.O.E. núm. 159, de 05.07.1995, S. 20404.

[202] Die zum Schutz der Chancengleichheit der Bewerber vorgesehenen öffentlichen Ausschreibungsverfahren sind nicht nur vor Erteilung der Privat-, Kabel- und Lokalfernsehkonzessionen durchzuführen, sondern auch vor Erlaß der LTS-Satellitenfernseh-Genehmigungen, s. Art. 3 III LTS. Ferner erklärt Art. 10 II Anh. des R.D. 136/1997 die Ley 13/1995 bezüglich der LTS-Genehmigungserteilung teilweise für anwendbar, obgleich diese im Gegensatz zu den Fernsehkonzessionen keine Verwaltungsverträge, sondern Verwaltungsakte darstellen; vgl. dazu unten D.IX.4.e.aa.

deren Nichterfüllung der Vertrag gem. Art. 42 Ley 13/1995 erlischt. Sodann werden in einem Besonderen Teil die einzelnen Typen der Verwaltungsverträge geregelt, in den Artt. 155 - 171 Ley 13/1995 die für die Privatfernsehkonzessionen relevanten Normen bezüglich der Verträge zum Betrieb öffentlicher Dienste. Art. 156 II Ley 13/1995 stellt i.S.d. Art. 1 II ERTV klar, daß die Tätigkeit, die die Privatperson mittels der Konzession ausübt, eine Aktivität bleibt, die ausschließlich in Inhaberschaft der staatlichen Verwaltung steht, d.h. daß niemand außer der Verwaltung selbst oder den Konzessionären diese Tätigkeit ausüben darf[203]. Die weiteren Normen der Artt. 155 – 171 Ley 13/1995 enthalten Regelungen über die Befugnisse der Verwaltung innerhalb des Vertragsverhältnisses, die Rechte und Pflichten des privaten Betreibers und das Erlöschen des Verwaltungsvertrags zum Betrieb öffentlicher Dienste[204].

bb. Die allgemeinen Programmgrundsätze des Artikels 4 ERTV

Art. 4 ERTV normiert allgemeine Programmgrundsätze, an denen sich die Fernsehtätigkeit aller staatlichen und privaten Fernsehschaffenden orientiert. Hier werden wenige, absolut grundlegende Prinzipien normiert, die in einer demokratischen Gesellschaft für alle Fernsehprogramme als Schranken der Rundfunkfreiheit selbstverständlich sein müssen.

Dies sind die unerläßlichen Grundsätze der Objektivität, Wahrhaftigkeit und Unparteilichkeit der Information, der Trennung von Information und Meinung, der Respekt des Pluralismus, ferner der Ehre, des Rufs und des Privatlebens von Personen, schließlich der Jugendschutz und der Respekt der Gleichheitsgrundrechte[205].

Praktisch alle Fernsehgesetze Spaniens[206] verweisen entweder in die ursprüngliche Normierung dieser allgemeinen Programmgrundsätze in Art. 4 ERTV (so Art. 3 LTP für die terrestrischen landesweiten Privatfernsehveranstalter und die 7. Zusatzbestimmung der LTS für die Satellitenfernsehveranstalter), oder sie kopieren Art. 4 ERTV wörtlich (so Art. 5 LTC für die staatlichen Fernsehveranstalter der Autonomieregionen und Art. 6 LTL für die öffentlichen oder privaten Lokalfernsehveranstalter).

Die Tatsache, daß viele Programmgrundsätze gleichermaßen für private wie für staatliche Fernsehveranstalter gelten, wird als ein Charakteristikum der spani-

---

203 Morell Ocaña, Curso de Derecho Administrativo II, 1999, S. 331. Vgl. auch Laguna de Paz, Régimen jurídico, 1994, S. 208.

204 S. zu den Regelungen des Verwaltungsvertragsgesetzes Ley 13/1995 die Ausführungen bei Morell Ocaña, Curso de Derecho Administrativo II, 1999, S. 239, darin speziell S. 331 ff. über den Verwaltungsvertrag zum Betrieb öffentlicher Dienste; ferner García de Enterría/ Fernández, Curso de Derecho Administrativo I, 1997, S. 711.

205 Vgl. auch die Ausführungen zu Art. 4 ERTV unter D.VI.9.

206 Allein im Kabelfernsehgesetz LTCC fehlt ein Verweis in Art. 4 ERTV oder eine Normierung dieser allgemeinen Programmgrundsätze.

schen Fernsehordnung beschrieben - und angesichts der unterschiedlichen Finanzierungsmodelle (Private allein über Werbeeinnahmen, Staatliche über Werbeeinnahmen und Subventionen aus den allgemeinen Staatshaushalten), denen aber keine unterschiedliche Aufgabenverteilung im Fernsehsystem zugrundeliegt, kritisiert[207]. Ferner wird bemängelt, daß die spanische Fernsehordnung keine ausreichenden Mechanismen entwickelt habe, effektive Schutzmechanismen des öffentlichen Interesses zu schaffen. Die im Rahmen der öffentlichen Dienste traditionellen Mechanismen wie die direkte behördliche Intervention oder die Auferlegung von Bedingungen innerhalb des Konzessionsvertrags hätten sich als unzureichend zum Schutz des öffentlichen Interesses innerhalb des Wettbewerbs erwiesen; die öffentliche Kontrolle mittels einfacher Generalklauseln wie derer des Art. 4 ERTV sei angesichts der Komplexität des Fernsehsektors unmöglich, besonders angesichts fehlender dauerhafter und intensiver Kontrolle der Aktivitäten der Fernsehanbieter[208].

cc. Der Grundsatz der Regierungsmacht

Die Fernsehgesetze Spaniens enthalten einzelne Regelungen, die unter dem Begriff „Grundsatz der Regierungsmacht“ zusammengefaßt werden können. Die Regierungen Spaniens und der Autonomieregionen haben einerseits die Möglichkeit erheblicher Einflußnahme speziell auf die staatlichen Fernsehanstalten (v.a. durch die Befugnis der Ernennung der Generaldirektoren und wegen des permanenten Subventionsbedürfnisses des staatlichen Fernsehens – s. dazu unten D.I.2.b.aa.) und andererseits die alleinige Kompetenz, die Fernsehkonzessionen bzw. -genehmigungen zu erteilen (vgl. Art. 1 LTC, Art. 8 I LTP, Art. 3 LTCC - und Art. 3 I LTS (im letzten Falle handelt es sich um die Satellitenfernseh-Genehmigung)).

Zusätzlich haben die spanische Zentralregierung bzw. die Regierungen der Autonomieregionen die Möglichkeit, in allen landes- und autonomieregionsweiten Programmen des Staats- und Privatfernsehens offizielle Bekanntmachungen und Veröffentlichungen, die sie im öffentlichen Interesse für notwendig erachten, kostenlos ausstrahlen zu lassen, vgl. Art. 22 ERTV, Art. 13 LTC und Art. 16 LTP. Es liegt im Ermessen der Regierungen, welche Bekanntmachungen sie dazu im öffentlichen Interesse als notwendig einstufen, sie können auf diese Weise auch für sich selbst werben[209].

---

[207] Carreras in: Tornos Mas, Las autoridades de regulación de lo audiovisual, 1999, S. 10; ebenso Laguna de Paz, Régimen jurídico, 1994, S. 330 m.w.N.

[208] Montero/ Brokelmann, Telecomunicaciones y televisión, 1999, S. 488.

[209] S. dazu die Ausführungen unter D.VI.12.b. und D.VIII.7.k.cc.

dd. Die Grundsätze der geregelten Wahlwerbung und der Pflicht zur Sendung von Regionalfensterprogrammen

Als weiterer allgemeingültiger Grundsatz des spanischen Fernsehrechts ist die gesetzlich geregelte Wahlwerbung zu nennen: Alle landes- oder autonomieregionsweiten Fernsehsender Spaniens sind an die Regelungen der Wahlgesetze Ley Orgánica 5/1985 bzw. Ley Orgánica 2/1988 gebunden (vgl. Art. 23 ERTV, Art. 14 LTC und Art. 24 II lit. c) LTP), die die Parteienwerbung in Wahlkampfzeiten strikt reglementieren: In Wahlkampfzeiten obliegt der zentralen Wahlkommission Spaniens oder der entsprechenden Autonomieregion die Kontrolle der Einhaltung der Wahlkampfregeln in den Fernsehprogrammen.

Den staatlichen Fernsehsendern obliegt nach den Wahlgesetzen u.a. die Pflicht, kostenlos den zur Wahl stehenden Parteien und Wählervereinigungen Wahlwerbezeiten zur Verfügung zu stellen, die anhand der in der vorherigen Wahl erhaltenen Wahlergebnisse zugeteilt werden. Gleichzeitig gilt für alle staatlichen und privaten Fernsehveranstalter das Verbot, darüber hinausgehende zusätzliche Wahlwerbezeiten zu verkaufen[210].

Schließlich kann die für alle landesweit sendenden (öffentlichen und privaten) Fernsehsender bestehende Pflicht genannt werden, neben ihrem landesweiten Programm auch Regionalfensterprogramme auszustrahlen (vgl. Art. 13 ERTV und Art. 4 II LTP).

ee. Die Prinzipien der LID

Den Regelungen der für alle spanischen Fernsehsender geltenden LID, die zur Umsetzung der EG-FRL in die spanische Rechtsordnung erlassen wurde, liegen mehrere Grundsätze zugrunde, die letztlich aus der FRL selbst stammen. Dies sind neben dem Sendestaatsprinzip und dem Prinzip der Empfangsfreiheit aus Art. 4 LID der Grundsatz der Förderung europäischer Fernsehproduktionen gegenüber denen aus Nichtmitgliedstaaten, der den Quotenregelungen zur Förderung europäischer Werke aus Artt. 5 – 7 LID zugrundeliegt.

Den vielen und weitreichenden Werbenormen der Artt. 8 – 15 LID ist der allgemeine Grundsatz der Trennung von Werbung und Programm (vgl. Art. 11 I LID) zu entnehmen, ferner das Gebot der Blockwerbung (Art. 11 II LID).

Der (nicht der FRL entstammenden) Regelung des Art. 12 VIII LID, die eine Veränderung der Lautstärke der Werbespots in Verhältnis zum Restprogramm verbietet, könnte man einen „Grundsatz der Nichtmanipulation der Werbung“ entnehmen, dem z.B. auch das Verbot subliminaler Werbung in Art. 8 II LID (bzw. bereits in Art. 3 lit. d) i.V.m. Art. 7 des Allgemeinen Werbegesetzes, Ley 34/1988) entstammt.

---

[210] S. dazu die Ausführungen unter D.VI.12.c., D.VII.5. und D.VIII.9.b.aa.(3).

Aus Art. 14 LID ist das Prinzip der Typenbestimmtheit der Fernsehkanäle abzuleiten: Gem. Art. 14 LID dürfen reine Teleshoppingkanäle nur Teleshopping und Werbung ausstrahlen, jedoch kein redaktionelles Programm (dasselbe gilt für reine Eigenwerbekanäle), so daß eine Vermischung der Fernsehkanaltypen unmöglich ist.

Art. 15 LID sind genaue Anforderungen zu entnehmen, wie das Fernsehsponsoring zu erfolgen hat; ihm liegt der Grundsatz der Trennung von Werbung und Sponsoring zugrunde: Werbung und Fernsehsponsoring sollen klar unterscheidbar bleiben, schon deshalb, weil die für das Sponsoring verwendeten Sendezeiträume gem. Art. 15 IV LID nicht in die maximalen Werbe-Sendezeiten eingerechnet werden.

Die Jugendschutznormen der Artt. 16 und 17 LID entstammen dem für die Gefahrenabwehr im Fernsehen essentiellen Jugendschutzgrundsatz.

Art. 18 LID bestimmt, daß alle Fernsehsender ihr Programm mit ausreichendem zeitlichen Vorlauf (11 Tage laut Art. 2 Anh. des R.D. 1462/1999) bekanntgeben müssen – hieraus kann der Grundsatz des mündigen Fernsehzuschauers abgeleitet werden, dem nicht jede Sendung, die der Sender gerade ausstrahlen will, vorgesetzt werden soll, sondern der nach eigenem Willen seine Programmauswahl frei und im Voraus treffen können soll.

b. Prinzipien des staatlichen Fernsehens

aa. Der Grundsatz der Regierungsmacht im Staatsfernsehen

Der oben (D.I.2.a.cc.) erläuterte Regierungsmachtgrundsatz gilt insbesondere bezüglich der staatlichen Fernsehveranstalter Spaniens und der Autonomieregionen, die einen eigenen Dritten Fernsehkanal betreiben. Die Regierungen Spaniens bzw. der Autonomieregionen nehmen direkten Einfluß auf die staatlichen Fernsehanstalten[211], indem sie deren mächtigste Organe, die

[211] Muñoz Machado, Servicio público III, 1998, S. 38 findet klare Worte: Die Unabhängigkeit des öffentlichen Fernsehens gegenüber der Regierung sei weniger als gering, und die Herrschaft der politischen Gruppen, die die Macht kontrollierten, über sein Programm, v.a. die Informationsprogramme, sei absolut („total"). -
Ein aktuelles Beispiel der Einflußnahme schildert Haubrich, Spanien will Franco vergessen, FAZ vom 21.11.2000, S. 8, der berichtet, daß anläßlich des 25. Todestages von General Franco „als einziger spanischer Politiker" Regierungspräsident Aznar in TVE vor einem Interview mit dem spanischen König zu Wort gekommen sei, obwohl dieser „im Gegensatz zu anderen Ministerpräsidenten und Parteiführern der Demokratie nichts zum Übergang von der Diktatur zu einem demokratischen System beigetragen hatte". Das von der Regierung kontrollierte spanische Staatsfernsehen (TVE) habe darüberhinaus drei Sendungen über Franco und dessen Zeit kurz vor ihrer Ausstrahlung abgesetzt. Ein solches an Zensur erinnerndes Vorgehen hätte es in den mehr als 20 Jahren der Demokratie in Spanien noch nicht gegeben. - Obgleich an der letzten Aussage Zweifel bestehen, ist erkennbar, daß die

Generaldirektoren, ernennen – vgl. Art. 10 I ERTV und die Ausführungen unter D.VI.10.b.cc.(1) und (2) für den Generaldirektor der RTVE und die Ausführungen unter D.VII.3.c. zu den Generaldirektoren der staatlichen Fernsehanstalten der Autonomieregionen[212].

Zusätzlich ist zu nennen, daß die derzeit hoch defizitären staatlichen Fernsehanstalten des Zentralstaats und der Autonomieregionen neben ihren Werbeeinnahmen als wichtige zusätzliche Einnahmequelle auf Subventionen der allgemeinen Staatshaushalte angewiesen sind, vgl. Art. 32 II lit. c) ERTV für TVE und Art. 17 II LTC für die staatlichen Fernsehsender der Autonomieregionen[213], was auch in dieser Hinsicht auf eine Möglichkeit der Einflußnahme durch die jeweiligen Regierungen hindeutet.

bb. Die einheitliche Organisation staatlicher Fernsehanstalten

Den Regelungen des Art. 2 III ERTV und des Art. 7 LTC liegt der Wille zugrunde, die Organisation aller staatlichen Fernsehanstalten (des spanischen Staates und der Autonomieregionen) einheitlich zu gestalten.

Nach diesen Normen müssen die Autonomieregionen ihre staatlichen Fernsehanstalten im Einklang mit den Vorschriften des ERTV organisieren, also das Organisationsmodell, das die Artt. 5 bis 12 ERTV für die zentralspanische RTVE normieren, auch der Organisation ihrer Rundfunkanstalten zugrundelegen.

Dieses gemeinsame Organisationsmodell ist dadurch gekennzeichnet, daß die staatlichen Fernsehanstalten als Körperschaften des öffentlichen Rechts mit eigener Rechtspersönlichkeit ausgestattet und bezüglich ihrer Rechtsbeziehungen nach außen an das Privatrecht gebunden sind. Diese öffentlichen Körperschaften betreiben das Staatsfernsehen mittels staatlicher Aktiengesellschaften, vgl. Art. 17 ERTV und Art. 9 LTC. Die öffentlichen Körperschaften verfügen alle über jeweils drei Organe, einen Verwaltungsrat, die Beiräte und einen mit weitreichenden Kompetenzen ausgestatteten Generaldirektor[214].

---

spanische Regierung keine Auseinandersetzung mit der Franco-Zeit in TVE wünschte und dies erfolgreich verhinderte.

Eine allgemeine Bestandsaufnahme anläßlich des 25. Todestages von General Franco bietet Haubrich, Nur noch eine ferne Erinnerung. Spanien 25 Jahre nach Francos Tod, S. I f.

[212] Eine Ausnahme bildet die Autonomieregion Valencia, in der der Generaldirektor der „Radiotelevisión Valenciana“ durch den Verwaltungsrat ernannt und entlassen wird. S. dazu unten D.VII.3.a.bb.

[213] S. dazu die Ausführungen unter D.VI.14.b. und D.VII.4.

[214] S. dazu ausführlich unter D.VI.10. (RTVE) und unter D.VII.3. (Rundfunkanstalten der Autonomieregionen).

cc. Der Grundsatz der Parlamentskontrolle

Alle staatlichen Fernsehsender auf nationaler, regionaler und lokaler Ebene werden in ein System der parlamentarischen Kontrolle eingebunden. Dieser Grundsatz der Parlamentskontrolle staatlicher Fernsehanstalten liegt den folgenden Regelungen zugrunde: Art. 26 ERTV regelt die Schaffung einer Parlamentarischen Kommission des spanischen Unterhauses zur Kontrolle der Handlungen der RTVE und ihrer Aktiengesellschaften (s. dazu unten D.VI.13.b.). Art. 2 III ERTV und Art. 7 LTC i.V.m. Art. 26 ERTV normieren, daß die Autonomieregionen gleichermaßen zur Kontrolle ihrer Fernsehanstalten Kommissionen der Parlamente ihrer Autonomieregionen einrichten. Analog dazu regelt Art. 12 LTL bezüglich der lokalen Ebene, daß die Gemeinde- bzw. Stadträte die Handlungen des Lokalfernsehveranstalters kontrollieren müssen, wenn dieser von der Gemeinde bzw. Stadt betrieben wird.

c. Prinzipien des Privatfernsehens

aa. Der Grundsatz der begrenzten Marktöffnung

Der spanische Gesetzgeber hat sich bei Erlaß der Gesetze zum Privatfernsehen nicht für eine vollständige Liberalisierung des Fernsehmarktes entschieden - im Gegensatz zum Telekommunikationssektor, der 1998 durch Erlaß der LGT praktisch vollständig liberalisiert wurde -, sondern sich im Sinne des Grundsatzes der begrenzten Marktöffnung entschlossen, die Anzahl der zu erteilenden Fernsehkonzessionen und damit der privaten Marktteilnehmer gesetzlich zu fixieren, wodurch der Zugang weiterer Interessenten zum jeweiligen Markt unterbunden wird[215]. Zusätzlich ermöglicht ihm das o.g. Prinzip des öffentlichen Dienstes, die Bedingungen für den Marktzugang zu bestimmen. Beide Prinzipien sollen dem Schutz des öffentlichen Interesses dienen und zugleich einen gewissen, begrenzten Wettbewerb auf dem spanischen Fernsehmarkt zulassen[216].

Die Normen, die i.S.d. Grundsatzes der begrenzten Marktöffnung die Anzahl der privaten Marktteilnehmer bestimmen, sind Art. 4 III LTP (drei landesweit terrestrisch ausstrahlende Privatfernsehanbieter)[217], Art. 6 I LTCC (ein Kabelfernsehanbieter in jedem Kabelfernsehbezirk)[218] und Art. 4 LTL (maximal zwei terrestrische Lokalfernsehanbieter pro gemeindlichem Lokalfernseh-

---

215 Vgl. Montero/ Brokelmann, Telecomunicaciones y Televisión, 1999, S. 486.

216 Bereits die Präambel des Privatfernsehgesetzes LTP begründet die zahlenmäßige Begrenzung der LTP-Konzessionen auf drei mit der wirtschaftlichen Überlebensfähigkeit der Konzessionsgesellschaften, der (zumindest im Erlaßjahr 1988 noch bestehenden) technischen Begrenztheit (der Übertragungswege) und dem öffentlichen Interesse an einem verschiedenartigen Programm.

217 S. dazu unter D.VIII.7.b.

218 S. dazu unter D.X.5.d.

gebiet)[219]. Die Ausnahme dieses Grundsatzes bildet wiederum das Satellitenfernsehen, das keinen öffentlichen Dienst darstellt und dessen Anzahl der LTS-Genehmigungen nicht gesetzlich limitiert wird.

bb. Der Grundsatz gleicher Anforderungen an die Konzessions gesellschaften

Innerhalb der Normen, die subjektive Anforderungen an die Konzessionsgesellschaften des Privatfernsehens aufstellen, sind erhebliche Parallelen festzustellen, die als Grundsatz gleicher Anforderungen an die Konzessionsgesellschaften bezeichnet werden können; allein das Satellitenfernsehgesetz LTS stellt keine derartigen Anforderungen an die Inhaber der LTS-Genehmigung.

Zunächst werden die terrestrischen Privatfernsehsender und die Kabelfernsehanbieter verpflichtet, den Betrieb mittels einer Aktiengesellschaft durchzuführen - eine andere Gesellschaftsform ist für sie nicht möglich, s. Artt. 2 und 18 I LTP bzw. Art. 4 I LTCC.

Diese Aktiengesellschaften müssen über ein gesetzlich normiertes Mindestkapital verfügen (vgl. Art. 18 II LTP bzw. Art. 4 I LTCC i.V.m. Art. 12 I Anh. des R.D. 2.066/1996) und in Spanien beheimatet sein (Art. 18 III LTP bzw. Art. 4 II S. 1 LTCC). Ferner sind für sie verbindliche Regeln zur Begrenzung der Meinungsmacht innerhalb der Veranstalter vorgesehen, s. dazu sogleich unter cc.

Zu den einzelnen Anforderungen bezüglich der Konzessionsgesellschaften s. unter D.VIII.8.a. und b. für die Privatfernsehsender bzw. unter D.X.5.b. und c. für die Kabelfernsehanbieter.

cc. Der Grundsatz der Nichtkonzentration der Fernsehgesellschaften

Zum Schutz der Meinungsvielfalt enthalten die Mediengesetze aller EG-Mitgliedstaaten Regeln zur Begrenzung der Medienkonzentration[220]. In Spanien enthalten die LTP und die LTCC strenge Konzentrationsbegrenzungsregeln für das Privatfernsehen, die als Grundsatz der Nichtkonzentration der Fernsehgesellschaften zu bezeichnen sind[221]:

Gem. Art. 19 I LTP darf eine natürliche oder juristische Person nur Anteile an *einer* landesweit sendenden Privatfernsehgesellschaft nach der LTP halten – und auch nur maximal 49 Prozent daran. Diese Regel wird unterstützt durch die

---

[219] S. dazu unter D.XI.5.a.

[220] Vgl. zu den Regeln der Konzentrationsbegrenzung in Deutschland, Frankreich, Italien und Großbritannien den Rechtsvergleich bei Schellenberg, Rundfunk-Konzentrationsbekämpfung, 1997.

[221] Art. 21 III S. 2 LTP weist expressis verbis darauf hin, daß der LTP das „Prinzip der Nichtkonzentration der Medien" zugrundeliegt.

Norm des Art. 10 lit. e) LTP, nach der Teilhaber an bereits konzessionierten Privatfernsehgesellschaften keine zusätzliche LTP-Konzession erhalten dürfen.

Bezüglich des Kabelfernsehens gilt gem. Art. 4 III S. 1 LTCC die Regel, daß eine Person mit ihrem Kabelfernsehanbieter oder ihren Kabelfernsehanbietern nicht mehr als 1,5 Mio. Zuschauer beliefern darf.

Die Einhaltung dieser Regeln zur Konzentrationsbegrenzung soll durch die dauerhafte Kontrolle der Eigentümerstruktur der Privatfernsehsender bzw. der Kabelfernsehanbieter sichergestellt werden, vgl. Art. 20 LTP und Artt. 4 IV und 5 LTCC.

Die spanischen Regeln der Konzentrationsbegrenzung im Fernsehsektor sind strenger als das mit dem 3. Rundfunkänderungsstaatsvertrag 1997 eingeführte deutsche Zuschaueranteilsmodell nach § 26 RfStV, nach dem eine Person bis zu 30 Prozent des gesamten Mediensektors beherrschen und sich an beliebig vielen Veranstaltern beteiligen darf.

S. zu den genannten Konzentrationsbegrenzungsregeln unter D.VIII.8.b.aa. (zu den Privatfernsehgesellschaften nach der LTP) und unter D.X.5.b.cc. (zu den Kabelfernsehanbietern).

d. Zusammenfassung und Stellungnahme

Die spanische Fernsehordnung wird geprägt durch eine von den Regelungen des GG deutlich abweichende Aufteilung der Gesetzgebungskompetenzen im Rundfunkbereich[222]. Während in Deutschland der Rundfunk in den alleinigen Kompetenzbereich der Bundesländer fällt[223], gibt die CE dem spanischen Staat eine Basis-Gesetzgebungskompetenz zur Regelung des Rundfunkrechts, die dieser umfassend ausübte, während die Autonomieregionen von ihrer Entwicklungs- und Ausführungskompetenz kaum Gebrauch machten.

Innerhalb der rundfunk- bzw. fernsehrechtlichen Normierungen des spanischen Staates wurde der Status des Rundfunks als öffentlicher Dienst kodifiziert, auf den sich das staatliche Fernsehmonopol begründet. Ferner bewirkten diese Regelungen des spanischen Staates eine relativ gleichförmige Organisationsstruktur und die Parlamentskontrolle aller staatlichen Fernsehveranstalter des spanischen Staates und der Autonomieregionen.

Ein weiterer entscheidender Unterschied zur deutschen Fernsehordnung ist die geringe Staatsferne, die den Regierungen und Parlamenten z.T. erhebliche Einflußmöglichkeiten auf das Programm und (bei den staatlichen Veranstaltern) die Finanzierung der Fernsehveranstalter gibt[224].

---

[222] Vgl. o. unter C.III.

[223] So das BVerfG bereits in seinem ersten Rundfunkurteil, BVerfGE 12, S. 205 (225).

[224] Vgl. o. unter D.I.2.a.cc. und b.aa.

Im Gegensatz zur in Deutschland übersichtlichen und strukturierten Fernsehordnung besteht die spanische aus vielen verschiedenen, aus den vergangenen 20 Jahren stammenden und im Wortlaut an die neueren Regelungen oftmals nicht angepaßten Gesetzen und Verordnungen mit z.T. sehr überschaubaren Adressatenkreisen; mehrfach wurde und wird deshalb eine umfassende Neuregelung des gesamten spanischen Fernsehrechts verlangt[225], zu der es leider bislang nie kam. Darüberhinaus ist festzustellen, daß geltendes Recht teilweise nicht angewendet wird, dies v.a. im Falle des Lokalfernsehgesetzes LTL.

Bzgl. des Privatfernsehens hat eine begrenzte Marktöffnung stattgefunden, die in den letzten 10 Jahren in Spanien - wie in den meisten EG-Mitgliedstaaten - ein duales Fernsehsystem entstehen ließ. Die Privatfernsehveranstalter unterliegen z.T. weitreichenden, aber insgesamt gleichen und fairen Anforderungen, ihre Eigentümerstruktur wird wie in Deutschland zum Zwecke der Konzentrationsbegrenzung im Fernsehbereich überwacht.

Für alle Fernsehveranstalter Spaniens gelten dieselben allgemeinen Programmgrundsätze, und die Vorgaben der EG-FRL wurden - wie auch im dt. RfStV - umfassend und mit nur wenigen Abweichungen umgesetzt. Insofern bestehen dank der allgemeingültigen LID nur geringe Unterschiede zur deutschen Fernsehordnung in den Bereichen der Ausstrahlung ausländischer Programme und von Ereignissen erheblicher gesellschaftlicher Bedeutung, der Förderung europäischer Fernsehproduktionen, der Fernsehwerbung, des Sponsorings und Teleshoppings, des Minderjährigenschutzes und des Rechts auf Gegendarstellung.

Die folgende Analyse der einzelnen Gesetze der spanischen Fernsehordnung wird dies verdeutlichen.

[225] S. statt vieler Fernández Farreres, El paisaje televisivo en España, 1997, S. 15 – 17, der mit deutlichen Worten die Notwendigkeit einer umfassenden Reform der spanischen Fernsehordnung herausstellt.

II. Das Fundamentalgesetz der spanischen Fernsehlandschaft, die Ley 25/1994[226] (LID)

Die wichtigste Kodifizierung des spanischen Fernsehrechts ist die Ley 25/1994 („LID“).

Sie ist die Umsetzung der EG-Fernsehrichtlinie[227] und enthält höchst wichtige Regelungen, die für *alle* spanischen Fernsehveranstalter bindend sind.

Die Untersuchung der LID wird zeigen, wie der spanische Gesetzgeber die europarechtlichen Vorgaben der FRL umgesetzt[228], aber auch zusätzliche nationale Regelungen in die LID eingefügt hat. Die LID ist die Fundamentalnorm des Fernsehrechts Spaniens.

1. Der Regelungs- und Anwendungsbereich der LID

a. Regelungsbereich der LID

Art. 1 LID umreißt den Regelungsbereich der LID wie folgt:

„**Art. 1** Regelungsbereich
Dieses Gesetz hat folgenden Regelungsbereich:
1.) Die Entwicklung des Rechtsrahmens, der die freie Ausstrahlung und den freien Empfang von Fernsehsendungen innerhalb der EG-Mitgliedstaaten garantiert.
2.) Die Förderung der Entwicklung bestimmter Fernsehproduktionen.
3.) Die Regelung der Fernsehwerbung in allen Erscheinungsformen.
4.) Die Regelung des Telesponsorings.
5.) Die Verteidigung der berechtigten Interessen der Zuschauer, und speziell der Minderjährigen zur Bewahrung ihrer normalen körperlichen, seelischen und sittlichen Entwicklung.
Das in diesem Gesetz Geregelte hindert nicht die Anwendung der Spezialgesetze aus den Bereichen Gesundheit, Arzneimittel, Sanitätsprodukte, des Verbraucherschutzes und des Schutzes der Werbeempfänger.“

---

[226] Ley 25/1994, de 12.07.94, de incorporación al ordenamiento jurídico español de la directiva 89/552/CEE, sobre la coordinación de disposiciones legales, reglamentarias y administrativas de los estados miembros relativas al ejercicio de actividades de radiodifusión televisiva, B.O.E. núm. 166, de 13.07.1994, S. 22342; das Gesetz wurde geändert durch die Ley 22/1999, de 07.07.99, de modificación de la Ley 25/1994, de 12.07.94, B.O.E. núm. 136, de 08.06.1999, S. 21765.

[227] Richtlinie 89/552/EWG des Rates zur Koordinierung bestimmter Rechts- und Verwaltungsvorschriften der Mitgliedstaaten über die Ausübung der Fernsehtätigkeit, ABl. EG Nr. L 298 vom 17.10.1989, S. 23, i.d.F. der Berichtigung gem. ABl. EG Nr. L 331 vom 16.11.1989, S. 51 - zuletzt geändert durch die Richtlinie 97/36/EG des Europaparlaments und des Rates vom 30.07.1997, ABl. EG Nr. L 202 vom 30.06.1997, S. 60. -
Einzelne Bereiche der FRL, nämlich die Übertragung von Ereignissen erheblicher gesellschaftlicher Bedeutung und das Gegendarstellungsrecht, wurden jedoch in den unter D.III. und D.IV. behandelten Spezialgesetzen umgesetzt, vgl. o. B.I.1.
S. auch die synoptische Gegenüberstellung der FRL und der LID unter B.I.2. in dieser Arbeit.

[228] Vgl. auch die graphische Gegenüberstellung der Normen der FRL und der LID unter B.I.2.

Hier wird auf die verschiedenen Abschnitte der LID Bezug genommen, denen unterschiedliche inhaltliche Motive zugrundeliegen. Art.1 Nr. 1 LID nennt das Prinzip der Empfangsfreiheit innerhalb der Gemeinschaft, das eines der wichtigsten Ziele der zugrundeliegenden FRL[229] darstellt und in Art. 4 LID näher ausgestaltet wird. Sodann nennt Art. 1 Nr. 2 LID die Förderung der Entwicklung „bestimmter" Fernsehproduktionen, hierbei wird auf die Regelungen des Kapitels II (Artt. 5 - 7) LID Bezug genommen, die in Umsetzung der Vorgaben der Artt. 4 – 7 FRL die Förderung europäischer Fernsehproduktionen zum Ziel haben. Art. 1 Nr. 3 und 4 LID nennen die teilweise sehr detaillierten Werbe-, Teleshopping- und Sponsoringregelungen des Kapitels III (Artt. 8 – 15) LID, während Art.1 Nr. 5 LID den Schutz der Zuschauerinteressen und speziell den Minderjährigenschutz der Kapitel IV und V (Artt. 16 – 18) LID anspricht.

Abschließend betont Art.1 LID die Fortgeltung der Spezialgesetze aus dem Gesundheitsbereich[230], des Verbraucherschutzes[231] und der Werbung[232].

b. Anwendungsbereich der LID

Der Anwendungsbereich der LID wird genauestens in Art. 2 LID definiert:

„**Art. 2** Anwendungsbereich
(I) Dieses Gesetz findet Anwendung auf die Fernsehsendungen von Fernsehveranstaltern, die in Spanien niedergelassen sind oder, falls sie keiner Rechtshoheit eines EG-Mitgliedstaates unterfallen, die Voraussetzungen des Absatzes 3 erfüllen.
(II) Fernsehveranstalter gelten als in Spanien niedergelassen, falls sie eine der folgenden Voraussetzungen erfüllen:
a) Sie haben ihren Hauptsitz in Spanien und die redaktionellen Entscheidungen werden auf spanischem Territorium gefällt oder ein wesentlicher Teil ihres Personals arbeitet dort.
b) Wenn sie ihren Hauptsitz in einem anderen EG-Mitgliedstaat haben, ein wesentlicher Teil des Personals aber in Spanien arbeitet und die Entscheidungen über das Programmangebot in diesem anderen Land getroffen werden.
c) Wenn sie ihren Hauptsitz in Spanien haben und ihre Entscheidungen über das Programmangebot in einem anderen EG-Mitgliedstaat fällen, oder wenn der umgekehrte Fall vorliegt und weder in Spanien noch diesem anderen Land ein wesentlicher Teil des Personals arbeitet, wenn sie zuerst mit der Sendetätigkeit in Spanien begonnen haben und eine dauerhafte und tatsächliche Verbindung mit der Wirtschaft Spaniens weiterbesteht.

---

[229] Vgl. Art. 2 a FRL.

[230] Wichtige Vorgaben enthalten die Artt. 27, 92 und 102 der Ley 14/1986, de 25.04.86, General de Sanidad (Allgemeines Gesundheitsgesetz), B.O.E. núm. 102, de 29.04.1986, S. 15207.

[231] Das wichtigste Verbraucherschutzgesetz ist die Ley 26/1984, de 19.07.84, General para la Defensa de los Consumidores y Usuarios (Allgemeines Gesetz zum Schutz der Verbraucher und Benutzer), B.O.E. núm. 176, de 24.07.1984, S. 21686. Zu erwähnen ist daneben die Ley 3/1991, de 10.01.91, de Competencia Desleal (Gesetz gegen den unlauteren Wettbewerb), B.O.E. núm. 10, de 11.01.1991, S. 959.

[232] Hervorzuheben ist die Ley 34/1988, de 11.11.84, General de Publicidad (Allgemeines Werbegesetz), B.O.E. núm. 274, de 15.11.1988, S. 32464.

d) Wenn sie ihren Hauptsitz in einem Staat haben, der nicht ein EG-Mitgliedstaat ist, die redaktionellen Entscheidungen über das Programmangebot aber in Spanien gefällt werden und in diesem Land ein wesentlicher Teil seines Personals arbeitet.
Bei der Anwendung der genannten Voraussetzungen in den vorangegangenen Absätzen wird als Personal des Fernsehveranstalters nur solches verstanden, das spezielle Sendetätigkeiten ausübt, so wie in Art. 3 a) definiert.
(III) Fernsehsendungen von Fernsehveranstaltern, die in einem Staat niedergelassen sind, der nicht EG-Mitgliedstaat ist, werden in diesem Gesetz unter folgenden Voraussetzungen als unter der spanischen Rechtshoheit stehend behandelt:
a) Sie nutzen eine von der spanischen Verwaltung zugeteilte Frequenz.
b) Sie nutzen, sofern keine Frequenz benutzt wird, die von der spanischen Verwaltung oder der eines anderen Mitgliedstaates zugeteilt wurde, eine Übertragungskapazität, die für Spanien reserviert wurde.
c) Sie nutzen, sofern weder eine von der spanischen Verwaltung noch von einem anderen EG-Mitgliedstaat zugeteilte Frequenz benutzt wird, noch eine Übertragungskapazität eines dieser Staaten, zur Verbindung mit dem Satelliten eine Erd-Satelliten-Sendestation auf spanischem Boden.
(IV) Auf Fernsehsendungen, die ausschließlich zum Empfang in Drittländern bestimmt sind und die nicht unmittelbar oder mittelbar von der Allgemeinheit in einem oder mehreren Mitgliedstaaten empfangen werden können, finden nur die Regelungen der Artikel 8, 9, 10 und des Kapitels IV dieses Gesetzes Anwendung.
(V) Kapitel II dieses Gesetzes gilt nicht für Fernsehsendungen lokaler Reichweite und die nicht an ein nationales Fernsehnetz angeschlossen sind.
Jedoch können die Autonomen Gemeinschaften Normen mit gleichem Inhalt wie die in diesem Kapitel Vorgesehenen einführen, um bei den Fernsehanbietern, die in ihren Regelungsbereich fallen, die audiovisuelle Produktion in ihrer eigenen Sprache zu fördern.“

Die Komplexität der Definition des Anwendungsbereichs der LID beruht auf der Modifikation der zugrundeliegenden FRL durch die Änderungsrichtlinie 97/36/EG, die im Gegensatz zur ursprünglichen Fassung des Art. 2 I FRL (Richtlinie 89/552/EWG) das Niederlassungskriterium und das Tatbestandsmerkmal „unter spanischer Rechtshoheit stehend“ erheblich konkretisiert[233]. Eine genaue Definition des Anwendungsbereichs der LID ist notwendig angesichts der erheblichen Rechtsfolgen, die ein Unterfallen unter den Anwendungsbereich der LID, v.a. im Bereich der Quotenregelungen (Art. 5 – 7 LID) und bezüglich der Werbung, des Teleshoppings und Sponsorings (Artt. 8 – 15 LID) nach sich zieht. -

Gem. Art. 2 I LID ist die LID anwendbar auf Fernsehsendungen von Fernsehveranstaltern, die in Spanien niedergelassen sind oder die Voraussetzungen des Absatzes 3 erfüllen.

---

[233] Die Änderung der FRL, die durch die Änderungsrichtlinie 97/36/EG vollzogen wurde, ist durch die Ley 22/1999, de 07.07.99, de modificación de la Ley 25/1994, de 12.07.94, B.O.E. núm. 136, de 08.06.1999, S. 21705 in die LID aufgenommen worden.

aa. Fernsehsendungen

Zunächst ist offenkundig, daß die LID nur das Fernsehen und - entsprechend der zugrundeliegenden FRL - nicht den Hörfunk erfaßt.
Der Begriff des „Fernsehens" wird in Art. 3 lit. a) LID in wörtlicher Umsetzung der FRL legaldefiniert[234]. Problematisch ist dabei, daß sich diese Definition nicht mit der nach wie vor in Kraft befindlichen Legaldefinition des Art. 25 II S. 2 und III LOT[235] deckt, die z.B. die sogenannten „video comunitarios" (in Spanien häufig zu findende Zusammenschlüsse von mehreren Haushalten an einen Videorecorder oder eine Satellitenempfangsanlage zwecks gemeinsamer Nutzung) nicht mitumfaßt, während diese möglicherweise unter die Definition des Art. 3 lit. a) LID subsumierbar sind[236] [237]. Dagegen ist jedoch anzuführen, daß es höchst fraglich ist, ob die video comunitarios überhaupt das Tatbestandsmerkmal des „Programms" aus Art. 3 lit. a) LID erfüllen, wenn sie z.B. lediglich einzelne Videofilme für einen überschaubaren Personenkreis senden.

---

[234] Art. 3 lit. a) LID lautet: „Für die Zwecke dieses Gesetzes bedeutet:
„Fernsehen": Die Erstausstrahlung von Fernsehprogrammen, sei sie drahtlos oder drahtgebunden, erdgebunden oder durch Satelliten, verschlüsselt oder unverschlüsselt, die sich an die Allgemeinheit richtet.
Der Begriff schließt den Austausch von Programmen zwischen natürlichen und juristischen Personen, seien es öffentliche oder privatrechtliche, mit ein, die die Fernsehausstrahlung für die Allgemeinheit zum Ziel haben.
Im Gegensatz dazu sind Kommunikationsdienste, die auf individuellen Abruf Informationen oder andere Inhalte übermitteln, wie Fernkopierdienste, elektronische Datenbanken und andere ähnliche Dienste, nicht miterfaßt."

[235] Art. 25 II S.2 und III LOT lauten: „**(II S.2)** Man versteht unter „Fernsehen" diejenige Form der Telekommunikation, die die Ausstrahlung oder Übertragung von nicht feststehenden Bildern über elektromagnetische Wellen erlaubt, die über Kabel, Satellit oder durch den Luftraum ohne künstlichen Leiter oder über jedwedes andere Medium übertragen werden.
Unbeschadet des in diesem Gesetz Vorgesehenen wird der Rechtsrahmen des Fernsehens durch dessen spezielle Gesetzgebung geregelt.
(III) Nicht als Fernsehen angesehen wird die Ausstrahlung oder Übertragung von Bildern, die über Installationen umgesetzt wird, die ohne Verbindung zu äußeren Netzen und ohne Benutzung des öffentlichen Eigentums einen Dienst in einem Fahrzeug, in einer Immobilie oder in einer Eigentümergemeinschaft, die im Einklang mit den Regeln der Ley 49/1950, de 21.07.69 gegründet wurde, oder in einem Häuserblock mit benachbarten Grundstücken betreiben."

[236] So Souvirón Morenilla, Derecho público de los medios audiovisuales, 1999, S. 513.

[237] Bereits innerhalb der Fernsehdefinition der der LID zugrundeliegenden FRL (Art. 1 lit. a) FRL) ist es höchst problematisch, ob Sendungen in Gebäuden oder zusammenhängenden Gebäudekomplexen mit einer beschränkten Anzahl von Wohneinheiten, die mittels Videorecorder über hausinterne Kabelnetze verbreitet werden, eine Verbreitung bzw. eine Weiterverbreitung i.S.d. FRL darstellen. S. Martín y Pérez de Nanclares, EG-Fernsehrichtlinie, 1995, S. 91 m.w.N.

Ferner ist auf den Sinn und Zweck der LID abzustellen, die nur Sendungen erfaßt, die für eine hinreichend große Allgemeinheit bestimmt sind; dies wird anhand der Ausnahmevorschrift des Art. 2 V LID deutlich, der Sendungen von Lokalfernsehsendern (die regelmäßig einen viel größeren Empfängerkreis als die video comunitarios erreichen) zumindest von den Quotenregelungen des Kapitels II LID befreit. M.E. besteht somit kein Widerspruch zwischen den beiden gesetzlichen Definitionen des Fernsehens in der LID bzw. in der LOT; die negativen Tatbestandsmerkmale des Art. 25 III LOT sind in die Legaldefinition des Art. 3 lit. a) LID mit hineinzulesen, wodurch die nicht mit äußeren Netzen verbundenen Installationen nicht unter den Fernsehbegriff und damit auch nicht in den Anwendungsbereich der LID fallen.

Aus dem Zusammenspiel des Art. 2 LID und des Art. 25 II S. 2 und III LOT ergibt sich somit, daß der Fernsehbegriff zwar die video comunitarios und ähnlich kleine Einheiten nicht erfaßt, sehr wohl aber gem. Art. 2 V LID alle Lokalfernsehveranstalter und Einheiten größerer Reichweite. Unerheblich ist dabei, ob es sich um staatliche oder privatrechtlich organisierte Veranstalter handelt; auch die Ausstrahlungstechnik ist gem. Art. 3 lit. a) LID ebenso unerheblich wie eine eventuelle Verschlüsselung.

bb. Tatbestandsmerkmal der „Niederlassung in Spanien", Art. 2 II LID

Gem. Art. 2 I LID gilt die LID für Fernsehsendungen von Fernsehveranstaltern[238], die in Spanien niedergelassen sind oder die Voraussetzungen des Abs. III erfüllen. Das Tatbestandsmerkmal „in Spanien niedergelassen" wird in wörtlicher Umsetzung des Art. 2 FRL in Art. 2 II LID genauestens definiert.

Dabei verwendet Art. 2 II LID die Merkmale

(1) des Ortes des Hauptsitzes des Fernsehveranstalters,

(2) des Ortes, an dem die Entscheidungen über das Programm gefällt werden, und

(3) des Ortes, an dem ein wesentlicher Teil des Personals[239] arbeitet;

(4) hilfsweise wird auf die Merkmale des Ortes des Beginns der Sendetätigkeit und einer Verbindung mit der spanischen Wirtschaft abgestellt.

Nach Art. 2 II lit. a) LID gilt ein Fernsehveranstalter als in Spanien niedergelassen, wenn er seinen Hauptsitz in Spanien hat *und* entweder die Entscheidungen über das Programm in Spanien gefällt werden oder ein wesent-

---

[238] Die Legaldefinition des „Fernsehveranstalters" enthält Art. 3 lit. b) LID, s. dazu sogleich D.II.2.b.

[239] Gem. Art. 2 II lit. d) S.2 LID gilt als „Personal" nur solches, das spezielle Sendetätigkeiten i.S.d. Art. 3 lit. a) LID ausführt, reine Hilfstätigkeiten werden also ausgenommen.

licher Teil des Personals in Spanien arbeitet. Dies wird in den allermeisten Fällen gegeben sein.

Falls der Hauptsitz in einem anderen EG-Mitgliedstaat liegt und auch die Entscheidungen über das Programm in diesem Staat gefällt werden, genügt es nach lit. b), wenn ein wesentlicher Teil des Personals in Spanien arbeitet.

Lit. c) regelt zwei verschiedene Fälle: Falls einerseits zwar der Hauptsitz des Veranstalters in Spanien ist, die Entscheidungen über das Programm aber in einem anderen EG-Mitgliedstaat gefällt werden, oder andererseits der umgekehrte Fall gegeben ist, daß zwar die Entscheidungen über das Programm in Spanien gefällt werden, aber der Hauptsitz in einem anderen EG-Mitgliedstaat gefällt werden *und* (in beiden Fällen) weder in Spanien noch diesem anderen EG-Mitgliedstaat ein wesentlicher Teil des Personals arbeitet, dann gilt der Fernsehveranstalter in beiden Fällen nur dann als in Spanien niedergelassen, wenn er die Sendetätigkeit erstmals in Spanien begonnen hat und weiterhin eine tatsächliche Verbindung zur spanischen Wirtschaft besteht.

Wenn der Hauptsitz in einem Nicht-EG-Mitgliedstaat liegt, die Entscheidungen über das Programm aber in Spanien gefällt werden und auch ein wesentlicher Teil des Personals in diesem Drittstaat arbeitet, dann fällt nach lit. d) auch dieser Veranstalter unter die spanische Rechtshoheit.

Diese detaillierte Regelung anhand der vier genannten Merkmale zeigt, wie wichtig eine klare Abgrenzung des Anwendungsbereichs der LID - nicht nur wegen der erheblichen Rechtsfolgen für die Veranstalter - ist. Es muß angesichts des Sendestaatsprinzips (Art. 2 I FRL) klar zugeordnet werden können, welchem Mitgliedstaat die Aufsicht über welche Fernsehveranstalter obliegt.

cc. Tatbestandsmerkmal „unter spanischer Rechtshoheit stehend“, Art. 2 III LID

Wegen der erheblichen Rechtsfolgen eines Unterfallens der Fernsehveranstalter unter die LID muß auch verhindert werden, daß Veranstalter sich willkürlich ihrem Geltungsbereich entziehen können, gleichzeitig aber in spanisches Staatsgebiet senden. Technisch wäre z.B. die Möglichkeit gegeben, aus Spaniens südlichem Nachbarland Marokko terrestrisch nach Spanien zu senden; bei Nichtvorliegen der Voraussetzungen des Art. 2 II lit. d) LID müßte der Sender die Anforderungen der LID nicht erfüllen.

Deshalb gestaltet Art. 2 III LID das Tatbestandsmerkmal „unter spanischer Rechtshoheit stehend“ i.S.d. Art. 2 I LID aus, indem er Veranstalter erfaßt, die in einem Drittstaat niedergelassen sind. Danach gilt die LID auch dann, wenn der Fernsehveranstalter zwar in einem Nicht-EG-Mitgliedstaat niedergelassen ist, aber

a) eine von der spanischen Verwaltung zugeteilte Frequenz nutzt;

b) sofern er keine von einer europäischen Verwaltung erteilte Frequenz benutzt, zumindest eine für Spanien reservierte Übertragungskapazität nutzt; oder

c) falls a) und b) nicht erfüllt sind, eine in Spanien gelegene Erd-Satelliten-Sendestation nutzt.

Aus der Gesamtschau der Absätze I - III ergibt sich, daß eine Umgehung der LID für Fernsehveranstalter, die in Spanien auf einem größeren Gebiet empfangbar sind, praktisch ausgeschlossen ist.

dd. Ausnahmen, Art. 2 IV und V LID

Gem. Art. 2 IV LID finden für Fernsehsendungen, die ausschließlich zum Empfang in Drittstaaten bestimmt und in keinem EG-Mitgliedstaat direkt oder indirekt empfangbar sind, nur die Regelungen der Artt. 8, 9, 10 und des Kapitels IV (also Artt. 16 und 17) LID Anwendung. Derartige „Exportsendungen" für den außereuropäischen Gebrauch sind also „nur[240]" an die Werbeverbote der Artt. 8 – 10 LID und die Jugendschutzvorschriften der Artt. 16 und 17 LID gebunden.

Die bereits erwähnte Regelung des Art. 2 V LID befreit Lokalfernsehsender, die nicht an ein nationales Fernsehnetz angeschlossen sind, von den Anforderungen des Kapitels II der LID, also den Quotenregelungen für europäische Werke (Artt. 5 – 7 LID). Umgekehrt bleiben sie aber zur Einhaltung aller anderen Regelungen der LID verpflichtet.

ee. Ergebnis

Im Ergebnis bleibt festzuhalten, daß die LID für alle staatlichen oder privaten, terrestrisch, über Kabel oder per Satellit ausstrahlenden Fernsehveranstalter bindend ist, die in Spanien niedergelassen sind oder nach Art. 2 III LID der spanischen Rechtshoheit unterfallen. Ausgenommen sind kleine Einheiten, z.B. die video comunitarios, während Lokalfernsehveranstalter zumindest von den Quotenregelungen für europäische Werke befreit sind.

Schon anhand dieses sehr weiten Anwendungsbereiches und damit des immensen Adressatenkreises ist zu sehen, welch besondere Bedeutung die LID für die spanische Fernsehlandschaft hat. Die meisten anderen Normen des spanischen Fernsehrechts erfassen einen viel kleineren Adressatenkreis.

---

[240] Es ist aber evident, daß nach der Vorgabe des Art. 2 VI FRL diese Exportsendungen *gar nicht* den Regeln der FRL unterfallen sollen. Die LID erweitert also ihren Anwendungsbereich gegenüber der FRL, indem die Exportsendungen zumindest einige Regeln der LID erfüllen müssen.

2. Die Definitionen des Art. 3 LID

Art. 3 LID definiert für die Zwecke der LID die Begriffe Fernsehen (lit. a), Fernsehveranstalter (lit. b), Fernsehwerbung (lit. c), Schleichwerbung (lit. d), indirekte Werbung (lit. e), Werbesponsoring im Fernsehen (lit. f), unabhängiger Hersteller (lit. g) und Teleshopping (lit. h).

a. Fernsehen

Art. 3 lit. a) LID definiert „Fernsehen" wie folgt:

„**Art. 3 lit. a**) Fernsehen: Die Erstausstrahlung von Fernsehprogrammen, sei sie drahtlos oder drahtgebunden, erdgebunden oder durch Satelliten, verschlüsselt oder unverschlüsselt, die sich an die Allgemeinheit richtet.
Der Begriff schließt den Austausch von Programmen zwischen natürlichen und juristischen Personen, seien es öffentliche oder privatrechtliche, mit ein, die die Fernsehausstrahlung für die Allgemeinheit zum Ziel haben.
Im Gegensatz dazu sind Kommunikationsdienste, die auf individuellen Abruf Informationen oder andere Inhalte übermitteln, wie Fernkopierdienste, elektronische Datenbanken und andere ähnliche Dienste, nicht mit erfaßt."

Zum Fernsehbegriff des Art. 3 lit. a) LID sind - wie oben[241] erörtert - die negativen Tatbestandsmerkmale des Art. 25 III LOT hinzuzulesen, d.h. kleine Sendeeinheiten wie z.B. die privaten video comunitarios sind nicht dazuzurechnen. Die Definition entspricht nach hier vertretener Ansicht der Vorgabe des Art. 1 lit. a) FRL[242].

b. Fernsehveranstalter

Art. 3 lit. b) LID definiert „Fernsehveranstalter":

„**Art. 3 lit. b**) Fernsehveranstalter: Die natürliche oder juristische Person, die die redaktionelle Verantwortung für die Zusammensetzung von Fernsehprogrammen im Sinne von Buchstabe a trägt und die diese Fernsehprogramme sendet oder von Dritten senden läßt."

Art. 3 lit. b) LID übernimmt die Vorgabe des Art. 1 lit. b) FRL wörtlich.

c. Fernsehwerbung

Der Begriff der „Fernsehwerbung" wird von Art. 3 lit. c) LID definiert:

„**Art. 3 lit. c**) Fernsehwerbung: Jede Äußerung bei der Ausübung eines Handels, Gewerbes, Handwerks oder freien Berufs, die im Fernsehen von einem öffentlich-rechtlichen oder privaten Veranstalter entweder gegen Entgelt oder gegen eine ähnliche Gegenleistung oder als Eigenwerbung gesendet wird mit dem Ziel, den Absatz von Waren oder die Erbringung von Dienstleistungen, einschließlich unbeweglicher Sachen, Rechte und Verpflichtungen, gegen

---

[241] S.o. D.II.1.b.aa.

[242] M.E. fallen innerhalb der Definition des Art. 1 lit. a) FRL die genannten kleinen Sendeeinheiten schon nicht unter den Fernsehbegriff, vgl. auch Martín y Pérez de Nanclares, EG-Fernsehrichtlinie, 1995, S. 91.

Entgelt zu fördern. Die Äußerungen, die im Sinne dieses Gesetzes der Eigenwerbung dienen, sind ebenfalls Fernsehwerbung. Auch jede Form der Äußerung, die für Dritte ausgestrahlt wird, um eine bestimmte Einstellung oder ein bestimmtes Verhalten bei den Fernsehzuschauern zu fördern, ist Fernsehwerbung."

Eigenwerbung wird ausdrücklich auch unter den Begriff der Fernsehwerbung gefaßt[243].

Über die Definition des zugrundeliegenden Art. 1 lit. c) FRL hinausgehend wird auch jede Äußerung für Dritte, die eine bestimmte Einstellung oder ein bestimmtes Verhalten bei den Fernsehzuschauern fördern soll (z.B. Wahlwerbung) als Werbung eingestuft.

d. Schleichwerbung

Gem. Art. 3 lit. d) LID ist „Schleichwerbung":

„**Art. 3 lit. d**) Schleichwerbung: Die Form der Werbung, die verbal, visuell oder durch Geräusche innerhalb der Programme Waren, Dienstleistungen, Namen, Warenzeichen oder Tätigkeiten eines Herstellers von Waren oder eines Erbringers von Dienstleistungen darstellt, wenn sie vom Fernsehveranstalter absichtlich zu Werbezwecken vorgesehen ist und die Allgemeinheit hinsichtlich des eigentlichen Zwecks dieser Erwähnung irreführen kann. Eine Erwähnung oder Darstellung gilt insbesondere dann als beabsichtigt, wenn sie gegen Entgelt oder eine ähnliche Gegenleistung erfolgt.
Nicht unter diesen Begriff fällt die Darstellung öffentlicher Ereignisse, die durch Dritte organisiert sind, deren Ausstrahlungsrechte auf einen Fernsehveranstalter übertragen wurden, wenn sich die Teilnahme desselben auf die einfache Wiedergabe des Ereignisses beschränkt und ohne eine gewollte Abweichung zur Erhöhung des Werbecharakters durchgeführt wird."

Die Sätze 1 und 2 des Art. 3 lit. d) LID entsprechen inhaltlich der Vorgabe des Art.1 lit. d) FRL und damit der allgemeinen europäischen Definition der Schleichwerbung.

Zusätzlich wurde jedoch S. 3 hinzugefügt, der klarstellt, daß bei der Darstellung öffentlicher Ereignisse Dritter die Wiedergabe des Ereignisses durch den Fernsehveranstalter auch dann keine Schleichwerbung ist, wenn dort Werbung vorkommt (zu denken ist z.B. an die Bandenwerbung in einem Fußballstadion).

e. Indirekte Werbung

Art. 3 lit. e) LID definiert „indirekte Werbung":

„**Art. 3 lit. e**) Indirekte Werbung: Wenn ohne direkte Erwähnung der Produkte Marken, Symbole oder andere unterscheidbare Charakteristika dieser Produkte oder der Firmen, deren Hauptaktivitäten oder bekannte Aktivitäten ihre Produktion oder ihr Absatz ist, benutzt werden."

---

[243] Jedoch wird die Eigenwerbung unter bestimmten Umständen nicht in die maximale Sendezeit für Werbung mit eingerechnet, vgl. Art. 13 II a.E. LID.

Die Definition dieser Unterform der Schleichwerbung ist nicht in der FRL vorgesehen, wird aber z.B. in Art. 9 I lit. a) und b) LID benutzt. Sie kann mit dem Begriff des „Product Placement" gleichgesetzt werden, wenngleich dessen Definition noch nicht abschließend geklärt ist[244]; im Gegensatz zum Begriff der Schleichwerbung wird nicht auf die absichtliche Einfügung zu Werbezwecken abgestellt, sondern es wird schon die Benutzung der Marken, Symbole oder anderer Charakteristika dieser Produkte oder der genannten Firmen darunter gefaßt.

Der Gesetzgeber wollte bei Erlaß der LID offenbar die Lücke schließen, die sich durch Nichterwähnung des Product Placements in der FRL aufgetan hatte. Realistischerweise ist allerdings zuzugeben, daß das Product Placement im Fernsehen alltäglich geworden und schlechthin nicht mehr zu verbieten ist[245].

f. Werbesponsoring im Fernsehen

Das „Werbesponsoring im Fernsehen" bzw. das Telesponsoring wird in Art. 3 lit. f) LID definiert:

„**Art. 3 lit. f)** Werbesponsoring im Fernsehen: Der Beitrag eines nicht im Bereich der Produktion von audiovisuellen Werken tätigen öffentlichen oder privaten Unternehmens (Sponsor) zur Finanzierung von Fernsehprogrammen eines Fernsehveranstalters (Gesponserter) mit dem Ziel, sein Warenzeichen, sein Erscheinungsbild, seine Tätigkeit oder seine Leistungen zu fördern."

Es wurde im wesentlichen die Vorgabe des Art. 1 lit. e) FRL übernommen.

g. Unabhängige Hersteller

Art. 3 lit. g) LID definiert den Begriff des „unabhängigen Herstellers":

„**Art. 3 lit. g)** Unabhängiger Hersteller: Eine natürliche oder juristische Person, die keiner erheblichen Einflußnahme durch Fernsehanbieter aus Gründen des Eigentums, einer finanziellen Beteiligung oder der für ihn geltenden Regeln ausgesetzt ist.
Eine erhebliche direkte oder indirekte Einflußnahme aus Gründen des Eigentums oder einer finanziellen Beteiligung wird dann angenommen, wenn Fernsehanbieter mehr als 50 Prozent des gegengezeichneten Kapitals der Produktionsfirma besitzen, über die Mehrheit der Stimmen aus den Beteiligungen der Produktionsfirma verfügen, oder mehr als die Hälfte der Verwaltungs- oder Geschäftsführungsorgane der Produktionsfirma bestimmen können."

Es wird wiederum eine in der zugrundeliegenden FRL nicht vorgesehene Definition vorgenommen, um den Begriff des „unabhängigen Herstellers" in

[244] S. Martín y Pérez de Nanclares, EG-Fernsehrichtlinie, 1995, S. 99 m.w.N.

[245] Z.B. das Verbot der indirekten Werbung für Zigaretten oder alkoholische Getränke mit einem Alkoholgehalt von mehr als 20 Volumenprozent aus Artt. 9 I lit. a), 10 I LID i.V.m. Art. 3 lit. e) LID ist schlechthin nicht einhaltbar: Es könnte sich z.B. kein Schauspieler mehr in einem Film eine Zigarette anzünden, deren Marke erkennbar ist oder einen Whisky einschenken, dessen Flaschenform einem bestimmten Hersteller zuzuordnen ist.

Art. 6 LID (Sendezeit für Werke von unabhängigen europäischen Herstellern) klarzustellen. Hersteller von Fernsehproduktionen sind demnach unabhängig i.S.d. LID, wenn sie keiner erheblichen Einflußnahme durch Fernsehanbieter ausgesetzt sind, d.h. daß die Fernsehanbieter weniger als die Hälfte des Kapitals oder der Stimmrechte an der Produktionsfirma halten oder weniger als die Hälfte der wichtigen Organe der Produktionsfirma bestimmen können.

h. Teleshopping

Abschließend enthält Art. 3 lit. h) LID die in Art. 1 lit. f) FRL vorgegebene Definition des „Teleshoppings":

„**Art. 3 lit. h**): Teleshopping: Sendungen direkter Angebote an die Öffentlichkeit für den Absatz von Waren oder die Erbringung von Dienstleistungen, einschließlich unbeweglicher Sachen, Rechte und Verpflichtungen, gegen Entgelt."

Teleshopping ist also das direkt an die Öffentlichkeit gerichtete Angebot von Waren oder Dienstleistungen im Fernsehen.

3. Die Garantie der Empfangsfreiheit nach Art. 4 LID, das Sendestaatsprinzip und die vorübergehende Aussetzung der Weiterverbreitung nach Spanien

Eine wichtige Regelung für den freien Verkehr von Fernsehendungen innerhalb der EG trifft Art. 4 LID, der durch die 2. Schlußbestimmung, Abs. I S. 2 und 3 der LID ergänzt wird:

„**Art. 4** Empfangsfreiheit
(I) Der freie Empfang und die freie Weiterverbreitung im spanischen Territorium werden für Fernsehsendungen von Veranstaltern, die unter der Rechtshoheit eines anderen EG-Mitgliedstaates senden, gewährleistet, solange sie nicht rechtmäßig sendende spanische Veranstalter technisch stören oder spanische Normen verletzen, die sich auf andere Materien als das vorliegende Gesetz beziehen.
(II) Absatz 1 gilt nicht für Sendungen, die innerhalb von 12 Monaten mindestens zweimal die Regelungen der Artikel 17 Absätze 1 und 2 dieses Gesetzes verletzt haben, und wenn diese Verstöße in den entsprechenden Verfahren durch das Ministerio de Fomento festgestellt wurden. In diesem Fall übt der spanische Staat seinerseits die Befugnisse aus, die ihm die anzuwendende gemeinschaftsrechtliche Norm verleiht."

„**2. Schlußbestimmung, I S. 2 und 3 LID**:
Wegen des in Artikel 4 II Vorgesehenen eröffnet das Ministerio de Fomento im Falle des Empfangs von Sendungen eines Fernsehveranstalters unter der Rechtshoheit eines anderen EU-Mitgliedstaates in Spanien, wenn eine mögliche Verletzung des Artikels 17 I und II dieses Gesetzes aufgedeckt wird, ein Informationsverfahren zur Überprüfung der Vorfälle. Wenn sich aus den Ermittlungen ergibt, daß ein offenbarer und schwerer Verstoß des in den genannten Artikeln Geregelten vorliegt, wird eine Beschwerde an den ausländischen Veranstalter geleitet, ferner eine Abschrift derselben an den EU-Mitgliedstaat, unter dessen Rechtshoheit er sich befindet, und an die entsprechenden Stellen der Europäischen Kommission."

Diese Normen entstammen der Regelungskonzeption der Artt. 2 und 2 a FRL, die es zur Schaffung eines Fernsehbinnenmarktes für notwendig und ausreichend erachten, die Programme allein durch das Herkunftsland kontrollieren zu lassen und ihre Weiterverbreitung in andere EG-Mitgliedstaaten nicht noch einmal nach dem nationalen Recht des Empfangstaates zu überprüfen (Sendestaatsprinzip).

Art. 4 II LID entspricht den Vorgaben des Art. 2 a II und III FRL, die eine vorübergehende Aussetzung der Weiterverbreitung nach Spanien nur unter hohen und kumulativ zu erfüllenden Voraussetzungen erlauben: Es muß in einem Zwölfmonatszeitraum zweimal eine durch das zuständige Ministerium[246] festgestellte Verletzung der Jugendschutzregeln des Art. 17 I und II LID vorliegen; wegen des Verweises des Art. 4 II S. 2 LID in die FRL müssen zusätzlich die Voraussetzungen des Art. 2 a II lit. c) und d) FRL vorliegen, d.h. der spanische Staat müßte nach Abschluß des Ermittlungsverfahrens gem. der 2. Zusatzbestimmung, Abs. I S. 2 und 3 LID dem Veranstalter und der EG-Kommission schriftlich die behaupteten Verstöße und die für den Wiederholungsfall beabsichtigten Maßnahmen mitteilen. Dann müßte die Kommission Konsultationen mit dem Sendestaat aufnehmen, die innerhalb von 15 Tagen zu keiner gütlichen Einigung führen dürfen, während es zu einem erneuten Verstoß kommen muß[247]. Zusätzlich würde eine Aussetzung auch die Nachkontrolle des Art. 2 a II letzter Unterabs. FRL durch die Kommission nach sich ziehen.

Schon diese enormen Voraussetzungen für eine vorläufige Aussetzung der Weiterverbreitung zeigt, daß auch in Spanien der Grundsatz des freien Empfangs ernstgenommen wird. Das Aussetzungsverfahren ist die ultima ratio, eine Notbremse bei fortgesetzten schweren Verstößen gegen die Jugendschutznormen des Art. 17 I und II LID. Es ist in Spanien bislang nicht zur Anwendung gekommen.

4. Die Quotenregelungen zur Förderung europäischer Fernsehproduktionen nach den Artikeln 5 – 7 LID

Im Kapitel II (Artt. 5 – 7) LID mit der Überschrift „Über die Förderung, Ausstrahlung und Produktion bestimmter Fernsehprogramme“ werden die Quotenregelungen der Artt. 4 – 7 FRL in die spanische Rechtsordnung eingeführt.

---

[246] Das heute zuständige Ministerium ist das im Jahre 2000 neugeschaffene Ministerio de Ciencia y Tecnología, nicht mehr das nach wie vor im Gesetz genannte Ministerio de Fomento.

[247] S. auch Laguna de Paz, Régimen jurídico, 1994, S. 251 f.; vgl. zum Sendestaatsprinzip Gay Fuentes, La televisión, 1994, S. 211.

a. Definition der „europäischen Werke“ in Art. 5 III – VII LID

Zunächst ist die wichtige Definition der „europäischen Werke“ im Sinne des Kapitels II LID zu erörtern. Sie ist in den Absätzen III bis VII des Art. 5 LID enthalten:

„**Art. 5 (III)** Als europäische Werke werden die Werke angesehen, die aus EG-Mitgliedstaaten stammen oder aus europäischen Drittstaaten, die Vertragsparteien des Europäischen Übereinkommens über grenzüberschreitendes Fernsehen des Europarates sind und wenn 51 Prozent der gesamten Autoren, Darsteller, Techniker und anderen Arbeitnehmer der Produktion in einem der genannten Staaten ansässig sind.
Die genannten Werke müssen eine der folgenden Voraussetzungen erfüllen:
a) Sie sind von einem oder mehreren in einem bzw. mehreren dieser Staaten ansässigen Hersteller(n) geschaffen worden.
b) Ihre Herstellung wird von einem oder mehreren in einem bzw. mehreren dieser Staaten ansässigen Hersteller(n) überwacht und tatsächlich kontrolliert.
c) Der Beitrag von Koproduzenten aus diesen Staaten zu den Gesamtproduktionskosten beträgt mehr als die Hälfte, und die Koproduktion wird nicht von einem bzw. mehreren außerhalb dieser Staaten ansässigen Hersteller(n) kontrolliert.
(IV) Gleichermaßen gelten als europäische Werke solche aus europäischen Drittstaaten, die nicht in Absatz III genannt wurden, mit denen die Gemeinschaft Abkommen im audiovisuellen Bereich abgeschlossen hat, sofern 51 Prozent der gesamten Autoren, Darsteller, Techniker und anderen Arbeitnehmer der Produktion in einem der in Absatz III genannten Staaten ansässig sind.
(V) Die Absätze III und IV dieses Artikels werden auf Werke aus Drittstaaten, ob sie das Übereinkommen über grenzüberschreitendes Fernsehen des Europarates unterzeichnet haben oder nicht, nur dann angewendet, wenn in ihnen keine diskriminierenden Maßnahmen gegen Werke aus den Mitgliedstaaten bestehen.
(VI) Werke, die keine europäischen Werke im Sinne der vorgenannten Absätze sind, jedoch im Rahmen von bilateralen Koproduktionsverträgen zwischen Mitgliedstaaten und Drittländern hergestellt werden, werden als europäische Werke betrachtet, sofern die Koproduzenten aus der Gemeinschaft einen mehrheitlichen Anteil der Gesamtproduktionskosten tragen und die Herstellung nicht von einem oder mehreren außerhalb des Hoheitsgebiets der Mitgliedstaaten ansässigen Herstellern kontrolliert wird.
(VII) Werke, die keine europäischen Werke im Sinne der vorangegangenen Absätze sind, jedoch zu 51 Prozent unter Mitwirkung der gesamten Autoren, Darsteller, Techniker und anderen Arbeitnehmern der Produktion, die in einem oder mehreren Staaten der Gemeinschaft ansässig sind, geschaffen wurden, gelten proportional zu dem Beitrag von Koproduzenten aus der Gemeinschaft zu den Gesamtproduktionskosten als europäische Werke.“

Diese Definition entstammt Art. 6 FRL, wurde aber an entscheidenden Stellen konkretisiert.

Zunächst sind „europäische Werke“ solche, die aus EG-Mitgliedstaaten stammen oder aus europäischen Drittstaaten, die Vertragsparteien des FSÜ sind, wenn 51 Prozent der Autoren, Darsteller, Techniker und anderen Arbeitnehmer in diesen Drittstaaten ansässig sind und eine der Voraussetzungen des Art. 5 II S. 2 lit. a), b) oder c) LID erfüllen. Die LID konkretisiert mit der 51-Prozent-

Regel die Vorgabe des Art. 6 II FRL entscheidend, der lediglich eine Zusammenarbeit „im wesentlichen" verlangt[248].

Nach Art. 5 IV LID gelten die nicht von Art. 5 III LID erfaßten Werke (also solche aus Staaten, die dem FSÜ nicht beigetreten sind) auch dann als europäische Werke, wenn sie aus europäischen Drittstaaten stammen, mit denen die EG Abkommen im audiovisuellen Bereich abgeschlossen hat und 51 Prozent des gesamten Produktionspersonals in einem der in Abs. III genannten Staaten ansässig ist, d.h. in einem EG-Mitgliedstaat oder einem dem FSÜ beigetretenen europäischen Drittstaat.

Jedoch werden gem. Art. 5 V LID die Definitionen des Art. 5 III und IV LID nur auf die Nicht-EG-Mitgliedstaaten (egal, ob sie dem FSÜ beigetreten sind oder nicht) angewendet, wenn in diesen Drittstaaten keine diskriminierenden Maßnahmen gegen Werke aus EG-Mitgliedstaaten bestehen. Hier sollen also nach dem aus dem internationalen Recht bekannten Gegenseitigkeitsprinzip Produktionen aus Drittstaaten nur dann in den Genuß der Quotenregelungen der LID kommen, wenn andersherum dort keine diskriminierenden Maßnahmen gegen EG-Produktionen bestehen.

Zusätzlich gelten nach Art. 5 VI LID solche Werke als europäische, die im Rahmen von bilateralen Koproduktionsverträgen zwischen EG-Mitgliedstaaten und Drittstaaten hergestellt wurden, wenn die Koproduzenten aus der EG die Produktionskosten mehrheitlich tragen und die Produktion nicht von Herstellern kontrolliert wird, die außerhalb der EG ansässig sind.

Art. 5 VII LID enthält schließlich eine Quotierungsregel, nach der Fernsehproduktionen zumindest zu einem feststellbaren Anteil als europäische Werke angesehen werden: Wenn die anderen Regeln des Art. 5 III – VI LID nicht greifen, das Werk aber zu 51 Prozent[249] von Produktionspersonal, das in der EG ansässig ist, hergestellt wurde, gilt das Werk proportional zu dem Beitrag der Koproduzenten aus der EG zu den Gesamtproduktionskosten als europäisches Werk.

b. Rechtsfolgen der Einstufung als europäisches Werk i.S.d. Art. 5 LID

Die Wichtigkeit dieser detaillierten Definition der „europäischen Werke" zeigt sich anhand der Rechtsfolgen. Diese sind in Artt. 5 I und II, 6 und 7 der LID geregelt; wichtig ist in diesem Zusammenhang auch die 1. Übergangsbestimmung der LID.

---

[248] Souvirón Morenilla, Derecho público de los medios audiovisuales, 1999, S. 557, FN 191.

[249] Hier wurde wiederum die Vorgabe des Art. 6 V FRL „im wesentlichen" in die klare 51-Prozent-Quote umgesetzt.

aa. Die Quote für die Ausstrahlung europäischer Werke

(1) Die Grundregel, Art. 5 I LID

Die grundlegende Rechtsfolge ist in Art. 5 I LID unmißverständlich festgelegt:

> „**Art. 5 (I)** Die Fernsehveranstalter müssen 51 Prozent ihrer jährlichen Sendezeit für die Ausstrahlung europäischer audiovisueller Werke reservieren.
> Zur Erfüllung dieser Verpflichtung müssen sie vorsehen, daß jedes Jahr mindestens 5 Prozent der gesamten Zahlungen des vorherigen Geschäftsjahres, bezogen auf ihren Haushalt, für die Finanzierung von europäischen Spiel- und Fernsehfilmen bestimmt sind.
> **(II)** Mehr als 50 Prozent der Sendezeit, auf die sich Absatz 1 bezieht, ist ihrerseits für die Ausstrahlung europäischer Werke in einer spanischen Sprache bestimmt."

Art. 5 I LID enthält die Vorgabe für alle durch die LID erfaßten Fernsehveranstalter, mindestens 51 Prozent der jährlichen Sendezeit für die Ausstrahlung der oben ausführlich definierten „europäischen Werke" zu reservieren. Wiederum hat der spanische Gesetzgeber die Vorgabe des Art. 4 I FRL, der nur den „Hauptteil der Sendezeit" nennt, zu der klar handhabbaren 51-Prozent-Regel konkretisiert.

Diese Rechtsfolge stellt einen nicht unerheblichen Wettbewerbsvorteil für die europäischen Werke i.S.d. Art. 5 III – VII LID dar, indem die Veranstalter nicht beliebig viele Produktionen im Ausland, v.a. in den USA, einkaufen können, sondern 51 Prozent der betreffenden Sendezeit mit europäischen Werken besetzen müssen.

Ferner müssen sie jedes Jahr mindestens 5 Prozent der Ausgaben des vorherigen Geschäftsjahres in die Finanzierung von europäischen Spiel- und Fernsehfilmen investieren[250].

Art. 5 II LID stellt eine spanische Sonderregelung dar, die nicht alle europäischen Produktionen fördern soll, sondern nur die in einer spanischen Sprache (Kastilisch, Katalonisch, Valenzianisch, Baskisch oder Galizisch) produzierten Sendungen, welche mindestens die Hälfte der Produktionen nach Abs. I ausmachen müssen.

(2) Der Berechnungsausschluß des Art. 7 I LID

Der in Art. 5 I LID verwendete Begriff der „jährlichen Sendezeit" wird in Art. 7 I LID konkretisiert:

---

[250] Diese Verpflichtung wird zusätzlich gem. Art. 6 I des Anhangs des Real Decreto 1462/1999, de 17.09.99, B.O.E. núm. 233, de 29.09.1999, S. 34660 (im Anhang hinter der LID abgedruckt) vom Ministerio de Sciencia y Tecnología überprüft.

„**Art. 7 (I)** Bezüglich der vorangegangenen Artikel in diesem Kapitel wird als Sendezeit nicht die Zeit gerechnet, in der Nachrichten, Sportübertragungen, Wettbewerbe oder Spielshows, Werbung, Teleshopping oder Videotextleistungen gesendet werden."

Es wird klargestellt, daß die 51-Prozent-Quote nicht anhand der jährlichen Gesamtsendezeit zu berechnen ist, sondern nur anhand der Sendezeit, in der keine Nachrichten, Sportübertragungen, Wettbewerbe oder Spielshows, Werbung, Teleshopping oder Videotextleistungen gesendet werden.

(3) Erleichternde Übergangsregelung

Eine erleichternde Übergangsregelung ist zusätzlich in der 1. Übergangsbestimmung der LID enthalten:

„**1. Übergangsbestimmung**: Die Quote, die Artikel 5 I für die Ausstrahlung europäischer Werke vorschreibt, kann durch die Fernsehanbieter allmählich angestrebt werden, indem sie am Ende des vierten Jahres nach Inkrafttreten dieses Gesetzes oder gegebenenfalls nach Sendebeginn 40 Prozent der Sendezeit erreicht. Jedoch muß dieser Prozentsatz nach und nach erreicht werden.
Nach Verstreichen der genannten Frist muß die Quote jährlich ansteigen, bis sie die in Art. 5 I genannte Quote erreicht."

Die 51-Prozent-Quote wird also in der Form abgeschwächt, daß bis zum Ende des vierten Jahres nach Inkrafttreten der LID, also 1998[251], ein allmähliches Anheben der Quote europäischer Werke auf 40 Prozent ausreicht, danach muß die Quote aber jedes Jahr ansteigen. Auffällig ist, daß dafür keine Frist genannt wird, so daß auch heute noch nicht unbedingt die Quote des Art. 5 I LID erfüllt werden muß, solange die Quote 1998 bzw. bei Sendebeginn 40 Prozent erreichte und weiter ansteigt.

Eine derartige Erleichterung verwundert nicht, wenn man bedenkt, wie schwer sich andere EG-Mitgliedstaaten mit der Erfüllung dieser Quote tun, z.B. die Bundesrepublik Deutschland, in der § 6 RfStV nach wie vor als Sollvorschrift ausgestaltet ist und nur den vagen Begriff des „Hauptteils der Sendezeit" aus Art. 4 I FRL übernimmt[252].

Schließlich ist anzumerken, daß auch heute bezweifelt werden darf, ob wenigstens die abgeschwächte 40-Prozent-Quote von allen spanischen Fernsehveranstaltern eingehalten wird.

---

[251] Gem. Abs. IV der 2. Schlußbestimmung trat die LID am 14.07.1994 in Kraft.

[252] S. auch die von der Bundesrepublik Deutschland durchgesetzte 15. Protokollerklärung des Rates und der Kommission zu den Artikeln 4 und 5 FRL, nach der sich die Mitgliedstaaten durch Artt. 4 und 5 FRL nur „politisch" auf die dort vereinbarten Ziele verpflichten, also jede Justitiabilität der Quotenregelungen ausschließen.

bb. Die Quote für die Ausstrahlung europäischer Werke unabhängiger Hersteller

„**Art. 6** Europäische Werke unabhängiger Hersteller
Die Fernsehveranstalter reservieren innerhalb des in Artikel 5 I genannten Zeitraums mindestens 10 Prozent ihrer Sendezeit für Werke von europäischen Herstellern, die von den Fernsehanbietern unabhängig sind, und von diesen Werken muß mindestens die Hälfte in den vergangenen 5 Jahren produziert worden sein."

Art. 6 I LID ordnet an, daß von den gem. Art. 5 I LID vorgesehenen europäischen Produktionen wiederum 10 Prozent von unabhängigen Herstellern stammen müssen. Der Begriff des „unabhängigen Herstellers" wird in Art. 3 lit. g) LID definiert[253].

Auch hier gilt selbstverständlich der Berechnungsausschluß des Art. 7 I LID.

Zusätzlich enthält die LID in ihrer 2. Übergangsbestimmung auch für diese Quote eine erleichternde Übergangsregelung, die aber heute ausgelaufen ist[254].

c. Ausnahmen der Quotenregelungen

aa. Ausnahme für Pay-TV-Pakete

Art. 7 II LID enthält eine Ausnahmeregelung für Pay-TV-Pakete:

„**Art. 7 (II)** Innerhalb von Pay-TV-Diensten, die in gemeinsamer und untrennbarer Form ihre Dienste in einem bestimmten Angebot offerieren, werden für die Fernsehsendungen eines Veranstalters die Regeln der genannten Artikel (Anm.: Artt. 5 und 6 LID) so angewendet, daß sie sich auf die gesamte Sendezeit (Anm.: des Gesamtpaketes) beziehen."

Hier wird die sinnvolle Einschränkung gemacht, daß innerhalb eines Pay-TV-Pakets von vielen verschiedenen (und oft außereuropäischen) Programmen nicht jedes einzelne Programm die Quotenregelungen der Artt. 5 und 6 LID erfüllen muß, sondern nur das Gesamtpaket[255]. Das macht deshalb Sinn, weil es sonst z.B. unmöglich wäre, einen außereuropäischen Kanal, der nicht die Quote für

---

[253] Art. 3 lit. g) LID: „Unabhängiger Hersteller: Eine natürliche oder juristische Person, die keiner erheblichen Einflußnahme durch Fernsehanbieter aus Gründen des Eigentums, einer finanziellen Beteiligung oder der für ihn geltenden Regeln ausgesetzt ist.
Eine erhebliche direkte oder indirekte Einflußnahme aus Gründen des Eigentums oder einer finanziellen Beteiligung wird dann angenommen, wenn Fernsehanbieter mehr als 50 Prozent des gegengezeichneten Kapitals der Produktionsfirma besitzen, über die Mehrheit der Stimmen aus den Beteiligungen der Produktionsfirma verfügen, oder mehr als die Hälfte der Verwaltungs- oder Geschäftsführungsorgane der Produktionsfirma bestimmen können."

[254] Vgl. die 2. Übergangsbestimmung der LID (im Anhang abgedruckt).

[255] Es ist darauf hinzuweisen, daß gem. Art. 7 II Alt. 2 des Real Decreto 1462/1999 die Fernsehveranstalter, auf die Art. 7 II LID anzuwenden ist, dies 30 Tage vor Sendebeginn der Secretaría de Estado de Telecomunicaciones y para la sociedad de la información des Ministerio de Sciencia y Tecnología (bzw. früher der Secretaría General de Comunicaciones des Ministerio de Fomento) mitteilen müssen.

europäische Werke erfüllt, in das Programmpaket eines Pay-TV-Anbieters miteinzubinden. Nach dieser Regelung kann aber z.B. ein anderer europäischer Sender desselben Pakets, der mehr europäische Werke als vorgeschrieben sendet, dieses Defizit ausgleichen.

bb. Ausnahme für Lokalfernsehveranstalter und reine Teleshopping- und Eigenwerbekanäle

Wichtig ist, daß gem. Art. 2 V LID[256] Lokalfernsehveranstalter, die nicht an ein nationales Netz angeschlossen sind, von den Quotenregelungen für europäische Werke befreit sind.

Dieselbe Erleichterung gilt gem. Art. 14 III LID für reine Teleshopping- und Eigenwerbekanäle.

5. Die Werbe-, Teleshopping- und Sponsoringregelungen der LID

Einer der wichtigsten und am detailliertesten normierten Regelungsbereiche sind die Werbe-, Teleshopping- und Sponsoringregeln des Kapitels III (Artt. 8 – 15) der LID[257].

Dieses Kapitel ist die einzige Rechtsquelle der spanischen Fernsehordnung, die für alle Fernsehveranstalter gleichermaßen verbindliche Regelungen in diesem Bereich aufstellt. Europarechtliche Grundlage des Kapitels sind die Artt. 10 – 20 FRL.

a. Die Werbe- und Teleshoppingregeln

aa. Verbotene Formen der Werbung und des Teleshoppings, Artt. 8 und 9 LID

Art. 8 LID formuliert zunächst allgemein, welche Formen der Werbung und des Teleshoppings verboten sind; in Art. 9 LID werden dann konkrete Inhalte aufgezählt, für die keine Werbe- oder Teleshoppingsendungen ausgestrahlt werden dürfen.

„**Art. 8** Verbotene Formen der Werbung und des Teleshoppings
(I) Zusätzlich zu den verbotenen Werbeformen aus Artikel 3 der Ley 34/1988, de 11.11.1988, General de Publicidad, sind alle Formen der Werbung oder des Teleshoppings verboten, die Verhaltensweisen fördern, die die Gesundheit, die menschliche Sicherheit oder den Umwelt-

---

256 Art. 2 V LID: „Kapitel II dieses Gesetzes gilt nicht für Fernsehsendungen lokaler Reichweite und die nicht an ein nationales Fernsehnetz angeschlossen sind.
Jedoch können die Autonomen Gemeinschaften Normen mit gleichem Inhalt wie die in diesem Kapitel Vorgesehenen einführen, um bei den Fernsehanbietern, die in ihren Regelungsbereich fallen, die audiovisuelle Produktion in ihrer eigenen Sprache zu fördern."

257 Weitere Werbe- und Teleshoppingregeln, die sich speziell auf den Minderjährigenschutz beziehen, finden sich in Art. 16 LID, der im gesonderten Kapitel „Die Jugendschutzregeln der Artt. 16 und 17 LID" unter D.II.6. untersucht wird.

schutz gefährden; sie müssen die Würde der Menschen und ihre religiösen und politischen Überzeugungen respektieren und dürfen keine Diskriminierungen nach Geburt, Rasse, Geschlecht, Religion, Nationalität, Meinung oder eines anderen persönlichen oder sozialen Umstandes enthalten.
Werbung oder Teleshopping sind gleichermaßen verboten, wenn sie zu Gewalt oder antisozialen Verhaltensweisen aufhetzen oder an die Angst oder den Aberglauben appellieren oder Mißbräuche, Unvorsichtigkeiten, Fahrlässigkeiten oder aggressive Verhaltensweisen fördern.
Ebenso eingestuft werden Werbung und Teleshopping, wenn sie zu Gewalt oder der Mißhandlung von Personen oder Tieren oder zur Zerstörung von natürlichen oder kulturellen Gütern aufhetzen.
(II) In der Werbung und im Teleshopping dürfen keine subliminalen Techniken eingesetzt werden, die als solche verstanden werden, wenn sie Elemente enthalten, die das Allgemeine Werbegesetz zur Definition einer subliminalen Technik heranzieht.

Art. 9 Verbotene Formen der Werbung und des Teleshoppings
(I) Abgesehen von dem in Artikel 8 der Ley 34/1988, de 11.11.1988, General de Publicidad, Geregelten ist im Fernsehen verboten:
a) Jede direkte oder indirekte Form von Werbung oder Teleshopping für Zigaretten oder andere Tabakerzeugnisse.
b) Jede direkte oder indirekte Form von Werbung für Arzneimittel oder ärztliche Behandlungen, die im nationalen Territorium nur auf ärztliche Verordnung erhältlich sind.
c) Werbung mit ausschließlich oder vorrangig politischem Inhalt oder die ein solches Ziel verfolgt, abgesehen von dem in der Ley Orgánica del Régimen Electoral General Geregelten.
d) Teleshopping für Arzneimittel, ärztliche Behandlungen und Sanitätsprodukte.
(II) Schleichwerbung und entsprechende Praktiken im Teleshopping sind verboten."

(1) Allgemeine Werbe- und Teleshoppingverbote nach Art. 8 LID

Zunächst weist Art. 8 I LID darauf hin, daß abgesehen von diesen spezialgesetzlichen Werbeverboten für das Fernsehen eine Reihe genereller Werbeverbote in Art. 3 des Allgemeinen Werbegesetzes[258] enthalten sind. Dort ist Werbung verboten, die die Menschenwürde angreift oder die Verfassungswerte, speziell in bezug auf Kindheit, Jugend oder Frauen verletzt. Ferner werden in diesem Gesetz ausdrücklich betrügerische und subliminale Werbeformen verboten und solche, die in der Spezialgesetzgebung für bestimmte Produkte, Güter, Aktivitäten oder Dienstleistungen verboten ist.

Art. 8 I LID verbietet allgemein alle Formen der Fernsehwerbung und des Teleshoppings, die Verhaltensweisen fördern, die Gesundheit, Sicherheit oder den Umweltschutz gefährden. Die Menschenwürde und die religiösen und politischen Überzeugungen müssen respektiert werden und Diskriminierungen nach Geburt, Rasse, Geschlecht, Religion, Nationalität, Meinung oder eines anderen persönlichen oder sozialen Umstandes sind ebenso untersagt wie Werbeformen, die zu Gewalt oder antisozialen Verhaltensweisen aufhetzen oder an die Angst

---

[258] Ley 34/1988, de 11.11.1988, General de Publicidad, B.O.E. núm. 274, de 15.11.1988, S.32464.

oder den Aberglauben appellieren oder Mißbräuche, Unvorsichtigkeiten, Fahrlässigkeiten oder aggressive Verhaltensweisen fördern. Ebensowenig darf zu Gewalt oder der Mißhandlung von Personen oder Tieren oder zur Zerstörung von natürlichen oder kulturellen Gütern aufgehetzt werden.

Art. 8 II LID verbietet die Verwendung subliminaler Techniken in Teleshopping und Fernsehwerbung und verweist für die Definition in das Allgemeine Werbegesetz (Ley 34/1988, de 11.11.88), das in Art. 7 „subliminale“ Werbung als solche definiert, die „mittels Techniken des Hervorrufens von Reizen einer Grenzintensität an der Schwelle der Sinnempfindung das Zielpublikum beeinflussen kann, ohne bewußt wahrgenommen zu werden“.

(2) Nach Art. 9 LID verbotene Werbe- und Teleshoppinginhalte

Art. 9 I LID verbietet zusätzlich jede direkte oder indirekte Form von Werbung oder Teleshopping für Zigaretten oder andere Tabakerzeugnisse[259] und in Spanien verschreibungspflichtige Arzneimittel oder ärztliche Behandlungen. Wie oben[260] bereits aufgezeigt, ist eine „indirekte“ Werbung, also ein Product Placement für Zigaretten im Fernsehen aber realistischerweise nicht verhinderbar, auch wenn sie einen Verstoß zumindest gegen das Kennzeichnungs- und Trennungsgebot des Art. 11 I LID und gegen das Blockwerbegebot des Art. 11 II LID darstellt[261].

Ferner ist Werbung mit ausschließlich oder vorrangig politischem Inhalt verboten, wenn sie außerhalb der Regelungen des Allgemeinen Wahlgesetzes[262] erfolgt.

Nach Art. 9 I lit. d) LID ist Teleshopping für *alle* - also auch nicht verschreibungspflichtige - Arzneimittel, ärztliche Behandlungen und Sanitätsprodukte verboten.

Art. 9 II LID verbietet die in Art. 3 lit. d) LID definierte Schleichwerbung[263] und entsprechende Praktiken im Teleshopping.

---

[259] Fernsehwerbung für Zigaretten und Tabakerzeugnisse ist eigentlich bereits durch Art. 8 V S. 1 des Allgemeinen Werbegesetzes (Ley 34/1988, de 11.11.88, General de Publicidad) untersagt; Art. 9 I lit. a) LID ist aber weitergehend, indem er auch die indirekte Werbung (s. die Legaldefinition in Art. 3 lit. e) LID) für derartige Produkte verbietet; s. Souvirón Morenilla, Derecho público, 1999, S. 550, FN 185.

[260] S. unter D.II.2.e.

[261] Vgl. Martín y Pérez de Nanclares, EG-Fernsehrichlinie, 1995, S. 101.

[262] Ley Orgánica 5/1985, de 19.06.85, del Régimen Electoral General, B.O.E. núm. 147, de 20.06.1985, S. 19110; Berichtigungen in B.O.E. núm. 17, de 20.01.1986, S. 2759.

[263] Art. 3 lit. d) LID: „Schleichwerbung: Die Form der Werbung, die verbal, visuell oder durch Geräusche innerhalb der Programme Waren, Dienstleistungen, Namen, Warenzeichen oder Tätigkeiten eines Herstellers von Waren oder eines Erbringers von Dienstleistungen darstellt, wenn sie vom Fernsehveranstalter absichtlich zu Werbezwecken vorgesehen ist und die Allgemeinheit hinsichtlich des eigentlichen Zwecks dieser Erwähnung irreführen kann.

bb. Regeln für Werbung und Teleshopping für alkoholische Getränke, Art. 10 LID

Wegen des besonderen Gefahrenpotentials der Werbung für alkoholische Getränke reguliert Art. 10 LID allein die Werbung für diese Produkte wie folgt:

„**Art. 10** Werbung und Teleshopping für alkoholische Getränke
(I) Jede direkte oder indirekte Form von Werbung oder Teleshopping für Getränke mit einem Alkoholgehalt von mehr als 20 Volumenprozent ist verboten.
(II) Werbung oder Teleshopping für andere alkoholhaltige Getränke muß die folgenden Prinzipien erfüllen:
a) Sie dürfen nicht speziell an Minderjährige gerichtet sein und insbesondere nicht Minderjährige beim Alkoholgenuß darstellen.
b) Es darf weder eine Verbindung zwischen Alkohol und einer Verbesserung der physischen Leistung oder dem Führen von Kraftfahrzeugen hergestellt werden, noch darf der Eindruck erweckt werden, Alkoholgenuß fördere sozialen oder sexuellen Erfolg, noch darf eine therapeutische, stimulierende, beruhigende oder konfliktlösende Wirkung von Alkohol suggeriert werden.
c) Unmäßigkeit im Genuß alkoholischer Getränke darf nicht gefördert oder Enthaltsamkeit oder Mäßigung nicht negativ dargestellt werden. Die Höhe des Alkoholgehalts von Getränken darf nicht als positive Eigenschaft hervorgehoben werden."

Art. 10 I LID ist eine Sonderregel der spanischen Rechtsordnung, die nicht in dem ansonsten als Grundlage für Art. 10 LID dienenden Art. 15 FRL enthalten ist. Danach ist *jegliche* Fernsehwerbung für alkoholische Getränke mit einem Alkoholgehalt von mehr als 20 Volumenprozent verboten[264].

Die Regelung des Art. 10 II LID setzt die Vorgabe des Art. 15 FRL inhaltsgleich um; nach lit. a) darf Alkoholwerbung sich nicht speziell an Minderjährige richten und insbesondere diese nicht beim Alkoholgenuß darstellen. Ferner darf gem. Art. 10 II lit. b) LID keine Verbindung zwischen dem Alkoholgenuß und einer Verbesserung der physischen Leistung oder dem Führen von Kraftfahrzeugen hergestellt werden; außerdem darf nicht der Eindruck erweckt werden, Alkoholgenuß fördere sozialen oder sexuellen Erfolg, und es darf keine therapeutische, stimulierende, beruhigende oder konfliktlösende Wirkung von Alkohol suggeriert werden.

Eine Erwähnung oder Darstellung gilt insbesondere dann als beabsichtigt, wenn sie gegen Entgelt oder eine ähnliche Gegenleistung erfolgt.
Nicht unter diesen Begriff fällt die Darstellung öffentlicher Ereignisse, die durch Dritte organisiert sind, deren Ausstrahlungsrechte auf einen Fernsehveranstalter übertragen wurden, wenn sich die Teilnahme desselben auf die einfache Wiedergabe des Ereignisses beschränkt und ohne eine gewollte Abweichung zur Erhöhung des Werbecharakters durchgeführt wird."

[264] Ein Verbot der Fernsehwerbung für Getränke mit mehr als 20 Volumenprozent Alkohol enthält bereits Art. 8 V S. 1 des Allgemeinen Werbegesetzes (Ley 34/1988, de 11.11.88). – In Deutschland ist Fernsehwerbung für hochprozentige Alkoholika dagegen weiterhin zulässig.

Schließlich darf gem. Art. 10 II lit. c) LID nicht die Unmäßigkeit des Alkoholgenusses gefördert oder die Enthaltsamkeit oder Mäßigung negativ dargestellt oder die Höhe des Alkoholgehalts als positive Eigenschaft hervorgehoben werden.

Speziell die Regelung des Art. 10 II lit. b) LID enthält so viele unbestimmte Begriffe, daß sie als zu unkonkret zu kritisieren ist. Dies zeigt die Existenz vieler Alkoholwerbespots, die eine oder mehrere der in dieser Norm untersagten Tendenzen enthalten[265]. Realistisch betrachtet erfüllt zumindest Art. 10 II lit. b) LID seinen Regelungszweck nicht.

cc. Allgemeine Regeln für die Identifizierung und Plazierung von Werbung und Teleshoppingspots, Art. 11 LID

Die LID enthält in Art. 11 wichtige allgemeine Prinzipien für die Identifizierung und Plazierung von Fernsehwerbung und Teleshoppingspots:

„**Art. 11** Identifizierung und Plazierung der Werbung und der Teleshoppingspots
(I) Fernsehwerbung und Teleshopping müssen als solche klar erkennbar und durch optische oder akustische Mittel eindeutig von anderen Programmteilen getrennt sein.
(II) Werbespots und Teleshopping-Spots sind in gruppierter Form zu senden. Einzeln isolierte Werbespots und Teleshopping-Spots dürfen nur ausnahmsweise gesendet werden.
(III) Fernsehwerbung und Teleshopping-Spots müssen zwischen den Sendungen eingefügt werden. Unter den im folgenden Artikel genannten Voraussetzungen können die Werbung und die Teleshopping-Spots auch in die laufenden Sendungen eingefügt werden, sofern sie den Zusammenhang und den Wert der Sendungen nicht beeinträchtigen – wobei die natürlichen Programmunterbrechungen und die Länge und Art des Programms zu berücksichtigen sind – und sofern nicht gegen die Rechte von Rechtsinhabern verstoßen wird.
(IV) Bei der Ausstrahlung von Werbeshows und Dauerwerbesendungen und generell anderen Formen der Fernsehwerbung, die wegen ihres Ausstrahlungscharakters den Zuschauer bezüglich des Werbecharakters irreführen können, muß dauerhaft und klar erkennbar ein Hinweis auf die Werbung eingeblendet werden.
(V) Bei Sportübertragungen können Werbe- und Teleshoppinginformationen eingefügt werden, indem Folien oder andere Veränderungen des Fernsehbildes benutzt werden, jedoch nur in den Momenten, in denen der Fortgang des übertragenen Ereignisses gerade ruht, und niemals darf die Sicht auf das Ereignis gestört oder mehr als ein Sechstel des Bildschirms mit einer solchen Folie überdeckt sein.
Diese Informationen bestehen ausschließlich aus geschriebenem Text, nicht aus anderen Bildern oder einer Animation des Markenzeichens der Marke."

[265] Als Beispiel kann ein im 4. Quartal 1999 im spanischen Fernsehen ausgestrahlter Werbespot der Marke „Baileys" genannt werden, in dem eindeutig eine Verbindung zwischen Alkoholgenuß und sexuellem Erfolg suggeriert wird (eine Frau küßt einen Unbekannten, weil er „Baileys" getrunken hat); ein Beispiel für die Suggestion sozialen Erfolgs ist ein zu gleicher Zeit in Spanien ausgestrahlter Werbespot der Biermarke „Guiness", in der ein Außenstehender deshalb in einen Freundeskreis aufgenommen wird, weil er „Guiness" trinkt.

(1) Das Kennzeichnungs- und Trennungsgebot des Art. 11 I LID

Gem. Art. 11 I LID müssen Fernsehwerbung und Teleshoppingspots als solche klar erkennbar sein. Dieser Kennzeichnungsgrundsatz wird vervollständigt durch den sog. Trennungsgrundsatz, nach dem die Fernsehwerbung und die Teleshoppingspots darüber hinaus durch optische oder akustische Mittel eindeutig von anderen Programmteilen getrennt sein müssen.

Diese Grundsätze sind elementare Bestandteile aller europäischen Fernsehordnungen[266] und beruhen auf der Vorgabe des Art. 10 I FRL, der ersten Werbevorschrift der FRL überhaupt.

Nach dem Kennzeichnungs- und Trennungsgebot des Art. 11 I LID dürfen Werbung und Teleshoppingspots also nur ausgestrahlt werden, wenn sie nach Inhalt und Gestaltung nicht mit dem eigentlichen Programm verwechselt werden können; die Norm soll eine Irreführung der Rezipienten verhindern und dem Schutz der redaktionellen Unabhängigkeit dienen.

Diesem ursprünglich im Presserecht entwickelten und in seiner Regelungsabsicht sinnvollen Gebot, das die Unabhängigkeit der Programmgestaltung gegenüber dem Marktwettbewerb und gleichzeitig den Verbraucher vor Irreführung schützen soll[267], muß jedoch entgegengehalten werden, daß es verhältnismäßig einfach umgangen werden kann: Einerseits ist dies möglich durch die Schaffung von Programmformen, die redaktionelles Programm und Werbung miteinander verbinden[268], andererseits durch das realistischerweise nicht zu verbietende und nicht nur in Spielfilmen weit verbreitete Product Placement.

(2) Das Blockwerbegebot, Art. 11 II LID

Art. 11 II S. 1 LID formuliert zunächst das allgemeine Blockwerbegebot, nach dem Werbe- und Teleshoppingspots nur gruppiert gesendet werden dürfen. Dieses Gebot beruht auf einer ähnlichen Regelungsabsicht wie das Kennzeichnungs- und Trennungsgebot, dadurch daß es ebenso der Irreführung der Zuschauer vorbeugen will, indem es grds. verbietet, Einzelwerbespots in das laufende Programm einzufügen.

---

[266] Vgl. für die Bundesrepublik Deutschland § 7 III RfStV. Weitere Nachweise bei Holznagel, Rundfunkrecht, 1996, S. 325.

[267] Martín y Pérez de Nanclares, EG-Fernsehrichtlinie, 1995, 132 m.w.N.

[268] Zu nennen sind neben den Dauerwerbesendungen, in denen Werbung und Programm untrennbar verbunden werden (welche allerdings durch ihre Kennzeichnung als Dauerwerbesendung gem. Art. 11 IV LID zumindest dem Kennzeichnungsgrundsatz gerecht werden) z.B. Gewinnspiele, bei denen die Nennung des Produkt- und/ oder Herstellernamens werbewirksamen Charakter hat, oder auch Ratgeber- und Warentestsendungen, bei denen zwangsläufig werbewirksame Aussagen über bestimmte Produkte im redaktionellen Programm enthalten sind.

Wichtig dabei ist, daß das Blockwerbegebot aus Art. 11 II S.1 LID sogleich in S. 2 durchbrochen wird, der „ausnahmsweise" einzeln isolierte Werbe- und Teleshoppingspots erlaubt. Solange es also nicht zur Regel wird, dürfen in Spanien sehr wohl – unter Einhaltung der weiteren Werbe-Vorschriften der LID – Einzelwerbespots isoliert in das Programm eingefügt werden, was zumindest bei den Privatfernsehveranstaltern vorkommt.

(3) Die Grundregel für die Plazierung der Werbung und Teleshoppingspots, Art. 11 III LID

Die Grundregel für die Plazierung der Werbung und Teleshopping-Spots nennt Art. 11 III LID: *Grundsätzlich* dürfen sie nur zwischen den einzelnen Sendungen eingefügt werden. Dieser Grundsatz wird allerdings durch eine Vielzahl von Sonderregelungen in Art. 12 LID bis zur Unkenntlichkeit durchlöchert – siehe die Ausführungen zu Art. 12 LID sogleich unter dd.

(4) Werbeshows und Dauerwerbesendungen, Art. 11 IV LID

Art. 11 IV LID enthält das Gebot, daß Werbeshows und Dauerwerbesendungen dauerhaft und klar erkennbar durch einen Hinweis auf die Werbung als solche gekennzeichnet werden müssen.

Hierin ist eine spezielle Ausformung des allgemeinen Kennzeichnungsgebots des Art. 11 I LID zu erkennen, die speziell dem Problem begegnet, daß in derartigen Formaten Programm und Werbung einfach nicht zu trennen sind[269].

Sehr interessant ist innerhalb des Art. 11 IV LID ferner, daß neben den genannten Formaten auch die „anderen Formen der Fernsehwerbung, die wegen ihres Ausstrahlungscharakters den Zuschauer bezüglich ihres Werbecharakters irreführen können", erfaßt werden. Als Beispiel kann die in Spanien nicht unübliche Sitte genannt werden, daß der Showmaster selbst ein Produkt in die Kamera hält und einen Werbeslogan dazu spricht. Dieses ansonsten unter den Begriff der Schleichwerbung[270] zu subsumierende Verhalten wird dadurch vom Restprogramm abgehoben, daß während dieser Werbeaussage ein optischer Hinweis auf die Werbung eingeblendet wird. Damit wird dem speziellen Kennzeichnungsgebot des Art. 11 IV genüge getan, problematisch bleibt aber, ob der allgemeine Trennungsgrundsatz des Art. 11 I LID eingehalten wird. Trotz dieser m.E. bestehenden Bedenken wird diese Praxis in Spanien geduldet[271].

---

[269] Vgl. o. unter (1) die Ausführungen zur Problematik des allgemeinen Kennzeichnungs- und Trennungsgrundsatzes; das Product Placement kann diese Regelung allerdings nicht unterbinden.

[270] Der Rechtsbegriff ist in Art. 3 lit. d) LID legaldefiniert.

[271] Die beschriebene Werbeform wird z.B. in der populären Late-night-show „Crónicas Marcianas" des LTP-Privatfernsehsenders Tele Cinco täglich angewendet.

(5) Visuelle Texteinfügungen mit Werbe- und Teleshoppinginformationen in Sportübertragungen, Art. 11 V LID

Eine interessante und dem deutschen Fernsehrecht unbekannte Regel stellt Art. 11 V LID auf, der sich ausschließlich auf werbende Texteinfügungen in Sportübertragungen bezieht: Hiernach dürfen während laufender Sportübertragungen mittels des Gebrauchs von „transparencias“ (hier mit „Folien“ übersetzt) oder mittels anderer Veränderungen des Fernsehbildes (gemeint sind v.a. digital hergestellte visuelle Bildschirmwerbungen) Texteinfügungen mit Werbe- oder Teleshoppingcharakter eingefügt werden.

Diese Einblendungen sind jedoch an drei Voraussetzungen gebunden; erstens dürfen sie nur in den Momenten eingeblendet werden, in denen der Fortgang des übertragenen Sportereignisses gerade ruht (z.B. wenn während einer Fußballübertragung der Ball gerade „im Aus“ ist), zweitens darf niemals die Sicht auf das Ereignis gestört oder mehr als ein Sechstel des Bildschirms mit einer solchen „Folie“ überdeckt sein, und drittens darf die Einblendung allein aus geschriebenem Text bestehen, nicht aus Bildern oder Animationen der Marke.

Die Regel des Art. 11 V LID stellt eine Lockerung des allgemeinen Kennzeichnungs- und Trennungsgebots aus Art. 11 I LID dar, der unter den genannten Voraussetzungen Texteinblendungen in Sportübertragungen zuläßt. Es wurde zugunsten der Fernsehveranstalter offensichtlich auf die Sondersituation bei Sportübertragungen Rücksicht genommen, bei denen praktisch immer Trikot- und Bandenwerbungen vorhanden sind, die streng genommen jedesmal das allgemeine Trennungs- und Kennzeichnungsgebot des Art. 11 I LID verletzen.

In Spanien sind also visuelle Werbeeinblendungen – allein bei Sportübertragungen und unter den Voraussetzungen des Art. 11 V LID – zulässig.

Es ist allerdings zu beachten, daß mangels gegenteiliger Angaben der LID diese Texteinblendungen als „andere Form der Werbung“ i.S.d. Art. 13 I LID in das Kontingent der maximalen Werbezeiten gem. Art. 13 LID mit eingerechnet werden, auch wenn sie nur maximal ein Sechstel des Bildschirms bedecken dürfen.

dd. Spezielle Regelungen für die Einfügung von Werbung und Teleshoppingspots, Art. 12 LID

Ausgehend von Art. 11 III S.2 LID enthält der folgende Art. 12 LID spezielle Regeln für die Einfügung von Werbung und Teleshopping-Spots:

„**Art. 11 (III, S.2)** Unter den im folgenden Artikel genannten Voraussetzungen können die Werbung und die Teleshopping-Spots auch in die laufenden Sendungen eingefügt werden, sofern sie den Zusammenhang und den Wert der Sendungen nicht beeinträchtigen – wobei die natürlichen Programmunterbrechungen und die Länge und Art des Programms zu berücksichtigen sind – und sofern nicht gegen die Rechte von Rechtsinhabern verstoßen wird.“

„**Art. 12** Spezielle Regeln

(I) Bei Sendungen, die aus eigenständigen Teilen bestehen, können Werbung und Teleshopping-Spots nur zwischen die eigenständigen Teile oder in die Pausen eingefügt werden.

(II) Bei Sportsendungen oder -übertragungen oder Ereignissen oder Veranstaltungen ähnlicher Struktur, die zeitliche Unterbrechungen zwischen den einzelnen Teilen haben, dürfen Werbung und Teleshopping-Spots nur in die Unterbrechungen eingefügt werden.

Für Sportübertragungen, auf die dies nicht anwendbar ist, gelten die in Absatz III festgelegten Regeln, mit der Ausnahme, daß sie nicht in den Momenten des maximalen Interesses des übertragenen Ereignisses durch Werbung oder Teleshopping unterbrochen werden dürfen.

Gleichermaßen können Werbung und Teleshopping-Spots in Sportsendungen in den Momenten eingefügt werden, in denen der Fortgang des übertragenen Ereignisses unterbrochen ist, immer wenn diese Unterbrechung eine programmierte Dauer aufweist.

(III) Werden andere als die unter Absätze 1 und 2 fallenden Sendungen durch Werbung oder Teleshopping-Spots unterbrochen, so sollte zwischen zwei aufeinanderfolgenden Unterbrechungen innerhalb der Sendung ein Abstand von mindestens 20 Minuten liegen, unbeschadet der Regelungen in den folgenden Absätzen.

Der Zeitraum zwischen der Ausstrahlung der Werbung und des Teleshoppings vor und nach der Sendung und den ersten oder letzten Werbe- oder Teleshopping-Unterbrechungen der Sendung kann kürzer sein als 20 Minuten.

Innerhalb jeder Sendung darf der Zeitraum zwischen zwei Werbe- oder Teleshopping-Abschnitten ein einziges Mal weniger als 20, aber mindestens 15 Minuten betragen, um die natürlichen Unterbrechungen zu berücksichtigen.

(IV) Audiovisuelle Werke wie Kinospielfilme können für jeden vollen Zeitraum von 45 Minuten einmal unterbrochen werden, sofern ihre programmierte Sendezeit mehr als 45 Minuten beträgt. Eine weitere Unterbrechung ist zulässig, wenn die programmierte Sendezeit um mindestens 20 Minuten über zwei oder mehrere volle 45-Minuten-Zeiträume hinausgeht. Diese Unterbrechungen müssen die Integrität und den Wert des Werkes berücksichtigen, dessen Abspann nicht weggeschnitten werden darf.

Von der Regelung dieses Absatzes sind Reihen, Serien und Unterhaltungssendungen ausgenommen, auf sie finden die Regelungen der restlichen Absätze dieses Artikels Anwendung.

(V) Nachrichten, Dokumentarfilme, Sendungen religiösen Inhalts oder Kindersendungen dürfen weder durch Werbung noch durch Teleshopping unterbrochen werden, außer ihre programmierte Sendezeit beträgt mehr als 30 Minuten, so daß dann Absätze I, II, und III dieses Artikels anzuwenden sind.

(VI) Die Übertragung von Gottesdiensten darf nicht durch Werbung oder Teleshopping unterbrochen werden.

(VII) Unter „programmierte Sendezeit“ im Sinne dieses Artikels ist der Zeitraum der gesamten Dauer des Programms oder des Werkes einschließlich der Werbezeiten innerhalb des Werks oder Programms zu verstehen.

(VIII) Während der Zeiträume, in denen Werbung und Teleshopping ausgestrahlt werden, müssen die technischen Bedingungen der Signalübertragung in jedem Fall die Parameter, die in der technischen Norm des jeweiligen Übertragungsmediums festgelegt wurden, beachten. Die zur Ausstrahlung des Fernsehsignals ermächtigten Veranstalter müssen die nötigen Mittel einsetzen, damit auf keinen Fall die Vorgänge der Behandlung der Originalsignale beim Fernsehzuschauer einen Effekt des hörbaren lautstärkemäßigen Anwachsens im Gegensatz zur direkt vorhergegangenen Sendung entsteht.

Durch Verordnung des Ministerio de Fomento können, um das in diesem Absatz Geregelte weiterzuentwickeln, neue technische Parameter entwickelt werden, die die Fernsehausstrahlungsdienste übernehmen müssen.“

Zunächst wird in Art. 11 III S.1 LID die Grundregel aufgestellt, daß Fernsehwerbung und Teleshoppingspots zwischen den einzelnen Sendungen eingefügt werden müssen, s.o. Grundsätzlich sollen Werke also vor Unterbrechungen geschützt werden.

Nach S. 2 derselben Norm kann diese Grundregel allerdings verletzt werden, d.h. laufende Sendungen dürfen doch unterbrochen werden, wenn sie die allgemeinen Voraussetzungen erfüllen, daß sie den Zusammenhang und den Wert der Sendungen nicht beeinträchtigen, wobei die natürlichen Programmunterbrechungen und Länge und Art des Programms zu berücksichtigen sind, und wenn sie nicht gegen Rechte von Rechtsinhabern verstoßen. Zusätzlich müssen die Regelungen des Art. 12 LID erfüllt werden, die genauestens die weiteren Voraussetzungen für Werbeunterbrechungen kodifizieren.

(1) Sendungen, die aus eigenständigen Teilen bestehen, Art. 12 I LID

Nach Art. 12 I LID dürfen Werbung und Teleshoppingspots bei Sendungen, die aus eigenständigen Teilen bestehen, nur zwischen die eigenständigen Teile oder in die Pausen eingefügt werden. Danach kann z.B. die Übertragung eines Musikfestivals mit verschiedenen Künstlern nach dem jeweiligen Konzertteil eines einzelnen Künstlers für Werbung unterbrochen werden, nicht jedoch z.B. zwischen einzelnen Musikstücken desselben Künstlers. Gleichermaßen wäre eine Einfügung von Werbung zwischen den verschiedenen Akten einer Opernübertragung möglich[272], nicht jedoch jede willkürliche Unterbrechung von Spielfilmen, für die die Sonderregeln des Art. 12 IV LID gelten.

(2) Sport- und ähnliche Sendungen, Art. 12 II LID

Sportsendungen, Sportübertragungen oder Ereignisse oder Veranstaltungen ähnlicher Struktur, die zeitliche Unterbrechungen zwischen den einzelnen Teilen haben, dürfen gem. Art. 12 II S. 1 LID nur innerhalb dieser Unterbrechungen Werbung oder Teleshoppingspots enthalten. Für die genannten Sendungen gilt also dieselbe Regel wie in Art. 12 I LID, daß die „natürlichen" Unterbrechungen (also z.B. die Halbzeitpausen) für die Werbung bzw. das Teleshopping genutzt werden müssen, während keine zusätzlichen Unterbrechungen erlaubt sind – sehr wohl aber dürfen bei Sportübertragungen Texteinfügungen i.S.d. Art. 11 V LID vorgenommen werden, vgl. o. S. 2 erfaßt andere Sportübertragungen, die keine derartige „natürliche" Struktur aufweisen (z.B. die Übertragung von Schachspielen). Für sie gelten die Regeln des Art. 12 III LID, und sie dürfen zusätzlich nicht in Momenten des maximalen Interesses unterbrochen werden.

Gem. Art. 12 II S. 3 LID können Werbung und Teleshopping-Spots bei Sportsendungen auch in längemäßig definierten Unterbrechungen eingefügt werden, z.B. in Auszeiten.

---

[272] Hartstein/ Ring/ Kreile/ Dörr/ Stettner, Rundfunkstaatsvertrag, C-0.3, S. 16 f.

(3) Andere als die unter Art. 12 I und II LID fallenden Sendungen, Art. 12 III LID

Art. 12 III LID regelt „andere als die unter Art. 12 I und II LID fallenden Sendungen"; wenn man die in Art. 12 IV – VI LID speziell geregelten Sendungen ausschließt, erfaßt diese Regelung v.a. Reihen, Serien und leichte Unterhaltungs- und Dokumentarsendungen.

Diese Sendungen dürfen gem. Art. 12 III LID für Werbung oder Teleshoppingspots unterbrochen werden. Dabei „sollte" aber nach der Grundregel des Art. 12 III S.1 LID „unbeschadet der Regelungen in den folgenden Absätzen" zwischen zwei aufeinanderfolgenden Unterbrechungen ein Abstand von mindestens 20 Minuten liegen.

Diese ohnehin nur als Sollvorschrift[273] ausgestaltete Norm wird sodann in S. 2 abgeschwächt, nach dem der Zeitraum zwischen der Werbung vor und nach der Sendung und der ersten und letzten Werbeunterbrechung kürzer sein darf als 20 Minuten; selbst wenn also der Zeitraum zwischen zwei Werbeunterbrechungen grundsätzlich mindestens 20 Minuten betragen soll, muß also z.B. der zwischen dem Werbeblock vor der Sendung und dem ersten Werbeblock während der Sendung die 20-Minuten-Grundregel nicht eingehalten werden.

Völlig zahnlos wird die Regelung des Art. 12 III LID mit dessen S. 3, nach dem jede Sendung, die unter Art. 12 III LID fällt, die Grundregel des Satzes 1 insofern einmal brechen darf, als daß ein einziges Mal (pro Sendung !) der Zeitraum zwischen zwei Werbe- oder Teleshopping-Abschnitten weniger als 20 betragen darf, aber zumindest 15 Minuten betragen muß. Diese nicht in Art. 11 FRL vorgesehene Regelung erleichtert noch einmal die allgemeine 20-Minuten-Regel so weit, daß man beinahe sagen könnte, daß derartige Sendungen praktisch beliebig oft unterbrochen werden können. Es ist bei derart vielen Unterbrechungsmöglichkeiten nur noch auf die Regelungen bzgl. der maximalen Werbezeiten gem. Art. 13 I und II LID zu verweisen.

(4) Audiovisuelle Werke, Art. 12 IV LID

Die Unterbrechungsmöglichkeiten für Werbung und Teleshopping bei der Ausstrahlung von audiovisuellen Werken wie Kinospielfilmen regelt Art. 12 IV LID (die oben in (3) genannten Werke werden gem. Art. 12 IV S. 3 LID ausdrücklich vom Anwendungsbereich dieser Norm ausgenommen). Hiernach dürfen die genannten Werke für jeden vollen 45-Minuten-Zeitraum einmal unterbrochen werden, sofern ihre programmierte Sendezeit[274] mehr als 45 Minuten beträgt.

---

[273] Die Vorgabe des Art. 11 IV FRL, die ebenfalls als Sollvorschrift formuliert ist, wurde in § 44 III S. 2 RfStV a.F. dagegen strikt mit „darf" umgesetzt; nach § 44 III S.2 RfStV n.F. handelt es sich nunmehr ebenfalls um eine Sollvorschrift.

[274] Der Begriff „programmierte Sendezeit" wird in Art. 12 VII LID gesetzlich definiert – s. dazu unter (8) in diesem Abschnitt.

Diese qualitativ höherstehenden Werke sollen demnach einen erhöhten Schutz gegen Unterbrechungen genießen als z.B. die unter (3) fallenden Reihen, Serien und leichten Unterhaltungs- und Dokumentarsendungen.

Gem. Art. 12 IV S. 2 LID ist eine weitere Unterbrechung möglich, wenn die programmierte Sendezeit um mindestens 20 Minuten über zwei oder mehrere volle 45-Minuten-Zeiträume hinausgeht. Bis hier ist Art. 12 IV LID eine sinnvolle Regelung zum Schutz der - zumindest theoretisch - qualitativ höherstehenden Kinospielfilme; sie ist die exakte Umsetzung der Vorgabe des Art. 11 III FRL[275].

Es wird ferner vorgeschrieben, daß diese Unterbrechungen die Integrität und den Wert des Werkes berücksichtigen müssen, und daß der Abspann nicht geschnitten werden darf. Gerade die letztere Regel wird im spanischen Fernsehen täglich gebrochen.

(5) Nachrichten, Dokumentarfilme, religiöse Sendungen und Kindersendungen, Art. 12 V LID

Wenn ihre programmierte Sendezeit[276] weniger als 30 Minuten beträgt, dürfen Nachrichten, Dokumentarfilme, Sendungen religiösen Inhalts und Kindersendungen gem. Art. 12 V S.1 LID nicht durch Werbung oder Teleshopping unterbrochen werden. Falls ihre programmierte Sendezeit darüber liegt, gelten gem. Art. 12 V S. 2 LID die Absätze I bis III dieser Norm.

(6) Gottesdienstübertragungen

Gem. Art. 12 VI LID dürfen Gottesdienstübertragungen (gleich welcher Länge) gar nicht durch Werbung oder Teleshopping unterbrochen werden.

(7) Die technische Sonderregel des Art. 12 VIII LID

Art. 12 VIII LID enthält eine interessante und nicht der FRL entstammende Sonderregel, nach der in der Zeit, in der Werbung und Teleshopping gesendet werden, die technischen Bedingungen der Signalübertragung beachten müssen, d.h. es darf „auf keinen Fall“ beim Zuschauer der Effekt eines hörbaren lautstärkemäßigen Anwachsens im Gegensatz zur vorhergegangenen Sendung entstehen. M.a.W.: Die Werbung darf nicht lauter ausgestrahlt werden als das restliche Programm. Die in Art. 12 VIII S. 3 LID vorgesehene Verordnung gibt es bislang nicht. Art. 12 VIII ist offenbar eine Reaktion auf die auch in Deutschland nicht unbekannte Unsitte einiger Privatfernsehveranstalter, die Werbeblöcke lauter auszustrahlen als das Restprogramm, um die Aufmerksamkeit der Rezipienten zu erhöhen. Dies wird mit der vorliegenden Norm verboten.

---

275 Id. ist § 44 IV RfStV.

276 S. dazu unter (8) in diesem Abschnitt.

(8) Die Legaldefinition der „programmierten Sendezeit“ in Art. 12 VII LID: Das Bruttoprinzip

Der in mehreren Absätzen des Art. 12 LID verwendete Rechtsbegriff der „programmierten Sendezeit“ wird in Art. 12 VII LID wie folgt definiert:

„**Art. 12 (VII)** Unter „programmierte Sendezeit“ im Sinne dieses Artikels ist der Zeitraum der gesamten Dauer des Programms oder des Werkes einschließlich der Werbezeiten innerhalb des Werks oder Programms zu verstehen.“

Damit bestimmt die spanische Rechtsordnung per Gesetz, daß sich die für die Berechnung der Werbezeiten höchst wichtige Definition der „programmierten Sendezeit“ nach dem *Bruttoprinzip* richtet, d.h. daß in die programmierte Sendezeit einer Sendung auch die Dauer der in ihr enthaltenen Werbezeit mit eingerechnet wird.

Die Frage, ob die „programmierten Sendezeit“ in Art. 11 III FRL nach dem Nettoprinzip (also unter Ausschluß der Werbezeiten) oder nach dem Bruttoprinzip (unter Einschluß der Werbezeiten) berechnet wird, kann Auswirkungen auf die Anzahl der möglichen Werbeminuten haben, da bei der Berechnung nach dem Bruttoprinzip oftmals mehr Werbung zulässig ist als nach dem Nettoprinzip.

In Spanien stellt sich diese Frage seit 1999[277] angesichts der gesetzlichen Lösung in Art. 12 VII LID nicht mehr. In Deutschland hat der aus Art. 11 III FRL stammende Begriff mangels einer Legaldefinition zu unterschiedlichen Auslegungen des entsprechenden § 44 RfStV geführt, die ganz h.M. legt ihn nach wie vor nach dem Nettoprinzip aus[278].

Der EuGH[279] hat inzwischen im Sinne der spanischen Lösung entschieden, daß Art. 11 III FRL eine Berechnung der programmierten Sendezeit nach dem Bruttoprinzip vorsieht; er hat aber die in Deutschland angewendete Berechnung nach dem Nettoprinzip als eine erlaubte Inländerdiskriminierung i.S.d. Art. 3 FRL für zulässig erklärt.

---

[277] Art. 12 VII LID wurde 1999 durch das Änderungsgesetz 22/1999 in die LID aufgenommen.

[278] Vgl. zum Ganzen Jarass, Fernsehwerbung im deutschen und europäischen Recht, ZUM 1997, S. 769; OVG Koblenz EuZW 1994, S. 605 f.; für das Nettoprinzip s. Dörr, Das Nettoprinzip für die Unterbrechung von Spiel- und Fernsehfilmen durch Werbung, ZUM 1994, S. 347, Höfling/ Möwes/ Pechstein, Europäisches Medienrecht, 1991, S. 87; a.A. (Bruttoprinzip) Engel, Die Geltung des Brutto-Prinzips, ZUM 1994, S. 336, ferner Tschentscher/ Klee, Aktuelle Rechtsprobleme der Werbung im privaten Rundfunk, ZUM 1994, S. 149 f.

[279] EuGH Urteil vom 28.10.1999, Rs. C-6/98 (ARD/ Pro 7 Media AG), in deutscher Sprache im Internet zu finden unter „www.europa.eu.int/cj./de/act“; ferner NJW 2000, S. 2657.

ee. Die maximale Sendedauer für Werbung und Teleshopping, Art. 13 LID

Die bislang untersuchten Werbe- und Teleshoppingregeln der LID befaßten sich mit Werbe- und Teleshoppingverboten (Artt. 8 und 9 LID), der Werbung und des Teleshoppings für alkoholische Getränke (Art. 10 LID) und Regeln für die Identifizierung und Plazierung von Werbung und Teleshopping (Artt. 11 und 12 LID).

Die für alle Fernsehveranstalter außerordentlich wichtige Frage nach den maximal zulässigen Mengen der Werbung und des Teleshoppings beantwortet (mit Ausnahme der reinen Teleshopping- oder Eigenwerbekanäle, die in Art. 14 LID eine Spezialregelung erhalten haben) Art. 13 LID wie folgt:

„**Art. 13** Sendezeit, die für Werbung und Teleshopping bestimmt ist

(I) Der Anteil an Sendezeit für Teleshopping-Spots, Werbespots und andere Formen der Werbung darf mit Ausnahme von Teleshopping-Fenstern im Sinne des Absatzes 3 dieses Artikels 20 Prozent der täglichen Sendezeit nicht überschreiten.

Die Sendezeit für Werbespots darf 15 Prozent der täglichen Sendezeit nicht überschreiten.

(II) Innerhalb jeder vollen natürlichen Stunde eines Tages darf die Sendezeit für Werbung in allen Erscheinungsformen und für Teleshopping-Spots 17 Minuten nicht überschreiten.

Unter Beachtung des vorgenannten Zeitlimits darf die Sendezeit für Werbe- und Teleshoppingspots in demselben Zeitraum 12 Minuten nicht überschreiten, wobei Eigenwerbung nicht mitgerechnet wird.

(III) Jeder Fernsehkanal kann bis zu drei Stunden täglich Teleshopping-Fenster ausstrahlen. Diese müssen eine Mindestdauer von 15 Minuten ohne Unterbrechung haben und optisch und akustisch klar als Teleshopping-Fenster gekennzeichnet sein.

Es sind für einen Fernsehkanal höchstens acht solcher Teleshopping-Fenster täglich zulässig.

(IV) Im Sinne dieses Artikels gelten Beiträge des öffentlichen Dienstes oder mit Wohltätigkeitscharakter, ferner Hinweise des Fernsehveranstalters auf eigene Programme nicht als Werbung.“

(1) Beschränkung der täglichen Werbe- und Teleshoppingzeit, Art. 13 I LID

Art. 13 I S. 1 LID beschränkt den Anteil der täglichen Sendezeit für Teleshoppingspots, Werbespots und andere Formen der Werbung auf maximal 20 Prozent, wobei Teleshopping-Fenster i.S.d. Art. 13 III LID nicht mitgerechnet werden.

Gem. Art. 13 I S. 2 LID darf die Sendezeit allein für Werbespots 15 Prozent der täglichen Sendezeit nicht überschreiten.

Die 20-Prozent-Regel gilt also für die Summe aller denkbaren Werbeformate und Teleshoppingspots mit Ausnahme der Teleshopping-Fenster gem. Art. 13 III LID, während sich S. 2 allein auf Werbung in Form von Fernsehwerbe*spots* bezieht, die nur maximal 15 Prozent der täglichen Sendezeit ausmachen dürfen. Diese Regelung entspricht der Vorgabe des Art. 18 I FRL.

(2) Beschränkung der stündlichen Werbe- und Teleshoppingzeit, Art. 13 II LID

Art. 13 II LID normiert die Höchstgrenzen für Werbung und Teleshopping innerhalb „jeder vollen natürlichen Stunde eines Tages", also innerhalb eines jeden Einstundenzeitraums. Nach S. 1 darf die Sendezeit für Werbung in allen Erscheinungsformen[280] und für Teleshopping-Spots 17 Minuten pro Einstundenzeitraum nicht überschreiten.

Art. 13 II S. 2 LID erfaßt nur Werbe- und Teleshopping-*Spots*, deren Sendezeit pro Einstundenzeitraum 12 Minuten nicht überschreiten darf, Eigenwerbung der Fernsehveranstalter nicht mitgerechnet. S. 2 entspricht der Vorgabe des Art. 18 II FRL, der die Sendezeit für Werbe- und Teleshopping-Spots auf 20 Prozent pro Einstundenzeitraum begrenzt. Nicht von der FRL vorgegeben ist aber die 17-Minuten-Regel des Art. 13 II S. 1 LID, nach der die Sendezeit für andere Formate als Spots (also z.B. Dauerwerbesendungen) auf zusätzlich maximal 5 Minuten begrenzt, was eine relative Verschärfung gegenüber der FRL bedeutet, die in der Lit. als systematische Verbesserung gegenüber der FRL angesehen wird[281].

(3) Berechnungsausschlüsse nach Art. 13 IV LID

In Art. 13 IV LID wird klargestellt, daß Beiträge des öffentlichen Dienstes mit Wohltätigkeitscharakter und Eigenprogrammhinweise der Fernsehveranstalter i.S.d. Art. 13 LID nicht als Werbung mitgerechnet werden. Diese Regelung wird zwecks Vermeidung eines Mißbrauchs der Eigenprogrammklausel in Art. 4 des Real Decreto 1462/1999[282] insofern konkretisiert, als daß hiernach nur die Werbung als Eigenprogrammwerbung i.S.d. Art. 13 IV LID gerechnet wird, die sich ausschließlich auf das Programm dieses Fernsehveranstalters bezieht und denselben angibt. Falls es sich jedoch um Werbung für andere Produkte oder Dienste des Veranstalters außerhalb seines Programms handelt, regele sich diese nach Art. 13 II S. 1 LID, d.h. andere Eigenwerbung als die reine Eigen*programm*werbung unterfällt nicht dem Berechnungsausschluß des Art. 13 IV LID, sondern gilt als andere Form der Werbung i.S.d. Art. 13 II S. 1 LID mit den dort normierten Rechtsfolgen.

(4) Teleshoppingfenster nach Art. 13 III LID

Art. 13 III LID regelt schließlich die in Art. 13 I und II LID (z.T. ausdrücklich) noch nicht geregelten Teleshopping*fenster*. Diese dürfen auf allen Kanälen täglich bis zu drei Stunden lang ausgestrahlt werden, sie müssen allerdings eine ununterbrochene Mindestdauer von 15 Minuten haben und optisch und akustisch

---

[280] Eigenprogrammwerbung der Fernsehveranstalter wird gem. Art. 13 IV LID jedoch nicht mit eingerechnet.

[281] Godoy, El derecho de la televisión sin fronteras, 1995, S. 240 f.

[282] Das R.D. 1462/1999 ist im Anhang hinter der LID abgedruckt.

als solche gekennzeichnet werden; acht solcher Teleshoppingfenster sind pro Tag zulässig. Diese Regelung entspricht dem 1997 in die FRL eingefügten[283] Art. 18 a FRL.

ff. Reine Teleshopping- und Eigenwerbekanäle, Art. 14 LID

Art. 14 LID trifft Sonderregelungen für reine Teleshopping- und reine Eigenwerbekanäle:

„**Art. 14** Teleshopping- und Eigenwerbekanäle
(I) Die zeitlichen Beschränkungen für Teleshopping, die Artikel 13 auferlegt, gelten nicht für reine Teleshopping-Kanäle.
Diese Kanäle können unter den Anforderungen und Beschränkungen dieses Gesetzes auch Werbung ausstrahlen. Jedoch findet Artikel 13 Absatz 2 für sie keine Anwendung.
Damit die Regelungen dieses Absatzes Anwendung finden, dürfen die genannten Kanäle keine anderen Sendungen als Teleshopping und Werbung ausstrahlen.
(II) Die zeitlichen Beschränkungen für Werbung, die Artikel 13 auferlegt, gelten nicht für reine Eigenwerbekanäle.
Diese Kanäle können unter den Voraussetzungen und innerhalb der Zeitgrenzen, die dieses Gesetz allgemein für Werbung aufstellt, auch Fremdwerbung senden.
Um sich den Regelungen dieses Absatzes anpassen zu können, dürfen die Kanäle, auf die sich dieser Absatz bezieht, nur Eigenwerbung oder Werbung für Rechnung Dritter senden.
(III) Kapitel II dieses Gesetzes findet auf die in Art. 14 I und II geregelten Fernsehkanäle keine Anwendung."

(1) Reine Teleshoppingkanäle

Nach Art. 14 I LID sind reine Teleshoppingkanäle nicht an die für das Teleshopping normierten Zeitgrenzen des Art. 13 LID gebunden, sie können also beliebig viele Teleshoppingspots und –sendungen ausstrahlen. Zusätzlich können sie auch Werbung senden, müssen dabei aber alle Werberegeln der LID - mit Ausnahme der Zeitbegrenzung für den Einstundenzeitraum aus Art. 13 II LID - einhalten, d.h. sie sind in bezug auf die Werbung nach wie vor z.B. an die 20-Prozent-Grenze des Art. 13 I LID gebunden.

Andere Sendungen als Teleshopping und Werbung sind diesen Sendern untersagt. Sie sind gem. Art. 14 III LID von den Quotenregelungen des Kapitels II (Artt. 5 - 7) LID entbunden.

(2) Reine Eigenwerbekanäle

Reine Eigenwerbekanäle sind gem. Art. 14 II LID nicht den für die Werbung geltenden Beschränkungen des Art. 13 LID unterworfen, sie dürfen also beliebig viel Eigenwerbung senden. Zusätzlich dürfen sie auch Fremdwerbung senden, müssen sich dabei aber an alle Werberegeln der LID, v.a. an die Regelungen des Art. 13 LID, halten.

---

[283] Art. 18 a FRL wurde nachträglich durch die Änderungsrichtlinie 97/36/EG in die FRL eingebracht.

Nach dem aus Art. 14 FRL bzw. aus Art. 14 LID abzuleitenden Prinzip der Typenbestimmtheit der Fernsehkanäle[284] sind diesen Sendern andere Sendungen als Eigen- oder Fremdwerbung untersagt. Sie sind gem. Art. 14 III LID von den Quotenregelungen des Kapitels II (Artt. 5 - 7) LID entbunden.

(3) Mitteilungspflicht der Betreiber reiner Teleshopping- und Eigenwerbekanäle

Ergänzend ist im Rahmen des Art. 14 LID darauf hinzuweisen, daß die Veranstalter, die die Haftung für reine Teleshopping- oder Eigenwerbekanäle haben, dies schriftlich 30 Tage vor Sendebeginn der Sectretaría de Estado de Telecomunicaciones y para la sociedad de la información des Ministerio de Ciencia y Tecnología (früher Secretaría General de Comunicaciones des Ministerio de Fomento) mitteilen müssen, damit die Sonderregeln des Art. 14 LID greifen können. Dies bestimmt Art. 7 I des Anhangs zum Real Decreto 1462/1999, de 17.09.99 (im Anhang nach der LID abgedruckt).

b. Die Sponsoringregeln

Einige Sonderregeln, die allein das Fernsehsponsoring betreffen, normiert Art. 15 LID:

„**Art. 15** Telesponsoring
(I) Gesponserte Fernsehsendungen müssen folgenden Anforderungen genügen:
a) Die Sponsortätigkeit und der Sponsor müssen als solche klar erkennbar sein, indem der Name, das Firmenemblem, die Marke oder andere unterscheidbare Zeichen von ihm am Anfang und/ oder am Ende der Sendung gezeigt werden.
Sponsortätigkeit und Sponsor müssen auch bei Werbepausen erkennbar sein, und auch im Verlauf des gesponserten Programms, wenn dies sporadisch und ohne eine Störung des Programmablaufs möglich ist.
Diese Kennzeichnung darf keine Werbenachricht beinhalten, die in direkter oder ausgesprochener Form Kauf oder Inanspruchnahme von Produkten oder Dienstleistungen des Sponsors oder eines Dritten fördern soll.
b) Inhalt und Programmplatz einer gesponserten Sendung dürfen vom Sponsor auf keinen Fall in der Weise beeinflußt werden, daß die Verantwortung und die redaktionelle Unabhängigkeit des Fernsehveranstalters in bezug auf die Sendungen angetastet werden, ferner dürfen sie keine Inhalte haben, die zum Kauf oder zur Anmietung von Erzeugnissen oder zur Inanspruchnahme von Dienstleistungen des Sponsors oder eines Dritten, insbesondere durch spezifische verkaufsfördernde Hinweise auf diese Erzeugnisse oder Dienstleistungen, anregen, außer, wenn dies innerhalb der für Werbe- oder Teleshopping vorbehaltenen Zeiten geschieht, wie sie in den Artikeln 11 und 12 geregelt sind.
(II) Die Fernsehprogramme dürfen nicht durch natürliche oder juristische Personen gesponsert werden, deren Haupttätigkeit die Herstellung oder der Verkauf von Waren oder das Anbieten von Diensten ist, für die gemäß der Artikel 8 und 9 dieses Gesetzes die Werbung verboten ist. Jedoch ist ein Sponsoring von Fernsehprogrammen zulässig für Firmen, die Arzneimittel, Sanitätsprodukte oder medizinische Behandlungen herstellen, verkaufen oder

[284] Vgl. dazu auch unter D.I.2.a.ee.

anbieten, wenn eine Erwähnung des Namens der Sponsorfirma erfolgt, ohne sich auf die Waren oder Dienstleistungen, die sie anbietet, zu beziehen.
(III) Tägliche Nachrichtensendungen und Sendungen zur politischen Information dürfen nicht gesponsert werden. Ebensowenig sind die Teile der genannten Sendungen sponsoringfähig, außer solche Teile, die für sportliche oder meteorologische Informationen vorgesehen sind.
(IV) Die Zeitabschnitte, die zur Kennzeichnung des Fernsehsponsorings vorgesehen sind und auf die sich Absatz I lit. a dieses Artikels bezieht, werden nicht in die im Artikel 13 genannten maximalen Werbezeiten eingerechnet."

aa. Voraussetzungen des Fernsehsponsorings

Art. 15 I lit. a) LID formuliert, wie ein legales Fernsehsponsoring durchzuführen ist. Der Sponsor und seine Sponsortätigkeit müssen klar erkennbar sein, indem der Name, das Firmenemblem, eine Marke oder andere unterscheidbare Zeichen des Sponsors am Anfang und/ oder am Ende der Sendung gezeigt werden. Zusätzlich muß das Sponsoring auch bei Werbepausen erkennbar sein, d.h. bei Werbeunterbrechungen muß ebenfalls ein Sponsoringhinweis erfolgen, außerdem dann auch im Verlauf des gesponserten Programms, wenn dies ohne eine Störung des Programmablaufs möglich ist[285].

Art. 15 I lit. a) S. 3 LID macht den Unterschied von Werbung und Sponsoring deutlich, indem vorgeschrieben wird, daß die Sponsoringkennzeichnung keine Werbenachricht enthalten darf, die in direkter und ausgesprochener Form den Kauf oder die Inanspruchnahme von Produkten oder Dienstleistungen des Sponsors oder eines Dritten fördern soll. Im Sinne der Definition des Art. 3 lit. f) LID soll das Sponsoring zum Ziel haben, das Warenzeichen, das Erscheinungsbild, die Tätigkeit oder die Leistungen des Sponsors zu fördern, aber *nicht* eine direkte Werbung für Produkte oder Dienstleistungen des Sponsors enthalten.

Weitere Voraussetzungen für das Fernsehsponsoring stellt Art. 15 I lit. b) LID auf, nach dem der Sponsor Inhalt und Programmplatz der von ihm gesponserten Sendung auf keinen Fall in der Weise beeinflussen darf, daß die Verantwortung und die redaktionelle Unabhängigkeit des Veranstalters in bezug auf die Sendungen angetastet werden. Diese Vorschrift und die in Art. 15 I lit. a) LID enthaltenen Kennzeichnungsregelungen sind eine weitere Ausformung des allgemeinen Kennzeichnungs- und Trennungsgrundsatzes, der in Art. 11 I LID für die Werbung bzw. das Teleshopping formuliert wird. Weil Sponsoring aber gerade keine Werbung und kein Teleshopping darstellt, bedarf es dieser Normierung bezüglich des Sponsorings.

[285] Die Einführung eines Sponsoringhinweises in das laufende Programm, „wenn dies ohne Störung des Programmablaufs möglich ist", ist eine bewußt durch den Gesetzgeber eingefügte Erweiterung der Vorgabe der FRL, mit der die Anzahl der Sponsoringhinweise erhöht werden soll. Vgl. Godoy, El derecho de la televisión sin fronteras, 1995, S. 241.

Weiterhin darf nach Art. 15 I lit. b) LID das Sponsoring keine Inhalte aufweisen, die zum Kauf oder zur Anmietung von Erzeugnissen oder zur Inanspruchnahme von Dienstleistungen des Sponsors oder eines Dritten, insbesondere durch spezifische verkaufsfördernde Hinweise auf diese Erzeugnisse oder Dienstleistungen, anregen, außer, wenn dies innerhalb der für Werbe- oder Teleshopping vorbehaltenen Zeiten geschieht, wie sie in den Artt. 11 und 12 LID geregelt sind. Hier wird wiederum auf den besonderen Charakter des Sponsorings hingewiesen, das gerade keine Werbung enthalten darf; wenn aber doch ein werbender Charakter enthalten ist, dann unterliegt ein solches *Werbe*sponsoring den Werberegeln der Artt. 11 und 12 LID mit der Konsequenz, daß diese Sendezeit als Werbezeit i.S.d. Art. 13 LID gilt, so daß die Befreiung des Art. 15 IV LID nicht greift.

bb. Sponsoringverbote

Nach Art. 15 II S. 1 LID dürfen solche Personen nicht als Sponsor auftreten, deren Haupttätigkeit die Herstellung oder der Verkauf von Waren oder das Anbieten von Diensten ist, für die gem. Artt. 8 und 9 LID die Werbung verboten ist. Es wird also der Anwendungsbereich der Artt. 8 und 9 LID auf das Sponsoring ausgeweitet.

Eine Ausnahme enthält aber Art. 15 II S. 2 LID, nach dem ein Fernsehsponsoring für Firmen, die Arzneimittel, Sanitätsprodukte oder medizinische Behandlungen herstellen, verkaufen oder anbieten, erlaubt ist, wenn eine Erwähnung des Namens der Sponsorfirma erfolgt, ohne sich auf die Waren oder Dienstleistungen, die sie anbietet, zu beziehen. Es darf also zwar keine Werbung für (verschreibungspflichtige) Arzneimittel gemacht werden (Art. 9 I lit. a) LID), die Herstellerfirmen dürfen aber unter den o.g. Voraussetzungen Fernsehsendungen sponsern.

cc. Nicht sponsoringfähige Sendungen

Gem. Art. 15 III LID dürfen bestimmte Sendungen nicht gesponsert werden; dies sind tägliche Nachrichtensendungen und Sendungen zur politischen Information. Dies gilt auch für Teile dieser Sendungen, wird aber bezüglich der Sport- und Wetterinformationen zugelassen.

dd. Berechnungsausschluß

Art. 15 IV LID stellt klar, daß die Sendezeit, die für die Kennzeichnung des Fernsehsponsorings vorgesehen ist, nicht in die Werbezeiten i.S.d. Art. 13 LID eingerechnet werden, zumindest dann nicht, wenn es sich um ein echtes Sponsoring nach Art. 15 I lit. a) LID handelt. Angesichts der grundsätzlichen und anhand des Art. 15 LID klar zu erkennenden Unterscheidung von Werbung und Sponsoring ist dies offensichtlich und die Regelung deshalb obsolet; es liegt auf der Hand, daß Art. 13 für Werbung gilt und gerade *nicht* für das Sponsoring.

Wenn es sich aber umgekehrt um ein *Werbe*sponsoring i.S.d. Art. 15 I lit. b) a.E. LID („außer...“) handelt, dann ergibt sich bereits aus dem Anwendungsbefehl dieser Norm, die Artt. 11 und 12 LID für anwendbar erklärt, daß dann auch Art. 13 LID greift. Insofern hätte es der Regelung des Art. 15 IV LID nicht bedurft.

6. Die Jugendschutzregeln der Artt. 16 und 17 LID

Das Kapitel IV (Artt. 16 und 17) der LID befaßt sich mit dem Jugendschutz. Art. 16 LID behandelt dazu speziell den Jugendschutz gegenüber der Werbung und dem Teleshopping, er ist insofern im Zusammenhang mit den Regelungen des Kapitels III zu lesen; Art. 17 LID behandelt allgemeine Jugendschutzregeln für das gesamte Programm der Fernsehveranstalter[286].

a. Der Jugendschutz in Werbung und Teleshopping, Art. 16 LID

Art. 16 LID regelt den Jugendschutz in Werbung und Teleshopping wie folgt:

„**Art. 16** Schutz der Minderjährigen gegenüber der Werbung und dem Teleshopping
(I) Die Fernsehwerbung darf keine Bilder oder Inhalte enthalten, die Minderjährigen seelische oder körperliche Schäden zufügen können. Dazu sind folgende Prinzipien einzuhalten:
a) Sie soll weder direkte Kaufappelle an Minderjährige richten, die deren Unerfahrenheit und Leichtgläubigkeit ausnutzen, noch Minderjährige dazu auffordern, ihre Eltern oder ihren Vormund oder die Eltern oder den Vormund eines Dritten zum Kauf der beworbenen Ware oder Dienstleistung zu bewegen.
b) Sie darf auf keinen Fall das besondere Vertrauen ausnutzen, das Minderjährige zu ihren Eltern, Lehrern und anderen Personen haben, namentlich zu Personen aus Kindersendungen oder auch zu fiktiven Personen.
c) Sie soll Minderjährige nicht ohne berechtigten Grund in gefährlichen Situationen zeigen.
d) Werbung oder Teleshopping für Spielzeug darf weder einen Irrtum über die Eigenschaften der Spielzeuge erzeugen, noch über seine Sicherheit, noch über die Fähigkeiten und Eignungen, die das Kind benötigt, um diese Spielzeuge zu benutzen, ohne sich oder anderen Schaden zuzufügen.
(II) Teleshopping muß die in Absatz 1 genannten Anforderungen erfüllen und darf darüber hinaus Minderjährige nicht dazu anhalten, Kauf- oder Miet- bzw. Pachtverträge für Waren oder Dienstleistungen zu schließen.“

Art. 16 I LID normiert zunächst allein Regeln für den Jugendschutz in der Fernsehwerbung; der das Teleshopping regelnde Art. 16 II LID verweist jedoch bezüglich des Teleshoppings auf alle Regelungen des Art. 16 I LID.

Als allgemeine Grundregel bestimmt Art. 16 I S. 1 LID, daß die Werbung (und gem. Abs. II auch das Teleshopping) keine Bilder oder Inhalte enthalten dürfen, die Minderjährigen seelische oder körperliche Schäden zufügen können. Dies wird in Art. 16 I S. 2 LID konkretisiert, der in seinen lit. a) bis d) vier spezielle Regelungen normiert.

---

[286] Zu beachten sind auch die Regeln des allgemeinen Jugendschutzgesetzes Ley Orgánica 1/1996, de protección jurídica del Menor, B.O.E. núm. 15, de 17.01.1996, S. 1225.

aa. Keine Kaufappelle, die die Unerfahrenheit der Minderjährigen ausnutzen

Die Werbung (und gem. Art. 16 II LID auch das Teleshopping) dürfen nach lit. a) keine direkten Kaufappelle an Minderjährige richten, die deren Unerfahrenheit und Leichtgläubigkeit ausnutzen; ferner dürfen sie nicht Minderjährige auffordern, ihre Eltern oder ihren Vormund oder Eltern oder Vormund eines Dritten zum Kauf der beworbenen Ware oder Dienstleistung zu bewegen.

Es wird nicht konkretisiert, wann ein Ausnutzen der Unerfahrenheit und Leichtgläubigkeit durch Kaufappelle vorliegt, so daß der erste Teil der Norm sehr unbestimmt bleibt. Der zweite Teil normiert klar das Verbot, in Werbung oder Teleshopping Minderjährige dazu aufzufordern, die eigenen Eltern oder den eigenen Vormund bzw. Eltern oder Vormund eines Dritten zum Warenkauf anzuregen.

bb. Kein Ausnutzen des besonderen Vertrauens der Minderjährigen

Gem. lit. b) dürfen Werbung (und Teleshopping, Art. 16 II LID) auf keinen Fall das besondere Vertrauen ausnutzen, das Minderjährige zu ihren Eltern, Lehrern und anderen Personen haben, namentlich zu Personen aus Kindersendungen oder auch zu fiktiven Personen. Hier wurde die eindeutige Vorgabe des Art. 16 I lit. c) FRL übernommen und um den Passus ergänzt, daß insbesondere das besondere Vertrauen zu Personen aus Kindersendungen oder zu fiktiven Personen nicht ausgenutzt werden darf. Angesichts der Tatsache, daß heute vermehrt Sendungen für besonders junge Zielgruppen angeboten werden, erscheint diese Ergänzung höchst sinnvoll[287].

cc. Minderjährige in gefährlichen Situationen

Nach Art. 16 I lit. c) LID dürfen Werbung (und Teleshopping, Art. 16 II LID) Minderjährige nicht ohne berechtigten Grund in gefährlichen Situationen zeigen. Umgekehrt dürfen Minderjährige aber sehr wohl in gefährlichen Situationen gezeigt werden, wenn ein berechtigter Grund dafür vorliegt. Es liegt auf der Hand, daß hier z.B. der Gefahr des Nachahmens durch die zuschauenden Minderjährigen begegnet werden soll.

dd. Werbung und Teleshopping für Spielzeug

Eine nicht in dem zugrundeliegenden Art. 16 FRL vorgesehene Ergänzung enthält Art. 16 I lit. d) LID, der sich speziell mit der Werbung und dem

---

[287] Ein Beispiel sei die populäre englische Kindersendung „Teletubbies", die innerhalb ihrer Zielgruppe enorm hohe Einschaltquoten erreicht. Zwar dürfen gem. Art. 12 V LID Kindersendungen mit einer programmierten Sendezeit von unter 30 Minuten nicht durch Werbung unterbrochen werden, es liegt aber auf der Hand, daß eine Werbung mit den „Teletubbies" den Absatz bestimmter Produkte erheblich fördern kann. Insofern erscheint die Regelung des Art. 16 I lit. b) LID – v.a. i.V.m. Art. 16 I lit. a) 2. Alt. LID - höchst sinnvoll.

Teleshopping[288] für Spielzeuge befaßt. Hiernach dürfen in Werbung und Teleshopping für Kinderspielzeuge bestimmte Irrtümer nicht erzeugt werden, und zwar allgemein keine Irrtümer über die Eigenschaften der Spielzeuge, und speziell keine Irrtümer über deren Sicherheit oder die Fähigkeiten und Eignungen, die das Kind benötigt, um das Spielzeug schadlos benutzen zu können.

ee. Die Zusatzregel für das Teleshopping

Nach Art. 16 II LID muß das Teleshopping die in Art. 16 I LID für die Fernsehwerbung formulierten Anforderungen erfüllen, und es darf darüber hinaus Minderjährige nicht dazu anhalten, Kauf- oder Miet- bzw. Pachtverträge für Waren oder Dienstleistungen zu schließen. Abgesehen von der Frage der zivilrechtlichen Wirksamkeit eines mit einem Minderjährigen geschlossenen Kauf-, Miet- oder Pachtvertrags ist die allein das Teleshopping betreffende Regelung des Art. 16 II LID als eine Verschärfung gegenüber dem Art. 16 I LID zu sehen, der es in der Werbung sehr wohl erlaubt, z.B. Kaufappelle an Minderjährige zu richten, wenn diese nicht die Unerfahrenheit und Leichtgläubigkeit der Adressaten ausnutzt (Art. 16 I lit. a) 1. Alt. LID); dagegen sind im Teleshopping grundsätzlich alle Kaufappelle an Minderjährige untersagt.

b. Der Jugendschutz im allgemeinen Programm, Art. 17 LID

Die umfassende und das gesamte Programm betreffende Jugendschutzvorschrift ist Art. 17 LID:

„**Art. 17** Schutz der Minderjährigen gegenüber dem Programm
(I) Fernsehsendungen dürfen weder Programme, Szenen oder Nachrichten gleich welcher Art enthalten, die die körperliche, seelische oder sittliche Entwicklung von Minderjährigen ernsthaft verletzen können, noch dürfen Sendungen Haß, Verachtung oder Diskriminierungen wegen Geburt, Rasse, Geschlecht, Religion, Staatsangehörigkeit, Meinung oder jedweden anderen persönlichen oder sozialen Umstandes fördern.
(II) Die Ausstrahlung von Programmen, die empfänglich dafür sind, die körperliche, geistige oder sittliche Entwicklung von Minderjährigen zu verletzen, darf nur zwischen 22 Uhr und 6 Uhr durchgeführt werden und es muß durch akustische und optische Mittel auf ihren Inhalt hingewiesen werden.
Werden derartige Programme in unverschlüsselter Form gesendet, so müssen sie während der gesamten Sendezeit durch ein visuelles Symbol gekennzeichnet werden.
Diese Regeln gelten auch für die Ausstrahlung von Werbung, Teleshopping und Eigenprogrammwerbung.
(III) Zu Beginn der Ausstrahlung eines jeden Fernsehprogramms und bei Wiederbeginn nach jeder Werbe- oder Teleshoppingunterbrechung muß eine optische und akustische Mitteilung erfolgen, die zur Information der Zuschauer eine Einstufung über die große oder geringe Eignung des Programms für Minderjährige enthält.

---

[288] In lit. d) des Art. 16 I LID wird das Teleshopping wiederum ausdrücklich genannt, was wegen des Verweises des Art. 16 II in Art. 16 I LID unnötig ist.

Bezüglich der Kinofilme ist diese Einstufung im Einklang mit den speziellen Regelungen dieselbe, die sie für die Ausstrahlung in Kinos oder den Verkauf als Video erhalten haben. Die Fernsehveranstalter können diese Einstufung jedoch durch detailliertere Indikatoren zur besseren Information der Eltern oder Erziehungsberechtigten von Minderjährigen vervollständigen. Bezüglich der restlichen Programme obliegt es den Fernsehveranstaltern, individuell oder in koordinierter Art und Weise eine Einstufung ihrer Sendungen vorzunehmen.

Falls innerhalb einer Dreimonatsfrist nach Inkrafttreten dieses Gesetzes (Anm.: gemeint ist das Änderungsgesetz, das am 09.06.1999 in Kraft trat, die Frist lief also am 09.09.99 ab) sich die Fernsehveranstalter auf kein einheitliches System zur Präsentation dieser Einstufung geeinigt haben sollten, wird die Regierung die genauen Normen erlassen, um ihr Funktionieren sicherzustellen.

(IV) Die Sendungen von Fernsehveranstaltern, die unter spanischer Rechtshoheit stehen, müssen immer die Vorschriften der Verfassung beachten."

aa. Das Sendeverbot für ernsthaft jugendgefährdende Sendungen, Art. 17 I 1.Alt. LID

Art. 17 I 1. Alt. LID enthält die Regelung, daß Fernsehsendungen (allgemein, auch die in Art. 16 LID speziell geregelten Werbe- und Teleshoppingsendungen) keine Programme, Szenen oder Nachrichten gleich welcher Art enthalten dürfen, die die körperliche, seelische oder sittliche Entwicklung von Minderjährigen ernsthaft verletzen können. Es wird die Vorgabe des Art. 22 I FRL übernommen, die ebenfalls nur Programme verbietet, die die Entwicklung von Minderjährigen *ernsthaft* beeinträchtigen[289] können; leichtere als „ernsthafte" Verletzungen werden also von dieser Vorschrift nicht erfaßt und sind deshalb (unter den Voraussetzungen des Art. 17 II LID, s. dazu sogleich unten cc.) zulässig.

Grundsätzlich dürfen also im Fernsehen keine „Programme, Szenen oder Nachrichten[290] gleich welcher Art" enthalten sein, die die körperliche, seelische oder sittliche Entwicklung von Minderjährigen ernsthaft verletzen können.

bb. Das allgemeine Aufstachelungsverbot, Art. 17 I 2.Alt. LID

Eine Regelung, die eigentlich nicht in das Kapitel der Jugendschutzregeln gehört, normiert Art. 17 I 2. Alt. LID. Hiernach dürfen Fernsehsendungen nicht den Haß, die Verachtung oder Diskriminierungen wegen Geburt, Rasse, Geschlecht, Religion, Staatsangehörigkeit, Meinung oder jedweden anderen persönlichen oder sozialen Umstandes fördern.

---

[289] Das in der deutschen Fassung des Art. 22 I FRL verwendete Verb „beeinträchtigen" wird in Art. 17 I LID mit „perjudicar" umgesetzt, welches hier mit dem wohl passenderen Verb „verletzen" übersetzt wurde.

[290] Selbstverständlich handelt es sich bei Szenen und Nachrichten ebenfalls um Programme, weshalb die zusätzliche Nennung dieser Programmtypen obsolet ist.

Schon nach seinem Wortlaut handelt es sich hier um ein ganz allgemeines Aufstachelungsverbot, das den Jugendschutz nur peripher betrifft. Obgleich sie nicht demselben Regelungszweck dient, wurde diese Regelung in Umsetzung des Art. 22 a FRL in die Jugendschutznorm des Art. 17 I eingefügt; über die Vorgabe der FRL hinausgehend wurden zusätzlich Diskriminierungen wegen Geburt, Meinung oder jedweden anderen persönlichen oder sozialen Umstandes verboten.

cc. Die Ausstrahlung von jugendgefährdenden Sendungen, Art. 17 II LID

Die Regelung des Art. 17 I 1. Alt. LID, die die Ausstrahlung *ernsthaft* jugendgefährdender Sendungen gänzlich verbietet, wird durch die Regeln des Art. 17 II LID ergänzt, der sich mit den weniger jugendgefährdenden Sendungen befaßt. Hiernach dürfen Sendungen, die geeignet sind, die körperliche, geistige oder sittliche Entwicklung von Minderjährigen zu verletzen, zwar nicht zu beliebiger Zeit, wohl aber zwischen 22 Uhr und 6 Uhr durchgeführt werden, wenn durch akustische und optische Mittel auf ihren Inhalt hingewiesen wird und bei einer Ausstrahlung im Free-TV während der gesamten Sendezeit die Sendung durch ein visuelles Symbol gekennzeichnet wird.

Es wird also eine qualitative Abstufung vorgenommen zwischen den absolut verbotenen ernsthaft jugendgefährdenden Programmen (z.B. Pornographie[291]) nach Art. 17 I Alt. 1 LID und den weniger jugendgefährdenden Programmen nach Art. 17 II LID, die unter den genannten Voraussetzungen zur Nachtzeit gezeigt werden dürfen[292].

Es war bereits zu Beginn des Jahres 2000 zu beobachten, daß die Vorschriften des Art. 17 II S. 1 LID von allen Fernsehveranstaltern vollständig eingehalten werden, d.h. daß alle Sender ihre jugendgefährdenden Sendungen korrekt zwischen 22 Uhr und 6 Uhr plazieren und durch ein akustisches *und* optisches Mittel zu Beginn und bei Wiederbeginn nach Werbeunterbrechungen auf ihren jugendgefährdenden Inhalt hinweisen[293].

---

[291] S. zu den Problemen des Pornographiebegriffs Martín y Pérez de Nanclares, Die EG-Fernsehrichlinie, 1995, S. 148 ff. m.w.N.; Bundschuh, Fernsehen und Jugendschutz in Europa, 1998, S. 111; Hartstein/ Ring/ Kreile/ Dörr/ Stettner, Rundfunkstaatsvertrag, B 5, S. 167.

[292] Angesichts anderer Lebensgewohnheiten in Spanien muß an der Wirksamkeit des Art. 17 II S. 1 LID gezweifelt werden: 22 Uhr ist in Spanien die normale Zeit des Abendessens, zu der selbst Kleinkinder noch am Familienleben teilnehmen und auch Zugang zu Fernsehsendungen haben. Diese Zeitgrenze entspringt aber keiner Vorgabe in der FRL, sie wurde vom spanischen Gesetzgeber normiert. – Wegen der genannten Zweifel erscheint die zusätzliche Regelung des Art. 17 II S. 2 LID - und v.a. die des neuen Art. 17 III LID - höchst sinnvoll.

[293] Insofern entsprach die Praxis der spanischen Fernsehveranstalter zeitlich schon eher den Vorgaben des Art. 22 II FRL als die der deutschen, da in Deutschland eine ähnliche Regelung

Andererseits ist zu beobachten, daß die Vorschrift des Art. 17 II S. 2 LID, bei einer Ausstrahlung im Free-TV während der *gesamten* Sendezeit ein entsprechendes visuelles Symbol einzublenden, im Jahre 2000 von keinem spanischen Fernsehveranstalter eingehalten wurde[294].

Art. 17 II S. 3 LID bestimmt schließlich, daß diese Regeln auch für die Ausstrahlung von Werbung, Teleshopping und Eigenprogrammwerbung gelten. Das bedeutet, daß folgerichtig z.B. keine Eigenprogrammwerbung für einen jugendgefährdenden Film vor 22 Uhr gezeigt werden darf.

dd. Die Kennzeichnungsvorschrift des Art. 17 III LID

Nach Art. 17 III LID muß zu Beginn der Ausstrahlung und bei Wiederbeginn nach jeder Werbe- oder Teleshoppingunterbrechung bei *allen* (also nach klarem Wortlaut auch bei nicht jugendgefährdenden) Fernsehprogrammen eine optische *und* akustische Mitteilung erfolgen, die zur Information der Zuschauer eine Einstufung über die große oder geringe Eignung des Programms für Minderjährige enthält. Bei Kinofilmen ist diese Einstufung sinnvollerweise dieselbe, die sie für die Ausstrahlung in Kinos oder den Verkauf als Video erhalten haben[295].

Die Regelung des Art. 17 III S. 1 LID wurde zu Beginn des Jahres 2000 von keinem spanischen Fernsehveranstalter eingehalten. Sie würde bedeuten, daß bei *allen* Sendungen, egal ob jugendgefährdend oder nicht, eine akustische und optische Mitteilung über die Jugendgeeignetheit erfolgen muß. Tatsächlich weisen zwar alle Sender in der dort verlangten Form auf jugendgefährdende Sendungen hin, die nicht jugendgefährdenden Sendungen werden aber durchweg nicht gekennzeichnet.

Art. 17 III S. 3 – 5 LID können die Fernsehveranstalter diese Einstufung durch detailliertere Indikatoren zur besseren Information der Eltern oder Erziehungsberechtigten von Minderjährigen vervollständigen. Bezüglich der restlichen Programme (also der nicht bereits eingestuften Spielfilme) obliege es den Fernsehveranstaltern, individuell oder in koordinierter Art und Weise eine

---

(§ 3 IV RfStV n.F., diese ist id. mit der Vorgabe der FRL) erst mit Inkrafttreten des 4. Rundfunkänderungsstaatsvertrages zum 01.04.2000 in Kraft getreten ist.

[294] Es kann spekuliert werden, ob das Ministerio de Ciencia y Tecnología zukünftig auch die Erfüllung der Regelung des Art. 17 II S. 2 LID, die bereits seit dem 09.09.1999 Rechtskraft hat, von den Veranstaltern verlangt oder nicht. Vielleicht ist es nur eine Frage der Zeit, bis das Ministerio de Ciencia y Tecnología dies durchsetzt; es ist aber auch denkbar, daß sich das Ministerio mit der derzeitigen Praxis zufriedengibt, die zumindest allen europarechtlichen Jugendschutzregeln des Art. 22 FRL gerecht wird. Dies entspräche allerdings nicht der Intention des Gesetzgebers von 1999, der die Vorgaben der FRL in Art. 17 II LID wesentlich verschärft hat.

[295] In Spanien werden Spielfilme für ihre Kinoaufführung oder den Videovertrieb bezüglich ihrer Jugendgeeignetheit in vier Kategorien eingeteilt: Unbeschränkt freigegebene Filme, Filme ab 13, Filme ab 16 und Filme ab 18 Jahren.

Einstufung ihrer Sendungen vorzunehmen[296]. Falls innerhalb einer Dreimonatsfrist nach Inkrafttreten dieses Gesetzes (gemeint ist das Änderungsgesetz 22/1999, das am 09.06.1999 in Kraft trat, die Frist lief also am 09.09.99 ab) sich die Fernsehveranstalter auf kein einheitliches System zur Präsentation dieser Einstufung geeinigt haben sollten, wird die spanische Regierung die genauen Normen erlassen, um ihr Funktionieren sicherzustellen. Die spanischen Fernsehveranstalter haben sich auf ein einheitliches Präsentationssystem der Einstufung geeinigt, sie alle geben in gleicher Art und Weise Hinweise auf die Einstufung ihrer Filme, wenn diese ab 13, 16 oder 18 Jahren freigegeben sind.

Art. 17 IV LID beendet die Norm mit dem Hinweis, daß Sendungen von unter spanischer Rechtshoheit stehenden Fernsehveranstaltern (s. dazu Art. 2 II und III LID) die Vorschriften der Verfassung beachten müssen.

7. Das Zuschauerinformationsrecht nach Art. 18 LID

Der spanische Gesetzgeber hat 1999 mit dem Änderungsgesetz 22/1999 zur LID ein neues Kapitel V „Informationsrechte der Zuschauer" in die LID eingefügt, dessen (einziger) Art. 18 LID wie folgt lautet:

„**Art. 18** Recht auf Information
Im Einklang mit dem im Artikel 2 I lit. d) der Ley 26/1984, de 19.07.84, General para la Defensa de los Consumidores y Usuarios (Allgemeines Gesetzes 26/1984 zur Verteidigung der Verbraucher und Benutzer) Geregelten gibt es das Recht der Fernsehzuschauer, mit ausreichendem zeitlichen Vorlauf das Fernsehprogramm inklusive der Kinospielfilme und Übertragungen von Ereignissen zu erfahren. Die Regierung und die zuständigen Organe der Autonomieregionen entwickeln regelmäßig innerhalb ihrer Zuständigkeiten die Vorgehensweise, um dieses Recht umzusetzen.
Veränderungen im angekündigten Programm sind nur möglich, wenn sie auf Vorfällen beruhen, die außerhalb des Willens der Fernsehveranstalter liegen und zur Zeit der Veröffentlichung des Programms nicht vernünftigerweise vorhersehbar waren."

Hier wird ein aus Sicht der deutschen Rundfunkordnung ungewöhnliches und nicht in der FRL vorgesehenes Informationsrecht der Zuschauer normiert, mit ausreichendem zeitlichen Vorlauf das Fernsehprogramm „inklusive der Kinospielfilme und Übertragungen von Ereignissen" zu erfahren. Veränderungen im einmal angekündigten Programm sind danach nur noch möglich, wenn sie auf Vorfällen beruhen, die außerhalb des Willens der Fernsehveranstalter liegen und zur Zeit der Veröffentlichung des Programms nicht vernünftigerweise vorhersehbar waren. Es wird also nach dem Grundsatz des mündigen Fernsehzuschauers[297] eine Pflicht der Fernsehveranstalter normiert, ihr komplettes Fernsehprogramm vorab zu veröffentlichen und nicht mehr zu ändern, außer bei ungewollten und unvorhergesehenen Vorfällen. Der Gesetz-

---

[296] Vgl. dazu Souvirón Morenilla, Derecho público de los medios audiovisuales, 1999, S. 580.
[297] Vgl. dazu auch unter D.I.2.a.ee.

geber wollte die wegen der Änderung der FRL durch die Richtlinie 97/36/EG ohnehin anstehende Änderung der LID durch die Ley 22/1999 nutzen, um durch Einfügung dieser Norm die Rechte der Zuschauer, hier ihr Informationsrecht, zu stärken[298].

Die Regierung hat von ihrer Ermächtigungsgrundlage in Art. 18 S. 2 LID Gebrauch gemacht und die Vorgehensweise der Umsetzung dieses Rechts konkretisiert, und zwar mittels des Real Decreto 1462/1999, de 17.09.99, de aprobación del Reglamento que regula el derecho de los usuarios del servicio de televisión a ser informados de la programación a emitir y se desarrollan por la Ley 22/1999, de 07.06.99 (Verordnung 1462/1999 zur Bestätigung der Regelung des Gesetzes 22/1999, die das Recht der Fernsehzuschauer regelt, über das auszustrahlende Programm informiert zu sein)[299]. Die wichtigen Konkretisierungen des Art. 18 LID, die durch das Real Decreto 1462/1999 vorgenommen werden, lauten:

„**Art. 2 R.D. 1462/1999** Reichweite des Informationsrechts
(I) Um das Informationsrecht, das im aktuellen Artikel 18 der Ley 25/1994, de 12.07.94, geregelt ist, wirksam werden zu lassen, müssen die Fernsehveranstalter ihr tägliches Programm mit einem Vorlauf von mindestens 11 Tagen in bezug auf den Tag, auf den es sich bezieht, veröffentlichen.
(II) Das im vorigen Absatz Vorgesehene wird ab dem Moment, in dem der Fernsehveranstalter sein Programm durch jedwedes Medium bekanntgibt, als erfüllt angesehen.

Art. 3 R.D. 1462/1999 Inhalt der Information
(I) Das Programm, auf das sich der vorige Artikel bezieht, muß zumindest über den Titel und den Typ bzw. die Art aller Programme informieren, die zu senden beabsichtigt sind, außer bei Programmenteilen, die weniger als 15 Minuten andauern. Im Falle von Kinospielfilmen sind der Titel, der Regisseur und das Produktionsjahr genau anzugeben. Bei den übrigen Werken der Fiktion, z.B. Fernsehfilmen, Serien, Fernsehkomödien und –spielen ist der Titel des Werkes oder die auszustrahlende Episode, und im Falle von Übertragungen die konkrete Veranstaltung anzugeben, bei musikalischen Veranstaltungen die wichtigsten Teilnehmer, die dort auftreten.
(II) Das im vorigen Absatz Geregelte versteht sich unbeschadet der Vereinbarungen, die zwischen den Fernsehveranstaltern und den Inhabern der Kommunikationsmedien bezüglich der Lieferung jedweder zusätzlichen Information bestehen können.
(III) Veränderungen im angekündigten Programm sind nur möglich, wenn sie auf Vorfällen beruhen, die außerhalb des Willens der Fernsehveranstalter liegen und zur Zeit der Veröffentlichung des Programms nicht vernünftigerweise vorhersehbar waren."

Die Zuschauerinformationspflicht der Fernsehveranstalter wird hiernach so ausgestaltet, daß sie ihr tägliches Programm mindestens 11 Tage im Voraus in

---

[298] Souvirón Morenilla, Derecho público de los medios audiovisuales, 1999, S. 528.
[299] B.O.E. núm. 233, de 29.09.1999, S. 34660. Diese Verordnung ist im Anhang hinter der LID abgedruckt.

einem Medium ihrer Wahl bekanntgeben müssen (Art. 2 R.D. 1462/1999)[300]. Diese Bekanntgabe muß über den Titel und den Typ aller Programme mit einer Länge ab 15 Minuten informieren. Bei Kinospielfilmen müssen Titel, Regisseur und Produktionsjahr angegeben werden; bei anderen fiktiven Werken (z.B. Fernsehfilmen, Serien, Fernsehkomödien und –spielen) sind der Titel und die auszustrahlende Episode bekanntzugeben, bei Übertragungen, um welche konkrete Veranstaltung es sich handelt, und bei Übertragungen von Musikveranstaltungen die wichtigsten Künstler (Art. 3 I R.D. 1462/1999). Anhand des Art. 3 II R.D. 1462/1999 ist zu erkennen, daß die Anforderungen des Art. 3 I R.D. 1462/1999 nur einen Mindestgehalt an Information darstellen, selbstverständlich sind zusätzliche Informationen in den Kommunikationsmedien möglich. Art. 3 III R.D. 1462/1999 wiederholt die Vorgabe des Art. 18 S. 3 LID wörtlich, daß Veränderungen des angekündigten Programms nur bei ungewollten und unvorhergesehenen Vorfällen zulässig sind.

8. Die Sanktionsvorschriften der LID

Das Kapitel VI (Artt. 19 und 20) LID normiert den Sanktionsrahmen des Gesetzes.

Zunächst normiert Art. 19 LID die Passivsubjekte und zuständigen Behörden, ferner Informations- und Aufbewahrungspflichten der Veranstalter und das Beschwerderecht Dritter:

„**Art. 19** Passivsubjekte und Kompetenzen für Kontrolle und Sanktionen
(I) Die Sanktionen, die dieses Kapitel vorsieht, finden auf diejenigen öffentlichen und privaten Fernsehveranstalter Anwendung, auf die sich Art. 2 Absätze 1, 2 und 3 dieses Gesetzes beziehen.
(II) Die Autonomen Gemeinschaften üben die zur Erfüllung dieses Gesetzes erforderliche Kontrolle und Überwachungstätigkeit aus, sie handeln die dazugehörenden Sanktionen aus und erlassen sie gegenüber den Fernsehanbietern, deren Reichweite die jeweiligen Territorialgrenzen nicht überschreiten, gleich welche Übertragungstechnik diese verwenden. Sie sind dazu auch befugt gegenüber Fernsehanbietern, deren Abwicklung sie selbst durchführen (Anm.: die Dritten nach der LTC) oder gegenüber Firmen, denen ein ermächtigender Titel innerhalb des jeweiligen autonom geregelten Gebiets verliehen wurde.
Bezüglich aller übrigen Fernsehanbieter ist der Staat befugt, die Erfüllung der Regelungen dieses Gesetzes zu garantieren.
Die Beaufsichtigung und die Kontrolle werden (...[301]) durch das Ministerio de Fomento ausgeübt. Die Anordnung von Sanktionen wegen Nichterfüllung obliegt im Falle von schweren Verstößen gegen die Regelungen dieses Gesetzes dem Ministerio de Fomento, bei sehr schweren Verstößen dem Ministerrat auf dessen Vorschlag hin.

---

[300] Es ist bekannt, daß zumindest die staatlichen Fernsehsender der Autonomieregionen (s. zu diesen Abschnitt D.VII.) im Jahre 2000 ihr Programm nicht mit dem gesetzlich vorgeschriebenen Vorlauf von 11 Tagen vorab veröffentlichten.
[301] Hier wird auf Art. 19 I LID Bezug genommen, der klarstellt, daß öffentliche und private Veranstalter, auf die sich Art. 2 I, II und III LID (s.o.) beziehen, darunter fallen.

(III) Die zuständigen Aufsichts- und Kontrollorgane können von den öffentlichen oder privaten Veranstaltern Daten anfordern, die sie für die Ausführung ihrer Aufgaben für erforderlich halten.
Dazu müssen alle Fernsehveranstalter alle ausgestrahlten Programme, inklusive Werbung und Teleshopping, 6 Monate lang ab dem Erstausstrahlungsdatum aufbewahren und die Daten, die sich auf diese Programme beziehen, registrieren. Die so gewonnenen Informationen sind vertraulich zu behandeln und dürfen nicht für Ziele außerhalb dieses Gesetzes benutzt werden.
(IV) Wenn sich ein Dritter, einschließlich eines Staatsangehörigen eines anderen EG-Mitgliedstaates, durch eine vermeintliche Nichterfüllung einer Verpflichtung dieses Gesetzes durch einen Fernsehveranstalter verletzt fühlt, kann er eine begründete Beschwerde bei dem für den möglicherweise verstoßenden Anbieter zuständigen Aufsichts- und Kontrollorgan einreichen, welches durch Einleitung des jeweiligen Verfahrens ermittelt und gegebenenfalls dem zuständigen Organ einen Lösungsvorschlag für die jeweils durchzuführenden Sanktionen macht. Die Lösung, die dieses Organ beschließt, geschieht auf dem Verwaltungswege."

a. Passivsubjekte der Sanktionen, Art. 19 I LID

In Art. 19 I LID wird klargestellt, daß die Sanktionsvorschriften der LID auf alle öffentlichen und privaten Fernsehveranstalter anwendbar sind, auf die sich Art. 2 I[302], II und III LID beziehen; dies sind also alle öffentlichen oder privaten Veranstalter, die entweder i.S.d. Art. 2 II LID als in Spanien niedergelassen gelten oder diejenigen, die nach Art. 2 III LID als unter spanischer Rechtshoheit stehend eingestuft werden; vgl. dazu die Ausführungen zu Art. 2 LID unter D.II.1.b.

b. Die Zuständigkeiten für Kontrolle, Beaufsichtigung und Anordnung von Sanktionen nach der LID, Art. 19 II LID

Art. 19 II LID formuliert die Zuständigkeitsregelungen für die Kontrolle und die Überwachungstätigkeit i.S.d. LID. Hierbei wird unterschieden zwischen den Fernsehveranstaltern, die nur innerhalb des Gebietes einzelner Autonomieregionen senden, und anderen, die größere Verbreitungsgebiete bedienen.

aa. Fernsehveranstalter innerhalb der Grenzen einer Autonomieregion

Für die Kontroll- und Überwachungstätigkeit nach den Regelungen der LID und die Anordnung von Sanktionen nach diesem Kapitel (Artt. 19 und 20) der LID sind für Fernsehveranstalter, die ein Verbreitungsgebiet von maximal einer Autonomieregion bedienen, gem. Art. 19 II S. 1 und 2 LID die Behörden der dem jeweiligen Gebiet entsprechenden Autonomieregion zuständig; welche Behörde der jeweiligen Autonomieregion diese Kompetenzen ausübt, bestimmt sich nach dem Recht der Autonomieregion[303].

---

[302] Der Verweis in Art. 2 I LID geht insofern fehl, als daß dort keine Passivsubjekte genannt werden, hier vielmehr für die Anwendbarkeit der LID auf die Absätze II und III des Art. 2 LID verwiesen wird.

[303] Eine Besonderheit bildet hier die Autonomieregion Katalonien, in der ein spezielles unabhängiges Kollegialorgan, der katalonische audiovisuelle Rat („Consejo Audiovisual de

Nicht erforderlich ist in Art. 19 II LID der Hinweis, daß es dabei nicht auf die verwendete Übertragungstechnik ankommt, da auch der den Anwendungsbereich der LID normierende Art. 2 LID nicht an den Tatbestand der verwendeten Übertragungstechnik anknüpft[304].

Ebenfalls erübrigt sich angesichts der eindeutigen Regelung des Art. 2 LID der Hinweis, daß die genannten Kompetenzen der Autonomieregionen sich auch auf die von ihnen selbst betriebenen Fernsehanbieter (also die in der LTC, Ley 46/1983 geregelten und von den Autonomieregionen selbst betriebenen staatlichen Dritten Fernsehsender) beziehen.

bb. Fernsehveranstalter, die andere Verbreitungsgebiete bedienen

Die Zuständigkeitsnorm für die Kontrolle, Überwachung und Anordnung von Sanktionen gegenüber allen übrigen als den oben genannten Fernsehveranstaltern regelt Art. 19 II S. 3 bis 5 LID. Regelungssubjekt sind hier die Sender, die in zwei oder mehr Autonomieregionen ihr Programm ausstrahlen, auch wenn sie nur Teile von zwei verschiedenen Autonomieregionen bedienen; diese mehr als nur eine Autonomieregion bedienenden Veranstalter sind sicherlich der Regelfall. Gegenüber diesen Veranstaltern hat der spanische Staat die Kompetenz zur Beaufsichtigung, Kontrolle und Anordnung von Sanktionen nach der LID; diese Kompetenzen üben einerseits das Ministerio de Ciencia y Tecnología (früher das Ministerio de Fomento) und andererseits der spanische Ministerrat aus, sie werden wie folgt aufgeteilt:

(1) Die Kompetenzen des Ministerio de Ciencia y Tecnología[305]

Das Ministerio de Ciencia y Tecnología ist die allgemeine Beaufsichtigungs- und Kontrollbehörde für die o.g. Fernsehveranstalter. Hier wird im übrigen nicht nur über die Erfüllung der Regeln der LID gewacht, sondern auch aller anderer Fernsehgesetze, soweit nicht die Autonomieregionen zuständig sind. Das Ministerio de Ciencia y Tecnología ist die Medienpolizeibehörde des spanischen Staates, sozusagen nach deutschen Sprachgebrauch die spanische „Bundesmedienanstalt“.

Das Ministerio de Ciencia y Tecnología hat also nach Art. 19 II S. 4 und 5 1.Halbsatz LID die Kompetenz, die Beaufsichtigung und Kontrolle dieser

---

Cataluña“), neben anderen Funktionen die Aufsicht über die Einhaltung der LID-Regeln übernimmt. Vgl. dazu Rosado Iglesias, La televisión pública en España, 1999, S. 386, 501.

[304] Die Klarstellung, daß es nicht auf die Übertragungstechnik ankommt, beruht wohl auf der in anderen Gesetzen des spanischen Fernsehrechts verwendete Unterscheidung der Veranstalter nach der von ihnen verwendeten Übertragungstechnik (LTCC für das Kabelfernsehen, LTS für das Satellitenfernsehen).

[305] S. zum Ministerio de Ciencia y Tecnología, das heute die vormals dem Ministerio de Fomento zugeordneten Kompetenzen ausübt, die Ausführungen unter D.VIII.6.b.

Veranstalter durchzuführen, ihm obliegt die Anordnung von Sanktionen für schwere Verstöße (vgl. Art. 20 II S. 1 LID) gegen die Regelungen der LID[306].

(2) Die Kompetenz des Ministerrats

Die Anordnung von Sanktionen für sehr schwere Verstöße nach Art. 20 II S. 2 und 3 LID obliegt dagegen dem spanischen Ministerrat auf seinen Vorschlag hin.

c. Informations- und Aufbewahrungspflichten der Fernsehveranstalter, Art. 19 III LID

Zur Durchführung der Beaufsichtigungs- und Kontrollkompetenzen können gem. Art. 19 III LID die zuständigen Behörden von allen Fernsehveranstaltern alle Daten anfordern, die sich für die Ausführung ihrer Aufgaben für erforderlich halten. Dazu müssen die Veranstalter ihre kompletten Programme ab dem Erstausstrahlungsdatum 6 Monate lang aufbewahren und die dazugehörigen Programmdaten registrieren. Diese Informationen müssen die zuständigen Behörden vertraulich behandeln und dürfen sie nicht für Ziele außerhalb der LID verwenden[307]. Zu den Informationspflichten der Fernsehveranstalter s. auch die 5. Zusatzbestimmung der LID unter D.II.9.d.aa.

d. Das Beschwerderecht Dritter, Art. 19 IV LID

Verfahren der Medienaufsicht werden nicht immer durch das Tätigwerden der zuständigen Aufsichtsbehörden in Gang gesetzt, sondern oftmals durch Beschwerden des Publikums bei den Behörden. Dazu formuliert Art. 19 IV LID das Recht Dritter (einschließlich aller Angehörigen der EG-Mitgliedstaaten), bei Vorliegen einer vermeintlichen Nichterfüllung von Verpflichtungen der LID durch einen Veranstalter eine begründete Beschwerde beim zuständigen Aufsichtsorgan einzureichen, deren Inhalt zu ermitteln ist und gegebenenfalls Sanktionen für den betreffenden Fernsehveranstalter nach sich ziehen kann. Diese Regelung beruht auf einer entsprechenden Vorgabe in Art. 3 III FRL.

e. Die Sanktionierung von Verstößen gegen Normen der LID, Art. 20 LID

Welche Verstöße gegen die LID wie und mit welchen Sanktionen geahndet werden können, bestimmt schließlich Art. 20 LID:

„**Art. 20** Verstöße und Sanktionen
(I) Die Sanktionsbefugnis dieses Gesetzes ist im Einklang mit den Prinzipien, die der Abschnitt IX der Ley 30/1992, de Régimen Jurídico de las Administraciones Públicas y del

---

306 Das mehrfach im Gesetz genannte Ministerio de Fomento hat im Juni 2000 die Aufgabe der Rundfunkkontrolle an das neugeschaffene Ministerio de Ciencia y Tecnología abgegeben.

307 Entsprechende Regelungen enthalten die §§ 9, 22 und 24 RfStV.

Procedimiento Común (Gesetz 30/1992 über den Rechtsrahmen der öffentlichen Verwaltungen und die gemeinsame verwaltungsmäßige Vorgehensweise) regelt, auszuüben.
(II) Die Verletzung der Verpflichtungen und Verbote, die in den Artikeln 5, 6, 8 bis 16, 17 II und III, 18, 19 III und in der Fünften Zusatzbestimmung entwickelt werden, werden als schwerer Verstoß angesehen.
Die Zuwiderhandlung gegen die Verpflichtungen und Verbote des Artikels 17 I und IV und der Zweiten Zusatzbestimmung wird als sehr schwerer Verstoß angesehen.
Zwei oder mehr endgültige schwere Verstöße innerhalb eines Jahres werden gleichermaßen als sehr schwerer Verstoß angesehen.
(III) Die in diesem Gesetz geregelten schweren Verstöße werden mit einer Geldbuße von bis zu 50.000.000 Peseten (Anm.: ca. 60.000,- €), und die sehr schweren Verstöße werden mit Geldbuße von 50.000.001 bis 100.000.000 Peseten (Anm.: 60.000,- bis 120.000,- €) bestraft.
Die sehr schweren Verstöße aus Artikel 17 I können eine Aussetzung des zur Ausübung des Fernsehdienstes ermächtigenden Rechtstitels führen und im Wiederholungsfalle den Widerruf desselben nach sich ziehen.
In jedem Fall muß sich die Höhe der auferlegten Sanktion in den genannten Grenzen bewegen und es muß abgesehen von dem in Artikel 131 III der Ley 30/1992, de Régimen Jurídico de las Administraciones Públicas y del Procedimiento Común (Gesetz 30/1992, vom 26.11.92, über den Rechtsrahmen der öffentlichen Verwaltungen und die gemeinsame verwaltungsmäßige Vorgehensweise) Geregelten Folgendes berücksichtigt werden:
a) Die gesellschaftliche Auswirkung des Verstoßes.
b) Der Gewinn, den der Verstoßende durch das sanktionierte Verhalten gemacht hat.
c) Die Schwere der Zuwiderhandlung."

aa. Vorgehen nach allgemeinen Prinzipien des Verwaltungsrechts, Art. 20 I LID

Art. 20 I LID verweist für die Ausübung der Sanktionsbefugnisse auf die allgemeinen verwaltungsrechtlichen Prinzipien des IX. Abschnittes (Artt. 127 - 138) der Ley 30/1992, de 26.11.92, de Régimen Jurídico de las Administraciones Públicas y del Procedimiento Administrativo Común[308] (Gesetz 30/1992 zur Regelung der öffentlichen Verwaltungen und des gemeinsamen Verwaltungsverfahrens), in dem grundlegende Prinzipien wie z.B. das Legalitätsprinzip in bezug auf die Ausübung von Sanktionen normiert werden.

bb. Die Verstoßtatbestände, Art. 20 II LID

Art. 20 II LID teilt die Tatbestände der Verstöße in zwei Kategorien, schwere und sehr schwere Verstöße, ein.

(1) Schwere Verstöße gegen die LID

Als schwere Verstöße werden gem. Art. 20 II S. 1 LID Verletzungen von Verpflichtungen und Verboten angesehen, die in den Artt. 5, 6, 8 bis 16, 17 II und III, 18, 19 III LID und in der 5. Zusatzbestimmung der LID normiert sind.

---

[308] B.O.E. núm. 285, de 27.11.1992, S. 40300; Berichtigungen in B.O.E. núm. 311, de 28.12.1992, S. 44118 und B.O.E. núm. 23, de 27.01.1993, S. 2081.

Dies sind Verstöße gegen die Mindestausstrahlungsquoten für europäische Werke (Artt. 5 und 6 LID), gegen alle Werbe-, Teleshopping- und Sponsoringregeln der LID (Artt. 8 – 15 LID), gegen die Minderjährigenschutzregeln der Artt. 16, 17 II und III LID, gegen das Zuschauerinformationsrecht (Art. 18 LID), gegen die Auskunfts- und Aufbewahrungspflichten der Sender nach Art. 19 III LID und gegen die Informationspflichten aus der 5.Zusatzbestimmung der LID.

(2) Sehr schwere Verstöße gegen die LID

Art. 20 II S. 2 und 3 LID normiert als sehr schwere Verstöße solche Verhaltensweisen, die gegen Verpflichtungen und Verbote des Art. 17 I und IV LID (also gegen bestimmte Jugendschutzregeln und die Verfassung) oder gegen die 2. Zusatzbestimmung der LID (Verbot der Aussperrung des Publikums eines anderen EG-Mitgliedstaats durch bestimmte Ausübung von Exklusivrechten) verstoßen. Zusätzlich werden zwei oder mehr schwere Verstöße innerhalb eines Jahres ebenfalls als ein sehr schwerer Verstoß eingestuft.

cc. Die Rechtsfolgen, Art. 20 III LID

Die Rechtsfolgen der Verstoßtatbestände normiert Art. 20 III LID; hier ist wiederum nach schweren und sehr schweren Verstößen zu unterscheiden.

(1) Die Rechtsfolge schwerer Verstöße

Gem. Art. 20 III S. 1, 1. Halbsatz LID werden die schweren Verstöße mit einer Geldbuße von bis zu 50 Mio. Peseten (also ca. 60.000,- €) bestraft[309].

(2) Die Rechtsfolgen sehr schwerer Verstöße

Gem. Art. 20 III S. 1, 2. Halbsatz LID werden die sehr schweren Verstöße mit einer Geldbuße von 50.000.001 Peseten bis zu 100 Mio. Peseten (also ca. 60.000,- bis 120.000,- €) bestraft. Zusätzlich kann der sehr schwere Verstoß gegen Art. 17 I LID eine Aussetzung der Zulassung (also der LTP-, LTC-, LTCC- LTL- oder LTDT-Konzession oder der LTS-Genehmigung) nach sich ziehen, im Wiederholungsfalle sogar deren Widerruf, Art. 20 II S. 2 LID.

(3) Allgemeine Regeln für die Sanktionierung, Art. 20 III S. 3 LID

Abschließend werden in Art. 20 III S. 3 LID allgemeine Regeln für die Auferlegung der möglichen Sanktionen genannt. Danach müssen sich die Bußgelder innerhalb der hier genannten Grenzen bewegen. Ferner müssen die Regeln des Art. 131 III der Ley 30/1992, de 26.11.92, del Régimen jurídico de las Administraciones Públicas y del Procedimiento Administrativo Común[310]

---

309 Die Höhe der Geldbußen aus Art. 20 III S. 1 LID werden gem. der 2. Schlußbestimmung Abs. III der LID regelmäßig durch die Regierung unter Beachtung der Konsumpreisindizes aktualisiert. Im Jahre 2000 ist dies nicht geschehen.

310 B.O.E. núm. 285, de 27.11.1992, S. 40300; Berichtigungen in B.O.E. núm. 311, de 28.12.1992, S. 44118 und B.O.E. núm. 23, de 27.01.1993, S. 2081.

eingehalten werden, die nichts anderes als eine Kodifikation des Verhältnismäßigkeitsgrundsatzes für die Auferlegung von Sanktionsmaßnahmen darstellen.

Schließlich müssen die Sanktionsbehörden die gesellschaftliche Auswirkung des Verstoßes, ferner den Gewinn, den der Verstoßende möglicherweise durch das sanktionierte Verhalten gemacht hat, und die Schwere der Zuwiderhandlung berücksichtigen.

9. Weitere Regelungen der LID

Die LID enthält insgesamt fünf Zusatz-, drei Übergangs-, und zwei Schlußbestimmungen, deren wichtigere Regelungen – soweit bislang nicht erörtert – zu untersuchen sind.

a. Informationspflichten der Aufsichtsbehörden der Autonomieregionen

Nach der 1. Zusatzbestimmung der LID müssen die Behörden der Autonomieregionen der Regierung auf deren Anforderung hin die Daten übermitteln, die notwendig sind, um die Europäische Kommission über den Grad der Erfüllung des in den Artt. 5 und 6 LID Geregelten durch die Fernsehveranstalter, auf die sich ihre Befugnis nach Art. 19 II dieses Gesetzes bezieht, zu informieren. In dem Falle, daß sich aus den Daten die Existenz von Nichterfüllungen durch die Fernsehveranstalter ergibt, gibt das zuständige Organ des Staates und der Autonomieregionen innerhalb seiner jeweiligen Zuständigkeiten an, welche Mittel zur Korrektur dessen ergriffen wurden.

Diese Regelung beruht auf der Verpflichtung der spanischen Regierung aus Art. 4 III FRL, der Kommission alle zwei Jahre Bericht darüber zu erstatten, inwiefern die spanischen Fernsehveranstalter die Quotenregelungen für europäische Werke (s. Artt. 5 bis 7 LID) erfüllen; da aber gem. Art. 19 II LID die Autonomieregionen die Aufsicht über lokale und regionale Fernsehveranstalter ausüben (und nicht das Ministerio de Ciencia y Tecnología), ist die spanische Regierung auf diese Informationsübermittlung durch die Autonomieregionen angewiesen, um ihrerseits der Europäischen Kommission nach Art. 4 III FRL Bericht erstatten zu können.

b. Die Ausübung von Exklusivrechten bei Ereignissen von generellem gesellschaftlichen Interesse

Die 2. Zusatzbestimmung der LID und die Übergangsbestimmung der Ley 22/1999 enthalten wichtige Vorschriften über die Ausübung von Exklusivrechten bei Ereignissen von generellem gesellschaftlichen Interesse, die in Umsetzung des Art. 3 a FRL der LID angehängt wurden. Wichtig ist in diesem Zusammenhang die Ley 21/1997, de 03.03.97, reguladora de las emisiones y retransmisiones de competiciones y acontecimientos deportivos (Gesetz 21/1997 über die Ausstrahlung und Übertragung von sportlichen Wettkämpfen und

Ereignissen), die getrennt von der LID unter D.III. in dieser Arbeit behandelt wird[311].

c. Selbstregulierungsorganisationen des Fernsehsektors

Nach der 3. Zusatzbestimmung der LID fördern die öffentlichen Gewalten die Entwicklung von Selbstregulierungsorganisationen des Fernsehsektors, an denen alle Personen und Körperschaften, die sich verletzt fühlen, teilnehmen können. Bislang ist über die Schaffung einer derartigen Organisation nichts bekannt.

d. Weitere Informationspflichten der Fernsehveranstalter

Neben die Informations- und Aufbewahrungspflichten aus Art. 19 III LID (s.o. unter D.II.8.c.) und die Zuschauerinformationspflicht aus Art. 18 LID (s.o. unter D.II.7.) treten noch einige Informationspflichten der Fernsehveranstalter, die aufzuzeigen sind.

aa. Informationspflichten aller Fernsehveranstalter nach der 5. Zusatzbestimmung LID

Die 5. Zusatzbestimmung zur LID normiert eine Informationspflichten aller Fernsehveranstalter bzgl. der Charakteristika ihrer Fernsehkanäle:

„**5. Zusatzbestimmung LID** Zusätzliche Informationspflichten
Die Veranstalter eines Dienstes mit bedingten Zugangsvoraussetzungen oder von Telekommunikationsnetzen, die in der Lage sind, einen Dienst der Fernsehausstrahlung anzubieten, und generell alle die, die über einen Rechtstitel zur Fernsehausstrahlung verfügen, haben vorschriftsmäßig über die Charakteristika jedes einzelnen der von ihnen angebotenen Fernsehkanäle zu informieren, indem sie offenlegen, ob diese Kanäle eigene sind oder durch einen Dritten geliefert wurden und im letzteren Falle, wer die Herausgeberhaftung derselben trägt. Es ist ebenso darüber zu informieren, ob es sich um die Übertragung eines Kanals handelt, dessen ursprüngliche Ausstrahlung auf anderem Wege durchgeführt wird, und in diesem Falle ist anzugeben, ob der haftende Herausgeber sich unter der Rechtshoheit eines EG-Mitgliedstaates befindet oder nicht.
Diese Information muß jederzeit aktualisiert und dem Verwaltungsorgan, das die in diesem Gesetz vorgesehenen Aufsichts- und Kontrollkompetenzen hat, mitgeteilt werden."

Danach müssen alle Fernsehveranstalter, die über einen Rechtstitel zur Fernsehausstrahlung (also eine Fernsehkonzession oder eine LTS-Genehmigung) verfügen, und auch Pay-TV-Veranstalter („Dienst mit bedingten Zugangsvoraussetzungen", s. dazu auch sogleich bb.) und Betreiber von Telekommunikationsnetzen, die Fernsehdienste anbieten können, über die Charakteristika jedes einzelnen der von ihnen angebotenen Fernsehkanäle Auskunft erteilen. Diese Auskunft bezieht sich darauf, ob diese Kanäle eigene (also selbst produzierte) sind oder von einem Dritten geliefert werden, und im letzteren Fall, wer die Herausgeberhaftung dieses Drittsenders trägt. Ferner muß darüber

[311] Dort werden unter D.III.5. die o.g. Regelungen der LID und der Ley 22/1999 untersucht.

informiert werden, ob ein Kanal übertragen wird, dessen ursprüngliche Ausstrahlung auf anderem Wege durchgeführt wird, und in diesem Falle ist anzugeben, ob der haftende Herausgeber sich unter der Rechtshoheit eines EG-Mitgliedstaates befindet oder nicht. Diese Auskunft muß jederzeit aktualisiert und dem für die Kontrolle der Regeln der LID zuständigen Organ (s. Art. 19 II LID) mitgeteilt werden.

bb. Informationspflichten der Pay-TV-Veranstalter, Art. 5 des Anhangs des Real Decreto 1462/1999

Nach Art. 5 Anh. des (im Anhang hinter der LID abgedruckten) Real Decreto 1462/1999 müssen die Inhaber von Fernsehdiensten mit bedingtem Anschluß (also Pay-TV-Dienste) einer Reichweite, die eine Autonomieregion überschreitet, der Secretaría de Estado de Telecomunicaciones y para la sociedad de la información des Ministerio de Ciencia y Tecnología (Staatssekretariat für die Informationsgesellschaft des heute zuständigen Wissenschafts- und Technologieministeriums)[312] innerhalb von zwei Monaten nach Inkrafttreten dieses Real Decreto (also bis zum 30.11.1999) die Informationen im Sinne der o.g. 5. Zusatzbestimmung der LID überbringen. Ferner müssen Aktualisierungen dieser Informationen mit einem Vorlauf von 10 Tagen vor ihrer Änderung bekanntgegeben werden.

Inhaltlich stellt diese Norm keine Besonderheiten gegenüber der Regelung der 5. Zusatzbestimmung LID auf; allein die Frist, die Änderungen 10 Tage vorher ankündigen zu müssen, weicht von der Regelung der 5. Zusatzbestimmung ab.

cc. Die Informationspflicht aller Fernsehveranstalter aus Art. 6 des Anhangs des Real Decreto 1462/1999

Eine Informationspflicht, die speziell der Erfüllung der Regelung des Art. 5 I S. 2 LID (der Pflicht, 5 % der Haushaltsmittel in die Finanzierung von Spiel- und Fernsehfilmen zu investieren, s.o. unter D.II.4.b.aa.(1).) dient, enthält Art. 6 Anh. des Real Decreto 1462/1999:

„**Art. 6** Kontrolle der Erfüllung der Verpflichtungen der Fernsehveranstalter
(I) Die Fernsehveranstalter müssen vor dem 30.06. eines jeden Jahres der Secretaría General de Comunicaciones (Generalsekretariat für Kommunikation) eine Information zukommen lassen, inwiefern die Verpflichtung der Finanzierung von Kino- und Fernsehfilmen nach Artikel 5 I S.2 der Ley 25/1994, de 12.07.94, erfüllt wurde.
(II) Angesichts dieser Informationen kann die Secretaría General de Comunicaciones (Generalsekretariat für Kommunikation) in Ausführung des Artikels 19 II und III der Ley 25/1994, de 12.07.94, die zusätzlichen Daten und genauen Details von den Fernsehveranstaltern anfordern, die die Erfüllung der genannten Verpflichtung beweisen.

---

[312] Vormals zuständig: die Secretaría General de Comunicaciones des Ministerio de Fomento.

(III) Sowohl die anfänglichen Informationen als auch die zusätzlich angeforderten Informationen sind vertraulich zu behandeln, in Einklang mit Artikel 19 III S.3 der Ley 25/1994 in dessen aktueller Fassung."

Die Secretaría de Estado de Telecomunicaciones y para la sociedad de la información des Ministerio de Ciencia y Tecnología (früher Secretaría General de Comunicaciones des Ministerio de Fomento) muß also bis zum 30.06. eines jeden Jahres darüber informiert werden, inwiefern die Pflicht nach Art. 5 I S. 2 LID erfüllt wurde; nach Maßgabe des Art. 19 II und III LID kann die Behörde zusätzliche Daten anfordern.

Diese Informationspflicht trifft selbstverständlich nur alle die Fernsehveranstalter, die den Quotenregelungen der Artt. 5 bis 7 LID überhaupt unterworfen sind; das bedeutet, daß Lokalfernsehveranstalter und reine Teleshopping- und Eigenwerbekanäle (s.o. unter D.II.4.c.bb.) keiner derartigen Informationspflicht unterliegen.

III. Das Gesetz 21/1997 zur Regelung der Sendung und Verbreitung von sportlichen Wettkämpfen und Ereignissen[313]: Das Kurzberichterstattungsrecht und Ereignisse von generellem Interesse

1. Einleitung

Die Übertragung von Sportereignissen im Fernsehen ist nicht nur eine wichtige Werbeeinnahmequelle für alle Fernsehveranstalter. Sie kann dann zu einer Gefahr werden, wenn besonders wichtige Sportereignisse nicht im Free-TV, sondern durch den Ankauf von Exklusiv-Übertragungsrechten nur im Pay-TV übertragen werden, welches bislang nur wenigen Fernsehzuschauern zugänglich ist.

Diesem Problem der möglichen Ausgrenzung großer Teile der Öffentlichkeit von wichtigen Ereignissen - meist sportlicher Art - begegnet der neue[314] Art. 3 a I der FRL:

„Art. 3 a EG-FRL
(I) Jeder Mitgliedstaat kann im Einklang mit dem Gemeinschaftsrecht Maßnahmen ergreifen, mit denen sichergestellt werden soll, daß Fernsehveranstalter, die seiner Rechtshoheit unterliegen, nicht Ereignisse, denen der betreffende Mitgliedstaat eine erhebliche gesellschaftliche Bedeutung beimißt, auf Ausschließlichkeitsbasis in der Weise übertragen, daß einem bedeutenden Teil der Öffentlichkeit in dem Mitgliedstaat die Möglichkeit vorenthalten wird, das Ereignis im Wege direkter oder zeitversetzter Berichterstattung in einer frei zugänglichen Fernsehsendung zu verfolgen.
Falls ein Mitgliedstaat entsprechende Maßnahmen ergreift, so erstellt er dabei eine Liste der nationalen und nicht-nationalen Ereignisse, denen er eine erhebliche gesellschaftliche Bedeutung beimißt. (...)"

Hiermit werden die Mitgliedstaaten also zum Erlaß von Maßnahmen ermächtigt, die verhindern, daß ihrer Rechtshoheit unterworfene Fernsehveranstalter die Ereignisse, denen in dem Mitgliedstaat eine erhebliche gesellschaftliche Bedeutung beigemessen wird, durch den Abschluß von Exklusivverträgen so übertragen, daß einem bedeutenden Teil der Öffentlichkeit in diesem Mitgliedstaat das Ereignis in einer frei zugänglichen Fernsehsendung, also im Free-TV, zu verfolgen[315]. Dazu sollen in den Mitgliedstaaten Listen der Ereignisse von erheblicher gesellschaftlicher Bedeutung erstellt werden.

---

[313] Ley 21/1997, de 03.07.97, reguladora de las emisiones y retransmisiones de competiciones y acontecimientos deportivos, B.O.E. núm. 159, de 04.07.1997, S. 20742.
[314] Art. 3 a FRL wurde 1997 durch die Änderungsrichtlinie 97/36/EG in die FRL eingefügt.
[315] Bereits in den Motiven der Ley 21/1997 wird darauf hingewiesen, daß die technischen Fortschritte zusammen mit der üblichen Praxis des Exklusiverwerbs von Übertragungsrechten zu marktbegrenzenden Situationen führen könnten, die den freien Wettbewerb der Rundfunkanbieter verletzen könnten. Der Erlaß von Maßnahmen zur Sicherung des Zugangsrechts zur Information sei heute ein Ziel der EU, zu dessen Umsetzung die Ley 21/1997 erlassen werde.

In Umsetzung dieser Ermächtigung hat der spanische Gesetzgeber zumindest für den Sportbereich[316] das spezielle Gesetz 21/1997 erlassen, dessen wichtigste Regelungen in diesem Abschnitt bearbeitet werden; neben dem Recht der Sportereignisse von genereller Bedeutung regelt es das Recht auf Kurzberichterstattung bei sportlichen Ereignissen.

2. Der Anwendungsbereich der Ley 21/1997

Art. 1 der Ley 21/1997 formuliert den weiten Anwendungsbereich des Gesetzes:

„**Art. 1**
Die Regelungen dieses Gesetzes sind anwendbar auf Weiterverbreitungen und Sendungen in Radio und Fernsehen, die sportliche Ereignisse oder Wettkämpfe betreffen, die einen der folgenden Umstände erfüllen:
a) Wenn sie offiziell, professionell und im staatlichen Rahmen sind, übereinstimmend mit den Regelungen des Sportgesetzes 10/1990, vom 15.10.1990.
b) Wenn sie eine spanische Nationalmannschaft betreffen.
c) Wenn sie eine spezielle gesellschaftliche Relevanz und Bedeutung aufweisen.“

Das Gesetz gilt also für Sportsendungen in Radio *und* Fernsehen über Wettkämpfe, die nach dem Sportgesetz, Ley 10/1990[317] offiziell, professionell und im staatlichen Rahmen stattfinden. Dies sind gem. Art. 41 Ley 10/1990 alle Spiele der Profiligen. Ferner gilt die Ley 21/1997 für Wettkämpfe, die eine spanische Nationalmannschaft betreffen oder denen eine spezielle gesellschaftliche Bedeutung beigemessen wird. (s. zu letzterer Alternative Art. 4 Ley 21/1997).

Neben der Regelung der Fernsehübertragung von wichtigen Sportereignissen werden auch Regeln für den Hörfunk aufgestellt, die nur am Rande Erwähnung finden sollen.

3. Das allgemeine Zugangs- und Kurzberichterstattungsrecht aus Art. 2 der Ley 21/1997

Die Ley 21/1997 befaßt sich in Art. 2 zunächst mit dem Zugangsrecht für die Kommunikationsmedien zu den Sportveranstaltungen und normiert ein allgemeines Recht auf sportliche Kurzberichterstattung in Fernsehnachrichtensendungen:

---

[316] Die FRL normiert ganz allgemein „Ereignisse“ von erheblicher gesellschaftlicher Bedeutung, während die Ley 21/1997 eine Spezialvorschrift allein für *Sport*ereignisse von generellem Interesse ist.

[317] Ley 10/1990, de 15.10.90, del Deporte; B.O.E. núm. 249, de 17.10.1990, S. 30397, Berichtigung in B.O.E. núm. 173, de 20.07.1991, S. 24233.

„Art. 2
(I) Die Übertragung von Sende- oder Übertragungsrechten kann nicht das Recht auf Information begrenzen oder einschränken, egal, ob sie exklusiv erfolgt oder nicht.
Um diesem Recht Wirksamkeit zu verleihen, erhalten die sozialen Kommunikationsmedien den freien Zugang zu den Stadien und Sportbereichen.
(II) Wenn es sich um den Erhalt von Nachrichten oder Bildern für eine Fernsehsendung in Form von frei gewählten Kurzberichten in Nachrichtensendungen handelt, erfolgt die Ausübung des Zugangsrechts aus Absatz 1 ohne eine geldwerte Gegenleistung, jedoch ohne eine Verletzung möglicher Übereinkünfte zwischen Sendern und Veranstaltern. Die Sendung dieser Kurzberichte hat pro Wettkampf eine maximale Länge von 3 Minuten. Für tägliche Nachrichten und Nachrichtenprogramme im Hörfunk gilt diese Zeitbegrenzung nicht.“

Zunächst wird in Art. 2 I Ley 21/1997 klargestellt, daß das Recht auf Information nicht durch die Übertragung von exklusiven oder nicht-exklusiven Sende- und Übertragungsrechten begrenzt werden kann. Deshalb erhalten die sozialen Kommunikationsmedien alle den freien Zugang zu den Stadien und anderen Sportbereichen.

Art. 2 II Ley 21/1997 konkretisiert das Zugangsrecht der Fernsehveranstalter, das diesen kostenfrei gewährt werden muß, wenn sie bei ihrem Besuch Nachrichten oder Bilder aufnehmen, die im Fernsehen als Kurzberichte in Nachrichtensendungen gezeigt werden. Diese Kurzberichte haben eine maximale Länge von 3 Minuten pro Wettkampf.

Selbstverständlich *kann* auch für diese Kurzberichterstattung eine Gegenleistung zwischen den Sendern und Sportveranstaltern ausgehandelt werden, einen Anspruch auf Gegenleistung haben die Sportveranstalter aber ausdrücklich nicht[318].

Es existiert also auch in Spanien ein allgemeines Recht auf nachrichtenmäßige dreiminütige Kurzberichterstattung im Fernsehen, ähnlich der in Deutschland in § 5 RfStV getroffenen Regelungen.

Der Hinweis in Art. 2 II S. 3 Ley 21/1997 zeigt, daß das allgemeine Zugangs- und Kurzberichterstattungsrecht auch für Hörfunkveranstalter gilt, die darüberhinaus der 3-Minuten-Regel nicht unterworfen sind.

Gem. Art. 3 Ley 21/1997 können die Rechtsinhaber gegen eine entsprechende Gegenleistung selbstverständlich längere Übertragungen (außerhalb der 3-Minuten-Kurzberichterstattung) mit Fernsehveranstaltern verabreden. Dann müssen sie aber jedem anderen, ebenfalls interessierten Veranstalter oder Sender entweder die Nutzung der Bilder oder den Zugang des Sendepersonals des zusätzlichen Veranstalters erlauben, der dann gegen eine angemessene Vergütung selbst längere Berichte anfertigen darf.

---

[318] Art. 3 der Ley 21/1997 bestimmt dagegen Grundregeln für längere Berichte oder Gesamtübertragungen von Sportereignissen, die immer gegen eine entsprechende Vergütung angefertigt werden.

4. Die Übertragung der Sportveranstaltungen von generellem Interesse, Artt. 4 und 5 der Ley 21/1997

Die eigentliche Umsetzung der Ermächtigung aus Art. 3 a I FRL wurde durch Art. 4 Ley 21/1997 vorgenommen:

„**Art. 4**
(I) Es werden diejenigen sportlichen Ereignisse oder Wettkämpfe als von generellem Interesse angesehen, die wegen ihrer gesellschaftlichen Relevanz und Bedeutung regelmäßig, aber nicht häufig, stattfinden und in der Liste enthalten sind, die zu diesem Zweck zu Beginn jeder Saison einer jeden Sportart durch den Rat für sportliche Sendungen und Übertragungen nach vorheriger Information der Richtungskommission des hohen Sportrates und regulärer Anhörung der Organisationsfirmen, Sender, Veranstalter, Zuschauer und weiterer Interessierter, ausgearbeitet wurde.
(II) In diesem Sinne müssen zur Einbeziehung in die Liste der sportlichen Wettkämpfe oder Ereignisse von generellem Interesse zumindest die folgenden Kriterien erfüllt sein:
Ein Anreiz zur Anwesenheit von Radio- und Fernsehveranstaltern.
Wichtigkeit im nationalen sportlichen Rahmen.
Tradition des Wettkampfs oder Ereignisses.
(III) Die sportlichen Wettkämpfe oder Ereignisse von generellem Interesse müssen live, im Free-TV und im ganzen Staatsgebiet übertragen werden. Jedoch können sie mit ganz oder teilweise abweichender Reichweite übertragen werden, wenn Ausnahmegründe bestehen und wenn die in Absatz 1 vorgesehene Liste dies so vorsieht.
(IV) Fernsehveranstalter oder –sender, deren Sendungen nicht das gesamte Staatsgebiet abdecken, können exklusive Übertragungsrechte nur mit der Verpflichtung erwerben, diese durch öffentliche Ausschreibung an alle anderen Veranstalter oder Sender abzutreten, um die Übertragung auf das genannte Gebiet zu erweitern, unbeschadet der Vereinbarungen, die zwischen Sendern und Veranstaltern existieren können.
Außer bei gegenteiliger Vereinbarung darf die geldwerte Gegenleistung dafür nicht geringer sein als die, die dem Prozentsatz der Bevölkerung in der Reichweite des konkurrierenden Veranstalters oder Senders in bezug auf die im gesamten Staatsgebiet anfallenden Kosten der Übertragungsrechte entspricht. Für den Fall, daß kein Sender oder Veranstalter diese Rechte erwerben will, entfällt die Verpflichtung, das ganze Staatsgebiet abzudecken.
(V) Mit dem Ziel der Beachtung der verschiedenen offiziellen Sprachen Spaniens können alle sportlichen Wettkämpfe oder Ereignisse, die als von generellem Interesse aufgelistet sind, in der eigenen offiziellen Sprache der jeweiligen Autonomiegemeinschaft übertragen werden. Wenn der Rechteinhaber dies nicht umsetzen möchte, muß er seine Rechte durch öffentliche Ausschreibung an die anderen interessierten Veranstalter oder Sender abtreten. Die geldwerte Gegenleistung wird nach den Kriterien des Absatzes 4 dieses Artikels festgesetzt."

a. Der Tatbestand der „Sportereignisse von generellem Interesse", Art. 4 I und II der Ley 21/1997

Gem. Art. 4 I Ley 21/1997 werden diejenigen sportlichen Ereignisse und Wettkämpfe als von generellem Interesse angesehen, die wegen ihrer Relevanz und gesellschaftlichen Bedeutung regelmäßig, aber nicht häufig, stattfinden *und* in der Liste enthalten sind, die dafür zu Beginn der Saison jeder Sportart durch den

„Consejo para las Emisiones y Retransmisiones Deportivas“ (Rat für sportliche Sendungen und Übertragungen) ausgearbeitet werden[319].

Zunächst müssen die Sportereignisse von generellem Interesse regelmäßig stattfinden (also z.B. jeden Spieltag der Liga oder auch nur alle 4 Jahre bei Europa- oder Weltmeisterschaften). Das wichtigere Tatbestandsmerkmal ist jedoch, daß diese Ereignisse in einer der Listen nach Art. 4 I Ley 21/1997 (also i.S.d. Art. 3 a I S. 2 FRL) enthalten sein müssen. Diese Listen stellt der Consejo para las Emisiones y Retransmisiones Deportivas[320] zusammen, nach Information der Richtungskommission des hohen Sportrates und einer Anhörung der Organisationsfirmen, Sender, Veranstalter und weiterer Interessierter. Der Consejo hat zwei Organe, das Plenum und eine Ständige Kommission, in denen gem. der 4. Schlußbestimmung der Ley 21/1997 Mitglieder folgender Gruppen beteiligt sein müssen: der Sportverwaltungen des Staates und der Autonomieregionen, der Sportverbände, der Profiligen, der verschiedenen Profisportlerverbände, der Organisationsfirmen der sportlichen Wettkämpfe und Ereignisse, der Kommunikationsmedien und der Nutzer- und Verbraucherverbände. In diesen Listen werden gem. Art. 4 II Ley 21/1997 nur die Sportveranstaltungen berücksichtigt, die einen Anreiz zur Anwesenheit von Radio- und Fernsehveranstaltern haben, von Wichtigkeit im nationalen sportlichen Rahmen sind und eine gewisse Tradition aufweisen.

Diese Liste wurde durch die Resolución (Beschluß) 2225/1999 vom 29.07.1999 des Präsidenten des Rates für sportliche Sendungen und Ausstrahlungen[321] aktualisiert. Sie bestimmt die Ereignisse von generellem gesellschaftlichem Interesse wie folgt:

Fußball: die (Halb- und) Finalspiele des spanischen Pokals („Copa del Rey“); in der UEFA-Champions-League pro Spieltag ein Spiel mit spanischer Beteiligung; im UEFA-Cup die (Halb- und) Finalspiele mit spanischer Beteiligung; die Spiele des europäischen und spanischen Supercups; alle Spiele der spanischen Männer-Nationalmannschaft in offiziellen Wettbewerben und die Spiele der FIFA-Vereinsweltmeisterschft mit spanischer Beteiligung;

Basketball: in der Champions-League ab dem Viertelfinale ein Spiel pro Spieltag mit spanischer Beteiligung; im Europacup die (Halb- und) Finalspiele mit spanischer Beteiligung und alle Spiele der spanischen Männer-Nationalmannschaft in offiziellen Wettbewerben;

Handball: alle Spiele der spanischen Männer-Nationalmannschaft in offiziellen Wettbewerben;

---

[319] Vgl. die in Deutschland geltende Regelung des § 5 a RfStV.

[320] Die Geschäftsordnung des Consejo regelt das Real Decreto 991/1998, vom 22.05.98, B.O.E. núm 123, de 23.05.1998, S. 17192.

[321] B.O.E. núm. 199, de 20.08.1999, S. 31065.

Radfahren: bei der Tour de France und der Vuelta ciclista a España zumindest die letzte Stunde einer jeden Etappe;
Motorradfahren: die Geschwindigkeits-Weltmeisterschaft;

Tennis: alle Davis-Cup- und Federations-Cup-Spiele mit spanischer Beteiligung.

b. Rechtsfolgen der Einstufung als Ereignis von generellem Interesse, Artt. 4 III bis V der Ley 21/1997: Ausstrahlung live, unverschlüsselt und in ganz Spanien

Die wichtige Rechtsfolge der Einstufung als Ereignis von generellem Interesse enthält Art. 4 III Ley 21/1997: Sie müssen live, im Free-TV (also unverschlüsselt) und im gesamten spanischen Staatsgebiet übertragen werden.

Eine abweichende Reichweite ist möglich, wenn die Liste dies so bestimmt. Wegen der grundsätzlichen Verpflichtung, diese Ereignisse im ganzen spanischen Staatsgebiet auszustrahlen, dürfen gem. Art. 4 IV Ley 21/1997 Fernsehveranstalter oder –sender, die nicht das gesamte Staatsgebiet abdecken, exklusive Übertragungsrechte nur dann erwerben, wenn sie sich verpflichten, diese per öffentlicher Ausschreibung an andere Sender so abzutreten, daß eine Verbreitung in ganz Spanien ermöglicht wird. Nur falls sich kein Erwerber dafür findet, entfällt die Pflicht, das ganze Staatsgebiet abzudecken.

Eine Sonderregelung bezüglich der verschiedenen Sprachen Spaniens enthält Art. 4 V Ley 21/1997, nach dem die Sportereignisse von generellem Interesse in der offiziellen Sprache der jeweiligen Autonomieregion (gemeint sind damit Galizien, Katalonien, Valencia und das Baskenland) übertragen werden „können"; diese Regelung erfordert eher die Formulierung als eine Muß-Vorschrift, da die Rechteinhaber, die dies nicht befolgen wollen, ihre Rechte per öffentlicher Ausschreibung an die daran interessierten Veranstalter abtreten *müssen*.

c. Weitere Sportereignisse von generellem Interesse, Art. 5 der Ley 21/1997

Neben der Listenregelung des Art. 4 I Ley 21/1997 enthält Art. 5 des Gesetzes eine wichtige Regelung, die jeden Tag einen Wettkampf pro Sportart (!) als Sportereignis von generellem Interesse qualifizieren kann.

„**Art. 5**
(I) Bei sportlichen Wettkämpfen der Liga oder des Pokals wird immer, wenn ein Veranstalter oder Sender an der Durchführung interessiert ist, pro Tag eine Begegnung als von generellem Interesse angesehen, die live, im Free-TV und im gesamten Staatsgebiet ausgestrahlt werden muß.
(II) Die an einer Free-TV-Ausstrahlung dieser Begegnung interessierten Veranstalter oder Sender haben gegenüber den Veranstaltern, die in anderen Systemen ausstrahlen, ein bevor-

zugtes Wahlrecht im System der Zuteilung der Begegnungen desselben Tages bei jedem einzelnen Wettkampf.
(III) In diesem Falle ist das in Artikel 4 Absätze 4 und 5 Geregelte anzuwenden.
(IV) Durch Verordnung und unter Berücksichtigung der Sport- und Marktinteressen können Tages- und Stundengrenzen für diese Übertragungen entwickelt werden."

Nach Art. 5 I Ley 21/1997 wird also jeden Tag ein Liga- oder Pokalspiel einer Sportart allein dadurch zum Sportereignis von generellem Interesse (mit denselben Rechtsfolgen wie bei den in den Listen nach Art. 4 genannten Sportereignisse: Ausstrahlung live, im Free-TV und in ganz Spanien), daß ein oder mehrere Veranstalter oder Sender diesen Wettkampf senden wollen. Hierbei genießen Free-TV-Anbieter Vorrang vor anderen Systemen, Art. 5 II Ley 21/1997. - Art. 5 Ley 21/1997 ist der Grund, warum im spanischen Fernsehen wesentlich mehr Fußballspiele gezeigt werden als in Deutschland: Allein der Wille, ein Spiel live, im Free-TV und in ganz Spanien auszustrahlen, reicht, um es als Spiel von generellem Interesse zu qualifizieren – mit der Rechtsfolge, daß eine Exklusivvermarktung dieses Spiels im Pay-TV unmöglich wird.

Für die Lösung möglicher Konflikte aus der Anwendung dieses Gesetzes verweist Art. 7 II Ley 21/1997 auf ein Schiedsverfahren vor dem Tribunal de Defensa de la Competencia (Wettbewerbsschutzgericht).

5. Exklusivübertragungsrechte und Ereignisse erheblicher gesellschaft licher Bedeutung in einem anderen Mitgliedstaat

Bislang wurden nur die Normen behandelt, mit denen das spanische Publikum vor einer exklusiven Pay-TV-Vermarktung von Sportereignissen generellen Interesses durch einen inländischen Anbieter geschützt werden sollen. Der Tatsache, daß auch ausländische Fernsehveranstalter Exklusivrechte für ein Ereignis erwerben können, das in einem anderen EG-Mitgliedstaat als von generellem gesellschaftlichen Interesse eingestuft wird, mithin auch das dortige Publikum von einem ausländischen Veranstalter „ausgesperrt" werden könnte, begegnen in Umsetzung des Art. 3 a III FRL die 2. Zusatzbestimmung der LID und die Übergangsbestimmung ihres Änderungsgesetzes, Ley 22/1999[322]:

„**2. Zusatzbestimmung der Ley 25/1994 (LID)**:
Kein Fernsehveranstalter kann die nach dem 30.07.1997 erworbenen exklusiven Übertragungsrechte von Ereignissen in der Weise ausüben, daß er einem erheblichen Teil des Publikums eines anderen EG-Mitgliedstaates die Reche auf freien Zugang zum Fernsehen beschneidet, wenn diese Ereignisse in dem betreffenden Staat als von generellem Interesse angesehen werden. Diese Rechte haben die Reichweite und den Inhalt, die ihnen die Europäische Kommission durch einen Rechtsakt oder Beschluß zuerkennt, der im Amtsblatt der Europäischen Gemeinschaften veröffentlicht ist."

[322] Vgl. für Deutschland § 5 a III RfStV.

„Einzige Übergangsbestimmung des Änderungsgesetzes der LID, Ley 22/1999:
Die Ausübung von Exklusivrechten, die nach dem 30.07.1997 und vor dem Inkrafttreten dieses Gesetzes erworbenen wurden, in anderer Form als in der Zweiten Zusatzbestimmung der Ley 25/1994 geregelt, bedeutet dann keine Gesetzesverletzung, wenn der Veranstalter das Vorliegen folgender Umstände beweisen kann:
a) Er hat nicht die Möglichkeit, direkt die durch die genannte Zweite Übergangsbestimmung auferlegte Verpflichtung zu erfüllen, dadurch daß er das Ereignis für den, der die Rechte hat, unter den Bedingungen der durch die Kommission geprüften Berichte frei zugänglich ausstrahlt.
b) Er hat alle angemessenen Anstrengungen unternommen, diese Verpflichtung auf indirektem Wege zu erfüllen, indem er in öffentlicher und offener Form zu einem angemessenen Preis den Erwerb der Rechte den Veranstaltern angeboten hat, die die genannten Bedingungen erfüllen.
c) Sein Angebot wurde trotzdem von keinem Veranstalter, der in der Lage wäre, die Bedingungen des Absatzes a) zu erfüllen, angenommen."

Zuerst ist zu betonen, daß es sich hier nicht nur um Sportereignisse (wie in der Ley 21/1997) handelt, sondern um *alle* Ereignisse, die in einem EG-Mitgliedstaat als von generellem gesellschaftlichen Interesse eingestuft werden.

Nach den o.g. Regelungen kann kein spanischer Veranstalter die von ihm nach dem 30.07.1997[323] erworbenen Exklusivrechte so ausüben, daß einem bedeutenden Teil der Öffentlichkeit eines anderen Mitgliedstaates der freie Zugang zu einer Sendung vorenthalten wird, die in diesem Mitgliedstaat als Ereignis von generellem gesellschaftlichen Interesse definiert wird.

Daraus folgt die logische Konsequenz, daß er sie gegebenenfalls an einen anderen Veranstalter abtreten muß, der die entsprechenden Regeln über die Ausstrahlung von Ereignissen erheblicher gesellschaftlicher Bedeutung in dem betreffenden Land erfüllt.

Wenn das Ereignis in Spanien nicht als Sportereignis von generellem Interesse definiert ist, kann es in Spanien selbstverständlich exklusiv im Pay-TV gezeigt werden; allein die „Aussperrung" des Publikums in dem *anderen* Mitgliedstaat soll unterbunden werden.

Die Übergangsbestimmung der Ley 22/1999 formuliert eine Übergangsregelung für solche Exklusivrechte, die nach dem 30.07.1997, aber vor Inkrafttreten der Ley 22/1999 am 09.06.1999 erworben wurden: Eine abweichende Ausübung als die in der 2. Zusatzbestimmung der LID normierte ist dann keine Rechtsverletzung, wenn die in lit. a) bis c) genannten Umstände bewiesen werden können (s.o.).

---

[323] Die zugrundliegende Regelung des Art. 3 a III FRL nennt als Stichtag den Tag nach der Veröffentlichung der Änderungsrichtlinie 97/36/EG, den 01.07.1997. Unklar ist, ob die Verschiebung des Stichtags um einen Monat in der LID Absicht oder ein Redaktionsversehen ist.

IV. Die Grundzüge des Gegendarstellungsrechts nach der Ley Orgánica 2/1984[324]

1. Einleitung

Innerhalb der Untersuchung der für alle spanischen Fernsehveranstalter verbindlichen Rechtsnormen darf ein Einblick in die Grundzüge des spanischen Gegendarstellungsrechts nicht fehlen. Die unter D.II. besprochene LID, das Umsetzungsgesetz zur FRL, enthält selbst keine dem Art. 23 FRL („Recht auf Gegendarstellung") entsprechende Regelung zum Gegendarstellungsrecht[325]. Diese ist vielmehr im speziellen Gegendarstellungsgesetz, der Ley Orgánica 2/1984, de 26.03.84, reguladora del Derecho de Rectificación, enthalten und soll hier in gebotenem Umfang aufgezeigt werden[326].

2. Anwendungsbereich der Ley Orgánica 2/1984

Die Ley Orgánica 2/1984 („L.O. 2/1984") regelt das Gegendarstellungsrecht gegenüber Informationen aus allen denkbaren Medien („jedwedes Kommunikationsmedium", Art. 1 der L.O. 2/1984, s.u.); damit ist sie eine für das Fernsehrecht höchst relevante Norm, die das Gegendarstellungsrecht aber auch gegenüber allen anderen Kommunikationsmedien regelt.

3. Das Recht auf Gegendarstellung nach Art. 1 der Ley Orgánica 2/1984

Art. 1 L.O. 2/1984 formuliert das Gegendarstellungsrecht eindeutig:

> **„Art.1**
> Jede natürliche oder juristische Person hat ein Recht auf Gegendarstellung der verbreiteten Information durch jedwedes Kommunikationsmedium bezüglich der Dinge die sie betreffen, die sie als unrichtig empfindet und deren Verbreitung ihr schaden kann.
> Der betreffende Geschädigte oder sein Vertreter können das Recht der Gegendarstellung ausüben, und falls dieser verstorben ist, können dies seine Erben oder deren Vertreter."

Es hat also jede natürliche oder auch juristische Person ein Recht auf Gegendarstellung, wenn in einem beliebigen Kommunikationsmedium eine Information verbreitet wurde, die erstens die jeweilige Person betrifft, die zweitens von dieser Person (oder bei juristischen Personen von Personen ihrer Organe) als unrichtig empfunden wird, und deren Verbreitung drittens dieser Person schaden

---

[324] Ley Orgánica 2/1984, de 26.03.84, reguladora del derecho de rectificación; B.O.E. núm. 74, de 27.03.1984, S. 8387; Berichtigung in B.O.E. núm. 90, de 14.04.1984, S. 10661.

[325] Ursprünglich enthielt das ERTV in seinem Art. 25 eine entsprechende Regelung zum Gegendarstellungsrecht. Diese Norm wurde aber durch die Außerkraftsetzungsbestimmung der Ley Orgánica 2/1984 ausdrücklich außer Kraft gesetzt.

[326] Eine gute Übersicht über das Gegendarstellungsrecht geben auch Laguna de Paz, Régimen jurídico, 1994, S. 256 und Godoy, El derecho de la televisión sin fronteras, 1995, S. 220, sowie zu den Vorgaben der FRL Gay Fuentes, La televisión, 1994, S. 237.

kann. Der Betroffene kann sein Recht auf Gegendarstellung selbst ausüben oder einen Vertreter damit beauftragen; im Todesfalle können es auch seine Erben oder deren Vertreter ausüben.

Das Gegendarstellungsrecht bezieht sich allein auf die Richtigstellung von Tatsachen. Es greift nicht gegenüber verbreiteten Meinungen oder Ideen, sondern nur bei der Verbreitung von Tatsachen, die der Richtigstellende als unrichtig empfindet und deren Verbreitung ihr schaden kann[327].

4. Die Ausübung des Rechts auf Gegendarstellung, Art. 2 der Ley Orgánica 2/1984

Wie das Gegendarstellungsrecht auszuüben ist, normiert Art. 2 der L.O. 2/1984:

„**Art. 2**
Dieses Recht wird durch schriftliche Gegendarstellungs-Nachricht an den Geschäftsführer des Kommunikationsmittels ausgeübt, und zwar innerhalb von sieben natürlichen Tagen seit Veröffentlichung oder Ausstrahlung der Information, die richtiggestellt werden soll und in einer Form, die eine Feststellung ihres Datums und ihres Empfangs erlaubt.
Die Gegendarstellung muß sich auf die erfolgte Information, die sie richtigstellen will, beschränken. Ihr Ausmaß übersteigt nicht das der zu korrigierenden Information, außer wenn es absolut notwendig sein sollte."

a. Form und Frist der Gegendarstellung

Das Gegendarstellungsrecht wird in Spanien durch eine schriftliche Beschwerde[328] an den Geschäftsführer des angegriffenen Kommunikationsmittels ausgeübt, im Fernsehbereich also an den jeweiligen Intendanten oder Programmchef. Datum und Empfangsdatum der Beschwerde müssen feststellbar sein.

Es muß die Frist von sieben natürlichen Tagen ab der Ausstrahlung der richtigzustellenden Information eingehalten werden[329].

---

327 Godoy, El derecho de la televisión sin fronteras, 1995, S. 222 unter Bezugnahme auf STC 168/1986.

328 Der Terminus „remisión de rectificación" wurde wortnah mit „Gegendarstellungs-Nachricht" übersetzt; in der deutschen Sprache paßt wohl eher das Wort „Beschwerde".

329 Es bestehen erhebliche Zweifel, ob die hier normierte siebentägige Frist der Anforderung des Art. 23 III FRL gerecht wird, der den Mitgliedstaaten insbesondere aufgibt, „daß die Frist für die Wahrnehmung des Rechts auf Gegendarstellung (...) ausreicht, und daß die Vorschriften so festgelegt werden, daß dieses Recht (...) von den natürlichen oder juristischen Personen, deren Wohnsitz oder Niederlassung sich in einem anderen Mitgliedstaat befindet, in angemessener Weise wahrgenommen werden können". Wer sich in einem anderen Mitgliedstaat oder auch nur im Urlaub befindet, wird schwerlich die 7-Tage-Frist einhalten können. - Die vergleichbaren deutschen Normen bestimmen für die Ausübung des Gegendarstellungsrechts wesentlich längere Fristen, z.B. muß nach § 42 Landesrundfunkgesetz Rheinland-Pfalz die Gegendarstellung „unverzüglich, spätestens innerhalb von zwei Monaten" erfolgen. So auch Godoy, El derecho de la televisión sin fronteras, 1995, S. 224

b. Inhalt und Ausmaß der Gegendarstellung

Die Gegendarstellung muß sich allein auf die verbreitete Information beschränken, die sie richtigstellen will. Sie darf grundsätzlich das Ausmaß der richtigzustellenden Information nicht überschreiten, ausnahmsweise ist dies bei absoluter Notwendigkeit möglich.

5. Die Veröffentlichung der Gegendarstellung, Art. 3 der Ley Orgánica 2/1984

Die Rechtsfolge einer form- und fristgerechten Gegendarstellungsbeschwerde normiert Art. 3 L.O. 2/1984 wie folgt:

„**Art. 3**
Immer wenn das Recht in Anwendung der Regeln des vorangegangenen Artikels ausgeübt wird, muß der Geschäftsführer des Kommunikationsmittels die Gegendarstellung vollständig veröffentlichen oder verbreiten, und zwar innerhalb von drei Tagen nach ihrem Erhalt und mit gleicher Hervorhebung wie die Veröffentlichung oder Ausstrahlung der richtigzustellenden Information, ohne Kommentierungen oder Erläuterungen.
Wenn die richtigzustellende Information durch eine Veröffentlichung verbreitet wurde, deren Häufigkeit die Verbreitung der Gegendarstellung zur genannten Zeit nicht erlaubt, ist diese in der nachfolgenden Ausgabe zu veröffentlichen.
Wenn die richtigzustellende Nachricht oder Information im Bereich des Hörfunks oder des Fernsehens ausgestrahlt wurde, der es wegen der Häufigkeit seiner Ausstrahlung nicht erlaubt, die Gegendarstellung innerhalb von drei Tagen bekanntzumachen, kann der Richtigstellende verlangen, daß sie innerhalb der genannten Zeit im Rahmen einer ähnlichen Hörerschaft und Wichtigkeit ausgestrahlt wird.
Die Veröffentlichung oder Ausstrahlung der Gegendarstellung ist immer kostenlos."

Wenn die formellen Voraussetzungen des Art. 2 L.O. 2/1984 bei Einlegung der Gegendarstellungs-Beschwerde eingehalten wurden, muß die Gegendarstellung binnen Dreitagesfrist nach Erhalt kostenlos und vollständig ausgestrahlt werden, und zwar mit gleicher Hervorhebung, also in gleicher Form wie die richtigzustellende Information, ohne Kommentierungen oder Erläuterungen.

Art. 3 S. 3 L.O. 2/1984 befaßt sich speziell mit Gegendarstellungen in Hörfunk oder Fernsehen: Wenn wegen der Häufigkeit der Ausstrahlung der Sendung die Dreitagesfrist nicht einhaltbar ist (etwa weil die richtigzustellende Information in einer nur wöchentlich ausgestrahlten Sendung erfolgte), kann der Betroffene die Ausstrahlung seiner Richtigstellung in einer Sendung ähnlichen Publikums und ähnlicher Wichtigkeit innerhalb des Dreitageszeitraums verlangen.

(„eine in jeder Hinsicht unzureichende Frist"); kritisch auch Gay Fuentes, La televisión, 1994, S. 239 f.

6. Die Zulässigkeitsvoraussetzungen der Gegendarstellungsklage, Artt. 4 und 5 der Ley Orgánica 2/1984

Die Voraussetzungen für die Erhebung einer Gegendarstellungsklage normieren Artt. 4 und 5 der L.O. 2/1984:

„Art. 4
Wenn die Gegendarstellung nicht innerhalb der Fristen des vorangegangenen Artikels veröffentlicht oder ausgestrahlt wurde oder wenn durch den Geschäftsführer oder Verantwortlichen des Kommunikationsmittels bekanntgegeben wurde, daß sie nicht ausgestrahlt werde, oder wenn sie ohne Beachtung des im vorangegangenen Artikel Geregelten veröffentlicht oder verbreitet wurde, kann der Verletzte innerhalb der folgenden sieben Werktage eine Gegendarstellungs-Klage vor dem Richter der Ersten Instanz an seinem Wohnort oder an dem Ort, an dem die Geschäftsführung des Kommunikationsmittels ihren Sitz hat, erheben.

Art. 5 (S. 1)
Die Klageerhebung hat schriftlich zu erfolgen, ohne Notwendigkeit eines Rechtsanwalts oder Prozeßbevollmächtigten, durch Hinzufügen der Gegendarstellung und eines Beweises der fristgerechten Einsendung der Gegendarstellung; falls die zu korrigierende Information schriftlich verbreitet wurde, ist sie gleichermaßen hinzuzufügen; anderenfalls ist eine Aufnahme oder eine möglichst genaue Beschreibung derselben hinzuzufügen."

Vor dem Richter der Ersten Instanz[330] an seinem Wohnort oder am Ort des Geschäftssitzes des Kommunikationsmittels kann der Verletzte gem. Art. 4 L.O. 2/1984 binnen Siebentagesfrist die Gegendarstellungsklage erheben, wenn...

- die Gegendarstellung nicht innerhalb der Dreitagesfrist nach Art. 3 der L.O. 2/1984 ausgestrahlt wurde, oder
- der Geschäftsführer oder ein anderer Verantwortlicher des Kommunikationsmittels die Ausstrahlung verweigert, oder
- die Gegendarstellung nicht formgerecht i.S.d. Art. 3 L.O. 2/1984 ausgestrahlt wurde.

Die weiteren Zulässigkeitsvoraussetzungen für die Gegendarstellungsklage nennt Art. 5 L.O. 2/1984: Schriftform der Klageerhebung unter Hinzufügen der Gegendarstellung und eines Beweises der fristgerechten Einsendung derselben und einer Aufnahme (also bei Fernsehsendungen eines Videos) oder einer möglichst genauen Beschreibung der richtigzustellenden Information. In diesem Verfahren besteht kein Anwaltszwang.

---

330 Das spanische Gericht Erster Instanz ist vergleichbar mit der Zivilrechtsabteilung eines deutschen Amtsgerichts. S. dazu Art. 85 LOPJ, ferner Artt. 84 – 98 und Artt. 51, 56, 73, 82 und 100 LOPJ (Die Ley Orgánica 6/1985, de 01.07.85, del Poder Judicial, B.O.E. núm. 157, de 02.07.1985, S. 20632 und Berichtigung in B.O.E. núm. 264, de 04.11.1985, S. 34742, geändert durch die Ley Orgánica 7/1992, de 20.11.92, B.O.E. núm. 280, de 21.11.1992, S. 39606, entspricht dem deutschen GVG).

Es besteht also eine Rechtsweggarantie für die Ausübung des Gegendarstellungsrechts, dies in einem schnellen und umfassenden Verfahren[331].

7. Der Ablauf der Gegendarstellungsklage

Die Prozeßregeln für den Ablauf der Gegendarstellungsklage regeln die restlichen Sätze des Art. 5 und die Artt. 6 bis 8 der L.O. 2/1984: Nach Einreichen der Gegendarstellungsklage erläßt der Richter der Ersten Instanz entweder einen Nichtzulassungsbeschluß (wenn er sich für unzuständig oder das Klagebegehren für offensichtlich unbegründet erachtet), oder er lädt innerhalb von sieben Tagen die Prozeßbeteiligten zur mündlichen Verhandlung. Für die mündliche Verhandlung gelten die Regeln der Ley de Enjuiciamiento Civil[332] (Zivilprozeßgesetz) mit geringen Modifikationen. Das Urteil ist darauf begrenzt, die Gegendarstellung abzulehnen oder ihre Ausstrahlung binnen Dreitagesfrist ab Urteilszustellung anzuordnen.

Nach Art. 7 L.O. 2/1984 entfällt das verwaltungsrechtliche Widerspruchsverfahren, wenn die richtigzustellende Information von einem öffentlichen Veranstalter ausgestrahlt wurde.

Eine Berufung ist entweder gegen den Nichtzulassungsbeschluß oder, unter bestimmten hohen Voraussetzungen des Art. 8 L.O. 2/1984, auch gegen das Urteil möglich.

---

[331] Godoy, El derecho de la televisión sin fronteras, 1995, S. 222.

[332] Ley 1/2000, de 07.01.2000, de Enjuiciamiento Civil; B.O.E. núm. 7, de 08.01.2000, S. 575.

V. Ein Überblick über die Regelungen der Ley 17/1997[333], die allgemeine Regeln zur Übertragung der Fernsehsignale und zum Empfang der Fernsehdienste enthält

1. Einführung und Anwendungsbereich

Die Ley 17/1997, die in diesem Abschnitt im Überblick dargestellt werden soll, enthält allgemeine Regelungen bezüglich der Übertragung der Fernsehsignale und den Zugang zum Empfang der Fernsehprogramme. Sie wurde in Umsetzung der Richtlinie 95/47/EG[334] erlassen und regelt technische Anforderungen an alle Fernsehsender, die in den Gesetzen ERTV, LTC, LTP, LTS, LTCC, LTL und LTDT geregelt sind; insbesondere betrifft sie Übertragung und Empfang des digitalen Satellitenfernsehens.

2. Der Regelungsbereich der Ley 17/1997

Die Regelungen der Ley 17/1997 betreffen speziell die Ausstrahlung des digitalen Satellitenfernsehens, zu dem sogar inhaltliche Programmvorgaben normiert werden; sie enthält zusätzlich Regelungen, die auf jede Übertragungsart des Fernsehens (terrestrisch, per Kabel oder via Satellit) anwendbar sind. Ihre nicht gerade übersichtlich strukturierten Regelungen können in vier Komplexe eingeteilt werden[335]:

a) Technische Anforderungen, die auf die Übertragung aller Fernsehdienste und auf die Empfangsgeräte anwendbar sind;

b) Regelungen, die allgemein auf alle - analogen oder digitalen - Pay-TV-Programme anzuwenden sind;

c) Spezielle Regelungen bezüglich des digitalen Pay-TV; und

d) die Sanktionsvorschriften.

3. Die Regelungen der Ley 17/1997 im Überblick

Im Sinne der o.g. vier Regelungskomplexe sind die Regelungen der Ley 17/1997 im Überblick darzustellen. Insbesondere ist an dieser Stelle darauf hinzuweisen, daß die Ley 17/1997 in vollständiger Übersetzung im Anhang dieser Arbeit abgedruckt ist.

---

333 Ley 17/1997, de 03.05.97, por la que se incorpora al Derecho español la Directiva 95/47/CE, de 24.10.95, del Parlamento Europeo y del Consejo, sobre el uso de normas para la transmisión de señales de televisión y se aprueban medidas adicionales para la liberalización del sector; B.O.E. núm. 108, de 06.05.1997, S. 14153.

334 Richtlinie 95/47/EG des EP und des Rates vom 24.10.1995 über die Anwendung von Normen für die Übertragung von Fernsehsignalen; ABl. EG Nr. L 281 vom 23.11.1995, S. 51.

335 Vgl. Souvirón Morenilla, Derecho público de los medios audiovisuales, 1999, S. 374.

a. Technische Anforderungen an alle Fernsehdienste und Empfangsgeräte

aa. Technische Anforderungen an alle Fernsehdienste, Art. 5 der Ley 17/1997

Alle Fernsehdienste müssen nach der die Richtlinie 95/47/EG umsetzenden Ley 17/1997 die folgenden technischen Anforderungen erfüllen, egal, ob sie per Kabel, Satellit oder terrestrisch ausstrahlen:

Gem. Art. 5 der Ley 17/1997[336] müssen alle nicht volldigital sendenden Systeme im Breitbildschirmformat mit 625 Zeilen das Übertragungssystem 16:9-D2-MAC oder ein 16:9-Übertragungssystem verwenden, das mit PAL oder SECAM voll kompatibel ist; dies schließt nicht die zeitgleiche Übertragung im bisherigen 4:3-Format aus (Art. 8 Ley 17/1997).

Nicht volldigitale hochauflösende Systeme müssen das HD-MAC-Übertragungssystem verwenden.

Volldigitale Systeme müssen ein Übertragungssystem nutzen, das von einer europäischen Normungsorganisation genormt wurde.

Volldigitale Übertragungsnetze, die dem Publikum für die Verteilung von Fernsehsignalen offenstehen, müssen für die Übertragung der Dienste im Breitbildschirmformat geeignet sein.

bb. Technische Anforderungen an die Fernseh-Empfangsgeräte, Art. 6 der Ley 17/1997

Gem. Art. 6 Ley 17/1997 müssen alle Fernseh-Empfangsgeräte, deren Bildschirmdiagonale 42 cm überschreitet und auf dem Markt mit dem Ziel des Verkaufs oder der Vermietung angeboten werden, mindestens mit einer Anschlußbuchse für offene Schnittstellen ausgerüstet sein, die von einer anerkannten europäischen Normungsorganisation genormt wurde und den einfachen Anschluß von Peripheriegeräten, speziell zusätzlichen Decodern und Digitalempfängern, ermöglicht[337].

b. Regelungen, die auf alle Pay-TV-Anbieter anzuwenden sind

aa. Regelungen für die Pay-TV-Anbieter

Den in Art. 1 III der Ley 17/1997 definierten Pay-TV-Anbietern werden einigen speziellen Pflichten unterworfen. Alle Pay-TV-Anbieter müssen sich, egal, ob sie ein analoges oder digitales Übertragungssystem verwenden, in das spezielle Register der Pay-TV-Anbieter eintragen, das mit dem Ziel der Erfüllung der technischen Spezifikationen bei der „Comisión del Mercado de las Tele-

---

[336] Art. 5 Ley 17/1997 ist identisch mit Art. 2 der Richtlinie 95/47/EG.

[337] Art. 6 Ley 17/1997 ist identisch mit Art. 3 der Richtlinie 95/47/EG.

comunicaciones" (Telekommunikations-Marktkommission)[338] eingerichtet wird, Art. 1 II der Ley 17/1997; dort sind die persönlichen Daten der Anbieter, die Charakteristika der technischen Medien, die sie benutzen, und eine von ihnen formulierte Verpflichtungserklärung, sich an die genannten technischen Spezifikationen zu halten, einzutragen[339].

Ferner müssen gem. Art. 9 Ley 17/1997 alle Pay-TV-Anbieter i.S.d. Verbraucherschutzes bei der Werbung für ihre Angebote und bei der Information der Nutzer das Wettbewerbsschutzgesetz[340] einhalten; zusätzlich müssen sie beim Vertragsschluß mit ihren Nutzern das spanische AGBG[341] und das Wettbewerbsschutzgesetz einhalten[342].

Zusätzlich ist Art. 7 lit. d) der Ley 17/1997 anzuführen, nach dem die Pay-TV-Anbieter bzgl. ihrer Lieferung von Pay-TV-Diensten eine in bezug auf andere Tätigkeiten getrennte Buchführung vornehmen müssen; diese Norm verpflichtet die Sender, eine Preisliste für die Fernsehzuschauer zu veröffentlichen, bei der anzugeben ist, ob sie fremde Zusatzgeräte liefern oder nicht.

Schließlich ist an dieser Stelle die Regelung des Art. 4 Nr. 2 Ley 17/1997 zu erwähnen[343], die alle Pay-TV-Anbieter dazu verpflichtet, die von den Nutzern als Garantie einer Verpflichtung eingebrachten Geldmengen oder die anderen

---

338 Die Telekommunikations-Marktkommission wurde 1997 mit dem Ziel der Sicherung des freien Wettbewerbs auf dem Markt der Telekommunikation und der audiovisuellen und interaktiven Dienste errichtet, Art. 1 „Dos" Abs. I der Ley 12/1997, de 24.04.97, de liberalización de las telecomunicaciones, B.O.E. núm. 99, de 25.04.1997, S. 13278.

339 Das Verfahren der Eintragung in dieses Register regelt Art. 2 des Real Decreto 136/1997, de 31.01.97, por el que se aprueba el Reglamento técnico y de prestación del servicio de telecomunicaciones por satélite; B.O.E. núm. 28, de 01.02.1997, S. 3178, Berichtigungen in B.O.E. núm. 39, de 14.02.1997, S. 5055.

340 Ley 26/1984, de 19.07.84, General para la Defensa de los Consumidores y Usuarios; B.O.E. núm. 176, de 24.07.1984, S. 21686.

341 Ley 7/1998, de 13.04.98, de condiciones generales de contratación, B.O.E. núm. 89, de 17.04.1998, S. 12304.

342 In Artikel 9 Ley 17/1997 wird ausdrücklich auf Art. 2 lit. f) Ley 26/1984 (Wettbewerbsschutzgesetz) verwiesen, nach dem die Nutzer ein jederzeitiges Kündigungsrecht haben, das im Nutzungsvertrag für das Pay-TV nicht aufgehoben, verändert oder begrenzt werden kann. Zum Schutz dieses Rechts muß der Pay-TV-Anbieter seinen Nutzern einen Gebührenzähler beschaffen, der jederzeit die zu begleichende Schuld angibt, wenn der Preis für die Zession eines Decoders oder für den Pay-TV-Zugang zu einem bestimmten Programm von der Zeit des Gebrauchs oder des Empfangs des Signals abhängt. Zusätzlich wird auf Art. 10 lit. c) Nr. 12 der Ley 26/1984 verwiesen; demnach dürfen die Anbieter von Pay-TV-Diensten den Vertragsabschluß mit ihren Nutzern nicht von der Nutzung ihrer eigenen Decoder und ihrer eigenen Gebührenzähler abhängig machen.

343 Art. 4 Ley 17/1997 ist nach ihrem anfänglichen Wortlaut nur auf die Digitalfernsehdienste anzuwenden; die Regelungen des Art. 4 Nr. 2 Ley 17/1997 betreffen aber auch alle Pay-TV-Anbieter, Art. 4 Nr. 2 S. 2 in fine Ley 17/1997.

Beträge, die aus irgendeinem Grund möglicherweise zurückzuerstatten sind, auf ein spezielles Konto einzuzahlen, das zu diesem Zweck auf den Namen der „Comisión del Mercado de las Telecomunicaciones" (Telekommunikations-Marktkommission) innerhalb einer Frist von maximal 15 Tagen ab der Zahlung der ausreichenden Geldmenge durch den Nutzer einzurichten ist, egal, ob es für den eigenen Betreiber oder für einen Dritten auf dessen Rechnung eingezogen wurde.

bb. Wettbewerbsschutzregel für den Pay-TV-Markt, Art. 2 der Ley 17/1997

Zum Schutz des Marktwettbewerbs der Pay-TV-Anbieter enthält Art. 2 Ley 17/1997 die folgende Regel: Wenn festgestellt wird, daß Situationen des Mißbrauchs einer dominierenden Marktstellung oder einer Hegemonialposition beim Dienst mit bedingtem Zugang (Pay-TV- oder Video-on-demand-Dienst) innerhalb des nationalen Gebiets entstehen, die das Funktionieren und die Entwicklung eines Marktes des freien Wettbewerbs des Dienstes der Fernsehausstrahlung betreffen oder betreffen können, ist das Ministerio de Ciencia y Tecnología (früher die Dirección General de Telecomunicaciones des Ministerio de Fomento)[344] verpflichtet, dies der „Comisión del Mercado de las Telecomunicaciones" (Telekommunikations-Marktkommission, vgl. dazu Art. 1 der Ley 12/1997) oder dem „Servicio de Defensa de la Competencia" (der Wettbewerbsschutzkommission) anzuzeigen, damit diese die notwendigen Verfahren einleiten.

c. Regelungen bezüglich des Digital-Pay-TV, Artikel 4 und 7 der Ley 17/1997

Die Artt. 4 und 7 Ley 17/1997 enthalten umfangreiche, rein technische Regelungen bezüglich der Systeme und Empfangsgeräte der digitalen Pay-TV-Anbieter und einige Pflichten für die Anbieter des digitalen Pay-TV; ob das digitale Pay-TV per Satellit, per Kabel oder terrestrisch verbreitet wird, ist unerheblich.

aa. Technische Regeln für die digitalen Pay-TV-Systeme und Empfangs geräte

Art. 7 Ley 17/1997 enthält umfangreiche Regelungen bezüglich der Technik der Übertragungssysteme und Empfangsgeräte des digitalen Pay-TV, die in - zumeist wörtlicher - Umsetzung des Art. 4 der Richtlinie 95/47/EG ergingen. Um den Rahmen dieses Überblicks zu Ley 17/1997 nicht zu sprengen, wird in die Übersetzung des Art. 7 Ley 17/1997 im Anhang dieser Arbeit verwiesen.

---

[344] S. zur Übertragung der Aufgaben des Ministerio de Fomento auf das neue Ministerio de Ciencia y Tecnología unter D.VIII.6.b.

bb. Die Pflichten der Digital-Pay-TV-Veranstalter

(1) Einschreibung in das Register der Pay-TV-Anbieter

Alle Pay-TV-Anbieter, also auch die mit Digitaltechnik sendenden, müssen sich in das spezielle Register der Pay-TV-Anbieter eintragen, das bei der Comisión del Mercado de las Telecomunicaciones (Telekommunikations-Marktkommission) eingerichtet wird, Art. 1 II Ley 17/1997. In dieses Register sind die persönlichen Daten der Anbieter, die Charakteristika der technischen Medien, die sie benutzen, und eine von ihnen formulierte Verpflichtungserklärung, sich an die genannten technischen Spezifikationen zu halten, einzutragen[345].

(2) Kontinuität des digitalen Pay-TV-Dienstes

Die Betreiber der Digital-Pay-TV-Dienste, die von ihren Nutzern einen finanzielle Gegenleistung erhalten, müssen gem. Art. 4 Ley 17/1997 die Kontinuität des Dienstes und dessen geeigneten Betrieb ihnen gegenüber beweisen, indem sie folgende Verpflichtungen übernehmen:

a) Eine Entschädigung für die Nutzer für eine Unterbrechung des Betriebs des Dienstes wegen der Zahlung der finanziellen Gegenleistung, die diese während der Unterbrechungszeit oder während einer Zeit, innerhalb derer nicht adäquat geleistet wird, leisten müssen.

b) Die von den Nutzern eingebrachten Geldmengen als Garantie einer Verpflichtung oder die anderen, die aus irgendeinem Grund möglicherweise zurückzuerstatten sind, müssen von den Anbietern unter ihrer Verantwortung auf ein spezielles Konto eingezahlt werden, das zu diesem Zweck auf den Namen der Comisión del Mercado de las Telecomunicaciones innerhalb einer Frist von maximal 15 Tagen ab der Zahlung der ausreichenden Geldmenge durch den Nutzer einzurichten ist, egal, ob es für den eigenen Betreiber oder für einen Dritten auf dessen Rechnung eingezogen wurde.

(3) Gleichberechtigter Zugang aller Sender und unabhängiger Programmhersteller und die 40-Prozent-Quote für Produktionen unabhängiger Programmanbieter

Gem. Art. 7 lit. c) Ley 17/1997 müssen die Digital-Pay-TV-Anbieter allen unabhängigen Programmherstellern und generell allen Sendekörperschaften unter chancengleichen, vernünftigen und nichtdiskriminierenden Bedingungen die technischen Mittel anbieten, die es ermöglichen, daß deren digitale Fernsehdienste empfangen werden.

---

[345] Das Verfahren der Eintragung in dieses Register regelt Art. 2 Real Decreto 136/1997, de 31.01.97, por el que se aprueba el Reglamento técnico y de prestación del servicio de telecomunicaciones por satélite; B.O.E. núm. 28, de 01.02.1997, S. 3178, Berichtigungen in B.O.E. núm. 39, de 14.02.1997, S. 5055.

Dazu erläßt die Comisión del Mercado de las Telecomunicaciones die geeigneten Beschlüsse, die die Parteien zur Erfüllung verpflichten, wenn die Anwendung der Vorschriften des vorigen Absatzes (Art. 7 lit. b) Ley 17/1997) Konflikte zwischen diesen hervorbringen sollte.

Die Preise für die Lieferung der Decoder durch die Anbieter sind durch die Vertragsparteien frei festlegbar und müssen sich an den Kosten orientieren. Im Falle, daß zwischen ihnen keine Einigkeit bestehen sollte, erläßt sie die Comisión del Mercado de las Telecomunicaciones mit Bindungswirkung.

Die Digital-Pay-TV-Veranstalter müssen mindestens 40 Prozent der ihnen zur Verfügung stehenden Übertragungskapazität für unabhängige Programmhersteller garantieren, immer wenn die Nachfrage dieser ausreichend und von geeigneter Qualität ist. Damit sind sie - wie auch die Kabelfernseh-Veranstalter[346] - i.S.d. Grundsatzes der Nichtkonzentration der Fernsehgesellschaften[347] zur Bekämpfung der Meinungsmacht im digitalen Pay-TV verpflichtet, mindestens 40 Prozent fremdproduzierte Programme in ihr Angebot aufzunehmen.

(4) Die Pflicht zur getrennten Buchführung

Abschließend ist die Regel des Art. 7 lit. d) Ley 17/1997 anzuführen, nach der alle (also auch digital sendende) Pay-TV-Anbieter bezüglich ihrer Lieferung von Pay-TV-Diensten eine in bezug auf andere Tätigkeiten getrennte Buchführung vornehmen müssen; diese Norm verpflichtet die Sender, eine Preisliste für die Fernsehzuschauer zu veröffentlichen, bei der anzugeben ist, ob sie fremde Zusatzgeräte liefern oder nicht.

d. Die Sanktionsvorschrift der Ley 17/1997

Die Sanktionsvorschrift der Ley 17/1997 ist ihre (einzige) Zusatzbestimmung, nach der der Absatz, der Vertrieb, die zeitweilige Abtretung oder Vermietung von Geräten, Ausrüstungsgegenständen, Decodern oder irgendeines Systems, die in diesem Gesetz geregelt sind, ohne den vorherigen Nachweis, der die Erfüllung der Normen enthält, die in diesem Gesetz enthalten sind (Tatbestand), als schwerer oder sehr schwerer Verstoß im Anwendung des Artikels 33 II lit. h) und III lit. c) der Ley 31/1987, de Ordenación de las Telecomunicaciones (Anm.: LOT) sanktioniert wird; bei dem Sanktionsverfahren, das eingeleitet werden kann, können gegebenenfalls die Vorsichtsmaßnahmen des Artikels 34 II und III des genannten Gesetzes ergriffen und die Sanktionen dieser Norm auferlegt werden (Rechtsfolge).

Gegenüber dem verständlich formulierten Tatbestand der Sanktionsnorm wirft die Rechtsfolge, genauer gesagt ihr Verweis in die Normen der inzwischen außer Kraft gesetzten LOT, erhebliche Probleme auf: Die LGT, das neue

[346] Vgl. die Ausführungen zu den Kabelfernseh-Veranstaltern unter D.X.7.e.
[347] Vgl. dazu unter D.I.2.c.cc.

allgemeine Telekommunikationsgesetz von 1998 hat fast alle Normen ihrer Vorgängerin LOT außer Kraft gesetzt, auch die Genannten. Andererseits erklärt diese LGT[348] die Ley 17/1997 - und damit auch diese Sanktionsvorschrift mit ihrem Verweis in die alte LOT - für anwendbar, so daß die LGT sich selbst widerspricht. M.E. müssen heute die Sanktionsvorschriften der neuen LGT an die Stelle der LOT treten; dies sind bezüglich der Sanktionen für Verstöße gegen die Ley 17/1997 die Artt. 79 Nr. 8 i.V.m. 82 LGT, nach denen die o.g. Verstöße mit einem Bußgeld von bis zu 100 Mio. Peseten (ca. 600.000,- €) bestraft werden können.

[348] In ihrer 11. Zusatzbestimmung.

VI. Die gesetzliche Ordnung des spanischen Staatsfernsehens: Die Ley 4/1980, Estatuto[349] de la Radio y de la Televisión[350] (ERTV)

1. Einführung

Die Verabschiedung des ERTV im Jahre 1980 stellt die erste große Reform des spanischen Rundfunksystems dar[351], die mit der gesamten Neuordnung der spanischen Gesellschaft in den Jahren der Übergangszeit („transición“, 1975 - 1982) zusammenfällt. Am Beispiel des ERTV ist wiederum die enge Verknüpftheit der spanischen Geschichte dieses Jahrhunderts mit der Rundfunkgeschichte zu erkennen.

Die 1973 durch die Zusammenfassung von RNE und TVE entstandene RTVE war zunächst noch mit Regierungsbeamten Francos besetzt, die sich nach Francos Tod (am 20.11.1975) den grundlegenden Veränderungen der spanischen Gesellschaft widersetzten. Das v.a. seit den 1960'er Jahren von Franco als Verbreitungsmedium seiner Staatsideologie genutzte Staatsfernsehen TVE gehörte zu den Institutionen, die wegen ihrer ideologischen Unbeweglichkeit und wegen ihres Widerstandes gegen die demokratischen Veränderungen als fortdauernde und sichtbare Bastion des zentralistischen Nationalstaates angesehen wurde. Vor allem TVE blieb im kollektiven Bewußtsein der Spanier zumindest bis 1980 personell und wegen seiner Organisationsstruktur ein unzeitgemäßer Restbestand des franquistischen Regimes[352]; es mag wohl nur Zufall, aber gleichwohl ein Indiz des Gleichschritts von Spaniens nachfranquistischer Geschichte mit der Rundfunkgeschichte sein, daß der zweite Ministerpräsident Spaniens nach Franco, Adolfo Suárez (Ministerpräsident vom 03.07.1976 bis 15.02.1981), vormals Direktor der RTVE war.

Gleichzeitig war der Politik und der Öffentlichkeit - nicht zuletzt auch wegen der Erfahrungen im spanischen Bürgerkrieg, in dem Radiosender erheblich für Propagandazwecke mißbraucht worden waren - die Dominanz der öffentlichen Medien als Machtfaktoren bewußt. Als zu Beginn der Übergangszeit zusätzlich das erhebliche Mißmanagement, Finanz- und Personalskandale innerhalb das RTVE bekannt wurden und die regierende UCD dadurch zunehmend in die Kritik geriet, sollten die Probleme innerhalb der RTVE durch das neue

[349] Selbstverständlich handelt es sich bei diesem „Estatuto“ um ein einfaches Gesetz (Ley 4/1980), nicht etwa um eine Verordnung oder Satzung (so die wörtliche Übersetzung des Begriffs) – vgl. Martín y Perez de Nanclares, Die EG-Fernsehrichtlinie, 1995, S. 362, FN 638 m.w.N.

[350] Ley 4/1980, de 10.01.80, del estatuto de la radio y la televisión, B.O.E. núm. 11, de 12.01.1980, S. 844; s. den Abdruck des Gesetzestextes samt Übersetzung im Anhang dieser Arbeit.

[351] Villagrasa, 1992, S. 339.

[352] Spangenberg, Die Liberalisierung des Fernsehens, 1998, S. 613 m.w.N.

Fernsehstatut ERTV, v.a. durch die strukturelle Neuorganisation der RTVE durch das ERTV gelöst werden.

Es liegt auf der Hand, daß neben den politischen Motiven auch die technische Entwicklung eine Motivation für diese erste umfassende gesetzliche Regelung des staatlichen Rundfunks war; nach einer Literaturansicht kam das ERTV, um ein gesetzgeberisches Vakuum zu füllen, das bestand, seit das Fernsehen sich in Spanien als Kommunikationsmedium zu entwickeln begann[353].

Das ERTV ist ein verschlepptes Reformprojekt, dessen Erlaß bereits 1977 im Moncloa-Pakt[354] vereinbart worden war; die Verabschiedung verzögerte sich allerdings - wie auch später die lange geplante Verabschiedung des Privatfernsehgesetzes LTP[355] - durch die Parlamentsauflösung von 1978, so daß das Gesetzgebungsverfahren erst im Mai 1979 von der UCD in Gang gesetzt und im Januar 1980 vollendet wurde[356].

Das Studium des ERTV ist essentiell für das Verständnis der spanischen Regulierung des Staatsrundfunks und speziell für die Einstufung des Rundfunks als öffentlicher Dienst. Das ERTV soll - in Erfüllung des Gesetzgebungsauftrags des Artikels 20 III CE - einerseits ein demokratisches Organisationsmodell für alle staatlichen Rundfunksender (auch die der Autonomieregionen) schaffen, andererseits versuchen, diesen Sendern eine gewisse Unabhängigkeit gegenüber den Regierungen zu geben und schließlich die parlamentarische Teilhabe bei der Schaffung der Organe dieser Sender absichern[357].

2. Der Anwendungsbereich des ERTV

Art. 1 I ERTV, der Beginn des Kapitels I „Allgemeine Prinzipien und Anwendungsrahmen“, bestimmt kurz den Anwendungsbereich des ERTV:

„**Art. 1**
(I) Die sozialen Kommunikationsmedien, auf die sich dieses Statut bezieht, sind Hörfunk und Fernsehen.“

Obgleich das ERTV als Grundnorm des staatlichen Rundfunks RTVE angesehen werden kann, bezieht sich das Kapitel I nicht nur auf den Staatsrundfunk, sondern es soll nach klarem Wortlaut des Art. 1 I ERTV „die sozialen Kommunikationsmedien Hörfunk und Fernsehen“ in ihrer Gesamtheit regeln.

---

[353] González Ballesteros, El Derecho de réplica, 1981, S. 209.

[354] Der Moncloa-Pakt vom 27.10.1977 ist ein Abkommen, in dem zwischen allen politischen Kräften Rahmenrichtlinien für den langsamen Übergang Spaniens zur Demokratie festgelegt wurden. Vgl. Sommermann, Schutz der Grundrechte, 1984, S. 78 f.; Spangenberg, Die Liberalisierung des Fernsehens, 1998, S. 613 f.; Villagrasa, 1992, S. 339.

[355] Vgl. die historische Einführung unter A.IV.2.b.aa.

[356] S. zum iter legis des ERTV Abad Alcalá, El servicio público, 1999, S. 17.

[357] García Llovet, Régimen jurídico, 1991, S. 267.

Zumindest die ersten drei Artikel beziehen sich also nach dem Klammerprinzip allgemein auf alle Rundfunkveranstalter. Dagegen ist ab Artikel 5 die öffentliche Körperschaft RTVE (ihre Organisationsstruktur, ihr Betrieb, ihre Finanzierung etc.) das Regelungsobjekt[358].

Schon an diesem weiten Regelungsbereich des Kapitels I (Artt. 1 bis 4) ERTV kann seine erhebliche Bedeutung für den gesamten Rundfunk in Spanien erahnt werden, die inhaltliche Analyse wird dies verdeutlichen.

3. Die Einstufung des Rundfunks als öffentlicher Dienst

Ein für den gesamten Rundfunk elementares Grundprinzip enthält Art. 1 II ERTV:

„**Art. 1 (II)** Hörfunk und Fernsehen sind wesentliche öffentliche Dienste, deren Rechtsinhaberschaft der Staat innehat."

Art. 1 II ERTV nimmt die vieldiskutierte Einstufung des Rundfunks in Spanien vor, indem er Hörfunk und Fernsehen als „wesentliche öffentliche Dienste, deren Rechtsinhaberschaft der Staat innehat" („servicios públicos esenciales cuya titularidad corresponde al Estado") definiert[359]. Dieser Vorbehalt i.S.d. Art. 128 II CE zugunsten des Staates, der auch in bezug auf das Privatfernsehen für verfassungsgemäß erklärt wurde[360], wird mit den wichtigen Aufgaben der Kommunikationsmedien für das Allgemeinwohl und die Grundwerte der CE begründet. Bereits in der - zum Gesetzestext dazugehörigen - Präambel des ERTV werden die Aufgaben des Rundfunks definiert, die wie folgt zusammengefaßt werden können:

- Lieferung eines essentiellen Mediums der Information und der Teilhabe der Bürger;
- Handeln als Medium der öffentlichen Meinungsbildung;
- Kooperation mit dem Schul- und Erziehungssystem;
- Verbreitung der spanischen Kultur und der ihrer Nationalitäten und Regionen;
- Handeln als Hauptmedium zur Klarstellung, daß Freiheit und Gleichheit tatsächlich und effektiv gegeben sind; und
- spezieller Schutz der Minderheiten und gegen die Diskriminierung der Frau.

[358] Vgl. Abad Alcalá, El servicio público, 1999, S. 17 f.

[359] S. zur Einordnung des Fernsehens als öffentlicher Dienst auch unter D.I.2.a.aa. und die umfangreichen Ausführungen bei Chinchilla Marín, La radiotelevisión como servicio público esencial, 1988, S. 61; Esteve Pardo, Régimen jurídico-administrativo de la televisión, 1984, S. 79; García Llovet, Régimen jurídico de la radiodifusión, 1991, S. 169.

[360] Vgl. unter C.II.5., dort w.N.

Am Ende der Präambel wird das Ziel des ERTV dargestellt als „Schaffung einer adäquaten organisatorischen Struktur zur Erfüllung der vorgenannten Prinzipien in einer Gesellschaft der ständigen Veränderung“[361]. Um dies umzusetzen, wählte der Gesetzgeber den Status des öffentlichen Dienstes für beinahe den gesamten Rundfunk, der freilich von Privatpersonen indirekt mittels Konzessionsvertrags betrieben werden kann, vgl. Artt. 1 und 2 LTP, Artt. 1 I und 3 LTCC und Artt. 2 und 4 LTL.

Abgesehen vom Satellitenfernsehen, das gem. Art. 1 I der LTS ausdrücklich nicht als öffentlicher Dienst eingestuft wird, gleichwohl aber gem. Art. 3 I desselben Gesetzes genehmigungsbedürftig ist, sind alle anderen Formen des Fernsehens ein öffentlicher Dienst, woraus das Erfordernis einer berechtigenden Verwaltungskonzession und die Möglichkeit einer umfassenden staatlichen Kontrolle resultiert, damit Private das Fernsehen indirekt „für den Staat“ betreiben können, Art. 25 I S. 2 LOT[362].

4. Die Beschränkung auf das terrestrisch ausgestrahlte Fernsehen

Es ist darauf hinzuweisen, daß sich das ERTV gem. Art. 1 II ERTV trotz des sehr allgemeinen Wortlauts heute ausschließlich auf die *terrestrisch* ausgestrahlten staatlichen Fernsehdienste bezieht[363]. Dies wird in der 6. Zusatzbestimmung zum Satellitenfernsehgesetz Ley 37/1995 (LTS) ausdrücklich klargestellt und ergibt sich aus der Systematik der heute bestehenden Rundfunkordnung, die Spezialgesetze für das Kabelfernsehen (LTCC, Ley 42/1995, s. dazu D.X.) und das Satellitenfernsehen (LTS, Ley 37/1995, s. dazu D.IX.) enthält.

5. Die Hörfunkdefinition des Art. 1 III ERTV

In Artikel 1 III ERTV wird die Definition des Hörfunks vorgenommen als „die Herstellung und Verbreitung von Geräuschen durch radioelektrische Ausstrahlung durch Wellen oder Kabel, die mittelbar oder unmittelbar für das Publikum oder einen Bereich desselben bestimmt ist, und zwar mit politischen, religiösen, kulturellen, erzieherischen, künstlerischen oder kommerziellen Zielen, oder zur einfachen Unterhaltung oder Werbung“[364].

---

[361] Vgl. Muñoz Machado, Servicio público III, 1998, S. 37 m.w.N.; Abad Alcalá, El servicio público, 1999, S. 18.

[362] Vgl. o. D.I.2.a.aa.

[363] Zu bedenken ist, daß im Erlaßjahr des ERTV 1980 die Verbreitungsarten Kabel und Satellit noch nahezu unbekannt waren.

[364] Die vormals in Artikel 1 IV ERTV enthaltene Definition des Fernsehens ist heute dem Artikel 3 a) LID zu entnehmen: Danach ist „Fernsehen“ die „Erstausstrahlung von Fernsehprogrammen, sei sie drahtlos oder drahtgebunden, erdgebunden oder durch Satelliten, verschlüsselt oder unverschlüsselt, die sich an die Allgemeinheit richtet. Der Begriff schließt den Austausch von Programmen zwischen natürlichen und juristischen Personen, seien es

Heute sendet RTVE über seine Hörfunkgesellschaft RNE sechs landesweite Hörfunkprogramme[365].

6. Der Regelungsbereich des ERTV, Art. 2 ERTV

Art. 2 ERTV formuliert den Regelungsbereich des ERTV wie folgt:

„**Art. 2**
(I) Das vorliegende Statut und die es ergänzenden technischen Regelungen dazu sind die Grundnormen der Regelung der öffentlichen Dienste Hörfunk und Fernsehen und finden generelle Anwendung im ganzen nationalen Territorium.
(II) Die Regierung kann nach gesetzlicher Befugniserteilung durch die Cortes Generales den Autonomieregionen die direkte Betreibung eines Fernsehkanals in öffentlicher Trägerschaft abtreten, der speziell für den territorialen Raum jeder Autonomiegemeinschaft geschaffen wird.
(III) Organisation und parlamentarische Kontrolle des im vorgenannten Absatz genannten dritten regionalen Kanals sind, genauso wie Hörfunk und Fernsehen desselben territorialen Raums, bezüglich seiner Organe und seiner Funktionsweise im Einklang mit den Kriterien, die Artikel 5 bis 12 und 26 dieses Statuts aufstellt, und nach dem Gesetz der Autonomieregion zu regeln.“

a. Nationaler Regelungsbereich, Art. 2 I ERTV

Art. 2 I ERTV legt fest, daß das ERTV samt seiner ergänzenden technischen Regelungen die Grundnorm für die öffentlichen Dienste Hörfunk und Fernsehen ist und im ganzen Territorium Spaniens Geltung hat. Bei Erlaß des ERTV im Jahre 1980 war es ohnehin noch die erste nachfranquistische rundfunkrechtliche Kodifizierung; daß das ERTV nur als „Grundnorm“ bzw. Basisnorm dient, entspricht der Konzeption des Art. 149 I Nr. 27 CE, die dem spanischen Staat nur die Gesetzgebungskompetenz zum Erlaß von Basisnormen der Ordnung von Rundfunk und Fernsehen gibt, während die Autonomieregionen die Kompetenz zum Erlaß weitergehender Normen im Rundfunkbereich innehaben[366].

b. Geltung in den Autonomieregionen, Art. 2 II und III ERTV

Von weitaus größerer Bedeutung sind die Absätze II und III des Artikels 2 ERTV: Sie betreffen den Anwendungsbereich des ERTV innerhalb der Gebiete

---

öffentliche oder privatrechtliche, mit ein, die die Fernsehausstrahlung für die Allgemeinheit zum Ziel haben. Im Gegensatz dazu sind Kommunikationsdienste, die auf individuellen Abruf Informationen oder andere Inhalte übermitteln, wie Fernkopierdienste, elektronische Datenbanken und andere ähnliche Dienste, nicht mit erfaßt“. – Eine ältere - aber noch in Kraft befindliche - Definition des Fernsehens enthält daneben auch Art. 25 II S.2 und III der Ley 31/1987, de 18.12.87, de Ordenación de las Telecomunicaciónes (LOT). S. zum Fernsehbegriff auch unter D.II.1.b.aa.

365 Vgl. das Organigramm der RTVE in Antena de Radio y Televisión Nr. 94 vom Januar 2000, S. 11.

366 S. zu den Gesetzgebungskompetenzen oben C.III.

der Autonomieregionen als Basisnorm für die Organisation der staatlichen Fernsehkanäle der Autonomieregionen.

aa. Der Beginn der Dezentralisierung, Art. 2 II ERTV

Die Regelung des Art. 2 II ERTV sah erstmals die Möglichkeit vor, nach gesetzlicher Befugniserteilung durch die Cortes Generales (also des Ober- und Unterhauses des spanischen Parlaments) den Autonomieregionen die Gründung eigener staatlicher Fernsehveranstalter nach den Organisationsregeln des ERTV einzuräumen.

Die Bedeutung dieser Regelung ist deshalb enorm, weil sie den Anfang vom Ende des Fernsehmonopols der RTVE bedeutete. Es muß hier betont werden, daß es zur Abtretung dieses Rechts[367] nach eindeutigem Wortlaut des Art. 2 II ERTV („*kann nach* gesetzlicher Befugniserteilung (...) abtreten") noch einer gesetzlichen Befugniserteilung bedurfte, diese Norm also noch keine wirksame Ermächtigungsgrundlage zum Betrieb eigener staatlicher Fernsehsender der Autonomieregionen darstellt, sondern eben nur die *Möglichkeit* einer solchen Ermächtigung der Autonomieregionen vorsah[368].

Die Umsetzung dieser Ermächtigungsmöglichkeit durch das spanische Parlament dauerte noch bis zum 26.12.1983, an dem das Gesetz zum Dritten Fernsehkanal (LTC)[369] schließlich verabschiedet wurde, aufgrund dessen die Autonomieregionen ihre Sender errichten und betreiben konnten[370]. Ungeachtet der fehlenden Ermächtigungsgrundlage[371] verabschiedete die Autonomieregion Baskenland allerdings schon am 20.05.1982 ihr eigenes Gesetz zur Errichtung ihres Dritten Fernsehkanals[372], die Autonomieregion Katalonien tat dasselbe nur 10 Tage später, am 30.05.1982[373] und sie begannen bereits im Laufe des Jahres 1983 den Sendebetrieb ihrer staatlichen Dritten Fernsehprogramme[374].

---

[367] Abtretung des Rechts durch den Zentralstaat an die Autonomieregionen; der Zentralstaat ist gem. Art. 1 II ERTV Rechtsinhaber des öffentlichen Dienstes Fernsehen.

[368] So die ganz h.M., vgl. López-Escobar, Vulnerable Values, 1992, S. 163; Villagrasa, 1992, S. 339; De Mateo, Internationels Handbuch 1998/99, S. 538; a.A. Montoro Chiner, Spanische Kompetenzverteilung im Bereich von Kultur, Bildung und Medien, 1990, S. 201.

[369] Ley 46/1983, de 26.12.83, reguladora del tercer canal de televisión; B.O.E. núm. 4, de 05.01.84, S. 247.

[370] Zur LTC s. die Ausführungen unter D.VII. in dieser Arbeit.

[371] Martín y Pérez de Nanclares, Die EG-Fernsehrichtlinie, 1995, S. 364; vgl. López-Escobar, Vulnerable Values, 1992, S. 163; De Mateo, Internationales Handbuch 1998/99, S. 538.

[372] Ley de la Comunidad Autónoma del País Vasco 5/1982, de 20.05.82, de creación del Ente Público „Radiotelevisión Vasca"; B.O.P.V. núm. 71 de 02.06.1982. – Es ist fraglich, ob das Baskenland dieser Ermächtigungsklausel bedurfte, da sein Autonomiestatut keine Unterwerfungsklausel bezüglich des ERTV enthält. S. dazu oben C.III.2.b.

[373] Ley de la Comunidad Autónoma de Cataluña 10/1983, de 30.05.82, de creación del Ente Público „Corporación Catalana de Radio y Televisión", y regulación de los servicios de radiodifusión y televisión de la Generalidad; B.O.G.C. núm. 337 de 14.06.1983. Zumindest in

Daß dieses Verhalten von der spanischen Regierung als inakzeptabel und die Ausstrahlung über nicht durch den Staat zugewiesene Frequenzen als illegal bezeichnet wurde[375], liegt auf der Hand und paßt zu den noch heute schwelenden Streitigkeiten um die Kompetenzverteilung zwischen den Autonomieregionen, v.a. dem Baskenland und Katalonien einerseits und dem spanischen Zentralstaat andererseits[376]. -

Allerdings war die Dezentralisierung des Staates in die Autonomieregionen, deren Sprachen und kulturelle Identität von der Franco-Diktatur massiv unterdrückt worden waren, eines der Hauptziele der Demokratisierung[377]. Deshalb liegt es nahe, daß die durch Art. 2 II ERTV vorbereitete Möglichkeit der Dezentralisierung des öffentlichen Fernsehens für die Autonomieregionen eine große kulturelle Chance war, die diese schnellstmöglich nutzten und ihre staatlichen Fernsehkanäle gründeten, die erstmals wieder in ihren eigenen Regionalsprachen sendeten und senden[378].

Betrachtet man allein die tatsächlichen Auswirkungen, so ist Art. 2 II ERTV die einschneidendste Norm der neuen Rundfunkordnung, die das ERTV erschaffen sollte: Sie läutete das faktische Ende des zentralstaatlichen Rundfunkmonopols ein und war ein sehr wichtiger Schritt für die Regionalisierung Spaniens und das Wiederaufleben seiner Sprachen nach dem Ende der Diktatur.

bb. Organisation und Kontrolle der Dritten Kanäle, Art. 2 III ERTV

Art. 2 III ERTV bindet die zukünftigen Dritten Kanäle bezüglich ihrer Organisation und parlamentarischen Kontrolle an die Kriterien, die die Artt. 5 bis 12 und 26 ERTV (grds. für die RTVE) aufstellen[379]. Es sollen also die Prinzipien

---

diesem Falle fehlte die gesetzliche Ermächtigungsgrundlage, da die LTC noch nicht erlassen war.

374 Souvirón Morenilla, El derecho público de los medios audiovisuales, 1999, S. 91.

375 Villagrasa, 1992, S. 342; vgl. auch Spangenberg, Die Liberalisierung des Fernsehens, 1998, S. 615.

376 Die ständigen Kompetenzstreitigkeiten zwischen dem spanischen Zentralstaat und den Autonomieregionen, v.a. Baskenland und Katalonien, sind Folge der aus deutscher Sicht unzureichenden Kompetenzverteilung in der CE: Entgegen der eindeutigen Verteilung der Gesetzgebungskompetenzen in den Artt. 70 – 75 GG legt die CE in Art. 149 zwar die ausschließlichen Kompetenzen des Zentralstaates fest, regelt in Art. 148 CE aber nur Kompetenzen, die die Autonomieregionen übernehmen *können*, und zwar mittels der mit dem Zentralstaat ausgehandelten Autonomiestatute. Für die Kompetenzverteilung kommt es also entscheidend auf die Verhandlungen der jeweiligen Autonomieregion mit dem Zentralstaat an; daß es hier zu Konfrontationen der politischen Rivalen kommen kann, ist offensichtlich und in Spanien heute beinahe Tradition.

377 Spangenberg, Die Liberalisierung des Fernsehens, 1998, S. 614.

378 Heute senden sechs Autonomieregionen je ein oder zwei eigene Fernsehprogramme, zwei weitere Autonomieregionen werden mittelfristig dazukommen, s.u. D.VII.1.

379 S. dazu auch Art. 8 LTC.

der Organisation und demokratischen Kontrolle des Staatsfernsehens, die das ERTV zunächst für die damals in chaotischem Zustand befindliche[380] RTVE einführte, auch für die Dritten Fernsehkanäle der Autonomieregionen gelten. Da das ERTV nur die Basisnorm darstellt, bestimmen sich die genauen Regeln nach den jeweiligen Gesetzen der Autonomieregionen zum Dritten Kanal[381] - und nach der LTC, dem Gesetz über die Dritten Fernsehkanäle.

7. Die Frequenzzuteilung, Art. 2 IV ERTV

Art. 2 IV ERTV enthält eine Befugnisnorm für die spanische Regierung:

„**Art. 2 (IV)** Die Zuteilung von Frequenzen erfolgt durch die Regierung in Anwendung der Vereinbarungen und internationalen Verträge und der Beschlüsse und Richtlinien der internationalen Organisationen, die den spanischen Staat binden."

Damit wird unmißverständlich festgelegt, daß die Frequenzzuteilung allein Sache der Regierung des spanischen Staates ist, der wiederum an internationale Vereinbarungen (z.B. der Wellenkonferenz von Montreux 1977 oder das Fernsehübereinkommen des Europarats aus dem Jahre 1989) gebunden ist[382]. Diese Norm entspricht der Regelung des Art. 149 I Nr. 21 CE, der dem Staat die ausschließliche Kompetenz über die Radiokommunikation (also die Rundfunktechnik) verleiht.

8. Artikel 3 ERTV

„**Art. 3** Dieses Statut ist in Anwendung der Kriterien des Respekts, der Weiterentwicklung und der Verteidigung der verfassungsmäßigen Werte zu interpretieren und anzuwenden."

Diese Norm ist vor dem historischen Hintergrund des Erlaßjahres des ERTV 1980 zu sehen: Die CE war erst seit gut einem Jahr in Kraft, als die - aus heutiger Sicht als deklaratorisch anzusehende - Respektierung, Weiterentwicklung und Verteidigung der verfassungsmäßigen Werte kodifiziert wurde.

Die Feststellung der Verfassungsbindung des ERTV gab Anlaß zu Überlegungen in der Literatur, ob der Erlaß in Form eines einfachen Gesetzes verfassungsgemäß war oder nicht[383]; der TC erklärte es für verfassungsmäßig[384].

---

[380] Vgl. die Ausführungen unter A.IV.1.

[381] Die Fundstellen der Gesetze der Autonomieregionen zum Dritten Kanal befinden sich im Abschnitt D.VII.1. dieser Arbeit.

[382] Schon wegen Art. 2 IV ERTV muß - abgesehen von der fehlenden Ermächtigungsgrundlage - der Betrieb eigener Dritter durch das Baskenland und Katalonien im Jahre 1983 mangels wirksamer Frequenzzuweisung als rechtswidrig angesehen werden.

[383] Die Überlegungen in der Lit. bezogen sich auf Art. 3 ERTV, nach dem jeder Teil des ERTV mit der CE im Einklang stehen müsse, auch die Form seines Erlasses. Angesichts der Tatsache, daß das ERTV als einfaches Gesetz erging, müsse es aus folgendem Grund verfassungswidrig sein: Wenn Art. 1 I das Fernsehen als ein soziales Kommunikationsmedium definiert, dann sei es auch ein adäquates Instrument, das die Ausübung der Meinungsfreiheit

9. Die allgemeinen Programmgrundsätze aus Artikel 4 ERTV

Art. 4 ERTV ist eine höchst wichtige allgemeine Norm für die Programmgestaltung aller spanischen Rundfunkveranstalter. Sie betrifft nach ihrem Wortlaut zwar nur den Staatsrundfunk, wurde aber wortgleich in Art. 5 LTC und in Art. 6 LTL übernommen, ferner beziehen Art. 3 LTP und die 7. Zusatzbestimmung LTS diese Regelung ausdrücklich in die LTP und die LTS mit ein.

Diese Grundnorm allgemeiner Programmgrundsätze lautet:

„**Art. 4** Die Tätigkeit der sozialen Kommunikationsmedien des Staates gestaltet sich nach folgenden Prinzipien:
a) Der Objektivität, der Wahrhaftigkeit und Unparteilichkeit der Informationen.
b) Der Trennung zwischen Information und Meinung, ferner der Identifizierung, von wem letztere stammt, und ihr freier Ausdruck innerhalb der Grenzen des Artikels 20 IV der Verfassung.
c) Des Respekts des politischen, religiösen, sozialen, kulturellen und sprachlichen Pluralismus.
d) Des Respekts der Ehre, des Rufs, des Privatlebens der Personen und der Rechte und Freiheiten, die die Verfassung kennt.
e) Des Schutzes der Jugend und der Kindheit.
f) Des Respekts der Gleichheitsgrundrechte des Artikels 14 der Verfassung."

a. Reichweite der Regelung

RTVE, die Rundfunkanstalten der Autonomieregionen und die privaten Konzessionäre des öffentlichen Dienstes Fernsehen sind an die verfassungsmäßige Ordnung gebunden. Sie alle sind v.a. an die Prinzipien und Grenzen der Rund-

---

und des Informationsrechts der Bürger aus Art. 20 I CE regelt. Da Art. 20 CE aber Teil des Kapitels II Abschnitt I der CE mit dem Titel „Die Grundrechte und öffentlichen Freiheiten" sei, müsse diese Regelung der Ausübung des Informationsrechts und der Meinungsfreiheit nach klarem Wortlaut des Art. 81 I CE („Organgesetze sind solche, die sich auf die Entwicklung der Grundrechte und der öffentlichen Freiheiten beziehen (...)") aber durch Organgesetz geregelt werden, weshalb die Regelung per einfachem Gesetz verfassungswidrig sei. Abad Alcalá, El servicio público, 1999, S. 20 f.; González Ballesteros, El derecho de réplica, 1981, S. 229.

[384] STC 12/1982, JC Bd. 3, S. 160 erklärt das ERTV für verfassungsgemäß, ohne jedoch auf dieses Problem einzugehen. In einem späteren Verfahren (STC 127/ 1994, JC Bd. 39, S. 1 (38)) wurde allerdings im Rahmen einer Verfassungsbeschwerde gegen die LTP, die ebenso als einfaches Gesetz erging, dieses Argument vorgebracht. Der TC beantwortete das Problem damit, daß nicht alles, was die Grundrechte betreffe, eine Fortentwicklung dieser sei, die ein Organgesetz erfordere; vielmehr verpflichte die CE den Gesetzgeber nicht, einfache Modalitäten der Ausübung der Grundrechte per Organgesetz zu regeln. Die LTP und ebenso auch das ERTV regelten also nur Modalitäten der Grundrechtsausübung und konkretisierten selbige nicht, so daß es keines Organgesetzes bedurfte.

funkfreiheit gebunden, die speziell in Art. 4 ERTV ihren einfachgesetzlichen Niederschlag gefunden haben[385].

Die in Art. 4 ERTV aufgezählten Prinzipien sollen „die Tätigkeit" der sozialen Kommunikationsmedien leiten. Umstritten ist in bezug auf den landesweiten Staatsrundfunk, ob damit alle Aktivitäten der RTVE oder nur die Programmtätigkeiten gemeint sind. Angesichts der Tatsache, daß Art. 4 ERTV typische allgemeine Programmgrundsätze enthält, so wie sie z.T. auch in §§ 3, 25 und 41 RfStV und den Landesrundfunkgesetzen (z.B. § 31 LRG Rh.-Pf.) niedergelegt sind, können darunter allein die *Programm*tätigkeiten der RTVE, also die Tätigkeiten im engeren Sinne, verstanden werden[386].

Diese Regelung wurde in späteren Rundfunkgesetzen mehrfach kopiert oder in Bezug genommen, s.o., was ihren Anwendungsbereich erweitert[387] und ihrer hohen Bedeutung Ausdruck verleiht.

In bezug auf den Staatsrundfunk RTVE ist anzumerken, daß der RTVE-Verwaltungsrat 1981 in Ausübung seiner Kompetenz aus Art. 8 I lit. d) ERTV[388] einen bis heute wirksamen Katalog der Programm-Grundprinzipien für RTVE erlassen hat, in den die Vorgaben der Präambel des ERTV und der Artt. 3 und 4 ERTV eingeflossen sind.

b. Die Objektivität, Wahrhaftigkeit und Unparteilichkeit der Information, Art. 4 lit. a) ERTV

Die Objektivität, die Wahrhaftigkeit und die Unparteilichkeit der Information sind zweifelsohne die wichtigsten Grundsätze jeder journalistischen Tätigkeit in einer demokratischen Gesellschaft. Diese Grundsätze waren bis zum Ende der Franco-Diktatur keine Selbstverständlichkeit in Spanien[389], so daß sie ihre

---

[385] Vgl. Laguna de Paz, Régimen jurídico, 1994, S. 250 unter Bezugnahme auf die in Art. 5 II GG genannten Schranken der Rundfunkfreiheit.

[386] So die h.M., vgl. statt vieler Souvirón Morenilla, Derecho público de los medios audiovisuales, 1999, S. 40. Dafür spricht auch der Wortlaut des Art. 8 I ERTV, der von der „Erfüllung des im Kapitel I Festgelegten *im Programm*" spricht. - A.A. Abad Alcalá, El servicio público, 1999, S. 22, der den Tätigkeitsbegriff sehr weit auslegt, so daß sich jede Tätigkeit, z.B. auch im Bereich des Abschlusses von Arbeits- oder Kaufverträgen, an diesen Prinzipien orientieren müsse.

[387] Diese ursprünglich allein für den spanische Staatsrundfunk RTVE formulierten Regeln gelten heute gem. Art. 5 LTC ebenso für die staatlichen Fernsehkanäle der Autonomieregionen, gem. Art. 6 LTL für die Lokalfernsehveranstalter, gem. Art. 3 LTP für alle landesweiten Privatfernsehveranstalter und gem. der 7. Zusatzbestimmung der LTS für alle Satellitenfernsehanbieter.

[388] Art. 8 I lit. d) ERTV: „... die Festlegung der Grundprinzipien und der Grundlinien des Programmms", s. zu den Aufgaben des Verwaltungsrats sogleich unter D.VI.10.b.aa.(2).

[389] S. auch o. die Geschichte des spanischen Rundfunks unter A.III.

Kodifizierung in diesem ersten, noch heute wichtigen Rundfunkgesetz gefunden haben.

Die sozialen Kommunikationsmedien haben in der modernen Gesellschaft eine privilegierte Stellung erreicht, so daß sie als ein unentbehrliches Instrument zur Information der Bürger und zur Formierung politischer Meinungen angesehen werden. Dies gelte speziell für die öffentlichen sozialen Kommunikationsmedien - seinen sie als öffentliche Dienste eingestuft oder nicht -, welche verpflichtet seien, die gesellschaftlichen Funktionen zu erfüllen, die die Gesellschaft ihnen auferlege[390].

Als Grundlage jeder journalistischen Tätigkeit schließen Objektivität und Unparteilichkeit aber z.B. eine bestimmte politische Tendenz eines Rundfunkveranstalters nicht aus[391]. In concreto ändert sich in Spanien nach jedem Regierungswechsel, der jedesmal einen Wechsel des Generaldirektors[392] und des Verwaltungsrats[393] der RTVE nach sich zieht, auch die Tendenz des Staatsrundfunks RTVE. Deshalb wird zutreffend darauf hingewiesen, daß Objektivität und Unparteilichkeit nicht als absolutes Gleichgewicht gegenüber den grundlegenden Werten zu verstehen seien, sondern sie bedeuteten Sendung und Empfang der ideologischen Positionen der gesellschaftlichen Akteure; Unparteilichkeit verlange dieselbe informative Behandlung aller öffentlichen Akte der verschiedenen politischen, gewerkschaftlichen, sozialen, kulturellen und religiösen Kräfte[394].

Die Notwendigkeit der Wahrhaftigkeit der Informationen sei das logische Korrelat zweier konkurrierender Dimensionen der sozialen Kommunikationsmedien: Zum einen bewirke die spezielle kommunikative Natur des Fernsehens, welches Bild und Ton vereinige, einerseits die Unmöglichkeit für den Informierenden, eine umfassende Vertiefung des Übertragenen vorzunehmen (dies im Gegensatz zur Presse), andererseits sei es auf Empfängerseite unmöglich, die Informationsaufnahme zu wiederholen. Zum anderen sei das Fernsehen die (gerade in Spanien) meistgenutzte Informationsquelle und der

---

[390] Rosado Iglesias, La Televisión pública en España, 1999, S. 308.

[391] Man könnte darüber streiten, ob es einen Journalismus ohne Tendenz überhaupt gibt. M.E. haftet dem Wort „Information" grundsätzlich eine gewisse Wertung und damit Subjektivität an, die sich schon in der bloßen Auswahl, eine Nachricht zu senden oder nicht, ausdrückt. – Vgl. Jarass, Rundfunkbegriffe im Zeitalter des Internet, AfP 1999, S. 135, der darauf hinweist, daß die Vermittlungsfunktion bzw. die redaktionelle Darbietung u.a. die Entscheidung des Rundfunkunternehmers über die Aufnahme bestimmter Inhalte in sein Angebot kennzeichne, so daß Rundfunk in diesem Sinne die Beeinflussung der Inhalte durch das Rundfunkunternehmen *erfordere*.

[392] Gem. Art. 10 I ERTV wird der Generaldirektor durch die Regierung ernannt.

[393] Gem. Art. 7 I ERTV wird der Verwaltungsrat „für jede Legislaturperiode" gewählt. S. zu den Organen der RTVE sogleich D.VI.10.b.

[394] Rosado Iglesias, La Televisión pública en España, 1999, S. 311 m.w.N.

Glaube an das auf einem Fernsehbildschirm Erscheinende fast vollkommen[395], was das Erfordernis der Wahrheit der Information unterstreiche[396]. Deshalb verlangt der RTVE-Verwaltungsrat einen erheblichen Sorgfalts- und Überprüfbarkeitsstandard der von den RTVE-Medien ausgestrahlten Informationen.

c. Trennung von Information und Meinung, Identifizierung der Meinung, Art. 4 lit. b) ERTV

Art. 4 lit. b) ERTV legt das Gebot der Trennung von Information und Meinung[397] fest, ferner eine Kennzeichnungspflicht, von wem die verbreitete Meinung stammt. Auch dies sind allgemeine Grundsätze jeder journalistischen Tätigkeit in einem demokratischen System. Sie entstammen der Informationsfreiheit der Fernsehzuschauer und begrenzen die Ausübung der Meinungsäußerungsfreiheit aus Art. 20 IV CE[398] zugunsten des Rechts der Zuschauer, informiert zu werden[399].

Es wird in diesem Zusammenhang die Problematik der Unterscheidung von Information und Meinung genannt, weil sich Information und Meinung oftmals nicht klar abgrenzen lassen: Dies sei v.a. dann schwierig, wenn die Information Aussagen nicht über konkrete Tatsachen, sondern über Meinungen oder Positionen von Individuen oder Gruppen treffen soll.

Ferner wird zutreffend auf die Position des Informierenden hingewiesen, da unabhängig von Rechtsnatur und Eigentumsverhältnissen des Mediums jede Informationsaktivität durch die Subjektivität des Kommunizierenden beeinflußt werde[400].

---

395 Ähnlich das BVerfG in E 90, 60 (87), wonach unter den Medien dem Rundfunk wegen seiner Breitenwirkung, Aktualität und Suggestivkraft besondere Bedeutung zukomme.

396 Vgl. Rosado Iglesias, La Televisión pública en España, 1999, S. 311 f.

397 Dieser Grundsatz ist nicht zu verwechseln mit dem in Deutschland als „Trennungsgrundsatz“ bezeichneten Gebot der Trennung von Werbung und Programm – s. zu letzterem Engels, Der Trennungsgrundsatz in der dualen Rundfunkordnung, RuF 1997, S. 214.

398 Art. 20 IV CE bestimmt, daß diese Grenzen „in der Achtung der in diesem Abschnitt (Anm.: Artt. 15 – 29 CE) zuerkannten Rechte, in den Vorschriften der sie regelnden Gesetze und speziell im Recht auf Ehre, Intimsphäre, am eigenen Bild und auf Schutz der Jugend und der Kindheit“ findet. – Die letztgenannten Rechte werden gleichermaßen durch Art. 18 CE und die Ley Orgánica 1/1982, de 05.05.82, de protección civil del derecho al honor, a la intimidad personal y familiar y a la propia imagen (Gesetz zum Schutz des Rechts auf Ehre, persönliche und familiäre Intimität und des Rechts am eigenen Bild, B.O.E. núm. 115, de 14.05.82, S. 12546) geschützt. S. zum strafrechtlichen Verleumdungstatbestand die Artt. 205 und 216 des Strafgesetzbuchs, Ley Orgánica 10/1995 (Código Penal), B.O.E. núm. 281, de 24.11.1995, S. 33987, Berichtigungen in B.O.E. núm. 54, de 02.03.1996, S. 8401.

399 Montero/ Brokelmann, Telecomunicaciones y Televisión, 1999, S. 518.

400 Rosado Iglesias, Le Televisión pública en España, 1999, S. 316.

Für eine Ansicht in der Lit. ist es eine „komplexe Frage", ob die öffentlichen Kommunikationsmedien auch die Möglichkeit haben, ihre eigene Meinung über bestimmte aktuelle Fragen zu verbreiten; zumindest indiziere Artikel 4 lit. b) ERTV, daß niemals in klarer Form für eine bestimmte Meinung Partei ergriffen werden dürfe[401]. Dem ist m.E. entschieden zu widersprechen, da Art. 4 lit. b) ERTV allein die *Trennung* von Information und Meinung verlangt und damit die Äußerung einer Meinung, auch wenn sie klar einer bestimmten Richtung entspricht, nicht verbietet, solange sie nur von der Information getrennt und ihr Urheber gekennzeichnet wird.

d. Politischer, religiöser, sozialer, kultureller und sprachlicher Pluralismus

Die Regelung des Art. 4 lit. c) ERTV ist eine Ausgestaltung des in Art. 20 III CE enthaltenen Gesetzgebungsauftrags, bei der Gesetzgebung zu Organisation und Kontrolle der vom Staat abhängigen sozialen Kommunikationsmedien den „Pluralismus der Gesellschaft und der verschiedenen Sprachen Spaniens" zu achten. Dieser Auftrag hat nicht nur eine passive Dimension, sondern eine aktive, d.h. die öffentlichen Medien dürfen dieses Prinzip nicht nur nicht verletzen, sondern sie sind beauftragt, zur Formung und Bereicherung des tatsächlichen Pluralismus der Gesellschaft beizutragen[402].

Bezüglich des politischen Pluralismus wird vertreten[403], daß dieser nur während der Wahlkampfzeiten tatsächlich gewahrt bleibe, nämlich durch die spezielle Gesetzgebung für Wahlkampfzeiten, in denen den verschiedenen politischen Parteien, die an den anstehenden Wahlen teilnehmen, nach einem speziellen Schlüssel Sendezeiten zugeordnet werden[404]. Auch das Bekenntnis zum religiösen Pluralismus wird in der Literatur kritisch kommentiert: Es sei evident, daß

---

[401] Abad Alcalá, El servicio público, 1999, S. 23.

[402] García Llovet, Régimen jurídico, 1991, S. 274, der den Pluralismus als eines der definierenden Elemente des derzeitigen spanischen Verfassungsgefüges und generell aller demokratischen Gesellschaften bezeichnet. Er weist darauf hin, daß der Pluralismus bereits in den Artt. 1 I, 3 III und 9 II CE genannt wird.

STC 12/1982, JC Bd. 3, S. 160 (172) betonte bereits, daß der politische Pluralismus einer der Fundamentalwerte des Rechtsstaats sei, der die CE erschaffe und organisiere, weshalb ihn die Kommunikationsmedien innerhalb der Verfassungsordnung zu schützen hätten.

[403] Abad Alcalá, El servicio público, 1999, S. 23.

[404] Vgl. Artt. 59 – 67 der Ley Orgánica 5/1985, de 19.06.85, del Régimen Electoral General, B.O.E. núm. 147, de 20.06.1985, S. 19110 (Allgemeines Wahlgesetz), - in der Fassung, die es durch die Änderungsgesetze

- Ley Orgánica 8/1991, de 13.03.81, B.O.E. núm. 63, de 14.03.1991, S. 8425, mit Berichtigungen in B.O.E. núm. 65, de 16.03.1991, S. 8654,
- Ley Orgánica 6/1992, de 02.11.92, B.O.E. núm. 264, de 03.11.1992, S. 37167,
- Ley Orgánica 13/1994, de 30.03.94, B.O.E. núm. 77, de 31.03.1994, S. 10253 und
- Ley Orgánica 3/1995, de 23.03.95, B.O.E. núm. 71, de 24.03.1995, S. 9179, erhalten hat.

allein die katholische Kirche die einzige Konfession sei, die Zugang zum öffentlichen Fernsehen habe. Andere Konfessionen bzw. Religionen hätten trotz bestehender Kooperationsabkommen mit dem spanischen Staat[405] keinen Zugang[406].

Der Auftrag zur Respektierung des sozialen, kulturellen und sprachlichen Pluralismus sei wiederum mit Art. 20 III CE in Verbindung zu sehen, der den „bedeutenden" („significativos") sozialen und politischen Gruppen den Zugang zu den sozialen Kommunikationsmedien garantiere, unter Achtung des Pluralismus der Gesellschaft und der verschiedenen Sprachen Spaniens[407].

e. Die weiteren Prinzipien des Artikels 4 ERTV

Die weiteren Prinzipien des Art. 4 lit. d), e) und f) ERTV nennen den Respekt der Ehre, des Rufs, des Privatlebens der Personen[408] und der von der Verfassung anerkannten Freiheiten; ferner wird der Jugend- und Kindheitsschutz sowie der Respekt der Gleichheitsgrundrechte aus Art. 14 CE genannt.

In der Literatur werden diese Normen als „überflüssig"[409] bzw. als „bloße Wiederholung des Art. 29 IV CE"[410] bezeichnet, da die einzeln aufgezählten Rechte schon in Art. 4 lit. d) ERTV („Respekt der Rechte und Freiheiten, die die Verfassung kennt") und bereits im vorigen Art. 3 ERTV („...Weiterentwicklung und Verteidigung der verfassungsmäßigen Werte") enthalten seien[411]. Jedenfalls handelt es sich um Schranken der Ausübung der Kommunikationsfreiheiten, die

---

[405] Ley 24/1992, de 10.11.92, por la que se aprueba el Acuerdo de Cooperación del Estado con la Federación de Entidades Religiosas Evangélicas de España, B.O.E. núm. 272, de 12.11.1992, S. 38209; Ley 25/1992, de 10.11.92, por la que se aprueba el Acuerdo de Cooperación del Estado con la Federación de Comunidades Israelitas de España, B.O.E. núm. 272, de 12.11.1992, S. 38211; und Ley 26/1992, de 10.11.92, por la que se aprueba el Acuerdo de Cooperación del Estado con la Comisión Islámica de España; B.O.E. núm. 272, de 12.11.1992, S. 38214.

[406] Abad Alcalá, El servicio público, 1999, S. 23.

[407] Möglicherweise erlaube die Beschränkung auf die „bedeutenden" Gruppen eine Konzentration allein auf die Mehrheitsgruppen; dies wird allerdings mit dem Hinweis verworfen, „bedeutend" sei keineswegs mit „mehrheitlich" gleichzusetzen, ferner stünde dies im Gegensatz zur Achtung des Pluralismus der Gesellschaft (Art. 20 III CE). Abad Alcalá, El servicio público, 1999, S. 23 f. – Vgl. zum sprachlichen Pluralismus die Ausführungen bei Souvirón Morenilla, Derecho público de los medios audiovisuales, 1999, S. 438.

[408] Diese Rechte schützt auch die Ley Orgánica 1/1982, de 05.05.82, de protección civil del derecho al honor, a la intimidad personal y familiar y a la propia imagen (Organgesetz zum zivilen Schutz des Ehrenrechts, des Rechts auf persönliche und familiäre Intimität und des Rechts am eigenen Bild), B.O.E. núm. 115, de 14.05.1982, S. 12546.

[409] Abad Alcalá, El servicio público, 1999, S. 24.

[410] García Llovet, Régimen jurídico, 1991, S. 277.

[411] Abad Alcalá, El servicio público, 1999, S. 24, bezeichnet diese Wiederholung als „sinnlos"; er vermutet, daß der Gesetzgeber mit der Wiederholung diese Rechte besonders betonen wollte, da sie die durch Fernsehsendungen am leichtesten verletzbaren Rechte seien.

mit gleicher Intensität die Tätigkeit der privaten und öffentlichen Medien beschränken[412].

f. Bewertung und Umsetzung der Prinzipien des Art. 4 ERTV

Die Programmgrundsätze des Art. 4 ERTV sind zweifelsohne wichtige Grundsätze für die Programmgestaltung aller sozialen Kommunikationsmedien in Spanien, spätere Gesetze zum Privatrundfunk haben sie sämtlich übernommen oder bedienen sich eines Verweises in diese Norm. Sie stellen Grundsätze jeder journalistischen und programmlichen Tätigkeit dar und sind im wesentlichen in allen demokratischen Rundfunkordnungen enthalten.

Die Diskussion in der spanischen Lit. wendet sich deshalb auch nicht grundsätzlich gegen diese selbstverständlichen inhaltlichen Grundsätze; sie entsteht erst im Zusammenhang mit Art. 1 II ERTV, der das Fernsehen zu einem öffentlichen Dienst erklärt, dessen Rechtsinhaberschaft der Staat innehat[413]: Zunächst werde die Einstufung des Art. 1 II ERTV mit der privilegierten Funktion der sozialen Kommunikationsmedien in einem demokratischen System gerechtfertigt, was bereits in der Präambel des ERTV zum Ausdruck komme („wichtiges Medium zu Information und politischen Teilhabe der Bürger" etc., s.o. unter D.VI.3). Diese Qualifikation als ein „wichtiger öffentlicher Dienst, dessen Rechtsinhaberschaft der Staat innehat", die in den Grundprinzipien des Art. 4 ERTV zu Ausdruck kommen soll, bewirke aber nicht den erforderlichen Reflex auf die Tätigkeit der staatlichen und privaten Medien. - Das, was diese Einstufung tatsächlich rechtfertigen könnte, sei z.B. eine Garantie einiger Minimalinhalte des Fernsehens[414].

Die Realität zeige, daß das Fernsehen weit entfernt davon sei, sich an seine eigenen Prinzipien, die Kriterien des öffentlichen Dienstes seien, zu halten. Der heutige Wettbewerb zwischen den öffentlichen und privaten Fernsehveranstaltern habe nicht nur die Verschiedenheit und (Außen-)Pluralität gefördert, sondern bei allen – öffentlichen und privaten – Veranstaltern das Streben nach Maximalquoten; hierbei würden zumindest bei einigen Formaten die gesetzlich entwickelten Prinzipien (v.a. Art. 4 ERTV) wenig umgesetzt[415]. Daraus wird gefolgert, daß die mangelhafte Erfüllung der Prinzipien des Art. 4 ERTV demnach auch die Einstufung des Art. 1 II ERTV nicht rechtfertige.

---

412 García Llovet, Régimen jurídico, 1991, S. 277.

413 Diese Einstufung besteht heute für alle Verbreitungsarten des öffentlichen und privaten Fernsehens fort, abgesehen vom Satellitenfernsehen, Art. 1 I LTS. Vgl. unter D.I.2.a.aa.

414 Fernández Farreres, El paisaje televisivo en España, 1997, S. 85 f.; ähnlich Muñoz Machado, Servicio público III, 1998, S. 39.

415 Fernández Farreres, El paisaje televisivo en España, 1997, S. 87 unter Berufung auf eine Untersuchung einer speziellen Senatskommission aus dem Jahre 1995 über die Fernsehinhalte in Spanien (B.O.C.G. Senado, núm. 262, de 11.04.1995).

Eine Meinung in der Lit.[416] weist darauf hin, daß die Regeln der Artt. 4 und 24 ERTV die einzigen Definitionen des Allgemeininteresses seinen, die bei der Programmgestaltung des öffentlichen Rundfunks einzuhalten seien; aber in keinem Teil des ERTV-Textes sei definiert, worin der öffentliche Dienst des Fernsehens denn nun bestehe. Abgesehen von den allgemeinen Bestimmungen zum Respekt der Verfassungsprinzipien sei kein Katalog der Regeln zu finden, der als Parameter für eine Programmgestaltung im Sinne der Bildung der öffentlichen Meinung, der Förderung der politischen Teilhabe, der Kooperation mit dem Erziehungssystem etc. (vgl. Präambel des ERTV) diene. Es wird hier also eine genauere Differenzierung dieser Programmgrundsätze durch den Gesetzgeber angemahnt, um die Umsetzung der Prinzipien und damit die Rechtfertigung der Einordnung als öffentlicher Dienst wahren zu können.

10. Die Organisation des Staatsrundfunks, Artikel 5 – 15 ERTV

Das Kapitel II (Artt. 5 – 15) des ERTV regelt die Organisationsstruktur der RTVE, die hier aufgezeigt werden soll[417]. Zu beachten ist dabei, daß gem. Art. 2 III ERTV die Autonomieregionen bei der Schaffung ihrer Dritten Fernsehkanäle ebenfalls an die Kriterien der Artt. 5 – 12 und 26 ERTV gebunden waren und sind.

Als Grundnorm bestimmt Art. 5 ERTV:

„Art. 5
(I) Der direkte Betrieb der öffentlichen Dienste Radio und Fernsehen wird durch die öffentliche Körperschaft RTVE („Ente público Radiotelevisión Española") ausgeübt.
(II) Radiotelevisión Española ist eine Körperschaft des öffentlichen Rechts mit eigener Rechtspersönlichkeit und ausschließlich an dieses Statut und die es ergänzenden Regelungen gebunden. Bezüglich ihrer Rechtsbeziehungen nach außen und ihrer vermögensmäßigen Erwerbungen und Verträge ist sie ausnahmslos ein Rechtssubjekt des Privatrechts.
(III) Die Aufgaben, die der öffentlichen Körperschaft RTVE auferlegt werden, verstehen sich unbeschadet derer, die ihr Regierung oder Parlament in diesem Statut zuweisen, und derer, die in Wahlkampfzeiten der zentrale Wahlausschuß erläßt."

Der direkte Betrieb der öffentlichen Dienste Hörfunk und Fernsehen durch den Staat wird durch die „öffentliche Körperschaft Radiotelevisión Española" (RTVE) ausgeübt. RTVE ist die „Mutterkörperschaft" weiterer staatlicher Gesellschaften mit eigener Rechtspersönlichkeit, die den Betrieb von Hörfunk und Fernsehen für RTVE ausüben[418].

[416] Muñoz Machado, Servicio público III, 1998, S. 39.
[417] S. auch das Organigramm der RTVE in „Antena de Radio y Televisión" Nr. 94, Januar 2000, S. 11.
[418] Fernandez Farreres, El paisaje televisivo en España, 1997, S. 71; Montero/ Brokelmann, Telecomunicaciones y Televisiŏn, 1999, S. 510.

a. Die Rechtsnatur der RTVE

Gem. Art. 5 II ERTV ist RTVE („Ente público Radiotelevisión Española") ein unabhängiger Organismus, eine Körperschaft des öffentlichen Rechts mit eigener Rechtspersönlichkeit, die ausschließlich an das ERTV und seine ergänzenden Regelungen (insofern ist z.B. die LID als ergänzende Regelung zum ERTV aufzufassen) gebunden ist.

Gleichzeitig wird RTVE bezüglich ihrer Rechtsbeziehungen nach außen ausschließlich als Privatrechtssubjekt behandelt.

b. Die Organe der RTVE

Die verschiedenen Organe der RTVE nennt Art. 6 ERTV:

„**Art. 6** Die öffentliche Körperschaft RTVE gliedert sich bezüglich seiner Funktionsweise, seiner allgemeinen Verwaltung und seiner hohen Geschäftsführung in folgende Organe:
a) Der Verwaltungsrat
b) Die Beiräte von Radio Nacional de España (RNE), Radio Cadena Española (RCE) und Televisión Española (TVE).
c) Der Generaldirektor."

Die gesetzlich vorgesehenen Organe der RTVE sind der Verwaltungsrat, die Beiräte und der Generaldirektor der RTVE.

- Zunächst ist darauf hinzuweisen, daß der Gesetzestext des ERTV im Hinblick auf die Absorption der RCE durch die RNE nicht aktualisiert wurde, obgleich diese bereits 1988 stattgefunden hat[419]. RCE existiert nicht mehr, wird aber wegen der fehlenden Aktualisierung des Gesetzestextes des ERTV nach wie vor in den Artt. 6 (s.o.), 9, 14, 17, 24, 26, 28, 30 und 32 ERTV genannt. -

Die Artt. 6 – 12 ERTV normieren die Zusammensetzung, die Aufgaben und die Befugnisse der Organe der RTVE, die einzeln zu untersuchen sind.

aa. Der Verwaltungsrat, Artt. 7 und 8 ERTV

(1) Zusammensetzung und Beschlußfassung im Verwaltungsrat der RTVE und Inkompatibilitätsregeln, Art. 7 ERTV

Art. 7 ERTV bestimmt zunächst die Zusammensetzung des Verwaltungsrats der RTVE, dann normiert er eine Grundregel für die Beschlußfassung dieses Kollegialorgans und stellt Inkompatibilitätsregeln für seine Mitglieder auf:

„**Art. 7**
(I) Der Verwaltungsrat setzt sich aus 12 Mitgliedern zusammen, die für jede Legislaturperiode je zur Hälfte durch das Unterhaus und zur Hälfte durch den Senat mit

[419] Die Absorption der RCE durch RNE regelt das Real Decreto 895/1988, de 20.07.88, por el que se regula la fusión de las sociedades „Radio Nacional de España" y „Radio Cadena Española", B.O.E. núm 118, de 06.08.1988, S. 24438.

Zweidrittelmehrheit der Kammern aus den Reihen der entsprechenden verdienten Fachleute zu wählen sind.
(II) Etwaige freie Stellen werden durch die entsprechende Kammer nach der im vorherigen Absatz entwickelten Vorgehensweise besetzt.
(III) Die Beschlüsse des Verwaltungsrats werden durch die Mehrheit der anwesenden Mitglieder gefaßt, außer wenn das vorliegende Statut eine qualifizierte Mehrheit vorschreibt.
(IV) Das Amt der Mitglieder des Verwaltungsrats ist unvereinbar mit jeder direkten oder indirekten Bindung an Unternehmen der Werbung, der Produktion von gefilmten oder magnetisch oder radiotechnisch aufgezeichneten Programmen, an Plattenfirmen oder jede Art von Firmen, die mit der Zulieferung oder Ausstattung von Material oder Programmen der RTVE und ihrer Gesellschaften in Bezug stehen. Es ist auch unvereinbar mit jeder Art der Dienstleistung oder aktiven Arbeitsbeziehung zu RTVE und ihren Gesellschaften.
(V) Der Vorsitz des Verwaltungsrats ist rein funktional und wird durch seine Mitglieder nach einem monatlichen Rotationssystem ausgeübt.
(VI) Die Mitglieder des Verwaltungsrats werden am Ende der entsprechenden Legislaturperiode aus ihren Ämtern entlassen, üben aber bis zur Neubesetzung ihrer Sitze durch die Neuberufenen ihre Funktionen aus."

Nach Art. 7 I ERTV besteht der Verwaltungsrat („Consejo de Administración") der RTVE aus 12 Mitgliedern, die für jede Legislaturperiode hälftig durch das Unterhaus und durch den Senat mit jeweiliger Zweidrittelmehrheit gewählt werden, und zwar aus den Reihen der „verdienten Fachleute". Er soll ein Kollegialorgan sein, das versucht, die Garantie von Neutralität und Pluralismus des Betriebs der RTVE zu gewährleisten[420].

Beschlüsse dieses Organs werden mit der Mehrheit der anwesenden Mitglieder gefaßt, außer wenn das ERTV qualifizierte Mehrheiten vorschreibt, Art. 7 III ERTV.

Art. 7 IV ERTV enthält umfassenden Inkompatibilitätsregeln für das Amt eines Verwaltungsratsmitglieds, um einen möglichen Machtmißbrauch auszuschließen: Jegliche Verbindung zu Werbe-, Produktions- oder Aufzeichnungsunternehmen oder zu Firmen, die mit RTVE in Verbindung stehen, ist den Verwaltungsratsmitgliedern untersagt. Ebenso ist das Amt unvereinbar mit einem Arbeitsverhältnis mit RTVE und ihren Gesellschaften oder anderen Arten der Dienstleistung für sie.

Der Vorsitz wechselt im Verwaltungsrat nach einem monatlichen Rotationssystem, am Ende jeder Legislaturperiode werden die Verwaltungsratsmitglieder aus dem Amt entlassen, Art. 7 V und VI ERTV. -

Bereits bei der Lektüre des Art. 7 ERTV fällt die starke Bindung des Verwaltungsrats an das Parlament auf. Im Gegensatz zu Deutschland, wo ein erheblicher Teil z.B. der Fernseh- und Verwaltungsratsmitglieder des ZDF von

---

[420] García Llovet, Régimen jurídico, 1991, S. 285.

gesellschaftlichen Gruppen benannt werden[421], teilen hier allein die im spanischen Parlament vertretenen Parteien die Posten im Verwaltungsrat der RTVE unter sich auf. Die spanische Lehre erkennt die erhebliche Politisierung des Verwaltungsrats, dessen Mitglieder alle Repräsentanten der Mehrheitsparteien sind und bezeichnet sie aus Sicht der Verfassung als „Verirrung" („confusión"), weil der Begriff des neutralen Organs fälschlicherweise mit dem des parlamentarischen Organs gleichgesetzt werde[422]. Mit Recht wird kritisiert, daß die in Art. 26 ERTV vorgesehene parlamentarische Kontrollkommission[423] letztlich die Kontrolle über ein ebenso parlamentarisches Organ (den Verwaltungsrat) ausübt[424].

(2) Die Aufgaben des Verwaltungsrats, Art. 8 I ERTV

Die Aufgaben und Befugnisse des Verwaltungsrats der RTVE nennt Art. 8 I ERTV:

„**Art. 8**

(I) Folgende Befugnisse werden durch den Verwaltungsrat ausgeübt:

a) Die Überwachung der Erfüllung des im Kapitel I dieses Gesetzes Festgelegten im Programm.

b) Die Bekanntmachung seiner Meinung über die Benennung des Generaldirektors, welche, um aussagekräftig zu sein, von zwei Dritteln der Verwaltungsratsmitglieder getragen werden muß. Wenn sich die genannte Mehrheit nicht erreichen läßt, ist dies so zu verstehen, daß der Verwaltungsrat sich der Bekanntmachung seiner Meinung über den Generaldirektor enthält; er selbst hat sich eine Verfahrensordnung zur Erfüllung zu geben.

c) Der Empfang einer Vorankündigung über die Ernennung oder Entlassung der Direktoren der RTVE und ihrer Gesellschaften.

d) Die Verabschiedung des Aktivitätenplans der öffentlichen Körperschaft auf Vorschlag des Generaldirektors der RTVE, die Festlegung der Grundprinzipien und der Grundlinien des Programms, ebenso wie der Arbeitsplan der verschiedenen Gesellschaften der RTVE.

e) Die Verabschiedung des Jahresberichts über die Aktivitäten der RTVE und der staatlichen Gesellschaften, die in diesem Statut etabliert werden.

f) Die endgültige Verabschiedung der Stellenpläne und ihrer Änderungen bei RTVE und ihren Gesellschaften.

g) Die Verabschiedung der Vergütungsregelungen für das Personal der RTVE und ihrer Gesellschaften.

h) Die Verabschiedung des Vorentwurfs des Haushalts der RTVE und ihrer Gesellschaften.

i) Das Informieren über die anstehenden Gesetzesprojekte, die sich die Zentralregierung vornimmt, auf dem Gebiet der Werbung zu erlassen.

---

[421] Vgl. §§ 21 und 24 ZDF-Staatsvertrag, abgedruckt z.B. bei Ring, Medienrecht, Teil C-IV 3.1, S. 11.

[422] García Llovet, Régimen jurídico, 1991, S. 286; Abad Alacá, El servicio público, 1991, S. 29.

[423] Vgl. zur parlamentarischen Kontrollkommission D.VI.13.b.

[424] García Llovet, Régimen jurídico, 1991, S. 286.

j) Der Erlaß von Normen zur Regelung der Werbeausstrahlung durch RTVE, unter Beachtung der Qualitätskontrolle derselben, des Inhalts der Werbenachrichten (und) der Entsprechung der Zeit der Werbung in bezug auf das Programm und die Notwendigkeiten der Medien.
k) Die halbjährliche Festlegung des Prozentsatzes der Programmstunden für politisch und gesellschaftlich signifikante Gruppen, unter Festlegung der Kriterien ihrer Aufteilung in Erfüllung des in Artikel 20 der Verfassung Geregelten.
l) Die Kenntnis und Lösung von Konflikten, die sich in Bezug auf das Gegendarstellungsrecht ergeben können, in der Form, die Artikel 25 II vorsieht.(*)
(*Anm.: Art. 25 ERTV ist inzwischen gegenstandslos und im speziellen Gegendarstellungsgesetz aufgegangen. S. zum Gegendarstellungsgesetz unter D.IV.)
m) Die jährliche Bestimmung des Prozentsatzes an Eigenproduktionen, der im Programm jedes einzelnen Mediums zu erfüllen ist.
n) Die Kenntnis der Einzelfragen, die der Generaldirektor der RTVE seiner eigenen Einschätzung unterwirft, obwohl sie nicht innerhalb seiner Kompetenz liegen."

Der Verwaltungsrat der RTVE hat vielfältige Aufgaben: Er soll über die Erfüllung der Regeln des Kapitels I (Artt. 1 – 4) ERTV im Programm der RTVE wachen, also v.a. die Beachtung der allgemeinen Programmgrundsätze des Art. 4 ERTV im Programm der RTVE überwachen (Art. 8 lit. a). Damit legt er im Grunde selbst die Prinzipien fest, die das Programm von RTVE befolgen muß, um seinen Auftrag als Medium des öffentlichen Dienstes zu erfüllen[425].

Der Verwaltungsrat kann außerdem seine Meinung über die Benennung des Generaldirektors kundtun (Art. 8 lit. b); aber mehr als seine Meinung (die er mit Zweidrittelmehrheit bilden muß) bekanntgeben kann er freilich nicht, für die Ernennung des Generaldirektors ist gem. Art. 10 I ERTV die spanische Regierung zuständig[426].

Auch die Ernennung oder Entlassung der Direktoren der RTVE und ihrer Gesellschaften liegt nicht in der Kompetenz des Verwaltungsrates (sondern ist gem. Art. 11 lit. f) ERTV Aufgabe des Generaldirektors), zumindest wird der Verwaltungsrat aber über Ernennungen und Entlassungen der Direktoren vorab informiert (Art. 8 lit. c).

Der Verwaltungsrat verabschiedet den Aktivitätenplan der RTVE, er legt die Grundprinzipien des RTVE-Programms und den Arbeitsplan der verschiedenen Gesellschaften der RTVE fest, alles jeweils auf Vorschlag des Generaldirektors, (Art. 8 lit. d).

Ferner verabschiedet er die Jahresberichte über die Aktivitäten der RTVE, die Stellenpläne und die Vergütungsregelungen für das Personal und die Vorentwürfe der Haushalte der RTVE (Art. 8 lit. e – h).

---

[425] Abad Alcalá, El servicio público, 1999, S. 30.
[426] Nach einer Ansicht „erreicht" mit der Vorschrift des Art. 8 lit. b) ERTV „die Irrationalität einen ihrer höchsten Punkte", eine Umschreibung der erheblichen Zweifel am Sinn dieser Norm - Abad Alcalá, El servicio público, 1999, S. 31.

Er informiert die RTVE über anstehende Gesetzesprojekte der Regierung auf dem Gebiet der Werberegelungen (Art. 8 lit. i) und normiert die internen Werberegelungen der RTVE (Art. 8 lit. j). Durch die Bindung auch der TVE an die Werberegelungen der LID ist die letztgenannte Befugnis praktisch obsolet geworden[427], vor 1994 waren die durch den RTVE-Verwaltungsrat erlassenen internen Werberegelungen aber von hoher Bedeutung, da sie die einzigen existierenden Werbevorschriften für das Fernsehen waren.

Halbjährlich hat der Verwaltungsrat den Anteil der Programmstunden festzulegen, die im Sinne des Art. 20 III CE für gesellschaftlich signifikante Gruppen bestimmt werden (Art. 8 lit. k), und jährlich soll er den Prozentsatz an Eigenproduktionen in den einzelnen Medien der RTVE festlegen (Art. 8 lit. m).

Schließlich soll der Verwaltungsrat „Kenntnis" von der Einzelfragen haben, die der Generaldirektor „seiner eigenen Einschätzung unterwirft" (Art. 8 lit. n), d.h. er soll auch die Angelegenheiten in der Kompetenz des Generaldirektors überwachen, auch wenn diese nicht in dessen Kompetenz liegen.

Weitere Befugnisse des Verwaltungsrats lassen sich aus anderen Bestimmungen des RTVE ableiten, so z.B. die Kompetenz, der Regierung nach Art. 12 II ERTV die Entlassung des Generaldirektors vorzuschlagen oder die Abgabe der Zustimmung zur Gründung von Tochtergesellschaften nach Art. 20 I ERTV.

(3) Das Erfordernis qualifizierter Mehrheiten für Beschlüsse des Verwal tungsrats, Art. 8 II ERTV

Art. 8 II regelt, mit welchen Mehrheiten bestimmte Beschlüsse des Verwaltungsrats gefaßt werden müssen:

„**Art. 8 (II)** Die Beschlüsse, auf die sich die Absätze d), f), g), h) und k) beziehen, werden mit Zweidrittelmehrheit der Verwaltungsratsmitglieder gefaßt. Für das, worauf sich Absatz d) bezieht, reicht die absolute Mehrheit der Verwaltungsratsmitglieder, wenn nach Ablauf eines Monats nicht der Beschluß mit qualifizierter Mehrheit geändert wird. Für das, was Absatz h) berücksichtigt, und in dem Falle, daß sich ein Beschluß mit Zweidrittelmehrheit nicht erreichen läßt, wird der Vorentwurf für den Haushalt auf gesetzlichem Wege an die Regierung weitergeleitet, die bezüglich jedes einzelnen Mitglieds des Verwaltungsrats die Gründe seines Abstimmungsverhaltens feststellt."

Als Ausnahmeregelung zu Art. 7 III ERTV, der als Grundregel die Mehrheit der anwesenden Verwaltungsratsmitglieder verlangt, bestimmt Art. 8 II ERTV das Erfordernis qualifizierter Mehrheiten für einige Aufgaben des Art. 8 I ERTV.

Eine Zweidrittelmehrheit der anwesender Verwaltungsratsmitglieder ist notwendig für Beschlüsse i.S.d. Art. 8 lit. d), f), g), h) und k) ERTV; für Beschlüsse nach Art. 8 lit. d) ERTV reicht aber wiederum die absolute Mehrheit, wenn nach Ablauf eines Monats der Beschluß nicht mit qualifizierter Mehrheit geändert

[427] Vgl. Abad Alcalá, El servicio público, 1999, S. 31.

wird. Wenn sich für den Beschluß nach Art. 8 lit. h) ERTV (also der Vorentwürfe für den Haushalt der RTVE) die geforderte Zweidrittelmehrheit nicht erreichen läßt, wird der Vorentwurf direkt an die Regierung weitergeleitet, die bei jedem einzelnen Verwaltungsratsmitglied die Gründe seines Abstimmungsverhaltens feststellt.

(4) Ergebnis

Die Betrachtung des Art. 8 ERTV zeigt, daß der Verwaltungsrat nicht über sehr weitreichende Kompetenzen verfügt. Die wirklich wichtigen Administrativbefugnisse liegen in der Hand des Generaldirektors[428] (s.u. Art. 11 ERTV), den der Verwaltungsrat nicht selbst bestimmt, sondern von der Regierung geradezu vorgesetzt bekommt. Die Hauptaufgabe des Verwaltungsrats liegt in der Kontrolle der Machtausübung des Generaldirektors[429], soweit sie ihm möglich ist. Es ist darauf hinzuweisen, daß die Umsetzung der Beschlüsse des Verwaltungsrats gem. Art. 11 lit. a) ERTV in der Kompetenz des Generaldirektors liegt, was alle genannten Kompetenzen relativiert.

Wegen der erheblichen Politisierung und der fehlenden Bindung an parlamentsfremde Gruppen darf bezweifelt werden, ob der Verwaltungsrat ein Garant von Neutralität und Pluralismus ist.

bb. Die Beiräte, Art. 9 ERTV

Weitere im ERTV vorgesehene Organe der RTVE sind die Beiräte („Consejos asesores") jeder einzelnen Gesellschaft der RTVE. Dazu normiert Art. 9 ERTV:

„Art. 9

(I) Die Beiräte von RNE, RCE und TVE setzen sich aus folgenden Mitgliedern zusammen:
a) Fünf Repräsentanten der Arbeitnehmer, die durch die repräsentativsten Zentralgewerkschaften nach dem Kriterium der Proportionalität ernannt werden.
b) Fünf Repräsentanten, die durch das Instituto de España in Übereinstimmung mit dem Verwaltungsrat aus dem Kreis der Personen mit entsprechenden kulturellen Verdiensten ernannt werden.
c) Fünf Repräsentanten der öffentlichen Verwaltung, die von der Regierung ernannt werden.
d) Fünf Repräsentanten der vielen anderen unabhängigen oder halbunabhängigen Firmen, die durch jene in regelgerechter Form ernannt werden, und die die sukzessive Anwesenheit aller in jedem Beirat garantiert.
(II) Der Beirat jeden Mediums wird mindestens halbjährlich durch den Verwaltungsrat zusammengerufen und erklärt seine Meinung oder Ansicht, wenn diese ausdrücklich vom Verwaltungsrat erbeten wird, und dies in jedem Falle unter Beachtung der Befugnisse, die Artikel 8 dem Verwaltungsrat bezüglich der Programmtätigkeit verleiht."

---

[428] So auch Fernández Farreres, El paisaje televisivo en España, 1997, S. 75.
[429] Montero/ Brokelmann, Telecomunicaciones y Televisión, 1999, S. 511.

(1) Die gesetzliche Zusammensetzung der Beiräte, Art. 9 I ERTV

Art. 9 I ERTV regelt, aus welchen Mitgliedern sich „die Beiräte von RNE, RCE[430] und TVE" zusammensetzen.

Die Beiräte von RNE und TVE sollen sich aus je 20 Mitgliedern zusammensetzen, von denen fünf Repräsentanten der Arbeitnehmerschaft von RNE oder TVE sind, die von den Gewerkschaften nach Proportionalität bestimmt werden. Weitere fünf Repräsentanten benennt das Kultur- und Bildungsinstitut „Instituto de España" nach Absprache mit dem Verwaltungsrat der RTVE; weitere fünf Mitglieder der Beiräte sind Repräsentanten der öffentlichen Verwaltung, die die Regierung ernennt, und die restlichen fünf Beiräte ernennen die unabhängigen und halbunabhängigen Tochtergesellschaften der RTVE, die für die Ernennung Regeln aufstellen müssen, die die sukzessive Anwesenheit aller Mitarbeiter in den Beiräten garantiert.

Das ERTV sieht für die Repräsentanten in den Beiräten von RNE bzw. TVE keine Inkompatibilitätsregeln vor, auch das Arbeitsverhältnis etwaiger von TVE oder RNE Abhängiger würde durch die Tätigkeit in einem Beirat nicht berührt.

In der Lit. wird zurecht kritisiert, daß auch in diese Beiräte Repräsentanten der öffentlichen Verwaltung entsandt werden. Dies sei in jeder Hinsicht unnötig, die Verwaltung habe genügend Mittel, dem Verwaltungsrat (die Beiräte sind Beratungsorgane des Verwaltungsrats der RTVE, s. zu seinen gesetzlichen Aufgaben o. unter aa.(2)) ihre Ansichten über die programmlichen Notwendigkeiten mitzuteilen[431]. Gleichzeitig fehle aber die Teilnahme wichtiger gesellschaftlicher Gruppen, z.B. der Verbände der Fernsehzuschauer oder Radiohörer (s. dazu aber unter (3)) oder der unabhängigen Produzenten.

(2) Die gesetzliche Aufgabe der Beiräte, Art. 9 II ERTV

Aufgabe der Beiräte ist nach Art. 9 II ERTV die Erklärung ihrer Meinungen und Ansichten zu den Fragen, zu denen sie der Verwaltungsrat der RTVE ausdrücklich auffordert. Dabei müssen sie die Befugnisse, die Art. 8 ERTV dem Verwaltungsrat zuordnet, beachten.

Die Beiräte sind also bloße Beratungsorgane des Verwaltungsrats der RTVE, die nach dem ERTV nur auf dessen ausdrückliche Aufforderung hin tätig werden sollen; von einer Bindungswirkung des Verwaltungsrats an Entscheidungen der Beiräte kann keine Rede sein.

Nach Art. 9 II ERTV müssen die Beiräte mindestens halbjährlich durch den Verwaltungsrat einberufen werden.

---

[430] RCE existiert nicht mehr, wurde vielmehr durch Real Decreto 895/1988 von RNE absorbiert; vgl. D.VI.10.b.

[431] García Llovet, El régimen jurídico, 1991, S. 288; Abad Alcalá, El servicio público, 1999 S. 33.

(3) Die Realität

Die Realität sieht bezüglich der Beiräte anders aus als die gesetzliche Vorgabe des Art. 9 ERTV. Die Beiräte haben sich nie konstituiert, was Rückschlüsse auf ihre Wichtigkeit zuläßt[432].

Weil sie sich nie konstituiert haben, entfällt auch die durch die 5. Zusatzbestimmung zum ERTV vorgesehene Entsendung von zwei Repräsentanten der Verbände der Radiohörer und Fernsehzuschauer in die Beiräte.

cc. Der Generaldirektor der RTVE, Artt. 10 bis 12 ERTV

Der 5. Abschnitt des Kapitels II (Artt. 10 – 12) ERTV normiert Regeln bezüglich des Generaldirektors der RTVE:

„Art. 10

(I) Der Generaldirektor wird nach Anhörung des Verwaltungsrates durch die Regierung ernannt.

(II) Das Amt des Generaldirektors dauert sechs Jahre, außer bei vorzeitiger Ablösung durch die Cortes Generales. In diesem Falle dauert das Amt bis zur Ernennung eines (neuen) Generaldirektors.

(III) Der Generaldirektor ist das Exekutivorgan der RTVE und nimmt mit Stimme und Stimmrecht an den Sitzungen des Verwaltungsrats teil, außer bei Fragen, die ihn persönlich betreffen.

(IV) Das Amt des Generaldirektors ist unvereinbar mit einem Parlamentsmandat und jeder direkten oder indirekten Bindung an Unternehmen der Werbung, der Produktion von gefilmten oder magnetisch oder radiotechnisch aufgezeichneten Programmen, Plattenfirmen oder jeder Art von Firmen, die mit der Zulieferung oder Ausstattung von Material oder Programmen der RTVE und ihrer Gesellschaften in Bezug stehen.

Art. 11

Dem Generaldirektor obliegen folgende Aufgaben:

a) Das Erfüllen und Erfüllenlassen der Normen, die die öffentliche Körperschaft lenken, ebenso wie der Beschlüsse des Verwaltungsrates in Materien, die in die Kompetenz dieses Kollegialorgans fallen.

b) Die ausreichend frühzeitige Vorlage des jährlichen Arbeitsplans und des jährlichen Finanzjahresberichts sowie der Vorentwürfe der Haushalte der öffentlichen Körperschaft und der staatlichen Gesellschaften zum Zwecke der Bewilligung durch den Verwaltungsrat.

c) Das Anspornen, Ordnen, Koordinieren und Beaufsichtigen der Dienste der RTVE und der staatlichen Gesellschaften und das Diktieren der Normen, Anweisungen und Rundschreiben, die sich auf das Funktionieren oder die innere Organisation dieser bezieht, dies alles unbeschadet der Befugnisse des Verwaltungsrats.

d) Das Handeln als vertragschließendes Organ der RTVE und ihrer Gesellschaften.

e) Die Genehmigung der Zahlungen und Ausgaben der RTVE und ihrer Gesellschaften.

---

[432] Fernández Farreres, El paisaje televisivo en España, 1997, S. 75; vgl. auch Abad Alcalá, El servicio público, 1999, S. 33, FN 46; Souvirón Morenilla, Derecho público de los medios audiovisuales, 1999, S. 43.

f) Die Organisation der Geschäftsführung und die Benennung des geschäftsführenden Personals der RTVE und ihrer Gesellschaften nach Kriterien der Professionalität, mit vorheriger Bekanntgabe dieser Benennungen an den Verwaltungsrat der RTVE.
g) Das Ordnen der Programmtätigkeit im Einklang mit den Grundprinzipien, die durch den Verwaltungsrat verabschiedet werden.

Art. 12
(I) Die Regierung kann nach Anhörung des Verwaltungsrats den Generaldirektor wegen nachfolgender Gründe durch einen Beschluß entlassen:
a) Körperliche Unfähigkeit oder erhebliche Krankheit, die sechs Monate ununterbrochen anhält.
b) Offensichtliche Inkompetenz oder ein Handeln gegen die Kriterien oder Prinzipien, auf die sich die Artikel 3 und 4 dieses Statuts beziehen.
c) Strafurteil wegen eines vorsätzlichen Delikts.
(II) Die Regierung kann den Generaldirektor aufgrund des Vorschlags des Verwaltungsrats entlassen, der durch Zweidrittelmehrheit beschlossen wurde und sich auf einen der Gründe dieses Artikels bezieht."

(1) Ernennung und Funktion des Generaldirektors, Art. 10 ERTV

Der Generaldirektor der RTVE ist das Exekutivorgan der RTVE und praktisch auch ihrer Tochtergesellschaften RNE und TVE. Von hoher Bedeutung ist deshalb die Regelung des Art. 10 I ERTV, nach der der Generaldirektor der RTVE von der jeweiligen spanischen Regierung ernannt wird. Die vorherige Anhörung des Verwaltungsrats der RTVE (s. dazu Art. 8 I lit. b) ERTV) ist für die Regierung nicht bindend.

Wegen dieser Ernennungsbefugnis der Regierung (i.V.m. mit den sogleich zu erörternden weitreichenden Kompetenzen des Generaldirektors) bestehen bis heute Einflußmöglichkeiten der jeweiligen Regierung auf das Programm der RTVE, v.a. das Fernsehprogramm der TVE. Von einer Staatsferne des öffentlichen Rundfunks kann in Spanien keine Rede sein[433], vielmehr gilt der Grundsatz der Regierungsmacht (vgl. o. unter D.I.2.a.cc. und D.I.2.b.aa.). In der Praxis hat sich erwiesen, daß das Ernennungssystem des Art. 10 I ERTV abgesichert hat, daß RTVE stets einen Generaldirektor hatte, der den Anordnungen der jeweiligen spanischen Regierungen treu folgte[434].

Es verwundert nicht, daß nach jedem Regierungswechsel in Spanien nach dem „Beutesystem" meist unverzüglich der Generaldirektor der RTVE ausgewechselt wird; derzeitiger Generaldirektor der RTVE ist Señor Javier González Ferrari, Mitglied der seit März 1996 in Koalition und seit dem 12.03.2000 allein regierenden konservativen Volkspartei Spaniens, des Partido Popular (PP).

Gem. Art. 10 II ERTV dauert das Amt des Generaldirektors der RTVE sechs Jahre; eine vorzeitige Ablösung durch die Cortes Generales (also Ober- und

[433] Vgl. Muñoz Machado, Servicio público III, 1998, S. 38.
[434] Montero/ Brokelmann, Telecomunicaciones y Televisión, 1999, S. 512 und 514.

Unterhaus des spanischen Parlaments) ist möglich. Eine zweite oder dritte Ernennung desselben Generaldirektors schließen die Regeln des ERTV nicht aus.

Nach Art. 10 III ERTV ist der Generaldirektor das Exekutivorgan der RTVE, das „Schlüsselorgan“[435] zum spanischen Staatsrundfunk. Zusätzlich hat er nach dieser Norm einen Sitz mit Stimmrecht im Verwaltungsrat der RTVE (zumindest bei allen Fragen, die ihn nicht persönlich betreffen, z.B. die des Art. 8 lit. b) ERTV), was einerseits die Mehrheitsverhältnisse zusätzlich zugunsten der Regierungspartei verbessert und ihm andererseits die Möglichkeit gibt, bei Mißfallen das korrekte Funktionieren des Verwaltungsrats zu blockieren[436].

Einige Inkompatibilitätsregeln stellt Art. 10 IV ERTV auf, nach denen der Generaldirektor kein Parlamentsmandat innehaben und - ebenso wie die Mitglieder des Verwaltungsrats - keine Verbindung zu Produktions- und Zulieferfirmen der RTVE haben darf.

(2) Die Aufgaben des Generaldirektors, Art. 11 ERTV

Einen umfassenden Katalog der Aufgaben des Generaldirektors formuliert Art. 11 ERTV.

Nach Art. 11 lit. a) ERTV ist er für die Erfüllung der gesetzlichen Normen durch RTVE zuständig, ebenso wie der rechtmäßig gefaßten Beschlüsse des Verwaltungsrats. Letztere Aufgabe ist wichtig, denn die alleinige Zuständigkeit für die Umsetzung der Beschlüsse des Verwatungsrats gibt ihm zusätzliche Einflußmöglichkeiten.

Als vorbereitendes Organ für Beschlüsse in der Kompetenz des Verwaltungsrats hat der Generaldirektor gem. Art. 11 lit. b) ERTV frühzeitig die jährlichen Arbeitspläne, Finanzjahresberichte und Vorentwürfe der Haushalte auszuarbeiten und dem Verwaltungsrat vorzulegen. Art. 11 lit. c) ERTV verpflichtet ihn zum „Anspornen, Ordnen, Koordinieren und Beaufsichtigen“ der Mitarbeiter der RTVE, ferner zum Erlaß der Normen, Anweisungen und Rundschreiben, die sich auf das Funktionieren und die innere Organisation der RTVE beziehen; kurz gesagt kann er die nötigen Verwaltungsvorschriften erlassen.

Weitreichende Befugnisse verleihen ihm Art. 11 lit. d) und e) ERTV, nach denen er nach außen als vertragschließendes Organ der RTVE und ihrer Gesellschaften RNE und TVE auftritt und die Zahlungen derselben zu genehmigen hat.

Art. 11 lit. f) ERTV gibt dem Generaldirektor die wichtige Aufgabe, die Geschäftsführung der RTVE zu organisieren und das geschäftsführende Personal zu benennen; hierbei ist er an das Kriterium der Professionalität gebunden, und er muß diese Benennungen vorher dem Verwaltungsrat

[435] Fernández Farreres, El paisaje televisivo en España, 1997, S. 74.
[436] Fernández Farreres, El paisaje televisivo en España, 1997, S. 74.

bekanntgeben, der wiederum gem. Art. 8 lit. c) ERTV diese Vorankündigungen „empfangen" darf; ein Mitspracherecht hat der Verwaltungsrat dabei schon nach Gesetzeswortlaut nicht.

Schließlich ist der Generaldirektor gem. Art. 11 lit. g) ERTV zum Ordnen der Programmtätigkeit berufen, im Einklang mit den Grundprinzipien, die der Verwaltungsrat gem. Art. 8 lit. d) ERTV verabschiedet. -

Schon ein Vergleich der Befugnisnormen des Art. 8 ERTV (für den Verwaltungsrat) mit Art. 11 ERTV (für den Generaldirektor) zeigt, wer tatsächlich die RTVE leitet. Der Generaldirektor hat alle Exekutivbefugnisse innerhalb der RTVE und ist dazu noch selbst Teil des mit wenigen Kompetenzen ausgestatteten Verwaltungsrats, er ist der *dominus* der RTVE[437]. Dadurch, daß die Regierung den Generaldirektor direkt bestimmen darf, hat sie erhebliche Einflußmöglichkeiten auf Organisation, Programm und politische Färbung der RTVE[438].

(3) Entlassungsgründe, Art. 12 ERTV und Zusammenfassung

Art. 12 I ERTV normiert einige wenige Gründe für die Entlassung des Generaldirektors durch die Regierung nach Anhörung des Verwaltungsrats. Diese sind körperliche Unfähigkeit oder erhebliche, mindestens sechsmonatige Krankheit (Art. 12 I lit. a) ERTV), ferner offensichtliche Inkompetenz oder ein Handeln gegen die Kriterien und Prinzipien der Artt. 3 und 4 ERTV[439] (Art. 12 I lit. b) ERTV) und schließlich ein Strafurteil wegen eines vorsätzlichen Delikts.

Mit Zweidrittelmehrheit des Verwaltungsrat kann gem. Art. 12 II ERTV auch die Entlassung des RTVE-Generaldirektors der Regierung vorgeschlagen werden; dieser Vorschlag muß sich auf die Entlassungsgründe des Art. 12 I ERTV beziehen.

Theoretisch soll dieser begrenzte Katalog von Entlassungsgründen dem Generaldirektor eine gewisse Unabhängigkeit gegenüber der Regierung verleihen[440]. Diese Unabhängigkeit steht allerdings bloß auf dem Papier: Wenn die Regierung ihn loswerden möchte, kann sie es entweder im Verfahren nach Art. 12 ERTV mit einem der dort normierten Gründe, oder aber im Verfahren nach Art. 10 II ERTV, der vorzeitigen Ablösung durch das Parlament, in dem die jeweilige Regierung regelmäßig auch über entsprechende Mehrheitsverhältnisse verfügt. - Eine tatsächliche Unabhängigkeit gegenüber der Regierung ist somit nicht gegeben, sehr wohl allerdings gegenüber dem Verwaltungsrat, der ohnehin geringe Befugnisse innehat.

---

[437] Souvirón Morenilla, El derecho público de los medios audiovisuales, 1999, S. 46.

[438] Vgl. dazu auch unter D.I.2.a.cc und b.cc., ferner A.IV.1.

[439] Auch dieser Entlassungsgrund betont die hohe Bedeutung der Verfassungsbindung und v.a. der allgemeinen Programmgrundsätze des Art. 4 ERTV.

[440] Montero/ Brokelmann, Telecomunicaciones y Televisión, 1999, S. 512.

Insgesamt verfügt der Generaldirektor über sehr weitreichende Kompetenzen innerhalb der RTVE; dadurch, daß die Regierung ihn nach Art. 10 I ERTV selbst ernennt, gehen diese Befugnisse praktisch auf sie über. Die RTVE kann immer von der jeweiligen spanischen Regierung beeinflußt werden; dies geschieht hauptsächlich über die Ernennungsbefugnis des Generaldirektors - und zusätzlich durch ihre Befugnisse aus Artt. 21 und 22 ERTV[441].

dd. Die territorialen Organe der RTVE nach Artt. 13 - 15 ERTV

Der sechste Abschnitt des Kapitels II (Artt. 13 – 15) ERTV befaßt sich mit der dezentralisierten Organisation der RTVE. Hiernach gibt es in allen 19 Autonomieregionen Spaniens einen Gebietsbeauftragten und einen Gebietsbeirat, welche bestimmte Aufgaben für RTVE innerhalb der verschiedenen Autonomieregionen erfüllen.

„**Art. 13** RTVE muß durch ihre territoriale Organisation einen Vorschlag über ein spezielles Programmschema in Radio und Fernsehen erarbeiten, das im Gebiet der Nation oder Region auszustrahlen ist, unter Sicherstellung des Prozentsatzes und der Ausstrahlung in Stunden für das nationale Programmschema, das die (spanische) Regierung jährlich auf gemeinsamen Vorschlag des Verwaltungsrates und des Generaldirektors der RTVE hin festlegt.

Art. 14
(I) In jeder Autonomieregion gibt es einen Gebietsbeauftragten der RTVE, der durch den Generaldirektor der RTVE nach Anhörung des zuständigen Organs, das mit diesem Ziel in der Autonomieregion gebildet wird, ernannt wird. Gegebenenfalls gibt es auch einen Geschäftsführer jedes einzelnen Mediums (RNE, RCE[442] und TVE), der durch den Generaldirektor der RTVE benannt wird.
(II) Dem Gebietsbeauftragten steht ein Beirat zur Seite, der durch ein Regierungsorgan der Autonomieregion ernannt wird und dessen Zusammensetzung durch Regionalgesetz festzulegen ist. Der Beirat bearbeitet die Notwendigkeiten und Möglichkeiten der Autonomieregion nach Maßgabe der entsprechenden Dezentralisation der Dienste Radio und Fernsehen und speziell der staatlichen Gesellschaft RCE[443], und er formuliert durch den Gebietsbeauftragten die Empfehlungen für den Verwaltungsrat der RTVE, die er für zweckdienlich hält.

Art. 15 Der Gebietsbeauftragte erstellt nach Anhörung des Beirats der Regionalgemeinschaft dem Generaldirektor der RTVE einen jährlichen Vorschlag über das Programm und die Sendezeiten in dem entsprechenden Gebiet. Der Generaldirektor der RTVE legt den Vorschlag zusammen mit seiner Einschätzung dem Verwaltungsrat der RTVE vor.“

---

[441] Nach Art. 21 ERTV hat die Regierung die Befugnis zur Normierung von Verpflichtungen der RTVE, die sich aus ihrer Rechtsnatur als öffentlicher Dienst ableiten; Art. 22 ERTV gibt ihr die Möglichkeit, alle Veröffentlichungen und Bekanntmachungen, die sie als für das öffentliche Interesse für notwendig erachtet, bei RNE und TVE ausstrahlen zu lassen. S. dazu später unter D.VI.12.b.
[442] RCE existiert nicht mehr, da sie gem. Art. 1 des Real Decreto 895/1988 von RNE absorbiert wurde.
[443] S. vorige FN.

(1) Die Gebietsbeauftragten und die RTVE-Regionalfensterprogramme

Gem. Art. 14 I ERTV hat jede Autonomieregion einen Gebietsbeauftragten („Delegado territorial") der RTVE. Dieser wird durch den Generaldirektor der RTVE benannt, nach Anhörung des dafür in der Autonomieregion gebildeten Organs.

Die Aufgaben dieser Gebietsbeauftragten ergeben sich aus Artt. 13 und 15 ERTV: Gem. Art. 13 ERTV muß RTVE ein spezielles Programmschema erarbeiten, das in Radio und Fernsehen neben den landesweiten Sendungen auch Regionalfensterprogramme in den einzelnen Autonomieregionen berücksichtigt. Nach diesem Programmschema senden TVE 1 und TVE 2 neben den landesweiten Sendungen verschiedene Regionalfensterprogramme in den Autonomieregionen, ähnlich den Regionalfensterprogrammen in den Bundesländern, die die ARD werktags zwischen 18.00 Uhr und 20.00 Uhr ausstrahlt[444].

Verabschiedet wird das Programmschema des Art. 13 ERTV von der spanischen Regierung auf gemeinsamen Vorschlag des Verwaltungsrates und des Generaldirektors der RTVE.

Als Vorarbeit für den gemeinsamen Vorschlag des Verwaltungsrates und des Generaldirektors erstellt der Gebietsbeauftragte gem. Art. 15 ERTV jährlich dem Generaldirektor einen Vorschlag über das Programm und die Sendezeiten in der jeweiligen Autonomieregion.

Der Gebietsbeauftragte bereitet also die Regionalfensterprogramme seiner Autonomieregionen vor, die später in das gesamte Programmschema von RNE und TVE eingearbeitet werden.

(2) Die Gebietsbeiräte

Gem. Art. 14 II ERTV stehen den Gebietsbeauftragten in den Autonomieregionen Gebietsbeiräte („Consejos Asesores")[445] zur Seite. Diese werden durch ein Regierungsorgan der jeweiligen Autonomieregion ernannt. Ihre Zusammensetzung bestimmt sich durch Regionalgesetz, d.h. durch Gesetz der jeweiligen Autonomieregion[446].

---

[444] Beispielsweise werden über die Frequenzen von TVE 2 Regional- und Lokalnachrichtenprogramme ausgestrahlt. - Zusätzlich entstehen Regionalfenster, wenn bestimmte Sendungen in bestimmten Autonomieregionen nicht übertragen werden: Als Beispiel dienen die eigentlich landesweiten Stierkampfübertragungen in TVE 1, die in der Autonomieregion Kanarische Inseln ausgeschaltet werden, so daß in dieser Zeit kanarische Regionalfensterprogramme übertragen werden.

[445] Diese dürfen nicht mit den auf spanisch ebenfalls „Consejos Asesores" genannten Beiräten nach Art. 9 ERTV, die es bislang nicht gibt, verwechselt werden.

[446] Zusammensetzung und Befugnisse der Gebietsbeiräte wurden in fast allen Autonomieregionen kodifiziert:

Die Aufgabe der Gebietsbeiräte ist die Vorbereitung der Regionalfensterprogramme und das Formulieren der Empfehlungen an den Verwaltungsrat der RTVE, die sie für zweckdienlich halten, ferner weitere Aufgaben, die ihnen die Autonomieregionen per Regionalgesetz zuordnen.

Erheblicher Streit entzündete sich an der Frage, ob die Gebietsbeiräte Organe der RTVE oder Organe der Autonomieregionen oder Mischorgane seien[447]. Der TC[448] hat die Frage 1982 beantwortet: sie sind allein Organe der RTVE und nicht der jeweiligen Autonomieregion, obwohl sie Repräsentativorgane der Interessen der Autonomieregionen - und nach deren Regeln zusammengesetzt - sind.

Für Katalonien: Decreto 198/1982, de 07.07.82, por el que se aprueba el Texto Refundido de la Ley reguladora del Consejo Asesor de RTVE en Cataluña, B.O.E. núm. 215, de 08.09.1982, S. 24322. – Für Andalusien: Ley 2/1982, de 21.12.82, reguladora del Consejo Asesor de RTVE an Andalucía, B.O.E. núm. 26, de 31.01.1983, S. 2591. – Für Galizien: Ley 10/1983, de 09.12.83, reguladora del Consejo Asesor de RTVE en Galicia, B.O.E. núm. 13, de 15.01.1985, S. 1120. – Für Asturien: Ley 5/1983, de 04.08.83, reguladora del Consejo Asesor de RTVE en el Principado de Asturias, B.O.E. núm. 234, de 30.09.1983, S. 26700. – Für Kantabrien: Ley 1/1984, de 27.02.84, reguladora del Consejo Asesor de RTVE en Cantabria, B.O.E. núm. 82, de 05.04.1984, S. 9674. – Für Madrid: Ley 5/1984, de 07.03.84, reguladora del Consejo Asesor de RTVE en Madrid, B.O.E. núm. 121, de 21.05.1984, S. 14052. – Für Valencia: Ley 3/1984, de 06.06.84, de creación y regulación del Consejo Asesor de RTVE en la Comunidad Valenciana, B.O.E. núm. 173, de 20.07.1984, S. 21463. – Für Aragón: Ley 4/1984, de 26.06.84, reguladora del Consejo Asesor de RTVE en Aragón, B.O.E. núm. 171, de 18.07.1984, S. 21159. – Für Murcia: Ley 4/1984, de 12.11.84, por la que se crea el Consejo Asesor de RTVE en la Región de Murcia, B.O. de la Región de Murcia núm. 269, de 23.11.1984. – Für die Balearen: Ley 6/1984, de 15.11.84, del Consejo Asesor de RTVE en las Islas Baleares, B.O.E. núm. 54, de 04.03.1985, S. 5446. – Für Navarra: Ley Foral 2/1985, de 04.03.85, de creación y regulación del Consejo Asesor de RTVE en Navarra, B.O.E. núm. 133, de 04.06.1985, S. 16907. – Für das Baskenland: Ley 9/1985, de 04.12.85, por la que se regula el Consejo Asesor de RTVE an el País Vasco, B.O. del País Vasco núm. 2, de 07.01.1986. – Für Kastilien-La Mancha: Ley 1/1987, de 07.04.87, sobre el Consejo Asesor de RTVE en Castilla-La Mancha, B.O.E. núm 113, de 12.05.1987, S. 13808, Berichtigung in B.O.E. núm. 147, de 20.06.1987, S. 18581. – Für Kastilien und León: Decreto Legislativo 1/1989, de 04.05.89, por el que se aprueba el Texto Refundido de las disposiciones legales vigentes en materia reguladora del Consejo Asesor de RTVE en Castilla y León, B.O. Castilla y León núm. 86, de05.05.1989, S. 1444. – Für die Extremadura: Ley 1/1989, de 31.05.89, de creación y regulación del Consejo Asesor de RTVE de Extremadura, Do. Extremadura núm. 48, de 20.06.1989, S. 924. – Für die Rioja: Ley 5/1989, de 19.10.89, del Consejo Asesor de RTVE en La Rioja, B.O.E. núm. 283, de 25.11.1989, S. 36944.

[447] García Llovet, El régimen jurídico, 1991, S. 289 m.w.N.; Montero/ Brokelmann, Telecomunicaciones y Televisión, 1999, S. 513.

[448] STC 10/1982, JC Bd. 3, S. 128 (144, FJ 4).

11. Der Betrieb der RTVE nach den Artikeln 16 bis 20 ERTV

Ursprünglich war RTVE ein direkter Teil der staatlichen Verwaltungsorganisation, ohne eigenen Haushalt oder rechtliche Eigenständigkeit. Durch den Erlaß des ERTV wurde sie in eine - aus Sicht des deutschen Rundfunksystems wenig regierungsunabhängige[449] - öffentliche Körperschaft umgewandelt, die den öffentlichen Dienst des Hörfunks und Fernsehens mittels neuer staatlicher Aktiengesellschaften leistet, welche in Kapitel III (Artt. 16 – 20) ERTV geregelt sind.

„KAPITEL III: Der Betrieb
Erster Abschnitt: Öffentlicher Betrieb
Art. 16
(I) Der Betrieb der öffentlichen Dienste Hörfunk und Fernsehen, der der öffentlichen Körperschaft RTVE obliegt, bestimmt sich nach den Regeln dieses Statuts und wird durch eine Zuweisung an die gemeinsamen Dienste umgesetzt, die regelgerecht zu errichten sind.
(...)

Zweiter Abschnitt: Marktbetrieb
Art. 17
(I) Der Betrieb des öffentlichen Dienstes Hörfunk ist durch die folgenden staatlichen Gesellschaften durchzuführen:
- Radio Nacional de España (RNE).
- Radio Cadena Española (RCE), die die Sender unter dem Zeichen REM-CAR und CES umfaßt.
(II) Der Betrieb des öffentlichen Dienstes Fernsehen ist durch eine staatliche Gesellschaft durchzuführen, die Televisión Española (TVE) heißt.

Art. 18 Das Kapital der im vorigen Artikel genannten Gesellschaften ist vollständig staatlich, es gehört vollständig der öffentlichen Körperschaft RTVE und kann in keiner vergüteten oder kostenlosen Form enteignet, mit einer Hypothek oder sonstwie belastet, verpfändet oder abgetreten werden.

Art. 19
(I) Die mit dem Betrieb des öffentlichen Dienstes Radio und Fernsehen beauftragten staatlichen Gesellschaften werden durch das Privatrecht geregelt, ohne weitere Ausnahmen als die, die dieses Statut enthält.
(II) Sie entwickeln in ihren Statuten nach vorheriger Benachrichtigung des Verwaltungsrats das Amt des einzigen Verwalters, der der Direktor des Mediums ist. Die Direktoren der Medien stehen unter der Aufsicht des Generaldirektors und sind die Programmverantwortlichen.
(III) Das Amt des Direktors eines Mediums ist unvereinbar mit einem Parlamentsmandat und jeder direkten oder indirekten Bindung an Unternehmen der Werbung, der Produktion von gefilmten oder magnetisch oder radiotechnisch aufgezeichneten Programmen, Plattenfirmen

[449] Vgl. die Ausführungen zur Einflußnahme der jeweiligen spanischen Regierungen unter D.I.2.a.cc. und b.aa.

oder jeder Art von Firmen, die mit der Zulieferung oder Ausstattung von Material oder Programmen der RTVE und ihrer Gesellschaften in Bezug stehen.

Art. 20
(I) Die Zentralregierung kann auf Vorschlag des Generaldirektors und mit Zustimmung des Verwaltungsrats der RTVE auf den Gebieten des Handels, des Kabelrundfunks und der analogen Medien Tochtergesellschaften gründen, um einen möglichst effektiven Betrieb zu garantieren.
(II) Organisation und Betrieb der Sendernetze sind in jedem Fall den Forderungen anzupassen, die sich aus der Überlegenheit des staatlichen Interesses am eigenen Netz ableiten.
(III) Die geschaffenen Tochtergesellschaften haben in jedem Fall ein vollständig staatliches Kapital und die Privilegien und Verbote, auf die sich die vorherigen Artikel beziehen."

a. Die RTVE und ihre staatlichen Aktiengesellschaften RNE, S.A. und TVE, S.A.

Die öffentliche Körperschaft RTVE ist mit dem direkten Betrieb der öffentlichen Dienste Hörfunk und Fernsehen beauftragt, den sie gem. Art. 17 ERTV durch zwei staatliche Aktiengesellschaften[450] betreibt: Der Hörfunk wird durch RNE, S.A. (Aktiengesellschaft Radio Nacional de España)[451] betrieben, und das Fernsehen durch TVE, S.A. (Aktiengesellschaft Televisión Española). Die in Art. 16 I ERTV vorgesehenen Regeln zur Errichtung der staatlichen Aktiengesellschaften RNE, S.A. und TVE, S.A. sind zu finden im Real Decreto 1615/1980, de 31.07.80, por el que se dictan disposiciones en cumplimiento y desarrollo del Estatuto de la Radio y la Televisión (Rechtsverordnung 1615/1980, die Vorschriften in Erfüllung und Entwicklung des ERTV erläßt)[452].

Das ERTV enthält eine doppelte Rechtsbindung, indem einerseits die 'Mutterkörperschaft', die öffentliche Körperschaft RTVE, den Regelungen eben dieses ERTV unterworfen werden (Art. 16 I ERTV), während andererseits die beiden staatlichen Aktiengesellschaften RNE und TVE an das Privatrecht gebunden werden, soweit keine Sonderregeln des ERTV bestehen (Art. 19 I ERTV).

RNE und TVE sind gem. Art. 19 I ERTV an das Privatrecht gebunden, ihr Gesellschaftsziel ist damit prinzipiell die Erzielung von Gewinnen, was grundsätzlich gegenläufig zur Erfüllung eines wichtigen öffentlichen Dienstes erscheint. Die Einordnung der Rundfunktätigkeit als öffentlicher Dienst zeigt die Überzeugung des Gesetzgebers, daß diese eine große gesellschaftliche Wichtigkeit besitzt. Das Ziel des öffentlichen Dienstes, die Befriedigung bestimmter

[450] Abgesehen davon, daß das Real Decreto 1615/1980 die Form der Aktiengesellschaft für RNE und TVE vorschreibt, sieht dies bereits Art. 33 des ERTV vor („Vertragschlüsse der staatlichen Aktiengesellschaften").
[451] Die mehrfach im Gesetzestext des ERTV genannte RCE existiert nicht mehr, da sie per Real Decreto 895/1988 von RNE absorbiert wurde.
[452] B.O.E. núm. 187, de 05.08.1980, S. 17604.

wichtiger Bedürfnisse der Bürger, hat deshalb Priorität vor der Gewinnerzielung, die jedoch zulässig ist, soweit sie sich mit der Erfüllung der Aufgaben als öffentlicher Dienst vereinbaren läßt[453]. – Die Realität bestätigt dies, der spanische Staatsrundfunk ist heute ein hoch defizitäres Unternehmen und regelmäßig auf Zuschüsse aus dem allgemeinen Staatshaushalt angewiesen. Von Gewinnerzielung kann seit Beginn der 1990'er Jahre keine Rede (mehr) sein.

Gem. Art. 18 ERTV gehört das gesamte Kapital der beiden staatlichen Gesellschaften der öffentlichen Körperschaft RTVE, wobei jede Veränderung dieser Konzeption in Form jedweder Verfügung ausgeschlossen wird; folglich ist jede Beteiligung von Privatpersonen am Kapital dieser Gesellschaften ausgeschlossen. Da der RTVE das gesamte Kapital von RNE und TVE gehört, wird von einem Treuhandverhältnis zwischen RTVE und TVE bzw. RNE gesprochen[454].

Nach Art. 19 II ERTV haben RNE und TVE Direktoren, die gleichzeitig die Programmverantwortlichen sind und unter der Aufsicht des Generaldirektors der RTVE stehen. Art. 19 III ERTV unterwirft die Direktoren denselben Inkompatibilitätsregeln wie auch Art. 10 IV ERTV den RTVE-Generaldirektor und Art. 7 IV ERTV die RTVE-Verwaltungsratsmitglieder.

b. Weitere Tochtergesellschaften der RTVE

Art. 20 ERTV ermöglicht die Gründung weiterer Tochtergesellschaften auf den Gebieten Handel bzw. Merchandising, Kabelrundfunk und der analogen Medien. Diese sind wie auch RNE und TVE rein staatliche Gesellschaften, die vorgenannten Regeln gelten für sie gleichermaßen.

Derzeit verfügt RTVE nicht über derartige Tochtergesellschaften.

c. Die Aktiengesellschaft Televisión Española (TVE, S.A.)

Im Rahmen dieser fernsehrechtlichen Arbeit soll die Struktur der TVE kurz aufgezeigt werden. Die Gründung der TVE, S.A. geschah 1981 mittels Schaffung der entsprechenden öffentlichen Gründungsurkunde und späterer Eintragung in das Marktregister[455].

Ihr Gesellschaftszweck besteht in „der Produktion und Übertragung von Bildern und gleichzeitig von Tönen mittels Wellen oder Kabeln, die mittelbar oder unmittelbar für das allgemeine Publikum oder einen Teil desselben bestimmt sind, und zwar mit politischen, religiösen, kulturellen, erzieherischen, künstlerischen, informativen, handelsmäßigen Zielen oder zu bloßen Unterhaltungs- oder

---

453 Abad Alacalá, El servicio público, 1999, S. 37 f.

454 González Navarro, Televisión pública y televisión privada, 1982, S. 70.

455 TVE, S.A. entstand mittels der öffentlichen Gründungsurkunde vom 09.03.1981, die Einschreibung in das Marktregister von Madrid geschah am 17.07.1981.

Werbezwecken, mit allen fremden oder ergänzenden Aktivitäten der Vorgenannten“[456].

TVE, S.A weist eine interessante Organstruktur auf: Sie hat zwei Gesellschaftsorgane, die Hauptversammlung („Junta General de Accionistas“) und den Verwalter („Administrador“). Da RTVE einziger Aktionär der TVE ist, ist der RTVE-Generaldirektor - allein - die Hauptversammlung der TVE. Das zweite Gesellschaftsorgan ist der Direktor der TVE, der durch den Generaldirektor der RTVE ernannt und entlassen wird, nach vorheriger Bekanntgabe an den Verwaltungsrat der RTVE[457].

Das Amt des TVE-Direktors dauert vier Jahre und er unterliegt denselben Inkompatibilitätsregeln wie das des RTVE-Generaldirektors und der RTVE-Verwaltungsratsmitglieder. Abgesehen von seiner Funktion als Programmverantwortlicher (Art. 19 II S. 2 ERTV) hat der TVE-Direktor weitreichende Befugnisse[458].

TVE sendet über seine Sender TVE 1 und TVE 2, „La Dos“. Zusätzlich sendet sie - via Satellit und v.a. für Südamerika - ein internationales Programm, „TVE Internacional“.

12. Die Programmvorgaben der Artikel 21 bis 24 ERTV

Die Artt. 21 – 24 ERTV enthalten einige Programmvorgaben für die Medien der RTVE. Die Regelungen der Artt. 21 und 22 ERTV befassen sich allgemein mit Programmpflichten der RTVE, während Art. 23 ERTV die Programmpflichten während der Wahlkampfzeiten regelt. Art. 24 ERTV befaßt sich schließlich mit dem Zugang bedeutender gesellschaftlicher Gruppen zu RNE und TVE.

a. Die Normierung von Programmpflichten nach Art. 21 und weiteren Normen des ERTV

Art. 21 ERTV ermächtigt die spanische Regierung, Programmpflichten für RTVE zu erlassen:

„Erster Abschnitt: Richtlinien des Programms
Art. 21 Die Regierung kann regelmäßig die Verpflichtungen festlegen, die sich aus der Rechtsnatur der RTVE als öffentlicher Dienst ableiten, und sie kann sie nach vorheriger Beratung des Verwaltungsrates erfüllen lassen.“

Art. 21 ERTV regelt, daß die spanische Regierung „Verpflichtungen, die sich aus der Rechtsnatur der RTVE als öffentlicher Dienst ableiten“, regelmäßig festlegen und nach Beratung des RTVE-Verwaltungsrates erfüllen lassen kann.

---

456 Praktisch identisch ist die Vorgabe des Art. 1 lit. A) des Real Decreto 1615/1980.

457 Vgl. Art. 11 lit. f) ERTV und Art. 8 lit. c) ERTV.

458 Ausführlich Abad Alcalá, El servicio público, 1999, S. 39, FN. 64 unter Bezugnahme auf Art. 17 der Gesellschaftssatzung der TVE, S.A.

Unbestritten ist, daß sich Art. 21 ERTV trotz der allgemeinen Formulierung allein auf die Festlegung von *Programm*verpflichtungen bezieht[459].

Es muß hierbei beachtet werden, daß innerhalb des ERTV noch drei weitere Ermächtigungen bestehen, Programmverpflichtungen für RTVE festzulegen. So enthält

- Art. 8 I lit. d) ERTV die Befugnis des RTVE-Verwaltungsrates, die Grundprinzipien und Grundlinien des Programms der RTVE festzulegen;
- Art. 11 lit. g) die Aufgabe des RTVE-Generaldirektors, die Programmtätigkeit der RTVE zu ordnen; und
- Art. 19 II ERTV die Aufgabe der Direktoren von RNE und TVE, die Programmverantwortung unter der Aufsicht des Generaldirektors zu übernehmen, wodurch auch diese Programmpflichten ihrer jeweiligen Medien RNE bzw. TVE festlegen können müssen.

In der Lit.[460] wird eine hierarchische Abstufung dieser vier Ermächtigungen, Programmverpflichtungen der RTVE festzulegen, vorgenommen. Danach hat die Regierung die Möglichkeit („kann"), bestimmte Leitlinien zur Erfüllung der Pflichten als öffentlicher Dienst festzulegen[461]; wenn sie es täte (was bislang nie geschah), hätten diese Leitlinien eine hohe Bedeutung gegenüber allen anderen RTVE-Organen.

Der RTVE-Verwaltungsrat hat seinerseits durch Art. 8 I lit. d) ERTV die Befugnis, grundsätzliche und abstrakte Leitlinien für das Programm von RNE und TVE festzulegen, während der Generaldirektor mittels seiner Befugnis aus Art. 11 lit. g) ERTV diese Leitlinien konkretisieren und in Instruktionen wie Rundschreiben oder Anordnungen umsetzen kann. Schließlich obliegt es den Direktoren von RNE und TVE, diese Instruktionen in ihren Rundfunk- oder Fernsehprogrammen umzusetzen.

Dies ist eine sinnvolle Abstufung der vier o.g. Ermächtigungen, die der spanischen Regierung eher die Aufgabe zuordnet, als Kontrolleur des Programms ordnend eingreifen zu können, während den anderen Organen hierarchisch abgestuft die Formulierung der Programmpflichten der RTVE aufgegeben wird.

---

[459] Esteve Pardo, Régimen jurídico-administrativo, 1984, S. 270; Abad Alcalá, El servicio público, 1999, S. 40 m.w.N.

[460] Abad Alcalá, El servicio público, 1999, S.41.; Souvirón Morenilla, Derecho público de los medios audiovisuales, 1999, S. 39.

[461] Diese Leitlinien der Programmpflichten können sich einerseits auf formale Aspekte beziehen (z.B. die Reichweite und die Ausstrahlungszeiten der Sendungen), die auf der Eigenschaft des Rundfunks als öffentlicher Dienst beruhen, und andererseits auf substantielle Aspekte, die zur Umsetzung der allgemeinen Programmgrundsätze des Art. 4 ERTV erlassen werden können.

b. Die Pflicht zur Veröffentlichung von Bekanntmachungen der Regierung, Art. 22 ERTV

Nach Art. 22 ERTV ist die RTVE verpflichtet, bestimmte Bekanntmachungen der spanischen Regierung zu veröffentlichen:

„**Art. 22** Die Regierung kann veranlassen, daß alle offiziellen Veröffentlichungen und Bekanntmachungen, die sie als für das öffentliche Interesse notwendig erachtet, mit einer Angabe ihres Ursprungs ins Programm aufgenommen und ausgestrahlt werden. Aus Gründen der Eile haben diese Veröffentlichungen und Bekanntmachungen sofortige Wirkung, wenn sie durch die eigene Regierung so eingestuft werden."

Die spanische Regierung kann hiernach i.S.d. Grundsatzes der Regierungsmacht[462] alle offiziellen Bekanntmachungen im Programm von RNE und TVE ausstrahlen lassen, wenn ihr Ursprung angegeben wird und sie die Bekanntmachungen im öffentlichen Interesse für notwendig erachtet.

Gleiche Befugnisse erhält die Regierung durch Art. 13 LTC in bezug auf die Dritten der Autonomieregionen, durch Art. 16 LTP in bezug auf die landesweiten terrestrischen Privatfernsehveranstalter und schließlich durch die (auch nach Erlaß der LGT noch in Kraft befindliche) 6. Zusatzbestimmung, Absatz III der LOT für alle Hörfunkveranstalter.

Abgesehen von den weiteren Möglichkeiten der Einflußnahme auf das RTVE-Programm, v.a. durch die Befugnis zur Ernennung des Generaldirektors gem. Art. 10 I ERTV, beinhaltet diese Norm die wichtige Befugnis der spanischen Regierung, von ihr selbst als im öffentlichen Interesse notwenig definierte Botschaften im RTVE-Programm ausstrahlen lassen zu können. Daß diese Befugnis auch für Bekanntmachungen ausgenutzt werden kann, die eher als Regierungs*werbung* zu bezeichnen sind, liegt auf der Hand und wird auch zuweilen praktiziert[463].

c. Die Programmgestaltung in Wahlkampfzeiten, Art. 23 ERTV

Die Programmgestaltung in RNE und TVE ist in Wahlkampfzeiten speziellen Regelungen unterworfen:

„**Zweiter Abschnitt: Wahlkampfzeiten und Wahlkampf**
Art. 23 Während der Wahlkampfzeiten sind die speziellen Regeln anzuwenden, die die Wahlgesetze vorsehen. Ihre Anwendung und ihre Kontrolle verschiebt sich auf die Zentrale Wahlkommission, die ihren Auftrag über den Verwaltungsrat und den Generaldirektor erfüllt."

---

[462] Vgl. o. unter D.I.2.a.cc. und D.I.2.b.aa.
[463] Vgl. die Ausführungen zu Art. 16 LTP unter D.VIII.7.k..cc.

Hiernach unterliegt das RTVE-Programm in Zeiten des Wahlkampfes nach dem Grundsatz der geregelten Wahlwerbung[464] den speziellen Regeln des Allgemeinen Wahlgesetzes, der Ley Orgánica 5/1985, de 19.06.85, del Régimen Electoral General[465], das neben allgemeinen Regeln über den Wahlkampf und die Wahlwerbung in den Artt. 59 – 67 Sonderregeln für die Wahlwerbung in öffentlichen Kommunikationsmedien enthält. Danach stehen den zur Wahl stehenden Parteien, Vereinigungen und Gruppen in den Fernsehprogrammen von TVE und den Fernsehprogrammen der Autonomieregionen gratis Sendezeiten zur Verfügung, die zur Sicherung der Chancengleichheit v.a. anhand der in den vorigen Wahlen erreichten Ergebnisse zugeordnet werden[466]. Andererseits dürfen keine weiteren Sendezeiten für die Wahlwerbung hinzugekauft werden.

Die Anwendung und Kontrolle dieser Sonderregeln obliegt in Wahlkampfzeiten der Zentralen Wahlkommission („Junta Electoral"), die ihre Kompetenzen über die RTVE-Organe Verwaltungsrat und Generaldirektor ausübt.

d. Pluralismus und Zugang gesellschaftlicher Gruppen zum Programm der Kommunikationsmedien, Art. 24 ERTV

Art. 24 ERTV enthält eine Grundregel über den Zugang gesellschaftlicher Gruppen zu den Kommunikationsmedien der RTVE:

„**Dritter Abschnitt: Demokratischer Pluralismus und Zugang zu den Kommunikationsmedien**
Art. 24 Die Zuteilung der Sendezeiten in RCE, RNE und TVE ist auf die Art zu konkretisieren, die ihnen die gesellschaftlich und politisch bedeutendsten Gruppen zuordnet. Zur Erreichung dieses Ziels behält der Verwaltungsrat in Absprache mit dem Generaldirektor bei der Ausübung seiner jeweiligen Kompetenzen objektive Kriterien wie die parlamentarische Repräsentation, die gewerkschaftliche Verwurzelung, den territorialen Geltungsbereich und ähnliche im Gedächtnis."

Die Respektierung des politischen, religiösen, sozialen, kulturellen und sprachlichen Pluralismus ist einer der bereits in Art. 4 ERTV formulierten allgemeinen Programmgrundsätze, die für alle Kommunikationsmedien normiert wurden (s.

---

[464] Vgl. o. unter D.I.2.a.dd.

[465] S. die Fundstellen der L.O. 5/1985 o. unter D.VI.9.d.

[466] Gem. Art. 64 der L.O. 5/1985 werden die kostenlosen Sendezeiten wie folgt verteilt:
- 10 Minuten für die Parteien, Vereinigungen oder Koalitionen, die erstmals zur Wahl stehen oder bei den vorherigen Wahlen keine Sitze gewonnen haben;
- 15 Minuten für die Parteien, Vereinigungen oder Koalitionen, die weniger als 5 Prozent der Stimmen in den vorherigen Wahlen erhalten haben;
- 30 Minuten für die Parteien, Vereinigungen oder Koalitionen, die 5 bis 20 Prozent der Stimmen in den vorherigen Wahlen erhalten haben; und
- 45 Minuten für die Parteien, Vereinigungen oder Koalitionen, die mindestens 20 Prozent der Stimmen in den vorherigen Wahlen erhalten haben.

Art. 4 lit. c) ERTV). Ohnehin verlangt bereits Art. 20 III CE, daß das Gesetz „den bedeutenden sozialen und politischen Gruppen den Zugang zu den genannten Medien unter Achtung des Pluralismus der Gesellschaft und der verschiedenen Sprachen Spaniens" garantieren müsse[467].

Es muß bedacht werden, daß das Zugangsrecht politischer Gruppen auf sehr verschiedene Art umgesetzt werden kann. Einerseits ist dies möglich durch die Teilhabe bei Entscheidungen über das Programm, normalerweise über die Teilnahme an den einzelnen Organen der Medien. Andererseits kann dies durch die Teilhabe an den Programmen, also durch ein unmittelbares Zugangsrecht, geschehen, einschließlich des von Art. 24 ERTV normierten direkten Zugangsrechts zur Gestaltung „eigener" Sendezeit der Gruppe.

In Ausführung der Vorgaben der CE bestimmt Art. 24 ERTV, daß die Zuteilung der Sendzeiten von RNE und TVE auf die Art zu konkretisieren ist, die ihnen die gesellschaftlich und politisch bedeutendsten Gruppen zuordnet. Dazu verwendet der RTVE-Verwaltungsrat objektive Kriterien wie die parlamentarische Repräsentation, die gewerkschaftliche Verwurzelung und den territorialen Geltungsbereich bei der Ausübung seiner Kompetenzen. – Diese objektiven Kriterien gelten speziell für den RTVE-Verwaltungsrat bei der Ausübung seiner Kompetenz gem. Art. 8 I lit. k) ERTV, nämlich der halbjährlichen Festlegung des Programmanteils, der für politisch und gesellschaftlich signifikante Gruppen zu reservieren ist; sie gelten auch allgemein für den Generaldirektor der RTVE bei der Ausübung seiner Kompetenz zum Ordnen der Programmtätigkeit (Art. 11 lit. g) ERTV)[468].

Umstritten ist im Rahmen des Art. 24 S. 2 ERTV, wie die Formulierung „in Absprache mit dem Generaldirektor" zu verstehen ist, m.a.W., ob der Verwaltungsrat allein oder nur nach bindender Absprache mit dem Generaldirektor die objektiven Kriterien für die Teilnahme am öffentlichen Radio und Fernsehen festlegen darf. Diese Kompetenz obliegt beiden Organen gemeinsam, da der wörtliche Sinn von „estar de acuerdo" (was hier mit „in Absprache" übersetzt wurde) auf eine einvernehmliche Festlegung dieser Kriterien hindeutet[469].

Problematischer erscheint Art. 24 ERTV angesichts der Frage, welche Gruppen die „gesellschaftlich und politisch bedeutendsten" sein sollen. Dazu werden in der Lit. drei Tatbestandsmerkmale angeführt, die erfüllt sein müssen: Erstens sei

---

[467] Schon Art. 1 I CE normiert den politischen Pluralismus als einen der obersten Werte der spanischen Rechtsordnung.

[468] Souvirón Morenilla, Derecho público de los medios audiovisuales, 1999, S. 40.

[469] So auch Abad Alcalá, El servicio público, 1999, S. 40. A.A. González Navarro, Televisión pública y televisión privada, 1982, S. 118 f., der dem Verwaltungsrat die alleinige Kompetenz zur Festlegung der Menge der Sendezeit für die bedeutendsten Gruppen zuordnet, während über das „wie und wann" Verwaltungsrat und Generaldirektor gemeinsam und einvernehmlich zu entscheiden hätten.

dies nur bei juristischen Personen erfüllt, zweitens müßten diese eine gewisse gesellschaftliche Basis haben, d.h. die juristische Person müßte die Interessen einer Personenmehrheit repräsentieren. Die dritte und schwierigste Voraussetzung ist „bedeutend“: Sie bewirkt eine Reduzierung der gesellschaftlichen Gruppen, jedoch nicht allein auf gesellschaftliche Gruppen politischer Art (also Parteien und Gewerkschaften). Vielmehr sollten hier allein die „Mini-Gruppen“, die keinen wirklichen Rückhalt in der Gesellschaft besäßen, ausgeschlossen werden[470]. Dazu wird eine – nicht abschließende – Aufzählung gegeben, welche Gruppen in Spanien diese Anforderungen erfüllen: Dies sind

- die politischen Parteien;
- die Gewerkschaften und Arbeitgeberverbände;
- die religiösen Konfessionen (durch ihre Nennung in Art. 4 lit. c) ERTV);
- die Sprachgruppen (durch ihre Nennung in Art. 20 III CE);
- die Berufsverbände; und
- die Verbraucherverbände, in bezug auf das Fernsehen die Verbände der Fernsehzuschauer[471].

Eine weitere Frage ist, ob Art. 24 ERTV den genannten gesellschaftliche Gruppen ein subjektives Recht auf Zugang zu den RTVE-Medien zugesteht oder nicht. Diese Frage muß i.E. verneint werden, da einerseits das ERTV kein Verfahren regelt, nach dem die Organisationen dieses Recht einfordern könnten. Andererseits hat der TC festgestellt, daß diese Norm nur ein negatives Abwehrrecht in der Form darstellt, daß keine Mittel erlassen werden dürfen, die die Zugangsrechte verhindern[472].

13. Die wirtschaftliche, parlamentarische und gerichtliche Kontrolle der RTVE

Das ERTV enthält Vorschriften über die wirtschaftliche, also die Haushaltskontrolle der RTVE (Art. 30 ERTV), ferner über die parlamentarische Kontrolle (Art. 26 ERTV), und schließlich über die gerichtliche Kontrolle der RTVE (Artt. 16 II und 33 ERTV), die zu untersuchen sind.

a. Die wirtschaftliche Kontrolle über RTVE

Bezüglich der wirtschaftlichen Kontrolle der RTVE regelt Art. 30 ERTV:

„Art. 30

(I) Regelmäßig werden Rechnungen des Haushaltsbetriebs der Parlamentskommission vorgelegt, auf die sich Artikel 26 diese Statuts bezieht.

---

[470] Abad Alcalá, El servicio público, 1999, S. 43 m.w.N.

[471] Vgl. Abad Alcalá, El servicio público, 1999, S. 43.

[472] STC 6/1981, JC Bd. 1, S. 112 (121).

(II) Der Rechnungshof informiert zu den Zeiten, die sein Organgesetz vorschreibt, die Parlamentskommission über den wirtschaftlichen Betrieb und Haushalt sowohl der öffentlichen Körperschaft RTVE als auch ihrer staatlichen Gesellschaften RNE, RCE und TVE und gegebenenfalls der Tochtergesellschaften, die diese gründen."

„**Art. 26** Es wird eine Parlamentarische Kommission des Unterhauses geschaffen, in Übereinstimmung mit dem in der Geschäftsordnung dieser Kammer (Anm.: des Unterhauses) Geregelten. Diese Kommission übt die Kontrolle der Handlungen von RNE, RCE und TVE auf eine Art aus, die das Funktionieren der Medien nicht unterbindet."

Die Haushaltskontrolle wird gem. Art. 30 ERTV von zwei Organen umgesetzt, dem spanischen Rechnungshof („Tribunal de Cuentas") und der nach Art. 26 ERTV geschaffenen parlamentarischen Kommission des Unterhauses zur Kontrolle der RTVE („Comisión de Control Parlamentario sobre RTVE"). Diese Kommission erhält gem. Art. 30 I ERTV regelmäßig Abrechnungen über den Haushaltsbetrieb von RTVE, übt also (neben ihren weiteren Kontrollaufgaben, s. dazu sogleich unter b.)) eine ständige Kontrolle über die Haushaltsführung der RTVE aus.

Der Rechnungshof hat seinerseits die Aufgabe, nach Maßgabe seines Organgesetzes[473] die parlamentarische Kontrollkommission über den wirtschaftlichen Betrieb und den Haushalt von RTVE, RNE, TVE und gegebenenfalls ihrer nach Art. 20 ERTV geschaffenen Tochtergesellschaften zu informieren.

Es ist festzustellen, daß die tatsächliche Haushaltskontrolle der RTVE ausschließlich durch die parlamentarische Kontrollkommission durchgeführt wird[474], da die Informationen des Rechungshofes allein das Ziel haben, die Kontrollkommission zu unterrichten. Ferner ist zu bedenken, daß der Rechnungshof gem. Art. 136 I S. 2 unmittelbar abhängig vom Parlament ist und seine Funktionen auf Delegierung durch das Parlament ausübt, welches seinerseits gerade die Kontrollkommission einsetzt, um seine Kontrollbefugnisse über die RTVE auszuüben.

b. Die parlamentarische Kontrolle der RTVE

RTVE wird auch in programmlicher Hinsicht von der speziellen Parlamentskommission des Unterhauses kontrolliert:

„**Fünfter Abschnitt: Die direkte parlamentarische Kontrolle**
Art. 26 Es wird eine Parlamentarische Kommission des Unterhauses geschaffen, in Übereinstimmung mit dem in der Geschäftsordnung dieser Kammer (Anm.: des Unterhauses) Geregelten. Diese Kommission übt die Kontrolle der Handlungen von RNE, RCE und TVE auf eine Art aus, die das Funktionieren der Medien nicht unterbindet."

[473] Ley Orgánica 2/1982, de 12.05.82, del Tribunal de Cuentas; B.O.E. núm. 121, de 21.05.1982, S. 13290.
[474] Abad Alcalá, El servicio público, 1999, S. 46.

Die Tätigkeit der RTVE wird von den allgemeinen Programmgrundsätzen des Art. 4 ERTV geleitet, ferner allgemein durch den Respekt, die Weiterentwicklung und die Verteidigung der Werte der Verfassung (Art. 3 ERTV). Die Kontrolle der Erfüllung dieser Prinzipien vertraut das ERTV zunächst dem RTVE-Verwaltungsrat an (s. Art. 8 I lit. a) ERTV). Aber zusätzlich zur dieser RTVE-internen Kontrolle bestimmt Art. 26 ERTV eine externe Kontrollinstanz:

Gem. Art. 26 ERTV werden RNE und TVE von der speziellen parlamentarischen Kommission des Unterhauses[475] kontrolliert.

Unabhängig von der Befugnis des Parlaments aus Art. 7 I ERTV, die RTVE-Verwaltungsratsmitglieder zu bestimmen, obliegt der Parlamentskommission die Kontrolle der Handlungen von RNE und TVE. Die Kontrolle bezieht sich nach Art. 30 ERTV zunächst auf den haushaltsmäßigen Betrieb von RNE und TVE, s.o. unter a.), während Art. 26 ERTV vornehmlich auf die Kontrolle des Programms dieser Medien abzielt[476]. Somit unterliegt auch die Programmgestaltung der RTVE der Aufsicht dieser speziellen Parlamentskommission.

In der Lit. wird allgemein von einem System doppelter parlamentarischer Kontrolle gesprochen, einerseits indirekt durch die Befugnis des Parlaments, die RTVE-Verwaltungsratsmitglieder zu bestimmen (vgl. Art. 7 I ERTV), andererseits direkt durch die spezielle Parlamentskommission nach Art. 26 ERTV[477].

c. Die gerichtliche Kontrolle der RTVE

Die Artt. 16 II und 33 RTVE normieren Regeln über die gerichtliche Kontrolle der RTVE:

„**Art. 16 (II)** Bei Beschlüssen, die die Verwaltungsorgane der öffentlichen Körperschaft RTVE erlassen und bei Ansprüchen, die sich in bezug auf diese ableiten lassen, ist die Rechtsprechung in jedem Fall und ohne die Notwendigkeit eines verwaltungsrechtlichen Widerspruchs zuständig."

[475] „Comisión Parlamentaria del Congreso de los Diputados"; s. die Resolución de la Presidencia sobre la aplicación de las normas reglamentarias en el funcionamiento de la comisión de contról parlamentario sobre RTVE, de 14.12.1983 (B.O.C.G., Congreso de los Diputados, Serie E núm. 17, de 23.12.1983), die Geschäftsordnung dieser Parlamentskommission zur Beaufsichtigung der RTVE.

[476] Souvirón Morenilla, Derecho público de los medios audiovisuales, 1999, S. 41 unter Bezugnahme auf die Überschrift des Kapitels IV (Artt. 21 – 26) ERTV „Programm und Kontrolle".

[477] Montero/ Brokelmann, Telecomunicaciones y Televisión, 1999, S. 513, Rodríguez García, El control de los medios, 1998, S. 181 und 184.

„**Art. 33**
Der Bereich der Vertragschlüsse der staatlichen Aktiengesellschaften unterfällt in jedem Fall dem Privatrecht, ohne Ausnahme bezüglich abtrennbarer Vertragsteile und der vertraglichen und außervertraglichen Haftung.“

Nach Art. 16 II ERTV ist die Rechtsprechung bei Beschlüssen der RTVE-Verwaltungsorgane und bei Ansprüchen, die sich aus diesen ableiten, zuständig, und zwar ohne das Erfordernis eines verwaltungsrechtlichen Widerspruchsverfahrens. Dies bedeutet nichts anderes als eine Generalklausel zur vollständigen Unterwerfung der Verwaltungsaktivität der RTVE unter die verwaltungsgerichtliche Kontrolle. Das normalerweise[478] bestehende Privileg der Verwaltung in Form einer vorherigen Überprüfung im Vorverfahren entfällt. -

Art. 33 ERTV befaßt sich mit den Verträgen, die von den staatlichen Aktiengesellschaften RNE und TVE abgeschlossen werden. Diese sind vollständig dem Privatrecht unterworfen.

Die in Art. 33 ERTV a.E. angesprochene Lehre über abtrennbare Vertragsteile entstammt dem spanischen Verwaltungsvertragsrecht; sie betrifft die Möglichkeit, abtrennbare Teile von Verwaltungsverträgen - mit der Folge der Nichtigkeit des Gesamtvertrags - vor dem Verwaltungsgericht anzugreifen[479]. Diese Möglichkeit besteht nicht, da gem. Art. 33 ERTV für die Verträge von RNE und TVE ausschließlich Privatrecht gilt. Ebensowenig sollen verwaltungsvertragsrechtliche Sonderregeln bezüglich der außervertraglichen Haftung gelten – es gilt hier allein das Privatrecht.

14. Der Haushalt und die Finanzierung der RTVE

Die Artt. 27 – 29 und 31 f. ERTV regeln Haushalt und Finanzierung der RTVE.

a. Die Haushalte von RTVE, RNE und TVE

Die Artt. 27 – 29 und 30 ERTV enthalten Regeln über die Haushalte von RTVE, RNE und TVE:

„**Art. 27** Der Haushalt der öffentlichen Körperschaft RTVE ist aufgrund des im Allgemeinen Haushaltsgesetz Geregelten und unbeschadet der in diesem Statut vorgesehenen Einzelheiten festzulegen.

---

[478] Das verwaltungsrechtliche Vorverfahren ist in Spanien in den Artt. 120 f. der Ley 30/1992, de 26.11.92, de Régimen Jurídico de las Administraciones Públicas y del Procedimiento Administrativo Común (Verwaltungsverfahrensgesetz) geregelt; die Ley 30/1992 ist zu finden in B.O.E. núm. 285, de 27.11.1992, S. 40300, Berichtigungen in B.O.E. núm. 311, de 28.12.1992, S. 44118 und B.O.E. núm. 23, de 27.01.1993, S. 2081.

[479] Abad Alcalá, El servicio público, 1999, S. 51.

Art. 28
(I) RNE, RCE und TVE haben getrennte Haushalte, die zusammen mit den allgemeinen Staatshaushalten der Bewilligung durch die Cortes Generales unterliegen.
(II) Die Tochtergesellschaften, auf die sich Artikel 20 dieses Statuts bezieht, sind gleichermaßen Teil des Haushaltssystems.

Art. 29
(I) Der Haushalt jeden einzelnen Mediums und gegebenenfalls jeder Tochtergesellschaft ist unter dem Prinzip des haushaltsmäßigen Gleichgewichts auszuarbeiten und zu betreiben.
(II) Die Buchführung ist an die gesetzlichen Normen, die auf staatliche Gesellschaften anzuwenden sind, anzupassen."

„**Art. 31** Unbeschadet des Haushalts der öffentlichen Körperschaft RTVE und der Haushalte der staatlichen Aktiengesellschaften ist ein konsolidierter Haushalt mit dem Ziel zu entwickeln, ein eventuelles oder definitives Kassendefizit zu verhindern und es zu erlauben, seine Deckung durch den Überschuß der Organe und Körperschaften, die in diesen konsolidierten Haushalt integriert sind, zu erreichen.
Aufgrund dieses Statuts wird eine Verringerung der Einnahmen im Haushalt der öffentlichen Körperschaft RTVE zugelassen."

Gem. Art. 27 ERTV ist der Haushalt der öffentlichen Körperschaft RTVE aufgrund des im Allgemeinen Haushaltsgesetz Geregelten festzulegen, unbeschadet der im ERTV vorgesehenen Einzelheiten. Das Allgemeine Haushaltsgesetz ist in Spanien das Real Decreto Legislativo 1091/1988, de 23.09.88, por el que se aprueba el texto refundido de la Ley General Presupuestaria[480]. Gem. Art. 85 I dieses Gesetzes sind dem Haushalt der RTVE detaillierte Abrechnungen des Handelsbetriebs und umfassende Bilanzrechnungen hinzuzufügen. Das Haushaltsjahr entspricht dem natürlichen Jahr, Art. 86 des Allg. Haushaltsgesetzes.

Die staatlichen Aktiengesellschaften RNE und TVE haben ihrerseits gem. Art. 28 ERTV getrennte Haushalte, die zusammen mit den allgemeinen Staatshaushalten von den Cortes Generales, also den beiden Kammern des spanischen Parlaments, bewilligt werden müssen. Gem. Art. 6 II des Allg. Haushaltsgesetzes findet auf die staatlichen Handelsgesellschaften, hier also RNE und TVE, das Handels-, Zivil- und Arbeitsrecht Anwendung, außer bei Materien, auf die sich das Allg. Haushaltsgesetz selbst bezieht. Zu diesen Sonderregeln zählt Art. 87 des Allg. Haushaltsgesetzes, der die wichtigsten haushaltsmäßigen Verpflichtungen für diesen Gesellschaftstyp normiert. RNE und TVE müssen demnach jährlich und zu bestimmten Terminen[481] Handlungs-, Investitions- und Finanzierungsprogramme entwickeln, die den Anforderungen langfristiger Pläne entsprechen müssen. Ferner müssen sie jährlich einen detaillierten Nutzungs- und Vermögenshaushalt ausarbeiten. Die Grundstruktur des Haushalts-

---

[480] B.O.E. núm. 234, de 29.09.1988, S. 28406; Berichtigungen in B.O.E. núm. 275, de 16.11.1988, S. 32596.
[481] Zu den Terminen s. Artt. 89 f. des Allgemeinen Haushaltsgesetzes.

programms jeder einzelnen staatlichen Gesellschaft wird vom spanischen Finanzminister entwickelt.

Art. 29 ERTV bestimmt, daß der Haushalt jedes einzelnen Mediums unter dem „Prinzip des haushaltsmäßigen Gleichgewichts“ auszuarbeiten und zu entwickeln ist. Dies ist das Prinzip, daß die haushaltsmäßigen Ausgaben komplett durch die ordnungsgemäßen Einnahmen finanziert sein sollen, also ein Gleichgewicht hergestellt werden muß.

Nach Art. 31 ERTV soll unbeschadet der Haushalte von RTVE, RNE und TVE ein konsolidierter gemeinsamer Haushalt mit dem Ziel entwickelt werden, ein Kassendefizit zu verhindern und es zu erlauben, seine Deckung durch den Überschuß der Organe und Körperschaften, die in diesem gemeinsamen Haushalt integriert sind, zu erreichen. Falls also ein Teil der Gesellschaften der RTVE Gewinn erwirtschaftet, ein anderer Teil aber Verluste, soll demnach zumindest insgesamt ein ausgeglichener Gesamt-Haushalt angestrebt werden. Dies war tatsächlich der Fall, zumindest bis 1992: RNE machte regelmäßig nur Verluste, während die Fernsehkanäle von TVE dank ihrer hohen Einnahmen aus der Fernsehwerbung bis 1992 noch soviel Gewinn erwirtschafteten, daß damit das Defizit von RNE ausgeglichen werden konnte und RTVE insgesamt nicht auf zusätzliche Unterstützung aus dem Staatshaushalt angewiesen war. Nach 1992 allerdings mußte TVE wegen der wachsenden Konkurrenz der Privatfernsehveranstalter auf dem Fernsehwerbemarkt ständig sinkende Werbeeinnahmen hinnehmen, so daß nicht mehr die Defizite der anderen RTVE-Gesellschaften ausgleichen werden konnten[482]. Seitdem ist RTVE auf Subventionen aus dem allgemeinen Staatshaushalt – und damit auf die Gunst der jeweiligen spanischen Regierungen – angewiesen.

b. Die Finanzierung von RTVE, RNE und TVE

Zur Finanzierung von RTVE, RNE und TVE bestimmt Art. 32 ERTV:

„**Art. 32**

(I) Die öffentliche Körperschaft RTVE finanziert sich zulasten der allgemeinen Staatshaushalte und mittels der Einnahmen und Erträge ihrer Aktivitäten.

(II) Die Finanzierung der Gesellschaften, die die öffentlichen Dienste des Hörfunks und der TVE betreiben, geschieht auf folgende Weise:

a) RCE durch Subventionen, die aus den allgemeinen Staatshaushalten gezahlt werden und aus eigenen wirtschaftlichen Einkünften.

b) RNE durch Subventionen, die aus den allgemeinen Staatshaushalten gezahlt werden und aus eigenen wirtschaftlichen Einkünften.

---

[482] Vgl. auch die Darstellung bei Montero/ Brokelmann, Telecomunicaciones y Televisión, 1999, S. 515.

c) TVE durch Subventionen, die aus den allgemeinen Staatshaushalten gezahlt werden, die Vermarktung und den Verkauf ihrer Produkte, einer begrenzten Teilnahme am Werbemarkt und gegebenenfalls durch ein Entgelt oder eine Gebühr auf den Besitz von Empfangsgeräten, die anfangs nur den Besitz von Farbfernsehgeräten belasten soll."

Demnach finanziert sich die öffentliche Körperschaft RTVE zulasten des allgemeinen Staatshaushalts und mittels der Einnahmen und Erträge ihrer Aktivitäten. RNE finanziert sich ebenso aus dem Staatshaushalt und aus ihren eigenen Einkünften.

TVE hat dagegen – zumindest theoretisch - vier verschiedene Einnahmequellen. Dies sind:

1.) Subventionen aus dem allgemeinen Staatshaushalt;

2.) Einnahmen aus der Vermarktung und dem Verkauf ihrer Produkte;

3.) Einnahmen aus ihrer „begrenzten" Teilnahme am (Fernseh-)Werbemarkt; und

4.) Entgelte oder Gebühren auf den Besitz von (Farb-)Fernsehgeräten.

Bezüglich der Nummern 1 und 2 verfügt TVE über dieselben Einnahmequellen die RTVE und RNE. Zusätzlich werden aber die Einnahmen aus der „begrenzten" Teilnahme am (Fernseh-)Werbemarkt genannt. Dazu ist anzumerken, daß die Fernsehwerbung der TVE anfangs mangels anderer Regelungen durch eigene Richtlinien der RTVE geregelt und „begrenzt" wurde, die der RTVE-Verwaltungsrat aufgrund seiner Befugnis aus Art. 8 I lit. j) ERTV erließ. Heute sind diese internen Werberegelungen der RTVE von untergeordneter Bedeutung, seit die LID 1994 die Vorgaben der EG-FRL bezüglich der Fernsehwerbung mit allgemeiner Geltung in die spanische Rechtsordnung eingeführt hat. Damit wird die TVE-Werbung in erster Linie durch die LID begrenzt.

Die in der letzten Alternative des Art. 32 ERTV aufgeführte Möglichkeit einer Finanzierung durch ein Entgelt oder eine Gebühr auf den Besitz von Farbfernsehgeräten besteht für TVE derzeit nicht. Ein derartiges Entgelt oder eine derartige Gebühr wird in Spanien - im Gegensatz zur in Deutschland erhobenen Gebühr auf den Besitz von Fernsehgeräten - nicht verlangt. Eine Einführung dessen wurde zwar mehrmals – zuletzt im Jahre 1998 – diskutiert, hat sich aber nie endgültig[483] durchgesetzt.

Heute muß man sagen, daß sich TVE trotz der vermehrten Ausstrahlung massenattraktiver Programme nicht aus ihren eigenen Einnahmen finanzieren

---

[483] Von 1957 bis 1965 gab es eine allgemeine Luxussteuer auf den Besitz von Fernsehgeräten. Dies war jedoch der in der spanischen Geschichte einzige Versuch, auf diese Art und Weise den Staatsrundfunk zu finanzieren.

kann. Seit Einführung des Privatfernsehens in Spanien hat sich der Werbemarkt auf alle Fernsehveranstalter verteilt, so daß sich die vormals hohen Fernsehwerbeeinnahmen stetig verringerten; heute ist TVE – wie auch RNE und die Mutterkörperschaft RTVE – permanent auf Subventionen aus dem allgemeinen spanischen Staatshaushalt angewiesen[484], obwohl TVE das nach der LID zulässige Maximum an Werbung sendet und selbst zur Prime-time ihre Kanäle oft mit preiswerten Formaten und Eigenprogrammwerbung[485] füllt.

Die Finanzierung des Staatsrundfunks in Spanien ist ebensowenig staatsfern wie sein Programm. RTVE ist dauerhaft auf Subventionen des allgemeinen Staatshaushalts angewiesen, was ihre Abhängigkeit von der jeweiligen Regierung, abgesehen von den bereits durch das ERTV vorgesehenen Möglichkeiten der Einflußnahme, weiter erhöht.

c. Das spanische und das deutsche Finanzierungsmodell

An der Finanzierung der öffentlichen Fernsehanstalten zeigt sich ein großer Unterschied zwischen den Fernsehordnungen in Deutschland und Spanien. Das spanische Subventionsmodell der Finanzierung der RTVE zeichnet sich durch das Fehlen von Teilnehmergebühren aus, das wegen der Notwendigkeit von Subventionen aus dem allgemeinen Staatshaushalt eine erhebliche Regierungsbindung, ein relativ geringes Programmniveau und die gem. der LID für alle Fernsehveranstalter zulässige Höchstmenge an Werbung mit sich bringt.

Das deutsche Gebührenmodell dagegen, nach dem sich die öffentlich-rechtlichen Veranstalter in erster Linie aus nicht unerheblichen Rundfunkgebühren finanzieren[486], bewirkt eine fast vollständige Regierungsunabhängigkeit - bzw. nach deutschem Sprachgebrauch Staatsferne -, ein höheres Programmniveau und eine geringe Fernseh-Werbemenge von werktäglich maximal 20 Minuten[487].

Beide Modelle enthalten Vor- und Nachteile, die sich letztlich auf die Frage reduzieren lassen, ob ein Staat sich das teurere gebührenfinanzierte öffentliche

---

[484] Fernández Farreres, El paisaje televisivo en España, 1997, S. 88 f.; Muñoz Machado, Servicio público III, 1998, S. 89; Spangenberg, Die Liberalisierung des Fernsehens, 1998, S. 635; vgl. auch die Tabelle zu den Finanzierungsquellen aller öffentlichen Fernsehveranstalter der EU bei Rosado Iglesias, La televisión pública en España, 1999, S. 73, FN 99.

[485] Z.B. die Samstagabendshow in TVE 1 „La noche de fiesta“ bestreitet einen erheblichen Teil ihrer Sendezeit mit Eigenprogrammwerbung. – Die gebührenfinanzierten öffentlich-rechtlichen Fernsehkanäle in Deutschland können sich dagegen kostenintensivere Qualitätsprogramme leisten, z.B. Europas größte Fernsehproduktion „Wetten daß...?“ des ZDF. Derartige Budgets stehen den Gestaltern des spanischen Staatsfernsehens nicht zur Verfügung.

[486] Laut MP-Sonderheft „Basisdaten 1999“ beliefen sich allein die Rundfunkgebührenerträge von ARD und ZDF im Jahre 1998 auf etwa 11,1 Mrd. DM (ca. 5,6 Mrd. €).

[487] § 15 I S. 1 RfStV.

Qualitätsfernsehen nach deutschem Modell leisten kann und will, oder ob er - mit den o.g. Auswirkungen - auf eine Gebührenfinanzierung verzichtet und die anfallenden Finanzdefizite direkt per Staatshaushalt ausgleicht und damit den öffentlichen Rundfunk staatsnah und auch zulasten derer finanziert, die ihn nicht nutzen[488].

---

488 In Deutschland wäre eine derartige Finanzierung des öffentlichen Rundfunks mit dem Grundsatz der Staatsfreiheit des Rundfunks unvereinbar. Die in Deutschland adäquate Finanzierungsart des öffentlich-rechtlichen Rundfunks ist lt. BVerfG die Rundfunkgebühr, vgl. BVerfGE 73, S. 118 (158), E 87, S. 181 (199), E 90, S. 60 (91) und BVerwG NJW 1998, S. 1578 f., neben einer begrenzten Werbefinanzierung, vgl. BVerfGE 83, S. 238 (310) und E 97, S. 181 (200). – Vgl. auch Der Spiegel 29/2000, S. 111, in dem die ARD-Justiziare die Finanzierung des öffentlichen Rundfunks aus dem allgemeinen Staatshaushalt als verfassungswidrig bezeichnen.

VII. Die gesetzliche Regelung der staatlichen Fernsehsender der Autonomieregionen: Die Ley 46/1983, de 26.12.83, reguladora del tercer canal de televisión (LTC)[489] und die entsprechenden Regelungen der Autonomieregionen

1. Einleitung

Neben dem spanischen Staat, der über seine öffentliche Körperschaft RTVE staatliches Fernsehen betreibt, können auch die 19 spanischen Autonomieregionen nach Erteilung der entsprechenden Konzession durch den spanischen Staat[490] eigene staatliche „Dritte" Fernsehsender betreiben. Eine entsprechende Ermächtigung der spanischen Regierung, nach gesetzlicher Befugniserteilung durch die Cortes Generales (das spanische Parlament) den Autonomieregionen den Betrieb eines öffentlichen Fernsehkanals „abzutreten", der auf dem Gebiet der jeweiligen Autonomieregion sendet, wurde bereits in Art. 2 II ERTV vorgesehen und die gesetzliche Befugniserteilung 1983 durch Erlaß der LTC umgesetzt[491].

Es liegt auf der Hand, daß die sozialen Kommunikationsmedien, v.a. Radio und Fernsehen, hervorragende Instrumente zur Verbreitung kultureller Modelle und des Schutzes der kulturellen Identität der Autonomieregionen sind[492]; ferner stellen sie ein geeignetes Mittel zur Pflege der Regionalsprachen Spaniens, also in erster Linie der katalonischen, baskischen, galizischen und valenzianischen Sprache dar[493].

Die LTC normiert Regeln für die Erteilung der LTC-Konzession zum Betrieb der staatlichen Dritten Fernsehkanäle durch die Autonomieregionen, ferner einige Grundlagen für den Betrieb, das Programm, die Kontrolle und die Finanzierung der Dritten. Diese Grundlagen werden in den entsprechenden Gesetzen der Autonomieregionen zum Dritten Kanal[494] ausgeführt. In diesem

---

[489] B.O.E. núm. 4, de 05.01.1984, S. 274.

[490] Es bedarf der entsprechenden Konzession zum Betrieb des Dritten Fernsehkanals, da gem. Art. 1 II ERTV der spanische Staat Inhaber des öffentlichen Dienstes Fernsehen bleibt. Martín y Pérez de Nanclares, EG-Fernsehrichtlinie, 1995, S. 364.

[491] S. dazu auch oben D.VI.6.b.

[492] García Llovet, Régimen jurídico, 1991, S. 251; Montero/ Brokelmann, Telecomunicaciones y Televisión, 1999, S. 518.

[493] Es ist davon auszugehen, daß etwa 40 Prozent aller Spanier bilingual aufwachsen und leben, d.h. neben dem „Spanischen", also Kastilisch, eine der genannten Regionalsprachen sprechen.

[494] Die Gesetze der Autonomieregionen zur gesetzlichen Entwicklung des Dritten Kanals sind:

- Im Baskenland: Ley de la Comunidad Autónoma del País Vasco 5/1982, de 20.05.82, de creación del Ente Público „Radiotelevisión Vasca"; B.O.P.V. núm. 71, de 02.06.1982;

Kapitel sollen die Normen, nach denen die staatlichen Dritten Fernsehsender der Autonomieregionen geregelt werden, im Überblick aufgezeigt werden[495].

Heute verfügen längst nicht alle Autonomieregionen über einen eigenen staatlichen Fernsehsender: Obgleich weitere Autonomieregionen bereits entsprechende Gesetze zur Gründung eigener Fernsehanstalten erlassen haben[496], betreiben bislang sind nur die sechs Autonomieregionen Baskenland, Katalonien, Madrid, Valencia, Galizien und Andalusien eigene Fernsehsender. In absehbarer Zeit werden noch die kanarischen Inseln sowie Kastilien und León dazukommen: Die kanarischen Inseln haben bereits die staatliche LTC-Konzession für die Nutzung des Dritten Kanals erhalten, jedoch noch nicht mit den

---

- In Katalonien: Ley de la Comunidad Autónoma de Cataluña 10/1983, de 10.05.83, de creación del Ente Público „Corporación Catalana de Radio y Televisión"; B.O.E. núm. 160, de 06.07.1983, S. 18912;
- In Galizien: Ley de la Comunidad Autónoma de Galicia 9/1984, de 11.07.84, de creación de la Compañía de Radiotelevisión de Galicia; B.O.E. núm. 139, de 11.06.1985, S. 17745;
- In Andalusien: Ley de la Comunidad Autónoma de Andalucía 8/1987, de 09.12.87, de creación de la Empresa pública de la Radio y la Televisión de Andalucía y regulación de los servicios gestionados por la Junta de Andalucía; B.O.E. núm. 14, de 16.01.1988, S. 1593;
- In Murcia: Ley de la Comunidad Autónoma de la Región de Murcia 7/1994, de 17.11.94, por la que se extingue Radio Televisión Murciana y se regula el Servicio Público de Radiodifusión de la Región de Murcia, su organización y control parlamentario; B.O.E. núm. 31, de 06.02.1995, S. 3647.
- In Valencia: Ley de la Comunidad Valenciana 7/1984, de 04.07.84, de creación de la Entidad pública „Radiotelevisión Valenciana" y regulación de los servicios de la Generalidad Valenciana; B.O.E. núm. 213, de 05.09.1984, S. 25739;
- In Aragón: Ley de la Comunidad Autónoma de Aragón 8/1987, de 15.04.87, de creación, organización y control parlamentario de la Corporación Aragonesa de Radio y Televisión; B.O.E. núm. 107, de 05.05.1987, S. 12986;
- Auf den kanarischen Inseln: Ley de la Comunidad Autónoma de Canarias 8/1984, de 11.12.84, de régimen de los servicios dependientes de la Comunidad Autónoma de Canarias y participación de la misma en RTVE; B.O.E. núm. 43, de 19.02.1985, S. 4267;
- In Navarra: Ley Foral 16/1985, de 27.09.85, de creación, organización y control parlamentario del Ente público Radiotelevisión navarra; B.O.E. núm. 28, de 01.02.1986, S. 4553;
- Auf den Balearen: Ley de la Comunidad Autónoma de las Islas Baleares 7/1985, de 22.05.85, de creación de la Compañía de Radiotelevisión de las Islas Baleares; B.O.E. núm. 213, de 05.09.1985, S. 28145;
- In Madrid: Ley de la Comunidad Autónoma de Madrid 13/1984, de 30.06.84, de creación, organización y control parlamentario del Ente público de Radiodifusión y Televisión de Madrid; B.O.E. núm. 181, de 30.07.1984, S. 22226.

[495] Der vollständige Wortlaut der LTC ist im Anhang dieser Arbeit abgedruckt.

[496] Vgl. die obige Liste der Gesetze der Autonomieregionen zum Dritten Kanal.

Sendungen begonnen, und über den Konzessionsantrag der Autonomieregion Kastilien und León wird im Laufe des Jahres 2000 entschieden[497].

Die derzeit sendenden staatlichen Regionalfernsehprogramme des Dritten Kanals sind TV 3 und Canal 33 (Katalonien), Canal Sur und Canal 2 (Andalusien), Telemadrid (Madrid), Canal 9 und Punt 2 (Valencia), TVG (Galizien) und ETB 1 und ETB 2 (Baskenland).

2. Die Konzession zum Betrieb der „Dritten" Fernsehkanäle nach der LTC

Die am Betrieb eines eigenen staatlichen Fernsehsenders interessierten Autonomieregionen können bei der spanischen Regierung eine LTC-Konzession beantragen, Art. 2 II ERTV und die 6. Zusatzbestimmung der LTC.

Vor Erlaß der Konzessionen müssen die antragstellenden Autonomieregionen gem. Art. 7 LTC durch eigene Gesetze ihrer Autonomieregionen[498] die Organisation und parlamentarische Kontrolle ihres staatlichen Fernsehsenders im Einklang mit den Vorschriften des ERTV regeln; s. zur Organisation und parlamentarischen Kontrolle sogleich unter 3.

Gem. Art. 2 LTC hat der spanische Staat für die erforderliche Infrastruktur der Dritten zu sorgen, d.h. er hat den antragstellenden Autonomieregionen die notwendigen terrestrischen[499] Sendenetze zu verschaffen.

Die LTC-Konzession berechtigt gem. Art. 6 I LTC die Autonomieregion zur freien Festsetzung der Nutzungszeiten des Sendenetzes, ohne weitere Begrenzungen als die, die in der LTC und den eigenen Gesetzen der Autonomieregionen enthalten sind. Art. 6 II LTC verbietet, daß der Betrieb der staatlichen Fernsehsender der Autonomieregionen auf Dritte übertragen wird: es obliege vollständig der staatlichen Aktiengesellschaft, die zu diesem Zweck in

---

497 Die derzeit existierenden Rundfunkanstalten der Autonomieregionen, die Fernsehen veranstalten, sind: Ente público Radio Televisión Vasca (Baskenland); Corporación Catalana de Radio y Televisión (Katalonien); Ente público Radio Televisión Madrid (Madrid); Radiotelevisión Valenciana (Valencia); Compañía de Radio-Televisión de Galicia (Galizien) und Empresa pública de la Radio y la Televisión de Andalucía (Andalusien). S. Souvirón Morenilla, Derecho público de los medios audiovisuales, 1999, S. 99. – Teilweise senden diese Körperschaften neben dem Regionalfernsehen auch Hörfunkprogramme, z.B. in Madrid das Hörfunkprogramm „Onda Madrid".

498 Vgl. die obige Liste der Gesetze der Autonomieregionen zur gesetzlichen Entwicklung des Dritten Kanals.

499 Gem. der 6. Zusatzbestimmung der LTS betrifft die LTC (wie auch das ERTV und die LTP) allein die Fernsehausstrahlung mittels terrestrischer Wellen – vgl. auch die 1. Zusatzbestimmung der LTC. Selbstverständlich können die Dritten aber über Kabel- oder Satellitennetze ausstrahlen, wenn sie für den entsprechenden Signaltransport sorgen (z.B. sendet der katalonische staatliche Fernsehkanal TV-3 per Satellit nach ganz Europa und Südamerika).

den Autonomieregionen gegründet werden, Organisation, Ausübung und Ausstrahlung der Dritten zu übernehmen. Damit wird eine Privatisierung der staatlichen Dritten ausgeschlossen – trotzdem gibt es in einzelnen Autonomieregionen Überlegungen, die kostenträchtigen - bislang staatlichen - Fernsehkanäle zu privatisieren[500].

Abschließend ist anzumerken, daß die LTC-Konzession ihre Inhaber zum Betrieb *zweier* staatlicher Regionalfernsehkanäle berechtigt, vgl. die 1. Zusatzbestimmung der Ley 22/1999 (im Anhang hinter der LTC abgedruckt). Die Autonomieregionen Baskenland, Katalonien, Valencia und Andalusien betreiben bereits zwei staatliche Dritte[501], von denen im Baskenland und Katalonien jeweils ein Kanal in den Regionalsprachen und ein Kanal auf Spanisch sendet.

3. Die Organisation der staatlichen Fernsehsender der Autonomieregionen

Art. 7 LTC bindet den Erlaß der LTC-Konzession daran, daß die Autonomieregionen in ihren Gesetzen die Organisation und parlamentarische Kontrolle der Dritten - in Ausführung des Grundsatzes der einheitlichen Organisation staatlicher Fernsehveranstalter[502] - im Einklang mit den Regelungen des ERTV regeln. Art. 2 III ERTV bestimmt diesbezüglich, daß die Organisation und parlamentarische Kontrolle des Dritten Kanals im Einklang mit den Kriterien der Artikel 5 bis 12 und 26 ERTV zu regeln sind. Dies hat zur Folge, daß die Struktur der staatlichen Dritten demselben organisatorischen Schema folgt, nach dem die zentralstaatliche RTVE organisiert ist und sich nicht grundlegend - wohl aber in einigen Einzelheiten - vom Organisationsschema der RTVE unterscheidet[503].

Wie auch RTVE sind die staatlichen Fernsehveranstalter der Autonomieregionen als unabhängige öffentliche Körperschaften ausgestaltet und verfügen über drei Organe, einen Verwaltungsrat, Beiräte und einen Generaldirektor der autonomen Körperschaft. Kontrolliert werden sie einerseits durch die Regierung der entsprechenden Autonomieregion und durch das Parlament der entsprechenden Autonomieregion, das diese Aufgabe durch eine Parlamentskommission ausübt.

---

[500] Vgl. z.B. ABC de Madrid vom 25.02.1994, S. 129. Zu diesem Zeitpunkt forderten führende Vertreter der konservativen Volkspartei PP, die staatliche madrilenische Rundfunkanstalt Telemadrid zu privatisieren, wozu es aber bislang nicht kam.

[501] Vgl. die Aufzählung der derzeit sendenden Fernsehprogramme des Dritten Kanals in D.VII.1. a.E.

[502] Vgl. o. unter D.I.2.b.bb. und cc.

[503] Fernández Farreres, El paisaje televisivo en España, 1997, S. 77, Montero/ Brokelmann, Telecomunicaciones y Televisión, 1999, S. 520.

a. Die Verwaltungsräte der Rundfunkanstalten der Autonomieregionen

aa. Zusammensetzung der Verwaltungsräte

Je nach Regionalgesetz sind die Verwaltungsräte der Rundfunkanstalten der Autonomieregionen mit 11 bis 17 Mitgliedern[504] besetzt, die von den Regionalparlamenten aus den Reihen verdienter Fachleute ausgewählt und benannt werden. Ihr Amt entspricht jeder einzelnen Legislaturperiode in den Autonomieregionen, und der Generaldirektor der öffentlichen Körperschaft ist stimmberechtigtes Mitglied, außer bei Fragen, die ihn persönlich betreffen. Der Vorsitz des Verwaltungsrats ist funktional und wechselt nach einem Rotationssystem[505]; Aufgabe des Vorsitzenden ist die Einberufung der Sitzungen (mindestens einmal monatlich) und die Leitung der Sitzungen, in denen die Beschlüsse mit der Mehrheit der anwesenden Verwaltungsratsmitglieder gefaßt werden, in bestimmten Fällen mit qualifizierter Mehrheit[506].

bb. Aufgaben der Verwaltungsräte

Die Verwaltungsräte der Rundfunkanstalten der Autonomieregionen haben nach den Regionalgesetzen einerseits Aufgaben im Bereich der Organisation der Körperschaft, z.B. die Ernennung des Personals der Körperschaft. In diesem Bereich ist herauszuheben, daß die Verwaltungsräte teilweise den Generaldirektor der Körperschaft selbst vorschlagen können, diesbezüglich also mehr Einfluß besitzen als der RTVE-Verwaltungsrat[507].

Weitere Aufgaben haben die Verwaltungsräte im wirtschaftlichen Bereich, etwa in Form der Verabschiedung der Haushaltsentwürfe der Körperschaft und einer regelmäßigen Kontrolle des haushaltsmäßigen Betriebs der Rundfunkanstalten.

Bezüglich des Programms der staatlichen Fernsehkanäle obliegt es den Verwaltungsräten, über die Erfüllung der allgemeinen Programmgrundsätze aus Art. 5 LTC (id. mit Art. 4 ERTV) und der weiteren gesetzlichen Vorgaben zu wachen, ferner, die Grundlinien des Programms festzulegen. Sie können eigene Werberegeln für das Programm der Dritten normieren und den Anteil der Eigenproduktionen im Programm festlegen.

---

[504] 11 Mitglieder in Valencia, 12 in Katalonien und Galizien, 14 in Andalusien, 15 im Baskenland und 17 in Madrid.

[505] Der Vorsitz rotiert im Baskenland monatlich, in Andalusien zweimonatlich und in Katalonien, Galizien und Valencia dreimonatlich.

[506] Vgl. auch Art. 7 ERTV, der praktisch identische Regeln für den Verwaltungsrat der RTVE normiert.

[507] In Valencia wird der Generaldirektor der Radiotelevisión Valenciana sogar allein durch den Verwaltungsrat ernannt und entlassen. Rodríguez García, El control de los medios, 1998, S. 197 m.w.N.

b. Die Beiräte

Alle Regionalgesetze sehen die Schaffung von Beiräten vor, die entweder für jedes einzelne Medium (Hörfunk und Fernsehen) oder für beide zusammen geschaffen werden.

c. Die Generaldirektoren der Rundfunkanstalten der Autonomieregionen

Die Generaldirektoren der Rundfunkanstalten der Autonomieregionen werden von den jeweiligen Regierungen der Autonomieregionen nach vorheriger Information der Verwaltungsräte ernannt[508], ihr Amt dauert vier Jahre und entspricht damit den Legislaturperioden in den Autonomieregionen. Ihnen stehen weitreichende Exekutivbefugnisse innerhalb der Rundfunkanstalten zu, ähnlich derer des RTVE-Generaldirektors.

Die Regierungen der Autonomieregionen können die Generaldirektoren nach Anhörung der Verwaltungsräte wegen körperlicher Unfähigkeit, Krankheit, offensichtlicher Inkompetenz, wegen eines vorsätzlichen Delikts oder auf Vorschlag einer Zweidrittelmehrheit des Verwaltungsrats entlassen[509].

Für die Generaldirektoren und die Mitglieder der Verwaltungsräte der Rundfunkanstalten der Autonomieregionen normieren die Regionalgesetze nach der Vorgabe des Art. 9 III LTC praktisch dieselben Inkompatibilitätsregeln, die Artt. 7 IV und 10 IV ERTV für die Organe der RTVE bestimmen.

4. Betrieb und Finanzierung des Fernsehens der Autonomieregionen

Gem. Art. 8 LTC bestimmt sich der Betrieb des Dritten Fernsehkanals nach den Regeln des ERTV, der LTC selbst und den jeweiligen Gesetzen der Autonomieregionen. Damit gelten auch für die Regionalfernsehsender praktisch dieselben Regeln wie für die RTVE: Nach Art. 9 LTC müssen die Regionalgesetze vorschreiben, daß der Betrieb der Fernsehkanäle durch eine staatliche Aktiengesellschaft durchzuführen ist, deren Kapital vollständig durch die Autonomieregion zu zeichnen ist und nicht in irgendeiner Form enteignet, belastet, besteuert verpfändet oder abgetreten werden darf.

Die staatliche Aktiengesellschaft, die Trägerin der Rundfunkanstalt und damit des Fernsehsenders (und des oder der Hörfunksender) ist, handelt allein nach Privatrecht.

Alle entsprechenden Regionalgesetze haben diese Vorgaben der LTC umgesetzt.

---

[508] Einzige Ausnahme ist Valencia, vgl. die vorige Fußnote.

[509] Einige Regionalgesetze enthalten weitere Entlassungsgründe, z.B. den eigenen Wunsch des Generaldirektors oder ein Handeln gegen die Prinzipien des Gesetzes der Autonomieregion zur Regelung des Rundfunks. Im Baskenland kann der Gerenaldirektor zudem durch das baskische Regionalparlament entlassen werden, das dies lediglich begründen muß.

Ebenso regeln alle diese Regionalgesetze, daß das Eigentum der Rundfunkanstalten öffentliches Eigentum darstellt und daß sich - in Umsetzung der Vorgabe des Art. 17 I LTC - die Haushalte der öffentlichen Körperschaften am Prinzip des haushaltsmäßigen Gleichgewichts und der Haushaltsgesetzgebung der Autonomieregionen orientieren muß. Die Haushalte der öffentlichen Körperschaften sind Teil der allgemeinen Haushalte der Autonomieregionen und werden durch die Rechnungshöfe der Autonomieregionen kontrolliert.

In Umsetzung des Art. 17 II LTC regeln die Regionalgesetze, daß sich die Rundfunkanstalten der Autonomieregionen durch Subventionen aus den allgemeinen Haushalten der Autonomieregionen, aus Einkünften der Kommerzialisierung und des Verkaufs ihrer Produkte und - mit geringen Unterschieden[510] - aus der Teilnahme am Werbemarkt finanzieren müssen. Die Erhebung von Rundfunkgebühren für die Rundfunkprogramme der Autonomieregionen ist - im Gegensatz zur Möglichkeit der Erhebung von Rundfunkgebühren nach Art. 32 II lit. c) ERTV - nicht vorgesehen. Die Fernsehkanäle der Autonomieregionen haben nicht nur im wesentlichen die gleiche Struktur wie RTVE, sondern auch dasselbe Finanzierungssystem und somit dasselbe Finanzdefizit- und Schuldenproblem wie die RTVE[511].

5. Das Programm der staatlichen Fernsehsender der Autonomieregionen

Die Programmvorgaben der Gesetze der Autonomieregionen können als Abbild der Programmvorgaben des ERTV bezeichnet werde, mit nur geringen Spezialisierungen und Konkretisierungen[512].

Die Regionalgesetze - und speziell die der Autonomieregionen mit eigener Sprache - enthalten in ihren Vorgaben u.a. Normen über die Förderung der Kultur, der Sprache und der Teilnahme der Bürger ihrer Autonomieregion.

Als Programmprinzipien werden die Achtung der Verfassung, der Autonomiestatute und der Rechte und Pflichten, die in diesen Normen genannt werden, formuliert; alle Regionalgesetze enthalten (entsprechend der Vorgabe des Art. 5 LTC) die allgemeinen Programmgrundsätze des Art. 4 ERTV, teilweise in konkretisierter Form und zumeist mit der Ergänzung des Prinzips der Förderung und Verteidigung der eigenen Kultur der Autonomieregion und speziell der ggf. vor-

---

[510] Das baskische Regionalgesetz nennt nicht ausdrücklich die Werbefinanzierung, das katalonische und das galizische fordern ausdrücklich (wie auch Art. 32 II lit. c) ERTV) eine begrenzte Teilnahme am Werbemarkt; die Regionalgesetze in Katalonien, Andalusien und Valencia sehen zusätzlich die Finanzierung mittels Subventionen und Krediten des spanischen Staates vor.

[511] Montero/ Brokelmann, Telecomunicaciones y Televisión, 1999, S. 520.

[512] Souvirón Morenilla, Derecho público de los medios audiovisuales, 1999, S. 104.

handenen eigenen Regionalsprache[513]. Sie enthalten wie das ERTV Vorschriften über den Pluralismus beim Zugang zu den öffentlichen Rundfunkanstalten und Normen i.S.d. Art. 13 LTC, die der spanischen Regierung und den Regierungen der Autonomieregionen nach dem Grundsatz der Regierungsmacht[514] das Recht verleihen, alle ihre im öffentlichen Interesse notwendigen Bekanntmachungen auf Spanisch und in der jeweiligen Regionalsprache auszustrahlen[515]. Ferner enthalten die Regionalgesetze Regelungen i.S.d. Art. 14 LTC, nach denen in Wahlkampfzeiten die programmlichen Vorgaben der spanischen Wahlgesetze gelten, welche durch die Zentrale Wahlkommission über den Verwaltungsrat und den Generaldirektor ausgeübt werden[516].

Abschließend ist auf Art. 12 LTC hinzuweisen, nach dem u.a. die Rundfunkanstalten des Dritten Kanals untereinander Abkommen über die Verbindung ihrer Programme und über die Übernahme der Nachrichtendienste und Übertragungen und für den Austausch von Programmen schließen können. Dies ist geschehen durch Gründung der Arbeitsgemeinschaft der regionalen autonomen Fernsehanstalten „FORTA" („Federación de Organismos de Radio y Televisión Autonómicas"), die v.a. mit dem gemeinsamen Einkauf von Fernsehprogrammen für die Regionalfernsehsender beauftragt ist[517].

---

513 Montero/ Brokelmann, Telecomunicaciones y Televisión, 1999, S. 522.

514 Vgl. o. unter D.I.2.a.cc. und D.I.2.b.aa.

515 Jedoch fehlen derartige Normen im baskischen und galizischen Regionalgesetz.

516 Vgl. dazu die Artt. 59 – 67 des Allgemeinen Wahlgesetzes, Ley Orgánica 5/1985, de 19.06.85, del Régimen Electoral General und die Ausführungen unter D.VI.9.d. (s. dort auch die Fundstelle der L.O. 5/1985).

517 Z.B. hat die FORTA für die Regionalfernsehsender Rechte zur Live-Übertragung wichtiger Fußballspiele der spanischen Liga erworben; diese Spiele werden zeitgleich auf allen staatlichen Dritten übertragen – und in den Autonomieregionen, die nicht über eigene Dritte verfügen, über die Kanäle des staatlichen spanischen Fernsehprogramms TVE 2.

VIII. Die gesetzliche Regulierung der terrestrischen landesweiten Privatfernsehveranstalter: Die Ley 10/1988[518], das Privatfernsehgesetz (LTP)

1. Einleitung

Der achtjährige Prozeß zur Schaffung eines Privatfernsehgesetzes endete im Mai 1988 mit der Verabschiedung der Ley 10/1988 de la Televisión Privada (LTP). Endlich war der Weg frei für die Gründung landesweiter, terrestrisch ausstrahlender Privatfernsehveranstalter[519].

Die LTP regelt den Konzessionserwerb und –verlust, Programmgrundsätze, normiert Bestimmungen für die Konzessionsgesellschaften und enthält einen Sanktionskatalog für Verstöße gegen ihre Normen.

2. Der Regelungs- und Anwendungsbereich der LTP

Die Artt. 1 und 2 LTP bestimmen den Regelungsbereich der LTP:

„**Art. 1** Objekt des vorliegenden Gesetzes ist die Regelung des indirekten Betriebs des wesentlichen öffentlichen Dienstes Fernsehen, dessen Rechtsinhaberschaft der Staat innehat.

Art. 2 Der indirekte Betrieb des öffentlichen Dienstes Fernsehen wird durch Aktiengesellschaften im Rahmen einer Verwaltungskonzession im Einklang mit dem in diesem Gesetz Vorgesehenen betrieben."

a. Regelungsbereich

Das Regelungsobjekt ist gem. Art. 1 LTP der indirekte Betrieb des wesentlichen öffentlichen Dienstes Fernsehen, dessen Rechtsinhaberschaft der Staat innehat. Diese Regelung beruht auf der Einstufung des terrestrischen Hörfunks und Fernsehens als wesentliche öffentliche Dienste in Art. 1 II ERTV[520], welche sich auf Art. 128 II CE stützt, wonach der öffentlichen Gewalt durch Gesetz wesentliche Mittel oder Dienstleistungen, besonders im Falle eines Monopols, vorbehalten werden können.

Die Konzeption des Art. 1 II ERTV wiederholend, wird auch in Art. 1 LTP das terrestrische[521] landesweite[522] Fernsehen als wesentlicher öffentlicher Dienst eingestuft, deren Rechtsinhaberschaft der Staat innehat (so auch Art. 2 der LTL für das terrestrische Lokalfernsehen). Dies wird mit den wichtigen Aufgaben des Fernsehens für das Allgemeinwohl und die Verfassungswerte begründet und

---

[518] Ley 10/1988, de 03.05.88, de televisión privada; B.O.E. núm. 108, de 05.05.1988, S. 13666.

[519] S. zum Gesetzgebungsprozeß der LTP oben A.IV.2.b.

[520] S. dazu oben D.I.2.a.aa. und D.VI.3.

[521] Die 6. Zusatzbestimmung der LTS bestimmt, daß die Regeln der LTP allein für terrestrisch sendende Fernsehveranstalter gelten, ebenso wie die Normen des ERTV und der LTC.

[522] Art. 4 I LTP; s. die Ausführungen unter 7.a. in diesem Abschnitt.

wurde durch den TC für verfassungsmäßig erklärt[523]. Dieses kodifizierte staatliche Monopol des Fernsehens bedeutet aber nicht, daß das Fernsehen nicht durch Privatpersonen betrieben werden könnte, das Motiv zum Erlaß der LTP war ja gerade die Ermöglichung der Gründung von Privatfernsehveranstaltern. Art. 2 LTP stellt klar, wie die Privaten das staatliche Fernsehmonopol ausüben können, und zwar als „indirekten" Betrieb (während die staatlichen Fernsehveranstalter das Monopol direkt ausüben); dieser indirekte Betrieb des Staatsmonopols geschieht durch Erteilung einer Verwaltungskonzession, die die Privaten zum indirekten Betrieb beauftragt – im Einklang mit den Regeln der LTP.

Landesweites terrestrisches Privatfernsehen ist in Spanien also lediglich eine Beauftragung durch den Staat[524]. Es darf nicht von natürlichen Personen, sondern nur von bestimmten[525] Aktiengesellschaften veranstaltet werden, die eine Verwaltungskonzession nach der LTP besitzen und den Betrieb im Einklang mit den Regeln der LTP gestalten.

b. Anwendungsbereich: Landesweite terrestrische Privatfernsehsender

Zu betonen ist, daß die LTP allein den Betrieb landesweiter (s. Art. 4 I), terrestrisch ausstrahlender Privatfernsehveranstalter regelt. (Der Betrieb lokaler terrestrischer Fernsehveranstalter bestimmt sich nach der LTL, der per Satellit ausstrahlender nach der LTS, und der des Kabelfernsehens nach der LTCC.)

Adressaten der LTP sind also alle Privatfernsehveranstalter, die in ganz Spanien ihre Programme terrestrisch ausstrahlen.

3. Die Programmgrundsätze der LTP

Art. 3 LTP bedient sich zur Normierung allgemeiner Programmgrundsätze des Verweises in Art. 4 ERTV:

„**Art. 3** Der indirekte Betrieb durch die konzessionierten Gesellschaften hat die Prinzipien zu beachten, die Artikel 4 der Ley 4/1980, de 10.01.80, de Estatuto de la Radio y la Televisión (Anm.: das ERTV) enthält."

Gem. Art. 3 LTP i.V.m. Art. 4 ERTV sind auch die landesweiten, terrestrisch verbreiteten Privatfernsehveranstalter an die allgemeinen Grundsätze der Objektivität, Wahrhaftigkeit und Unparteilichkeit der Information, ferner an die Trennung von Information und Meinung und die weiteren Grundsätze des Art. 4

---

[523] STC 127/1994, JC Bd. 39, S. 1 (41).

[524] Vgl. Laguna de Paz, Privates Fernsehen in Spanien, DöV 1995, S. 503; García Llovet, El Régimen jurídico, 1991, S. 310. Laguna de Paz, Televisión y Competencia, 2000, S. 37, gibt zu bedenken, daß wegen der Einstufung des Fernsehens als öffentlicher Dienst das sogenannte Privatfernsehen eigentlich kein privates, sondern öffentliches Fernsehen sei.

[525] Vgl. die erheblichen Anforderungen des Art. 18 LTP an die konzessionierten Aktiengesellschaften unter 8.a. in diesem Abschnitt.

ERTV gebunden. Für weitere Ausführungen zu den allgemeinen Programmgrundsätzen ist auf die Ausführungen zu Art. 4 ERTV unter D.VI.9. zu verweisen.

Der Verweis des Art. 3 LTP in den Art. 4 ERTV belegt, daß Staatsrundfunk und Privatfernsehen in Spanien keine unterschiedlichen Programmgrundsätze haben; ebensowenig haben sie unterschiedlichen Funktionen[526]. Vielmehr bedient sich neben dem o. zit. Art. 3 LTP z.B. auch die 7. Zusatzbestimmung der LTS derselben Verweisungstechnik in die allgemeinen, ursprünglich für den Staatsrundfunk aufgestellten Programmgrundsätze des Art. 4 ERTV[527].

Bezüglich der fehlenden Unterscheidung der Funktionen der privaten und staatlichen Fernsehveranstalter wird darauf hingewiesen, daß in Spanien die Privaten schließlich indirekte Betreiber des Staatsfernsehens seien und deshalb ihre Aktivität an der Verfolgung des Allgemeininteresses orientieren müßten, genau so wie der Staatsrundfunk[528]. Deshalb hat der Gesetzgeber bei der Normierung von Programmgrundsätzen und Aufgaben nie zwischen staatlichen und privaten Fernsehveranstaltern unterschieden.

4. Der Plan Técnico Nacional de la Televisión privada

Art. 5 LTP ermächtigt die spanische Regierung zum Erlaß des Plan Técnico Nacional de la Televisión privada:

„**Art. 5**
(I) Der Plan Técnico Nacional de la Televisión Privada wird durch die Regierung mittels Real Decreto erlassen.
(II) Der Plan Técnico Nacional de la Televisión Privada enthält die Regelung der technischen Bedingungen, die notwendig sind, um den angemessenen Betrieb des Dienstes sicherzustellen, und unter ihnen auch folgende:
a) Die Systeme der Übermittlung und Ausstrahlung der Signale, die für den Betrieb des Dienstes durch die konzessionierten Gesellschaften vorgesehen sind.
b) Frequenzbandbreiten, Kanäle, Frequenzen und Frequenzstärken, die zur Ausstrahlung der Programme dieser Gesellschaften reserviert sind, ferner die Standorte und Ausstrahlungsdiagramme der Sende- und Weiterverbreitungszentren.
c) Die Begrenzung der Regionalzonen, auf die sich der vorherige Artikel bezieht.“

Die spanische Regierung ist gem. Art. 5 I LTP zum Erlaß dieses nationalen technischen Plans zur Frequenzverteilung für das Privatfernsehen befugt. Die

---

[526] Das deutsche Konzept der Unterscheidung der Aufgaben in die Grundversorgung durch die öffentlich-rechtlichen Rundfunkveranstalter und die ergänzende Funktion der Privaten existiert in Spanien nicht.

[527] Andere Gesetze verweisen zwar nicht in Art. 4 ERTV, haben aber den identischen Wortlaut übernommen, vgl. Art. 6 LTL und Art. 5 LTC.

[528] Laguna de Paz, Régimen jurídico, 1994, S. 330; ders. bewertet diese fehlende Funktionsunterscheidung angesichts des deutschen Modells nicht unkritisch, ebenso Muñoz Machado, Público y privado, 1993, S. 72.

Ermächtigung hat sie umgesetzt durch Erlaß des Real Decreto 1362/1988, de 11.11.88, por el que se aprueba el Plan Técnico Nacional de la Televisión Privada[529].

Den Regelungsgehalt des Plan Técnico bestimmt Art. 5 II LTP zunächst allgemein, indem er „die technischen Bedingungen, die notwendig sind, um den angemessenen Betrieb des Dienstes sicherzustellen" regeln soll. Insbesondere wird in den lit. a) bis c) der Norm die Regelung der Ausstrahlungs- und Übermittlungssysteme für die Fernsehsignale verlangt, ferner der für die Konzessionsgesellschaften reservierten technischen Charakteristika (Frequenzbandbreiten, Kanäle, Frequenzen und Frequenzstärken, Standorte und Ausstrahlungsdiagramme der Sende- und Weiterverbreitungszentren); dies ist notwendig, da den Privatfernsehveranstaltern zusätzlich zur eigentlichen LTP-Konzession eine Konzession zur Benutzung des öffentlichen Luftraums („concesión demanial aneja") erteilt wird, die sie zur Ausstrahlung terrestrischer Wellen und damit zur Verbreitung ihrer Sendesignale nach Vorgabe des Plan Técnico berechtigt.

Schließlich muß der Plan Técnico die Regionalzonen i.S.d. Art. 4 LTP definieren, d.h. die Zonen, in denen nach Maßgabe des Art. 4 II LTP Regionalfensterprogramme auszustrahlen sind[530].

5. Die Bindung der Konzessionäre an den Plan Técnico und internationale Abkommen; Ausschluß bestimmter Ansprüche

Art. 6 LTP normiert einige Bedingungen, an die alle LTP-Konzessionäre gebunden sind:

„Art. 6

(I) Die Konzessionen sind bezüglich der Ausstrahlung und des Transports der Signale an die eventuellen Modifikationen der technischen Bedingungen im Plan Técnico Nacional de la Televisión Privada gebunden.

(II) Die Konzessionen und konzessionierten Gesellschaften sind in jedem Fall gebunden an die internationalen Abkommen auf dem Gebiet des Telekommunikationswesens und der sozialen Kommunikation, die Spanien unterschrieben hat.

(III) Auf keinen Fall kann die Erteilung einer neuen Verwaltungskonzession für die Ausstrahlung von Programmen nationaler Reichweite als Störung des finanziellen Gleichgewichts der bereits erteilten Konzessionen geltend gemacht werden, ebensowenig begründet sie irgendeine Art des Schadensersatzes."

Die Konzessionäre sind gem. Art. 6 I LTP – auch im eigenen Interesse – an den Plan Técnico de la Televisión Privada gebunden, ebenso an mögliche Modifikationen dieses Plans; dies erscheint selbstverständlich, da eine geordnete

---

[529] B.O.E. núm. 275, de 16.11.1988, S. 32599, Berichtigungen in B.O.E. núm. 288, de 01.12.1988, S. 34029.

[530] S. dazu die Ausführungen zu Art. 4 II LTP unter D.VIII.7.a.bb.

Frequenzzuteilung ohne störende Interferenzen nur funktionieren kann, wenn sich alle Konzessionäre an die zugewiesenen Frequenzen, Frequenzstärken und die weiteren technischen Charakteristika des technischen Plans und ihrer Konzession halten. Falls der Plan Técnico geändert wird, z.B. zum Zwecke einer effektiveren Frequenzverteilung, müssen sich die Konzessionäre diesen Änderungen anpassen.

Art. 6 II LTP stellt klar, daß die Konzessionen und ihre Konzessionäre an die internationalen, von Spanien unterzeichneten Telekommunikationsabkommen gebunden sind, z.B. die Europaratskonvention über das grenzüberschreitende Fernsehen von 1989 (FSÜ)[531].

Interessant ist die Regelung des Art. 6 III LTP, die klarstellt, daß die Erteilung neuer Konzessionen i.S.d. LTP nicht als Störung des finanziellen Gleichgewichts der zuvor erteilten Konzessionen geltend gemacht werden kann, auch nicht als Schadensersatzanspruch. Die Erteilung weiterer LTP-Konzessionen als der bisherigen drei (s.u. D.VIII.7.b.) kann also von den derzeitigen Inhabern nicht geltend gemacht werden.

6. Die Aufgaben und Befugnisse des Ministerio de Ciencia y Tecnología nach der LTP

Die Aufgaben und Befugnisse des Ministerio de Ciencia y Tecnología i.S.d. LTP formuliert Art. 7 LTP:

„**Art. 7**

(I) Dem Ministerio de Fomento obliegt die Erfüllung folgender Aufgaben:

a) Die Ausarbeitung und der Vorschlag des Plan Técnico Nacional de la Televisión Privada für die Regierung, ebenso wie die Modifikationen, die es für diesen Plan für erforderlich hält, wozu es gleichermaßen die Aufgabe der Erfüllung des Plans erhält.

b) Die Vertragschlüsse mit den Transport- und Ausstrahlungssystemen für Fernsehsignale - und gegebenenfalls ihr Betrieb -, je nachdem, ob sie in Übereinstimmung mit dem Plan Técnico Nacional de la Televisión Privada für das Funktionieren der konzessionierten Körperschaften benötigt werden.

c) Die Kontrolle und Aufsicht der Einhaltung der Regeln dieses Gesetzes und seiner Ausführungsnormen durch die konzessionierten Gesellschaften, ferner der Konzessionsbedingungen.

d) Jede andere Funktion, die ihm durch das vorliegende Gesetz zugeteilt oder mit dem Zweck der Garantie des besten Funktionierens des Privatfernsehens durch die Regierung aufgegeben wird.

(II) Damit das Ministerio de Fomento seine Aufgaben erfüllen kann, kann es alle Daten und Dokumente, die es für erforderlich hält, von den konzessionierten Gesellschaften und deren Aktionärsgesellschaften einfordern.

[531] BGBl. II 1994, S. 638. Das spanische Umsetzungsgesetz zum FSÜ ist zu finden in B.O.E. núm. 96, de 22.04.1998, S. 2563. - Weitere Beispiele internationaler Abkommen nennt Laguna de Paz, Régimen jurídico, 1994, S. 194.

Die so gewonnenen Informationen sind vertraulich zu behandeln und dürfen nicht für diesem Gesetz fremde Zwecke verwendet werden."

a. Die Neubenennung der früheren Aufsichtsbehörde

Zunächst ist an dieser Stelle darauf hinzuweisen, daß der Gesetzestext in Art. 7 LTP und in weiteren Normen der LTP als Aufsichtsbehörde das „Ministerio de Transportes, Turismo y Comunicaciones" kodifiziert. Dieses Ministerium wurde Ende 1998 in das „Ministerio de Fomento" umbenannt, der Gesetzestext diesbezüglich allerdings nicht angepaßt; statt dessen bestimmt Art. 96 IV der Ley 50/1998, de 30.12.98, de medidas fiscales, administrativas y del orden social[532], daß alle Hinweise auf das Ministerio de Transportes, Turismo y Comunicaciones als Hinweise auf das Ministerio de Fomento zu verstehen sind.

b. Die Übertragung der Kompetenzen auf das Ministerio de Ciencia y Tecnología

Abgesehen von der o.g. Umbenennung ist darauf hinzuweisen, daß Spaniens derzeitiger Regierungspräsident José María Aznar López kurz nach seinem zweiten Wahlsieg im März 2000 eine Neustrukturierung seiner Ministerien durchgeführt hat. Hierbei wurden die den Rundfunk betreffenden Befugnisse, die bis dahin durch das Ministerio de Fomento (und dort durch die Secretaría General de Comunicaciones) ausgeübt wurde, auf das neugeschaffene Ministerio de Ciencia y Tecnología[533] (Wissenschafts- und Technikministerium) unter der Ministerin Anna María Birulés i Bertran übertragen; innerhalb dieses Ministeriums ist regelmäßig die Secretaría de Estado de Telecomunicaciones y para la sociedad de la información (Staatssekretariat für Telekommunikation und die Informationsgesellschaft) zuständig, der die Kompetenzen der früheren Secretaría General de Comunicaciones übertragen wurden[534].

Die Normen aller spanischen Fernsehgesetze, die als zuständiges Ministerium das „Ministerio de Transportes, Turismo y Comunicaciones" oder das „Ministerio de Fomento" bezeichnen, sind demnach heute sämtlich so zu verstehen, als würden sie das neue Ministerio de Ciencia y Tecnología nennen.

---

[532] B.O.E. núm. 313, de 31.12.1998, S. 24412, Berichtigungen in B.O.E. núm. 109, de 07.05.99, S. 17145.

[533] Vgl. zur Schaffung des neuen Ministerio de Ciencia y Tecnología das R.D. 557/2000, de 27.04.2000, de reestructuración de los departamentos ministeriales, B.O.E. núm. 102, de 28.04.2000, S. 16445. Die Organisation des neuen Ministeriums regelt das Real Decreto 1451/2000, de 28.07.00, por el que se desarrolla la estructura orgánica básica del Ministerio de Ciencia y Tecnología, B.O.E. núm. 181, de 29.07.2000, S. 27320.– Viele Informationen über dieses neue Ministerium finden sich auf seiner Homepage unter http://www.mcyt.es.

[534] Die Übertragung der Kompetenzen der früheren Secretaría General de Comunicaciones auf die heutige Secretaría de Estado de Telecomunicaciones y para la sociedad de la información ist geregelt durch R.D. 696/2000, de 12.05.2000, B.O.E. núm. 115, de 13.05.2000, S. 17663, Berichtigungen in B.O.E. núm. 125, de 25.05.2000, S. 18856.

c. Die Aufgaben des Ministerio de Ciencia y Tecnología nach der LTP

Weil das Privatfernsehen einen öffentlichen Dienst in staatlicher Inhaberschaft darstellt, der mittels der LTP-Konzession indirekt für der Staat ausgeübt wird, hat das Ministerio de Ciencia y Tecnología ganz erhebliche Regelungsbefugnisse gegenüber den Konzessionären, es kann im Gegensatz zu privaten Aktivitäten eine hohe Regelungs- und Kontrolldichte anwenden. Dies erlaubt aber auf der anderen Seite nicht jedwede Regulierung: Das Handeln der Behörde muß durch den Respekt der Meinungsäußerungs- und Informationsfreiheit, sowie durch das Legalitätsprinzip, den Gesetzesvorbehalt und den Verhältnismäßigkeitsgrundsatz geleitet werden[535].

aa. Ausarbeitung und Überwachung des Plan Técnico Nacional de la Televisión privada

Das Ministerio de Ciencia y Tecnología ist gem. Art. 7 I lit. a) LTP zunächst für die Ausarbeitung des Frequenzordnungsplans Plan Técnico de la Televisión Privada zuständig; nach Erstellung hat es diesen der spanischen Regierung vorzulegen, die ihn als Real Decreto erläßt. Gleichermaßen ist es für die Anpassungen des Plans zuständig (z.B. wegen neuer technischer Entwicklungen, die eine effektivere Frequenzverteilung erlaubt), und es muß selbstverständlich die Einhaltung des technischen Plans überwachen[536].

bb. Vertragschlüsse mit Transport- und Ausstrahlungssystemen

Gem. Art. 7 I lit. b) LTP ist das Ministerio de Ciencia y Tecnología ferner beauftragt, Verträge mit den für die Ausstrahlung der Fernsehsignale erforderlichen Transport- und Ausstrahlungssystemen abzuschließen und sie gegebenenfalls selbst zu betreiben, wenn das für die Verbreitung der nach der LTP konzessionierten Gesellschaften erforderlich ist[537].

Seit der Liberalisierung des Telekommunikationswesens am 01.01.1998 ist diese Norm obsolet, sie stammt aus den Zeiten, als Retevisión[538] als Inhaber der Übertragungsnetze eine öffentliche Körperschaft war. Heute ist Retevisión privatisiert und jede LTP-Konzessionsgesellschaft kann selbst für den Weitertransport ihrer Signale sorgen, entweder durch selbst geschaffene oder durch fremde, z.B. von Retevisión oder Telefónica gemietete Sendesysteme.

---

[535] Laguna de Paz, Régimen jurídico, 1994, S. 261 m.w.N.

[536] Die Aufgabe, die Erfüllung des Plan Técnico zu überwachen, ist auch von Art. 7 I lit. c) LTP umfaßt, nach dem das Ministerio de Ciencia y Tecnología die Einhaltung der Ausführungsnormen der LTP (also auch des Plan Técnico) zu überwachen hat.

[537] S. in diesem Zusammenhang auch die Ausführungen zu Art. 13 LTP unter D.VIII.7.j.

[538] Vgl. dazu sogleich unter D.VIII.6.j.

cc. Die Aufsicht über die Einhaltung der Regeln der LTP

Die wichtigste und umfassendste Aufgabenzuweisungsnorm enthält - neben Art. 25 III LTP, der dem Ministerio de Ciencia y Tecnología bestimmte Sanktionsbefugnisse verleiht[539] - die Norm des Art. 7 I lit. c) LTP: Das Ministerium ist beauftragt, die Kontrolle und Aufsicht über die Einhaltung der Regeln der LTP und seiner Ausführungsnormen und der Konzessionsbedingungen bei allen LTP-Konzessionsgesellschaften zu übernehmen. Dazu kann es gem. Art. 7 II LTP von den LTP-Konzessionsgesellschaften und von den Aktionärsgesellschaften dieser alle Daten und Dokumente, die es für erforderlich hält, einfordern.

Das Ministerio de Ciencia y Tecnología ist die zuständige Behörde zur Beaufsichtigung der Privatfernsehveranstalter, sozusagen die spanische „Bundesmedienanstalt". Diese Aufgabe gibt ihm Art. 7 I lit. c) LTP für die Kontrolle der landesweit terrestrisch ausstrahlenden Privatfernsehveranstalter, der zweifellos wichtigsten Gruppe von Privatfernsehveranstaltern.

Innerhalb des Ministerio de Ciencia y Tecnología wird regelmäßig die „Secretaría de Estado de Telecomunicaciones y para la sociedad de la información" zuständig sein.

dd. Weitere Aufgaben

Nach Art. 7 I lit. d) LTP hat das Ministerio de Ciencia y Tecnología alle anderen Funktionen, die ihm die LTP (z.B. in Art. 20 I LTP, s. dazu unten D.VIII.8.c.) erteilt. Zusätzlich kann die spanische Regierung ihm weitere Funktionen zuteilen, die dem Zweck des effektiven Funktionierens des Privatfernsehens dienen.

7. Die LTP-Konzession zum Betrieb eines landesweiten terrestrischen Fernsehsenders

Die LTP enthält eine erhebliche Anzahl von Regeln bezüglich der Konzession zum Betrieb eines landesweiten terrestrischen Privatfernsehveranstalters, die in gesetzlicher Reihenfolge untersucht werden sollen.

a. Das Objekt der Verwaltungskonzession, Art. 4 LTP

Art. 4 LTP bestimmt das Objekt der LTP-Konzession:

„**Art. 4**
(I) Objekt der Verwaltungskonzession ist die Ausstrahlung von Programmen mit nationaler Reichweite.
(II) Gleichermaßen muß die Konzession die Ausstrahlung von Programmen für jede einzelne der Regionalzonen, die im Plan Técnico Nacional de la Televisión Privada definiert sind, vorsehen.
(III) Die Anzahl der Konzessionen beträgt drei."

[539] S. zu den Sanktionsbefugnissen des Ministerio de Fomento unter D.VIII.9.a.

aa. Landesweite Ausstrahlung

Es wird in Art. 4 I LTP - wie oben bereits erwähnt - klargestellt, daß nach den Regeln der LTP die landesweite Ausstrahlung in ganz Spanien konzessioniert wird, unbeschadet der Ausstrahlung von Regionalfesterprogrammen nach Art. 4 II LTP. Nach dem oben Gesagten werden auch nur landesweit *terrestrisch* ausstrahlende Sender von der LTP erfaßt.

Weil sich die Konzession nach dem Wortlaut des Art. 4 I LTP nur auf die *Ausstrahlung* von Fernsehprogrammen bezieht, wird in der Lit. klargestellt, daß damit selbstverständlich auch alle anderen zur Programmerstellung notwendigen Tätigkeiten (also z.B. die Informationsbeschaffung, Meinungsumfragen, Vertragschlüsse mit anderen Unternehmen z.B. der Werbung und der Erwerb der erforderlichen Hard- und Software) von der LTP-Konzession mitumfaßt werden. Ferner regelt Art. 4 I LTP die Ausstrahlung von *Voll*programmen[540].

Nicht von der LTP-Konzession umfaßt wird allerdings die Übertragung und Verteilung der Fernsehsignale[541]. Zu diesem Zwecke kann zusammen mit der LTP-Konzession die angehängte Konzession zur Nutzung des öffentlichen Luftraums erteilt werden.

bb. Regionalfensterprogramme

Gem. Art. 4 II LTP muß die LTP-Konzession neben der landesweiten Ausstrahlung auch Fensterprogramme in den 10 Regionalzonen vorsehen, die sich nicht mit den Autonomieregionen Spaniens decken. Diese Regionalzonen sind im Plan Técnico Nacional de Televisión Privada[542] definiert[543]. Die tägliche Sendezeit dieser Regionalfensterprogramme darf aber die des landesweiten Programms nicht überschreiten (Art. 14 I S. 3 LTP).

Heute senden alle drei LTP-Konzessionsgesellschaften Regionalfensterprogramme in einem wöchentlichen Umfang von etwa 2 bis 3 Stunden; teilweise senden sie diese auch in katalonischer Sprache, mit finanzieller Unterstützung der Autonomieregion Katalonien.

---

[540] Laguna de Paz, Régimen jurídico, 1994, S. 240.

[541] Vgl. Laguna de Paz, Régimen jurídico, 1994, S. 284.

[542] Real Decreto 1362/1988, de 11.11.88, por el que se aprueba el Plán Técnico Nacional de la Televisión Privada, B.O.E. núm. 275, de 16.11.1988, S. 32599, Berichtigungen in B.O.E. núm. 288, de 01.12.1988, S. 34029. Vgl. dazu auch die Ausführungen zu Art. 5 LTP unter D.VIII.4.

[543] Die 10 Regionalzonen erstrecken sich nach dem Anexo I des Real Decreto 1362/1988 auf folgende Gebiete: Zone I: Aragón, La Rioja, Navarra; Zone II: Asturias, Cantabria; Zone III: Galicia; Zone IV: Castilla y León; Zone V: País Vasco; Zone VI: Cataluña, Baleares; Zone VII: Valencia; Zone VIII: Mancha, Madrid, Extremadura, Murcia; Zone IX: Andalucía, Ceuta, Melilla; Zone X: Canarias.

b. Die Anzahl der Konzessionen nach der LTP

Art. 4 III LTP begrenzt die Zahl der Konzessionen für landesweites terrestrisches Privatfernsehen nach dem Grundsatz der begrenzten Marktöffnung[544] auf drei[545]. Die derzeit konzessionierten Veranstalter sind Antena 3 TV, Tele Cinco (beide sind Free-TV-Sender) und der analoge Pay-TV-Sender Canal Plus.

c. Die Rechtsnatur der LTP-Konzession und das Verwaltungsvertragsgesetz

Die Konzession nach der LTP wird nicht per hoheitlichem Verwaltungsakt erteilt, sondern durch Abschluß eines öffentlich-rechtlichen Vertrages[546] zwischen dem spanischen Staat als Inhaber des öffentlichen Dienstes Fernsehen (vgl. Art. 1 II ERTV) und dem Konzessionär[547].

Für die Regelung der öffentlich-rechtlichen Verträge bzw. der Verwaltungsverträge (vergleichbar mit denen der §§ 54 – 62 VwVfG) wurde in Spanien die spezielle Ley 13/1995, de 18.05.95, de Contratos de las Administraciones Públicas[548] (Verwaltungsvertragsgesetz) erlassen. Dieses ausführliche Verwaltungsvertragsgesetz enthält neben einem Allgemeinen Teil in den Artt. 155 – 171 Regelungen über die Verwaltungsverträge zur Ausübung öffentlicher Dienste durch Privatpersonen. Art. 156 II Ley 13/1995 stellt i.S.d. Art. 1 II ERTV klar, daß die Tätigkeit, die die Privatperson mittels der Konzession ausübt, eine Aktivität bleibt, die ausschließlich in Inhaberschaft der staatlichen Verwaltung steht, d.h. daß niemand außer der Verwaltung selbst oder den Konzessionären diese Tätigkeit ausüben darf[549]; ferner werden in diesem Abschnitt die Befugnisse der Verwaltung innerhalb des Vertragsverhältnisses, die Rechte und Pflichten des privaten Betreibers und das Erlöschen des Verwaltungsvertrags zum Betrieb öffentlicher Dienste geregelt[550].

---

544 Vgl. o. unter D.I.2.c.aa.

545 Die Begrenzung der Privatfernsehsender auf drei beruht nach den Worten eines damaligen Regierungssprechers „auf Überlegungen wirtschaftlicher Durchführbarkeit, auf technischer Begrenzung und dem öffentlichen Interesse“, Mancisidor/ Diezhandino, RuF 1988, S. 510. – Gleichermaßen begründet die Präambel der LTP die Festlegung auf drei Konzessionen mit der wirtschaftlichen Überlebensfähigkeit der Konzessionsgesellschaften, der technischen Begrenztheit und dem öffentlichen Interesse an einem verschiedenartigen Programm.

546 Laguna de Paz, Régimen jurídico, 1994, S. 239.

547 S. auch die obigen Ausführungen zum Prinzip des öffentlichen Dienstes unter D.I.2.a.aa.

548 B.O.E. núm. 119, de 19.05.1995, S. 14601, Berichtigungen in B.O.E. núm. 159, de 05.07.1995, S. 20404. – Wenige Änderungen enthält die Ley 11/1996, de 27.12.96, de medidas de disciplina presupuestaria; B.O.E. núm. 313, de 28.12.1996, S. 38652.

549 Morell Ocaña, Curso de Derecho Administrativo II, 1999, S. 331. Vgl. auch Laguna de Paz, Régimen jurídico, 1994, S. 208.

550 Vgl. die ausführliche Besprechung des Verwaltungsvertragsgesetzes bei García de Enterría/ Fernández, Curso de Derecho Administrativo I, 1997, S. 711, insbes. S. 715.

d. Die zuständige Behörde der Konzessionserteilung, Art. 8 LTP

Die zuständige Behörde für die Erteilung der Konzession nach der LTP nennt Art. 8 LTP, ferner die Einberufung des Ausschreibungsverfahrens:

„**Art. 8**
(I) Die Erteilung der Konzessionen für den indirekten Betrieb des öffentlichen Dienstes Fernsehen obliegt der Regierung mittels der angemessenen öffentlichen Ausschreibung.
(II) Diese öffentliche Ausschreibung wird durch Beschluß des Ministerrats einberufen, unter Bezugnahme auf das in diesem Gesetz Geregelte und auf den Plan Técnico Nacional de la Televisión Privada, an den das Funktionieren der konzessionierten Gesellschaften anzupassen ist.“

Gem. Art. 8 I LTP ist die spanische Regierung zur Erteilung der LTP-Konzessionen befugt. Die Umsetzung dieser Kompetenz wird sie regelmäßig dem entsprechenden Fachminister, heute dem Ministro de Ciencia y Tecnología übertragen.

e. Das Ausschreibungsverfahren

Wenn eine Konzession für einen landesweiten terrestrischen Privatfernsehveranstalter zu vergeben ist, muß gem. Art. 8 I LTP ein angemessenes öffentliches Ausschreibungsverfahren i.S.d. Art. 75 III des Verwaltungsvertragsgesetzes Ley 13/1995 stattfinden. Dieses muß gem. Art. 8 II LTP durch Beschluß des Ministerrats einberufen werden, unter Bezugnahme auf die LTP und den Plan Técnico, der wichtige technische Regeln enthält, denen die Konzessionäre unterworfen sind. Die Interessenten müssen ihre Angebote zum Abschluß des Konzessions-Verwaltungsvertrags innerhalb einer in der öffentlichen Ausschreibung festzulegenden Frist vorlegen, alle dort angeforderten Daten nachweisen und ihr Angebot an die allgemeinen Bestimmungen der Ausschreibung[551] und der Ley 13/1995, de 18.05.95, de Contratos de las Administraciones Públicas[552] (des spanischen Verwaltungsvertragsgesetzes) anpassen[553].

f. Die Kriterien zur Vergabe der Konzession nach Art. 9 LTP

Art. 9 LTP normiert die Kriterien, an denen sich die Vergabe der LTP-Konzessionen zu orientieren hat:

---

[551] Die Ausschreibungsbedingungen für das LTP-Ausschreibungsverfahren von 1990 sind zu finden in der (heute nicht mehr in Kraft befindlichen) Resolución de la Secretaría General de Comunicaciones de 25.01.1989, B.O.E. núm. 22, de 26.01.1989, S. 2263, Berichtigungen in B.O.E. núm. 34, de 09.02.1989, S. 3992.
[552] B.O.E. núm. 119, de 19.05.1995, S. 14601, Berichtigungen in B.O.E. núm. 159, de 05.07.1995, S. 20404.
[553] Laguna de Paz, Régimen jurídico, 1994, S. 245.

„**Art. 9**

(I) Die Vergabe der Konzessionen durch die Regierung hat folgende Kriterien zu beachten:

a) Die Notwendigkeit, die freie und pluralistische Äußerung von Ideen und Meinungsströmungen zu garantieren.

b) Die technische und wirtschaftliche Durchführbarkeit des beantragten Projekts, und neben anderen Faktoren das gegengezeichnete und eingezahlte Gesellschaftskapital und während der gesamten Konzessionsdauer die finanziellen Vorhersagen.

c) Die Beziehung zwischen den Programmprojekten innerhalb der nationalen, EG-gemeinschaftlichen und ausländischen Produktion, unter Bevorzugung der Projekte, die ursprünglich in einer spanischen oder EG-Sprache produziert werden.

d) Die Fähigkeit der antragstellenden Gesellschaften zur Beachtung der Notwendigkeiten des Programms mit einer Reichweite, die auf jede einzelne Regionalzone begrenzt ist, auf die sich Artikel 4 II dieses Gesetzes bezieht.

e) Die Fürsorge der antragstellenden Gesellschaften für die Erfüllung der verschiedenen Forderungen und vielschichtigen Interessen des Publikums in ihrem Gesamtprogramm.

(II) Die Regierung beurteilt die gestellten Anträge in ihrer Gesamtheit und ihre Eignung zur Erfüllung der im vorigen Absatz geregelten Kriterien. Die Regierung erteilt die Konzessionen zugunsten der für das öffentliche Interesse vorteilhaftesten Anträge, unter bevorzugter Gewichtung der Garantien für den Schutz der Pluralität von Ideen und Meinungsströmungen, die von den Konkurrenten angeboten werden, sowie der Notwendigkeit der Verschiedenartigkeit der Informationsquellen und der Vermeidung sowohl des Mißbrauchs einer dominierenden Position als auch der Praktiken, die den freien Wettbewerb behindern."

In dieser Norm werden mehrere inhaltliche, technische und wirtschaftliche Kriterien aufgezählt, an denen sich die Regierung bei der Bewertung der vorgelegten Angebote orientieren muß. Sie muß das Angebot annehmen, das aus der Perspektive des öffentlichen Interesses insgesamt am ehesten die folgenden Kriterien erfüllt.

aa. Technische und wirtschaftliche Kriterien der Konzessionsvergabe

Gem. Art. 9 I lit. b) LTP ist bei der Konzessionsvergabe die technische und wirtschaftliche Durchführbarkeit des beantragten Projekts zu bewerten, insbesondere das Gesellschaftskapital der Betriebsgesellschaft (gem. Art. 2 LTP darf die Konzession nur an Aktiengesellschaften erteilt werden, s. dazu auch Art. 18 LTP). Weil die Veranstaltung eines Fernsehprogramms enorme finanzielle Investitionen erfordert, muß die Regierung hier in einer Prognoseentscheidung für die ganze Konzessionsdauer (10 Jahre gem. Art. 11 LTP) die finanzielle Durchführbarkeit des Antrags beurteilen. Der Sinn dieser Regelung liegt auf der Hand, wenn man bedenkt, daß der Öffentlichkeit nicht mit einem Privatfernsehsender gedient sein kann, der nach wenigen Wochen bankrott ist.

bb. Inhaltliche Kriterien der Konzessionsvergabe

(1) Garantie der freien und pluralistischen Meinungsäußerung

Zunächst nennt Art. 9 I lit. a) LTP die Notwendigkeit der Garantie einer freien und pluralistischen Äußerung von Ideen und Meinungsströmungen. Im Sinne des öffentlichen Interesses an Privatfernsehveranstaltern, die möglichst ausgewogen verschiedenste Ideen und Meinungen verbreiten sollen, ist hier also die Garantie der pluralistischen Meinungsäußerung erstes Kriterium der Konzessionsvergabe.

(2) Spanische, europäische und andere Produktionen

Zusätzlich muß die Regierung gem. Art. 9 I lit. c) LTP die Beziehung des beantragten Projekts zu spanischen, europäisch-gemeinschaftlichen und anderen ausländischen Produktionen bewerten, d.h. es müssen z.B. die Quellen des Programmeinkaufs untersucht werden. Hierbei müssen – im Einklang mit den Quotenregelungen der Artt. 5 – 7 LID zur Förderung europäischer Werke – Projekte, die ursprünglich in einer spanischen oder europäischen Sprache eines EG-Mitgliedstaats produziert wurden, bevorzugt werden.

(3) Verschiedene Publikumsinteressen

Nach Art. 9 I lit. c) LTP ist auch zu berücksichtigen, inwiefern die Interessenten in Zukunft die verschiedenen Forderungen und vielschichtigen Interessen des Publikums in ihrem Gesamtprogramm berücksichtigen werden. Dies kann als Hinweis des Gesetzes angesehen werden, bevorzugt Vollprogramme vor Spartenprogrammen zu konzessionieren, weil letztere zweifelsohne weniger verschiedene Interessen des Publikums befriedigen können.

(4) Gewichtung der inhaltlichen Kriterien

Wie die Regierung die o.g. Kriterien in ihre Entscheidung zur Vergabe der Konzession zu berücksichtigen hat, regelt Art. 9 II LTP: Die Angebote sind in ihrer Gesamtheit auf ihre Eignung zur Erfüllung der in Art. 9 I LTP genannten Kriterien hin zu untersuchen. Erteilt wird die Konzession an den oder die für das öffentliche Interesse vorteilhaftesten Interessenten.

Gem. Art. 9 II LTP sind dabei zwei Faktoren besonders zu gewichten: Einerseits sind dies die bereits in Art. 9 I lit. a) LTP genannten Garantien für den Schutz der Pluralität von Ideen und Meinungsströmungen, und andererseits die möglichst hohe Verschiedenartigkeit der Informationsquellen bzw. -personen, derer sich der Veranstalter bedient[554]. Beide dieser zu bevorzugenden Faktoren zielen damit auf eine möglichst ausgewogene Programmgestaltung ab, die erstens eine möglichst pluralistische Meinungsäußerung enthalten und sich andererseits aus möglichst vielen verschiedenen Informationsquellen bedienen soll. Dasselbe Motiv liegt den negativ formulierten Merkmalen zugrunde: Es sollen der Mißbrauch einer dominierenden Position und die Praktiken, die den freien Markt behindern, vermieden werden.

Insgesamt ist also das Garantieren einer möglichst ausgewogenen und sich aus vielen verschiedenen Quellen bedienenden Programmgestaltung mit Sendezeit

[554] Vgl. Montero/ Brokelmann, Telecomunicaciones y Televisión, 1999, S. 532.

für Minderheiten das wichtigste Kriterium der Bewertung der Anträge für die Konzessionserteilung nach der LTP.

Realistischerweise ist anzumerken, daß auch gute Beziehungen zur aktuellen spanischen Regierung nicht hinderlich sind.

g. Von der Konzessionsvergabe ausgeschlossene Gesellschaften, Art. 10 LTP

Art. 10 LTP normiert, welche Gesellschaften von der Konzessionsvergabe ausgeschlossen werden:

„**Art. 10** Folgende Gesellschaften dürfen auf keinen Fall konzessioniert werden:
a) Solche, die einen der Umstände des Artikels 9 der Ley de Contratos del Estado erfüllen.
b) Solche, die nicht ununterbrochen ihre steuerlichen Verpflichtungen oder die der Sozialversicherung bezahlen.
c) Alle, deren Konzession vormals als Konsequenz der Sanktion einer durch dieses Gesetz als sehr schwer eingestuften Verletzung erloschen ist.
d) Alle, deren Aktionäre zu mindestens 10 Prozent Aktionäre von konzessionierten Gesellschaften sind, deren Konzession als Konsequenz der Sanktion einer durch dieses Gesetz als sehr schwer eingestuften Verletzung erloschen ist.
e) Solche, die Inhaber einer anderen Konzession sind, sowie solche, die durch Aktien Teilhaber oder tatsächlich Kontrollierende einer anderen konzessionierten Gesellschaft sind.“

Zunächst ist festzustellen, daß der Verweis des Art. 10 lit. a) LTP heute inhaltslos ist, da die Ley de Contratos del Estado inzwischen außer Kraft gesetzt[555] und durch die Regelungen der Ley 13/1995, de 18.05.95, de Contratos de las Administraciones Públicas[556] ersetzt wurde.

Gem. Art. 10 lit. b) LTP dürfen Gesellschaften, die ihre steuerlichen Verpflichtungen oder die Sozialversicherungspflichten nicht ununterbrochen erfüllen oder erfüllt haben, nicht konzessioniert werden. Es soll also nur der zum Zuge kommen, der seine steuerlichen und sonstigen gesellschaftlichen Pflichten erfüllt hat und erfüllt.

Weiterhin sind die Gesellschaften ausgeschlossen, die bereits eine LTP-Konzession besaßen, die aber als Konsequenz der Sanktion einer sehr schweren Verletzung gegen die LTP (s. dazu Art. 24 II i.V.m. Art. 25 I lit. c) LTP bzw. die Ausführungen unter D.VIII.9.) erloschen ist. Dasselbe gilt für Gesellschaften, die 10 Prozent oder mehr an einer der o.g. sanktionierten Gesellschaften halten. Die Gesellschaften, die sich also bereits einmal einen sehr schweren Verstoß gegen die LTP haben zu Schulden kommen lassen, sind also auch ausgeschlossen, ebenso wie ihre größeren Teilhaber.

---

[555] S. Außerkraftsetzungsbestimmung der Ley 13/1995, de 18.05.95, de Contratos de las Administraciones Públicas.
[556] B.O.E. núm. 119, de 19.05.1995, S. 14601; Berichtigungen in B.O.E. núm. 159, de 05.07.1995, S. 20404.

Schließlich sind solche Gesellschaften ausgeschlossen, die bereits Inhaber einer anderen Konzession oder durch Aktienbesitz Teilhaber oder Kontrollierende einer anderen Konzessionsgesellschaft sind. Hier soll dem Entstehen von Machtkonzentrationen im Fernsehbereich entgegengewirkt werden, ergänzend zur Regelung des Art. 19 LTP, dem dieselbe Regelungsabsicht zugrundeliegt[557].

h. Die Dauer der Konzession

„**Art. 11** Die Konzession wird für einen Zeitraum von zehn Jahren erteilt und kann durch die Regierung sukzessiv für gleiche Zeiträume verlängert werden."

Die LTP-Konzession wird für einen Zehnjahreszeitraum ab dem Zeitpunkt, zu dem die Sendungen beginnen müssen, erteilt. Es wird darauf hingewiesen, daß i.S.d. öffentlichen Interesses eine ausreichende Konzessionsdauer vorzusehen sei, da es gut sei, wenn die Fernsehunternehmen über Stabilität und Zukunftsperspektiven verfügen[558].

Die LTP-Konzession kann auf Antrag des Inhabers durch den Ministerrat für gleiche Zeiträume verlängert werden.

Die hier vorgesehene Verlängerung wurde zuletzt im März 2000 von der spanischen Regierung unter Regierungspräsident José María Aznar López und seinem (zu dieser Zeit noch für Rundfunk zuständigen) Ministro de Fomento Rafael Arias-Salgado Montalvo (PP) vorgenommen, die die drei LTP-Konzessionen von Antena 3 TV, Tele Cinco und Canal Plus bis April 2010 verlängerten. Dies wurde mit der Anordnung verbunden, innerhalb der kommenden zwei Jahre (also bis März 2002) ihre Programme gleichzeitig in digitaler und analoger Technik auszustrahlen[559], da bis etwa 2013 die Ablösung des analogen Fernsehens durch das Digitalfernsehen vorausgesagt wird[560].

i. Nutzungspflicht und Unübertragbarkeit der Konzession, Art. 12 LTP

„**Art. 12** Die Konzession verpflichtet zur direkten Nutzung des öffentlichen Dienstes, der Objekt derselben ist, und sie ist nicht übertragbar."

---

557 S. zu Art. 19 LTP die Ausführungen unter D.VIII.8.b.

558 Laguna de Paz, Régimen jurídico, 1994, S. 241.

559 Diese Anordnung stützt sich auf die Vorgabe des Abs. I der 1. Zusatzbestimmung zum Real Decreto 2169/1998, de 09.10.98, por el que se aprueba el Plan Técnico Nacional de la Televisión Digital Terrenal (im Anhang bei den Normen zum terrestrischen Digitalfernsehen abgedruckt).

560 ABC vom 11.03.2000, S. 49. Vgl. auch die Zeiträume zur Einführung des terrestrischen Digitalfernsehens, die in Art. 7 Anh. des Real Decreto 2169/1998 definiert werden (95prozentige Abdeckung Spaniens mit terrestrischem Digitalfernsehen bis Jahresende 2011); s. dazu die Ausführungen unter D.XII.4.

Nach Art. 12 LTP berechtigt die LTP-Konzession also nicht nur zur Veranstaltung von landesweitem terrestrischen Privatfernsehen, sondern verpflichtet auch dazu. Sie ist nicht übertragbar.

j. Die Technik: Übertragung und Verteilung der Fernsehsignale nach Art. 13 LTP und die Liberalisierung des Telekommunikationswesens

Art. 13 LTP bestimmt die Kostentragungspflicht der Konzessionsgesellschaften für die Verbreitung ihrer Fernsehsignale an die Zuschauer.

„**Art. 13** Die Kosten, die durch die Vertragsschlüsse und gegebenenfalls durch die Nutzung, Erhaltung und Reparatur der Transport- und Sendesysteme für das Funktionieren des Privatfernsehens entstehen, werden durch die konzessionierten Gesellschaften nach den Tarifen, deren Verabschiedung und Änderung der Regierung obliegt, bezahlt."

Die Kosten für Nutzung, Erhaltung und Reparatur der Transport- und Sendesysteme, also der notwendigen terrestrischen Ausstrahlungstechnik für die drei Privatfernsehveranstalter, tragen die Konzessionsgesellschaften. Die Höhe dieser Tarife erließ die spanische Regierung. Soweit die Regelung des Art. 13 LTP.

aa. Bisheriger Stand

Bis April 2000 war in Spanien das Telekommunikationswesen - und damit auch das Übertragungsnetz der Fernsehsignale - als öffentliches Monopol ausgestaltet (wie auch das Fernsehen selbst, dessen Einstufung als öffentlicher Dienst bislang unverändert bleibt, abgesehen vom Satellitenfernsehen). Mit dem Betrieb des terrestrischen Telekommunikationsnetzes war bis April 2000 die öffentliche Anstalt „Ente Público de la Red Técnica Española de la Televisión" („Ente Público Retevisión") beauftragt, die ihrerseits das Netz vom Eigentümer, der Aktiengesellschaft „Retevisión S.A." (nicht zu verwechseln mit der ähnlich benannten öffentlichen Anstalt !) mietete. Der Konzessionär nach der LTP hatte das Recht zur Benutzung des öffentlichen Telekommunikationsnetzes, wofür er einen öffentlich-rechtlichen Vertrag mit der Ente Público Retevisión abschloß, deren Gegenleistung die von der Regierung nach Art. 13 LTP festgesetzte Abgabe war[561].

bb. Der Stand nach der Liberalisierung des Telekommunikationswesens

Heute ist das spanische Telekommunikationswesen weitgehend liberalisiert. Es ist gem. Art. 2 der Ley 11/1998, de 24.04.98, General de Telecomunicaciones (LGT)[562] kein öffentlicher Dienst („servicio público") mehr, sondern mit wenigen Ausnahmen ein Dienst „von allgemeinem Interesse" („servicios de

---

[561] Vgl. Laguna de Paz, Privates Fernsehen in Spanien, DöV 1995, S. 503. Ders. beschreibt die frühere Rechtslage in Régimen jurídico, 1994, S. 284. Ferner Cremades/ Sánchez, Marco jurídico de la nueva televisión digital terrenal, REDETI 1998, S. 76.

[562] B.O.E. núm. 99, de 25.04.1998, S. 13909, Berichtigungen in B.O.E. núm. 162, de 08.07.1998, S. 22765.

interés general"), dessen Ausübung mittels Verwaltungsgenehmigung nun jedem Interessenten möglich ist. Überwacht wird der neu entstandene Telekommunikationsmarkt von der dem Ministerio de Ciencia y Tecnología untergeordneten „Comisión del Mercado de las Telecomunicaciones" (Telekommunikations-Marktkommission)[563].

Die Auswirkungen für die bisherigen nach der LTP konzessionierten Privatfernsehveranstalter, die nun nicht mehr für die Verteilung ihrer Fernsehsignale auf die „Retevisión" angewiesen sind, normiert die 7. Übergangsbestimmung der Orden de 22.09.1998 des Ministerio de Fomento[564]: Sie können ab Ablauf der Frist ihrer LTP-Konzession (dies wäre der 02.04.2000 gewesen, die Konzessionen wurden bereits im März 2000 gem. Art. 11 LTP um weitere 10 Jahre verlängert), also ab dem 02.04.2000, selbst eine Lizenz zum Betrieb der notwendigen Fernsehausstrahlungsdienste beantragen, also heute ihre technische Verbreitung selbst ausführen.

Heute können demnach alle Privatfernsehveranstalter eigene Transport- und Sendesysteme betreiben oder per Vertragsschluß fremde Netze (z.B. das der privatisierten Retevisión S.A.) nutzen, die Kosten tragen sie selbstverständlich nach wie vor selbst. Die entsprechenden telekommunikationsrechtlichen Regelungen finden sich in der Ley 11/1998, General de Telecomunicaciones (LGT) und der o.g. Orden de 26.09.1998[565].

k. Mindestausstrahlungszeiten und Archivierungspflichten der Konzessionsgesellschaften und öffentliche Bekanntmachungen der Regierung, Artt. 14 – 16 LTP

Artt. 14 und 16 LTP normieren bestimmte Mindestsendezeiten, die die LTP-Konzessionäre einhalten müssen, ferner die Pflicht zur Archivierung der gesendeten Programme und der Ausstrahlung bestimmter Bekanntmachungen der Regierung:

„Art. 14

(I) Jede konzessionierte Gesellschaft ist verpflichtet, Fernsehprogramme mit einer Dauer von mindestens vier Stunden täglich und 32 Stunden wöchentlich auszustrahlen. Dazu werden sowohl landesweit ausgestrahlte Programme als auch die Programme mit einer auf eine der Regionalzonen im Sinne des Artikels 4 II dieses Gesetzes beschränkten Reichweite gezählt.

---

[563] S. zur Comisión del Mercado de las Telecomunicaciones die Regelungen der Ley 12/1997, de 24.04.97, de liberalización de las telecomunicaciones; B.O.E. núm. 99, de 25.04.1997, S. 13278.

[564] Orden de 22.09.1998 por la que se establecen el régimen aplicable a las licencias individuales para servicios y redes de telecomunicaciones y las condiciones que deben cumplirse por sus titulares; B.O.E. núm. 231, de 26.09.1998, S. 32236, Berichtigung durch Orden de 19.05.1999 in B.O.E. núm. 136, de 08.06.1999, S. 21837.

[565] Weitere Ausführungen zu den Fernsehsignal-Übertragungsdiensten enthält Montero/Brokelmann, Telecomunicaciones y Televisión, 1999, S. 502.

Keinesfalls darf die tägliche Dauer der Sendezeit mit begrenzter Reichweite die tägliche Dauer der Programme mit nationaler Reichweite übertreffen.
(II) Im Sinne des vorigen Absatzes werden weder Sendungen, die aus einfachen Wiederholungen oder feststehenden Bildern bestehen, noch Werbesendezeiten als Fernsehprogramme angesehen.
(III und IV sind außer Kraft)
(V) Der Zugang zu internationalen Bildquellen durch die konzessionierten Gesellschaften kann keinesfalls die Bedingungen der Konzession verändern.
(VI) Die Konzessionsinhaber müssen während einer Frist von 6 Monaten, gezählt ab dem Datum der Erstausstrahlung, alle von den jeweiligen Fernsehkanälen ausgestrahlten Sendungen archivieren und die auf diese Sendungen bezogenen Daten, ferner ihren Ursprung und die Umstände der Produktion registrieren, um ihre Kontrolle durch die zuständigen Behörden und ihre Einsicht durch Privatpersonen im Einklang mit der allgemeinen Regelung in dieser Materie zu ermöglichen."

(Art. 15 ist außer Kraft)

„**Art. 16** Die konzessionierten Gesellschaften sind verpflichtet, kostenfrei und unter Nennung ihres Ursprungs jederzeit diejenigen Meldungen und Bekanntmachungen, die die Regierung wegen ihres öffentlichen Interesses für notwendig erachtet, auszustrahlen."

aa. Die Mindestsendezeiten nach Art. 14 I und II LTP

Nach Art. 14 I LTP müssen die nach der LTP konzessionierten Privatfernsehveranstalter mindestens vier Stunden täglich und 32 Stunden wöchentlich ihr Programm ausstrahlen. Als Programm in diesem Sinne zählen auch die Regionalfensterprogramme nach Art. 4 II LTP; diese Fensterprogramme dürfen die tägliche Sendedauer des in ganz Spanien ausgestrahlten Programms nicht überschreiten, also höchstens 49 % der täglichen Gesamtsendezeit ausmachen.

Art. 14 II LTP definiert, welche Programmtypen i.S.d. Art. 14 I LTP nicht als Programm gezählt werden. Dies sind Wiederholungen, feststehende Bilder und Werbesendungen.

bb. Die Archivierungspflichten der Konzessionäre nach Art. 14 VI LTP

Alle Konzessionsinhaber müssen gem. Art. 14 VI LTP sechs Monate lang ab Erstausstrahlung alle von ihren Fernsehkanälen ausgestrahlten Sendungen archivieren und die diesbezüglichen Daten registrieren.

Diese aus deutschen Rundfunkgesetzen[566] bekannte Archivierungspflicht dient nach dem Wortlaut der Norm der Programmkontrolle durch die zuständigen Behörden (dies ist gem. Art.7 I lit. c) LTP regelmäßig das Ministerio de Ciencia y Tecnología) und auch der Ermöglichung einer Einsichtnahme durch Privatpersonen, die z.B. ihr Gegendarstellungsrecht nach der Ley Orgánica 2/1984 (Gegendarstellungsgesetz) ausüben wollen.

---

[566] Vgl. z.B. § 41 Landesrundfunkgesetz Rheinland-Pfalz, § 8 Landesmediengesetz Baden-Württemberg oder § 17 Landesrundfunkgesetz NRW.

cc. Die Ausstrahlungspflicht für Bekanntmachungen der spanischen Regierung nach Art. 16 LTP

Die Konzessionäre sind der umfassenden Pflicht unterworfen, kostenlos und unter Nennung des Ursprungs jederzeit die Meldungen und Bekanntmachungen auszustrahlen, die die Regierung als im öffentlichen Interesse für notwendig erachtet. Diese Pflicht bedeutet eine wichtige Möglichkeit der Einflußnahme der spanischen Regierung auf das Programm der Privatfernsehveranstalter, die es in Deutschland nicht gibt: Die Regierung kann i.S.d. Grundsatzes der Regierungsmacht (vgl. o. unter D.I.2.a.cc.) alles, was sie als im öffentlichen Interesse für notwendig erachtet, kostenlos im Privatfernsehen (und gem. Art. 22 ERTV erst recht im Staatsfernsehen) verbreiten. Von dieser Regelung macht zumindest die derzeitige Regierung Aznar häufig Gebrauch. Da die Regierung selbst definiert, welche Bekanntmachungen im öffentlichen Interesse erfolgen, kann sie auch solche plazieren, die man auch als eine Werbung der Regierung bezeichnen kann[567].

l. Das Erlöschen der Konzession, Art. 17 LTP

Die Voraussetzungen des Erlöschens der LTP-Konzession regelt Art. 17 LTP wie folgt:

„Art. 17
(I) Die nach diesem Gesetz erteilten Konzessionen erlöschen:
a) Durch Überschreiten der Konzessionsfrist ohne Verlängerungsantrag.
b) Durch Nichterfüllung der Erfordernisse, die Artikel 18 und 19 dieses Gesetzes entwickeln.
c) Durch Bankrotterklärung oder Zahlungseinstellung oder Auflösungsbeschluß der konzessionierten Gesellschaft.
d) Als Konsequenz von Verlusten, die das Kapital der konzessionierten Gesellschaft auf eine Höhe reduzieren, die geringer ist als das anfängliche Gesellschaftskapital, falls dieses nicht nach den im Aktiengesetz vorgesehenen Regeln wiederhergestellt wird.
e) Durch ungerechtfertigten Nichtbeginn der Ausstrahlungen innerhalb der in der Konzession festgelegten Frist
f) Durch ungerechtfertigte Unterbrechung der Sendungen für mehr als 15 Tage innerhalb eines Jahres.
(II) Die später eintretende Nichterfüllung der in Artikel 19 entwickelten Grenzen zieht das Erlöschen der Konzession nach sich, falls nicht innerhalb Monatsfrist ab der Aufforderung der Verwaltung an die Gesellschaft die Nichterfüllung von ihr behoben wird.

---

567 Eine sicherlich im öffentlichen Interesse gerechtfertigte Bekanntmachung der Regierung wurde z.B. zum Ende des Jahres 1999 ausgestrahlt, in der auf die möglichen Folgen des „Jahr-2000-Problems" für nicht rechtzeitig überprüfte Computeranlagen hingewiesen wurde. Eine andere Regierungsbekanntmachung betraf die Notwendigkeit zum Ausbau des Flughafens Madrid-Barajas, mit der Bedenken gegen den Ausbau ausgeräumt werden sollten. – Als Regierungswerbung könnte man allerdings eine nur wenige Wochen vor den allgemeinen spanischen Wahlen am 12.03.2000 ausgestrahlte Bekanntmachung werten, in der die Regierung ihre Leistungen im sozialen Bereich und für die Gleichberechtigung der Frau hervorhob.

(III) Das Erlöschen der Konzession wird erklärt durch Beschluß des Ministerrates auf Vorschlag des Förderungsministers und zieht gegebenenfalls die Einberufung eines neuen öffentlichen Ausschreibungsverfahrens nach sich."

aa. Fristablauf

Die LTP-Konzession erlischt durch Überschreiten der Konzessionsfrist ohne Verlängerungsantrag i.S.d. Art. 11 LTP, also durch Zeitablauf (Art. 17 I lit. a) LTP).

bb. Verstöße gegen Artt. 18 und 19 LTP

Als zweiten Erlöschensgrund nennt Art. 17 I lit. b) LTP die Nichterfüllung der Anforderungen der Artt. 18 und 19 LTP. In diesen Normen werden spezielle Anforderungen an die Konzessionsgesellschaften formuliert, s.u. D.VIII.8.; die schwerwiegende Rechtsfolge des Erlöschens der LTP-Konzession ist ein Hinweis auf die besondere Wichtigkeit, die die LTP den Regelungen der Artt. 18 und 19 LTP zuweist. Für die Fälle der Nichterfüllung der Voraussetzungen des Art. 19 LTP (hier geht es um die Konzentrationsbegrenzung im Privatfernsehbereich, s.u.) normiert Art. 17 II LTP die Sonderregel, daß zunächst eine Aufforderung der Verwaltung (also des Ministerio de Ciencia y Tecnología) zur Behebung der Verletzung des Art. 19 LTP erfolgen muß, bevor nach Verstreichenlassen einer Monatsfrist ohne Befolgung dieser Aufforderung die Rechtsfolge des Erlöschens der Konzession eintritt. Im Umkehrschluß bedeutet dies, daß bei Erfüllen aller anderen Erlöschensgründe keine derart warnende Aufforderung erfolgen muß.

Auffällig ist, daß der Tatbestand des Art. 17 I lit. b) LTP trotz der schwerwiegenden Rechtsfolge nicht im Katalog der Verstoßtatbestände des Art. 24 LTP genannt wird[568].

cc. Erlöschen der Privatfernsehgesellschaft

Ferner erlischt die Konzession durch Erlöschen der Gesellschaft, die sie innehat – bei Bankrotterklärung, Zahlungseinstellung oder per Auflösungsbeschluß der Konzessionsgesellschaft (Art. 17 I lit. c) LTP).

dd. Unterschreiten des Mindestkapitals nach Art. 18 II LTP

Gem. Art. 17 I lit. d) LTP erlischt die Konzession auch, wenn die Privatfernsehgesellschaft so hohe Verluste erwirtschaftet, daß ihr Kapital unter das anfängliche Mindestkapital (gem. Art. 18 II LTP mindestens 1.000 Mio. Pese-

[568] S. zu Art. 24 LTP unten D.VIII.9.b.

ten, also ca. 6 Mio. €[569]) fällt und dieses nicht nach den Regeln des Aktiengesetzes[570] wiederhergestellt wird.

ee. Ungerechtfertigter Nichtbeginn bzw. Unterbrechung der Sendungen

Ein weiterer Grund des Erlöschens ist nach Art. 17 I lit. e) LTP der ungerechtfertigte Nichtbeginn der Ausstrahlungen innerhalb der per Konzession aufgegebenen Frist.

Letzter Erlöschensgrund der LTP-Konzession ist gem. Art. 17 I lit. f) LTP eine ungerechtfertigte Unterbrechung der Sendungen für mehr als 15 Tage innerhalb Jahresfrist. Die letztgenannten Vorschriften sind im Zusammenhang mit Art. 12 LTP zu sehen, nach dem die Konzession nicht nur zur Veranstaltung von Privatfernsehen berechtigt, sondern auch verpflichtet.

8. Die Vorschriften über die LTP-Konzessionsgesellschaften

Das Kapitel III (Artt. 18 – 23) der LTP normiert unter die Überschrift „Die konzessionierten Gesellschaften" Regeln für die Kapitalgesellschaften, die das Privatfernsehen veranstalten.

a. Gesellschaftsform, Gesellschaftszweck, Mindestkapital und Nationalität der Konzessionsgesellschaften, Art. 18 LTP

Art. 18 LTP normiert die Anforderungen bezüglich der Gesellschaftsform, des Mindestkapitals, der Nationalität und des Gesellschaftszwecks der Konzessionsgesellschaften[571]:

„Art. 18

(I) Die konzessionierten Gesellschaften müssen die Gesellschaftsform der Aktiengesellschaften annehmen und haben als Gesellschaftszweck das indirekte Betreiben des öffentlichen Dienstes Fernsehen, in Übereinstimmung mit den Bestimmungen der Konzession. Die Aktien dieser Gesellschaften sind Namensaktien.

(II) Die Gesellschaften müssen ein Mindestkapital von 1.000 Millionen Peseten (Anm.: ca. 6 Mio. €) aufweisen, das zumindest zu 50 Prozent vollständig gegengezeichnet und eingezahlt sein muß. Zum Zeitpunkt der Konzessionserteilung muß nachgewiesen werden, daß das gesamte Gesellschaftskapital eingezahlt wurde.

(III) Unbeschadet der Regelungen des Europäischen Gemeinschaftsrechts müssen die konzessionierten Gesellschaften die spanische Nationalität und ihren Sitz in Spanien haben.

(IV) Im dem Falle, daß der in Absatz I dieses Artikels genannte Gesellschaftszweck nicht der einzige ist, müssen sie getrennte Buchführungen vorweisen, in denen auf den Betrieb der im Privatfernsehgesetz (Anm.: Gesetz 10/1988, de 03.05.88, de Televisión Privada (LTP)) vorgesehenen Konzession Bezug genommen wird."

---

[569] S. zum Mindestkapital der LTP-Konzessionsgesellschaften sogleich D.VIII.8.a.bb.

[570] S. Artt. 151 – 162 des Aktiengesetzes, Real Decreto-Legislativo 1564/1989, de 22.12.89, por el que se aprueba el texto refundido de la Ley de Sociedades Anónimas; B.O.E. núm. 310, de 27.12.1989, S. 40012.

[571] Vgl. auch Laguna de Paz, Régimen jurídico, 1994, S. 242.

aa. Gesellschaftsform und -zweck

Zunächst bestimmt Art. 18 I LTP - so wie bereits der o.g. Art. 2 LTP - die Gesellschaftsform der Aktiengesellschaft als einzig mögliche für Privatfernsehunternehmen nach der LTP. Ihre Aktien müssen Namens-, also keine Inhaberaktien sein.

Grundsätzlich muß der einzige Gesellschaftszweck der Aktiengesellschaften der indirekte Betrieb des öffentlichen Dienstes Fernsehen sein, in Übereinstimmung mit den Bestimmungen des Konzessionsvertrags, Art. 18 I S. 2 LTP; es können aber gem. Art. 18 III LTP weitere Gesellschaftszwecke derselben Aktiengesellschaft formuliert werden, wenn getrennte Buchführungen für die verschiedenen Gesellschaftszwecke vorgenommen werden, d.h. für den Betrieb des Privatfernsehens nach der LTP-Konzession eine eigene Buchführung vorgewiesen werden kann.

bb. Mindestkapital

Gem. Art. 18 II LTP müssen die LTP-Konzessionsaktiengesellschaften über ein Mindestkapital von 1.000 Mio. Peseten (also ca. 6 Mio. €) verfügen, das bei Antragstellung bereits mindestens zur Hälfte gezeichnet und eingezahlt sein muß. Zum Zeitpunkt der Konzessionserteilung muß das gesamte Kapital eingezahlt sein.

Nach Absatz 2 der Zusatzbestimmung zur LTP ist die spanische Regierung befugt, die Höhe des Mindestgesellschaftskapitals an den Lebenshaltungsindex anzupassen. Eine derartige Anpassung ist bislang nicht erfolgt.

cc. Nationalität und Sitz

Die Konzessionsgesellschaften müssen gem. Art. 18 III LTP die spanische Nationalität und ihren Sitz in Spanien haben. Zu den Beteiligungen ausländischer Unternehmen s. sogleich Art. 19 LTP.

b. Die Konzentrationsbegrenzung und ausländische Kapitalbeteiligungen, Art. 19 LTP

Art. 19 LTP trifft Regelungen zur Begrenzung der Unternehmens- und damit Machtkonzentration im Privatfernsehbereich – auch für ausländische Teilhaber an den privaten Fernsehaktiengesellschaften:

„**Art. 19**

(I) Keine natürliche oder juristische Person kann direkter oder indirekter Inhaber von Aktien von mehr als einer konzessionierten Gesellschaft sein oder von Aktien, die mehr als 49 Prozent ihres Kapitals repräsentieren.

(II) Natürliche oder juristische Personen, die Hauptsitz oder Nationalität in Nichtmitgliedstaaten der EU haben, können am Kapital einer konzessionierten Gesellschaft nur in Anwendung des Gegenseitigkeitsgrundsatzes teilhaben, in jedem Falle unter Beachtung der im vorigen Absatz geregelten Grenzen.“

aa. Die Konzentrationsbegrenzungsregel des Art. 19 I LTP

Nach Art. 19 I LTP kann keine natürliche oder juristische Person direkter oder indirekter Aktieninhaber von mehr als einer Privatfernsehgesellschaft sein. Dazu darf diese Person nicht mehr Aktien halten als eine Menge, die 49 Prozent des Gesellschaftskapitals repräsentiert.

Dieser Regelung liegt der in Art. 21 III S. 2 LTP ausdrücklich genannte Grundsatz der Nichtkonzentration der Medien (bzw. der Fernsehgesellschaften)[572] zugrunde. Die Konzentrationsbegrenzung im Medienbereich ist ein sinnvolles Instrument zur Begrenzung der Meinungsmacht, niemand soll zuviel Macht über einen oder sogar mehrere Privatfernsehveranstalter gleichzeitig ausüben können, damit eine pluralistische Meinungsäußerung sichergestellt wird und nicht die Meinungsmacht in den Händen weniger oder nur einer Person liegt[573].

In Spanien darf also zum Schutz der Meinungsvielfalt eine natürliche oder juristische Person nur an einem Privatfernsehveranstalter beteiligt sein, und sie darf an dieser Gesellschaft auch nur maximal 49 Prozent halten[574].

In Deutschland galt viele Jahre lang eine ähnliche Regelung, nach der eine Person sich nur an einem Privatfernsehveranstalter beteiligen konnte. Die 1997 mit dem 3. Rundfunkänderungsstaatsvertrag eingeführte Regelung des § 26 RfStV ist weniger streng[575]: Sie erlaubt die Beteiligung an beliebig vielen Veranstaltern, solange ein Unternehmen (natürliche Person, juristische Person oder Personenvereinigungen) mit seinen verschiedenen Programmen nicht einen jahresdurchschnittlichen Zuschaueranteil von mehr als 30 Prozent erreicht (das sog. Zuschauer(markt)anteilsmodell)[576]. Die Ermittlung des Zuschaueranteils

---

[572] Vgl. o. unter D.I.2.c.cc.

[573] Ein aktuelles Beispiel ist Italien, wo Herr Silvio Berlusconi heute alle Privatfernsehveranstalter kontrolliert, nachdem er sie nach und nach aufkaufen konnte, weil Konzentrationsbegrenzungsregeln wie die des Art. 19 LTP für den Medienbereich noch nicht existierten. Die Kontrolle über die gesamten Privatfernsehveranstalter ermöglichte ihm einen Medienwahlkampf, der ihn nach kürzester politischer Karriere 1994 zum Ministerpräsidenten von Italien werden ließ. – Das Problem der Konzentration der Kommunikationsmedien beschreibt Laguna de Paz, Régimen jurídico, 1994, S. 143.

[574] Bis zum 08.07.1999 lag diese Maximalgrenze bei nur 25 Prozent pro Person (Art. 19 II a.F., vor Erlaß der Ley 22/1999, de 07.07.1999).

[575] Vgl. zum Zuschaueranteilsmodell in Deutschland Hess, Medienkonzentrationsrecht nach dem neuen Rundfunkstaatsvertrag, AfP 1997, S. 680 u. 777; Kreile, Die Reform des Rundfunkstaatsvertrags – Neue Wege bei der Vielfaltsicherung im privaten Rundfunk, NJW 1997, S. 1329; lt. Schellenberg, Rundfunk-Konzentrationsbekämpfung, 1997, S. 40, bedeutete die Einführung des Zuschauermarktanteilsmodells einen radikalen Bruch mit dem bisherigen System der Konzentrationsbekämpfung in Deutschland; diese Arbeit vergleicht die Rundfunk-Konzentrationsbekämpfung in Deutschland, Frankreich, Italien und Großbritannien.

[576] Hierbei können auch Aktivitäten auf medienrelevanten verwandten Märkten in die Berechnung des Zuschaueranteils miteingerechnet werden, vgl. § 26 II S. 2 RfStV.

wird von der KEK (Kommission zur Ermittlung der Konzentration im Medienbereich, vgl. Art. 35 RfStV) vorgenommen, die bei Erreichen der 30-Prozent-Grenze verschiedene Maßnahmen zur Sicherung der Meinungsvielfalt im Fernsehen ergreifen kann, s. Art 26 III und IV RfStV.

Eines solch komplizierten Verfahrens mit Bildung eines speziellen Organs der Landesmedienanstalten, das vornehmlich mit der Berechnung des Zuschaueranteils beauftragt ist (KEK), bedarf es nach der Regelung des Art. 19 I LTP nicht. Statt dessen gilt die leicht handhabbare Regel des Art. 19 I LTP: „Eine Person – ein Kanal, und nur maximal 49 Prozent daran".

bb. Kapitalbeteiligungen von Unionsbürgern

Nach Art. 19 I LTP n.F.[577] gelten die genannten Regeln auch für alle Unionsbürger und juristischen Personen aus EG-Mitgliedstaaten[578]. Für Unionsbürger gilt also heute ebenso: „Eine Person – ein Kanal, und nur maximal 49 Prozent daran."

cc. Kapitalbeteiligungen von Personen aus Nichtmitgliedstaaten

Eine spezielle Regelung für Kapitalbeteiligungen von natürlichen oder juristischen Personen aus Nicht-EG-Mitgliedstaaten trifft Art. 19 II LTP. Danach müssen diese Personen einerseits die Regel des Art. 19 I LTP beachten, d.h. „eine Person – ein Kanal, und nur maximal 49 Prozent daran". Andererseits können sie am Kapital einer Privatfernsehgesellschaft nur in Anwendung des allgemeinen Gegenseitigkeitsgrundsatzes („principio de reciprocidad") teilhaben, d.h. nur dann, wenn auch Spanier in ihrem Heimatland gleiche Rechte hätten.

c. Das Register der Konzessionsgesellschaften, Art. 20 LTP

Die nach der LTP konzessionierten Privatfernsehveranstalter werden in ein spezielles öffentliches Register eingetragen, zu dem Art. 20 LTP Folgendes regelt:

> **„Art. 20**
> (I) Innerhalb des Ministerio de Fomento wird ein spezielles öffentliches Register der konzessionierten Gesellschaften geschaffen, deren Regelung durch Real Decreto (Königliche Rechtsverordnung) erfolgt.

---

577 Art. 19 IV a.F. (vor Erlaß der Ley 22/1999 am 07.07.1999) erlaubte eine ausländische Kapitalbeteiligung von insgesamt maximal 25 Prozent, d.h. 75 Prozent der spanischen Privatfernsehgesellschaften mußten in spanischem Besitz sein. – Nach der heutigen Regel kann ein spanischer Privatfernsehveranstalter zu 100 Prozent im Besitz ausländischer Unionsbürger sein, wenn keine Person mehr als 49 Prozent hält. Es können also z.B. drei Deutsche einen spanischen Privatfernsehveranstalter betreiben.

578 S. zur europarechtlichen Konzentrationsbegrenzung Laguna de Paz, Televisión y Competencia, 2000, S. 241.

(II) In dieses spezielle Register müssen die jeweilige Konzession und die konzessionierten Gesellschaften durch Beifügen der entsprechenden Gründungsurkunde und der Gesellschaftssatzung eingetragen werden.
(III) Jedwede Änderung der Gründungsurkunde oder der Gesellschaftssatzung der konzessionierten Gesellschaften müssen ebenso wie die Zusammensetzung ihrer Verwaltungsorgane dem speziellen Register mitgeteilt werden. Derartige Umstände erfordern zu ihrer Einschreibung in das Handelsregister die vorherige Mitteilung an das spezielle Register."

aa. Das Register der Konzessionsgesellschaften

Nach Art. 19 I LTP ist beim Ministerio de Ciencia y Tecnología ein spezielles öffentliches Register einzurichten, in dem die nach der LTP konzessionierten Gesellschaften (also z.Zt. Antena 3 TV, Tele Cinco und Canal Plus) zu registrieren sind. Konkretisiert wird dies durch Art. 19 II LTP, nach dem in dieses Register „die jeweilige Konzession", also der mit der Regierung geschlossene Konzessionsvertrag, und auch die Gründungsurkunde und Gesellschaftssatzung der Privatfernseh-Aktiengesellschaften eingetragen werden müssen. Die Einzelheiten sind in dem in Art. 19 I LTP vorgesehenen Real Decreto 951/1989[579] geregelt.

bb. Mitteilungspflichten der Konzessionsgesellschaften

Besondere Mitteilungspflichten gegenüber dem Register der Konzessionsgesellschaften normiert Art. 19 III LTP. Danach sind Änderungen der Gründungsurkunde und der Gesellschaftssatzung der Konzessionsgesellschaften ebenso eintragungspflichtig wie die Zusammensetzung der Verwaltungsorgane der Gesellschaften. Die ohnehin erforderliche Eintragung dieser Umstände in das allgemeine Handelsregister ist an die vorherige Eintragung in dieses Register der Konzessionsgesellschaften beim Ministerio de Ciencia y Tecnología gebunden.

Weitere Mitteilungspflichten bestimmt Art. 1 des Real Decreto 951/1989, der zusätzlich die Eintragung von Übertragungen, Verfügungen oder Belastungen der Aktien der Konzessionsgesellschaften und die Herausgabe von Obligationspapieren und ähnlichen Titeln als eintragungspflichtige Tatbestände normiert. Nach dieser Norm sind generell alle Tatsachen, Rechtsgeschäfte und technischen Umstände, die sowohl die Betriebsgesellschaft als auch die Konzession selbst betreffen, eintragungspflichtig.

d. Der Erwerb von Anteilen an den LTP-Konzessionsgesellschaften

Der Erwerb von Anteilen an einer der Privatfernsehgesellschaften ist oftmals genehmigungsbedürftig und in Art. 21 LTP genauestens geregelt:

---

[579] Real Decreto 951/1989, de 28.07.89, por el que se desarrolla el artículo 20 de la Ley 10/1988 de 03.05.89, regulando el Registro Especial de Sociedades Concesionarias para la gestión indirecta del servicio público esencial de la televisión; B.O.E. núm. 180, de 29.07.1989, S. 24351.

„**Art. 21**
(I) Jede natürliche oder juristische Person, die beabsichtigt, direkt oder indirekt eine erhebliche Beteiligung am Kapital einer konzessionierten Gesellschaft zu erwerben, muß darüber vorher den Ministro de Fomento informieren, unter Angabe des Prozentsatzes dieses Anteils, des Verfahrens und der Bedingungen des Erwerbs und der maximalen Frist, in der sie die Umsetzung des Erwerbs beabsichtigt.
Als erhebliche Beteiligung an einer konzessionierten Körperschaft des essentiellen öffentlichen Dienstes Fernsehen versteht sich eine, die in direkter oder indirekter Form zumindest 5 Prozent des Kapitals oder der an Aktien gebundenen Stimmrechtsanteile der Körperschaft übersteigt.
(II) Im Verfahren nach Absatz 1 muß der Ministro de Fomento auch darüber vorab informiert werden, wer es direkt oder indirekt beabsichtigt, seinen Anteil so zu erhöhen, daß sein Prozentsatz des Kapitals oder der Stimmrechtsanteile einen der folgenden Prozentsätze erreicht oder übersteigt: 5, 10, 15, 20, 25, 30, 35, 40, 45 Prozent.
(III) Das Ministerio de Fomento verfügt innerhalb einer Frist von drei Monaten ab dem Datum, an dem die entsprechende Information bei irgendeinem der Register der Abteilung eingegangen ist, ob der beantragte Erwerb genehmigt oder gegebenenfalls abgelehnt wird. Eine Ablehnung kann sich begründen auf die fehlende Transparenz der Struktur der Gruppe, der eventuell die erworbene Körperschaft gehören könnte, oder auf das Bestehen von Bindungen zwischen der den Erwerb beabsichtigenden Person oder Körperschaft und einer anderen konzessionierten Körperschaft des essentiellen Dienstes Fernsehen, die eine Störung des Prinzips der Nichtkonzentration der Medien, das dem vorliegenden Gesetz zugrundeliegt, herbeiführen können.
(IV) Der Erwerb muß innerhalb einer Frist von maximal einem Monat ab der Bekanntgabe der jeweiligen Erlaubnis umgesetzt werden.
(V) Das in diesem Artikel Geregelte versteht sich unbeschadet der Anwendung der Normen über erhebliche Anteile, die im Gesetz 24/1988, de 28.07.88, del Mercado de Valores (Marktwertgesetz) geregelt sind.
(VI) Wenn der Erwerb nach dem Verfahren der vorherigen Bekanntmachung, das in diesem Artikel geregelt ist, erfolgt ist, setzt sich der Erwerber mit dem Ministerio de Fomento in Verbindung, das dessen Einschreibung in das spezielle Register der konzessionierten Gesellschaften anordnet.
Für die Anordnung der Registereintragung ist gleichermaßen eine Mitteilung an das Ministerio de Fomento durch den Erwerber verpflichtend, dies bei allen Akten der Übertragung von Aktien der konzessionierten Gesellschaft, die bewirken, daß jemand einen der im vorigen Absatz II vorgesehenen Prozentsätze seines Geschäftsanteils verringert.
Die Erwerbs- und Übertragungsmitteilungen, auf die sich dieser Absatz bezieht, sind innerhalb einer einmonatigen Frist ab der Herbeiführung vorzunehmen."

„**Art. 23** Im Sinne dieses Gesetzes werden als Fälle des indirekten Kontrollierens oder der indirekten Beteiligung alle diejenigen gezählt, die mittels Beschlüssen, Entscheidungen oder bestimmten Techniken zum Ergebnis die Kontrolle oder tatsächliche Beherrschung des Kapitals in einem höheren als dem durch dieses Gesetz erlaubten Anteil innehaben."

aa. Genehmigungsbedürftige Erwerbstatbestände

(1) Ersterwerb von Kapitalbeteiligungen

In Art. 21 I und II LTP wird geregelt, welche Erwerbstatbestände beim Erwerb von Kapitalbeteiligungen an Privatfernsehveranstaltern durch den Ministro de Ciencia y Tecnología (früher Ministro de Fomento) genehmigt werden müssen.

Nach Art. 21 I S. 1 LTP müssen alle natürlichen oder juristischen Personen, die direkt oder indirekt eine erhebliche Beteiligung am Kapital einer Konzessionsgesellschaft erwerben möchten, darüber vorher den Ministro de Ciencia y Tecnología informieren. Diese Information ist der Genehmigungsantrag und muß den Prozentsatz des Kapitalanteils, der erworben werden soll, angeben, ferner das beabsichtigte Erwerbsverfahren, dessen Bedingungen und die Frist, in der der Erwerb durchgeführt werden soll.

Genehmigungsbedürftig nach Art. 21 I S. 1 LTP ist nur der Erwerb von *erheblichen* Beteiligungen am Kapital einer Privatfernsehgesellschaft. Die Definition dieses Begriffs liefert Art. 21 I S. 2 LTP, der als erhebliche Beteiligungen solche normiert, die in direkter oder indirekter Form mindestens 5 Prozent des Kapitals oder der an Aktien gebundenen Stimmrechtsanteile der Körperschaft übersteigen.

Genehmigungsbedürftig ist also der Erwerb von 5 Prozent (oder mehr) des Kapitals oder der an Aktien gebundenen Stimmrechtsanteile der LTP-Konzessionsgesellschaften.

(2) Erhöhung bestehender Kapitalbeteiligungen

Gem. Art. 21 II LTP muß im Verfahren nach Art. 21 I LTP auch dann der Ministro de Ciencia y Tecnología vorab informiert werden, wenn eine natürliche oder juristische Person direkt oder indirekt ihren bereits bestehenden Anteil an einer Konzessionsgesellschaft so erhöhen möchte, daß ihr Kapital- oder Stimmrechtsanteil nach dem Erwerb 5, 10, 15, 20, 25, 30, 35, 40 oder 45 Prozent erreicht oder übersteigt.

Während Art. 21 I LTP also den Ersterwerb von Kapitalbeteiligungen an Privatfernsehveranstaltern regelt, richtet sich Art. 21 II LTP an die Kapital- oder Stimmrechtsinhaber, die ihren Anteil so erhöhen möchten, daß die nächste 5-Prozent-Grenze erreicht wird. Daß als höchster Kapital- oder Stimmrechtsanteil die 45-Prozent-Grenze genannt wird, ergibt sich aus Art. 19 I LTP, nach dem keine Person mehr als 49 Prozent einer LTP-Privatfernsehgesellschaft halten darf.

(3) Die Legaldefinition des „indirekten Kontrollierens“ und „indirekter Beteiligungen“ nach Art. 23 LTP

Die in Art. 21 I und II LTP verwendeten Begriffe des indirekten Kontrollierens und der indirekten Beteiligungen werden in Art. 23 LTP als solche legaldefiniert, die mittels Beschlüssen, Entscheidungen oder „bestimmten" Techniken die Kontrolle oder tatsächliche Beherrschung des Kapitals zu einem höheren als dem durch die LTP erlaubten Anteil zum Ergebnis haben. Es sollen also durch das Ministerio de Ciencia y Tecnología nicht nur die tatsächlichen Kapital-Beteiligungsverhältnisse, sondern auch eventuell durch andere Techniken herbeigeführte Kapitalbeherrschungen bewertet werden.

bb. Der Regelungszweck des Art. 21 LTP

Anhand des Gesetzeskontextes der Norm ist offensichtlich, daß ihr Regelungszweck in der für das öffentliche Interesse elementar wichtigen Sicherung der Meinungsvielfalt im privaten Fernsehen besteht. Wenn Art. 19 LTP den Erwerb von mehr als 49 Prozent einer Privatfernsehgesellschaft verbietet und auch den Erwerb von Anteilen mehrerer solcher Gesellschaften, dann macht Art. 21 LTP Sinn, der alle Erwerbstatbestände, die mehr als 5 Prozent des Kapital- oder Stimmrechtsanteils der Gesellschaften verlagern, von der vorherigen Genehmigung des Ministerio de Ciencia y Tecnología abhängig macht. Nur so ist eine echte Kontrolle der Eigentümerstruktur der Konzessionsgesellschaften und damit der Machtkonzentration im Bereich des Privatfernsehens möglich[580].

cc. Das Genehmigungsverfahren und Ablehnungsgründe

Nach Art. 21 III S. 1 LTP verfügt das Ministerio de Ciencia y Tecnología binnen Dreimonatsfrist ab Eingang der „Information" (also des Antrags auf Genehmigung des gewünschten Erwerbs), ob der beantragte Erwerb genehmigt oder abgelehnt wird.

Art. 21 III S. 2 LTP regelt, mit welcher Begründung der Antrag abgelehnt werden kann: Die Ablehnung kann sich entweder auf die fehlende Transparenz der Struktur der potentiellen Eigentümergruppe begründen, oder auf das Bestehen von Bindungen zwischen der Erwerbsperson und einer anderen LTP-Konzessionsgesellschaft, die eine Störung des der LTP zugrundeliegenden Prinzips der Nichtkonzentration der Fernsehgesellschaften herbeiführen könnte.

---

[580] Laguna de Paz, DöV 1995, S. 506, FN 39 mahnt, daß die Einhaltung der Konzentrationsbegrenzungsregeln der LTP „dringend geboten" sei, da es in Spanien allgemein bekannt sei, daß sie (1995) tatsächlich mißachtet würden. Die direkte oder indirekte Kontrolle der Aktien von Tele Cinco liege (1995) in Höhe von bis zu 82 – 84 % bei Berlusconi, und die von Antena 3 TV bis zu 53,8 % bei Banesto (unter Bezugnahme auf El País vom 21.10.1994). – Unklar ist, ob noch heute eine derart hohe Machtkonzentration bei dem Privatfernsehsender Tele Cinco (an dem sich auch die Münchener Kirch-Gruppe i.H.v. 25 % beteiligt hat, vgl. epd medien Nr. 10 vom 10.02.1993, S. 18) gegeben ist. – Lt. Spangenberg, Die Liberalisierung des Fernsehens, 1998, S. 624, wird die Kontrolle des spanischen Privatfernsehens entgegen der Intention des Gesetzgebers von relativ wenigen finanzstarken Unternehmen ausgeübt, es seien alle Spielarten der Medienkonzentration vorzufinden.

Anhand dieser beiden Ablehnungsgründe zeigt sich wiederum der Regelungszweck der Norm, die im Sinne der Sicherung der Meinungsvielfalt die Eigentümerstruktur der Privatfernsehveranstalter genau kennen und Änderungen kontrollieren will. Dies kann man „Prinzip der Nichtkonzentration der Fernsehgesellschaften[581]" nennen, im deutschen Medienrecht würde eher der Terminus der „Sicherung der Meinungsvielfalt durch Konzentrationskontrolle" verwendet.

Die Genehmigungsanträge nach Art. 21 I und II LTP können also dann abgelehnt werden, wenn durch den beantragten Erwerb die Eigentümerstruktur des Privatfernsehveranstalters unklar erschiene oder tatsächliche Bindungen zwischen der Erwerbsperson und einer anderen Konzessionsgesellschaft bestehen, was ein klarer Verstoß gegen die „Eine Person – ein Kanal-Regel" des Art. 19 I LTP wäre.

Wenn die beantragte Genehmigung erteilt wurde, muß gem. Art. 21 IV LTP innerhalb Monatsfrist ab Bekanntgabe des Genehmigungs-Verwaltungsakts die Genehmigung umgesetzt, d.h. der beantragte Erwerb durchgeführt werden. Art. 21 V LTP bestimmt, daß die Regelungen des Art. 21 LTP unbeschadet der Normen über erhebliche Anteile i.S.d. Ley 24/1988, de 28.07.88, del Mercado de Valores[582] (Marktwertgesetz) bestehen.

dd. Weitere Mitteilungspflichten nach erfolgtem Erwerb von Kapitalbeteiligungen

Art. 21 VI LTP bestimmt, daß nach Abwicklung des genehmigten Erwerbs von Kapitalbeteiligungen der Konzessionsgesellschaften der Erwerber sich erneut mit dem Ministerio de Ciencia y Tecnología in Verbindung setzen muß, das seinerseits i.S.d. Art. 20 LTP die Eintragung der durch den Erwerb neu entstandenen Tatsachen in das spezielle Register der Konzessiongesellschaften (s.o. unter c.) anordnet. Dieselbe Mitteilung ist gem. Art. 21 VI S. 2 LTP erforderlich, wenn ein Miteigentümer so viele Anteile verkauft, daß er einen der in Art. 21 II LTP vorgesehenen Prozentsätze seines Geschäftsanteils verringert.

Die Frist für diese beiden Mitteilungspflichten im Anschluß an den genehmigten Erwerb nach Art. 21 I – V LTP beträgt einen Monat ab der Herbeiführung, also der Durchführung des zuvor genehmigten Erwerbs.

---

[581] Vgl. auch die Ausführungen unter D.I.2.c.cc. zum Prinzip der Nichtkonzentration der Fernsehgesellschaften.

[582] Ley 24/1988, de 28.07.88, del Mercado de Valores; B.O.E. núm. 181 de 29.07.1988, S. 23405; Berichtigungen in B.O.E. núm. 122, de 23.05.1989 und in B.O.E. núm. 185, de 04.08.1989, S. 25075. - Einige Änderungen dieses Gesetzes enthält die Ley 37/1998, de 16.11.98, de Reforma de la Ley 24/1988; B.O.E. núm. 275, de 17.11.1998, S. 37406.

e. Externe Rechnungsprüfung der Konzessionsgesellschaften

Die Rechnungsprüfung der LTP-Konzessionsgesellschaften regelt Art. 22 LTP:

„**Art. 22** Die konzessionierten Gesellschaften müssen sich einer jährlichen externen Rechnungsprüfung unterziehen. Die Ergebnisse jeder Rechnungsprüfung sind durch die konzessionierten Gesellschaften dem Ministerio de Fomento vorzulegen.“

Alle Konzessionsgesellschaften müssen sich hiernach einer externen Rechungsprüfung unterziehen, deren Ergebnisse dem Ministerio de Ciencia y Tecnología vorzulegen sind.

Dadurch hat das Ministerio de Ciencia y Tecnología Einblick in den tatsächlichen finanziellen Zustand der Konzessionsgesellschaften. Dies ist sinnvoll in Anbetracht der Regelung des Art. 17 I lit. d) LTP, nach der die Konzession erlischt, wenn wegen hoher Verluste das tatsächliche Kapital der Konzessionsgesellschaften unter das vorgeschriebene anfängliche Gesellschaftskapital (gem. Art. 18 II LTP sind dies 1.000 Mio. Peseten, also ca. 6 Mio. €) fällt; ohne eine unabhängige Rechnungsprüfung würde das Ministerio de Ciencia y Tecnología möglicherweise gar nicht über die entsprechenden Informationen zur Beurteilung des aktuellen Gesellschaftskapitals verfügen.

9. Die Sanktionsvorschriften nach der LTP

Das Kapitel IV (Artt. 24 – 26) LTP regelt den unter gleichem Titel den Rechtsrahmen der Sanktionen des Privatfernsehgesetzes LTP.

a. Passivsubjekte und Sanktionsbehörden

Adressaten der LTP sind die landesweit per terrestrischer Übertragungstechnik ausstrahlenden Privatfernsehveranstalter. Dies sind z.Zt. Antena 3 TV, Tele Cinco und Canal Plus, die auch die Passivsubjekte der Sanktionen nach der LTP sind.

Art. 25 III LTP normiert die für die Anordnung der Sanktionen zuständigen Behörden. Dies sind – in ähnlicher Aufgabenverteilung wie in Art. 19 II S. 5 LID für die Sanktionen bei Verstößen gegen die LID – bei leichten und schweren Verstößen das Ministerio de Ciencia y Tecnología, und bei sehr schweren Verstößen ist es der spanische Ministerrat.

b. Die Verstoßtatbestände, Art. 24 LTP

In Anwendung des Prinzips der Typifizierung der Verstöße und Sanktionen[583] teilt Art. 24 LTP die möglichen Verstöße gegen die Regeln der LTP in drei Gruppen (leichte, schwere und sehr schwere Verstöße) ein und formuliert die einzelnen Tatbestände der Verstöße:

---

[583] Laguna de Paz, Régimen jurídico, 1994, S. 265.

„**Art. 24**

(I) Die Verstöße des in diesem Gesetz Vorgesehenen sind in sehr schwere, schwere und leichte einzuteilen.

(II) Sehr schwere Verstöße sind:

a) Die Nichterfüllung des in den Artikeln 3, 10, 20 und 21 Vorgesehenen, die den konzessionierten Gesellschaften zuzuschreiben ist.

b) Die wiederholte Verletzung der Programmpflichten und der Grenzen und Anforderungen der Ausstrahlung von Werbung.

c) Die in einer rechtskräftigen Entscheidung aufgedeckte Verletzung der geltenden Regelungen bezüglich des Ehrenrechts, des Rechts auf persönliche Intimität, des Rechts am eigenen Bild, des Wahlkampfrechts, der Verbreitung von Umfragen und der Ausübung des Gegendarstellungsrechts.

d) Die Verbreitung von chiffrierten, abgesprochenen oder subliminalen Botschaften.

e) Eine Wiederholung der verhandelten Erzeugung von schädigenden Interferenzen, die in internationalen Beschlüssen oder Verträgen, die von Spanien unterschrieben wurden, definiert sind.

f) Eine Verweigerung, Widerstandshaltung oder Behinderung, die die Ausübung der Kontrollbefugnisse der Verwaltung, die in Artikel 7 I c) dieses Gesetzes vorgesehen sind, verhindert, erschwert oder verzögert.

g) Die Begehung eines schweren Verstoßes, wenn innerhalb eines Zeitraums von einem Jahr bereits zwei oder mehr schwere oder sehr schwere Verstöße sanktioniert wurden.

(III) Schwere Verstöße sind:

a) Der Gebrauch von Ausrüstungen und Geräten, die nicht die technischen Besonderheiten und Freigabebedingungen erfüllen, die regelmäßig in den internationalen Beschlüssen und Verträgen, die von Spanien unterschrieben wurden, entwickelt werden oder sich aus ihnen ergeben.

b) Die wiederholte Störung oder Manipulation der technischen Charakteristika der Ausrüstungen und Geräte, ebenso ihrer Identifikationsmerkmale.

c) Die wiederholte Benutzung von Frequenzen, Kanälen, Frequenzstärken oder Sendesystemen, zu deren Benutzung keine Berechtigung besteht.

d) Das Erzeugen von schädigenden Interferenzen, die erhebliche Störungen mit sich bringen, außer, daß dies im Einklang mit dem im vorigen Absatz Geregelten als sehr schwere Verletzung eingestuft werden muß.

e) Die Sendung von falschen oder irreführenden Identifikationssignalen.

f) Die wiederholte Nichterfüllung der essentiellen Bedingungen der Konzession, außer, daß dies im Einklang mit dem im vorigen Absatz Geregelten als sehr schwerer Verstoß eingestuft werden muß.

g) Die Begehung eines leichten Verstoßes, wenn innerhalb eines Zeitraums von einem Jahr bereits zwei oder mehr leichte, schwere oder sehr schwere Verstöße sanktioniert wurden.

(IV) Leichte Verstöße sind Handlungen oder Unterlassungen, die gegen die Bedingungen der Konzession gerichtet und nicht in den vorigen Absätzen enthalten sind, die schädigende und leicht zu behebende Ergebnisse bringen und weder schwere Konsequenzen für den Betrieb des öffentlichen Dienstes Fernsehen noch wichtige Störungen beim Gebrauch des Frequenzspektrums erzeugen.

(V) Im Sinne dieses Artikels versteht sich unter Wiederholung, wenn der Inhaber der Konzession zweimal innerhalb eines Jahres die Anordnungen des Ministerio de Fomento mißachtet, oder wenn diese Anordnungen viermal während der Geltungszeit der Konzession mißachtet werden.

(VI) Eine Nichterfüllung der ihnen durch dieses Gesetz aufgegebenen Pflichten durch die öffentlichen Urkundspersonen wird als sehr schwerer Verstoß in ihren jeweiligen Disziplinarstatuten eingestuft."

aa. Die sehr schweren Verstöße nach Art. 24 II LTP

(1) Sehr schwere Verstöße nach Art. 24 II lit. a) LTP

Zunächst werden alle Nichterfüllungen der Regeln der Artt. 3, 10, 20 und 21 LTP als sehr schwere Verstöße gegen die LTP eingestuft, die den konzessionierten Gesellschaften zuzuschreiben sind. Dies ist zuallererst die Nichterfüllung der allgemeinen Programmgrundsätze gem. Art. 3 LTP i.V.m. Art. 4 ERTV, also z.B. ein Verstoß gegen das Gebot der Trennung von Information und Meinung.

Der Zusatz, daß nur Nichterfüllungen relevant sind, die den Konzessionsgesellschaften zuzuschreiben sind, ist sinnvoll bei Betrachtung des Art. 10 LTP, der sich allein an das Ministerio de Ciencia y Tecnología richtet („Folgende Gesellschaften dürfen auf keinen Fall konzessioniert werden:..."); ein der Konzessionsgesellschaft im diesem Sinne zuzuschreibender Verstoß könnte z.B. das Verheimlichen eines Tatbestandes des Art. 10 LTP sein.

Eine Nichterfüllung der Regeln des Art. 20 LTP kann z.B. in einer nicht dem speziellen Register der Konzessionsgesellschaften gemeldeten Veränderung der Gesellschaftssatzung bestehen. Ein Verstoß gegen Art. 21 LTP könnte bereits das Unterlassen der fristgerechten Vorinformation des Ministerio de Ciencia y Tecnología bei einem geplanten Aktienerwerb in Höhe von mindestens 5 Prozent der Gesellschaftsanteile sein.

(2) Sehr schwere Verstöße nach Art. 24 II lit. b) LTP

Art. 24 II lit. b) LTP normiert als weitere sehr schwere Verstöße die wiederholte Verletzung von Programmpflichten und der Grenzen und Anforderungen der Ausstrahlung von Werbung.

Als Programmpflicht in diesem Sinne ist z.B. die Mindestsendezeitverpflichtung aus Art. 14 LTP zu nennen, oder die Pflicht aus Art. 16 LTP, öffentliche Mitteilungen der spanischen Regierung auszustrahlen. Auch Programmpflichten aus anderen Gesetzen können unter den weiten Begriff der Programmpflichten subsumiert werden, z.B. solche der LID[584].

Nach klarem Wortlaut stellt aber erst die *wiederholte*[585] Pflichtverletzung in diesem Sinne einen sehr schwerer Verstoß gegen die LTP dar.

---

[584] Verstöße gegen Programmpflichten der LID würden jedoch nach den speziellen Sanktionsvorschriften der LID geahndet. Theoretisch können sie aber auch nach Art. 24 II lit b). LTP geahndet werden.

[585] Den Wiederholungsbegriff definiert Art. 24 V LTP, s. dazu sogleich unter dd.

Die Grenzen und Anforderungen der Ausstrahlung von Werbung sind heute in der LID ausführlich geregelt, so daß eine derartige Verletzung nach der ihrerseits mit Sanktionsvorschriften ausgestatteten lex specialis, der LID, zu ahnden wäre[586].

(3) Sehr schwere Verstöße nach Art. 24 II lit. c) LTP

Die Regelung des Art. 24 II lit. c) LTP befaßt sich mit Verstoßtatbeständen, die auf einer rechtskräftig festgestellten Verletzung einiger Spezialgesetze beruhen.

Die Regelungen bezüglich des Ehrenrechts, des Rechts auf persönliche und familiäre Intimität und des Rechts am eigenen Bild enthält die Ley Orgánica 1/1982, de 05.05.82, de protección civil del derecho al honor, a la intimidad personal y familiar y a la propia imagen[587].

I.S.d. Grundsatzes der geregelten Wahlwerbung[588] enthalten die Ley Orgánica 5/1985, de 19.06.85, del Régimen Electoral General[589] und speziell die Ley Orgánica 2/1988, de 03.05.88, reguladora de la publicidad electoral en emisoras de televisión privada[590] Regelungen des Wahlkampfrechts und der Verbreitung von Umfragen.

Das Gegendarstellungsrecht ist in der Ley Orgánica 2/1984, de 26.03.84, reguladora del derecho de rectificación[591] geregelt.

Wenn rechtskräftig eine Verletzung dieser spezialgesetzlichen Regelungen festgestellt wurde, gilt dies somit gleichzeitig als sehr schwerer Verstoß gegen die LTP.

(4) Sehr schwere Verstöße nach Art. 24 II lit. d) LTP

Die Verbreitung von chiffrierten, abgesprochenen oder subliminalen Botschaften wird durch Art. 24 II lit. d) LTP ebenfalls als sehr schwerer Verstoß eingestuft.

---

[586] S. zu den Sanktionsvorschriften der LID unter D.II.8.

[587] B.O.E. núm. 115, de 14.05.1982, S. 12546.

[588] Vgl. o. die Ausführungen unter D.I.2.a.dd. und D.VI.12.c.

[589] B.O.E. núm. 147, de 20.06.1985, S. 19110; Berichtigungen in B.O.E. núm. 17, de 20.01.1986, S. 2759.

[590] B.O.E. núm. 108, de 05.05.1988, S. 13664. Die beiden genannten Wahlgesetze verbieten den Verkauf von Wahlwerbezeiten an Parteien und Wählervereinigungen. Im Gegensatz zu den staatlichen Fernsehveranstaltern sind die Privatfernsehveranstalter aber nach der L.O. 2/1988 nicht verpflichtet, den zur Wahl stehenden Parteien und Wählervereinigungen kostenlose Sendezeiten zur Ausstrahlung von Wahlwerbespots zuzugestehen. Laguna de Paz, Régimen jurídico, 1994, S. 258.

[591] B.O.E. núm. 74, de 27.03.1984, S. 8387, Berichtigungen in B.O.E. núm. 90, de 14.04.1984, S. 10661. Die Grundzüge des spanischen Gegendarstellungsrechts werden unter D.IV. in dieser Arbeit behandelt.

Hier ist wiederum darauf hinzuweisen, daß einige dieser Tatbestände auch durch die LID verboten sind (z.B. subliminale Werbung, vgl. Art. 8 II LID), welche dann nach den Sanktionsregeln der LID (im o.g. Beispiel der subliminalen Werbung nach Art. 20 II S. 1 LID) zu ahnden sind.

(5) Sehr schwere Verstöße nach Art. 24 II lit. e) LTP

Art. 24 II lit. e) LTP stuft eine wiederholte Erzeugung von schädigenden Interferenzen, die in den internationalen Beschlüssen definiert werden, dann als sehr schweren Verstoß gegen die LTP ein, wenn diese Interferenzen bereits einmal Verhandlungsgegenstand waren.

(6) Sehr schwere Verstöße nach Art. 24 II lit. f) LTP

Gem. Art. 24 II lit. f) LTP liegt dann ein sehr schwerer Verstoß vor, wenn eine Verweigerung, Widerstandshaltung oder Behinderung der in Art. 7 I lit. c) LTP normierten Kontrollbefugnisse des Ministerio de Ciencia y Tecnología vorliegt, die dessen Arbeit verhindert, erschwert oder verzögert.

Angesichts der sehr allgemeinen Formulierung des Art. 7 I lit. c) LTP („Kontrolle und Aufsicht der Einhaltung der Regeln dieses Gesetzes, seiner Ausführungsbestimmungen (...) und der Konzessionsbedingungen“) sind viele Verstöße in diesem Sinne denkbar.

Hier handelt es sich um einen wenig bestimmten Auffangtatbestand, nach dem man praktisch jede Handlung gegen die Kontrollbehörde Ministerio de Ciencia y Tecnología als sehr schweren Verstoß qualifizieren kann.

(7) Sehr schwere Verstöße nach Art. 24 II lit. g) LTP

Schließlich liegt gem. Art. 24 II lit. g) LTP dann ein sehr schwerer Verstoß vor, wenn ein (nur) schwerer Verstoß i.S.d. Art. 25 III LTP begangen wurde, nachdem innerhalb eines Einjahreszeitraums bereits zwei oder mehrere schwere oder sehr schwere Verstöße sanktioniert worden sind.

bb. Die schweren Verstöße nach Art. 24 III LTP

(1) Schwere Verstöße technischer Art nach Art. 24 III lit. a) bis e) LTP

Art. 24 III lit. a) – e) LTP regelt viele verschiedene Tatbestände technischer Art, die einen schweren Verstoß gegen die LTP darstellen.

Dies sind:

- der Gebrauch von Geräten, die nicht die technischen Besonderheiten und Freigabebedingungen der internationalen von Spanien unterzeichneten Beschlüsse und Verträge erfüllen (lit. a));
- die wiederholte Störung oder Manipulation technischer Charakteristika der Geräte und ihrer Identifikationsmerkmale (lit. b));

- die wiederholte unberechtigte Benutzung von Frequenzen, Kanälen, Frequenzstärken oder Sendesystemen (lit. c));
- das Erzeugen von schädigenden Interferenzen, die erhebliche Störungen (v.a. anderer Sender) erzeugen, falls dies nicht gem. Art. 24 II lit. e) LTP bereits einen sehr schweren Verstoß bedeutet (lit. d)); und
- die Sendung von falschen oder irreführenden Identifikationsmerkmalen (lit. e)).

(2) Schwere Verstöße nach Art. 24 III lit. f) LTP

Schwere Verstöße nach Art. 24 III lit. f) LTP sind alle wiederholten Nichterfüllungen der essentiellen Konzessionsvertragsbedingungen, wenn sie nicht gem. Art. 24 II LTP bereits einen sehr schweren Verstoß darstellen.

(3) Schwere Verstöße nach Art. 24 III lit. g) LTP

Gem. Art. 24 III lit. g) LTP liegt dann ein schwerer Verstoß vor, wenn ein (nur) leichter Verstoß i.S.d. Art. 24 IV LTP begangen wurde, nachdem innerhalb eines Einjahreszeitraums bereits zwei oder mehr leichte, schwere oder sehr schwere Verstöße sanktioniert worden sind.

cc. Leichte Verstöße nach Art. 24 IV LTP

Die LTP kennt einen dritten Typus von Verstößen, den der leichten Verstöße gem. Art. 24 IV LTP. Dies sind alle Handlungen und Unterlassungen, die gegen die Konzessionsvertragsbedingungen gerichtet und nicht in den vorigen Absätzen des Art. 24 (v.a. nicht in Art. 24 III lit. f) LTP) enthalten sind, *und* die schädigende, aber leicht behebbare Ergebnisse bringen und weder schwere Konsequenzen für den Betrieb des öffentlichen Dienstes Fernsehen noch wichtige Störungen beim Gebrauch des Frequenzspektrums erzeugen.

dd. Die Legaldefinition der „Wiederholung", Art. 24 V LTP

In Art. 24 LTP wird mehrfach der Wiederholungsbegriff verwendet, den Art. 24 V definiert. Demnach liegt eine Wiederholung i.S.d. Art. 24 LTP vor, wenn der Konzessionär zweimal innerhalb eines Einjahreszeitraums Anordnungen des Ministerio de Ciencia y Tecnología mißachtet *oder* während der Geltungszeit der Konzession viermal derartige Anordnungen nicht befolgt.

ee. Pflichtverletzungen der öffentlichen Urkundspersonen, Art. 24 VI LTP

Art. 24 VI LTP enthält eine Sonderregelung für Pflichtverletzungen durch öffentliche Urkundspersonen[592]. Hiernach wird eine Nichterfüllung der ihnen durch dieses Gesetz aufgegebenen Pflichten als sehr schwerer Verstoß in ihren

---

[592] Eine öffentliche Urkundsperson („fedatario público") sind z.B. alle Notare, aber auch andere Personen können als Beliehene diese Funktion erfüllen.

jeweiligen Disziplinarstatuten eingestuft. – Angesichts der Tatsache, daß die LTP seit 1999[593] den öffentlichen Urkundspersonen keine Pflichten mehr aufgibt, ist diese Norm heute obsolet.

c. Die Rechtsfolgen der Verstöße gegen die LTP, Art. 25 LTP

Die Rechtsfolgen der in Art. 24 LTP normierten Verstöße normiert Art. 25 LTP:

„**Art. 25**
(I) Die Verstöße werden folgendermaßen sanktioniert:
a) Die leichten mit einem Bußgeld von 500.000 bis zu 2.000.000 Peseten (Anm.: ca. 3.000,- € bis zu 12.000,- €).
b) Die schweren mit einem Bußgeld von 2.000.001 bis zu 15.000.000 Peseten (Anm.: ca. 12.000,- € bis zu 90.000,- €)
c) Die sehr schweren mit einem Bußgeld von 15.000.001 bis zu 50.000.000. Peseten (Anm.: ca. 90.000,- € bis zu 300.000,- €), mit einer zeitweiligen Aussetzung der Sendungen innerhalb einer Frist von maximal 15 Tagen, oder mit Erlöschen der Konzession. Die letztgenannte Sanktion kann nur bei Vorliegen der Voraussetzungen des Absatzes 2 a) und g) des vorigen Artikels auferlegt werden, wenn der Inhaber der Konzession innerhalb eines Jahres selbst Adressat einer Maßnahme der zeitweiligen Aussetzung über 15 Tage war.
(II) Die Auferlegung der Sanktionen richtet sich nach dem Sanktionsverfahren, das im Ley de Procedimiento Administrativo (Anm.: Ley 30/1992, de 26.11.92, de Régimen jurídico de las Administraciones Públicas y del Procedimiento Administrativo Común) geregelt ist, und ihre Weisung obliegt dem Ministerio de Fomento.
(III) Dem Ministro de Fomento obliegt die Sanktion der leichten und schweren Verstöße, und dem Ministerrat die der sehr schweren Verstöße.
(IV) Die Sanktion der genannten Verstöße vonseiten der öffentlichen Notare obliegt der Behörde, die in einem dafür bestimmten Verfahren die Disziplinargewalt über dieselben ausübt."

aa. Rechtsfolgen leichter Verstöße, Art. 25 I lit. a) LTP

Die in Art. 24 IV LTP definierten leichten Verstöße gegen die LTP werden gem. Art. 25 I lit. a) LTP mit einem Bußgeld von 500.000 bis zu 2.000.000 Peseten (also ca. 3.000,- € bis zu 12.000,- €) geahndet.

bb. Rechtsfolgen schwerer Verstöße, Art. 25 I lit. b) LTP

Die in Art. 24 III definierten schweren Verstöße gegen die LTP werden gem. Art. 25 I lit. b) LTP mit einem Bußgeld von 2.000.001 bis zu 15.000.000 Peseten (also ca. 12.000,- € bis zu 90.000,- €) geahndet.

cc. Rechtsfolgen sehr schwerer Verstöße, Art. 25 I lit. c) LTP

Die in Art. 24 II definierten sehr schweren Verstöße gegen die LTP werden gem. Art. 25 I lit. c) LTP entweder mit einem Bußgeld von 15.000.001 bis zu

---

[593] Vor der Änderung der LTP durch die Ley 22/1999 war es z.B. Aufgabe der öffentlichen Urkundspersonen, den Erwerb von Kapitalbeteiligungen an Privatfernsehunternehmen zu beglaubigen (Art. 21 II LTP a.F.).

50.000.000 Peseten (also ca. 90.000,- € bis zu 300.000,- €) geahndet (1. Alt.), *oder* mit einer zeitweiligen Aussetzung der Sendungen für maximal 15 Tage (2. Alt.), *oder* gar mit dem Erlöschen der Konzession (3. Alt.).

Die letztgenannte harte Sanktion (3. Alt.) darf aber nur bei Vorliegen der Voraussetzungen des Art. 24 II lit. a) oder g) LTP verhängt werden, *und* wenn der sanktionierte Konzessionär innerhalb Jahresfrist bereits Adressat der 15-tägigen zeitweiligen Aussetzung der Konzession (Art. 25 I lit. c) 2. Alt. LTP) war[594].

Gem. des Absatzes II der Zusatzbestimmung zur LTP ist die spanische Regierung befugt, die Höhe der Geldbußen in Art. 25 LTP an den Lebenshaltungsindex anzupassen.

d. Verfahrens- und Zuständigkeitsregeln, Art. 25 II bis IV LTP

Art. 25 II LTP bestimmt, daß sich die Auferlegung der Sanktionen nach dem Sanktionsverfahren der Ley 30/1992, de 26.11.92, del Régimen Jurídico de las Administraciones Públicas y del procedimiento Administrativo Común[595] (Gesetz 30/1992 zur Regelung der öffentlichen Verwaltungen und des gemeinsamen Verwaltungsverfahrens) richtet.

Art. 25 III LTP normiert – wie oben (D.VIII.9.a) bereits erwähnt – die zuständigen Sanktionsbehörden. Dies ist bei leichten und schweren Verstößen das Ministerio de Ciencia y Tecnología und bei sehr schweren Verstößen der Ministerrat.

e. Die Sanktionen gegen illegale Fernsehsender nach Art. 26 LTP

Art. 26 LTP enthält eine interessante Spezialregelung für Sanktionen gegen illegale Fernsehsender:

„**Art. 26** Fernsehsendungen, die ohne den Erhalt einer eigenen Verwaltungskonzession durchgeführt werden, oder solche, die durchgeführt werden, wenn diese Konzession versagt wurde oder erloschen ist, geben Anlaß zu einer sofortigen Schließung des Senders und einer Beschlagnahmung der Ausrüstungen und Geräten, die bei der Sendung benutzt wurden, durch die Regierungsautorität."

Nach dieser Norm ist bei der Durchführung von Fernsehsendungen ohne eigene Verwaltungskonzession, oder wenn diese trotz Versagung (was i.E. dasselbe bedeutet) oder Erlöschens der Konzession durchgeführt werden, die sofortige

---

[594] Der Vollständigkeit halber ist zusätzlich auf die Regelung des Art. 17 I lit. b) LTP hinzuweisen, nach der ebenfalls ein Erlöschen der Konzession als Sanktion einer Pflichtverletzung möglich ist – vgl. oben unter D.VIII.7.1.bb.

[595] B.O.E. núm. 285, de 27.11.1992, S. 40300; Berichtigungen in B.O.E. núm. 311, de 28.12.1992, S. 44118 und B.O.E. núm. 23, de 27.01.1993, S. 2081. - Die Artt. 127 – 138 der Ley 30/1992 enthalten allgemeine Regeln für die Durchführung des Sanktionsverfahrens.

Schließung des Senders und die Beschlagnahmung seiner Ausrüstungen und Gerätschaften anzuordnen.

Der in der Übersetzung verwendete Begriff „...geben Anlaß" beruht auf der spanischen Gesetzesformulierung „...darán lugar" und bedeutet, daß es sich hier um eine gebundene Entscheidung handelt. Nach dieser Norm hat das Ministerio de Ciencia y Tecnología also kein Ermessen, ob sie einen illegalen Fernsehsender schließt oder nicht.

Problematisch ist die Reichweite des Anwendungsbereich dieser Norm: Wenn man mit dem Anwendungsbereich der LTP argumentiert, die allein landesweite Privatfernsehveranstalter erfassen will, dann hat es einen derartigen Fall eines landesweiten Schwarzsenders in Spanien bislang nicht gegeben: Es ist schwer vorstellbar, daß jemand ohne LTP-Konzession die landesweite Ausstrahlung eines Fernsehprogramms bewerkstelligt.

Wenn man aber mit dem Wortlaut der Norm auf alle „Fernseh*sendungen*, die ohne (...) eigene Verwaltungskonzession durchgeführt werden", abstellt und damit auch lokale und regionale „Schwarz-" bzw. „Piratensender" in den Anwendungsbereich dieser Norm miteinbezieht, dann müßte man realistischerweise feststellen, daß diese Norm vom Ministerio de Ciencia y Tecnología ignoriert wird. Es gibt in Spanien eine erhebliche Anzahl lokaler Privatfernsehveranstalter, die allesamt ohne die entsprechende Fernsehkonzession nach Art. 4 LTL mit terrestrischer Sendetechnik ihre Programme senden[596]. Sie alle werden trotz ihrer Illegalität durch die spanischen Behörden geduldet, solange sie keine Interferenzen hervorrufen, die die konzessionierten Sender stören. Eine Programmkontrolle findet bei ihnen nicht statt[597].

---

[596] Laut Souvirón Morenilla, Derecho público de los medios audiovisuales, 1999, S. 240 gab es 1995 400 terrestrische Lokalfernsehsender, zusätzlich gibt es laut De Mateo, Int. Handbuch 1998/99, S. 540, 100 lokale Fernsehsender, die mehr oder weniger regelmäßig via Kabel oder Satellit senden; mangels Anwendung der LTL senden sie alle illegal, vgl. die Ausführungen zur LTL unter D.XI.10.

[597] Es gibt z.B. mehrere private lokale Schwarzsender in Madrid, die mit geringer technischer Reichweite (teilweise nur innerhalb eines Stadtteils) ihr Programm ausstrahlen. Zumindest der Schwarzsender „TeleMadroño" sendet regelmäßig Filme, deren Inhalt eindeutig als pornographisch einzustufen ist.

IX. Die gesetzliche Regelung des Satellitenfernsehens: Die Ley 37/1995[598] (LTS), das Satellitenfernsehgesetz

1. Einleitung

Der spanische Gesetzgeber hat 1995 die Ley 37/1995, de 22.12.95, de las telecomunicaciones por satélite (LTS) erlassen, um umfassend alle Arten der per Satellit verbreiteten Telekommunikationsmedien, darunter auch das Satellitenfernsehen, zu regeln. Zur Ausführung der LTS wurde die Rechtsverordnung Real Decreto 136/1997[599] erlassen.

Bezüglich des Satellitenfernsehgesetzes LTS gilt - ebenso wie für das Kabelfernsehgesetz LTCC[600] - : Die das Satellitenfernsehen betreffenden Regelungen der LTS sind heute nach wie vor in Kraft, während die anderen Formen der über Satellit verbreiteten Telekommunikationsmedien (z.B. Mobilfunk-Telefondienste) heute, seit der Liberalisierung des Telekommunikationswesens[601], durch das allgemeine Telekommunikationsgesetz LGT[602] geregelt werden.

Die Normen der LTS wurden aber nicht diesem wesentlich verkürzten Anwendungsbereich angepaßt; deshalb müssen die Normen heute so gelesen werden, daß sie sich allein auf die per Satellit ausstrahlenden Fernsehanbieter beziehen.

Es ist darauf hinzuweisen, daß neben der hier zu untersuchenden LTS auch die unter D.V. besprochene Ley 17/1997 u.a. wichtige Regeln für die - zumeist per Satellit ausstrahlenden - Pay-TV-Anbieter enthält.

2. Der Anwendungsbereich der LTS

a. Anwendungsbereich der LTS vor Inkrafttreten der LGT und die Liberalisierung des Satelliten-Telekommunikationswesens

Ursprünglich regelte die LTS das gesamte Satelliten-Telekommunikationswesen, d.h. alle Formen der Telekommunikation, die per Telekommunikationssatellit übertragen werden. Dies zeigt der nach wie vor unveränderte Art. 1 I LTS:

---

[598] Ley 37/1995, de 12.12.95, de telecomunicaciones por satélite; B.O.E. núm. 297, de 13.12.1995, S. 35705.

[599] Real Decreto 136/1997, de 31.01.97, por el que se aprueba el reglamento técnico y de prestación del servicio de telecomunicaciones por satélite; B.O.E. núm. 28, de 01.02.1997, S. 3178, Berichtigungen in B.O.E. núm. 39, de 14.02.1997, S. 5055.

[600] Vgl. zum Anwendungsbereich der LTCC die Ausführungen unter D.X.2.

[601] Seit dem 01.01.1998 ist das Telekommunikationswesen in Spanien weitgehend liberalisiert, d.h. nicht mehr als öffentlicher Dienst eingestuft, vgl. Art. 2 LGT. Allein das Fernsehen bleibt ein öffentlicher Dienst, es kann also nur mittels der entsprechenden Verwaltungskonzession ausgeübt werden.

[602] Ley 11/1998, de 24.04.98, General de Telecomunicaciones (LGT); B.O.E. núm. 99, de 25.04.1998, S. 13909, Berichtigungen in B.O.E. núm. 162, de 08.07.1998, S. 22765.

„**Art. 1** Satellitentelekommunikationsdienste
(I) Die Telekommunikationsdienste, für deren Angebot hauptsächlich Netze von Telekommunikationssatelliten benutzt werden, werden nicht als öffentlicher Dienst eingestuft."

Ursprünglich wurden also alle Formen der Telekommunikation, die hauptsächlich per Satellitennetz übertragen werden, von der LTS erfaßt.

Schon vor Inkrafttreten der LGT waren diese Dienste – einschließlich des Satellitenfernsehens – nicht als öffentliche Dienste ausgestaltet, die nur per Verwaltungskonzession von Privaten ausgeübt werden können, sondern als Tätigkeit, die mittels der entsprechenden Genehmigung nach Art. 3 LTS in freier privater Initiative ausgeübt wurde.

Damit ist auch heute das Satellitenfernsehen die einzige Verbreitungsart des Fernsehens, die nicht als öffentlicher Dienst mit dem Erfordernis einer Verwaltungskonzession ausgestaltet ist[603], sondern als private Tätigkeit innerhalb des freien Marktwettbewerbs, für die lediglich eine behördliche Genehmigung erforderlich ist.

Begründet wurde die durch Art. 1 I LTS eingeführte Liberalisierung des gesamten Satelliten-Telekommunikationswesens mit den neuen technischen und wirtschaftlichen Umständen, die einen Betrieb nach den strengen Vorgaben des öffentlichen Dienstes entbehrlich machte[604].

b. Heutiger Anwendungsbereich der LTS

Der Anwendungsbereich der LTS wurde durch das neue allgemeine Telekommunikationsgesetz LGT –wie auch der des Kabelfernsehgesetzes LTCC[605]– erheblich beschnitten.

Heute werden alle Formen der Telekommunikationsmittel durch die LGT geregelt, außer dem Fernsehen, das gem. Art. 1 LGT ausdrücklich von ihrem

[603] Vgl. dagegen die Artt. 1 II ERTV, 1 LTP, 2 I LID, 2 LTL, 1 I LTCC, die das mit anderen Sendetechniken verbreitete Fernsehen durchweg als einen öffentlichen Dienst einstufen.

[604] Schon in der Begründung der LTS wird darauf hingewiesen, daß die technische Fortentwicklung des Satellitenfernsehens und v.a. des digitalen Satellitenfernsehens mit seiner Datenkompressionstechnik die Frequenzknappheit verringerten (durch die Vervielfältigung der zur Verfügung stehenden Fernsehkanäle, die die Reservierung der Satelliten-Fernsehausstrahlungsdienste für den öffentlichen Sektor nicht mehr rechtfertigten). Dort wird auch auf die veränderten wirtschaftlichen Umstände hingewiesen: Diese entstanden durch ein wachsendes Angebot von Satellitenfernsehprogrammen ausländischer Anbieter und die Inbetriebnahme neuer Telekommunikationssatelliten, die auch das spanische Staatsgebiet abdecken. Vgl. Souvirón Morenilla, Derecho público de los medios audiovisuales, 1999, S. 344 und 351.

[605] S. die Ausführungen zum heutigen Anwendungsbereich der LTCC unter D.X.2.b.

Anwendungsbereich ausgeschlossen wird[606]. Dazu regelt die Außerkraftsetzungsbestimmung der LGT:

„**Einzige Außerkraftsetzungsbestimmung der LGT**:
Unbeschadet der Regelung der Ersten Übergangsbestimmung dieses Gesetzes werden folgende Bestimmungen außer Kraft gesetzt: (...) Die Ley 37/1995, de 12.12.95, de Telecomunicaciones por satélite (Anm.: LTS), außer den Regelungen über den Rechtsrahmen des Dienstes der Fernsehausstrahlung. Insbesondere behalten ihre Wirksamkeit der Artikel 1 I, insofern er diese Dienste betrifft, und die 3., 5., 6. und 7. Zusatzbestimmung. (...)"

Die LTS erfaßte ursprünglich alle Formen der Satelliten-Telekommunikation. Alle Formen der Telekommunikation, auch die per Satellit verbreiteten, regelt heute jedoch die LGT, das allgemeine Telekommunikationsgesetz.

Von der LGT nicht erfaßt wird aber das Fernsehen (also auch nicht das Satellitenfernsehen), bezüglich dessen die LTS – mit unverändertem Wortlaut – in Kraft bleiben soll, nebst ihrer Ausführungsverordnung Real Decreto 136/1997. Die LGT beschneidet den Anwendungsbereich der LTS insofern, als daß die LTS nur noch bezüglich des Satelliten-Fernsehens als soziales Kommunikationsmedium in Kraft bleibt – insofern aber im vollständigen Umfang[607]. Die technischen Einrichtungen, die zum Transport der Fernsehsignale erforderlich sind, müssen aber den Regelungen der LGT entsprechen[608].

Da in dieser Arbeit allein die für die Satellitenfernsehanbieter geltenden Normen von Belang sind, muß diese problematische Konzeption nicht vertieft werden: Bezüglich des Rechtsrahmens der Satellitenfernsehanbieter als solche (gleich, ob sie analog oder digital, als Free-TV oder Pay-TV senden) haben die LTS und ihre Ausführungsverordnung Real Decreto 136/1997 ihre volle Geltung behalten[609], andere Adressaten betrifft sie heute nicht mehr; deshalb kann die LTS heute als „Satellitenfernsehgesetz" bezeichnet werden.

c. Vom Anwendungsbereich der LTS ausgeschlossene Fernsehdienste

Art. 4 LTS stellt klar, für welche Telekommunikationsdienste die LTS nicht anzuwenden ist, „auch wenn für sie Satelliten-Telekommunikationsnetze benutzt werden":

---

606 Allerdings wird dort (Art. 1 LGT) darauf hingewiesen, daß die Infrastruktur der Fernsehausstrahlungsdienste, also die zur Ausstrahlung der Fernsehsignale erforderlichen technischen Einrichtungen, den Regelungen der LGT unterworfen sind.

607 Die Formulierung „insbesondere" der Außerkraftsetzungsbestimmung der LGT zeigt, daß die weiterhin anwendbaren Vorschriften (Art. 1 I und die 3., 5., 6. und 7. Zusatzbestimmung der LTS) nur beispielhaft aufgezählt werden, d.h. *alle* auf die Satellitenfernsehanbieter anwendbaren Normen der LTS in Kraft bleiben.

608 So Art. 1 S. 3 LGT.

609 Souvirón Morenilla, Derecho público de los medios audiovisuales, 1999, S. 360.

„**Art. 4** Nicht eingeschlossene Dienste
Die Regelungen dieses Gesetzes finden keine Anwendung auf den Betrieb folgender Dienste, auch wenn für sie teilweise Satelliten-Telekommunikationsnetze benutzt werden:
- Der einfache Telefondienst.
- Die terrestrischen Hörfunkdienste.
- Die Fernsehausstrahlungsdienste, die in den folgenden Gesetzen geregelt werden: Ley 4/1980, de 10.01.80, de Estatuto de la Radio y la Televisión (Anm.: ERTV); Ley 46/1983, de 26.12.83, reguladora del Tercer Canal de Televisión (Anm. LTC); und Ley 10/1988, de 03.05.88, de Televisión Privada (Anm.: LTP).
- Der Weiterverbreitungsdienst der vorgenannten Fernsehausstrahlungsdienste.
  Zu diesem Zweck ist es so zu verstehen, daß der Weiterverbreitungsdienst dieser Fernsehausstrahlungsdienste ausschließlich folgende Aspekte enthält:
  a) Die Verbreitung der Signale der öffentlichen Dienste der Fernsehausstrahlung ausgehend von den Sendezentren der Körperschaften, die den öffentlichen Dienst betreiben, bis zu den Sendezentren, die das primäre Sendenetz darstellen.
  b) Die Ausstrahlung der Signale dieser öffentlichen Dienste der Fernsehausstrahlung über primäre Sendenetze, die aus Sendezentren zusammengesetzt sind, und die in zweiter Linie durch Wiederausstrahlungszentren im entsprechenden Dienstbereich zusammen-gesetzt sind."

Nach dem o. Gesagten ist es selbstverständlich, daß der im 1. Spiegelstrich genannte einfache Telefondienst nicht von den Regelungen der LTS umfaßt wird, sondern heute von der für alle Telekommunikationsdienste geltenden LGT. Ebensowenig werden terrestrische Hörfunkdienste von der LTS erfaßt, auch wenn für sie teilweise - z.B. für die Weiterverbreitung - Satellitennetze genutzt werden.

In Art. 4, 2. und 3. Spiegelstrich LTS wird geregelt, daß die in den Gesetzen ERTV, LTC und LTP geregelten terrestrischen Fernsehdienste ebenfalls nicht von der LTS erfaßt werden. Für sie gelten die dort genannten und ebenfalls in dieser Arbeit untersuchten[610] Spezialgesetze. Ebensowenig gilt die LTS für die Weiterverbreitungsdienste dieser Fernsehsender, die abschließend definiert werden[611].

Die LTS stellt klar, daß sie keine Regelungen bezüglich der in den Gesetzen ERTV, LTC und LTP geregelten Fernsehsender und ihrer Weiterverbreitungsdienste enthält; dies sind die landesweiten öffentlichen Fernsehsender TVE 1 und TVE 2 (im ERTV geregelt), die staatlichen Dritten Fernsehsender der Autonomieregionen (in der LTC und den Gesetzen der jeweiligen Autonomieregion geregelt) und die landesweiten terrestrischen Privatfernsehsender Antena 3 TV, Tele Cinco und Canal Plus (in der LTP geregelt).

---

[610] S. zum ERTV unter D.VI., zur LTC unter D.VII. und zur LTP unter D.VIII.

[611] Die Weiterverbreitungsdienste haben ex Art. 2 LTS allein die Aufgabe, für den Signaltransport, eben die Weiterverbreitung der Signale von Fernsehsendern zu sorgen.

Demnach erfaßt die LTS alle per Satellit ausgestrahlten Fernsehsender, also das Satellitenfernsehen an sich, nicht jedoch die primär terrestrisch verbreiteten Fernsehsender.

3. Der Regelungsbereich der LTS

Die LTS und das Real Decreto 136/1997 mitsamt seines Anhangs enthalten einerseits technische Normen bezüglich der Satelliten-Fernsehausstrahlungsdienste, die analog oder digital, als Free-TV oder als Pay-TV senden können.

Andererseits enthalten diese Normen Regelungen über den Erwerb und das Erlöschen der erforderlichen Genehmigung zum Betrieb eines Satelliten-Fernsehausstrahlungsdienstes; ferner wird der Erwerb der Konzession zur Benutzung des öffentlichen radioelektrischen Luftraums geregelt, die zum Betrieb eines Satellitenfernsehdienstes zusätzlich erforderlich ist.

Schließlich enthalten die LTS und das Real Decreto 136/1997 Regelungen über die allgemeinen Pflichten und die Programmpflichten der Satellitenfernsehanbieter und verweisen bezüglich der Sanktionsmöglichkeiten für die Verletzung der LTS und des R.D. 136/1997 in die Sanktionsvorschriften der LGT und der LTS.

4. Die Genehmigung zum Betrieb des Satellitenfernsehens

Der Betrieb des Satellitenfernsehens erfordert keine Verwaltungskonzession, da das Satellitenfernsehen nicht (mehr[612]) als öffentlicher Dienst ausgestaltet ist. Statt dessen kann das Satellitenfernsehen heute durch alle Privatpersonen ausgeübt werden[613], die von Spanien aus über „Hispasat" oder andere geostationäre[614] Satelliten ihr Programm verbreiten dürfen, wenn sie die entsprechende verwaltungsrechtliche Genehmigung besitzen. Die heutigen Satellitenfernsehanbieter sind die Pay-TV-Plattformen „Canal Satélite Digital"

---

612 Die heute durch die LTS abgelöste Ley 35/1992, de Televisión por satélite (s. die Einzige Außerkraftsetzungsbestimmung der LTS), stufte das Satellitenfernsehen noch als öffentlichen Dienst ein, der – wie bis heute die Fernsehdienste in allen anderen Verbreitungsarten – entweder direkt durch den Staat per RTVE oder indirekt mittels Verwaltungskonzession durch Privatpersonen betrieben werden konnte.

613 Das trifft selbstverständlich auch auf die Körperschaften des öffentlichen Rundfunks zu. Selbst die staatlichen Fernsehveranstalter der Autonomieregionen können ihr Programm per Satellit verbreiten: Dies nutzt z.B. der katalonische staatliche Fernsehsender TV-3 bereits seit November 1995, um sein Programm per Satellit nach ganz Europa und Südamerika auszustrahlen.

614 Gem. Art. 1 II R.D. 136/1997 beziehen sich die Regelungen dieses Reglamentos allein auf die Satelliten in geostationärer Umlaufbahn. Satelliten anderer Umlaufbahnen werden durch das Gemeinschaftsrecht geregelt, Laguna de Paz, Televisión y Competencia, 2000, S. 33 (FN 14).

(CSD) und „Vía Digital“ (VD), die über die Astra-Satelliten (CSD) bzw. über die Hispasat-Satelliten (VD) ihre Programme ausstrahlen.

Bezüglich der Genehmigung zum Betrieb des Satellitenfernsehens regeln die LTS und ihre Ausführungsverordnung Real Decreto 136/1997 Folgendes:

„**Art. 3 (LTS)** Genehmigung zum Anbieten von Diensten
(I) Die Genehmigungen zum Anbieten von Diensten im Sinne der Artikel 1 und 2 werden durch das Ministerio de Fomento in Anwendung dessen, was die technischen Regeln und die Regeln zum Betrieb des Dienstes vorschreiben, erteilt, und zwar aufgrund des Eingangs der entsprechenden Anträge.
(II) Die Genehmigungen sind als abgelehnt zu verstehen, wenn seit dem Eingang der Anträge vier Monate verstrichen sind.
(III) Falls eine Begrenzung der zur Verfügung stehenden Ressourcen für diesen Betrieb besteht, werden die Genehmigungen nach öffentlicher Ausschreibung erteilt.
(IV) Trotz des in den vorigen Absätzen Geregelten kann regelmäßig die Möglichkeit vorgesehen werden, daß vor einem Genehmigungsantrag ein Zeitraum für die öffentliche Information anberaumt wird, um die Genehmigung bei Abwesenheit weiterer Interessenten durch direkten Zuschlag für den Betrieb des Dienstes, oder falls weitere Interessenten existieren, durch Ausschreibung, im Einklang mit den Kriterien der Objektivität, Transparenz und ohne Diskriminierung zu erteilen; (diese) Kriterien sind in jedem Fall auf die Bedingungen für den Betrieb der Satellitentelekommunikationsdienste anzuwenden.
(V) In jedem Fall bringen die Genehmigungen, auf die sich die vorherigen Absätze beziehen, die Konzession des öffentlichen radioelektrischen Luftraums mit sich, die für ihren Betrieb notwendig ist.“

„**Art. 2 (Anh. des Real Decreto 136/1997)** Rechtsnatur
Im Einklang mit den Regeln des Artikels 1 der Ley 37/1995, de 12.12.95, de Telecomunicaciones por satélite (Anm.: LTS), tragen die Dienste, die Objekte dieses Reglamento sind, nicht die Einstufung als öffentliche Dienste. Für den Betrieb dieser Dienste ist eine vorherige Verwaltungsgenehmigung erforderlich, und in den Worten dieses Reglamentos für die Benutzung des öffentlichen radioelektrischen Luftraums ist die Erteilung der entsprechenden, das öffentliche Eigentum betreffenden Konzession notwendig, die passend zu der Genehmigung erteilt wird. Diese Verwaltungsgenehmigungen zum Betrieb der Dienste und gegebenenfalls die zu beantragende angehängte, das öffentliche Eigentum betreffende Konzession können von den Interessenten getrennt oder gemeinsam beantragt werden und müssen, wenn der Antrag gemeinsam gestellt wird, durch die Verwaltung in einer einzigen Entscheidung über die verschiedenen formulierten Anträge beschieden werden.“

„**Art. 5 (Anh. des Real Decreto 136/1997)** Über die Genehmigung zum Betrieb der Dienste der Satelliten-Telekommunikation
Zum Betrieb der Satelliten-Telekommunikationsdienste ist die vorherige Erteilung der Verwaltungsgenehmigung erforderlich, die gegebenenfalls von einer Konzession des radioelektrischen öffentlichen Luftraums begleitet werden muß, die zum Betrieb des Dienstes notwendig ist.
Aufgrund der Formulierung des Antragstellers in seinem Antrag muß die Genehmigung regeln, ob sie zum Betrieb aller oder nur einzelner der folgenden Dienste berechtigt:
1. Weiterverbreitungsdienst der Satelliten-Telekommunikation.

In diesem Falle berechtigt die Genehmigung ihren Inhaber allein zur Lieferung der Transportkapazität für Signale, aber nicht zum Betrieb der Dienste, die über diese Kapazität laufen. Die Genehmigung muß in diesem Falle die Konzession des öffentlichen radioelektrischen Luftraums enthalten.
2.(... betrifft nicht das Fernsehen.)
3. Satelliten-Fernsehausstrahlungsdienste, die einen eigenen oder einen fremden Weiterverbreitungsdienst der Satelliten-Telekommunikation benutzen:
Wenn ein eigener Weiterverbreitungsdienst benutzt wird, bringt die Genehmigung die zu beantragende, das öffentliche Eigentum betreffende Konzession, die in individueller Form erteilt wird, mit sich, außer, der Antragsteller hat zusätzlich eine Genehmigung nach Nr. 1 dieses Artikels beantragt und ihm wird diese Genehmigung erteilt.
In jedem Falle muß der Inhaber dieses (Fernsehausstrahlungs-)Dienstes, wenn es erforderlich sein sollte, eine Kapazität des unteilbaren Frequenzspektrums zum Betrieb des Fernsehausstrahlungsdienstes zuzuteilen, die Genehmigung für den Betrieb des Weiterverbreitungsdienstes der Satelliten-Telekommunikation erhalten, die in Nr. 1 vorgesehen ist und deren Regelungen vollständig anzuwenden sind.
In jedem Falle muß der, der die Genehmigung beantragt, gleichermaßen die folgenden Punkte darlegen:
Die Organisation und das Satellitensystem, das er zu benutzen gedenkt.
Die Kapazität des zu benutzenden Satelliten sowie der Transponder und der technischen Charakteristika, mit denen er den Dienst betreiben wird.
Wenn der Inhaber des Weiterverbreitungsdienstes der Satelliten-Telekommunikation einen Fernsehausstrahlungsdienst betreibt, sind die Regeln dieser Nr. 3 anzuwenden.
Die Genehmigung für diesen Diensttyp schließt weder die Modalitäten der kodifizierten Dienste, seien sie thematisch oder nicht, mit ein, noch Video-on-demand- oder analoge Dienste, deren Betrieb als durch die Genehmigung zum Betrieb von Diensten für Dritte (nach Nr.2) abgedeckt zu verstehen ist.
Die Genehmigungen der Dienste, die erteilt werden, müssen die Verpflichtungen ausdrücken, die sie bezüglich der Dienste, um die es sich handelt, mit sich bringen, sowie die für jeden einzelnen in diesem Reglamento enthaltenen Regeln, und sie werden für einen Zeitraum von fünf Jahren erteilt, der sukzessiv für gleiche Zeiträume verlängert werden kann, nach vorherigem Antrag des Interessenten, der im Monat vor ihrem Ablauf zu formulieren ist."

a. Die Genehmigungsbehörde

Zuständige Behörde für die Erteilung der LTS-Genehmigungen (mitsamt den Konzessionen des Luftraums) ist gem. Art. 3 I LTS das Ministerio de Ciencia y Tecnología (früher war das Ministerio de Fomento zuständig).

b. Keine subjektiven Anforderungen an die Satellitenfernsehanbieter

Die LTS und ihre Ausführungsverordnung enthalten keine subjektiven Anforderungen an die Personen, die eine Genehmigung zum Betrieb eines Satellitenfernsehausstrahlungsdienstes beantragen[615] – dies im Gegensatz zu den teilweise hohen subjektiven Anforderungen an die Personen, die eine Privat-

[615] Souvirón Morenilla, Derecho público de los medios audiovisuales, 1999, S. 353.

fernsehkonzession nach der LTP oder eine Kabelfernsehkonzession nach der LTCC beantragen[616] [617].

c. Die Rechtsnatur der LTS-Genehmigungen

Bis auf die LTS erfordern alle anderen spanischen Fernsehgesetze zum Betrieb eines Fernsehdienstes eine Verwaltungskonzession („concesión administrativa") zur Ausübung des öffentlichen Dienstes Fernsehen, die in Form eines Verwaltungsvertrages zwischen Behörde und Konzessionär nach dem spanischen Verwaltungsvertragsgesetz Ley 13/1995[618] erteilt wird - vgl. Art. 2 LTP für die landesweiten terrestrischen Fernsehdienste, Art. 4 LTL für die terrestrischen Lokalfernsehdienste, und Art. 3 LTCC für die Kabelfernsehdienste.

Da das Satellitenfernsehen gem. Art. 1 I LTS aber gerade *nicht* als öffentlicher Dienst ausgestaltet ist, erfordert der Betrieb eines Satellitenfernsehdienstes durch Privatpersonen keinen Konzessionsvertrag, sondern eine vor Betriebsbeginn zu erteilende Verwaltungsgenehmigung („autorización administrativa previa") in Form eines Verwaltungsaktes nach dem allgemeinen Verwaltungsverfahrensgesetz Ley 30/1992, de 26.11.92, de Régimen Jurídico de las Administraciones Públicas y del Procedimiento Administrativo común[619] und nach der speziellen Ausführungsverordnung Real Decreto 1.773/1994[620].

Zusätzlich zu dem Genehmigungs-Verwaltungsakt nach Art. 3 I LTS zum Betrieb des Satellitenfernsehens benötigt der Satellitenfernsehanbieter eine der LTS-Genehmigung angehängte Konzession für die Benutzung des öffentlichen radioelektrischen Luftraums („concesión demanial aneja"), vgl. o. Art. 3 V LTS und Artt. 2 und 5 Anh. des R.D. 136/1997. Die Antragsteller können die LTS-

---

[616] LTP und LTCC verlangen z.B. von allen Antragstellern die Gesellschaftsform einer Aktiengesellschaft, die ein gesetzlich festgelegtes Mindestkapital aufweisen müssen, vgl. Art. 18 LTP und Art. 4 LTCC.

[617] Als einzige subjektive Voraussetzung zum Betrieb eines Satellitenfernsehdienstes könnte man die Regelung des Art. 11 III S. 1 Anh. des R.D. 136/1997 nennen, nach der die zusätzlich erforderliche Konzession zur Benutzung des radioelektrischen Luftraums an ausländische Personen im Sinne des Gegenseitigkeitsgrundsatzes nur dann erteilt wird, wenn spanische Gesellschaften und Staatsbürger auch in deren Heimatland ein Recht zum Betrieb ähnlicher Dienste haben.

[618] Ley 13/1995, de 18.05.95, de Contratos de las Administraciones Públicas; B.O.E. núm. 119, de 19.05.1995, S. 14601, Berichtigung in B.O.E. núm. 159, de 05.07.1995, S. 20404.

[619] B.O.E. núm. 285, de 27.11.1992, S. 40300, Berichtigungen in B.O.E. núm. 311, de 28.12.1992, S. 44118 und B.O.E. núm. 23, de 27.01.1993, S. 2081. Die Ley 30/1992 enthält in den Artt. 53 ff. allgemeine Regeln über den Verwaltungsakt, ferner allgemeine Regeln zum Behördenaufbau und dem Verwaltungsverfahren in Spanien.

[620] Real Decreto 1.773/1994, de 05.08.94, de Adecuación de determinados procedimientos administrativos a la Ley 30/1992, de 26.11.92, de Régimen Jurídico de las Administratciones Públicas y del Procedimiento Administrativo común; B.O.E. núm. 199, de 20.08.1994, S. 26687, Berichtigung in B.O.E. núm. 250, de 19.10.1994, S. 32704.

Genehmigung und die Konzession zur Benutzung des öffentlichen Luftraums getrennt oder gleichzeitig beantragen; wenn dies gleichzeitig geschieht, werden in einer gemeinsamen Entscheidung beide Anträge beschieden (s.o. Art. 2 S. 3 Anh. des R.D. 136/1997).

d. Die Rechtstitel zum Betrieb des Satellitenfernsehens

Art. 5 Nr. 3 Anh. des R.D. 136/1997 enthält die Regelungen für die Erteilung der zum Betrieb des Satellitenfernsehens notwendigen Rechtstitel. Dies ist in erster Linie die eigentliche LTS-Genehmigung für den Betrieb eines über Satellit ausstrahlenden Fernsehdienstes und in zweiter Linie die der LTS-Genehmigung angehängte Konzession zur Benutzung des radioelektrischen öffentlichen Luftraums, die notwendig ist, wenn der Satellitenfernsehbetreiber ein eigenes Verbreitungsnetz nutzen will.

Gem. Art. 5 S. 2 Anh. des R.D. 136/1997 muß die Genehmigung regeln, ob ihr Inhaber einen oder beide der in Nummern 1 bis 3 dieser Norm genannten Arten der Satelliten-Telekommunikationsdienste ausüben darf.

aa. Bei Zuteilung eigener Frequenzen: Genehmigung nach Art. 5 Nr. 1 Anh. des R.D. 136/1997

Der Betrieb eines Satelliten-Fernsehausstrahlungsdienstes kann entweder unter Benutzung eines eigenen Weiterverbreitungsdienstes für den Signaltransport oder durch einen fremden Weiterverbreitungsdienst durchgeführt werden.

Die Definition des Begriffs des „Weiterverbreitungsdienstes“ gibt Art. 2 LTS, nach dem ein solcher die Unterstützung Dritter beim Signaltransport über Satellitennetze übernimmt.

Falls die Zuteilung einer Frequenz des radioelektrischen Frequenzspektrums erforderlich ist (was der Fall ist, wenn ein eigenes Verbreitungsnetz genutzt werden soll), muß der Inhaber des Satelliten-Fernsehdienstes eine Genehmigung für den Betrieb des Weiterverbreitungsdienstes der Satelliten-Telekommunikation nach Art. 5 Nr. 1 Anh. des R.D. 136/1997 beantragen, Art. 5 Nr. 3 S. 2 Anh. des R.D. 136/1997, die ihm dann zusätzlich zu seiner LTS-Genehmigung nach Art. 5 Nr. 3 Anh. des R.D. 136/1997 erteilt werden kann.

Die Genehmigung nach Art. 5 Nr. 1 Anh. des R.D. 136/1997 berechtigt nach klarem Wortlaut (des Art. 5 Nr. 1 S. 1 Anh. des R.D. 136/1997) nur zur Lieferung der Transportkapazität, nicht aber zur Veranstaltung des Satellitenfernsehens. Zusammen mit dieser Genehmigung wird die Konzession des öffentlichen Luftraums erteilt, Art. 5 Nr. 1 S. 2 Anh. des R.D. 136/1997.

Falls ein fremder Weiterverbreitungsdienst genutzt werden soll, genügt die LTS-Genehmigung nach Art. 5 Nr. 3 Anh. des R.D. 136/1997.

bb. Die Konzession des öffentlichen Luftraums als Anhang zur LTS-Genehmigung

Alle Satellitenfernsehbetreiber benötigen eine LTS-Genehmigung zum Betrieb eines Satelliten-Fernsehausstrahlungsdienstes nach Art. 5 Nr. 3 Anh. des R.D. 136/1997. Diese ist die eigentliche LTS-Genehmigung und berechtigt zum Betrieb des Satellitenfernsehens.

Zusätzlich benötigen sie eine der LTS-Genehmigung „angehängte" (weil gleichzeitig zu erteilende) Konzession zur Benutzung des öffentlichen radioelektrischen Luftraums[621], deren Erteilung nach folgenden Regeln des Art. 5 Nr. 3 Anh. des R.D. 136/1997 durchzuführen ist:

Wenn für den Satellitenfernsehdienst ein eigener Weiterverbreitungsdienst benutzt wird, wird die Konzession für den Luftraum zusammen mit der eigentlichen LTS-Genehmigung erteilt, und zwar für eine bestimmte Frequenz - außer, der Antragsteller hat zusätzlich eine Genehmigung zum Betrieb des Weiterverbreitungsdienstes nach Art. 5 Nr. 1 Anh. des R.D. 136/1997 beantragt und erteilt bekommen, oder der Antragsteller beantragt zum Betrieb seines Satellitenfernsehens die Zuteilung einer Frequenz, so daß er die Genehmigung nach Art. 5 Nr. 1 Anh. des R.D. 136/1997 beantragen muß (s.o. aa.), denn in diesen beiden Ausnahmefällen wird die Konzession für den Luftraum zusammen mit der Genehmigung nach Art. 5 Nr. 1 Anh. des R.D. 136/1997 erteilt – und eben nicht zusammen mit der Genehmigung nach Art. 5 Nr. 3 Anh. des R.D. 136/1997[622].

cc. Der Antrag auf Erlaß einer LTS-Luftraumkonzession

Gem. Art. 5 Nr. 3 S. 3 Anh. des R.D. 136/1997 muß der Antrag auf Erlaß einer LTS-Luftraumkonzession in jedem Falle Folgendes darlegen:

- die Organisation und das Satellitensystem, das er zu benutzen gedenkt, und
- die Kapazität des zu benutzenden Satelliten sowie der Transponder und der technischen Charakteristika, mit denen er den Dienst betreiben wird.

e. Das Verfahren der Genehmigungs- und Konzessionserteilung

Das Real Decreto 136/1997 regelt in den Artt. 10 und 11 seines Anhangs[623] das Verfahren zur Erteilung der Satellitenfernseh-Genehmigung und der Konzession für den öffentlichen radioelektrischen Luftraum.

---

[621] Auch die Nutzung des als öffentliches Eigentum eingestuften Luftraums bedarf einer entsprechenden Verwaltungskonzession.

[622] Souvirón Morenilla, Derecho público de los medios audiovisuales, 1999, S. 353.

[623] Diese Normen sind mit vollständigem Wortlaut im Anhang hinter der LTS abgedruckt.

aa. Die Erteilung der LTS-Genehmigung

Gem. Art. 10 I S. 1 Anh. des R.D. 136/1997 bestimmt sich das Verfahren der LTS-Genehmigung (neben den Regeln des Verwaltungsverfahrensgesetzes Ley 30/1992) grundsätzlich nach den Regeln des Real Decreto 1.773/1994[624], das speziell die Erteilung telekommunikationsrechtlicher Genehmigungen regelt.

Art. 3 II LTS (und wortgleich Art. 10 I S. 2 Anh. des R.D. 136/1997) bestimmt, daß die Anträge auf Erlaß der LTS-Genehmigung als abgelehnt anzusehen sind, wenn ab Eingang des Antrags vier Monate verstrichen sind[625].

Die Ermächtigung des Art. 3 IV LTS wurde durch die Norm des Art. 10 II Anh. des R.D. 136/1997 umgesetzt; demnach muß das zuständige Organ des Ministerio de Ciencia y Tecnología (früher die Dirección General de Telecomunicaciones des Ministerio de Fomento) vor der Bescheidung eines Antrags auf Erlaß einer LTS-Genehmigung eine Informationsfrist von ein bis vier Monaten anberaumen und im B.O.E. und zwei landesweiten Tageszeitungen ankündigen, damit andere Interessenten ebenfalls ihre Genehmigungsanträge stellen können. Die Kosten der Ankündigungen trägt der spätere Inhaber der LTS-Konzession.

Nach Erhalt aller Anträge entscheidet das Ministerio de Ciencia y Tecnología, ob angesichts der zur Verfügung stehenden Frequenzen alle Antragsteller positiv beschieden werden können. Falls dies so ist, werden die Genehmigungen nach den Regelungen des Real Decreto 1.773/1994 erteilt. Anderenfalls eröffnet die Behörde ein entsprechendes öffentliches Ausschreibungsverfahren, wie auch vor Erteilung einer LTP-, oder LTCC-Konzession; für dieses öffentliche Ausschreibungsverfahren gelten ansonsten, obwohl die LTS-Genehmigung einen Verwaltungsakt darstellt, die Regelungen des Verwaltungsvertragsgesetzes Ley 13/1995, vgl. Art. 3 III LTS und Art. 10 II Anh. des R.D. 136/1997.

bb. Die Erteilung der Konzession des öffentlichen Luftraums

Die Konzession zur Nutzung des öffentlichen radioelektrischen Luftraums wird zusammen mit der LTS-Genehmigung (entweder nach Art. 5 Nr. 1 oder Nr. 3 Anh. des R.D. 136/1997) erteilt, s.o., und zwar in einem zweistufigen Verfahren: Gem. Art. 11 II Anh. des R.D. 136/1997 wird zusammen mit der LTS-Genehmigung zuerst nur eine provisorische Frequenzreservierung als Konzession erteilt, die von der Behörde innerhalb einer Frist von vier bis acht Monaten ab Erteilung der LTS-Genehmigung in eine endgültige Frequenzzuteilung umzuwandeln ist. Diese Umwandlung kann aus technischen Gründen abgelehnt werden, d.h. bei Inkompatibilität der provisorischen Frequenz mit den Frequen-

---

[624] B.O.E. núm. 199, de 20.08.1994, S. 26687, Berichtigungen in B.O.E. núm. 250, de 19.10.1994, S. 32704.

[625] Vgl. die allgemeinen Regeln über das behördliche Schweigen in Art. 43 Ley 30/1992.

zen anderer Konzessionäre des radioelektrischen öffentlichen Luftraums; aus diesem Grund kann auch die LTS-Genehmigung selbst annulliert werden.

In jedem Falle werden die provisorische oder die endgültige Frequenzreservierung als Konzessionen für den öffentlichen Luftraum nur erteilt, wenn zuvor die Kompatibilität der Frequenzen mit bereits konzessionierten Diensten untersucht und die Funktionsfähigkeit des Satellitensystems belegt wurde, Art. 11 III Anh. des R.D. 136/1997. Nach dieser Norm dürfen Ausländer nur dann diese Konzession erhalten, wenn nach dem Gegenseitigkeitsgrundsatz auch spanische Staatsbürger in diesem Land einen ähnlichen Dienst anbieten dürfen.

Abschließend ist zu erwähnen, daß die Konzessionäre des öffentlichen Luftraums gem. Art. 5 LTS eine Benutzungsgebühr für das Bereithalten des öffentlichen radioelektrischen Luftraums zu entrichten haben[626].

f. Die Gründe zur Ablehnung der LTS-Genehmigung

Art. 13 Anh. des R.D. 136/1997 regelt die Gründe für eine Ablehnung der LTS-Konzession:

„**Art. 13 (Anh. des R.D. 136/1997)** Gründe für die Ablehnung der Genehmigung
Es gibt folgende Gründe für die Ablehnung der Genehmigungen:
a) Die Nichterfüllung der in diesem Reglamento (Anm.: Anh. des R.D. 136/1997) verlangten Anforderungen der Antragstellung.
b) Die Weigerung des Antragstellers, der Behörde die angeforderten Informationen, auf die sich der vorige Artikel (Anm.: Art. 12, s.u.) bezieht, zu übermitteln.
c) Gegebenenfalls der Nichterhalt der provisorischen Frequenzzuweisung oder der endgültigen Frequenzzuweisung des öffentlichen radioelektrischen Luftraums, im Einklang mit den Regeln des Artikels 11 dieses Reglamentos.
d) Die Nichterfüllung der in diesem Reglamento je nach Typ des genehmigten Dienstes verlangten Anforderungen.“

„**Art. 12 (Anh. des R.D. 136/1997)** Über die Befugnisse der Verwaltung
Die Dirección General de Telecomunicaciones (Telekommunikations-Generaldirektion des Ministerio de Fomento) und die Comisión del Mercado de las Telecomunicaciones (Telekommunikations-Marktkommission) können im Rahmen ihrer Kompetenzen sowohl von den Antragstellern als auch von den Inhabern der Genehmigungen des Satelliten-Telekommunikationswesens alle Unterlagen anfordern, die sie für die Überprüfung der Erfüllung der Regelungen dieses Reglamentos über den Dienst, die Genehmigung und die Konzession für notwendig erachten.“

Der erste Ablehnungsgrund aus Art. 13 lit. a) Anh. des R.D. 136/1997 ist die Nichterfüllung der in diesem Reglamento (also dem Anhang des Real Decreto 136/1997) verlangten Anforderungen der Antragstellung. Gemeint ist die Rege-

[626] Art. 5 LTS verweist bezüglich dieser Gebühr in Art. 7 III LOT, der heute außer Kraft ist; die heutige Regelung der Benutzungsgebühr für die Nutzung des radioelektrischen Luftraums ist in Art. 73 LGT enthalten.

lung des Art. 5 Nr. 3 S. 3 Anh. des R.D. 136/1997, nach dem der Genehmigungsantrag die Organisation und das Satellitensystem, das genutzt werden soll, sowie die Kapazität des zu benutzenden Satelliten und der Transponder und ihrer technischen Charakteristika darlegen muß, s.o. D.IX.4.d.cc.

Gem. Art. 13 lit. b) Anh. des R.D. 136/1997 wird die LTS-Genehmigung auch dann abgelehnt, wenn der Antragsteller sich weigert, seinen umfassenden Dokumentations- und Nachweispflichten des o. zit. Art. 12 Anh. des R.D. 136/1997 nachzukommen, oder wenn er die für die Genehmigung nach Art. 5 Nr. 1 Anh. des R.D. 136/1997 geltenden Anforderungen des Art. 6 Anh. des R.D. 136/1997 nicht erfüllt.

Die LTS-Genehmigung ist gem. Art. 13 lit. c) Anh. des R.D. 136/1997 auch dann zu verweigern, wenn der Antragsteller die provisorische oder endgültige Frequenzzuweisung, also die Konzession zur Benutzung des radioelektrischen Luftraums nach den Regeln des Art. 11 Anh. des R.D. 136/1997 nicht erteilt bekommt.

Als letzten Ablehnungsgrund nennt Art. 13 lit. d) Anh. des R.D. 136/1997 allgemein die je nach dem Typ des genehmigten Dienstes (nach Art. 5 Nr. 1 oder Nr. 3 Anh. des R.D. 136/1997) in diesem Reglamento verlangten Anforderungen.

g. Die Dauer der LTS-Genehmigung und der Konzession des öffentlichen Luftraums

Gem. Art. 3 Nr. 3 S. 6 Anh. des R.D. 136/1997 werden die LTS-Genehmigungen für einen Zeitraum von fünf Jahren erteilt, der auf Antrag des Inhabers, der im Monat vor dem Auslaufen der Genehmigung zu stellen ist, sukzessive für gleiche Zeiträume verlängert werden kann. Dasselbe gilt gem. Art. 11 IV S. 1 Anh. des R.D. 136/1997 für die Konzession zur Benutzung des öffentlichen radioelektrischen Luftraums.

h. Das Erlöschen der LTS-Genehmigung

Art. 10 III Anh. des R.D. 136/1997 normiert die Gründe für ein Erlöschen der LTS-Genehmigung.

Demnach erlischt die Genehmigung, wenn ihr Inhaber die Verpflichtungen nicht erfüllt, die ihm im Einklang mit den Regelungen des R.D. 136/1997 in dem Genehmigungsschreiben aufgegeben werden, Art. 11 III lit. a) Anh. des R.D. 136/1997.

Der zweite mögliche Erlöschensgrund der LTS-Genehmigung ist gem. Art. 10 III lit. b) Anh. des R.D. 136/1997 der Widerruf der provisorischen Frequenzreservierung oder der endgültigen Konzession des öffentlichen Luftraums. In diesem Kontext ist auch die Regelung des Art. 11 IV S. 2 Anh. des R.D.

136/1997 zu nennen, nach der die LTS-Genehmigung auch dann erlischt, wenn die Konzession des öffentlichen Luftraums nach Fristablauf nicht verlängert wird – was in jedem Fall von der Behörde begründet werden muß.

Gem. Art. 10 III lit. c) Anh. des R.D. 136/1997 erlischt die LTS-Genehmigung schließlich durch Zeitablauf, wenn sie nicht verlängert wurde.

5. Die Pflichten der Satellitenfernsehanbieter

Die Pflichten der Satellitenfernsehanbieter werden in einigen Normen des R.D. 136/1997 normiert; hierbei sind allgemeine Pflichten, technische Vorgaben und spezielle Programmpflichten für die Satellitenfernsehsender zu unterscheiden.

a. Die Pflichten der Satellitenfernsehanbieter im Allgemeinen

„**Art. 14 (Anh. des R.D. 136/1997)** Beaufsichtigung durch die Verwaltung
Die Nutzung der Satelliten-Telekommunikationsdienste ist gebunden an das Beaufsichtigungssystem, das in der Materie der Telekommunikation vorgesehen ist und jederzeit durch die „Inspección de Telecomunicaciones del Ministerio de Fomento“ (Telekommunikations-Inspektion des Ministerio de Fomento) entwickelt werden kann, um die Erfüllung der Bedingungen und Anforderungen zu überwachen, die in den erteilten genehmigten Rechtstiteln auferlegt werden, und um gleichermaßen den effektiven Gebrauch und den Schutz des öffentlichen radioelektrischen Luftraums zu garantieren.
Die Weigerung, beaufsichtigt zu werden oder die Behinderung der Beaufsichtigungen, die im vorigen Absatz entwickelt werden, wird als eine Nichterfüllung der Pflichten der Genehmigung angesehen, mit den Wirkungen der Vorschrift des Artikels 10 III.
Dazu werden durch die „Inspección de Telecomunicaciones“ (Telekommunikations-Inspektion des Ministerio de Fomento) so viele Kontrollen durchgeführt, wie diese für erforderlich hält (...).“

Zunächst ist an dieser Stelle auf die umfassenden Dokumentations- und Nachweispflichten der Satellitenfernsehanbieter gegenüber dem Ministerio de Ciencia y Tecnología und der Telekommunikations-Marktkommission aus Art. 12 Anh. des R.D. 136/1997 hinzuweisen[627]. Diese gelten sowohl vor Genehmigungserteilung für die Antragsteller als auch später für die Inhaber der LTS-Genehmigung zum Betrieb des Satellitenfernsehens.

Zur Kontrolle der Pflichten aus Art. 12 Anh. des R.D. 136/1996, der Pflichten aus der LTS-Genehmigung und der weiteren Regeln der LTS und des R.D. 136/1997 führt Art. 14 Anh. des R.D. 136/1996 ein Beaufsichtigungssystem zur Kontrolle der Inhaber der LTS-Genehmigungen ein, das den Behörden (Ministerio de Ciencia y Tecnología für die rundfunkrechtlichen Regeln und der Telekommunikations-Marktkommission für die technischen Regeln nach der

[627] Vgl. die Übersetzung der Norm o. unter D.IX.4.f.

LGT) ein jederzeitiges und umfassendes Inspektionsrecht verleiht[628]. Das Ministerio de Ciencia y Tecnología kann dazu so viele Kontrollen durchführen wie es für erforderlich hält, die die Satellitenfernsehsender zu dulden haben. Eine Weigerung oder Behinderung vonseiten der Satellitenfernsehanbieter kann gem. Artt. 14 S. 2 i.V.m. 10 III Anh. des R.D. 136/1997 mit der Sanktion des Erlöschens der LTS-Genehmigung geahndet werden.

b. Die technischen Vorgaben für Satellitenfernsehsender

Die Artt. 16 – 20 Anh. des R.D. 136/1997[629] enthalten zusätzlich einige technische Vorgaben bezüglich der Ausstrahlung des Satellitenfernsehens, die von den Satellitenfernsehsendern befolgt werden müssen. Diese sollen kurz zusammengefaßt werden[630].

Mit Analogtechnik ausstrahlende Satellitenfernsehsender müssen die Fernsehnorm G/PAL oder L/SECAM im Einklang mit der Empfehlung UIT-R BO.650 der Internationalen Telekommunikationsunion benutzen - oder damit vollkompatible Systeme -, ferner das Fernsehsystem D2-MAC im Einklang mit der Empfehlung UIT-R BT.470 der Internationalen Telekommunikationsunion (Art. 16 I, II und IV Anh. des R.D. 136/1997). – Falls diese nicht volldigital sendenden Satellitenfernsehsender als Pay-TV ausgestrahlt werden, müssen die Kodierungssysteme die Richtlinien der Empfehlung UIT-R BT.810 der Internationalen Telekommunikationsunion befolgen, ebenso die anwendbare Gesetzgebung der EU, Art. 16 III Anh. des R.D. 136/1997.

Volldigital sendende Satellitenfernsehsender müssen ein Übertragungssystem benutzen, das von einer bekannten europäischen Normungsorganisation genormt wurde; hierbei sind speziell die Normen ETS 300 421 und angehängte Normen über die Kodierung des Satellitendigitalfernsehens anzuwenden, in Abhängigkeit mit der Empfehlung UIT-R BO.1211 der Internationalen Telekommunikationsunion. – Bezüglich des Pay-TV-Zugangs zu den digitalen Satellitenfernsehdiensten müssen die Zugangsmodule (also die Decoder) in der Lage sein, die Digitalfernsehsignale zu entschlüsseln, gem. dem gemeinsamen europäischen Decodierungsalgorythmus, der durch eine bekannte europäische Normierungsorganisation erlassen wird, Art. 17 Anh. des R.D. 136/1997.

c. Die Programmpflichten der Satellitenfernsehsender

Art. 7 Anh. des R.D. 136/1997 regelt Folgendes bezüglich der Programmpflichten der selbst produzierten Satellitenfernsehkanäle der Satellitenfernsehanbieter:

---

[628] Zusätzlich müssen die verschlüsselt sendenden Satellitenfernseh-Veranstalter gem. Art. 7 lit. d) Anh. des R.D. 136/1996 dem Ministerio de Ciencia y Tecnología die Programmkontrolle durch eine kostenlose Überlassung der erforderlichen Decoder ermöglichen.
[629] Diese Normen sind im Anhang hinter der LTS vollständig abgedruckt.
[630] Vgl. Souvirón Morenilla, Derecho público de los medios audiovisuales, 1999, S. 355 f.

„**Art. 7 (Anh. des R.D. 136/1997)** Über die Pflichten, die beim Betrieb der Satelliten-Fernsehausstrahlungsdienste anwendbar sind

Beim Betrieb der Satellitenfernsehausstrahlungsdienste finden sowohl bei Nutzung eines eigenen als auch bei Nutzung eines fremden Weiterverbreitungsdienstes die folgenden Pflichten Anwendung:

a) Das Programm der Satellitenfernseh-Ausstrahlungsdienste, sei es Pay-TV oder nicht, das in dem Gebiet seiner Reichweite das ganze oder einen Teil des nationalen Territoriums einschließt, muß in jedem Fall die Prinzipien berücksichtigen, die in Artikel 4 der Ley 4/1980, de 10.01.80, del Estatuto de la Radio y la Televisión (Anm.: ERTV) betrachtet werden.

b) Das Programm allgemeinen Charakters der unter dem Schutz der Genehmigung des Artikels 5 Nr.3 dieses Reglamentos stehenden Satelliten-Fernsehdienste, das in dem Gebiet seiner Reichweite das ganze oder einen Teil des Territoriums der Europäischen Union einschließt, ist gebunden an die Regelungen der Ley 25/1994, de 12.07.94, por la que se incorpora al ordenamiento jurídico español la Directiva 89/552/CEE sobre la coordinación de disposiciones legales, reglamentarias y administrativas de los Estados miembros relativas al ejercicio de actividades de radiodifusión televisiva (Anm.: LID). Die Fristen, die in der Übergangsbestimmung dieses Gesetzes enthalten sind, werden gezählt ab dem Inkrafttreten der Ley 37/1995, de Telecomunicaciones por satélite (Anm.: LTS).

Bezüglich der Regelungen des vorigen Unterabsatzes versteht sich unter allgemeinem Programm das, das allgemein an das Publikum gerichtet ist, unabhängig vom Typ der ausgestrahlten Programme.

c) Die Erfüllung der Regelungen aus der nationalen und gemeinschaftsrechtlichen Gesetzgebung auf dem Gebiet des intellektuellen Eigentums.

d) Die Betreiber der Satellitenfernseh-Ausstrahlungsdienste müssen gegebenenfalls der „Dirección General de Telecomunicaciones" zur Beaufsichtigung der Programme und ohne jegliche Kosten für diese die entsprechenden Decoder beschaffen."

aa. Die Pflicht zur Beachtung der Prinzipien des Art. 4 ERTV

Zunächst bindet Art. 7 lit. a) Anh. des R.D. 136/1997 das Programm aller als Pay-TV oder als Free-TV ausstrahlenden Satellitenfernsehsender an die Prinzipien des Art. 4 ERTV, wenn diese in einem Teil Spaniens oder im ganzen Land empfangen werden können. Zu den allgemeinen Programmpflichten des Art. 4 ERTV s.o. unter D.VI.9.

bb. Die Pflicht zur Befolgung aller Regeln der LID

Das allgemeine Programm der Satelliten-Fernsehdienste, die unter dem Schutz der Genehmigung des Art. 5 III Anh. des R.D. 136/1997 stehen, ist an alle Regelungen der LID gebunden, wenn es in einem Teil der EU oder in der gesamten EU empfangen werden kann, Art. 7 lit. b) S. 1 Anh. des R.D. 136/1997.

(1) Der Tatbestand des Art. 7 lit. b) Anh. des R.D. 136/1997

Die Tatbestandsmerkmale dieser Norm sind einzeln aufzuzeigen:

Alle legal genehmigten Satellitenfernsehsender stehen unter dem Schutz der Genehmigung des Artikels 5 Nr. 3 Anh. des R.D. 136/1997, da in dieser Norm die LTS-Genehmigung selbst geregelt ist, s.o. unter D.IX.4.d.

Ferner sind die Satellitenfernsehsender selbstverständlich nur dann an die die EG-FRL umsetzende LID gebunden, wenn sie - zumindest teilweise - auf das Gebiet der EU ausstrahlen[631].

Das dritte Tatbestandsmerkmal betrifft das „allgemeine Programm" bzw. das „Programm allgemeinen Charakters". Dieses wird in Art. 7 lit. b) S. 3 Anh. des R.D. 136/1997 definiert als „das, das allgemein an das Publikum gerichtet ist, unabhängig vom Typ der ausgestrahlten Programme"; hiermit kann der deutsche Begriff „Vollprogramm" gleichgesetzt werden, so daß die Spartenprogramme der Satellitenfernsehveranstalter, also z.B. reine Nachrichten- oder Sportkanäle, von den Regelungen des Art. 7 lit. b) Anh. des R.D. 136/1997 nicht erfaßt werden.

Zusammenfassend ist zu sagen, daß praktisch alle Vollprogramme der Satellitenfernsehsender die Tatbestandsmerkmale des Art. 7 lit. b) S. 1 Anh. des R.D. 136/1997 erfüllen: Sie alle bedürfen laut Art. 3 I LTS einer wirksamen LTS-Genehmigung und werden im Regelfall zumindest teilweise auf dem Gebiet der EU senden.

(2) Die Rechtsfolgen des Art. 7 lit. b) Anh. des R.D. 136/1997

Nach klarem Wortlaut des Art. 7 lit. b) Anh. des R.D. 136/1997 sind alle Vollprogramme der Satellitenfernsehveranstalter, die die o.g. Tatbestandsmerkmale erfüllen, an „die Regelungen", also an *alle* Regeln der LID gebunden[632]. Somit gelten die LID-Quotenregeln zur Reservierung der Sendezeit für europäische Werke (Artt. 5 – 7 LID), alle Werbe-, Teleshopping- und Sponsoringregeln (Artt. 8 – 15 LID), die Jugendschutzregeln (Artt. 16 und 17 LID), das Zuschauerinformationsrecht aus Art. 18 LID und alle Sanktionsvorschriften der Artt. 19 und 20 LID, sowie die Zusatz-, Übergangs- und Schlußbestimmungen der LID. S. zu den Regeln der LID den Abschnitt D.II.

Art. 7 lit. b) S. 2 Anh. des R.D. 136/1997 enthält eine einzige Abweichung bezüglich der Regeln der LID: Die Frist der Ersten Übergangsbestimmung beginnt nicht schon mit Inkrafttreten der LID zu laufen, sondern bezüglich der Satellitenfernsehsender erst mit dem Inkrafttreten der LTS, also 1995 statt 1994. Zu den Regelungen dieser Übergangsbestimmung s.o. unter D.II.4.b.aa.(3).

---

[631] Es ist selbstverständlich, daß die Regeln der LID, die die EG-FRL umsetzt, nur dann gelten, wenn die Satellitenfernsehsender auf dem Gebiet der EU senden. So bereits Art. 2 VI EG-FRL, nach der die FRL nicht „für Fernsehsendungen gilt, die ausschließlich zum Empfang in Drittländern bestimmt sind und die nicht unmittelbar oder mittelbar von der Allgemeinheit in einem oder mehreren Mitgliedstaaten empfangen werden".

[632] Dies heißt aber nicht im Umkehrschluß, daß deshalb die Spartenprogramme der spanischen Satellitenveranstalter von den Regelungen der LID befreit wären. Dies wäre ein Verstoß gegen die Regelungen des Art. 2 LID, vgl. dazu unter D.II.1.b.

cc. Die Pflicht zur Beachtung der Gesetze über geistiges Eigentum

Art. 7 lit. c) Anh. des R.D. 136/1997 stellt klar, daß die Satellitenfernsehveranstalter an die nationalen und gemeinschaftsrechtlichen Regelungen zum Schutz des intellektuellen bzw. geistigen Eigentums gebunden sind.

d. Weitere Pflichten aus anderen Gesetzen

Es darf nicht unerwähnt bleiben, daß weitere Pflichten für die Satellitenfernsehsender und speziell für die digital und als Pay-TV sendenden Satellitenfernsehsender aus der Ley 17/1997, speziell aus Art. 3 Ley 17/1997, resultieren. S. dazu unter D.V.

6. Die auf die Satellitenfernsehanbieter anwendbaren Sanktionsvorschriften

Welche Sanktionsnormen für die Satellitenfernsehanbieter anwendbar sind, regelt Art. 15 Anh. des R.D. 136/1997:

„**Art. 15 (Anh. des R.D. 136/1997)** Sanktionsrahmen
Die Verletzung der Regeln aus der Ley 37/1995, de 12.12.95, de Telecomunicaciones por satélite (Anm.: LTS) und aus diesem Reglamento (Anm.: Anh. des R.D. 136/1997) bestimmt sich nach den Regeln aus dem Abschnitt IV der Ley 31/1987, de 18.12.87, de Ordenación des las Telecomunicaciones (Anm.: LOT), und, soweit anwendbar, aus der Ley 25/1994, de 12.07.94, por la que se incorpora al ordenamiento jurídico español la Directiva 89/552/CEE sobre la coordinación de disposiciones legales, reglamentarias y administrativas de los Estados miembros relativas al ejercicio de actividades de radiodifusión televisiva (Anm.: LID).
Die Befugnis zur Auferlegung der Sanktionen obliegt dem Ministerio de Fomento für die sehr schweren Verstöße, dem „Secretario general de Comunicaciones“ (Generalsekretär für Kommunikation) für die schweren, und dem „Director general de Telecomunicaciones“ (Generaldirektor für Telekommunikation) für die leichten Verstöße. (...)“

a. Die Sanktionsbehörde

Gem. Art. 15 S. 2 Anh. des R.D. 136/1997 obliegt die Sanktionsbefugnis:

- bei sehr schweren Verstößen dem Ministro de Ciencia y Tecnología;
- bei schweren Verstößen der Secretaría de Estado de Telecomunicaciones y para la sociedad de la información des Ministerio de Ciencia y Tecnología (früher der Secreataría General de Comunicación des Ministerio de Fomento); und
- bei leichten Verstößen dem zuständigen Organ des Ministerio de Ciencia y Tecnología (früher dem Director General de Telecomunicación des Ministerio de Fomento).

b. Die Sanktionsnormen

Nach dem Wortlaut des Art. 15 S. 1 Anh. des R.D. 136/1997 werden Verletzungen der Regeln der LTS oder des R.D. 136/1997 nach den Regeln des Abschnitts IV (Artt. 31 - 36) LOT geahndet. Diese Normen der LOT sind jedoch seit Erlaß des neuen allgemeinen Telekommunikationsgesetzes LGT nicht mehr in Kraft; deshalb ist er als Verweis in die Sanktionsvorschriften der LGT (Artt. 76 – 85 LGT) aufzufassen.

Ferner liegt es auf der Hand, daß bei Anwendbarkeit aller Regeln der LID auch die Sanktionsvorschriften der LID Wirksamkeit besitzen; somit sind die Regeln der Artt. 19 und 20 LID gegenüber den Satellitenfernsehanbietern vollständig anwendbar[633].

---

[633] S. zu den Sanktionsvorschriften der LID o. unter D.II.8.

X. Die gesetzliche Regelung des Kabelfernsehens: Die Ley 42/1995[634] (LTCC), das Kabelfernsehgesetz

1. Einleitung

Der spanische Gesetzgeber hat 1995 die Ley 42/1995, de 22.12.95, de las telecomunicaciones por cable („LTCC“) erlassen, um umfassend alle Arten der über Kabel verbreiteten Telekommunikationsmedien, darunter auch das Kabelfernsehen, zu regeln. Als Ausführungsverordnung dieses Gesetzes wurde das Real Decreto 2.066/1996[635] erlassen.

Die das Kabelfernsehen betreffenden Regelungen dieses Gesetzes sind heute nach wie vor in Kraft, während die anderen Formen der Kabel-Telekommunikation (z.B. Telefondienste oder Video-on-demand-Dienste) heute, seit der Liberalisierung des Telekommunikationswesens[636], durch das allgemeine Telekommunikationsgesetz[637] geregelt werden. Da der Wortlaut der LTCC aber nicht dem neuen, wesentlich verkleinerten Anwendungsbereich angepaßt wurde[638], müssen die Normen heute so gelesen und interpretiert werden, daß sie sich allein auf die lokalen Kabelfernsehanbieter beziehen.

Die Entwicklung des spanischen Kabelfernsehnetzes ist bei weitem nicht so weit vorangeschritten wie in Deutschland: Ende 1997 erreichten die Kabelfernsehnetze nur etwa 3,5 Prozent der spanischen Haushalte (in Deutschland waren es zum gleichen Zeitpunkt etwa 50 Prozent)[639], derzeit werden aber in großem Umfang Kabel für neue Telekommunikations- und Rundfunkdienste verlegt.

2. Der Anwendungsbereich der LTCC

Der Anwendungsbereich der LTCC läßt sich – wie auch der der LTS, vgl. o. D.IX.2. - nicht allein an ihrem Wortlaut ablesen, weshalb ein Blick auf die frühere und heutige Rechtslage erforderlich ist.

---

[634] Ley 42/1995, de 22.12.95, de las telecomunicaciones por cable; B.O.E. núm. 306, de 23.12.1995, S. 36790.

[635] Real Decreto 2.066/1996, de 13.09.96, por el que se aprueba el reglamento técnico y de prestación del servicio de telecomunicaciones por cable; B.O.E. núm. 233, de 26.09.1996, S. 28738.

[636] Seit dem 01.01.1998 ist das Telekommunikationswesen in Spanien weitgehend liberalisiert und nicht mehr als ein öffentlicher Dienst eingestuft, vgl. Art. 2 LGT. Allein das Fernsehen bleibt ein öffentlicher Dienst, es kann also nur mittels der entsprechenden Verwaltungskonzession ausgeübt werden.

[637] Ley 11/1998, de 24.04.98, General de Telecomunicaciones (LGT); B.O.E. núm. 99, de 25.04.1998, S. 13909, Berichtigungen in B.O.E. núm. 162, de 08.07.1998, S. 22765.

[638] Auch die spanische Lehre hofft auf eine neue Regelung des Fernsehrechts, vgl. Tomás de la Quadra-Salcedo, Comentarios a la LGT, 1999, S. 37, oder zumindest eine Neuformulierung des Kabelfernsehgesetzes.

[639] Kleinsteuber/ Rosenbach, Digitales Fernsehen in Europa, RuF 1998, S. 30 und 40.

a. Anwendungsbereich der LTCC vor Inkrafttreten des Allgemeinen Telekommunikationsgesetzes LGT

Ursprünglich regelte die LTCC einen sehr weiten Anwendungsbereich:

„**Art. 1** Regelungsobjekt und Rechtsrahmen
(I) Das vorliegende Gesetz hat als Regelungsobjekt die Entwicklung des Rechtsrahmens für den öffentlichen Dienst der Kabel-Telekommunikation und für die Netze, die zu ihrer Übertragung dienen.
(II) Man versteht unter „Dienst der Kabel-Telekommunikation“ die Gesamtheit der Telekommunikationsdienste, die in der Lieferung oder dem Austausch von Informationen in Form von Bildern, Tönen, Texten, Grafiken oder Kombinationen derselben bestehen, die dem Publikum in seine Häuser oder Geschäfte in integrierter Form mittels Kabelnetzen geliefert werden.(...)“

Abgesehen davon, daß bis 1998 alle Arten der Kabel-Telekommunikation als öffentlicher Dienst ausgestaltet waren (Art. 1 I LTCC), was heute nur noch auf das Fernsehen (außer dem Satellitenfernsehen, Art. 1 I LTS) zutrifft[640], erfaßte die LTCC unter „Dienst der Kabel-Telekommunikation“ die Gesamtheit aller erdenklichen Telekommunikationsdienste, die mittels Kabelnetzen verbreitet werden. Damit wurde neben vielen anderen per Kabel verbreiteten Kommunikationsmedien *auch* das Kabelfernsehen durch die LTCC erfaßt[641].

Alle von diesem sehr weiten Anwendungsbereich umfaßten Telekommunikationsformen waren öffentliche Dienste, die von Privaten indirekt per Verwaltungskonzession für den Staat ausgeübt werden konnten (Art. 3 LTCC).

b. Heutiger Anwendungsbereich der LTCC

Die o.g. Konzeption wurde 1998 durch Erlaß der Ley 11/1998, de 24.04.98 (LGT, das allgemeine Telekommunikationsgesetz) grundlegend geändert.

Heute werden alle Formen der Telekommunikation durch die LGT geregelt, außer dem Fernsehen, das gem. Art. 1 LGT ausdrücklich von ihrem Anwendungsbereich ausgeschlossen wird[642]. Dazu enthält die LGT in ihrer Außerkraftsetzungsbestimmung eine Regelung bezüglich der LTCC, die es zu untersuchen gilt:

„**Einzige Außerkraftsetzungsbestimmung der LGT**:
Unbeschadet der Regelung der Ersten Übergangsbestimmung dieses Gesetzes werden folgende Bestimmungen außer Kraft gesetzt: (...) Die Ley 42/1995, de 22.12.95, de las Telecomunicaciones por Cable (Anm.: LTCC), außer den Regelungen über den Rechtsrahmen

---

[640] Gem. Art. 2 LGT sind die durch die LGT erfaßten Telekommunikationsarten heute keine öffentlichen Dienste mehr.
[641] Vgl. Souvirón Morenilla, Derecho público de los medios audiovisuales, 1999, S. 302 f.
[642] Allerdings wird dort (Art. 1 LGT) darauf hingewiesen, daß die Infrastruktur der Fernsehausstrahlungsdienste, also die zur Ausstrahlung der Fernsehsignale erforderlichen technischen Einrichtungen, der LGT unterworfen sind.

des Dienstes der Fernsehausstrahlung. Insbesondere behalten ihre Wirksamkeit der Artikel 9 II 1.Unterabsatz; Artikel 10; Artikel 11 I lit. e), f), und g); Artikel 12 und die Absätze 1 und 2 der 3. Zusatzbestimmung.(...)"

Dieses Regelungskonzept muß schrittweise erklärt werden: Weil die LTCC neben dem Kabelfernsehen viele andere Formen der Telekommunikation - nämlich alle über Kabel verbreiteten - erfaßte, wurde sie durch das neue allgemeine Telekommunikationsgesetz LGT zunächst außer Kraft gesetzt. Da sie aber neben diesen nunmehr durch die LGT erfaßten Telekommunikationsdiensten auch die per Kabel verbreiteten Fernsehausstrahlungsdienste regelte, die gem. Art. 1 LGT aber gerade nicht von der LGT erfaßt werden sollen, sollten alle Regelungen der LTCC, die die Kabelfernseh-Ausstrahlungsdienste betreffen, in Kraft bleiben. Aus diesen nach wie vor in Kraft befindlichen Regeln werden wiederum einige aufgezählt („insbesondere" die Artt. 9 II 1.Unterabs.; Art. 10; Art. 11 I lit. e), f) und g); Art. 12 der LTCC). Das heißt aber nicht, daß diese die einzigen Regelungen wären, die bezüglich des Kabelfernsehens noch in Kraft sind[643]. Die weiteren noch wirksamen Regeln sind alle, die die Kabelfernseh-Ausstrahlungsdienste betreffen.

Innerhalb der nicht unüblichen, in der spanischen Lehre als „ultraactividad" bezeichneten Fortgeltung einiger Gesetzesnormen des eigentlich außer Kraft gesetzten Gesetzes bedient sich der Gesetzgeber einer nicht abschließenden Aufzählung der noch wirksamen Normen. Daß diese Aufzählung nicht abschließend ist („insbesondere"), so daß alle weiteren Normen, soweit sie sich auf das Kabelfernsehen beziehen, wirksam bleiben, trägt nicht gerade zur Rechtssicherheit bei, die Bestimmtheit und Verständlichkeit für den Bürger muß bezweifelt werden[644].

Da in dieser Arbeit jedoch allein die Normen für die Kabelfernsehanbieter von Belang sind, welche weiterhin volle Geltung besitzen, muß diese problematische Konzeption nicht weiter vertieft werden. Bezüglich des Kabelfernsehens behält die LTCC ihre volle Wirksamkeit.

Die LTCC ist heute auf alle Kabelfernsehanbieter anzuwenden, andere Adressaten betrifft sie nicht mehr. Deshalb kann sie heute als „Kabelfernsehgesetz" bezeichnet werden.

3. Regelungsbereich der LTCC

Die LTCC enthält einerseits telekommunikationsrechtliche, technische Regelungen und andererseits einige inhaltliche Vorgaben für das als öffentlicher Dienst ausgestaltete Kabelfernsehen[645]. Sie erfaßt alle Kabelfernsehveranstalter,

---

643 Souvirón Morenilla, Derecho público de los medios audiovisuales, 1999, S. 320.

644 Ähnlich Tomás de la Quadra-Salcedo, Comentarios a la LGT, 1999, S. 35 u. 833.

645 Das Kabelfernsehen bleibt ein öffentlicher Dienst. Dies ergibt sich einerseits aus der o.g. Fortgeltung der LTCC für die Kabelfernsehanbieter und andererseits aus der in derselben

egal, ob diese als Free-TV oder als Pay-TV, mit Analog- oder Digitaltechnik ausstrahlen.

Bezüglich der inhaltlichen Vorgaben ist zu betonen, daß nach der Konzeption des Art. 149 I Nr. 27 CE der spanische Staat bezüglich der Regelung der sozialen Kommunikationsmedien nur eine Basiskompetenz besitzt[646], die Autonomieregionen also weitergehende inhaltliche Regelungen bezüglich der Kabelfernsehanbieter erlassen können, wovon bislang nur die Autonomieregion Katalonien Gebrauch gemacht hat[647].

Die LTCC regelt die Bezirke, in denen ein konzessionierter Kabelfernsehanbieter über sein Kabelnetz das Kabelfernsehen anbieten darf (Art. 2 der LTCC), und sie trifft Regelungen über den Konzessionserwerb selbst und die Anforderungen an die Konzessionsgesellschaften (Artt. 3 – 6 der LTCC). Ferner werden Rechte und Pflichten der Konzessionäre normiert (Artt. 9 – 11 der LTCC) und schließlich in Art. 13 der LTCC ein Sanktionsrahmen für Verstöße gegen dieses Gesetz geregelt.

4. Die Bezirke zum Betrieb des Kabelfernsehens nach der LTCC

Gem. Art. 2 I LTCC wird das Kabelfernsehen innerhalb bestimmter Bezirke betrieben, in denen die einzelnen Anbieter eine Konzession zum Betrieb des Kabelfernsehens erhalten können. In unterschiedlichen Größen entstanden diese Bezirke nach dem in Art. 2 LTCC vorgesehenen Verfahren. Den Annahmebeschluß erließ nach Art. 2 III LTCC der Gemeinderat, die Autonomieregion oder das Ministerio de Fomento (heute wäre das Ministerio de Ciencia y Tecnología zuständig), je nachdem, ob die Bezirke nur ein Gemeindegebiet, mehrere Gemeindegebiete oder Teile mehrerer Autonomieregionen umfassen.

Gem. Art. 6 Anh. des als Ausführungsverordnung zur LTCC erlassenen Real Decreto 2.066/1999[648] teilte das Ministerio de Fomento die nach dem o.g.

Außerkraktsetzungsbestimmung der LGT angeordneten Fortgeltung des Art. 25 LOT, der generell Radio und Fernsehen als öffentliche Dienste einordnet. Vgl. Souvirón Morenilla, Derecho público de los medios audiovisuales, 1999, S. 331. Deshalb erfordert der Betrieb des Kabelfernsehens nach wie vor eine Verwaltungskonzession nach der LTCC.

[646] Vgl. o. C.III.2.

[647] Ley de la Generalidad de Cataluña 8/1996, de 05.07.96, de Regulación de la programación audiovisual distribuida por cable; B.O.E. núm. 194, de 12.08.1996, S. 24895 - und Decreto de la Generalidad de Cataluña 265/1997, de 17.10.97, que desarrolla aspectos de las de 05.07.96, de regulación de la programación audiovisual distribuida por cable; Do. Generalidad de Cataluña núm. 2503, de 24.10.1997, S. 12062. S. zu den Regelungen dieses Gesetzes unten D.X.8.e.

[648] Real Decreto 2.066/1996, de 13.09.96, por el que se aprueba el reglamento técnico y de prestación del servicio de telecomunicaciones por cable; B.O.E. núm. 233, de 26.11.1996, S. 28738 (die wichtigsten Normen des R.D. 2.066/1996 sind im Anhang hinter der LTCC abgedruckt).

Verfahren entstandenen Bezirke nach der in ihnen umfaßten Einwohneranzahl in 4 Kategorien (A, B, C und D) ein, was wiederum Auswirkungen auf das geforderte Mindestkapital der Kabelfernsehanbieter und die Länge des Ausschreibungsverfahrens hat[649].

In vielen dieser Bezirke, v.a. den Ballungsräumen, fanden sich Kabelfernsehanbieter, jedoch nicht in allen; dort, wo kein entsprechendes Angebot vorlag, wird heute das Kabelfernsehen durch den ehemals staatlichen Telefonkonzern „Telefónica S.A." ausgeübt[650].

5. Die Konzession zum Betrieb des lokalen Kabelfernsehens

Auch nach dem Erlaß der neuen LGT bleibt das Kabelfernsehen ein öffentlicher Dienst, zu dessen Ausübung eine Verwaltungskonzession nach der LTCC erforderlich ist. Die ursprünglich für alle Formen der Kabel-Telekommunikation formulierten Normen der LTCC sind heute so zu lesen, daß sie sich nur noch auf den Dienst der Kabel*fernseh*anbieter beziehen.

„**Art. 3** Betrieb des Dienstes der Kabel-Telekommunikation
Der Dienst der Kabel-Telekommunikation wird von den Kabelbetreibern im Rahmen des indirekten Betriebs mittels Verwaltungskonzession betrieben, die durch das Ministerio de Fomento nach vorheriger Einberufung eines geeigneten öffentlichen Ausschreibungsverfahrens durch dieses erteilt wird."

Art. 3 der LTCC normiert das nach wie vor bestehende Erfordernis einer Verwaltungskonzession – nicht mehr für den Betrieb eines umfassenden Kabel-Telekommunikationsnetzes in allen denkbaren Formen inklusive z.B. von Video-on-demand-Diensten etc. (diese Formen der Telekommunikationsdienste regelt heute die LGT), sondern allein für die Tätigkeit als Kabelfernsehanbieter. Aufgrund dieser LTCC-Konzession können die privaten Kabelfernsehanbieter indirekt für den Rechtsinhaber, den spanischen Staat, das Kabelfernsehen betreiben.

a. Die Konzessionsbehörde

Die zuständige Behörde zur Erteilung der LTCC-Konzessionen ist gem. Art. 3 LTCC das Ministerio de Ciencia y Tecnología (die Norm nennt noch das früher

---

[649] Gem. Art. 6 Anh. des Real Decreto 2.066/1999 gehören Bezirke mit weniger als 100.000 Einwohnern zur Kategorie D, solche mit 100.000 – 199.999 Einwohnern zur Kategorie C, solche mit 200.000 – 500.000 Einwohnern zur Kategorie B und solche mit mehr als 500.000 Einwohnern zur Kategorie A.
Art. 12 I Anh. des Real Decreto 2.066/1996 regelt das Mindestkapital der Kabelfernseh-Aktiengesellschaften, s. dazu unten D.X.5.b.aa.
Die Ausschreibungsfristen betragen gem. Art. 12 III Anh. des Real Decreto 2.066/1996 in Bezirken der Kategorien A und B drei Monate, in Bezirken der Kategorie C zwei Monate und in Bezirken der Kategorie D einen Monat.
[650] S. die Übersicht über die Kabelfernsehanbieter in Spanien in REDETI 2000, S. 188.

für die Rundfunkaufsicht zuständige Ministerio de Fomento, s. dazu unter D.VIII.6.b.), das vor Erteilung der Konzessionen ein öffentliches Ausschreibungsverfahren durch führen muß – ebenso wie gem. Art. 8 I LTP vor Erlaß der LTP-Konzessionen.

b. Die gesetzlichen Anforderungen an die Kabelfernsehanbieter

Die von den Kabelfernsehanbietern zu erfüllenden Voraussetzungen normiert Art. 4 LTCC:

„**Art. 4** Kabelbetreiber

(I) Kabelbetreiber können nur diejenigen Aktiengesellschaften sein, deren Gesellschaftszweck im Betrieb des Dienstes der Telekommunikationsleistungen über Kabel in einer oder mehreren Abgrenzungen besteht, die über ein Mindestkapital verfügen, das sich vorschriftsmäßig nach der Größe und der Bevölkerungszahl der Abgrenzung oder der Abgrenzungen richtet, in denen sie den Dienst anbieten, und die über die entsprechende Verwaltungskonzession für die Abgrenzung verfügen.

(II) Die Kabelbetriebsgesellschaften müssen in Spanien beheimatet sein. Die kapitalmäßige Beteiligung ausländischer natürlicher Personen oder von juristischen Personen, die im Ausland beheimatet sind, bestimmt sich nach dem im Artikel 15 II der Ley 31/1987, de 18.12.87, de Ordenación de las Telecomunicaciones (LOT) über die Weiterverbreitungs- und Enddienste Geregelten, ebenso wie nach der Gesetzgebung über ausländische Investitionen. Jedoch und nur für die Wirkungen des in diesem Absatz (II) Vorgesehenen hat der Dienst, den die Kabelbetreiber ausführen, nicht die Einstufung eines End- oder Weiterverbreitungsdienstes.

(III) Keine natürliche oder juristische Person kann direkt oder indirekt Teilhaber oder Inhaber des Kapitals von einer oder mehreren Gesellschaften sein, denen eine Konzession des Dienstes der Telekommunikationsleistungen über Kabel erteilt wurde und die zusammen mehr als anderthalb Millionen Abonnenten auf spanischem Territorium erreicht. Sie können auch nicht direkt oder indirekt die Kontrolle über dieselben ausüben, in den Worten des Artikels 42 I des Código de Comercio (Handelsgesetzbuch) in der Fassung, die er durch die Ley 19/1989, de 25.07.89 erhalten hat.

Die im vorigen Absatz vorgesehene Grenze der Abonnenten betrifft nicht die Tätigkeit der Anbieter des Basis-Telefondienstes und die Dienste zusätzlicher Telekommunikationsleistungen.

Die konzessionierten Gesellschaften sind verpflichtet, der „Comisión del Mercado de las Telecomunicaciones" (Telekommunikations-Marktkommission) die Daten, die diese anfordert, zu übermitteln und mit ihr bei jedweder Handlung zusammenzuarbeiten.

Auf Vorschlag der „Comisión del Mercado de las Telecomunicaciones", in der die Kriterien festgelegt werden, die eine dominierende Stellung oder einen Marktmißbrauch definieren, kann die Regierung die im vorigen Absatz entwickelten Verbote aufheben oder abändern.

(IV) Die Gesellschaften, denen die Konzessionen erteilt wurden, beantragen eine eigene Verwaltungserlaubnis für alle Rechtsakte und Rechtsgeschäfte, die die Übertragung, Verfügung oder Belastung ihrer Aktien mit sich bringen. Konstitutives Element der genannten Rechtsakte oder Rechtsgeschäfte ist die Ausfertigung mittels eines vom „fedatario público" (öffentliche Urkundsperson) genehmigten Dokuments, der ohne Vorlage der entsprechenden Verwaltungsgenehmigung kein Dokument prüft oder autorisiert. Die Erlaubnis, auf die sich dieser Absatz bezieht, wird durch das Ministerio de Fomento erteilt."

aa. Die Kabelfernseh-Aktiengesellschaften und ihr Mindestkapital

Zunächst dürfen – wie auch nach Art. 2 LTP bezüglich der Privatfernsehveranstalter – nur Aktiengesellschaften den öffentlichen Dienst des Kabelfernsehens betreiben, Art. 4 I LTCC. Ihr Gesellschaftszweck muß im Betrieb der Kabel-Telekommunikation bestehen, und sie müssen ein anhand der Größe ihres Bezirks zu bestimmendes Mindestkapital aufweisen. Die Höhe des jeweils erforderlichen Mindestkapitals ergibt sich aus Art. 12 I Anh. des Real Decreto 2.066/1996: Wer Kabelfernsehen in einem Bezirk der Kategorie A betreibt, benötigt ein Mindestkapital von 1.000 Mio. Peseten (ca. 6 Mio. €), für Kabelbetreiber in Bezirken der Kategorie B werden 400 Mio. Peseten (ca. 2,4 Mio. €), für solche in Bezirken der Kategorie C werden 200 Mio. Peseten (ca. 1,2 Mio. €) und für solche in Bezirken der Kategorie D werden 100 Mio. Peseten (ca. 0,6 Mio. €) als Mindest-Gesellschaftskapital verlangt. Wer in mehreren Bezirken Kabelfernsehen betreibt, muß die entsprechende Summe des Mindestgesellschaftskapitals vorweisen können, maximal jedoch 3.000 Mio. Peseten (ca. 18 Mio. €). Dieses Mindestkapital muß bei Unterzeichnung des Konzessionsvertrags zu mindestens 50 Prozent gezeichnet und eingezahlt sein, die zweite Hälfte innerhalb der folgenden zwei Jahre.

bb. Nationalität und Auslandsbeteiligungen

Die Kabelfernseh-Aktiengesellschaften müssen die spanische Nationalität haben, Art. 4 II LTCC. Diese Norm verweist bezüglich der Kapitalbeteiligung ausländischer Personen in Art. 15 II der Ley 31/1987, de 18.12.87, de Ordenación de las Telecomunicaciones (LOT); dieser Verweis wirft Probleme auf, da fast alle Normen der LOT, auch Art. 15, inzwischen außer Kraft gesetzt wurden[651]. Mangels einer gesetzlichen Lösung muß dieser Verweis als Verweis in das Nachfolgegesetz LGT angesehen werden, die in Art. 17 LGT eine derartige Beschränkungsregel für ausländische Kapitalbeteiligungen enthält: Hiernach wird keine Beschränkung für Beteiligungen von Personen aus der EG auferlegt, während solche aus Nicht-Mitgliedstaaten sich mit maximal 25 Prozent am Kapital einer Gesellschaft oder juristischen Person beteiligen dürfen.

cc. Die Konzentrationsbegrenzungsregeln

Art. 4 III S. 1 LTCC formuliert unglücklich eine Konzentrationsbegrenzungsregel, die wie folgt aufzufassen ist: Keine natürliche oder juristische Person kann (weder direkt noch indirekt) Teilhaber oder Inhaber einer oder mehrerer Kabelfernseh-Konzessionsgesellschaften sein, wenn diese Konzessionsgesellschaft(en) insgesamt mehr als anderthalb Millionen Abonnenten - also Zuschauer - in Spanien erreichen.

---

[651] Die neue LGT ist das Nachfolgegesetz zur LOT, von der gem. der Außerkraftsetzungsbestimmung der LGT nur noch die Artt. 25 I, II, III und VI; 26; 36 II und die 6. Zusatzbestimmung in Kraft sind.

Eine einzige Person, die das Kabelfernsehen betreibt, darf also nicht mehr als 1,5 Mio. Kunden bedienen.

Es liegt auf der Hand, daß mit dieser Norm der Konzentration von Meinungsmacht vorgebeugt werden soll, damit Einzelpersonen nicht den gesamten Kabelfernsehmarkt unter ihre Kontrolle bringen können. Angesichts des Wachstums der Kabelfernseh- und Kabeltelekommunikations-Gesellschaften, die derzeit Spanien verkabeln, ist es aber denkbar, daß die 1,5-Mio.-Grenze in absehbarer Zeit durch den Gesetzgeber angehoben wird.

Gem. Art. 4 III S. 2 LTCC darf auch keine natürliche oder juristische Person über die genannten Konzessionsgesellschaften eine direkte oder indirekte Kontrolle in den Worten des Art. 42 I des Código de Comercio (Handelsbesetzbuch)[652] ausüben. Demnach dürfen sie allein weder die Mehrheit der Stimmrechte der Kabelfernseh-Aktiengesellschaft innehaben, noch die Fähigkeit haben, die Mehrheit der Mitglieder des Verwaltungsorgans zu ernennen oder zu entlassen, noch mittels Absprachen mit anderen Gesellschaftern über die Stimmrechtsmehrheit verfügen, Art. 42 I Código de Comercio. Es soll also zum Schutz vor einer Konzentration der Meinungsmacht auch nicht auf Umwegen möglich sein, daß eine einzige Person die alleinige Kontrolle über mehrere Kabelfernseh-Konzessionsgesellschaften ausübt, wenn die Gesellschaften mehr als 1,5 Mio. Abonnenten erreichen.

dd. Die Überwachung der Beteiligungsverhältnisse

Nach Art. 4 IV LTCC müssen die Kabelfernseh-Aktiengesellschaften für alle Verfügungen, die ihre Aktien betreffen, eine gesonderte Erlaubnis von der zuständigen Behörde einholen. Ferner ist die vorherige Überprüfung durch eine öffentliche Urkundsperson („fedatario público") erforderlich; dies sind Beliehene wie z.B. jeder spanische Notar („notario"), der jedoch andersherum nicht mit dem fedatario público gleichzusetzen ist.

Das Ministerio de Ciencia y Tecnología[653] kontrolliert damit die Gesellschafterstruktur der das Kabelfernsehen anbietenden Aktiengesellschaften, um einer Konzentration der Meinungsmacht entgegenwirken zu können – ebenso wie gem. Art. 21 LTP bei den Aktiengesellschaften, die das landesweite terrestrische Privatfernsehen betreiben.

c. Das spezielle Register der Kabelfernsehbetreiber

Art. 5 LTCC ordnet die Schaffung eines speziellen Registers für alle Anbieter der Kabeltelekommunikationsdienste an. Heute, da die LTCC nur noch die

---

[652] Real Decreto de 22.08.1885 por el que se publica el Código de Comercio; Gaceta núms. 289 – 328, de 16.10. – 24.11.1885.

[653] S. zur Übertragung der den Rundfunk betreffenden Befugnisse vom Ministerio de Fomento auf das neue Ministerio de Ciencia y tecnología unter D.VIII.6.b.

Kabel*fernseh*anbieter erfaßt, ist diese Norm so zu verstehen, daß die Konzessionsbehörde, das Ministerio de Ciencia y Tecnología, ein spezielles Register der konzessionierten Kabelfernsehanbieter führt[654], während die Anbieter anderer über Kabel verbreiteter Telekommunikationsdienste nach den Regeln der LGT in ein anderes Register einzutragen sind, das bei der für andere Formen der Telekommunikation zuständigen „Comisión del Mercado de las Telecomunicaciones" (Telekommunikations-Marktkommission) errichtet wird.

In das Register der Kabelfernsehanbieter ist die Gründungsurkunde der Kabelfernseh-Aktiengesellschaften und die Zusammensetzung ihrer Verwaltungsorgane einzutragen. Jede Änderung ist ebenfalls dem Register mitzuteilen.

d. Anzahl und Rechtsnatur der LTCC-Konzessionen

Art. 6 I - III LTCC normiert Regeln zur Anzahl und zur Rechtsnatur der LTCC-Konzessionen:

„**Art. 6** Die Konzession für den Betrieb des Dienstes
(I) Unbeschadet der Zweiten Zusatzbestimmung wird eine Konzession in jedem Bezirk erteilt, und zwar mittels Einberufung des entsprechenden Ausschreibungsverfahrens und nach vorherigem Bestehen der technischen Regeln und der Regeln des Dienstbetriebs.
(II) Die verwaltungsmäßigen Grundbedingungen und technischen Bedingungen werden durch das vertragschließende Organ genehmigt, nach vorheriger bindender Information der betroffenen Autonomieregionen über die Aspekte, auf die sich ihre Kompetenzen beziehen.
(III) Die Konzessionen für den Dienst der Kabel-Telekommunikation werden im Einklang mit den Regeln der Ley 13/1995, de 18.05.95, de Contratos de las Administraciones Públicas (Anm.: Verwaltungsvertragsgesetz) erteilt. (...)"

Gem. Art. 6 I LTCC wird in jedem Bezirk eine Konzession für den Betrieb des Kabelfernsehens erteilt. Dazu muß der Konzessionär die technischen Regeln und Betriebsregeln erfüllen und in dem öffentlichen Ausschreibungsverfahren den Zuschlag bekommen haben.

Die Erteilung der LTCC-Konzessionen richtet sich zusätzlich nach den Normen des spanischen Verwaltungsvertragsgesetzes (Ley 13/1995, de 18.05.95, de Contratos de las Administraciones Públicas[655]), die LTCC-Konzessionen werden also - ebenso wie die LTP-Konzessionen - in Form von Verwaltungsverträgen erteilt.

---

[654] Eine dieses Register der Kabelfernsehanbieter schaffende Rechtsverordnung wurde aber bislang nicht erlassen.

[655] B.O.E. núm. 119, de 19.05.1995, S. 14601, Berichtigungen in B.O.E. núm. 159, de 05.07.1995, S. 20404.

e. Die Kriterien zur Erteilung der Anträge auf Erlaß einer LTCC-Konzession

Art. 6 IV LTCC regelt, welche Kriterien das Ministerio de Ciencia y Tecnología für die Erteilung der LTCC-Konzessionen zu beachten hat:

„**Art. 6 (IV)** Für die Erteilung der Konzessionen sind grundsätzlich folgende Kriterien zu beachten:
a) Die technische und wirtschaftliche Durchführbarkeit der Nutzung des Netzes mittels der Einnahmen durch die Dienste, die der Bieter durch sein jederzeitiges Angebot unter der Annahme der vorherigen Erteilung des wirksamen Titels nach der zu diesem Zeitpunkt gültigen Rechtslage erzielt.
b) Die Vorschriften über die Reichweite des Bezirks und die Fristen, um diese abzudecken.
c) Die geringsten Auswirkungen für die Umwelt und das öffentliche Eigentum, sowie speziell die maximale Nutzung der nutzbaren, bereits bestehenden Infrastruktur.
d) Das technologische Niveau und die Qualität und Vielfalt des Serviceangebots, das der Bieter zu betreiben anbietet.
e) Die Tarifniveaus und die Gültigkeitsfristen derselben, die der Bieter bei seinen Nutzern anzuwenden verspricht.
f) Der Grad der ökonomischen, technologischen und industriellen Beiträge des vorgestellten Projekts für die nationale Wirtschaft, sowie die Beiträge desselben zur Schaffung von Arbeitsplätzen und zur Regionalentwicklung.
g) Die weiteren Kriterien, die regelgerecht erlassen werden.“

Demnach muß die Konzessionsbehörde zunächst die technische und wirtschaftliche Durchführbarkeit des Angebots des Kabelfernsehveranstalters bewerten (Art. 6 IV lit. a) LTCC). Hierbei ist eine Prognose zu erstellen, ob der potentielle Anbieter genügende Einnahmen erzielen wird, langfristig das Kabelfernsehen in seinem Bezirk zu betreiben.

Zusätzlich müssen die Vorschriften über die Reichweite des Bezirks erfüllt werden (Art. 6 IV lit. b) LTCC) und eine Bewertung vorgenommen werden, welcher Anbieter die geringstmöglichen Auswirkungen auf die Umwelt und das öffentliche Eigentum hervorruft. Hierbei fällt die höchstmögliche Nutzung der bereits bestehenden Infrastruktur positiv ins Gewicht (Art. 6 IV lit. c) LTCC) - gem. Art. 7 II LTCC steht es den Kabelfernseh-Anbietern aber grundsätzlich frei, bereits existierende Kabelnetze und Infrastrukturen zu nutzen oder diese selbst zu errichten.

Ferner werden das technologische Niveau und die Qualität und Vielfalt des Serviceangebots des Antragstellers bewertet (Art. 6 IV lit. d) LTCC), ebenso dessen Tarifniveau (Art. 6 IV lit. d) LTCC). Schließlich wird der ökonomische, technologische und industrielle Beitrag des Projekts für die nationale Wirtschaft bewertet, sowie dessen Beitrag für die Schaffung von Arbeitsplätzen und zur Regionalentwicklung (Art. 6 IV lit. f) LTCC). Art. 6 IV lit. g) LTCC verweist in weitere, regelgerecht zu erlassene Kriterien, welche in Art. 13 Anh. des Real Decreto 2.066/1996 zu finden sind.

Art. 6 IV LTCC zeigt, daß die Konzessionsbehörde im Sinne des öffentlichen Interesses solchen Antragstellern den Vorzug geben soll, die langfristig das Kabelfernsehen zu betreiben in der Lage sind, indem sie ein schlüssiges und technisch und finanziell durchführbares Projekt vorstellen. Dieses soll den Zuschauerinteressen gerecht werden (Vielfalt des Serviceangebots, gleichbleibende Tarifniveaus) und gleichzeitig durch die bevorzugte Nutzung bereits bestehender Kabelnetze einen minimalen Umweltschaden hervorrufen[656].

f. Die Dauer der LTCC-Konzessionen

Zur Dauer der LTCC-Konzessionen regelt Art. 6 V LTCC Folgendes:

„**Art. 6 (V)** Die Konzessionen werden für eine Frist von bis zu 25 Jahren erteilt, die sich nach den für die Nutzung des Dienstes notwendigen Investitionen richtet, und sie können auf Antrag des Konzessionärs, der ein Jahr vor ihrem Auslaufen entsprechend den bestehenden Normen zu stellen ist, sukzessive für Fünfjahreszeiträume verlängert werden.“

Abhängig von den notwendigen Investitionen – v.a. zur Errichtung der notwendigen Infrastrukturen, wenn diese bislang im jeweiligen Bezirk noch nicht vorhanden sind – kann die LTCC-Konzession zunächst für einen Zeitraum von bis zu 25 Jahren erteilt werden (Art. 6 V S. 1 LTCC). Nach S. 2 dieser Norm kann die Konzession sukzessive für Fünfjahreszeiträume verlängert werden; dazu muß der Kabelfernsehbetreiber ein Jahr vor Ablauf seiner LTCC-Konzession den entsprechenden Antrag auf Verlängerung stellen.

Nicht geregelt wird in der LTCC, wie lange maximal die LTCC-Konzession bestehen kann; nach dem Wortlaut der LTCC ist sie unbegrenzt. Art. 158 des gem. Art. 6 III S. 1 LTCC anzuwendenden Verwaltungsvertragsgesetzes (Ley 13/1995, de 18.05.95, de Contratos de las Administraciones Públicas) bestimmt aber, daß die Verwaltungsverträge zur Ausführung eines öffentlichen Dienstes eine maximale Laufzeit von 75 Jahren haben, somit beträgt die maximale Dauer der LTCC-Konzession 75 Jahre.

g. Zession und Erlöschen der LTCC-Konzession

aa. Die Zession der LTCC-Konzession

Eine mögliche Zession der LTCC-Konzession wird nicht in der LTCC selbst, sondern in Art. 19 Anh. der Ausführungsverordnung Real Decreto 2.066/1966 geregelt. Danach kann der Ministro de Ciencia y Tecnología vorher und ausdrücklich die Genehmigung zur Zession der Rechte und Pflichten aus der LTCC-Konzession an einen Dritten erteilen. Dies geschieht nach den allgemeinen Regeln des Art. 115 Verwaltungsvertragsgesetz, Ley 13/1995.

Die Genehmigung zur Zession der LTCC-Konzession darf frühestens dann erteilt werden, wenn der ursprüngliche Konzessionär den Kabelfernsehdienst

---

[656] Vgl. Calvo Charro, La televisión por cable, 1997, S. 121 f.

mindestens für ein Fünftel der im Konzessionsvertrag vereinbarten Laufzeit selbst ausgeübt hat.

bb. Das Erlöschen der LTCC-Konzession

Bezüglich des Erlöschens der LTCC-Konzession regelt Art. 20 Anh. des Real Decreto 2.066/1996:

„**Art. 20 (Anh. des Real Decreto 2.066/1996)** Über das Erlöschen der Konzession
Das Erlöschen der Konzession bestimmt sich nach folgenden Regeln:
a) Nach den Artikeln 112 ff. der Ley 13/1995, de Contratos de las Administraciones Públicas (Verwaltungsvertragsgesetz), sofern diese anwendbar sind.
b) Nach den Artikeln 165 ff. des zitierten Gesetzes in bezug auf die Wirkungen und das Erlöschen des Vertrags über den Betrieb öffentlicher Dienste.
c) Nach Artikel 34 III der Ley de Ordenación de las Telecomunicaciones (LOT).“

Art. 20 Anh. des Real Decreto 2.066/1996 verweist bezüglich der Erlöschensgründe in die Artt. 112 ff. und Artt. 165 ff. des Verwaltungsvertragsgesetzes Ley 13/1995. Diese Normen regeln allgemeine Erlöschensgründe, die auch die LTCC-Konzession zum Erlöschen bringen können. Diese sind:

- das Erlöschen der juristischen Person (also der Kabelfernseh-Aktiengesellschaft), die Vertragspartnerin des Konzessionsvertrags ist;
- der Konkurs der Kabelfernsehgesellschaft;
- eine Übereinkunft zwischen den Vertragspartnern Verwaltungsbehörde und Kabelfernsehgesellschaft, den Konzessionsvertrag aufzulösen;
- der Verzug der Vertragserfüllung durch die Kabelfernsehgesellschaft innerhalb der vertraglich festgelegten Fristen;
- die Nichterfüllung der restlichen essentiellen Vertragspflichten;
- Erlöschensgründe, die ausdrücklich im Konzessionsvertrag geregelt sind.

Wegen des Verweises in die Artt. 165 ff. des Verwaltungsvertragsgesetzes Ley 13/1995 ist anzumerken, daß das Erlöschen der LTCC-Konzession für den Konzessionär theoretisch auch den Verlust des Eigentums an seinem Kabelfernsehnetzes nach sich ziehen kann. Dies ordnet Art. 165 I Ley 13/1995 an, nach dem der Vertragspartner nach Ablauf der Vertragslaufzeit - und gem. Art. 20 lit. b) des Real Decreto 2.066/1996 auch nach dem Erlöschen der LTCC-Konzession - das Kabelnetz ohne Ersatzansprüche in gewartetem und funktionstüchtigem Zustand an den spanischen Staat abgeben muß. Realistischerweise ist aber darauf hinzuweisen, daß derzeit praktisch alle Kabelfernsehbetreiber nicht über eigene Kabelnetze verfügen, sondern diese von „Retevisión, S.A.“ mieten, also nicht Eigentümer der Kabelnetze sind.

6. Die Rechte der konzessionierten Kabelfernsehanbieter

Die Rechte der LTCC-Konzessionäre werden in den Artt. 8 und 9 LTCC normiert.

a. Das Recht zum Betrieb des Kabelfernsehens

Bezüglich des Rechts zum Betrieb des Kabelfernsehens normiert Art. 9 LTCC Folgendes:

„**Art. 9** Rechte des Konzessionärs
(I) Der Kabelbetreiber hat folgende Rechte:
a) Das Betreiben des Dienstes der Telekommunikationsleistungen über Kabel innerhalb seines Bezirks.
b) Die Errichtung der für den Betrieb dieses Dienstes notwendigen Ausrüstungen, in Abhängigkeit von den Regeln des „Reglamento técnico y de prestación del servicio" (Technik- und Betriebsreglement, Anh. des Real Decreto 2066/1996).
c) Die Herstellung der Inhalte der anzubietenden Dienste entweder durch ihn selbst oder durch Vertragschluß mit Dritten.
d) Das Einziehen der entsprechenden Tarife von seinen Abonnenten.(...)"
(II) Die Tarife des Dienstes, der durch den Kabelbetreiber geleistet wird, sind durch diesen frei festlegbar, außer bezüglich der Dienste, die in Artikel 11 I e), f) und g) definiert werden.
Der Betreiber kann den Betrieb des Dienstes unterlassen und diejenigen Abonnenten vom System trennen, die nicht regelmäßig die Zahlung der in den Reglamentos festgelegten Tarife leisten.
Die Tarife dieses Dienste sind öffentliche."

Die LTCC-Konzession berechtigt zum Betrieb des Kabelfernsehens. Aber die Kabelfernsehanbieter können ihre Kabelnetze auch zu weiteren Angeboten an ihre Kunden nutzen, wenn sie die entsprechenden telekommunikationsrechtlichen Genehmigungen nach den Regeln des neuen allgemeinen Telekommunikationsgesetzes LGT besitzen (s. dazu sogleich unter b.)).

Art. 9 I lit. a) LTCC ist nach der Begrenzung des Anwendungsbereichs der LTCC auf das Kabelfernsehen so zu lesen, daß er die LTCC-Konzessionäre zum Betreiben des Dienstes des Kabel-*Fernsehens* innerhalb seines Bezirks berechtigt. Dies ist der selbstverständliche Sinn der LTCC-Konzession. Um das Kabelfernsehen anbieten zu können, darf der Konzessionär die notwendigen „Ausrüstungen", also die für den Kabelfernsehbetrieb notwendige „hardware" errichten und betreiben, wenn er die Regelungen des Real Decreto 2.066/1996 beachtet, Art. 9 I lit. b) LTCC.

Art. 9 I lit. c) LTCC berechtigt die Kabelfernsehanbieter, die Inhalte ihrer Kabelfernsehkanäle entweder selbst zu produzieren oder von Dritten zu erwerben; hierbei ist zu beachten, daß sie gem. Artt. 10, 11 I lit. d) LTCC einen Anteil von 40 Prozent seiner Programme von unabhängigen Programmierern kaufen und deshalb nur maximal 60 Prozent selbst produzieren dürfen – s. dazu unten D.X.7.e.

Gem. Art. 9 I lit. d) LTCC dürfen die Kabelfernsehanbieter von ihren Kunden bzw. „Abonnenten" die entsprechenden Tarife für ihre Leistungen einziehen. Diese Tarife sind grundsätzlich frei festlegbar, Art. 9 II LTCC, nur nicht für die gem. Art. 11 I lit. e), f) und g) LTCC auszustrahlenden terrestrischen Kanäle[657]; die Tarife müssen transparent und nicht-diskriminierend sein und der Konzessionsbehörde (Ministerio de Ciencia y Tecnología) vor ihrem Inkrafttreten mitgeteilt werden (Art. 11 II S. 1 LTCC). Falls Abonnenten ihren Zahlungspflichten nicht nachkommen, kann der Kabelnetzbetreiber sie vom Kabelfernsehnetz trennen, wenn diese nach einer endgültigen Zahlungsaufforderung mit dem Hinweis auf die Trennung 20 Tage lang ihre Schuld nicht beglichen haben[658].

b. Das Recht zur Nutzung des Kabelnetzes für Telekommunikationsleistungen

Die Kabelfernsehbetreiber dürfen ihre Kabelnetze auch für Telekommunikationsleistungen nutzen, wenn sie die entsprechenden Genehmigungen dazu besitzen:

„**Art. 9** Rechte des Konzessionärs
(I) Der Kabelbetreiber hat folgende Rechte: (...)
e) Die Nutzung seines Kabelnetzes:
- Zum Anbieten von Diensten zusätzlicher Telekommunikationsleistungen, wenn er den entsprechenden wirksamen Rechtstitel dazu besitzt.
- Zum Anbieten von Weiterverbreitungsdiensten für andere Telekommunikationsdienste.(...)
- Zum Anbieten von Enddiensten der Telekommunikation über Kabel innerhalb seiner Abgrenzung, einschließlich des Basis-Telefondienstes in den Worten, die die Zweite Übergangsbestimmung dieses Gesetzes vorsieht.

Wenn der Kabelbetreiber wie ein Anbieter von Enddiensten handelt, sind auf ihn gleichermaßen die Ley 31/1987, de Ordenación de las Telecomunicaciones (LOT) und ihre Entwicklungsnormen für jeden einzelnen dieser Dienste anzuwenden."

„**Art. 8** Verbindung der Kabelnetze
(I) Die Konzessionäre des Dienstes können nach vorheriger Genehmigung des Ministerio de Fomento ihre Netze verbinden, um Dienste anzubieten, deren wirksamer Rechtstitel für Gebiete gültig ist, die größer sind als die Bezirke.(...).
(II) Die Telekommunikations-Infrastrukturen in Inhaberschaft der Autonomieregionen, die zum Zwecke der Verbindungen im Sinne des vorigen Absatzes nutzbar wären, können mittels der entsprechenden Vereinbarungen mit den Inhabern der Weiterverbreitungsdienste für diese Zwecke genutzt werden."

---

[657] Vgl. zu Art. 11 I lit. e), f) und g) sogleich unter 7.d.

[658] S. dazu Art. 29 Anh. des Real Decreto 2.066/1996 (im Anhang hinter der LTCC abgedruckt).

„**2. Übergangsbestimmung** Basis-Telefondienst
Ab dem 01. Januar 1998 können die Kabelbetreiber in ihren jeweiligen Bezirken allen Nutzern einen Enddienst für Basis-Telefonleistungen anbieten, nach vorheriger Überprüfung der Erfüllung der Anforderungen, die durch Vorschrift für diesen Dienst festgelegt werden, durch das Ministerio de Fomento. (...)"

Art. 9 I lit. e) LTCC normiert, daß die Kabelfernsehnetze auch zum Anbieten von zusätzlichen Telekommunikationsleistungen genutzt werden dürfen, wenn die Kabelfernsehanbieter die entsprechenden wirksamen Rechtstitel dazu besitzen. Die Rechtstitel für alle Telekommunikationsleistungen sind in der LGT, dem neuen allgemeinen Telekommunikationsgesetz[659], geregelt.

Als zusätzliche Telekommunikationsleistungen werden beispielhaft Weiterverbreitungsdienste für andere Telekommunikationsdienste, aber v.a. Telekommunikations-Enddienste genannt, also z.B. Telefondienste, Telefon-Ansagendienste oder diverse Internetleistungen. Gem. Art. 9 I lit. e) LTCC können diese Leistungen innerhalb der Bezirke der Kabelfernsehanbieter angeboten werden, gem. Art. 8 LTCC können aber auch durch Verbindungen zu den Netzen anderer Bezirke und zu den Einrichtungen der Autonomieregionen diese Leistungen (nicht aber das Kabelfernsehen, das weiterhin nur innerhalb des konzessionierten Bezirks betrieben werden darf) außerhalb ihrer Bezirke angeboten werden.

Alle diese telekommunikationsrechtlichen Leistungen sowie die dazu notwendigen Genehmigungen werden seit der Liberalisierung des Telekommunikationswesens im Jahre 1998 durch die Normen des Telekommunikationsgesetzes LGT geregelt, das nicht Gegenstand dieser rundfunkrechtlichen Arbeit ist.

Schon vor Erlaß der LGT regelte Art. 9 I lit. e) i.V.m. der 2. Übergangsbestimmung der LTCC, daß alle Kabelfernsehanbieter aufgrund ihrer LTCC-Konzession ab dem 01.01.1998 mittels ihrer Kabelnetze in ihren Bezirken einen Basis-Telefondienst anbieten, also ein Telefon-Festnetz betreiben durften. Gem. einer Anordnung des Ministerio de Fomento wurden die LTCC-Konzessionen in Telefon-Lizenzen des Typs „B1" nach der LGT umgewandelt, während die Erlaubnis zum Betrieb des Kabelfernsehens weiterbestand[660]. Spätere Kabelfernsehanbieter können heute ohnehin die entsprechenden Genehmigungen nach der LGT beantragen, um Telekommunikationsleistungen über ihre Kabelfernsehnetze anzubieten.

---

[659] Ley 11/1998, de 24.04.98, General de telecomunicaciones; B.O.E. núm. 99, de 25.04.1998, S. 13909, Berichtigungen in B.O.E. núm. 162, de 08.07.1998, S. 22765.

[660] Orden 22404/1998, de 22.09.98, por la que se establece el régimen aplicable a las licencias individuales para servicios y redes de telecomunicaciones y las condiciones que deben cumplirse por sus titulares, 1. Übergangsbestimmung, II lit. b); B.O.E. núm. 231, de 26.09.1998, S. 32236.

7. Die Pflichten der konzessionierten Kabelfernsehanbieter

a. Die Pflicht zur Errichtung eines Kabelnetzes, Art. 7 LTCC

Zur Errichtung der Kabelnetze in den einzelnen Bezirken normiert Art. 7 LTCC:

„**Art. 7** Errichtung des Kabelnetzes
(I) Wenn einmal die Konzession erteilt wurde, muß der Konzessionär das für den Betrieb des Dienstes notwendige Kabelnetz errichten, wozu er bereits existierende Netze und Infrastrukturen benutzen oder die für den Transport und die Ausstrahlung der Signale innerhalb seines Bezirks notwendigen Infrastrukturen errichten kann.
(II) Die Errichtung und Nutzung der Kabelnetze sind gebunden an die Regelungen des Reglamento técnico y de prestación del servicio (Anm.: Das Technik- und Betriebsreglement, Anh. des Real Decreto 2066/1996), Artikel 17 und 18 der Ley 31/1987, de 18.12.87, de Ordenación de las Telecomunicaciones bleiben anwendbar."

Neben dem Recht zur Errichtung der für das Kabelfernsehen notwendigen Ausrüstungen aus Art. 9 I lit. b) LTCC besteht gem. Art. 7 I LTCC auch die Pflicht, das notwendige Kabelnetz nach Erteilung der LTCC-Konzession zu errichten. Dazu kann der Kabelfernsehbetreiber entweder bereits vorhandene Netze benutzen oder die erforderlichen Kupfer- oder Glasfaserkabel selbst neu verlegen[661]. Dabei ist er an die Regelungen des Real Decreto 2.066/1996 gebunden. Art. 23 Anh. des Real Decreto 2.066/1996 bestimmt u.a., daß die Errichtung der Kabelnetze an die technischen Vorgaben des Abschnitts III (Artt. 42 – 52) dieser Rechtsverordnung gebunden sind.

Zusätzlich verweist Art. 7 LTCC in die Artt. 17 und 18 LOT. Diese Normen sind heute jedoch nicht mehr in Kraft, vgl. die Außerkraftsetzungsbestimmung der LGT. An die Stelle der LOT ist heute die LGT, das allgemeine Telekommunikationsgesetz getreten.

Es darauf hinzuweisen, daß die von den Kabelfernsehanbietern selbst errichteten Netze nur solange in ihrem Eigentum verbleiben, wie die LTCC-Konzession andauert. Gem. Art. 165 I des Verwaltungsvertragsgesetzes Ley 13/1995 muß der Konzessionär nach dem Ende des Konzessionsvertrags die Werke und Installationen, in diesem Falle also sein Kabelnetz, in gewartetem und angemessen funktionstüchtigen Zustand an den spanischen Staat abgeben, ohne einen Ersatzanspruch[662].

b. Die Pflicht zur Qualitätssicherung und zum gleichberechtigten Netzzugang

„**Art. 11** Pflichten des Konzessionärs
(I) Dem Kabelbetreiber obliegen folgende Pflichten:

---

[661] Es ist davon auszugehen, daß derzeit praktisch alle Kabelfernsehanbieter die bereits vorhandenen Kabelnetze nutzen, indem sie diese von „Telefonica S.A." mieten.
[662] Calvo Charro, La televisión por cable, 1997, S. 128.

a) Die Erhaltung gleichbleibender Qualitätsniveaus beim Betrieb des Dienstes der Kabel-Telekommunikation durch Ermöglichen des Zugangs für alle Abonnenten des Bezirks nach gleichen Bedingungen.
Das Reglamento técnico y de prestación del servicio (Anm.: Technik- und Betriebsreglement, Anh. des Real Decreto 2066/1996) bestimmt die technischen und wirtschaftlichen Umstände, unter denen zeitweise Gebiete bestehen können, die nicht durch den Dienst innerhalb des entsprechenden Bezirks abgedeckt werden.(...)“

Art. 11 I lit. a) S. 1 LTCC verpflichtet die Kabelfernsehanbieter dazu, ein gleichbleibendes Qualitätsniveau ihrer Leistungen zu sichern und allen Anwohnern ihres Bezirks zu gleichen Bedingungen den Netzzugang zu ermöglichen.

S. 2 dieser Norm verweist in Art. 26 lit. a) Anh. des Real Decreto 2.066/1996, nach dem innerhalb der Bezirke ausnahmsweise Teilgebiete bestehen können, in denen zeitweise das Kabelfernsehen nicht betrieben wird; die Gründe dafür dürfen nur in den technischen Charakteristika des Kabelnetzes, im besonderen Relief des Bezirks oder der wirtschaftlichen Durchführbarkeit des Projektes liegen. Weitere Ausnahmen von der Pflicht zur Abdeckung des gesamten Bezirks können in den jeweiligen Konzessionsverträgen vereinbart werden.

c. Die Pflicht zur Beachtung der Normen über intellektuelles Eigentum

Art. 11 der LTCC verpflichtet die Kabelfernsehanbieter zur Einhaltung der Normen über das intellektuelle bzw. geistige Eigentum:

„**Art. 11** Pflichten des Konzessionärs
(I) Dem Kabelbetreiber obliegen folgende Pflichten:(...)
b) Die Erfüllung des in der Gesetzgebung über intellektuelles Eigentum Geregelten. (...)“

Art. 11 I lit. b) der LTCC verweist deklaratorischerweise darauf, daß die Regeln der Gesetzgebung über intellektuelles Eigentum einzuhalten sind. Diese sind zusammengefaßt im Real Decreto-Legislativo 1/1996, de 12.04.96, por el que se aprueba el texto refundido de la Ley de Propiedad Intelectual, regularizando, aclarando y armonizando las disposiciones legales vigentes sobre la materia[663].

d. Die Pflicht zur Verbreitung der terrestrisch ausgestrahlten Fernsehprogramme

Die Kabelfernsehanbieter sind verpflichtet, die üblicherweise terrestrisch ausgestrahlten landesweiten Fernsehprogramme allen Abonnenten ihres Kabelnetzes zu liefern.

„**Art. 11** Pflichten des Konzessionärs
(I) Dem Kabelbetreiber obliegen folgende Pflichten:(...)
e) Die Ausstrahlung der Gesamtheit der terrestrischen Fernsehausstrahlungsdienste, die in den Leyes 4/1980, de 10.01.80 (ERTV) und 10/1988, de 03.05.88 (LTP) geregelt sind, an alle dem Netz angeschlossenen Abonnenten.

---

[663] B.O.E. núm. 97, de 22.04.1996, S. 14369.

f) Die Ausstrahlung der Fernsehausstrahlungsdienste, die von den Autonomieregionen betrieben werden, denen die Bezirke angehören, an alle dem Netz angeschlossenen Abonnenten.
g) Die Ausstrahlung an alle dem Netz angeschlossenen Abonnenten jeder Gemeinde – der lokalen Fernsehausstrahlungsdienste, die ihnen (den Gemeinden) entsprechen, wenn ihre Rechtsinhaber es wünschen.
Dieser Auftrag gibt dem Kabelbetreiber nicht die Verpflichtung auf, das Programm dieses Dienstes zu befördern, wenn dessen Betreiber es wünschen."

„**Art. 11 (II S. 2 und 3)**: Die wirtschaftlichen Gegenleistungen zwischen den Kabelnetzbetreibern und den Betreibern der in den Buchstaben e), f) und g) des vorigen Absatzes genannten Dienste für die Verbreitung dieser werden frei zwischen den Vertragsparteien im Rahmen der Gesetzgebung, die der Staat oder gegebenenfalls die Autonomieregionen mit Befugnissen in der Materie der sozialen Kommunikationsmedien erläßt, vereinbart. Konfliktfälle löst die Konzessionsbehörde."

aa. Die Verbreitung der landesweiten terrestrischen Fernsehprogramme

Zunächst verpflichtet Art. 11 I lit. e) LTCC die Kabelfernsehanbieter zur Ausstrahlung aller terrestrischen Ausstrahlungsdienste, die im ERTV und der LTP geregelt sind.

Dies sind die beiden landesweiten staatlichen Fernsehprogramme (TVE 1 und TVE 2, „La Dos") und alle landesweiten Privatfernsehprogramme (Antena 3, TeleCinco und der analoge Pay-TV-Sender Canal Plus).

bb. Die Verbreitung der staatlichen Fernsehprogramme der jeweiligen Autonomieregion

Nach Art. 11 I lit. f) LTCC müssen auch die staatlichen Fernsehprogramme der Autonomieregion, in denen der Bezirk des Kabelfernsehanbieters liegt, in das Kabelnetz eingespeist werden. Dies sind z.B. in der Autonomieregion Baskenland ETB 1 und ETB 2.

cc. Die Verbreitung der Programme der jeweiligen Lokalfernsehveranstalter

Schließlich müssen gem. Art. 11 I lit. g) der LTCC auch die Programme der jeweiligen terrestrischen Lokalfernsehveranstalter in die Kabelnetze der entsprechenden Gemeinden eingespeist werden, wenn die Rechtsinhaber, also die Kabelfernseh-Abonnenten, dies wünschen. Diese Pflicht besteht nicht schon dann, wenn die Betreiber des terrestrischen Lokalfernsehens dies möchten. Lokalfernsehen kann nach der LTL einerseits von den Gemeinden selbst veranstaltet werden, andererseits auch von Privaten (vgl. Art. 4 LTL bzw. die Ausführungen unter D.XI.5.a.).

dd. Der Erwerb des Programms der terrestrischen Fernsehkanäle

Die Kabelfernsehanbieter müssen also alle legal hergestellten, terrestrisch ausgestrahlten Fernsehprogramme auch in ihren Kabelnetzen verbreiten. Dazu müssen sie die Rechte zur Verbreitung dieser Fernsehprogramme erwerben. Die

Gegenleistung für diesen Programmerwerb ist gem. Art. 11 II S. 2 LTCC frei zwischen den Herstellern und den Kabelfernsehanbietern auszuhandeln. Sie ist allein an die allgemeinen Normen über soziale Kommunikationsmedien gebunden. In Konfliktfällen muß die Konzessionsbehörde, das Ministerio de Ciencia y Tecnología, eingreifen.

e. Die Pflicht zur Verbreitung von unabhängig produzierten Programmen

Abgesehen von der o.g. Pflicht, die terrestrischen Fernsehprogramme auch über das Kabelnetz auszustrahlen, können die Kabelfernsehanbieter eigene Kabelfernsehprogramme produzieren (vgl. Art. 9 I lit. c) LTCC). Um innerhalb dieser selbst produzierten Programme eine Konzentration der Meinungsmacht zu verhindern, müssen die Kabelfernsehanbieter mindestens 40 Prozent ihres ausgestrahlten Gesamtangebots von unabhängigen Programmanbietern erwerben:

„**Art. 10** Unabhängige Programmanbieter
(I) Die Kabelbetreiber verbreiten mittels ihres Netzes audiovisuelle Programme, die Eigentum von unabhängigen Programmierern sind, entsprechend diesem Gesetz und den Normen, die die Autonomieregionen im Rahmen ihrer Befugnisse erlassen.
Dazu sind unter unabhängigen Programmierern die natürlichen oder juristischen Personen zu verstehen, die Eigentümer von audiovisuellen Programmen oder Daten sind, die durch den Kabelbetreiber verbreitet werden, und die nicht direkt oder indirekt aus Gründen des Eigentums oder finanzieller Teilhabe von diesen (Kabelbetreibern) erheblich beeinflußt werden.
Eine erhebliche Beeinflussung wird angenommen, wenn die Voraussetzungen des Artikels 3 lit. g) der Ley 25/1994, de 12.07.94 (Anm.: LID) gegeben sind.
(II) Die Geschäftsbeziehung des Kabelbetreibers mit den unabhängigen Programmierern ist frei zwischen ihnen im Rahmen der Normen, die der Staat oder gegebenenfalls die Autonomieregionen im Rahmen ihrer Kompetenzen vorgeben, zu schließen.(...)"

„**Art. 11 I** Pflichten des Konzessionärs
Dem Kabelbetreiber obliegen folgende Pflichten: (...)
c) Die Anordnung eines nicht-diskriminierenden Umgangs mit den unabhängigen Programmanbietern und Anbietern des Dienstes, im Bewußtsein der Aspekte des handelsmäßigen Betriebs in bezug auf ihr Angebot.
d) Von Anbeginn der Aktivität die Zuweisung eines Minimums von 40 Prozent des audiovisuellen Gesamtangebots ihres Netzes an unabhängige Programmanbieter, außer wenn kein dazu ausreichendes Angebot vorliegt.
In diesem Fall kann der Kabelbetreiber nach vorherigem Nachweis der fehlenden Verfügbarkeit der Programme die Reduktion des im vorigen Unterabsatz geregelten Prozentsatzes beim zuständigen Organ der betroffenen Autonomieregion oder, falls es sich um einen Bezirk handelt, der verschiedene Autonomieregionen betrifft, beim Ministerio de Fomento beantragen.(...)"

aa. Definition des „Unabhängigen Programmanbieters“

Eine Definition der „unabhängigen Programmanbieter“ gibt Art. 10 I S.2 LTCC. Dies sind die natürlichen oder juristischen Personen, die Eigentümer von audiovisuellen Programmen sind, welche von den Kabelbetreibern verbreitet werden, und die nicht durch Eigentums- oder Kapitalbeteiligung von den Kabelbetreibern erheblich beeinflußt werden können. Eine erhebliche Beeinflussung wird gem. Art. 10 I S. 3 LTCC i.V.m. Art. 3 lit. g) S. 2 LID dann angenommen, wenn der Kabelfernsehanbieter mehr als 50 Prozent des Kapitals der Firma des Programmanbieters besitzt, über die Mehrheit der Stimmen aus den Beteiligungen der Firma des Programmanbieters verfügt oder mehr als die Hälfte der Verwaltungs- oder Geschäftsführungsorgane der Firma des Programmanbieters bestimmen kann.

Die „unabhängigen Programmanbieter“ der Artt. 10, 11 I lit. c) und d) LTCC dürfen nicht mit den „unabhängigen Programm*herstellern*“ nach Art. 3 lit. g) i.V.m. Art. 6 LID verwechselt werden, auch wenn für beide zur Definition der „erheblichen Einflußnahme“ die Regel des Art. 3 lit. g) S. 2 LID herangezogen wird: Die Programmanbieter bieten komplette, spezielle Programme an, die sie selbst herstellen oder erwerben, während die Programmhersteller nur Einzelformate, also einzelne Fernsehsendungen, produzieren[664].

bb. Die Pflicht zur Verbreitung von Programmen unabhängiger Programmanbieter

Nach klarem Wortlaut des Art. 11 I lit. d) LTCC müssen alle Kabelfernsehanbieter 40 Prozent ihres Gesamtangebots mit den Programmen der unabhängigen Programmanbieter bestreiten, sie dürfen also nur 60 Prozent des Gesamtangebots ihrer Kabelfernsehprogramme selbst herstellen, falls derartige Angebote von unabhängigen Programmanbietern bestehen[665].

Wenn kein ausreichendes Angebot vonseiten der unabhängigen Programmanbieter vorliegt, können die Kabelfernsehanbieter unter Nachweis dieser Tatsache eine Reduzierung der 40-Prozent-Quote bei dem zuständigen Organ der jeweiligen Autonomieregion beantragen. Nicht zu vergessen ist dabei, daß hier weitergehende Normen der Autonomieregionen bestehen können[666].

Die Geschäftsbeziehung zu den unabhängigen Programmierern kann frei im Rahmen der geltenden Gesetze geschlossen werden (Art. 10 II LTCC), solange keine Diskriminierung der unabhängigen Programmierer gegeben ist (Art. 11 I

---

[664] Souvirón Morenilla, El derecho público de los medios audiovisuales, 1999, S. 325, FN 286.

[665] Vgl. Art. 38 Anh. Real Decreto 2.066/1996, der die genannten Regeln konkretisiert (im Anhang hinter der LTCC abgedruckt).

[666] Z.B. begrenzt Art. 4 I lit. b) der Ley de la Generalidad de Cataluña 8/1996, de 05.07.96 die Möglichkeit der Reduzierung dieser Quote auf maximal ein Jahr.

lit. c) LTCC), z.B. durch das Ausnutzen einer marktbeherrschenden Stellung des Kabelfernsehanbieters.

Der Sinn der Pflicht, 40 Prozent des Kabelfernsehangebots für die Programme unabhängiger Programmierer bereitzustellen, liegt zweifelsohne in der Garantie eines ausgewogenen Programmangebots im Kabelfernsehen – sonst könnten Senderfamilien eigene Kabelnetze betreiben und ausschließlich ihre eigenen Programme ausstrahlen, was dem Schutz der Meinungsvielfalt im Kabelfernsehen erheblich zuwiderliefe. Es soll den Nutzern des Kabelfernsehens ein gemischtes Angebot konkurrierender Fernsehdienste garantiert und versucht werden, durch eine Streuung der Informationsquellen zu verhindern, daß der Kabelfernseh-Zuschauer allein das Programm erhält, das der Kabelfernsehanbieter auswählt[667].

8. Die inhaltlichen Vorgaben für die Kabelfernsehkanäle

Die LTCC unterwirft die Inhalte der Kabelfernsehprogramme grundsätzlich nicht der allgemeinen Gesetzgebung für das Fernsehen, wie sie z.B. im ERTV, in der LTP oder anderen Normen zu finden ist[668]. Für das Kabelfernsehen gelten gem. Art. 1 III LTCC allein die LTCC selbst (und die inzwischen außer Kraft gesetzte LOT), daneben die Ausführungsverordnung zur LTCC, das Real Decreto 2.066/1996 - und zusätzlich die Vorgaben der Autonomieregionen.

In Art. 12 II LTCC und v.a. in den Artt. 40 f. ihrer Ausführungsverordnung R.D. 2.066/1996 werden einige wichtige inhaltliche Vorgaben für die Programme der Kabelfernsehanbieter normiert, die freilich teilweise in die allgemeine Fernsehgesetzgebung verweisen:

„**Art. 40 (Anh. des Real Decreto 2.066/1996)** Anzuwendende Gesetze
Für alle Programme, die über die in diesem Reglement geregelten Kabelnetze verbreitet werden, finden die Vorschriften des Abschnitts II der Ley 34/1988, de 11.11.88, General de Publicidad (Allgemeines Werbegesetz) und die Regelungen der Ley 16/1989, de 17.07.89, de Defensa de la Competencia, Anwendung.
Wenn die Kabelverbreitung ein- und desselben Fernsehkanals mehr als 50 Prozent der angeschlossenen Haushalte auf dem Gebiet einer Autonomieregion oder mehr als 25 Prozent der angeschlossenen Haushalte im gesamten nationalen Territorium erreicht, ist das Programm dieses Kanals an die allgemeine Gesetzgebung zur Regelung des Rechtsrahmens der Werbung und des Sponsorings im Fernsehen, die in der Ley 25/1994, de 22.07.94, por la que se incorpora al ordenamiento jurídico español la Directiva 89/552/CEE, sobre la coordinación de disposiciones legales, reglamentarias y administrativas de los Estados miembros relativas al

---

[667] Vgl. Souvirón Morenilla, El derecho público de los medios audiovisuales, 1999, S. 326 und Calvo Charro, La televisión por cable, 1997, S. 181. Die Problematik der Konzentration der Kommunikationsmedien beschreibt treffend Laguna de Paz, Régimen jurídico de la televisión privada, 1994, S. 143.

[668] Souvirón Morenilla, El derecho público de los medios audiovisuales, 1999, S. 322 f. und 327.

ejercicio de actividades de radiodifusión televisiva (Anm.: die LID) und an die Normen zur Entwicklung und Ausführung, die gegebenenfalls die befugten Autonomieregionen erlassen, gebunden.

Art. 41 (Anh. des Real Decreto 2.066/1996) Spezieller Schutz und Kontrolle der Inhalte
(I) Die über Kabel verbreiteten Fernsehprogramme und –ausstrahlungsdienste müssen die Regeln des Kapitels IV der Ley 25/1994, de 22.07.94 (Anm.: LID) in bezug auf den Jugend- und Kindheitsschutz und der weiteren Normen zum Schutz anderer geschützter Güter und Rechte erfüllen.
(II) Die über Kabel verbreiteten Fernsehprogramme und –ausstrahlungsdienste und zusätzlichen Kabel-Telekommunikationsdienste, die gegen die Normen, auf die sich der vorige Absatz bezieht, verstoßen könnten, müssen den Abonnenten in unabhängiger Form zum Vertragsschluß angeboten werden und dürfen nicht Teil eines Basisvertrags-Paketes sein.
(III) Die Entwicklung und Ausübung der Regeln der vorigen Absätze bezüglich der Programme des Dienstes der Kabelfernsehausstrahlung, des Video-on-demand und des Near-Video-on-demand obliegt den Autonomieregionen unter Beachtung der Fernsehweiterverbreitungsfreiheit nach der Richtlinie 89/552/EG."

„**Art. 12 (LTCC)** Inhalte der audiovisuellen Programme
((I) außer Kraft)
(II) Die Fernsehprogramme im Speziellen und die Kabeltelekommunikationsdienste im Allgemeinen, die gegen die Normen des Jugend- und Kinderschutzes und andere geschützte Güter und Rechte verstoßen könnten, müssen sich den Abonnenten in unabhängiger Form präsentieren, in den Worten, die regelmäßig entwickelt werden."

a. Die Geltung bestimmter Normen des Allgemeinen Werbegesetzes und des Wettbewerbsschutzgesetzes

Nach Maßgabe des Art. 40 S. 1 Anh. des Real Decreto 2.066/1996 gelten für alle Kabelfernsehprogramme die Regeln des Abschnitts II (Artt. 3 – 8) des Allgemeinen Werbegesetzes, der Ley 34/1988, de 11.11.88, General de Publicidad[669]. Hier sind allgemeine und spezielle Werbeverbote, wie z.B. das Verbot der subliminalen Werbung kodifiziert. Ferner gelten die Regelungen des Wettbewerbsschutzgesetzes, der Ley 16/1989, de 17.07.89, de Defensa de la Competencia[670].

Bezüglich der Wahlwerbung gelten die Regeln der Ley Orgánica 14/1995[671].

b. Die Geltung der Normen der LID

Die Artt. 40 und 41 Anh. des R.D. 2.066/1996 erklären bestimmte Normen der LID für anwendbar und schließen deshalb im Umkehrschluß die Geltung bestimmter anderer Normen der LID für die Kabelfernsehveranstalter aus: Nach diesen Regelungen wären allein die Regelungen der Artt. 16 und 17 LID (Kapitel IV der LID) für alle Kabelfernsehanbieter verbindlich, ferner die Artt. 8

[669] B.O.E. núm. 274, de 15.11.1988, S. 32464.
[670] B.O.E. núm. 170, de 18.07.1989, S. 22747.
[671] B.O.E. núm. 309, de 27.12.1995, S. 36940.

– 15 LID (die Werbe- und Sponsoringregeln der LID) nur für Programme, die mehr als 50 Prozent der Haushalte einer Autonomieregion oder 25 Prozent aller spanischen Haushalte erreichen.

Diese Regelung steht jedoch im Widerspruch zu der eindeutigen Regelung des Art. 2 I LID: die LID gilt - in ihrer Gesamtheit - für alle Fernsehsendungen von Fernsehveranstaltern, die in Spanien niedergelassen sind, somit auch für die per Kabel verbreiteten Fernsehsendungen.

Als Erleichterung ist in diesem Kontext jedoch die 1999 neu in die LID eingefügte Regelung des Art. 2 V LID zu nennen, nach der Fernsehsendungen lokaler Reichweite, die nicht an ein nationales Fernsehnetz angeschlossen sind, zumindest von den Normen des Kapitels II LID (also den Quotenregeln der Artt. 5 – 7 LID) befreit sind.

M.E. sind alle LTCC-Kabelfernsehveranstalter unter Art. 2 V LID zu subsumieren, da sie Bezirke von 50.000 bis maximal 2 Mio. Einwohnern bedienen, mithin unter den Begriff der „lokalen Reichweite" subsumierbar sind, und an kein nationales Kabelnetz (das es in Spanien noch nicht gibt) angeschlossen sind.

Somit gelten alle Regen der LID - mit Ausnahme der Quotenregeln der Artt. 5 – 7 LID - für die Kabelfernsehveranstalter. Eine wörtliche Anwendung der Artt. 40 f. Anh. des R.D. 2.066/1996, die selektiv nur bestimmte LID-Regeln für anwendbar erklärt, wäre ein klarer Verstoß gegen die LID und als Verstoß gegen die FRL europarechtswidrig.

c. Das „Paketverbot" für jugendgefährdende Kabelfernsehkanäle

Eine interessante Sonderregelung im Sinne der Jugendschutzvorschriften der Artt. 17 und 18 LID enthält Art. 12 II der LTCC (bzw. Art. 41 II Anh. des Real Decreto 2.066/1996). Hiernach müssen möglicherweise jugendgefährdende Fernsehkanäle (die anderen in den Normen genannten Kabel-Telekommunikationsdienste werden hiervon nicht mehr erfaßt, vgl. die obigen Ausführungen zum Anwendungsbereich der LTCC) den Abonnenten in unabhängiger Form präsentiert werden, d.h. sie dürfen nicht innerhalb eines Basis-Gesamtpakets von Kabelfernsehkanälen den Kabelfernseh-Zuschauern angeboten werden.

Wenn also ein Kabelfernsehanbieter z.B. einen Erotikfilmkanal anbieten will, darf er ihn nicht in sein Grund-Paket integrieren, sondern muß ihn unabhängig, als Einzelangebot offerieren.

d. Die Möglichkeit weiterer inhaltlicher Vorgaben der Autonomieregionen

„**Art. 26 (Anh. des Real Decreto 2.066/1996)** Über die Pflichten des Konzessionärs
Dem Kabelbetreiber obliegen als Inhaber der Konzession folgende Pflichten: (...)

h) Die Erfüllung der Gesetzgebung der Autonomieregionen, die sie im Rahmen ihrer Kompetenzen zur Entwicklung der Basisgesetzgebung über soziale Kommunikationsmedien erlassen."

Es darf nicht vergessen werden, daß die Autonomieregionen im Rahmen ihrer Ausführungskompetenz (der spanische Staat verfügt gem. Art. 149 I Nr. 27 CE nur über eine Basiskompetenz) weitere inhaltliche Vorgaben für Kabelfernsehveranstalter erlassen können, die in den jeweiligen Autonomieregionen zu beachten sind – s. auch die 3. Zusatzbestimmung der LTCC.

So enthält in Katalonien die Ley de Cataluña 8/1996, de 05.07.96, de Regulación de la programación audiovisual distribuida por cable (Katalonisches Gesetz 8/1996 zur Regelung der Inhalte der per Kabel verbreiteten Fernsehprogramme)[672] in Artt. 6 ff. die Regelung, daß alle katalonischen Kabelfernsehveranstalter die gesamte LID einhalten müssen (Art. 6 lit. a) des o.g. katalonischen „Landes"-Gesetzes). Ferner muß dort die Hälfte der Kabelfernsehprogramme in einer „offiziellen Sprache Kataloniens" (gemeint sind Castellano, Catalán und Aranés) ausgestrahlt werden, wobei davon wiederum die Hälfte in Katalonisch (Catalán) gesendet werden muß; dies gilt auch für Werke, die in Zweikanalton oder mit Untertitel ausgestrahlt werden (Art. 7 I und II des o.g. Gesetzes). Schließlich enthält dieses Gesetz eine dem Art. 16 LTP nachempfundene Vorschrift, daß die Kabelfernsehanbieter kostenlos Bekanntmachungen der katalonischen Regierung ausstrahlen müssen, die diese im öffentlichen Interesse für notwendig erachtet (Art. 8 des o.g. Gesetzes). Schließlich muß über die Einhaltung dieser Vorschriften dreimal jährlich Rechenschaft abgelegt werden (Art. 9 des o.g. Gesetzes). Das o. zit. katalonische Gesetz 8/1996 überträgt die Aufsichts- und Kontrollbefugnisse über die Aktivität der Rundfunkveranstalter einem unabhängigen Aufsichtsorgan, dem „Consejo Audiovisual de Cataluña"[673].

e. Ergebnis

Im Ergebnis ist zu sagen, daß die Kabelfernsehanbieter durch die Vorschriften der LTCC und ihrer Ausführungsverordnung, dem Real Decreto 2.066/1966, an die wesentlichen Normen des Allgemeinen Werbegesetzes und an alle Regeln der LID (alle außer den Quotenregeln der Artt. 5 – 7 LID, s.o. unter b.) gebunden sind. Die LID-Jugendschutzvorschriften werden durch das o.g. Paketverbot für jugendgefährdende Kanäle unterstützt, so daß auch ohne gesetzliche Verschärfungen der Autonomieregionen der LID-Standard zu erfüllen ist. Dies gilt in erster Linie für die von den Kabelfernsehanbietern selbst produzierten Fernsehkanäle, während die gem. Art. 11 I lit. e) und f) der LTCC

---

[672] B.O.E. núm. 194, de 12.08.1996, S. 24895.

[673] S. zum Consejo Audiovisual de Cataluña Rosado Iglesias, La televisión pública en España, 1999, S. 501.

mitauszustrahlenden landesweiten oder autonomieregionsweiten terrestrischen Fernsehkanäle ohnehin an alle Regelungen der LID gebunden sind.

9. Die auf die Kabelfernsehanbieter anwendbaren Sanktionsvorschriften

Art. 13 LTCC normiert den Sanktionsrahmen für Verstöße gegen Regeln der LTCC wie folgt:

„**Art. 13** Rechtsrahmen der Sanktionen
(I) Die Verstöße gegen das in diesem Gesetz und seinen Entwicklungsnormen Geregelte werden im Einklang mit den Regeln des Abschnitts IV der Ley 31/1987, de 18.12.87, de Ordenación de las Telecomunicaciones (LOT) sanktioniert.
(II) Die Befugnis zur Anordnung von Sanktionen obliegt bei sehr schweren Verstößen dem Secretario general de Comunicaciones (Generalsekretär für Kommunikation des Ministerio de Fomento); für die anderen Verstöße obliegt sie dem Director general de Telecomunicaciones (Generaldirektor für Telekommunikation).
(III) Das in den vorigen Absätzen Geregelte versteht sich unbeschadet dessen, was in den Normen, die die Autonomieregionen im Rahmen ihrer Kompetenzen erlassen, entwickelt wird.
(IV) Die Anordnung des Widerrufs der Konzessionen obliegt demselben Organ, das sie erteilt.“

a. Die Sanktionsbehörde

Aus Art. 13 II und IV LTCC ergibt sich, daß die zuständige Behörde zur Sanktionierung von Verstößen gegen die LTCC das Ministerio de Ciencia y Tecnología ist[674]. Nach den jeweiligen Gesetzen als sehr schwer eingestufte Verstöße werden durch die Secretaría de Estado de Telecomunicaciones y para la sociedad de la información des Ministerio de Cienca y Tecnología geahndet (früher durch das Generalsekretariat für Kommunikation beim Ministerio de Fomento), schwere und leichte durch ein anderes Organ des Ministerio de Ciencia y Tecnología (früher durch den Generaldirektor für Telekommunikation des Ministerio de Fomento). Da das Ministerio de Ciencia y Tecnología die LTCC-Konzessionen erteilt, obliegt auch diesem gegebenenfalls ihr Widerruf.

b. Die Normierung der Sanktionsvorschriften

Der Verweis des Art. 13 I LTCC in die Sanktionsvorschriften der LOT wirft erhebliche Probleme auf, da die Sanktionsnormen des Abschnitts IV (Artt. 31 – 36) LOT nicht mehr in Kraft sind. Der Verweis in die Sanktionsnormen des LOT muß heute als Verweis in die Sanktionsvorschriften des Nachfolgegesetzes LGT, also in die Artt. 76 – 85 LGT verstanden werden.

---

[674] S. zusätzlich die Ausführungen unter D.VIII.6.b.

Daneben enthalten die Artt. 19 und 20 LID Sanktionsvorschriften für Verstöße gegen die Normen der LID, die zweifelsohne auch für die Kabelfernsehanbieter anwendbar sind[675].

[675] Souvirón Morenilla, Derecho público de los medios audiovisuales, 1999, S. 416.

XI. Die gesetzliche Regelung des terrestrischen Lokalfernsehens: Die Ley 41/1995, de televisión local por ondas terrestres[676] (LTL)

1. Einleitung

Im Dezember 1995 hat der spanische Gesetzgeber die Ley 41/1995, de 22.12.95, de televisión local por ondas terrestres (LTL) erlassen, um eine gesetzliche Regelung für die terrestrisch ausstrahlenden Lokalfernsehveranstalter einzuführen. Diese sendeten bis zu diesem Zeitpunkt außerhalb der Legalität, weil sie mangels einer gesetzlichen Regelung keine Verwaltungskonzession erhalten konnten[677]. Wegen dieser unzureichenden Gesetzeslage drängten die vielen Lokalfernsehveranstalter[678] auf den Erlaß eines entsprechenden Gesetzes, das heute in Form der LTL vorliegt.

Wichtig ist innerhalb der Regelungen der LTL, daß Art. 9 I S. 4 LTL die Befugnis zur Erteilung der Lokalfernsehkonzessionen den Autonomieregionen zuspricht und damit erstmals - wie auch später bei Erlaß der LTDT bezüglich der terrestrischen Digitalfernsehveranstalter geringerer Reichweite[679] - nicht dem Rechtsinhaber Zentralstaat die Befugnis zur Konzessionserteilung erteilt, sondern den Autonomieregionen. -

Es muß allerdings heute festgestellt werden, daß trotz der Wirksamkeit der LTL immer noch kein Lokalfernsehveranstalter die in der LTL vorgesehene Konzession zum Betrieb erhalten hat, die LTL also faktisch nicht angewendet wird. Dies liegt an der Nichtanwendung der Übergangsbestimmung der LTL durch die zuständigen Behörden; diese enthält eine Übergangsregelung für die vor 1995 ausstrahlenden Lokalfernsehsender, welche bisher nicht umgesetzt wurde, s. dazu unten unter D.XI.10. - Weil die LTL aber geltendes Recht ist und sie jederzeit durch die zuständigen Behörden angewendet werden könnte, soll sie in diesem Abschnitt untersucht werden.

2. Der Anwendungs- und Regelungsbereich der LTL

Art. 1 LTL regelt den Anwendungs- und Regelungsbereich der LTL:

---

[676] B.O.E. núm. 309, de 27.12.1995, S. 36940.

[677] In STC 189/1991, JC Bd. 31, S. 162 (173) stellte der TC fest, daß die derzeit bereits sendenden Lokalfernsehveranstalter mangels gesetzlicher Normierung ihre Tätigkeit illegal ausübten. Vgl. ebenso STC 206/1990, JC Bd. 28, S. 738 (759) und die weiteren Nachweise bei Laguna de Paz, Régimen jurídico de la televisión privada, 1994, S. 30 f.

[678] Laut Souvirón Morenilla, Derecho público de los medios audiovisuales, 1999, S. 240 entstanden zwischen 1885 und 1995 mehr als 500 Lokalfernsehsender, von denen etwa 400 terrestrisch ausstrahlen und damit heute von der LTL erfaßt werden.

[679] S. zur Konzessionserteilung nach der LTDT unter D.XII.3.b.

„**Art. 1** Regelungsgegenstand
Dieses Gesetz hat als Gegenstand die Regelung des Rechtsrahmens des lokalen, terrestrisch ausgestrahlten Fernsehdienstes. Darunter versteht man jene Eigenart des Fernsehens, die in der Ausstrahlung oder Übertragung bewegter Bilder besteht, die ohne eine geldwerte Gegenleistung an das Publikum gerichtet ist und mittels elektromagnetischer Schwingungen, die von einer terrestrischen Übertragungsstation in dem in Artikel 3 dieses Gesetzes genannten Gebiet verbreitet werden."

Art. 1 I LTL nennt klar ihren Anwendungsbereich: Dies sind die lokalen und terrestrisch ausstrahlenden Fernsehdienste. Das terrestrische Lokalfernsehen wird definiert als „jene Eigenart des Fernsehens, die in der Ausstrahlung oder Übertragung bewegter Bilder besteht, die ohne eine geldwerte Gegenleistung an das Publikum gerichtet ist und mittels elektromagnetischer Schwingungen, die von einer terrestrischen Übertragungsstation in dem in Artikel 3 dieses Gesetzes genannten Gebiet verbreitet werden". Die LTL knüpft also an vier Tatbestandsmerkmale an: Diese sind erstens das „Fernsehen" als Sendung oder Übertragung bewegter Bilder an das Publikum, zweitens „ohne Gegenleistung", also allein als Free-TV, drittens dann, wenn es mittels einer terrestrischen Übertragungsstation – also nicht per Kabel oder Satellit – verbreitet wird, und viertens, wenn das Verbreitungsgebiet dem in Art. 3 LTL genannten Gebiet[680] entspricht.

Die LTL enthält allgemeine Bestimmungen zu Rechtsnatur und Reichweite des terrestrischen Lokalfernsehens, zu Anzahl, Erwerb und Erlöschen der erforderlichen Verwaltungskonzession, Programmvorgaben, Werberegelungen, einige Regeln zum Betrieb des Lokalfernsehens, einen Sanktionskatalog und einige technische Kriterien, die die Lokalfernsehveranstalter erfüllen müssen.

3. Rechtsnatur und Rechtsrahmen des Lokalfernsehens nach Art. 2 LTL

Die Rechtsnatur und einige auf das Lokalfernsehen anwendbare Normen nennt Art. 2 LTL:

„**Art. 2** Rechtsnatur und Rechtsrahmen
Das terrestrische Lokalfernsehen hat als audiovisuelles soziales Kommunikationsmedium die Rechtsnatur eines öffentlichen Dienstes, und es regelt sich nach den Regeln dieses Gesetzes und nach dem in der Ley 31/1987, de 18.12.87, de Ordenación de las Telecomunicaciones (Anm.: LOT) und seinen jeweiligen Ableitungsnormen Geregelten; nach der Ley 34/1988, de 11.11.84, General de Publicidad (Allgemeines Wahlgesetz); nach der Ley 25/1994, de 22.12.94, por la que se incorpora al ordenamiento jurídico español la Directiva 89/552/CEE, sobre la coordinación de disposiciones legales, reglamentarias y administrativas de los Estados miembros relativas al ejercicio de actividades de radiodifusión televisiva (Anm.:

[680] Nach Art. 3 LTL sind die Übertragungsgebiete durch den „hauptsächlichen Bevölkerungskern der jeweiligen Gemeinde" begrenzt, es soll also in jeder einzelnen Gemeinde ein eigenes Lokalfernsehen senden können.

LID), nach den Grenzen, die aus den Artikeln 6, 8 und 16 dieses Gesetzes resultieren, und nach den Normen, die die Autonomieregionen im Rahmen ihrer Befugnisse erlassen können."

Auch das terrestrische Lokalfernsehen ist demnach - wie auch alle anderen Formen des Fernsehens mit Ausnahme des Satellitenfernsehens - als ein öffentlicher Dienst ausgestaltet, also als eine Aktivität, deren Ausübung durch Privatpersonen eine entsprechende Verwaltungskonzession erfordert.

Die auf die Lokalfernsehveranstalter anwendbaren Normen sind zunächst die LTL selbst, daneben die LOT, die jedoch 1998 durch Erlaß der LGT größtenteils außer Kraft gesetzt wurde (nur noch die Artt. 25 I, II, III und VI, 26, 36 II und die 6. Zusatzbestimmung der LOT sind noch in Kraft). Ferner gelten die Regelungen des Allgemeinen Werbegesetzes Ley 34/1988[681], und nach Maßgabe der Artt. 6, 8 und 16 LTL einige Normen der LID[682]; schließlich gelten auch die eventuell von den Autonomieregionen im Rahmen ihrer Befugnisse erlassenen Normen zum Lokalfernsehen[683]. Das ERTV wird in Art. 2 LTL nicht genannt, da die Befugnis der Autonomieregionen zur Erteilung der LTL-Konzessionen einen Widerspruch zu Art. 1 II ERTV darstellen würde, nach dem das Fernsehen einen Dienst allein in staatlicher Inhaberschaft darstellt[684].

4. Die Reichweite der Lokalfernsehsender nach Art. 3 LTL

Art. 3 regelt, in welchen Gebieten das terrestrische Lokalfernsehen betrieben werden kann:

„**Art. 3** Territoriale Reichweite
(I) Die territoriale Reichweite, die jeder einzelne terrestrische Lokalfernsehsender abdeckt, ist begrenzt durch den hauptsächlichen Bevölkerungskern der jeweiligen Gemeinde.
(II) Die Reichweite kann auf andere Bevölkerungskerne derselben Gemeinde ausgeweitet werden, wenn dies dessen Bevölkerung so beschließt, und zwar mittels der Einrichtung anderer Übertragungsstationen, die genau diese Bevölkerungskerne abdecken und immer wenn dafür ein Freiraum im Frequenzspektrum offensteht und in den Grenzen, die in den Regeln festgelegt sind.
(III) Nur ausnahmsweise und in den in Artikel 7 IV dieses Gesetzes festgelegten Grenzen können die zuständigen Autonomieregionen Reichweiten genehmigen, die den strengen Gebietsrahmen eines terrestrischen Lokalfernsehens überschreiten."

---

[681] Ley 34/1988, de 11.11.88, General de Publicidad; B.O.E. núm. 274, de 15.11.1988, S. 32464.

[682] S. zur Geltung der Regeln der LID unten D.XI.6.

[683] In der Autonomieregion Navarra wurde eine spezielle Verordnung über die terestrischen Lokalfernsehveranstalter erlassen, die einige wenige zusätzliche Regeln normiert: Decreto Foral 313/1996, de 09.09.96, regulando el régimen jurídico de la gestión del servicio de televisión local por ondas terrestres en la Comunidad Foral, B.O. de Navarra núm. 116, de 23.09.1996, S. 5570. Gleiches gilt für die Autonomieregion Katalonien, s. Decreto 320/1996, de 01.10.96, D.O. Generalidad de Cataluña núm. 2268 vom 14.10.1996, S. 10404.

[684] Souvirón Morenilla, derecho público de los medios audiovisuales, 1999, S. 242, FN 190.

Die Reichweite der Lokalfernsehsender ist demnach jeweils auf das Gebiet einer Gemeinde beschränkt, und zwar auf den hauptsächlichen Bevölkerungskern. Damit ist das hauptsächliche Bevölkerungszentrum innerhalb der Gemeinde gemeint, das gem. Art. 20 I LTL grundsätzlich von nur einer Übertragungsstation zu bedienen ist.

Ausnahmsweise kann die Reichweite nach Maßgabe des Art. 20 II LTL auf andere Bevölkerungskerne der Gemeinde ausgeweitet werden, indem weitere Übertragungsstationen installiert werden. Dazu müssen die erforderlichen Frequenzen verfügbar sein und ein entsprechender Entschluß der Bevölkerung bestehen.

Eine weitere Ausnahme enthält Art. 3 III i.V.m. Art. 7 IV LTL, nach denen unter bestimmten Voraussetzungen die Autonomieregionen Sendungen mit einer höheren Reichweite genehmigen können.

5. Die Konzession zum Betrieb eines Lokalfernsehsenders

a. Allgemeine Regelungen

Der Betrieb des Lokalfernsehens ist ein öffentlicher Dienst (Art. 2 LTL), d.h. er erfordert notwendigerweise eine Verwaltungskonzession. Die allgemeinen Regeln dazu sind in den Artt. 4, 5 und 9 I LTL enthalten:

„**Art. 4** Anzahl der Konzessionen
Die Anzahl der Konzessionen für den Betrieb des Dienstes terrestrisches Lokalfernsehen ist festgelegt auf eine (Konzession) für jedes Gebiet der Reichweite des Dienstes. Jedoch kann ein Maximum von zwei Konzessionen für ein Gebiet der Reichweite genehmigt werden, wenn sich dies nicht als unvereinbar mit den Verfügbarkeiten des Frequenzspektrums erweist.

Art. 5 Betrieb des Dienstes
Der Dienst des terrestrischen Lokalfernsehens wird von den Gemeinden mittels einer der Formen, die Artikel 85 III der Ley 7/1985, de 02.04.85, Reguladora de las Bases del Régimen Local vorsieht, betrieben, oder durch natürliche oder juristische Personen mit oder ohne Gewinnabsicht, in beiden Fällen nach vorheriger Erteilung der jeweiligen Konzession.“

„**Art. 9** Art des Betriebs
(I) Die Gemeinden können innerhalb der Frist, die dafür die Autonomieregionen vorschreiben, den Betrieb des Dienstes terrestrisches Lokalfernsehen durch sie selbst übernehmen. In diesem Fall können die Autonomieregionen in Übereinstimmung mit dem in Artikel 4 Vorgesehenen die Erteilung einer zweiten Konzession bestimmen.
In dem Falle, daß innerhalb der genannten Frist die Gemeinden nicht den Betrieb selbst übernehmen, können die Autonomieregionen bestimmen, daß dieser durch natürliche oder juristische Personen in den Grenzen des Artikels 13 betrieben wird.
Im einen oder anderen Falle sind die Autonomieregionen zur Erteilung der entsprechenden Konzessionen zum Betrieb des Dienstes befugt.“

Pro Gemeinde ist nach Art. 4 LTL grundsätzlich nur eine Konzession vorgesehen; es kann aber eine zweite Konzession in jeder Gemeinde erteilt werden, wenn dies mit den „Verfügbarkeiten des Frequenzspektrums vereinbar ist", also keine schädigenden Interferenzen zwischen den beiden Lokalsendern und den anderen terrestrisch ausstrahlenden Fernsehsendern entstehen können.

Die Konzessionsbehörden sind gem. Art. 9 I S. 4 LTL die zuständigen Behörden der Autonomieregionen, in denen sich die betreffenden Gemeinden befinden. Damit erteilen also die Autonomieregionen die Konzessionen für den Inhaber des Fernsehdienstes, den spanischen Staat (Art. 1 II ERTV), wobei sie an die Kriterien zur Konzessionserteilung gebunden sind, die der spanische Staat durch Erlaß der LTL vorgegeben hat.

Wie auch die LTP-Konzessionen sind die Konzessionen nach der LTL Verwaltungsverträge und insofern an die Vorgaben des Verwaltungsvertragsgesetzes, der Ley 13/1995[685], gebunden.

Gem. Art. 5 LTL kann der öffentliche Dienst des Lokalfernsehens sowohl durch die Gemeinde selbst betrieben werden, als auch durch Privatpersonen – in beiden Fällen mittels der entsprechenden Verwaltungskonzession. Bezüglich dieser beiden in Frage kommenden Betreiber stellt die LTL folgenden Regeln auf:

1.) In erster Linie geht die LTL nur von *einer* Konzession aus (Art. 4 S. 1 LTL), die der Gemeinde erteilt werden soll, wenn diese den Lokalfernsehdienst selbst übernehmen will. Insofern haben die Gemeinden die Priorität bei der Konzessionserteilung[686]. Falls die jeweilige Gemeinde den Lokalfernsehdienst nicht selbst betreiben will, kann die zuständige Behörde der jeweiligen Autonomieregion die (eine) Konzession an eine interessierte Privatperson geben (Art. 9 I S. 3 LTL).

2.) In zweiter Linie kann die Autonomieregion, wenn die Gemeinde den Lokalfernsehdienst selbst übernehmen will, eine *zweite* Konzession erteilen, und zwar in jedem Falle an Privatpersonen, wenn die Voraussetzungen des Art. 4 LTL erfüllt sind, also dafür gesorgt ist, daß keine Interferenzen entstehen können (Art. 9 I S. 1 und 2 LTL)[687].

Der konzessionelle Betrieb der Lokalfernsehdienste durch die eigene Gemeinde und/ oder durch Privatpersonen wird innerhalb der LTL durch verschiedene Normen geregelt, je nachdem, ob die Gemeinde oder eine Privatperson die Konzessionäre sind. Deshalb ist im Folgenden nach den für die Gemeinden und den für die Privatpersonen geltenden Normen zu unterscheiden.

---

[685] Ley 13/1995, de de 18.05.95, de Contratos de las Administraciones públicas; B.O.E. núm. 119, de 19.05.1995, S. 14601, Berichtigungen in B.O.E. núm. 159, de 05.07.1995, S. 20404; vgl. dazu auch unter D.I.2.a.aa.

[686] Montero/ Brokelmann, Telecomunicaciones y Televisión, 1999, S. 540 und 542.

[687] Vgl. auch Souvirón Morenilla, Derecho público de los medios audiovisuales, 1999, S. 243 f.

b. Der Betrieb des Lokalfernsehens durch die eigene Gemeinde

Der Betrieb des Lokalfernsehens durch die entsprechende eigene Gemeinde wird nur durch wenige Normen geregelt, die in den Artt. 5 und 12 LTL enthalten sind:

„**Art. 5** Betrieb des Dienstes
Der Dienst des terrestrischen Lokalfernsehens wird von den Gemeinden mittels einer der Formen, die Artikel 85 III der Ley 7/1985, de 02.04.85, Reguladora de las Bases del Régimen Local vorsieht, betrieben, oder durch natürliche oder juristische Personen mit oder ohne Gewinnabsicht, in beiden Fällen nach vorheriger Erteilung der jeweiligen Konzession."

„**Art. 12** Der Betrieb des Dienstes durch die Gemeinden
Wenn der Dienst des terrestrischen Lokalfernsehens durch die Gemeinden betrieben wird, wird die Kontrolle der Handlungen der den Dienst ausführenden Körperschaft durch den Rat der kommunalen Körperschaft durchgeführt, der gleichermaßen über die Respektierung der im Artikel 6 dieses Gesetzes genannten Prinzipien wacht."

Gem. Art. 5 LTL muß das terrestrische Lokalfernsehen, das von der eigenen Gemeinde übernommen wird, mittels einer der Formen des Art. 85 III der Ley 7/1985, de 02.04.85, reguladora de las Bases del Régimen Local[688] (vergleichbar mit den Gemeindeordnungen der deutschen Bundesländer) betrieben werden. Das bedeutet, daß der Fernsehdienst der Gemeinde direkt durch die eigene lokale Körperschaft oder indirekt durch einen lokalen autonomen Organismus oder eine Handelsgesellschaft, deren Kapital vollständig der lokalen Körperschaft zugehört, durchgeführt werden muß[689].

Eine zweite Regel enthält Art. 12 LTL, nach dem die Kontrolle der Handlungen der den Fernsehdienst ausführenden Körperschaft durch den jeweiligen Stadt- oder Gemeinderat durchgeführt werden muß, was auch die Kontrolle der Prinzipien des Art. 6 LTL (hier werden allgemeine Programmgrundsätze normiert, s.u. D.XI.6.) umfaßt.

c. Der Betrieb des Lokalfernsehens durch Privatpersonen

Bezüglich des Betriebs des Lokalfernsehens durch Private enthält Art. 13 LTL umfangreichere Regelungen:

„**Art. 13** Betrieb des Dienstes durch Privatpersonen
(I) Falls der Dienst mittels Verwaltungskonzession durch Privatpersonen betrieben wird, wird diese im Verfahren der öffentlichen Ausschreibung erteilt.
(II) Am Ausschreibungsverfahren können sich natürliche Personen spanischer Nationalität oder aus den anderen EU-Mitgliedstaaten beteiligen, ebenso spanische Gesellschaften und die

---

688 B.O.E. núm. 80, de 03.04.1985, S. 8945, Berichtigungen in B.O.E. núm. 139, de 11.06.1985, S. 17576.

689 Souvirón Morenilla, Derecho público de los medios audiovisuales, 1999, S. 244; Montero/ Brokelmann, Telecomunicaciones y Televisión, 1999, S. 542.

Körperschaften derselben (spanischen) Nationalität ohne Gewinnerzielungsabsicht. Die Körperschaften ohne Gewinnerzielungsabsicht, die um den indirekten Betrieb des Dienstes konkurrieren, werden in der Form, die die Autonomieregionen entwickeln, positiv bewertet.
(III) Wenn es sich um Gesellschaften handelt, muß ihr Gesellschaftszweck den indirekten Betrieb dieses Fernsehdienstes beinhalten. Die Aktien dieser Gesellschaften sind Namensaktien und die Beteiligung an ihrem Kapital durch Personen, die nicht Angehörige eines EU-Mitgliedstaates sind, darf weder direkt noch indirekt 25 Prozent des Gesellschaftskapitals übersteigen.
(IV) Die Konzession verpflichtet zur direkten Nutzung des Dienstes und ist unübertragbar. Im Falle von konzessionierten Gesellschaften erfordern alle Akte und Rechtsgeschäfte, die die Übertragung, Verfügung oder Belastung ihrer Aktien mit sich bringen, eine vorherige Erlaubnis der Verwaltung. Konstitutiver Bestandteil der genannten Akte und Rechtsgeschäfte ist ihre Gegenzeichnung durch einen fadatario público, der kein Dokument ohne den Nachweis der entsprechenden Erlaubnis der Verwaltung überprüft oder gutheißt. Die Erlaubnis, auf die sich dieser Absatz bezieht, wird durch die für die Konzessionserteilung zuständige Behörde erteilt."

Gem. Art. 13 I LTL muß zur Erteilung der Konzession an Privatpersonen ein öffentliches Ausschreibungsverfahren durchgeführt werden – ebenso wie gem. Art. 8 I LTP bei der Erteilung einer LTP-Privatfernsehkonzession. Beteiligtenfähig sind bei dem Ausschreibungsverfahren gem. Art. 13 II LTL entweder natürliche Personen aus Spanien und anderen EG-Mitgliedstaaten oder spanische Gesellschaften oder spanische Körperschaften ohne Gewinnerzielungsabsicht. Letztere können, wenn die jeweilige Autonomieregion entsprechende Regeln erläßt, in dem Verfahren „positiv bewertet", also bevorzugt werden.

Es wird angemerkt, daß keine Verpflichtung zur Erteilung einer LTL-Konzession an eine Privatpersonen besteht; die Genehmigungsbehörden der Autonomieregionen handeln diesbezüglich nach freiem Ermessen[690].

Gem. Art. 13 III LTL müssen die Lokalfernsehveranstalter, wenn sie Aktiengesellschaften sind, den indirekten Betrieb des Fernsehdienstes als Gesellschaftszweck haben; ihre Aktien müssen Namensaktien sein, also keine Inhaberaktien[691], und die Beteiligung von Unionsausländern darf weder direkt noch indirekt 25 Prozent des Gesellschaftskapitels überschreiten.

Gem. Art. 13 IV LTL verpflichtet die Konzession zur direkten Nutzung des Lokalfernsehdienstes und kann nicht übertragen werden.

Falls eine Aktiengesellschaft konzessioniert wurde, wird zur Kontrolle ihrer Eigentümerstruktur – ebenso wie nach Art. 21 LTP – für alle Akte und Rechtsgeschäfte, die eine Verfügung der Aktien mit sich bringt, die Gegen-

---

690 Montero/ Brokelmann, Telecomunicaciones y Televisión, 1999, S. 543.
691 Vgl. Art. 18 I LTP, der dieselben Regelungen für die Aktiengesellschaften normiert, die das landesweite terrestrische Privatfernsehen betreiben.

zeichnung durch eine öffentliche Urkundsperson („fedatario público“, also z.B. einen Notar) und eine Erlaubnis durch die Konzessionsbehörde verlangt.

d. Gemeinsame zusätzliche Regeln für die Inhaber der Lokalfernseh konzessionen

Die LTL vervollständigt den Rechtsrahmen des Konzessionsbetriebs mit einigen Regelungen, die für alle Lokalfernsehveranstalter – Gemeinden und Private – gelten.

aa. Inhalt und Dauer der Lokalfernsehkonzession

Zum Inhalt und zur Dauer der Lokalfernsehkonzession sind die Artt. 9 II und 14 LTL zu untersuchen:

„**Art. 9 (II)** Die Konzession für den Betrieb des Dienstes Lokalfernsehen schließt das Recht ein, die Sendestationen und notwendigen Verbindungen aufzubauen und zu nutzen.“

„**Art. 14** Dauer des Betriebs des Dienstes in seinen verschiedenen Modalitäten
Die Konzession für den Betrieb des Dienstes wird erteilt für einen maximalen Zeitraum von fünf Jahren, sie ist auf Antrag des Konzessionärs verlängerbar für weitere fünf Jahre, in Ausführung der Verfügbarkeiten des radioelektrischen Frequenzspektrums, anderer Notwendigkeiten und Nutzungen desselben und der Entwicklung des Kabelfernsehens. Vor Erteilung einer Verlängerung obliegt der Allgemeinen Verwaltung des (spanischen) Staats die Bewertung dieser Umstände und die vorherige Erneuerung der bereits erteilten Frequenzzuteilung oder gegebenenfalls die Erteilung einer neuen Frequenz, und die Bewertung der Aspekte ihres Kompetenzbereichs obliegt den Autonomieregionen.“

Die Lokalfernsehkonzession berechtigt gem. Art. 9 II LTL neben dem Betrieb des Lokalfernsehens zum Aufbau der notwendigen Sendestationen und Infrastruktur-Verbindungen, also der „Hardware“, die notwendig ist, um einen Lokalfernsehsender zu betreiben.

Gem. Art. 14 LTL wird die Konzession für einen Zeitraum von fünf Jahren erteilt. Sie kann auf Antrag für weitere fünf Jahre verlängert werden, wenn es das Frequenzspektrum zuläßt und „andere Notwendigkeiten und Nutzungen“ des Frequenzspektrums und die Entwicklung des Kabelfernsehens dies erlauben. Hierbei ist zu beachten, daß entsprechend der Kompetenz des spanischen Staates aus Art. 149 I Nr. 21 CE die Bewertung der Verfügbarkeiten des Frequenzspektrums im Ermessen der zuständigen Behörden des spanischen Staates liegt, in diesem Falle im Ermessen des Ministerio de Ciencia y Tecnología. Dagegen bleibt den Behörden der Autonomieregionen die Bewertung der Aspekte ihres Kompetenzbereichs; dies sind z.B. die rundfunkrechtliche Regelung der Ausstrahlungszeiten und der Inhalte der Lokalfernsehsender.

bb. Das Erlöschen der Lokalfernsehkonzession

Die Gründe für das Erlöschen der Lokalfernsehkonzession normiert Art. 15 LTL:

„**Art. 15** Erlöschen der Konzession
Die Konzession erlischt aus einem jeden der folgenden Gründe:
a) Durch Zeitablauf, wenn ihre Erneuerung nicht genehmigt wurde.
b) Durch spätere Nichterfüllung der essentiellen Voraussetzungen derselben, die in den Artikeln 5, 10 und 13 angezeigt sind.
c) Durch rechtskräftige Sanktion, die durch das zuständige Organ erlassen wurde.
d) Aus Gründen, die in der Gesetzgebung der Verträge der öffentlichen Verwaltung vorgesehen sind.
e) Aus Gründen, die durch die Autonomieregionen im Rahmen ihrer Kompetenzen festgelegt werden.
f) Durch Nichtbeginn der Sendungen innerhalb der in der Konzession angegebenen Frist, ohne berechtigten Grund.
g) Durch unberechtigte Unterbrechung der Sendungen für mehr als 15 Tage innerhalb Jahresfrist."

Gem. Art. 15 LTL erlischt die Konzession aus folgenden Gründen:

1.) Durch Zeitablauf, wenn die Lokalfernsehkonzession nicht gem. Art. 14 LTL verlängert wurde.

2.) Durch später eintretende Nichterfüllung der „essentiellen Voraussetzungen" der Konzession, die in den Artt. 5, 10 und 13 LTL enthalten sind. Dies kann entweder die Nichteinhaltung der in Art. 5 LTL geforderten Betriebsformen durch die betreibende Gemeinde sein (s.o. unter 5.b.), oder die Nichterfüllung der Voraussetzungen des Art. 13 LTL durch die Privaten (s.o. unter 5.c.), oder ein Verstoß gegen Art. 10 LTL, der das Verfahren der Frequenzzuteilung durch den spanischen Staat regelt (s. dazu unten 8.a.).

3.) Durch rechtskräftige Sanktion des zuständigen Organs.

4.) Aus Gründen des Verwaltungsvertragsgesetzes, Ley 13/1995, de 18.05.95, de Contratos de las Administraciones Públicas[692]. Das Erlöschen von Verwaltungsverträgen ist in den Artt. 110 bis 114 der Ley 13/1995 geregelt.

5.) Aus Gründen, die die Autonomieregionen im Rahmen ihrer Kompetenzen normieren.

6.) Durch Nichtbeginn der Sendungen innerhalb der in der Konzession angegebenen Frist und ohne berechtigten Grund.

7.) Durch unberechtigte Sendeunterbrechung für mehr als 15 Tage innerhalb Jahresfrist. -

Die Unbestimmtheit der Regelungen in Art. 15 lit. c) und e) LTL (im obigen Text Nummern 3.) und 5.)) ist zu kritisieren, da sie eine erhebliche Rechtsunsicherheit für die Konzessionäre bedeutet: Die Konzession soll nach Art. 15 lit. c) LTL „durch rechtskräftige Sanktion des zuständigen Organs" erlöschen,

---

692 B.O.E. núm. 119, de 19.05.1995, S. 14601; Berichtigungen in B.O.E. núm. 159, de 05.07.1995, S. 20404.

aber weder diese Sanktion noch der dazugehörige Verstoßtatbestand werden in den Sanktionsvorschriften der Artt. 16 und 17 LTL (s. dazu unten D.XI.9.) genannt.

6. Inhaltliche Vorgaben für die Lokalfernsehsender

Inhaltliche Vorgaben für die Lokalfernsehveranstalter enthalten die Artt. 6 und 8 LTL:

„**Art. 6** Leitprinzipien
Der Betrieb des Dienstes des terrestrischen Lokalfernsehens gestaltet sich nach den folgenden Prinzipien:
a) Die Objektivität, Wahrhaftigkeit und Unparteilichkeit der Informationen.
b) Die Trennung zwischen Information und Meinung, die Identifizierung, von wem letztere stammt, und ihr freier Ausdruck innerhalb der Grenzen des Artikels 20.IV der Verfassung.
c) Der Respekt des politischen, religiösen, sozialen, kulturellen und sprachlichen Pluralismus.
d) Der Respekt der Ehre, des Rufs, des Privatlebens der Personen und der Rechte und Freiheiten, die die Verfassung kennt.
e) Der Schutz der Jugend und der Kindheit, im Einklang mit dem in Kapitel IV der Ley 25/1994 (LID) Entwickelten.
f)Der Respekt der Gleichheitsgrundrechte des Artikels 14 der Verfassung.
g) Die Förderung der lokalen Interessen, indem dafür die Teilnahme sozialer Gruppen dieses Charakters angeregt werden, mit dem Ziel der Förderung, der Weiterentwicklung und des Schutzes der Kultur und des lokalen Zusammenlebens."

„**Art. 8** Rechtsrahmen der Werbung
(I) Die Autonomieregionen können Grenzen für die Sendung von Werbung durch die terrestrischen Lokalfernsehsender entwickeln.
((II) außer Kraft)"

a. Die allgemeinen Programmgrundsätze nach Art. 6 LTL

Art. 6 LTL formuliert die allgemeinen Programmgrundsätze, an denen sich die Lokalfernsehveranstalter orientieren müssen. Diese sind praktisch identisch mit denen des Art. 4 ERTV, abgesehen von zwei Ausnahmen:

Erstens verlangt Art. 6 lit. e) LTL die Beachtung des Kindheits- und Jugendschutzes im Gegensatz zur Art. 4 ERTV nicht allgemein, sondern verweist speziell auf die Regeln des Kapitels IV (also Artt. 16 und 17) der LID, das Jugendschutzregeln gegenüber Werbung und Teleshopping (Art. 16 LID) und allgemein gegenüber dem Programm (Art. 17 LID) normieren; s. dazu oben unter D.II.6.

Zweitens enthält Art. 6 lit. f) LTL eine Ergänzung gegenüber Art. 4 ERTV, in der die Förderung lokaler Interessen durch die Anregung einer Teilnahme sozialer Gruppen verlangt wird, mit dem Ziel der Förderung, der Weiterentwicklung und des Schutzes der Kultur und des lokalen Zusammenlebens.

Bezüglich der restlichen allgemeinen Programmgrundsätze, die identisch mit denen des Art. 4 ERTV sind, ist auf die Ausführungen zu Art. 4 ERTV unter D.VI.9. zu verweisen.

b. Die Werbe- und Sponsoringregelungen

Gem. Art. 8 I LTL können die Autonomieregionen „Grenzen für die Sendung von Werbung“ der Lokalfernsehveranstalter festlegen[693].

Bis 1999 bestimmte Art. 8 II LTL, daß für die Lokalfernsehveranstalter die Werberegeln der Artt. 9, 10 und 11 LID gelten sollten; diese Norm wurde durch die Außerkraftsetzungsbestimmung der Ley 22/1999, dem Änderungsgesetz zur LID, außer Kraft gesetzt. Fraglich ist aber, ob dies eine Abschwächung oder eine Verschärfung der Werberegeln für die Lokalfernsehsender bedeutet:

Für eine Abschwächung sprechen die Normen der LTL: Einerseits wurde der in die LID-Werbenormen verweisende Art. 8 II LTL abgeschafft, und andererseits bestimmt Art. 2 LTL, daß die LID nur in „den Grenzen, die aus den Artikels 6, 8 und 16 LTL resultieren“ gilt. Weil aber die Artt. 6 (lit. e)) und 16 LTL nur auf die Jugendschutznormen (Artt. 16 und 17 LID) und die Sanktionsnormen (Artt. 19 und 20) der LID verweisen, würde das heißen, daß gem. Art. 2 LTL nach Abschaffung des Art. 8 II LTL die Werbe- und Sponsoringregeln der Artt. 8 bis 15 LID für die Lokalfernsehveranstalter - und alle anderen LID-Regeln, außer den Artt. 16, 17, 19 und 20 LID - nicht gelten.

Für eine Verschärfung sprechen dagegen die Normen der LID selbst: Die LID gilt gem. Art. 2 I LID für alle Fernsehveranstalter, die in Spanien niedergelassen sind. Da alle Lokalfernsehveranstalter in Spanien niedergelassen sind, gelten somit grundsätzlich alle Regeln der LID auch für sie. Eine Sonderregel enthält der 1999 gleichzeitig mit der Außerkraftsetzung des Art. 8 II LTL neu eingefügte Art. 2 V S. 1 LID, nach dem die Fernsehsendungen lokaler Reichweite, die nicht an ein nationales Fernsehnetz angeschlossen sind (dies ist bei allen Lokalfernsehveranstaltern wegen Art. 7 LTL der Fall), von den Regelungen des Kapitels II LID (also den harten Quotenregelungen der Artt. 5 bis 7 LID) befreit sind.

Im Umkehrschluß müssen dann aber *alle anderen* Regelungen der LID auf die Lokalfernsehveranstalter anwendbar sein, auch die Werbe- und Sponsoringregeln des Kapitels III (Artt. 8 bis 15) der LID[694]. Die Aufhebung des Art. 8 II LTL hat also nach zutreffender Ansicht eine Verschärfung der Werberegeln für

693 Vgl. dazu die unter D.XII.3. genannten Regelungen der Autonomieregionen Navarra und Cataluña.
694 S. zu den Werbe- und Sponsoringregeln der LID ausführlich o. unter D.II.5.

die Lokalfernsehveranstalter bewirkt, da jetzt alle LID-Werbe- und Sponsoringregeln auf sie anwendbar sind[695].

c. Inhaltliche Vorgaben weiterer Gesetze

Zu untersuchen ist, ob auch andere allgemeine Normen über das Fernsehen als soziales Kommunikationsmedium auf die Lokalfernsehveranstalter anwendbar sind.

Zunächst gelten alle Normen der LID mit Ausnahme der Artt. 5 bis 7 LID, s.o.; zusätzlich verweist auch Art. 16 I LTL auf die Sanktionsvorschriften (Artt. 19 und 20) der LID.

Art. 16 II lit. c) LTL normiert, daß durch rechtskräftige Entscheidungen aufgedeckte Verletzungen „der geltenden Regelungen bezüglich des Ehrenrechts, des Rechts auf persönliche Intimität, des Rechts am eigenen Bild, des Wahlkampfrechts, des Rechts der Verbreitung von Umfragen und die Ausübung des Gegendarstellungsrechts" als sehr schwere Verstöße angesehen werden. Das bedeutet im Analogschluß, daß folgende Regelungen vollständig auf die Lokalfernsehveranstalter anwendbar sind:

- die Ley Orgánica 1/1982, de 05.05.82, de protección civil del derecho a honor, a la intimidad personal y familiar y a la propia imagen[696] (Organgesetz 1/1982 zum Schutz des Ehrenrechts, der persönlichen und familiären Intimität und des Rechts am eigenen Bild);
- die Grundnormen der Ley Orgánica 5/1985, de 19.06.85, del Régimen Electoral General[697] (Allgemeines Wahlgesetz), in der auch die Verbreitung von Umfragen geregelt ist; und speziell die Ley Orgánica 14/1995, de 22.12.95, de publicidad electoral en emisoras de televisión local por ondas terrestres[698] (das Organgesetz 14/1995 über Wahlwerbung in Sendern des terrestrischen Lokalfernsehens)[699]; und

[695] Vgl. zu dieser Problematik Souvirón Morenilla, Derecho público de los medios audiovisuales, 1999, S. 248 f.

[696] B.O.E. núm. 115, de 14.05.1982, S. 12546.

[697] B.O.E. núm. 147, de 20.06.1985, S. 19110, Berichtigung in B.O.E. núm. 17, de 20.01.1986, S. 2759.

[698] B.O.E. núm. 309, de 27.12.1995, S. 36940.

[699] Die Ley 14/1995 regelt für die Lokalfernsehveranstalter - wie auch die anderen Gesetze über die Wahlwerbung für andere Fernsehveranstalter, v.a. Ley Orgánica 2/1988 für die Wahlwerbung im landesweiten terrestrischen Privatfernsehen - ein Verbot des Kaufs von Wahlwerbezeiten und die Garantie des Pluralismus und der Gleichheit der Programme während der Wahlkampfzeiten. Für die von den Gemeinden betriebenen Lokalfernsehsender gilt im Gemeinderats-Wahlkampf die Pflicht des kostenlosen Zurverfügungstellens von Wahlwerbezeit für die zur Wahl stehenden Parteien und Wählervereinigungen. Souvirón Morenilla, Derecho público de los medios audiovisuales, 1999, S. 247. Die Ley 14/1995 gilt auch für die Kabelfernsehbetreiber.

- die Ley Orgánica 2/1984, de 26.03.84, reguladora del derecho de rectificación[700] (das Gegendarstellungsgesetz – s. dazu unter D.IV.).

Schließlich ist auf Art. 2 LTL hinzuweisen, der weitere Gesetze für anwendbar erklärt. Dies sind:

- die noch in Kraft befindlichen Regelungen der LOT; dies sind die Artt. 25 I, II, III und IV, 26, 36 II und die 6. Zusatzbestimmung der LOT;
- die Ley 34/1988, de 11.11.84, General de Publicidad[701] (Allgemeines Werbegesetz); und
- es können in den einzelnen Autonomieregionen weitere Normen bestehen, die die Autonomieregionen im Rahmen ihrer Befugnisse erlassen (Art. 2 LTL a.E.), vgl. dazu oben D.XII.3.

7. Die Verbote nach Art. 7 LTL

Art. 7 LTL normiert das Verbot für Lokalfernsehsender, einem Fernsehkanal anzugehören oder über ihn auszustrahlen:

„**Art. 7** Verbot der Ausstrahlung über Fernsehkanäle
(I) Die terrestrischen Lokalfernsehsender dürfen nicht über einen Fernsehkanal ausstrahlen oder ihm angehören.
(II) Zu diesem Zweck werden die (Lokal-)Fernsehsender als Angehörige eines Fernsehkanals angesehen, bei denen eine Entscheidungseinheit besteht, unter der Berücksichtigung, daß diese Entscheidungseinheit jedenfalls dann besteht, wenn einer oder mehrere Gesellschafter mittels der Zusammenstellung ihrer Aktien die Verwaltung von zwei oder mehr Betriebsgesellschaften dieses Dienstes ausüben, in diesen die Mehrheit der Stimmrechte besitzen oder das Recht zur Ernennung oder Entlassung der Mehrheit der jeweiligen Verwaltungsratsmitglieder haben.
(III) Als über einen Fernsehkanal Ausstrahlende werden die Lokalfernsehsender verstanden, die dasselbe Programm während mehr als 25 Prozent der wöchentlichen Gesamtsendezeit senden, wenngleich auch zu unterschiedlicher Uhrzeit.
(IV) Nicht im Gegensatz zum Vorangegangenen können die zuständigen Autonomieregionen nach vorheriger Absprache mit den Gemeinderäten der betroffenen Gemeinden Sendungen auf einem Fernsehkanal mit Aufmerksamkeit für Charakteristika der territorialen Nähe und der gesellschaftlichen und kulturellen Identitäten der genannten Gemeinden genehmigen. In diesem Falle wäre die Einigkeit der Betreiber des Dienstes erforderlich.“

Gem. Art. 7 I LTL darf ein Lokalfernsehsender nicht einem Fernsehkanal angehören oder über einen solchen ausstrahlen. Das erste Verbot wird in Art. 7 II LTL konkretisiert, das zweite in Art. 7 III LTL.

---

[700] B.O.E. núm. 74, de 27.03.1984, S. 8387, Berichtigung in B.O.E. núm. 90, de 14.04.1984, S. 10661.
[701] B.O.E. núm. 274, de 15.11.1988, S. 32464.

a. Das Verbot, Fernsehkanälen anzugehören

Zunächst ist anzumerken, daß mit „Fernsehkanälen" solche gemeint sind, die mit großer Reichweite ausstrahlen, d.h. mindestens eine ganze Autonomieregion oder ganz Spanien abdecken.

Gem. Art. 7 I und II LTL dürfen die terrestrische Lokalfernsehsender keinem solchen Fernsehkanal angehören; das ist der Fall, wenn zwischen ihnen eine Entscheidungseinheit besteht, die jedenfalls dann vorliegt, wenn Gesellschafter durch ihre Aktienanteile die Verwaltung über zwei oder mehrere Betreibergesellschaften kontrollieren, in diesen die Mehrheit der Stimmrechte besitzen oder das Recht haben, die Mehrheit der jeweiligen Verwaltungsratsmitglieder zu ernennen oder zu entlassen.

Es liegt auf der Hand, daß hier der Konzentration von Meinungsmacht entgegengewirkt werden soll. Lokalfernsehveranstalter sollen aus der jeweiligen Gemeinde bzw. Stadt stammen und nicht durch die großen Fernsehkanäle, weder staatliche noch private, kontrolliert werden.

b. Das Verbot, über einen Fernsehkanal auszustrahlen

Art. 7 I und III LTL verbieten den Lokalfernsehveranstaltern, über einen Fernsehkanal auszustrahlen. Dies ist dann der Fall, wenn sich das Programm des Lokalfernsehveranstalters und eines Fernsehkanals zu mehr als 25 Prozent der wöchentlichen Gesamtsendezeit decken, auch bei unterschiedlicher Sendezeit.

Auch hier soll einer Einflußnahme auf das Programm der Lokalfernsehveranstalter begegnet werden, die nur maximal 25 Prozent ihrer wöchentlichen Gesamtsendezeit mit Sendungen der großen Fernsehkanäle füllen dürfen; das terrestrische Lokalfernsehen soll eben lokal bleiben.

Es muß in diesem Kontext erwähnt werden, daß sich inzwischen viele Lokalfernsehveranstalter zusammengeschlossen haben und ein gemeinsames Programm ausstrahlen. Ob sie damit das Tatbestandsmerkmal „über einen Fernsehkanal ausstrahlend" erfüllen, kann angesichts der allgemeinen Nicht-Anwendung der LTL offenbleiben.

c. Der Ausnahmetatbestand des Art. 7 IV LTL

Nach Art. 7 IV LTL können die zuständigen Behörden der Autonomieregionen jedoch Sendungen mit Aufmerksamkeit für Charakteristika der territorialen Nähe und der gesellschaftlichen und kulturellen Identitäten der betroffenen Gemeinden zur Ausstrahlung in einem Fernsehkanal genehmigen, wenn die betroffenen Gemeinden dies wünschen und auch die Betreiber der beiden Dienste sich darüber einig sind.

Für die Region, ihre Gesellschaft und Kultur erhebliche Sendungen von Lokalfernsehveranstaltern dürfen also unter den Voraussetzungen des Art. 7 IV LTL (Einverständnis der Gemeinden und der Betreiber) ausnahmsweise doch in einem Fernsehkanal ausgestrahlt werden, wenn die Autonomieregion es genehmigt.

8. Die technischen Voraussetzungen für die terrestrischen Lokalfernsehveranstalter

Die Artt. 10 f. und 18 – 23 LTL normieren eine Reihe technischer Anforderungen, die die Lokalfernsehsender zu erfüllen haben; diese sollen im Überblick dargestellt werden[702].

Die Regulierung und Kontrolle der rein technischen Anforderungen obliegt nach der Kompetenzverteilung des Art. 149 CE allein den Behörden des spanischen Staates, während die Konzessionserteilung und Programmkontrolle den Behörden der Autonomieregionen obliegt.

a. Das Frequenzzuteilungsverfahren

Nach Art. 10 I LTL können die Behörden der Autonomieregionen solange keine Konzession an einen Lokalfernsehveranstalter erteilen, bis nicht eine provisorische Frequenzreservierung durch die Verwaltung des spanischen Staates, d.h. durch das Ministerio de Ciencia y Tecnología (früher das Ministerio de Fomento), vorliegt. Wenn dann später die LTL-Konzession durch die Autonomieregion erteilt wurde und die technischen Einrichtungen gem. Art. 11 LTL durch das Ministerio de Ciencia y Tecnología abgenommen wurden, bewirkt es die endgültige Frequenzzuteilung. Die Verfahren der vorläufigen und endgültigen Frequenzreservierung regelt die spanische Regierung.

Gem. Art. 19 LTL erfolgt die Frequenzzuteilung für jeden einzelnen Lokalfernsehveranstalter durch „das zuständige Organ der Allgemeinen Verwaltung des (spanischen) Staates“, also durch das Ministerio de Ciencia y Tecnología; hierbei sind die Verfügbarkeiten des Frequenzspektrums zu beachten, da die terrestrischen Reichweiten der großen, weit ausstrahlenden Fernsehkanäle garantiert bleiben müssen.

Die spanische Regierung kann gem. Art. 23 S. 2 LTL spätere Änderungen der technischen Charakteristika der Frequenzzuteilung anordnen, um das zur Verfügung stehende Frequenzspektrum möglichst effektiv zu nutzen.

Anhand des Frequenzzuteilungsverfahrens ist zu erkennen, daß das Ministerio de Ciencia y Tecnología erhebliche Einwirkungsmöglichkeiten auf die Entwicklung des Lokalfernsehens hat, obwohl es nicht die zuständige Konzessionsbehörde ist – dies sind die Behörden der Autonomieregionen, Art. 9 I S. 4 LTL.

---

702 S. die entsprechenden Normen der LTL in der Übersetzung der LTL im Anhang dieser Arbeit.

b. Anzahl und Ort der Übertragungsstationen und weitere technische Anforderungen

Gem. Art. 20 LTL darf ein Lokalfernsehveranstalter grundsätzlich nur über eine Übertragungsstation sein Programm ausstrahlen. Ausnahmsweise kann bei Vorliegen der Voraussetzungen des Art. 3 II LTL eine weitere Übertragungsstation installiert werden.

Der Ort, an dem die Übertragungsstation zu installieren ist, ist gem. Art. 20 II LTL grundsätzlich der „bevölkerungsmäßige Stadtkern", also das Stadt- oder Gemeindezentrum. Damit soll sichergestellt werden, daß die terrestrisch sendenden Lokalfernsehveranstalter allein in dieser Stadt bzw. Gemeinde empfangen werden können und möglichst wenig darüber hinausstrahlen, um störende Interferenzen zu vermeiden. Gem. Art. 20 II LTL kann die Übertragungsstation ausnahmsweise an anderer Stelle in der Gemeinde, bei reliefbedingten Problemen sogar in der Nachbargemeinde, errichtet werden – solange die Verfügbarkeiten des Frequenzspektrums dies erlauben, also keine Interferenzen zu befürchten sind.

Die technischen Anforderungen der Übertragungsstationen und der weiteren Geräte der Lokalfernsehveranstalter regeln die Artt. 21 – 23 LTL. Die technischen Charakteristika der Übertragungsstationen werden gem. Art. 21 LTL durch das Ministerio de Ciencia y Tecnología festgelegt, ebenso wie die zu benutzende Frequenz und die Frequenzstärke der Übertragungsstation. Die technischen Ausrüstungsgegenstände müssen die regelmäßig entwickelten Freigabebedingungen erfüllen, Art. 22 LTL.

9. Die Sanktionsvorschriften nach der LTL

Die Artt. 16 und 17 LTL enthalten Sanktionsvorschriften für die Lokalfernsehveranstalter:

„DRITTER ABSCHNITT: Rechtsrahmen der Sanktionen
Art. 16 Verstöße und Sanktionen

(I) Der Rechtsrahmen der Verstöße und Sanktionen wird in der Ley 31/1987, de 18.12.87, de Ordenación de las Telecomunicaciones (Anm.: LOT) entwickelt; ferner in der Ley 25/1994, de 22.07.94 (Anm.: LID), sowie in den entsprechenden Normen der Autonomieregionen, unbeschadet der Rechtsfolgen und der Verantwortlichkeiten, die sich für den Konzessionär aus der Nichterfüllung der Gesetzgebung über Verträge der öffentlichen Verwaltung ergeben können.

(II) Darüber hinaus werden folgende Verstöße als sehr schwere angesehen und mit einem Bußgeld von bis zu 10.000.000 Peseten (ca. 60.000 €) geahndet:

a) Die Nichterfüllung der Prinzipien, die den Betrieb des Dienstes terrestrisches Lokalfernsehen leiten und in Artikel 6 aufgezeigt sind, durch den Konzessionär.
b) Die wiederholte Verletzung des Verbots der Ausstrahlung in Fernsehkanälen.
c) Die durch rechtskräftige Entscheidung aufgedeckte Verletzung der geltenden Regelungen bezüglich des Ehrenrechts, des Rechts auf persönliche Intimität, des Rechts am eigenen

Bild, des Wahlkampfrechts, der Verbreitung von Umfragen und der Ausübung des Gegendarstellungsrechts.

d) Die Verbreitung von chiffrierten, abgesprochenen oder subliminalen Botschaften.

Art. 17 Sanktionsbefugnis
Die Allgemeine Verwaltung des (spanischen) Staates übt ihre Sanktionskompetenz im Einklang mit dem in Artikel 36 I der LOT Vorgesehenen bezüglich dessen, was sich auf die Verstöße gegen die Normen, die technische Aspekte regeln und auf den Schutz des radioelektrischen Frequenzspektrums bezieht, aus, unbeschadet der Sanktionsmöglichkeiten der Autonomieregionen, die durch die Organe, die dieselben benennen, ausgeübt werden."

a. Die zuständigen Sanktionsbehörden, Art. 17 LTL

Gem. Art. 17 LTL übt die Allgemeine Verwaltung des spanischen Staates, also das Ministerio de Ciencia y Tecnología, die Sanktionsbefugnis bei Verstößen gegen Normen aus, die technische Aspekte regeln und sich auf den Schutz des Frequenzspektrums beziehen. Der Verweis in Art. 36 I LOT geht fehl, da diese Norm seit 1998 durch Erlaß der LGT außer Kraft ist – was den spanischen Gesetzgeber leider nicht zu einer Korrektur der etlichen Normen der LTL (und anderer Gesetze), die in die alte LOT verweisen, veranlaßte. Dem spanischen Staat obliegt die alleinige Kompetenz zur Regelung und Überwachung des Telekommunikationssektors, er wird Verstöße gegen technische Normen nach den Regeln der neuen LGT[703], des Allgemeinen Telekommunikationsgesetzes, verfolgen.

Den zuständigen Behörden der Autonomieregionen obliegt dagegen die rundfunkrechtliche Kontrolle der Lokalfernsehveranstalter, also aller inhaltlichen Regelungen und z.B. der Pflichten, die sich aus den Konzessionsverträgen ergeben, solange sie keine technischen Regelungen enthalten[704].

b. Verstoßtatbestände und Sanktionen nach anderen Gesetzen, Art. 16 I LTL

Art. 16 I LTL verweist bezüglich der Verstoßtatbestände und ihrer Sanktionen in die LOT, die LID und die Gesetzgebung über Verträge der öffentlichen Verwaltung, welche in der Ley 13/1995 kodifiziert ist.

Der Verweis des Art. 16 I LTL in die LOT geht fehl, da die LOT bis auf wenige Normen heute außer Kraft gesetzt und durch die LGT abgelöst wurde; insofern muß dieser Verweis als Verweis auf die Sanktionsnormen der LGT (Artt. 76 – 85 LGT) verstanden werden.

---

703 Ley 11/1998, de 24.04.98, General de Telecomunicaciones; B.O.E. núm. 99, de 25.04.1998, S. 13909, Berichtigungen in B.O.E. núm. 162, de 08.07.1998, S. 22765.

704 Souvirón Morenilla, Derecho público de los medios audiovisuales, 1999, S. 418.

Daneben sollen die Sanktionsnormen der LID, also die Artt. 19 und 20 LID gelten, ebenso die Sanktionsnormen der Ley 13/1995 (Verwaltungsvertragsgesetz).

c. Verstoßtatbestände und Sanktionen nach der LTL, Art. 16 II LTL

Neben diesen Verweisen in die Sanktionsvorschriften anderer Gesetze regelt Art. 16 II LTL einige spezielle Verstoßtatbestände, die als sehr schwere Verstöße gewertet und mit einem Bußgeld von bis zu 10 Mio. Peseten (ca. 60.000,- €) geahndet werden können[705].

Diese speziellen Verstoßtatbestände sind:

- die Nichterfüllung der allgemeinen Programmgrundsätze aus Art. 6 LTL;
- die wiederholte Verletzung des Verbots aus Art. 7 I, III LTL, über Fernsehkanäle auszustrahlen;
- die durch rechtskräftige Entscheidung aufgedeckte Verletzung der geltenden Regelungen bezüglich des Ehrenrechts, des Rechts auf persönliche Intimität, des Rechts am eigenen Bild, des Wahlkampfrechts, der Verbreitung von Umfragen und der Ausübung des Gegendarstellungsrechts. Die entsprechenden Normen sind in folgenden Gesetzen enthalten: Ley Orgánica 1/1982, de 05.05.82, de protección civil del derecho a honor, a la intimidad personal y familiar y a la propia imagen[706] (Organgesetz 1/1982 zum Schutz des Ehrenrechts, der persönlichen und familiären Intimität und des Rechts am eigenen Bild); Ley Orgánica 5/1985, de 19.06.85, del Régimen Electoral General[707] (Allgemeines Wahlgesetz); Ley Orgánica 14/1995, de 22.12.95, de publicidad electoral en emisoras de televisión local por ondas terrestres[708] (das spezielle Gesetz 14/1995 über Wahlwerbung in Sendern des terrestrischen Lokalfernsehens); und Ley Orgánica 2/1984, de 26.03.84, reguladora del derecho de rectificación[709] (Gegendarstellungsgesetz – s. dazu unter D.IV.); und
- die Verbreitung von chiffrierten, abgesprochenen oder subliminalen Botschaften.

---

705 Nicht erwähnt wird innerhalb dieses Sanktionskataloges die Regelung des Art. 15 lit. c) LTL, nach der die zuständigen Organe „durch rechtskräftige Sanktion" das Erlöschen der LTL-Konzession anordnen dürfen.

706 B.O.E. núm. 115, de 14.05.1982, S. 12546.

707 B.O.E. núm. 147, de 20.06.1985, S. 19110, Berichtigungen in B.O.E. núm. 17, de 20.01.1986, S. 2759.

708 B.O.E. núm. 309, de 27.12.1995, S. 36940.

709 B.O.E. núm. 74, de 27.03.1984, S. 8387; Berichtigung in B.O.E. núm. 90, de 14.04.1984, S. 10661.

10. Die Übergangsbestimmung der LTL und die „Anwendung" der LTL in der Realität

Zur Zeit des Erlasses der Ley 13/1995 existierten bereits mehr als 400 terrestrisch sendende Lokalfernsehveranstalter. Zu ihnen bestimmt die Übergangsbestimmung der LTL:

„**Einzige Übergangsbestimmung** Bereits existierende Lokalfernsehen

(I) Die Lokalfernsehsender, die bereits vor dem 01.01.1995 terrestrisch ausstrahlten, müssen zur Fortsetzung ihrer bisherigen Aktivität die entsprechende Konzession, die in diesem Gesetz geregelt ist, erteilt bekommen.

(II) Die Erteilung der Konzession zum Betrieb des Dienstes wird durch die vorherige Zuteilung der Frequenzen und der anderen technischen Charakteristika, die im Einklang mit diesem Gesetz festzulegen sind, umgesetzt.

(III) Der Antrag auf Erteilung der Konzession ist von den jeweiligen Rathäusern an die entsprechende Autonomieregion zu stellen.

(IV) Im Falle der Ablehnung dieser Konzession müssen diese Sender innerhalb einer Frist von acht Monaten ab der Entscheidung im Ausschreibungsverfahren ihre Sendungen einstellen."

Nach den Regeln der Übergangsbestimmung der LTL hätten die Lokalfernsehsender, die bereits vor dem 01.01.1995 terrestrisch ihr Programm ausstrahlten, „zur Fortsetzung ihrer Aktivität" die in der LTL geregelte Lokalfernsehkonzession erhalten müssen. Dazu hätten sie zunächst die provisorische Frequenz beim Ministerio de Ciencia y Tecnología und danach die Konzession bei den jeweiligen Autonomieregionen beantragen müssen; bezüglich der Lokalfernsehkonzessionen für Privatpersonen hätten die Autonomieregionen dazu das in Art. 13 I und II LTL vorgesehene öffentliche Ausschreibungsverfahren durchführen müssen.

Im Falle der Ablehnung der LTL-Konzession in diesen Ausschreibungsverfahren hätten die Lokalfernsehsender binnen einer Frist von acht Monaten ihre Sendungen einstellen müssen. Soweit die gesetzliche Vorgabe der Übergangsbestimmung der LTL. -

Die Realität sieht ganz anders aus: Die LTL wurde erlassen und gar nichts ist passiert: Weder hat das Ministerio de Fomento oder sein Nachfolger, das Ministerio de Ciencia y Tecnología provisorische Lokalfernsehfrequenzen erteilt, noch haben die Autonomieregionen die in der Übergangsbestimmung, Abs. IV LTL vorgesehenen öffentlichen Ausschreibungsverfahren für die LTL-Konzessionen durchgeführt.

Da diese Ausschreibungsverfahren nie stattgefunden haben, greift auch die Rechtsfolge des Abs. IV der Übergangsbestimmung der LTL nicht. Die vor 1995 bereits sendenden gemeindlichen und privaten Lokalfernsehsender senden heute ohne LTL-Konzession weiter, und später entstandene erachteten es ebensowenig für erforderlich, eine LTL-Konzession zu beantragen[710]. – Bis heute sind keine LTL-Konzessionen erteilt worden, die LTL wird realiter z.Zt. nicht angewendet[711]. Diese ohne Konzession sendenden Lokalfernsehsender werden von den Behörden offensichtlich geduldet, und zwar offenbar so lange, wie sie keine schädigenden Interferenzen mit konzessionierten Fernsehsendern hervorrufen.

Das bedeutet aber auch, daß die Lokalfernsehsender es mit der Erfüllung der inhaltlichen Vorgaben der LTL nicht genau nehmen; z.B. gibt es in Madrid Lokalfernsehsender, die verbotenerweise Pornographie senden[712]. Doch wo kein Kläger, da kein Richter – bzw. wo keine Kontrollbehörde, die sich für die Erfüllung der LTL-Normen einsetzt, da keine Programmkontrolle.

Es darf dabei aber nicht vergessen werden, daß die LTL geltendes Recht ist - deshalb wurde sie untersucht - und daß die öffentlichen Ausschreibungsverfahren theoretisch noch durchgeführt werden könnten, wenn die zuständigen Behörden der Autonomieregionen und des spanischen Staates die gesetzlichen Vorgaben umsetzen wollten.

---

[710] So Prof. Lavilla Rubira in einem Gespräch im Januar 2000.

[711] Laguna de Paz, Televisión y Competencia, 2000, S. 37 gibt an, daß in der Realität die LTL bei Dutzenden von Sendern unbekannt sei, die jahrelang (d.h. bereits vor Erlaß der LTL) illegal sendeten.

[712] Z.B. der illegale Lokalfernsehsender „TeleMadroño" sendete im Jahre 2000 mehrfach zur Nachtzeit Spielfilme, die eindeutig als pornographisch einzustufen sind. Dies ist ein klarer Verstoß gegen Art. 6 lit. e) LTL i.V.m. Art. 17 I LID, der theoretisch gem. Art. 16 I LTL i.V.m. Art. 20 II S. 2, III S. 1 und 2 LID mit einer Geldbuße von 50 Mio. bis 100 Mio. Peseten (ca. 60.000,- € bis 120.000,- €) oder einer Aussetzung der Konzession geahndet werden könnte. – Es gibt aber keine Konzession, die ausgesetzt werden könnte.

XII. Die Gesetzgebung zum zukünftigen terrestrischen Digitalfernsehen

1. Einführung

Die Einführung digitaler Verbreitungstechniken bedeutet eine erhebliche Fortentwicklung des Fernsehsektors - nicht nur in den Bereichen des Satelliten- und Kabelfernsehens (s. dazu die Ausführungen zur LTS unter D.IX. und zur LTCC unter D.X.), sondern v.a. im Bereich des bisher mit Analogtechnik ausgestrahlten terrestrischen Fernsehens. Auch wenn derzeit noch keine terrestrischen Digitalfernsehprogramme ausgestrahlt werden[713], steht fest, daß das terrestrische Digitalfernsehen wegen seiner vielseitigen Übertragungsmöglichkeiten erheblich den traditionellen Fernsehmarkt verändern wird.

Der spanische Gesetzgeber hat frühzeitig auf den Prozeß der Digitalisierung der terrestrischen Fernsehausstrahlung reagiert und bereits Ende 1997 den grundlegenden Rechtsrahmen dieser Übertragungsart der Fernsehsignale geregelt: Die 44. Zusatzbestimmung der Ley 66/1997, de 30.12.97, de medidas fiscales, administrativas y del orden social[714] (LTDT, diese eine Norm wird in der Lit. „Ley de televisión digital terrenal" genannt) stellt die Basis der derzeitigen Gesetzgebung zum terrestrischen Digitalfernsehen dar, sie wurde ausgeführt v.a. durch das Real Decreto 2169/1998, de 09.10.1998, por el que se aprueba el Plan Técnico Nacional de la Televisión Digital Terrenal (Technischer Plan für das terrestrische Digitalfernsehen)[715] und eine Anordnung des (1998 noch zuständigen) Ministerio de Fomento, Orden de 09.10.1998, por la que se aprueba el Reglamento Técnico y de Prestación del Servicio de Televisión Digital Terrenal (Technik- und Betriebsreglement des terrestrischen Digitalfernsehens)[716].

Auch das zukünftige[717] terrestrische Digitalfernsehen wird als ein öffentlicher Dienst eingestuft, mit dem Erfordernis einer berechtigenden Verwaltungskonzession zur indirekten Ausübung durch private Fernsehgesellschaften (Abs. IV S. 1 LTDT). Trotz der nach wie vor bestehenden Rechtsinhaberschaft des spanischen Staates am öffentlichen Dienst des terrestrischen Digitalfernsehens

---

[713] Mit dem Sendebeginn zweier landesweiter terrestrischer Digitalfernsehprogramme ist ab Mitte 2001 zu rechnen, FAZ vom 27.11.2000, S. 26.

[714] B.O.E. núm. 313, de 31.12.1997, S. 38517, Berichtigungen in B.O.E. núm. 157, de 02.07.1998, S. 21886. Änderungen enthält die 30. Zusatzbestimmung der Ley 55/1999, de 29.12.99, de medidas fiscales, administrativas y del orden social, B.O.E. núm. 312, de 30.12.1999, S. 8102.

[715] B.O.E. núm. 248, de 16.10.1998, S. 34244, Berichtigungen in B.O.E. núm. 255, de 24.10.1998, S. 35150.

[716] B.O.E. núm. 248, de 16.10.1998, S. 34248. Die LTDT und die beiden genannten Ausführungsnormen sind im Anhang in deutscher Übersetzung zu finden.

[717] S. den gesetzlichen Zeitplan zur Einführung des terrestrischen Digitalfernsehens unter D.XII.4.

erteilt Abs. IV S. 2 LTDT den Autonomieregionen die Befugnis, im lokalen oder autonomieregionsweiten Rahmen die Konzessionen für das terrestrische Digitalfernsehen zu erteilen, der spanische Staat erteilt sie nur im Falle landesweiter Reichweiten.

Die LTDT und ihre Ausführungsnormen enthalten Regelungen bezüglich der LTDT-Konzessionen, v.a. aber Normen über die Einführung der neuen terrestrischen Digitaltechnik und zur Verteilung der Digitalfrequenzen an die derzeitigen und zukünftigen staatlichen und privaten Veranstalter des terrestrischen Digitalfernsehens.

2. Terrestrisches Digitalfernsehen der staatlichen Fernsehveranstalter

Der öffentliche Dienst des terrestrischen Digitalfernsehens wird entweder direkt durch die staatlichen Fernsehveranstalter RTVE bzw. die Fernsehanstalten der Autonomieregionen durchgeführt, oder aber indirekt durch private Fernsehgesellschaften mittels der LTDT-Konzessionen.

Bezüglich der staatlichen Fernsehprogramme der RTVE und der sechs Fernsehanstalten der Autonomieregionen enthält das R.D. 2169/1998 einige Regelungen, die v.a. den Übergang von der derzeit analogen Übertragungstechnik zur zukünftigen Digitaltechnik fördern sollen.

Für RTVE regeln die 1. Zusatzbestimmung Abs. II R.D. 2169/1998 und Art. 2 S. 1 Orden de 09.10.1998, daß innerhalb eines der zu errichtenden spanienweiten terrestrischen Digitalfernsehkanäle ab dem 31.10.1999 zwei Programme für RTVE reserviert werden, damit sie ihre beiden Fernsehprogramme TVE 1 und TVE 2 nicht nur mit herkömmlicher Analogtechnik, sondern gleichzeitig auch mit der neuen Digitaltechnik terrestrisch übertragen kann. Gleichermaßen bestimmen die 1. Zusatzbestimmung Abs. III R.D. 2169/1998 und Art. 2 S. 2 Orden de 09.10.1998, daß ab demselben Zeitpunkt für alle Fernsehanstalten der Autonomieregionen zwei Programme innerhalb eines autonomieregionsweiten multiplen Digitalkanals reserviert werden, damit auch diese beginnen können, ihre Programme analog *und* digital auszustrahlen.

3. Terrestrisches Digitalfernsehen der Privatfernsehveranstalter

a. Einführung und die Geltung der LTP

Ebenso wie der Übergang von der Analog- zur Digitaltechnik bezüglich der staatlichen Fernsehveranstalter gesetzlich geregelt wurde, regeln die LTDT und ihre Ausführungsnormen auch den Übergang im Bereich der bislang analog sendenden Privatfernsehveranstalter.

Weil das Auslaufen der anfänglichen Frist der LTP-Konzessionen von Antena 3, Tele 5 und Canal Plus zeitlich in etwa mit der Einführung des terrestrischen

Digitalfernsehens zusammenfiel[718], wurde der Prozeß des Übergangs zur Digitaltechnik im Fernsehen mit der Erneuerung der LTP-Konzessionen verbunden: Die 2. Zusatzbestimmung, Abs. I S. 1 des R.D. 2169/1998 knüpft die Verlängerung der LTP-Konzessionen an die Pflicht, innerhalb von zwei Jahren (also bis März 2002) ihre Programme nach den geltenden Bedingungen auch digital auszustrahlen[719]. Ferner bestimmt die 1. Zusatzbestimmung, Abs. I des R.D. 2169/1998, daß dazu allen drei LTP-Konzessionären ab dem 31.10.1999 ein Programm innerhalb eines landesweiten Digitalfernsehkanals zu reservieren ist. Die Verlängerung der LTP-Konzessionen wurde an die Verpflichtung geknüpft, die gem. Abs. II LTDT erforderliche LTDT-Konzession zu beantragen.

Der Betrieb des terrestrischen Digitalfernsehens durch Privatpersonen richtet sich gem. Art. 3 Orden de 09.10.1998 nach den Regeln der LTP, soweit diese nicht durch die LTDT modifiziert wurde, speziell nach den Regeln des Kapitels II LTP (Rechtsrahmen der Konzession), des Kapitels III LTP (die Konzessionsgesellschaften) und Kapitel IV LTP (die Sanktionsvorschriften). Insofern ist auf die Ausführungen zur LTP unter D.VIII. zu verweisen.

Der Großteil der neu entstehenden terrestrischen Digitalfernsehprogramme wird jedoch nicht durch die bis hier besprochenen, bisher analog ausstrahlenden Fernsehveranstalter betrieben werden, sondern vielmehr durch die innerhalb der öffentlichen Ausschreibungsverfahren zur Erteilung der weiteren LTDT-Konzessionen erfolgreichen Fernsehgesellschaften, welche die terrestrischen digitalen Plattformen anbieten, die Fernseh- und Telekommunikationsdienste gleichermaßen anbieten können.

Ende November 2000 wurden die ersten beiden LTDT-Konzessionen erteilt: Die Gruppen Veo Televisión (Haupteigner: Recoletos und Unidesa, die auch die Tageszeitung „El Mundo" herausgeben) und Net TV (Haupteigner: Prensa Española, die die Tageszeitung „ABC" herausgibt) waren die Gewinner des seit März 2000 laufenden öffentlichen Ausschreibungsverfahrens; sie werden voraussichtlich ab Mitte 2001 landesweites terrestrisches Digitalfernsehen als Free-TV ausstrahlen und damit in Konkurrenz zu den bisherigen landesweiten terrestrischen Fernsehprogrammen treten[720].

b. Die zuständigen Behörden zur Erteilung der LTDT-Konzessionen

Gem. Abs. IV S. 2 LTDT und Art. 4 Orden de 09.10.1998 werden die LTDT-Konzessionen für die staatsweite Ausstrahlung durch den spanischen Staat

[718] Die drei LTP-Konzessionen wurden im März 2000 erstmals für weitere 10 Jahre verlängert, s. unter D.VIII.7.h.
[719] Vgl. ABC Madrid vom 11.03.2000, S. 49.
[720] FAZ vom 27.11.2000, S. 26. Für weitere Informationen zu den aktuellen Entwicklungen s. die Homepage des Ministerio de Ciencia y Tecnología unter http://www.mcyt.es.

erteilt; die Erteilung der Konzessionen für die landesweite Ausstrahlung bleibt demnach Angelegenheit des spanischen Staates als Inhaber des Fernsehdienstes. Zuständiges Organ ist der spanische Ministerrat, Art. 4 Orden de 09.10.1998.

Die Erteilung lokaler, regionaler oder autonomieregionsweiter LTDT-Konzessionen obliegt dagegen den Behörden der Autonomieregionen.

c. Der Umfang der LTDT-Konzessionen

Der öffentliche Dienst des terrestrischen Digitalfernsehens besteht in der gleichzeitigen Übertragung von Bildern und Tönen in einer Richtung an verschiedene Orte gleichzeitigen Empfangs, unter Nutzung digitaler Technik und der radioelektrischen Kanäle, die der Plan Técnico Nacional de la Televisión Digital Terrenal (Anh. des R.D. 2169/1998) definiert[721].

Wichtig ist dabei aber, daß die neue Digitaltechnik weitaus umfangreichere Übertragungsmöglichkeiten bietet als sie die o.g. traditionelle Fernsehdefinition vorsieht, mit denen z.B. Video-on-demand-Dienste, interaktives Fernsehen oder diverse weitere Telekommunikationsdienste (in verschiedenen Richtungen) übertragen werden können.

Deshalb regelt die 3. Zusatzbestimmung Anh. des R.D. 2169/1998, daß die LTDT-Konzession zum Betrieb des terrestrischen Digitalfernsehens mittels Zugangsberechtigungssystem alle Fernsehdienste umfaßt, bei denen sich der Zuschauer über das Netz mitteilt, um zu einem durch den Sendenden bestimmten Zeitpunkt dem gewünschten Programm zuzustimmen (dies umfaßt Pay-TV-Dienste und die Pay-per-view-Dienste[722]). Nicht umfaßt werden jedoch diejenigen Dienste, bei denen der Zuschauer über das Netz mitteilt, wann er welches Programm ansehen möchte (Video on demand). Diese Video-on-demand-Dienste und weitere Telekommunikationsdienste werden nicht von der LTDT-Konzession abgedeckt, sie erfordern vielmehr entsprechende Genehmigungen nach den Regeln des Allgemeinen Telekommunikationsgesetzes LGT.

Die LTDT-Konzession erfaßt also das Digitalfernsehen nach der allgemeinen Fernsehdefinition, ggf. inklusive des Pay-TV und Pay-per-view, nicht jedoch die - technisch ebenfalls möglichen - Telekommunikationsdienste. Sie richtet sich gem. Art. 5 III Orden de 09.10.1998 nach den Bestimmungen der LTP, soweit diese nicht durch die LTDT modifiziert werden, nach dem R.D. 2169/1998 und nach den Grundbedingungen des Konzessionsvertrags.
Schließlich ist anzumerken, daß die LTDT-Konzession nicht die Genehmigung zur Benutzung des öffentlichen radioelektrischen Luftraums umfaßt, welche sich nach den Regeln der LGT richtet und durch den spanischen Staat erteilt wird.

---

[721] Montero/ Brokelmann, Telecomunicaciones y Televisión, 1999, S. 546.
[722] Cremades/ Sánchez, Marco jurídico de la nueva televisión digital terrenal, REDETI 1998, S. 83.

Diese Genehmigung ist bei landesweiter Ausstrahlung zusammen mit der LTDT-Konzession zu beantragen und es wird über beide Anträge gemeinsam entschieden[723].

d. Dauer und Rechtsnatur der LTDT-Konzessionen

Gem. Art. 5 I Orden de 09.10.1998 haben die LTDT-Konzessionen eine Dauer von 10 Jahren und können sukzessive von der Erlaßbehörde für gleiche Zeiträume verlängert werden. Sie sind, ebenso wie alle anderen spanischen Privatfernsehkonzessionen, als Verwaltungsverträge nach dem Verwaltungsvertragsgesetz Ley 13/1995 ausgestaltet[724].

e. Spezielle Vorgaben für „neue" LTDT-Konzessionäre

Die Ausübung des terrestrischen Digitalfernsehens richtet sich gem. Art. 3 I Orden de 09.10.1998 grundsätzlich nach den Regeln der LTP. Eine wichtige Sonderregel enthält jedoch Art. 5 IV Orden de 09.10.1998, nach dem die „neuen" LTDT-Konzessionsgesellschaften ihr Programm mindestens 4 Stunden täglich und 32 Stunden wöchentlich als Free-TV ausstrahlen müssen, in dieser Zeit also keine Verschlüsselung vornehmen dürfen. Die betroffenen „neuen" Konzessionsgesellschaften sind solche, die nicht bereits heute über eine LTP-Konzession verfügen[725].

In der restlichen Zeit kann gemäß des Inhalts der Konzessionsverträge das Programm als Free-TV oder als Pay-TV ausgestrahlt werden; die für die Pay-TV-Ausstrahlung verwendeten Decoder müssen offen und kompatibel sein[726].

f. Programm- und Technikvorgaben für die LTDT-Konzessionäre

Einige Vorgaben für die Konzessionsgesellschaften des terrestrischen Digitalfernsehens entstammen auch den durch das Ministerio de Fomento erlassenen Vertrags-Grundbedingungen[727], die dem öffentlichen Ausschreibungsverfahren zugrundeliegen.

Aus diesen Vertrags-Grundbedingungen geht hervor, daß die allgemeinen Programmgrundsätze des Art. 4 ERTV auch auf die terrestrischen

---

[723] Montero/ Brokelmann, Telecomunicaciones y Televisión, 1999, S. 553.

[724] Vgl. zum Verwaltungsvertragsgesetz die Ausführungen unter D.VIII.7.c.

[725] Souvirón Morenilla, Derecho público de los medios audiovisuales, 1999, S. 283.

[726] In Spanien wurde bei Einführung des satellitengestützten Digitalfernsehens „Canal Satélite Digital" (CSD) heftig über den Charakter der Decoder diskutiert, da CSD nicht-kompatible Decoder an seine Kunden vermieten wollte, was von der spanischen Regierung unterbunden wurde. S. Spangenberg, Die Liberalisierung des Fernsehens, S. 626, ferner Kleinsteuber/ Rosenbach, Digitales Fernsehen in Europa, RuF 1998, S. 40.

[727] Resolución de 11.01.1999 (Secretaría General de Comunicaciones), B.O.E. núm. 11, de 13.01.1999, S. 1560.

Digitalfernsehveranstalter anzuwenden sind[728], ferner alle Vorschriften der LID[729] und die technischen Vorgaben der Ley 17/1997[730].

g. Die Kriterien zur Vergabe der LTDT-Konzessionen

Die Vertrags-Grundbedingungen bestimmen, daß die Behörde bei der Bewertung der Anträge eine „differenzierte und attraktive" Option für die Fernsehzuschauer bevorzugen muß. Dies wird so verstanden, daß sich das neue terrestrische Digitalfernsehen in eine Alternative gegenüber den anderen (via Kabel oder Satellit verbreiteten) Digitalfernsehdiensten verwandeln soll, um zu erschweren, daß mittels der terrestrischen Übertragungsart dieselben Inhalte verbreitet werden wie bereits via Kabel oder Satellit[731]. Ferner sollen die neuen Fernsehdienste wie z.B. das 16:9-Format, das HDTV und neue Telekommunikationsdienste (z.B. Video on demand) inklusive neuer audiovisueller Inhalte gefördert werden[732].

h. Die LTDT-Konzessionen für kleinere Verbreitungsgebiete

Wie o. bereits angedeutet, haben die Autonomieregionen die Befugnis zur Erteilung der LTDT-Konzessionen, wenn sie für lokale Verbreitungsgebiete oder maximal für die entsprechende Autonomieregion erteilt werden, vgl. Abs. IV S. 2 LTDT und Art. 4 Orden de 09.10.1998.

Die Behörden der Autonomieregionen können die öffentlichen Ausschreibungsverfahren einberufen und das gesamte Genehmigungsverfahren selbst durchführen, ferner können die Parlamente der Autonomieregionen Entwicklungsnormen bezüglich der LTDT und ihrer Ausführungsvorschriften erlassen.

Jedoch bleibt - entsprechend der Vorgabe des Art. 149 Nr. 21 CE - die Befugnis zur Erteilung der erforderlichen Genehmigung für die Benutzung des öffentlichen radioelektrischen Luftraums beim spanischen Staat, der die entsprechende Frequenzzuteilung vornehmen muß.

4. Die Kanal- und Programmzuteilung und der gesetzliche Zeitplan zur Einführung des terrestrischen Digitalfernsehens

Der Anhang des R.D. 2169/1998 enthält den Plan Técnico Nacional de la Televisión Digital Terrenal, welcher die Frequenzen, Kanäle und Programme für

---

728 S. zu den Programmgrundsätzen des Art. 4 ERTV unter D.VI.9.

729 S. die ausführliche Untersuchung der LID unter D.II.

730 S. zu den technischen Vorgaben der Ley 17/1997 unter D.V.

731 Montero/ Brokelmann, Telecomunicaciones y Televisión, 1999, S. 554.

732 Die neuen Telekommunikationsdienste sind jedoch nicht von der LTDT-Konzession erfaßt, sie erfordern vielmehr eigene Genehmigungen nach der LGT, s.o. D.XII.3.c. Trotzdem sollen diese technisch möglichen zusätzlichen Telekommunikationsdienste bei der Bewertung bezüglich der LTDT-Konzession positiv bewertet werden und dürfen bis zu 20 Prozent der Übertragungskapazität einnehmen.

die zukünftigen terrestrischen Digitalfernsehprogramme bestimmt und einen Zeitplan für ihre Einführung regelt[733].

Danach werden in drei unterschiedlichen Frequenzbandbreiten 48 multiple Kanäle für das terrestrische Digitalfernsehen eingerichtet. Jeder multiple Kanal enthält anfänglich mindestens vier verschiedene Programme (die Anzahl pro Kanal kann später erhöht werden), die rund um die Uhr verwendbar sind.

Die Fernsehveranstalter, die derzeit mit herkömmlicher Analogtechnik eine der betroffenen terrestrischen Frequenzen benutzen, müssen diese nach Maßgabe des Art. 2 Anh. des R.D. 2169/1998 aufgeben und erhalten Ersatzfrequenzen.

Eine Frequenzbandbreite (830 bis 862 MHz) mit vier Kanälen ist für die Entwicklung von Einfrequenznetzen staatsweiter Reichweite bestimmt, s. Art. 1 I und II Anh. des R.D. 2169/1998. Gem. Art. 7 I Anh. des R.D. 2169/1998 begann die Installation dieser Kanäle spätestens am 30.06.1999 und sollte nach einem Jahr mindestens 50 Prozent der spanischen Bevölkerung abdecken, am 31.12.2001 soll sie mindestens 80 Prozent erreichen.

Aufgrund des Art. 7 V Anh. des R.D. 2169/1998 hat das Ministerio de Fomento die Orden de 16.12.1998[734] erlassen, die explizit regelt, in welcher Phase bestimmte Städte und Gebiete Spaniens abzudecken sind. Diese läßt zunächst die größten Städte und nach und nach die kleineren Städte und Gemeinden erschließen.

Eine zweite Frequenzbandbreite (758 bis 830 MHz) mit neun Kanälen soll genutzt werden für die Errichtung eines Multifrequenznetzes nationaler Reichweite mit der Möglichkeit regionaler und provinzieller Ausschaltungen, eines Einfrequenznetzes autonomieregionsweiter Reichweite in jeder einzelnen Autonomieregion und für Übertragungsnetze lokaler Reichweite. Die Installation dieser Kanäle begann spätestens am 31.10.1999 und sollte acht Monate später 50 Prozent, bis zum 31.12.2001 dann 80 Prozent der Reichweite abdecken.

Eine dritte Frequenzbandbreite (470 bis 758 MHz) mit 35 Kanälen ist bestimmt für die Errichtung von Multifrequenznetzen und für lokale Übertragungsnetze. Vor dem 31.12.2000 soll das Ministerio de Fomento (heute das Ministerio de Ciencia y Tecnología) eine Verordnung erlassen, die die Frequenzen festlegt, welche die Schaffung einer größtmöglichen Anzahl von Multifrequenznetzen autonomieregionsweiter Reichweite und lokale Ausschaltungen ermöglicht[735].

---

[733] Vgl. Laguna de Paz, Televisión y Competencia, 2000, S. 34.

[734] Orden de 16.12.1998, por la que se establecen las localidades a cubrir en las fases de introducción de la televisión digital terrenal, B.O.E. núm. 313, de 31.12.1998, S. 44565.

[735] Montero/ Brokelmann, Telecomunicaciones y Televisión, 1999, S. 548.

Gem. Art. 7 IV Anh. des R.D. 2169/1998 beginnt spätestens am 31.12.2001 die vierte Phase der Errichtung der Kanäle der ersten und zweiten Frequenzbandbreite, in der mindestens 95 Prozent der Bevölkerung der jeweiligen Reichweiten erreicht werden sollen; dafür ist eine Errichtungsdauer von 10 Jahren vorgesehen. M.a.W.: Bis Jahresende 2012 soll praktisch in ganz Spanien das terrestrische Digitalfernsehen errichtet sein, so daß es nach gesetzlicher Planung zu diesem Zeitpunkt kein terrestrisches Analogfernsehen mehr geben wird.

E. ANHANG

DIE WICHTIGSTEN FERNSEHGESETZE SPANIENS IN ORIGINALTEXT UND DEUTSCHER ÜBERSETZUNG

E. ANHANG: DIE WICHTIGSTEN FERNSEHGESETZE SPANIENS IN ORIGINALTEXT[1] UND DEUTSCHER ÜBERSETZUNG

I. DIE FERNSEHRELEVANTEN NORMEN DER SPANISCHEN VERFASSUNG (CE)

(B.O.E. núm. 311, de 29.12.1978)

Artículo 20. 1. Se reconocen y protegen los derechos:
a) A expresar y difundir libremente los pensamientos, ideas y opiniones mediante la palabra, el escrito o cualquier otro medio de reproducción.
b) A la producción y creación literaria, artística, científica y técnica.
c) A la libertad de cátedra.
d) A comunicar o recibir libremente información veraz por cualquier medio de difusión. La ley regulará el derecho a la cláusula de conciencia y al secreto profesional en el ejercicio de estas libertades.
2. El ejercicio de estos derechos no puede restringirse mediante ningún tipo de censura previa.
3. La ley regulará la organización y el control parlamentario de los medios de comunicación social dependientes del Estado o de cualquier ente público y garantizará el acceso a dichos medios de los grupos sociales y políticos significativos, respetando el pluralismo de la sociedad y de las diversas lenguas de España.
4. Estas libertades tienen su límite en el respeto a los derechos reconocidos en este Título, en los preceptos de las leyes que lo desarrollen y, especialmente, en el derecho al honor, a la intimidad, a la propia imagen y a la protección de la juventud y de la infancia.
5. Sólo podrá acordarse el secuestro de publicaciones, grabaciones y otros medios de información en virtud de resolución judicial.

Artículo 128. 1. (...)
2. Se reconoce la iniciativa pública en la actividad económica. Mediante ley se podrá reservar al sector público recursos o servicios esenciales, especialmente en caso de monopolio y asimismo acordar la intervención de empresas cuando así lo exigiere el interés general.

Artículo 149. 1. El Estado tiene competencia exclusiva sobre las siguientes materias: (...)
21.ª Ferrocarriles y transportes terrestres que transcurran por el territorio de más de una Comunidad Autónoma; régimen general de comunicaciones; tráfico y circulación de vehículos a motor; correos y telecomunicaciones; cables aéreos, submarinos y radiocomunicación. (...)

---

[1] Die in diesem Anhang genannten spanischen Normen sind zu finden in der Gesetzessammlung des spanischen Telekommunikations- und Rundfunkrechts: Cremades García, Javier, Código de Derecho de las Telecomunicaciones y de Legislación audiovisual, 1. Aufl., La Ley, Madrid 1999.

E. ANHANG: DIE WICHTIGSTEN FERNSEHGESETZE SPANIENS IN ORIGINALTEXT UND DEUTSCHER ÜBERSETZUNG

I. DIE FERNSEHRELEVANTEN NORMEN DER SPANISCHEN VERFASSUNG (CE)

(B.O.E. núm. 311, de 29.12.1978)

Art. 20 CE

(I) Anerkannt und geschützt werden folgende Rechte:

a) Gedanken, Ideen und Meinungen in Wort, Schrift oder jedwedem anderen Medium frei auszudrücken und zu verbreiten.

b) Auf literarische, künstlerische, wissenschaftliche und technische Produktion und Schöpfung.

c) Auf Freiheit der Lehre.

d) Wahre Information durch jegliches Verbreitungsmedium frei mitzuteilen oder zu empfangen. Das Gesetz regelt das Recht auf die Gewissensklausel und das Berufgeheimnis bei der Ausübung dieser Freiheiten.

(II) Die Ausübung dieser Rechte darf durch keine Art der Vorzensur eingeschränkt werden.

(III) Das Gesetz regelt die Organisation und parlamentarische Kontrolle der vom Staat oder irgendeiner öffentlichen Einrichtung abhängigen sozialen Kommunikationsmedien und garantiert den bedeutenden sozialen und politischen Gruppen den Zugang zu den genannten Medien, unter Achtung des Pluralismus der Gesellschaft und der verschiedenen Sprachen Spaniens.

(IV) Diese Freiheiten haben ihre Grenze in der Achtung der in diesem Abschnitt zuerkannten Rechte, in den Vorschriften der sie regelnden Gesetze, und speziell im Recht auf Ehre, Intimsphäre, am eigenen Bild und auf Schutz der Jugend und der Kindheit.

(V) Die Beschlagnahmung von Veröffentlichungen, Tonaufnahmen und anderen Informationsmedien kann nur kraft gerichtlichen Beschlusses angeordnet werden.

Art. 128 CE

(I) (...)

(II) Die öffentliche Initiative in der wirtschaftlichen Aktivität wird anerkannt. Durch Gesetz können dem öffentlichen Sektor wesentliche Mittel oder Dienste vorbehalten werden, vor allem im Falle eines Monopols, sowie auch die Zustimmung zur Beteiligung von Unternehmen, wenn das Allgemeinwohl dies erfordert.

Art. 149 CE

(I) Der Staat hat die ausschließliche Kompetenz in folgenden Bereichen: (...)

Nr. 21: Eisenbahnen und Bodentransporte, die das Territorium von mehr als einer Autonomieregion durchlaufen; die allgemeine Leitung des Kommunikationswesens; Betrieb und Verkehr von Motorfahrzeugen; Post und Fernverbindungen; Luft- und Tiefseekabel und Radiokommunikation. (...)

27.ª Normas básicas del régimen de prensa, radio y televisión y, en general, de todos los medios de comunicación social, sin perjuicio de las facultades que en su desarrollo y ejecución correspondan a las Comunidades Autónomas.

Nr. 27: Basisnormen der Ordnung von Presse, Rundfunk und Fernsehen und generell aller sozialen Kommunikationsmedien, unbeschadet der zu ihrer Entwicklung und Betreibung den Autonomieregionen zustehenden Befugnisse.

II. DIE LOT: LEY 31/1987, DAS ALTE TELEKOMMUNIKATIONS-GESETZ

(Ley 31/1987, de 18.12.87, de Ordenación de las Telecomunicaciones)
(B.O.E. núm. 303, de 19.12.1987, S. 37409)

DIE FOLGENDEN NORMEN DER LOT SIND NOCH IN KRAFT (ansonsten wurde die LOT durch das neue Allgemeine Telekommunikations-gesetz LGT, Ley 11/1998 abgelöst):

CAPÍTULO IV: Servicios de Difusión
Artículo 25.
1. Los servicios de difusión son servicios de telecomunicación en los que la comunicación se realiza en un solo sentido a verios puntos de recepción simultáneamente. La prestación en régimen de gestión indirecta de estos servicios requerirá concesión administrativa.
2. La televisión tendrá siempre la consideración de servicio de difusión y en ningún caso podrá prestarse como servicio final o de valor añadido.
Se entiende por televisión la forma de telecomunicación que permite la emisión o transmisión de imágenes no permanentes, por medio de ondas electromagneticas propagadas por cable, por satélite, por el espacio sin guía artificial o por cualquier otro medio.
Sin perjuicio de lo previsto en la presente Ley, el régimen jurídico de la televisión se regulará por su legislación específica.
3. No tendrá la consideración de televisión la emisión o transmisión de imágenes realizadas por instalaciones que sin conexión a redes exteriores y sin utilizar el dominio público, presten su servicio en un vehículo, en un inmueble o en una comunidad de propietarios constituida de conformidad con lo previsto en la Ley 49/1960, de 21 de julio, o en una manzana urbana de fincas colindantes.
Asimismo, no se considerará televisión la mera recepción de imágenes para su transmisión, realizada en las mismas condiciones enumeradas en el párrafo anterior, que se regirá po lo dispuesto en la legislación de antenas colectivas, ni la transmisión de imágenes citada en el segundo párrafo del artículo 14.3.
(4. und 5. sind außer Kraft)
6. Por el gobierno se aprobarán los correspondientes Reglamentos Técnicos y de Prestación de Servicio de los Servicios de Difusión.

(Artículos 26, 36.2 y Disposición Adicional Sexta...)

II. DIE LOT: LEY 31/1987, DAS ALTE TELEKOMMUNIKATIONS-GESETZ

(Ley 31/1987, de 18.12.87, de Ordenación de las Telecomunicaciones)
(B.O.E. núm. 303, de 19.12.1987, S. 37409)

DIE FOLGENDEN NORMEN DER LOT SIND NOCH IN KRAFT (ansonsten wurde die LOT durch das neue Allgemeine Telekommunikationsgesetz LGT, Ley 11/1998 abgelöst):

KAPITEL IV: Ausstrahlungsdienste
Art. 25
(I) Die Ausstrahlungsdienste sind Telekommunikationsdienste, bei denen die Kommunikation in einer einzigen Richtung bei gleichzeitigem Empfang an verschiedenen Orten stattfindet. Das Betreiben dieser Dienste im Rahmen des indirekten Betriebs erfordert eine Verwaltungskonzession.
(II) Das Fernsehen hat immer die Einstufung eines Ausstrahlungsdienstes, und es kann niemals als ein Enddienst oder als Dienst zusätzlicher Telekommunikationsleistungen betrieben werden.
Man versteht unter „Fernsehen" diejenige Form der Telekommunikation, die die Ausstrahlung oder Übertragung von nicht feststehenden Bildern über elektromagnetische Wellen erlaubt, die über Kabel, Satellit oder durch den Luftraum ohne künstlichen Leiter oder über jedwedes andere Medium übertragen werden.
Unbeschadet des in diesem Gesetz Vorgesehenen wird der Rechtsrahmen des Fernsehens durch dessen spezielle Gesetzgebung geregelt.
(III) Nicht als Fernsehen angesehen wird die Ausstrahlung oder Übertragung von Bildern, die über Installationen umgesetzt wird, die ohne Verbindung zu äußeren Netzen und ohne Benutzung des öffentlichen Eigentums einen Dienst in einem Fahrzeug, in einer Immobilie oder in einer Eigentümergemeinschaft, die im Einklang mit den Regeln der Ley 49/1950, de 21.07.69, gegründet wurde, oder in einem Häuserblock mit benachbarten Grundstücken betrieben wird[2].
Gleichermaßen wird der bloße Empfang von Bildern für ihre Übertragung, die unter denselben Bedingungen wie im vorigen (Unter-)Absatz aufgezählt durchgeführt wird, nicht als Fernsehen angesehen, dieser bestimmt sich nach den Regeln der Gesetzgebung über die Gemeinschaftsantennen, ebensowenig die Übertragung von Bildern, die im Artikel 14 III 2. Unterabsatz genannt ist.
((IV) und (V) außer Kraft)
(VI) Von der Regierung werden die entsprechenden „Reglamentos Técnicos y de Prestación del Servicio de los Servicios de Difusión" (Verordnungen über Technik und Betrieb des Dienstes der Ausstrahlungsdienste) erlassen.

Artt. 26, 36 II und die 6. Zusatzbestimmung *(... noch in Kraft, betreffen aber nur den Hörfunk)*

---
[2] S. dazu Real Decreto-ley 1/1998, de 27.08.98, sobre infraestructuras comunes en los edificios para el acceso a los servicios de telecomunicaciones, B.O.E. núm. 51, de 28.02.1998, S. 7071.

III. DIE LID: LEY 25/1994, DAS GESETZ ZUR UMSETZUNG DER EG-FERNSEHRICHTLINIE

(Ley 25/1994, de 12.07.94, de Incorporación al ordenamiento jurídico español de la Directiva 89/552/CEE, sobre la coordinación de disposiciones legales, reglamentarias y administrativas de los estados miembros relativas al ejercicio de actividades de radiodifusión televisiva, modificada por la Ley 22/1999, de 07.07.99, de modificación de la Ley 25/1994)
(B.O.E. núm. 166, de 13.07.94, S. 22342, in der durch die Ley 22/1999 (B.O.E. núm. 136, de 08.06.1999, S. 21765) geänderten Fassung)

(Preámbulo...)

Capítulo Primero:
Disposiciones Generales

Artículo 1. Objeto.
Esta Ley tiene por objeto:
1° Establecer el régimen jurídico que garantice la libre difusión y recepción de las emisiones televisivas entre los Estados de la Unión Europea.
2° Fomentar el desarrollo de determinadas producciones televisivas.
3° Regular la publicidad televisiva, en todas sus formas.
4° Regular el patrocinio televisivo.
5° Defender los intereses legítimos de los usuarios y, en especial, de los menores para preservar so correcto desarrollo físico, mental y moral.
Lo previsto en esta Ley no impide la aplicación de la legislación específica en materia de sanidad, medicamentos y productos sanitarios, de protección de los consumidores y usuarios de publicidad.

Artículo 2. Ámbito de aplicación.
1. Esta Ley se aplica a las emisiones de televisión realizadas por los operadores de televisión establecidos en España o que, no estando bajo la jurisdicción de ningún país miembro de la Unión Europea, se encuentren en alguno de los supuestos contemplados en el apartado tercero.
2. Se consideran establecidos es España los operadores de televisión que cumplan alguna de las condiciones siguientes:
a) Que tengan su sede principal en España y las decisiones se adopten en territorio español o trabaje en él una parte significativa de su personal.
b) Que, teniendo su sede principal en otro país miembro de la Unión Europea, sin que trabaje en él, sino en España, una parte significativa de su personal, las decisiones editoriales sobre programación se adopten en este último país.
c) Que, teniendo su sede principal en España y adoptandose las decisiones editoriales sobre programación en otro país miembro de la Unión Europea, o viceversa, y no trabajando en España ni ese otro país una parte significativa de su personal, hayan comenzado a emitir por primera vez desde España y mantengan un vínculo estable y efectivo con la economía española.

III. DIE LID: LEY 25/1994, DAS GESETZ ZUR UMSETZUNG DER EG-FERNSEHRICHTLINIE

(Ley 25/1994, de 12.07.94, de Incorporación al ordenamiento jurídico español de la Directiva 89/552/CEE, sobre la coordinación de disposiciones legales, reglamentarias y administrativas de los estados miembros relativas al ejercicio de actividades de radiodifusión televisiva, modificada por la Ley 22/1999, de 07.07.99, de modificación de la Ley 25/1994)
(B.O.E. núm. 166, de 13.07.94, S. 22342, in der durch die Ley 22/1999 (B.O.E. núm. 136, de 08.06.1999, S. 21765) geänderten Fassung)

(Präambel...)

KAPITEL EINS: Allgemeine Bestimmungen
Art. 1 Regelungsbereich
Dieses Gesetz hat folgenden Regelungsbereich:
1.) Die Entwicklung des Rechtsrahmens, der die freie Ausstrahlung und den freien Empfang von Fernsehsendungen innerhalb der EG-Mitgliedstaaten garantiert.
2.) Die Förderung der Entwicklung bestimmter Fernsehproduktionen.
3.) Die Regelung der Fernsehwerbung in allen Erscheinungsformen.
4.) Die Regelung des Telesponsorings.
5.) Die Verteidigung der berechtigten Interessen der Zuschauer, und speziell der Minderjährigen zur Bewahrung ihrer normalen körperlichen, seelischen und sittlichen Entwicklung.
Das in diesem Gesetz Geregelte hindert nicht die Anwendung der Spezialgesetze aus den Bereichen Gesundheit, Arzneimittel, Sanitätsprodukte, des Verbraucherschutzes und des Schutzes der Werbeempfänger.

Art. 2 Anwendungsbereich
(I) Dieses Gesetz findet Anwendung auf die Fernsehsendungen von Fernsehveranstaltern, die in Spanien niedergelassen sind oder, falls sie keiner Rechtshoheit eines EG-Mitgliedstaates unterfallen, die Voraussetzungen des Absatzes 3 erfüllen.
(II) Fernsehveranstalter gelten als in Spanien niedergelassen, falls sie eine der folgenden Voraussetzungen erfüllen:
a) Sie haben ihren Hauptsitz in Spanien und die Entscheidungen über das Programm werden auf spanischem Territorium gefällt oder ein wesentlicher Teil ihres Personals arbeitet dort.
b) Wenn sie ihren Hauptsitz in einem anderen EG-Mitgliedstaat haben, ein wesentlicher Teil des Personals aber in Spanien arbeitet und die Entscheidungen über das Programmangebot in diesem anderen Land getroffen werden.
c) Wenn sie ihren Hauptsitz in Spanien haben und ihre Entscheidungen über das Programmangebot in einem anderen EG-Mitgliedstaat fällen, oder wenn der umgekehrte Fall vorliegt und weder in Spanien noch diesem anderen Land ein wesentlicher Teil des Personals arbeitet, wenn sie zuerst mit der Sendetätigkeit in Spanien begonnen haben und eine dauerhafte und tatsächliche Verbindung mit der Wirtschaft Spaniens weiterbesteht.

d) Que, teniendo su sede principal en un país no miembro de la Unión Europea, las decisiones editoriales sobre programación se adopten en España y en este país trabaje una parte significativa sa su personal.
Para la aplicación de las previsiones contenidas en los procedentes apartados, sólo se considerará el personal del operador que específicamente se dedique a actividades de televisión, tal como se encuentran definidas éstas an la letra a) del artículo 3.
3. A efectos de esta Ley, se consideran bajo la jurisdicción española las emisiones de televisión realizadas por operadores de televisón establecidos en un país no miembro de la U.E., en los siguientes supuestos:
a) Cuando utilicen una frecuencia concedida por la Administración española.
b) Cuando, sin utilizar una frecuencia concedida por la Administración española o de otro Estado miembro de la U.E., utilicen la capacidad de satélite cuya explotación se haya reservado a España.
c) Cuando, sin utilizar una frecuencia concedida por la Administración española o por la de otro Estado miembro de la U.E. ni la capacidad de satélite reservada a cualquiera de estos países, utilicen, para su conexión con el referido satélite, un enlace ascendente situado en territotio español.
4. A las emisiones de televisión destinadas exclusivamente a ser captadas en el territorio de Estados que no sean miembros de la Unión Europea y que no puedan ser recibidas, directa ni indirectamente, por el público en un Estado integrante de la Unión Europea, sólo les será de aplicación lo dispuesto en los artículos 8, 9, 10, y en el capítulo IV de esta Ley.
5. El capítulo II de esta Ley no será de aplicación a las emisiones de televisión de cobertura local que no formen parte de una red nacional.
No obstante lo anterior, las Comunidades Autónomas podrán introducir normas de contenido equivalente al de las previstas en ese capítulo, con objeto de promover la producción audiovisual en su lengua propia, en los servicios de televisión local bajo su competencia.

Artículo 3. Definiciones.
A los efectos de esta Ley, se entenderá por:
a) „Televisión", la emisión primaria, con o sin cable, por tierra o por satélite, codificada o no, de programas televisados destinados al público.
Este concepto comprenderá la comunicación de programas entre personas físicas o jurídicas, públicas o privadas, que tengan por finalidad la emisión le televisión destinada al público. Por el contrario, no se incluyen en esta definición aquellos servicios de comunicaciones prestados previa petición individual, cuya finalidad sea la aportación de elementos de información u otras prestaciones, como servicios de facsímil, bancos de datos electrónicos y otros servicios similares.
b) „Operador de televisión": la persona física o jurídica que asuma la responsabilidad editorial de la programación televisiva con arreglo a la letra a) y que la transmita o la haga transmitir por un tercero.

d) Wenn sie ihren Hauptsitz in einem Staat haben, der nicht ein EG-Mitgliedstaat ist, die redaktionellen Entscheidungen über das Programmangebot aber in Spanien gefällt werden und in diesem Land ein wesentlicher Teil seines Personals arbeitet.

Bei der Anwendung der genannten Voraussetzungen in den vorangegangenen Absätzen wird als Personal des Fernsehveranstalters nur solches verstanden, das spezielle Sendetätigkeiten ausübt, so wie in Art. 3 a) definiert.

(III) Fernsehsendungen von Fernsehveranstaltern, die in einem Staat niedergelassen sind, der nicht EG-Mitgliedstaat ist, werden in diesem Gesetz unter folgenden Voraussetzungen als unter der spanischen Rechtshoheit stehend behandelt:

a) Sie nutzen eine von der spanischen Verwaltung zugeteilte Frequenz.

b) Sie nutzen, sofern keine Frequenz benutzt wird, die von der spanischen Verwaltung oder der eines anderen Mitgliedstaates zugeteilt wurde, eine Übertragungskapazität, die für Spanien reserviert wurde.

c) Sie nutzen, sofern weder eine von der spanischen Verwaltung noch von einem anderen EG-Mitgliedstaat zugeteilte Frequenz benutzt wird, noch eine Übertragungskapazität eines dieser Staaten, zur Verbindung mit dem Satelliten eine Erd-Satelliten-Sendestation auf spanischem Boden.

(IV) Auf Fernsehsendungen, die ausschließlich zum Empfang in Drittländern bestimmt sind und die nicht unmittelbar oder mittelbar von der Allgemeinheit in einem oder mehreren Mitgliedstaaten empfangen werden können, finden nur die Regelungen der Artikel 8, 9, 10 und des Kapitels IV dieses Gesetzes Anwendung.

(V) Kapitel II dieses Gesetzes gilt nicht für Fernsehsendungen lokaler Reichweite und die nicht an ein nationales Fernsehnetz angeschlossen sind.

Jedoch können die Autonomen Gemeinschaften Normen mit gleichem Inhalt wie die in diesem Kapitel Vorgesehenen einführen, um bei den Fernsehanbietern, die in ihren Regelungsbereich fallen, die audiovisuelle Produktion in ihrer eigenen Sprache zu fördern.

Art. 3 Definitionen

Für die Zwecke dieses Gesetzes bedeutet:

a) „Fernsehen“: Die Erstausstrahlung von Fernsehprogrammen, sei sie drahtlos oder drahtgebunden, erdgebunden oder durch Satelliten, verschlüsselt oder unverschlüsselt, die sich an die Allgemeinheit richtet.

Der Begriff schließt den Austausch von Programmen zwischen natürlichen und juristischen Personen, seien es öffentliche oder privatrechtliche, mit ein, die die Fernsehausstrahlung für die Allgemeinheit zum Ziel haben.

Im Gegensatz dazu sind Kommunikationsdienste, die auf individuellen Abruf Informationen oder andere Inhalte übermitteln, wie Fernkopierdienste, elektronische Datenbanken und andere ähnliche Dienste, nicht mit erfaßt.

b) „Fernsehveranstalter“: Die natürliche oder juristische Person, die die redaktionelle Verantwortung für die Zusammensetzung von Fernsehprogrammen im Sinne von Buchstabe a trägt und die diese Fernsehprogramme sendet oder von Dritten senden läßt.

c) „Publicidad por televisión“: cualquier forma de mensaje televisado emitido, mediante contraprestación y por encargo de una persona física o jurídica, pública o privada, en relación con una actividad comercial, industrial, artesanal o profesional, con el fin de promover la contratación de bienes muebles o inmuebles o de servicios de cualquier tipo.
Los mensajes dedicados a la autopromoción tendrán, a efectos de esta Ley, la consideración de publicidad.
También se considerará publicidad, cualquier forma de mensaje emitido por cuenta de terceros para promover determinadas actitudes o comportamientos entre los telespectadores.
d) „Publicidad encubierta“: aquella forma de publicidad que suponga la presentación verbal, visual o sonora, dentro de los programas, de los bienes, los servicios, el nombre, la marca, la actividad o los elementos comerciales propios de un empresario que ofrezca bienes y servicios y que tenga, por intención del operador de televisión, propósito publicitario y pueda inducir al público a error en cuanto a su naturaleza.
En particular, la presentación de los bienes, los servicios, el nombre, la marca, las actividades o los elementos comerciales propios de un tercero se considerará intencionada y, por consiguiente, tendrá el carácter de publicidad encubierta, si se hiciese a cambio de una remuneración, cualquiera que sea la naturaleza de ésta.
No tendrá esta consideración, la presentación que se haga en acontecimientos abiertos al público organizados por terceras personas y cuyos derechos de emisión televisiva se hayan cedido a un operador de televisión, cuando la participación de este último se limite a la mera retransmisión del evento y sin que se produzca una desviación intencionada para realzar el carácter publicitario
e) „Publicidad indirecta“, aquella que sin mencionar directamente los productos, utilice marcas, símbolos u otros rasgos distintivos de tales productos o de empresas cuyas actividades principales o conocidas incluyan su producción o comercialización.
f) „Patrocinio publicitario por televisión“, aquel contrato en virtud del cual una persona física o jurídica, denominada patrocinador, no vinculada a la producción, comercialización o difusión televisivas, contribuye a la financiación de programas de televisión realizados por otra persona, física o jurídica, llamada patrocinado, con la finalidad de promover el nombre, marca, imagen, actividades o realizaciones del patrocinador.
g) „Productor independiente“: Aquella persona física o jurídica que no sea objeto de influencia dominante por parte de las entidades de radiodifusión televisiva por razones de propedad, participación financiera o de las normas que le rigen.
Se entenderá que existe una influencia dominante, directa o indirecta, por razones de propiedad o participación financiera, cuando las entidades de televisión posean más del 50 por 100 del capital suscrito en la empresa productora, dispongan de la mayoría de los votos correspondientes a las participaciones emitidas por la misma, o puedan designar a más de la mitad de los órganos de administración o dirección.
h) „Televenta“: la radiodifusión televisiva de ofertas directas al público para la adquisición o el arrendamiento de toda clase de bienes y derechos o la contratación de servicios, a cambio de una remuneración.

c) „Fernsehwerbung“: Jede Äußerung bei der Ausübung eines Handels, Gewerbes, Handwerks oder freien Berufs, die im Fernsehen von einem öffentlich-rechtlichen oder privaten Veranstalter entweder gegen Entgelt oder gegen eine ähnliche Gegenleistung oder als Eigenwerbung gesendet wird mit dem Ziel, den Absatz von Waren oder die Erbringung von Dienstleistungen, einschließlich unbeweglicher Sachen, Rechte und Verpflichtungen, gegen Entgelt zu fördern.
Die Äußerungen, die im Sinne dieses Gesetzes der Eigenwerbung dienen, sind ebenfalls Fernsehwerbung.
Auch jede Form der Äußerung, die für Dritte ausgestrahlt wird, um eine bestimmte Einstellung oder ein bestimmtes Verhalten bei den Fernsehzuschauern zu fördern, ist Fernsehwerbung.
d) „Schleichwerbung“: Die Form der Werbung, die verbal, visuell oder durch Geräusche innerhalb der Programme Waren, Dienstleistungen, Namen, Warenzeichen oder Tätigkeiten eines Herstellers von Waren oder eines Erbringers von Dienstleistungen darstellt, wenn sie vom Fernsehveranstalter absichtlich zu Werbezwecken vorgesehen ist und die Allgemeinheit hinsichtlich des eigentlichen Zwecks dieser Erwähnung irreführen kann. Eine Erwähnung oder Darstellung gilt insbesondere dann als beabsichtigt, wenn sie gegen Entgelt oder eine ähnliche Gegenleistung erfolgt.
Nicht unter diesen Begriff fällt die Darstellung öffentlicher Ereignisse, die durch Dritte organisiert sind, deren Ausstrahlungsrechte auf einen Fernsehveranstalter übertragen wurden, wenn sich die Teilnahme desselben auf die einfache Wiedergabe des Ereignisses beschränkt und ohne eine gewollte Abweichung zur Erhöhung des Werbecharakters durchgeführt wird.
e) „Indirekte Werbung“: Wenn ohne direkte Erwähnung der Produkte Marken, Symbole oder andere unterscheidbare Charakteristika dieser Produkte oder der Firmen, deren Hauptaktivitäten oder bekannte Aktivitäten ihre Produktion oder ihr Absatz ist, benutzt werden.
f) „Werbesponsoring im Fernsehen“: Der Beitrag eines nicht im Bereich der Produktion von audiovisuellen Werken tätigen öffentlichen oder privaten Unternehmens (Sponsor) zur Finanzierung von Fernsehprogrammen eines Fernsehveranstalters (Gesponserter) mit dem Ziel, sein Warenzeichen, sein Erscheinungsbild, seine Tätigkeit oder seine Leistungen zu fördern.
g) „Unabhängiger Hersteller“: Eine natürliche oder juristische Person, die keiner erheblichen Einflußnahme durch Fernsehanbieter aus Gründen des Eigentums, einer finanziellen Beteiligung oder der für ihn geltenden Regeln ausgesetzt ist.
Eine erhebliche direkte oder indirekte Einflußnahme aus Gründen des Eigentums oder einer finanziellen Beteiligung wird dann angenommen, wenn Fernsehanbieter mehr als 50 Prozent des gegengezeichneten Kapitals der Produktionsfirma besitzen, über die Mehrheit der Stimmen aus den Beteiligungen der Produktionsfirma verfügen, oder mehr als die Hälfte der Verwaltungs- oder Geschäftsführungsorgane der Produktionsfirma bestimmen können.
h) „Teleshopping“: Sendungen direkter Angebote an die Öffentlichkeit für den Absatz von Waren oder die Erbringung von Dienstleistungen, einschließlich unbeweglicher Sachen, Rechte und Verpflichtungen, gegen Entgelt.

Artículo 4. Libertad de recepción.
Se garantiza la libertad de recepción y de retransmisión dentro del territorio nacional de las emisiones de televisión de operadores bajo la jurisdicción de otro Estado miembro de la Unión Europea, siempre que no interfieran técnicamente las que realicen regularmente las emisoras españolas ni vulneren las normas españolas relativas a materias distintas de las reguladas en esta Ley.
El párrafo anterior no será de aplicación en el caso de emisiones que, durante un período de doce meses, hayan violado en más de dos ocasiones, y así se haya puesto de manifiesto en los correspondientes expedientes tramitados por el Ministerio de Fomento, lo dispuesto en los apartados 1 y 2 del artículo 17 de esta Ley. En dicho supuesto, el Estado español ejercerá, en su caso, las facultades que le otorga la normativa comunitaria aplicable

Capítulo II:
De la promoción, difusión a producción a determinados programas televisivas

Artículo 5. Obras europeas.
1. Los operadores de televisión deberán reservar el 51 por 100 de su tiempo de emisión anual a la difusión de obras audiovisuales europeas.
Para el cumplimiento de esta obligación, deberán destinar como mínimo, cada año, el 5 por 100 de la cifra total de ingresos devengados durante el ejercicio anterior, conforme a su cuenta de explotación, a la financiación de largometrajes cinematográficos y películas para televisión europeas.
2. Más del 50 por 100 del tiempo de reserva a que se refiere el número anterior, se dedicará, a su vez, a la emisión de obras europeas en expresión originaria en cualquier lengua española.
3. Tendrán la consideración de obras europeas las obras originarias de Estados miembros de la Unión Europea o de Estados terceros europeos que sean parte del Convenio Europeo sobre la televisión transfronteriza del Consejo de Europa en las que un 51 por 100 del total de autores, intérpretes, técnicos u otros trabajadores que participen en ellas residan en alguno de los Estados mencionados.
Dichas obras deberán cumplir, alguna des las condiciones siguientes:
a) Estar realizadas por uno o más productores establecidos en uno o varios de dichos Estados.
b) Tener una producción supervisada y controlada por uno o varios productores establecidos an alguno o algunos de los Estados citados.
c) Financiar su coste total de producción mediante la contribución mayoritaria de productores establecidos en dichos Estados, en supuestos de coporducción, siempre que ésta no sea controlada por uno o varios productores establecidos fuera de los mismos.
4. Igualmente, tendrán la consideración de obras europeas, las originarias de Estados terceros europeos, distintos de los mencionados en el apartado anterior, con los que la Unión europea haya celebrado acuerdos relativos al sector audiovisual, siempre que, al menos, un 51 por 100 del total de autores, intérpretes, técnicos u otros trabajadores que participen en ellas, residan en alguno de los Estados aludidos en el apartado anterior.

Art. 4 Empfangsfreiheit

(I) Der freie Empfang und die freie Weiterverbreitung im spanischen Territorium werden für Fernsehsendungen von Veranstaltern, die unter der Rechtshoheit eines anderen EG-Mitgliedstaates senden, gewährleistet, solange sie nicht rechtmäßig sendende spanische Veranstalter technisch stören oder spanische Normen verletzen, die sich auf andere Materien als das vorliegende Gesetz beziehen.

(II) Absatz 1 gilt nicht für Sendungen, die innerhalb von 12 Monaten mindestens zweimal die Regelungen der Artikel 17 Absätze 1 und 2 dieses Gesetzes verletzt haben, und wenn diese Verstöße in den entsprechenden Verfahren durch das Ministerio de Fomento festgestellt wurden. In diesem Fall übt der spanische Staat seinerseits die Befugnisse aus, die ihm die anzuwendende gemeinschaftsrechtliche Norm verleiht.

KAPITEL ZWEI: Über die Förderung, Ausstrahlung und Produktion bestimmter Fernsehprogramme

Art. 5 Europäische Werke

(I) Die Fernsehveranstalter müssen 51 Prozent ihrer jährlichen Sendezeit für die Ausstrahlung europäischer audiovisueller Werke reservieren.

Zur Erfüllung dieser Verpflichtung müssen sie vorsehen, daß jedes Jahr mindestens 5 Prozent der gesamten Zahlungen des vorherigen Geschäftsjahres, bezogen auf ihren Haushalt, für die Finanzierung von europäischen Spiel- und Fernsehfilmen bestimmt sind[3].

(II) Mehr als 50 Prozent der Sendezeit, auf die sich Absatz 1 bezieht, ist ihrerseits für die Ausstrahlung europäischer Werke in einer spanischen Sprache bestimmt.

(III) Als europäische Werke werden die Werke angesehen, die aus EG-Mitgliedstaaten stammen oder aus europäischen Drittstaaten, die Vertragsparteien des Europäischen Übereinkommens über grenzüberschreitendes Fernsehen des Europarates sind und wenn 51 Prozent der gesamten Autoren, Darsteller, Techniker und anderen Arbeitnehmer der Produktion in einem der genannten Staaten ansässig sind.

Die genannten Werke müssen eine der folgenden Voraussetzungen erfüllen:

a) Sie sind von einem oder mehreren in einem bzw. mehreren dieser Staaten ansässigen Hersteller(n) geschaffen worden.
b) Ihre Herstellung wird von einem oder mehreren in einem bzw. mehreren dieser Staaten ansässigen Hersteller(n) überwacht und tatsächlich kontrolliert.
c) Der Beitrag von Koproduzenten aus diesen Staaten zu den Gesamtproduktionskosten beträgt mehr als die Hälfte, und die Koproduktion wird nicht von einem bzw. mehreren außerhalb dieser Staaten ansässigen Hersteller(n) kontrolliert.

(IV) Gleichermaßen gelten als europäische Werke solche aus europäischen Drittstaaten, die nicht in Absatz III genannt wurden, mit denen die Gemeinschaft Abkommen im audiovisuellen Bereich abgeschlossen hat, sofern 51 Prozent der gesamten Autoren, Darsteller, Techniker und anderen Arbeitnehmer der Produktion in einem der in Absatz III genannten Staaten ansässig sind.

---

[3] S. auch Art. 6 I des Real Decreto 1462/1999, de 17.09.1999 (im Anschluß an dieses Gesetz unter III.A. abgedruckt).

5. Los apartados 3 y 4 de este artículo sólo serán de aplicación a las obras originarias de terceros Estados, firmantes o no del Convenio europeo sobre la televisión transfronteriza, a condición de que las de los Estados miembros de la Unión Europea no sean objeto de medidas discriminatorias en aquéllos.
6. Las obras que no sean consideradas europeas, de acuerdo con los apartados anteriores, pero que se hayan producido en el marco de tratados bilaterales de coproducción celebrados entre los Estados miembros de la Unión Europea y terceros países, se considerarán europeas, siempre que la participación de los coproductores comunitarios en la financiación del coste total de la producción sea mayoritaria y que dicha producción no esté controlada por uno o varios productores establecidos fuera del territorio de los primeros.
7. Las obras que no sean europeas con arreglo a los números anteriores, pero en las que 51 del 100 del total de intérpretes, autores, técnicos u otros trabajadores que participen en ellas sean residentes en uno o varios Estados miembros de la Unión Europea, se considerarán obras europeas a razón de la proporción de los coproductores comunitarios en el coste total de la producción.

Artículo 6. Obras europeas de productores independientes.
Los operadores de televisión, dentro del período de tiempo establecido en el apartado 1 del artículo anterior, reservarán un mínimo del 10 por 100 de su tiempo total de emisión a obras europeas de productores independientes respecto de las entidades de televisión, de las que más de la mitad deberán haber sido producidas en los últimos cinco años.

Artículo 7. Exclusión de cómputo.
1. A los efectos de los artículos anteriores de este capítulo, no se computará como tiempo de emisión el dedicado a informaciones, transmisiones deportivas, concursos o juegos, publicidad, televenta y servicios de teletexto.
2. A los mismos efectos, en los servicios de pago para las emisiones de televisión de un operador que se contraten de forma conjunta e inseparable dentro de una determinada oferta, las disposiciones de los citados artículos se aplicarán a su tiempo total de emisión.

Capítulo III:
De la publicidad en televisión, la televenta y el patrocinio televisivo

Artículo 8. Publicidad y televenta ilícitas.
1. Además de las formas de publicidad indicadas en el artículo 3 de la Ley 34/1988, de 11 de noviembre, General de Publicidad, son ilícitas, en todo caso, la publicidad por televisión y la televenta que fomenten comportamientos perjudiciales para la salud o la seguridad humanas o para la protección del medio ambiente; atenten al debido respeto a la dignidad de las personas o a sus convicciones religiosas y políticas o las discriminen por motivos de nacimiento, raza, sexo, religión, nacionalidad, opinión, o cualquier otra circunstancia personal o social.

(V) Die Absätze III und IV dieses Artikels werden auf Werke aus Drittstaaten, ob sie das Übereinkommen über grenzüberschreitendes Fernsehen des Europarates unterzeichnet haben oder nicht, nur dann angewendet, wenn in ihnen keine diskriminierenden Maßnahmen gegen Werke aus den Mitgliedstaaten bestehen.
(VI) Werke, die keine europäischen Werke im Sinne der vorgenannten Absätze sind, jedoch im Rahmen von bilateralen Koproduktionsverträgen zwischen Mitgliedstaaten und Drittländern hergestellt werden, werden als europäische Werke betrachtet, sofern die Koproduzenten aus der Gemeinschaft einen mehrheitlichen Anteil der Gesamtproduktionskosten tragen und die Herstellung nicht von einem oder mehreren außerhalb des Hoheitsgebiets der Mitgliedstaaten ansässigen Herstellern kontrolliert wird.
(VII) Werke, die keine europäischen Werke im Sinne der vorangegangenen Absätze sind, jedoch zu 51 Prozent unter Mitwirkung der gesamten Autoren, Darsteller, Techniker und anderen Arbeitnehmern der Produktion, die in einem oder mehreren Staaten der Gemeinschaft ansässig sind, geschaffen wurden, gelten proportional zu dem Beitrag von Koproduzenten aus der Gemeinschaft zu den Gesamtproduktionskosten als europäische Werke.

Art. 6 Europäische Werke unabhängiger Hersteller
Die Fernsehveranstalter reservieren innerhalb des in Artikel 5 I genannten Zeitraums mindestens 10 Prozent ihrer Sendezeit für Werke von europäischen Herstellern, die von den Fernsehanbietern unabhängig sind, und von diesen Werken muß mindestens die Hälfte in den vergangenen 5 Jahren produziert worden sein.

Art. 7 Berechnungsausschluß
(I) Bezüglich der vorangegangenen Artikel in diesem Kapitel wird als Sendezeit nicht die Zeit gerechnet, in der Nachrichten, Sportübertragungen, Wettbewerbe oder Spielshows, Werbung, Teleshopping oder Videotextleistungen gesendet werden.
(II) Innerhalb von Pay-TV-Diensten, die in gemeinsamer und untrennbarer Form ihre Dienste in einem bestimmten Angebot offerieren, werden für die Fernsehsendungen eines Veranstalters die Regeln der genannten Artikel (Anm.: Artt. 5 und 6 LID) so angewendet, daß sie sich auf die gesamte Sendezeit beziehen.

KAPITEL DREI: Über Werbung, Teleshopping und Sponsoring im Fernsehen

Art. 8 Verbotene Formen der Werbung und des Teleshoppings
(I) Zusätzlich zu den verbotenen Werbeformen aus Artikel 3 der Ley 34/1988, de 11.11.1988, General de Publicidad[4], sind alle Formen der Werbung oder des Teleshoppings verboten, die Verhaltensweisen fördern, die die Gesundheit, die menschliche Sicherheit oder den Umweltschutz gefährden; sie müssen die Würde der Menschen und ihre religiösen und politischen Überzeugungen respektieren und dürfen keine Diskriminierungen nach Geburt, Rasse, Geschlecht, Religion, Nationalität, Meinung oder eines anderen persönlichen oder sozialen Umstandes enthalten.

---

[4] Das Allgemeine Werbegesetz, abgedruckt in B.O.E. núm. 274, de 15.11.1988.

Igualmente, son ilícitas la publicidad y la televenta que inciten a la violencia o a comportamientos antisociales, que apelen al miedo o a la superstición o que puedan fomentar abusos, imprudencias, negligencias o conductas agresivas.
Tendrán la misma consideración la publicidad y la televenta que inciten a la crueldad o al maltrato a las personas o a los animales o a la destrucción de bienes de la naturaleza o culturales.
2. La publicidad y la televenta no deberán utilizar técnicas subliminales, entendiendo por tales las que contienen los elementos que se recogen en la citada Ley General de Publicidad para definir la publicidad subliminal.

Artículo 9. Publicidad y televenta ilícitas.
1. Además de lo que resulta de lo dispuesto en el artículo 8 de la Ley 34/1988, de 11 de noviembre, General de Publicidad, queda prohibida por televisión:
a) Cualquier forma directa o indirecta, de publicidad y de televenta de cigarrillos y demás productos del tabaco.
b) Cualquier forma directa o indirecta de publicidad de medicamentos y tratamientos médicos que sólo puedan obtenerse por prescripción facultativa en el territorio nacional.
c) La publicidad de contenido esencial o primordialmente político, o dirigida a la consecución de objetivos de tal naturaleza, sin perjuicio de lo establecido en la Ley Orgánica del Régimen Electoral General.
d) La televenta de medicamentos, tratamientos médicos y productos sanitarios.
2. Quedan prohibidas la publicidad y la televenta encubiertas.

Artículo 10. Publicidad y televenta de bebidas alcohólicas.
1. Queda prohibida cualquier forma directa o indirecta de publicidad y de televenta de bebidas con graduación alcohólica superior a veinte grados centesimales.
2. La publicidad y la televenta de las restantes bebidas alcohólicas deberá respetar los siguientes principios:
a) No podrán estar dirigidas específicamente a las personas menores de edad ni, en particular, presentar a los menores consumiendo dichas bebidas.
b) No deberán asociar el consumo de alcohol a una mejora del rendimiento físico o de la conducción de vehículos ni, dar impresión de que el consumo de alcohol contribuye al éxito social o sexual, sugerir que las bebidas alcohólicas tienen propiedades terapéuticas o un efecto estimulante o sedante, o que constituyen un medio para resolver conflictos.
c) No deberán estimular el consumo inmoderado de bebidas alcohólicas u ofrecer una imagen negativa de la abstinencia o de la sobriedad ni subrayar como cualidad positiva de las bebidas su contenido alcohólico.

Werbung oder Teleshopping sind gleichermaßen verboten, wenn sie zu Gewalt oder antisozialen Verhaltensweisen aufhetzen oder an die Angst oder den Aberglauben appellieren oder Mißbräuche, Unvorsichtigkeiten, Fahrlässigkeiten oder aggressive Verhaltensweisen fördern.
Ebenso eingestuft werden Werbung und Teleshopping, wenn sie zu Gewalt oder der Mißhandlung von Personen oder Tieren oder zur Zerstörung von natürlichen oder kulturellen Gütern aufhetzen.
(II) In der Werbung und im Teleshopping dürfen keine subliminalen Techniken eingesetzt werden, die als solche verstanden werden, wenn sie Elemente enthalten, die das Allgemeine Werbegesetz[5] zur Definition einer subliminalen Technik heranzieht.

Art. 9 Verbotene Formen der Werbung und des Teleshoppings
(I) Abgesehen von dem in Artikel 8 der Ley 34/1988, de 11.11.1988, General de Publicidad[6], Geregelten ist im Fernsehen verboten:

a) Jede direkte oder indirekte Form von Werbung oder Teleshopping für Zigaretten oder andere Tabakerzeugnisse.
b) Jede direkte oder indirekte Form von Werbung für Arzneimittel oder ärztliche Behandlungen, die im nationalen Territorium (Spanien) nur auf ärztliche Verordnung erhältlich sind.
c) Werbung mit ausschließlich oder vorrangig politischem Inhalt oder die ein solches Ziel verfolgt, abgesehen von dem in der Ley Orgánica del Régimen Electoral General[7] Geregelten.
d) Teleshopping für Arzneimittel, ärztliche Behandlungen und Sanitätsprodukte.

(II) Schleichwerbung und entsprechende Praktiken im Teleshopping sind verboten.

Art. 10 Werbung und Teleshopping für alkoholische Getränke
(I) Jede direkte oder indirekte Form von Werbung oder Teleshopping für Getränke mit einem Alkoholgehalt von mehr als 20 Volumenprozent ist verboten.
(II) Werbung oder Teleshopping für andere alkoholhaltige Getränke muß die folgenden Prinzipien erfüllen:
a) Sie dürfen nicht speziell an Minderjährige gerichtet sein und insbesondere nicht Minderjährige beim Alkoholgenuß darstellen.
b) Es darf weder eine Verbindung zwischen Alkohol und einer Verbesserung der physischen Leistung oder dem Führen von Kraftfahrzeugen hergestellt werden, noch darf der Eindruck erweckt werden, Alkoholgenuß fördere sozialen oder sexuellen Erfolg, noch darf eine therapeutische, stimulierende, beruhigende oder konfliktlösende Wirkung von Alkohol suggeriert werden.
c) Unmäßigkeit im Genuß alkoholischer Getränke darf nicht gefördert oder Enthaltsamkeit oder Mäßigung nicht negativ dargestellt werden. Die Höhe des Alkoholgehalts von Getränken darf nicht als positive Eigenschaft hervorgehoben werden.

---

[5] S. die vorige Fußnote.
[6] S. die vorige Fußnote.
[7] Das Allgemeine Wahlgesetz, Ley Orgánica 5/1985, de 19.06.85, del Régimen Electoral General, B.O.E. núm. 147, de 20.06.1985; Berichtigung in B.O.E. núm. 17, de 20.01.1986.

Artículo 11. Identificación y colocación de la publicidad y los anuncios de televenta.

1. La publicidad y la televenta deberán ser fácilmente identificables y diferenciarse claramente de los programas, a través de medios ópticos o acústicos.

2. Los anuncios publicitarios y de televenta se emitirán de forma agrupada. Sólo excepcionalmente se emitirán anuncios publicitarios y de televenta aislados.

3. La publicidad televisiva y los anuncios de televenta deberán insertarse entre los programas.

No obstante, con arreglo a lo dispuesto en el artículo siguiente, también podrá insertarse publicidad y anuncios de televenta interrumpiendo los programas, siempre que no se perjudique su unidad ni se desmerezca el valor o la calidad de éstos y las interrupciones se realicen teniendo en cuenta las propias pausas naturales del programa, su duración y su naturaleza, y de modo que, en ningún caso, se perjudiquen los derechos de los titulares de los programas dentro de cuya emisión se produzcan.

4. En la emisión de publirreportajes, telepromociones y, en general, de aquellas formas de publicidad distintas de los anuncios televisivos que, por las características de su emisión, podrían confundir al espectador sobre su carácter publicitario, deberá superponerse, permanentemente y de forma claramente legible, una transparencia con la indicación publicidad.

5. En las emisiones deportivas, podrán insertarse mensajes publicitarios y de televenta, utilizando transparencias o cualquier otro tratamiento de la imagen, únicamente en aquellos momentos en que el desarrollo del acontecimiento retransmitido se encuentre detenido y siempre que no se perturbe la visión del acontecimiento ni se empleen transparencias que ocupen más de una sexta parte de la pantalla.

Estos mensajes consistirán, exclusivamente, en textos escritos y no podrán contener otras imágenes reales ni de animación que el logotipo estático de la marca.

Artículo 12. Reglas especiales.

1. En los programas compuestos de partes autónomas sólo podrá insertarse la publicidad y los anuncios de televenta entre aquellas partes autónomas.

2. En las emisiones o programas deportivos o de acontecimientos o espectáculos de estructura similar, que cuenten con intervalos de tiempo entre cada una de las partes que los compongan, sólo podrá insertarse la publicidad y los anuncios de televenta durante estos intervalos.

Para las emisiones deportivas a las que no sea de aplicación lo dispuesto en el párrafo anterior, regirá la regla fijada en el párrafo primero del apartado 3, con la salvedad de que no podrán interrumpirse para emitir publicidad y anuncios de televenta en los momentos de máximo interés del acontecimiento retransmitido.

Podrán insertarse, igualmente, publicidad y anuncios de televenta en las emisiones deportivas en aquellos momentos en que el desarrollo del acontecimiento retransmitido se encuentre detenido, siempre que esta detención tenga una duración programada.

3. En los programas de naturaleza distinta a la de los señalados en los apartados anteriores, las interrupciones sucesivas para la inserción de publicidad y anuncios de televenta dentro de los programas deberán estar separadas por períodos de tiempo de veinte minutos como mínimo, sin perjuicio de lo que se dispone en los apartados siguientes.

Art. 11 Identifizierung und Plazierung der Werbung und der Teleshoppingspots

(I) Fernsehwerbung und Teleshopping müssen als solche klar erkennbar und durch optische oder akustische Mittel eindeutig von anderen Programmteilen getrennt sein.

(II) Werbespots und Teleshopping-Spots sind in gruppierter Form zu senden. Einzeln isolierte Werbespots und Teleshopping-Spots dürfen nur ausnahmsweise gesendet werden.

(III) Fernsehwerbung und Teleshopping-Spots müssen zwischen den Sendungen eingefügt werden. Unter den im folgenden Artikel genannten Voraussetzungen können die Werbung und die Teleshopping-Spots auch in die laufenden Sendungen eingefügt werden, sofern sie den Zusammenhang und den Wert der Sendungen nicht beeinträchtigen – wobei die natürlichen Programmunterbrechungen und die Länge und Art des Programms zu berücksichtigen sind – und sofern nicht gegen die Rechte von Rechtsinhabern verstoßen wird.

(IV) Bei der Ausstrahlung von Werbeshows und Dauerwerbesendungen und generell anderen Formen der Fernsehwerbung, die wegen ihres Ausstrahlungscharakters den Zuschauer bezüglich des Werbecharakters irreführen können, muß dauerhaft und klar erkennbar ein Hinweis auf die Werbung eingeblendet werden.

(V) Bei Sportübertragungen können Werbe- und Teleshoppinginformationen eingefügt werden, indem Folien oder andere Veränderungen des Fernsehbildes benutzt werden, jedoch nur in den Momenten, in denen der Fortgang des übertragenen Ereignisses gerade ruht, und niemals darf die Sicht auf das Ereignis gestört oder mehr als ein Sechstel des Bildschirms mit einer solchen Folie überdeckt sein.

Diese Informationen bestehen ausschließlich aus geschriebenem Text, nicht aus anderen Bildern oder einer Animation des Markenzeichens der Marke.

Art. 12 Spezielle Regeln

(I) Bei Sendungen, die aus eigenständigen Teilen bestehen, können Werbung und Teleshopping-Spots nur zwischen die eigenständigen Teile oder in die Pausen eingefügt werden.

(II) Bei Sportsendungen oder -übertragungen oder Ereignissen oder Veranstaltungen ähnlicher Struktur, die zeitliche Unterbrechungen zwischen den einzelnen Teilen haben, dürfen Werbung und Teleshopping-Spots nur in die Unterbrechungen eingefügt werden.

Für Sportübertragungen, auf die dies nicht anwendbar ist, gelten die in Absatz III festgelegten Regeln, mit der Ausnahme, daß sie nicht in den Momenten des maximalen Interesses des übertragenen Ereignisses durch Werbung oder Teleshopping unterbrochen werden dürfen.

Gleichermaßen können Werbung und Teleshopping-Spots in Sportsendungen in den Momenten eingefügt werden, in denen der Fortgang des übertragenen Ereignisses unterbrochen ist, immer wenn diese Unterbrechung eine programmierte Dauer aufweist.

(III) Werden andere als die unter Absätze 1 und 2 fallenden Sendungen durch Werbung oder Teleshopping-Spots unterbrochen, so sollte zwischen zwei aufeinanderfolgenden Unterbrechungen innerhalb der Sendung ein Abstand von mindestens 20 Minuten liegen, unbeschadet der Regelungen in den folgenden Absätzen.

El lapso de tiempo que transcurra entre la emisión de la publicidad y la televenta anterior o posterior a un programa y las primeras o últimas interrupciones para insertar publicidad y anuncios de televenta dentro de aquél, podrá ser inferior a veinte minutos. Por una sola vez dentro de cada programa, el lapso de tiempo entre dos períodos dedicados a la publicidad y los anuncios de televenta podrá también ser inferior a veinte minutos, pero no menor a quince minutos, para respetar las pausas naturales del mismo.

4. Las obras audiovisuales, como largometrajes cinematográficos, cuya duración programada de transmisión sea superior a cuarenta y cinco minutos, podrán ser interrumpidas una vez por cada período completo de cuarenta y cinco minutos, autorizándose, además, otra interrupción si la duración total programada de la transmisión excede al menos en veinte minutos de dos o más de los períodos temporales iniciales citados. Estas interrupciones deberán respetar la integridad y el valor de la obra, de la que no podrán omitirse los títulos de crédito.

Se exceptúan de lo dispuesto en este apartado las series, seriales y emisiones de entretenimiento, a las cuales será de aplicación, en su caso, lo dispuesto en los restantes apartados de este artículo.

5. Los programas informativos, documentales, religiosos e infantiles no podrán ser interrumpidos por la publicidad ni la televenta, salvo cuando su duración programada sea superior a treinta minutos, en cuyo caso se aplicará lo establecido en los apartados 1, 2 y 3 de este artículo.

6. No podrá insertarse publicidad ni televenta en la emisión de servicios religiosos.

7. Se entiende como „duración programada“, a los efectos de este artículo, el lapso de tiempo total de duración de programa u obra incluidos los espacios publicitarios existentes dentro de la obra o programa.

8. Durante los períodos dedicados a la publicidad y a los anuncios de televenta, las condiciones técnicas de emisión de la señal deberán, en todo caso, respetar los parámetros establecidos en la norma técnica aplicable al medio de transmisión de que se trate. Los operadores habilitados para la difusión de la señal de televisión deberán adoptar las medidas necesarias para que, en ningún caso, los procesos de tratamiento de las señales originarias produzcan en el telespectador un efecto de incremento sonoro notoriamente perceptible, respecto de la emisión inmediatamente anterior.

Por orden del Ministro de Fomento, se podrán establecer nuevos parámetros técnicos a los que deberán ajustarse los servicios de difusión de televisión, con objeto de desarrollar lo dispuesto en el párrafo anterior.

Artículo 13. Tiempo de emisión dedicado a la publicidad y a la televenta.

1. El tiempo total dedicado a la emisión de publicidad en todas sus formas y a la televenta, con exclusión de los programas de televenta regulados en el apartado 3 de este artículo, no será superior al 20 por 100 del tiempo diario de emisión.

El tiempo de emisión dedicado a anuncios publicitarios no podrá superar el 15 por 100 del tiempo total diario de emisión.

Der Zeitraum zwischen der Ausstrahlung der Werbung und des Teleshoppings vor und nach der Sendung und den ersten oder letzten Werbe- oder Teleshopping-Unterbrechungen der Sendung kann kürzer sein als 20 Minuten.
Innerhalb jeder Sendung darf der Zeitraum zwischen zwei Werbe- oder Teleshopping-Abschnitten ein einziges Mal weniger als 20, aber mindestens 15 Minuten betragen, um die natürlichen Unterbrechungen zu berücksichtigen.
(IV) Audiovisuelle Werke wie Kinospielfilme können für jeden vollen Zeitraum von 45 Minuten einmal unterbrochen werden, sofern ihre programmierte Sendezeit mehr als 45 Minuten beträgt. Eine weitere Unterbrechung ist zulässig, wenn die programmierte Sendezeit um mindestens 20 Minuten über zwei oder mehrere volle 45-Minuten-Zeiträume hinausgeht. Diese Unterbrechungen müssen die Integrität und den Wert des Werkes berücksichtigen, dessen Abspann nicht weggeschnitten werden darf.
Von der Regelung dieses Absatzes sind Reihen, Serien und Unterhaltungssendungen ausgenommen, auf sie finden die Regelungen der restlichen Absätze dieses Artikels Anwendung.
(V) Nachrichten, Dokumentarfilme, Sendungen religiösen Inhalts oder Kindersendungen dürfen weder durch Werbung noch durch Teleshopping unterbrochen werden, außer ihre programmierte Sendezeit beträgt mehr als 30 Minuten, so daß dann Absätze I, II, und III dieses Artikels anzuwenden sind.
(VI) Die Übertragung von Gottesdiensten darf nicht durch Werbung oder Teleshopping unterbrochen werden.
(VII) Unter „programmierte Sendezeit" im Sinne dieses Artikels ist der Zeitraum der gesamten Dauer des Programms oder des Werkes einschließlich der Werbezeiten innerhalb des Werks oder Programms zu verstehen.
(VIII) Während der Zeiträume, in denen Werbung und Teleshopping ausgestrahlt werden, müssen die technischen Bedingungen der Signalübertragung in jedem Fall die Parameter, die in der technischen Norm des jeweiligen Übertragungsmediums festgelegt wurden, beachten. Die zur Ausstrahlung des Fernsehsignals ermächtigten Veranstalter müssen die nötigen Mittel einsetzen, damit auf keinen Fall die Vorgänge der Behandlung der Originalsignale beim Fernsehzuschauer einen Effekt des hörbaren lautstärkemäßigen Anwachsens im Gegensatz zur direkt vorhergegangenen Sendung entsteht.
Durch Verordnung des Ministerio de Fomento können, um das in diesem Absatz Geregelte weiterzuentwickeln, neue technische Parameter entwickelt werden, die die Fernsehausstrahlungsdienste übernehmen müssen.

Art. 13 Sendezeit, die für Werbung und Teleshopping bestimmt ist
(I) Der Anteil an Sendezeit für Teleshopping-Spots, Werbespots und andere Formen der Werbung darf mit Ausnahme von Teleshopping-Fenstern im Sinne des Absatzes 3 dieses Artikels 20 Prozent der täglichen Sendezeit nicht überschreiten.
Die Sendezeit für Werbespots darf 15 Prozent der täglichen Sendezeit nicht überschreiten.

2. Durante cada una de las horas naturales en que se divide el día, el tiempo de emisión dedicado a la publicidad en todas sus formas y a los anuncios de televenta, no podrá ser superior a diecisiete minutos.
Respetando el límite anterior, el tiempo dedicado a los anuncios publicitarios y de televenta, excluida la autopromoción, no podrá superar los doce minutos durante el mismo período.
3. Cada canal de televisión podrá dedicar hasta tres horas al día a la emisión de programas de televenta. Estos programas tendrán una duración mínima ininterrumpida de quince minutos y deberán identificarse como tales, con toda claridad, por medios ópticos o acústicos.
El número máximo diario de programas de televenta, difundidos por un canal de televisión no dedicado exclusivamente a esta actividad, será de ocho.
4. A efectos del presente artículo, no tendrán la consideración de publicidad los anuncios de servicio público o de carácter benéfico, difundidos gratuitamente, ni los realizados por el operador de televisión en relación con sus propios programas.

Artículo 14. Canales de televenta y autopromoción.
1. Las limitaciones temporales impuestas a la televenta en el artículo 13 no serán de aplicación a los canales de televisión dedicados exclusivamente a esta actividad.
Dichos canales podrán emitir publicidad en las condiciones y dentro de los límites establecidos en la presente Ley. Sin embargo, no les será de aplicación lo previsto en el apartado 2 del artículo 13.
Para que les resulte de aplicación el régimen previsto en este apartado, los canales citados no podrán emitir programas distintos de los de televenta y publicidad.
2. Las limitaciones temporales impuestas a la publicidad en el artículo 13, no serán de aplicación a la relativa a la promoción de productos o servicios del titular del canal, en los canales de televisión dedicados exclusivamente a ello.
Dichos canales podrán emitir publicidad ajena, en las condiciones y dentro de los límites establecidos en la presente Ley para la publicidad en general.
Para poder acogerse a lo dispuesto en este apartado, los canales a los que se refiere no podrán emitir programas distintos de los destinados a la autopromoción y a la publicidad por cuenta de terceros.
3. El capítulo II de la presente Ley no resultará de aplicación a los canales de televisión regulados en los dos apartados anteriores.

Artículo 15. Patrocinio televisivo.
1. Los programas de televisión patrocinados deberán cumplir los requisitos siguientes:
a) La acción de patrocinio y el patrocinador habrán de estar claramente identificados como tales mediante el nombre, el logotipo, la marca, u otros signos distintivos de aquél, al principio, al final de su emisión, o en los dos momentos.
La acción de patrocinio y el patrocinador podrán identificarse también en las interrupciones publicitarias, así como en el transcurso del programa patrocinado siempre que ello se haga de forma esporádica y sin perturbar el desarrollo del programa.
Esta identificación no podrá incluir mensajes publicitarios destinados a promover de forma directa o expresa, la compra o contratación de productos o servicios del patrocinador o de un tercero.

(II) Innerhalb jeder vollen natürlichen Stunde eines Tages darf die Sendezeit für Werbung in allen Erscheinungsformen und für Teleshopping-Spots 17 Minuten nicht überschreiten.
Unter Beachtung des vorgenannten Zeitlimits darf die Sendezeit für Werbe- und Teleshoppingspots in demselben Zeitraum 12 Minuten nicht überschreiten, wobei Eigenwerbung nicht mitgerechnet wird.
(III) Jeder Fernsehkanal kann bis zu drei Stunden täglich Teleshopping-Fenster ausstrahlen. Diese müssen eine Mindestdauer von 15 Minuten ohne Unterbrechung haben und optisch und akustisch klar als Teleshopping-Fenster gekennzeichnet sein.
Es sind für einen Fernsehkanal höchstens acht solcher Teleshopping-Fenster täglich zulässig.
(IV) Im Sinne dieses Artikels gelten Beiträge des öffentlichen Dienstes oder mit Wohltätigkeitscharakter, ferner Hinweise des Fernsehveranstalters auf eigene Programme nicht als Werbung.

Art. 14 Teleshopping- und Eigenwerbekanäle[8]
(I) Die zeitlichen Beschränkungen für Teleshopping, die Artikel 13 auferlegt, gelten nicht für reine Teleshopping-Kanäle.
Diese Kanäle können unter den Anforderungen und Beschränkungen dieses Gesetzes auch Werbung ausstrahlen. Jedoch findet Artikel 13 Absatz 2 für sie keine Anwendung.
Damit die Regelungen dieses Absatzes Anwendung finden, dürfen die genannten Kanäle keine anderen Sendungen als Teleshopping und Werbung ausstrahlen.
(II) Die zeitlichen Beschränkungen für Werbung, die Artikel 13 auferlegt, gelten nicht für reine Eigenwerbekanäle.
Diese Kanäle können unter den Voraussetzungen und innerhalb der Zeitgrenzen, die dieses Gesetz allgemein für Werbung aufstellt, auch Fremdwerbung senden.
Um sich den Regelungen dieses Absatzes anpassen zu können, dürfen die Kanäle, auf die sich dieser Absatz bezieht, nur Eigenwerbung oder Werbung für Rechnung Dritter senden.
(III) Kapitel II dieses Gesetzes findet auf die in Art. 14 I und II geregelten Fernsehkanäle keine Anwendung.

Art. 15 Telesponsoring
(I) Gesponserte Fernsehsendungen müssen folgenden Anforderungen genügen:
a) Die Sponsortätigkeit und der Sponsor müssen als solche klar erkennbar sein, indem der Name, das Firmenemblem, die Marke oder andere unterscheidbare Zeichen von ihm am Anfang und/ oder am Ende der Sendung gezeigt werden.
Sponsortätigkeit und Sponsor müssen auch bei Werbepausen erkennbar sein, und auch im Verlauf des gesponserten Programms, wenn dies sporadisch und ohne eine Störung des Programmablaufs möglich ist.
Diese Kennzeichnung darf keine Werbenachricht beinhalten, die in direkter oder ausgesprochener Form Kauf oder Inanspruchnahme von Produkten oder Dienstleistungen des Sponsors oder eines Dritten fördern soll.

---

[8] S. dazu auch das Real Decreto 1462/1999, das im Anhang zu diesem Gesetz unter III.A. abgedruckt ist.

b) El contenido y la programación de una emisión patrocinada no podrán, en ningún caso, ser influidos por el patrocinador de tal forma que se atente contra la independencia editorial del operador de televisión, ni contener mensajes que inciten a la compra o contratación de sus productos o servicios o de los de un tercero, mediante referencias concretas de promoción a dichos productos o servicios, excepto durante los períodos dedicados a la publicidad y a la televenta regulados en los artículos 11 y 12.

2. Los programas de televisión no podrán ser patrocinados por personas físicas o jurídicas cuya actividad principal sea la fabricación o la venta de productos o la realización de servicios cuya publicidad esté prohibida, de conformidad con lo dispuesto en los artículos 8 y 9 de esta Ley. No obstante, se autoriza el patrocinio de programas televisivos por parte de entidades que fabriquen, distribuyan o vendan medicamentos, productos sanitarios o tratamientos médicos, siempre que sólo se haga mención al nombre de la entidad patrocinadora, sin referencia a los productos o servicios que ofrezca.
3. No podrán patrocinarse programas diarios sobre noticias ni de actualidad política. Tampoco serán patrocinables las partes en que puedan dividirse los referidos programas, salvo las dedicadas a información deportiva y meteorológica.
4. Los períodos de tiempo dedicados a identificar el patrocinio televisivo, a los que se hace referencia en el apartado 1 a), de este artículo, no se cuantificarán a los efectos de los tiempos máximos de publicidad previstos en el artículo 13.

Capítulo IV:
De la protección de los menores

Artículo 16. Protección de los menores frente a la publicidad y la televenta.
1. La publicidad por televisión no contendrá imágenes o mensajes que puedan perjudicar moral o físicamente a los menores. A este efecto, deberá respetar los suguientes principios:
a) No derebrá incitar dorectamente a tales menores a la compra se un producto o de un servicio explotando su inexperiencia o su credulidad, ni a que persuadan a sus padres o tutores, o a los padres o tutores de terceros, para que compren los productos o servicios de que se trate.
b) En ningún caso, deberá explotar la especial confianza de los niños en sus padres, en profesores o en otras personas, tales como profesionales de programas infantiles o, eventualmente, en personajes de ficción.
c) No podrá, sin un motivo justificado, presentar a los niños en situaciones peligrosas.
d) En el caso de publicidad o de televenta de juguetes, éstas no deberán inducir a error sobre las características de los mismos, ni sobre su seguridad, ni tampoco sobre la capacidad y aptitudes necesarias en el niño para utilizar dichos juguetes sin producir daño para sí o a terceros.
2. La televenta deberá respetar los requisitos que se prevén en el apartado 1 y, además, no incitará a los menores a adquirir o arrendar directamente productos y bienes o a contratar la prestación de servicios.

b) Inhalt und Programmplatz einer gesponserten Sendung dürfen vom Sponsor auf keinen Fall in der Weise beeinflußt werden, daß die Verantwortung und die redaktionelle Unabhängigkeit des Fernsehveranstalters in bezug auf die Sendungen angetastet werden, ferner dürfen sie keine Inhalte haben, die zum Kauf oder zur Anmietung von Erzeugnissen oder zur Inanspruchnahme von Dienstleistungen des Sponsors oder eines Dritten, insbesondere durch spezifische verkaufsfördernde Hinweise auf diese Erzeugnisse oder Dienstleistungen, anregen, außer, wenn dies innerhalb der für Werbe- oder Teleshopping vorbehaltenen Zeiten geschieht, wie sie in den Artikeln 11 und 12 geregelt sind.

(II) Die Fernsehprogramme dürfen nicht durch natürliche oder juristische Personen gesponsert werden, deren Haupttätigkeit die Herstellung oder der Verkauf von Waren oder das Anbieten von Diensten ist, für die gemäß der Artikel 8 und 9 dieses Gesetzes die Werbung verboten ist. Jedoch ist ein Sponsoring von Fernsehprogrammen zulässig für Firmen, die Arzneimittel, Sanitätsprodukte oder medizinische Behandlungen herstellen, verkaufen oder anbieten, wenn eine Erwähnung des Namens der Sponsorfirma erfolgt, ohne sich auf die Waren oder Dienstleistungen, die sie anbietet, zu beziehen.

(III) Tägliche Nachrichtensendungen und Sendungen zur politischen Information dürfen nicht gesponsert werden. Ebensowenig sind die Teile der genannten Sendungen sponsoringfähig, außer solche Teile, die für sportliche oder meteorologische Informationen vorgesehen sind.

(IV) Die Zeitabschnitte, die zur Kennzeichnung des Fernsehsponsorings vorgesehen sind und auf die sich Absatz I lit. a dieses Artikels bezieht, werden nicht in die im Artikel 13 genannten maximalen Werbezeiten eingerechnet.

KAPITEL VIER: Der Minderjährigenschutz

Art. 16 Schutz der Minderjährigen gegenüber der Werbung und dem Teleshopping

(I) Die Fernsehwerbung darf keine Bilder oder Inhalte enthalten, die Minderjährigen seelische oder körperliche Schäden zufügen können. Dazu sind folgende Prinzipien einzuhalten:

a) Sie soll weder direkte Kaufappelle an Minderjährige richten, die deren Unerfahrenheit und Leichtgläubigkeit ausnutzen, noch Minderjährige dazu auffordern, ihre Eltern oder ihren Vormund oder die Eltern oder den Vormund eines Dritten zum Kauf der beworbenen Ware oder Dienstleistung zu bewegen.

b) Sie darf auf keinen Fall das besondere Vertrauen ausnutzen, das Minderjährige zu ihren Eltern, Lehrern und anderen Personen haben, namentlich zu Personen aus Kindersendungen oder auch zu fiktiven Personen.

c) Sie soll Minderjährige nicht ohne berechtigten Grund in gefährlichen Situationen zeigen.

d) Werbung oder Teleshopping für Spielzeug darf weder einen Irrtum über die Eigenschaften der Spielzeuge erzeugen, noch über seine Sicherheit, noch über die Fähigkeiten und Eignungen, die das Kind benötigt, um diese Spielzeuge zu benutzen, ohne sich oder anderen Schaden zuzufügen.

(II) Teleshopping muß die in Absatz 1 genannten Anforderungen erfüllen und darf darüber hinaus Minderjährige nicht dazu anhalten, Kauf- oder Miet- bzw. Pachtverträge für Waren oder Dienstleistungen zu schließen.

Artículo 17. Protección de los menores frente a la programación.
1. Las emisiones de televisión no incluirán programas ni escenas o mensajes de cualquier tipo que puedan perjudicar seriamente el desarrollo físico, mental o moral de los menores, ni programas que fomenten el odio, el desprecio o la discriminación por motivos de nacimiento, raza, sexo, religión, nacionalidad, opinión o cualquier otra circunstancia personal o social.
2. La emisión de programas susceptibles de perjudicar el desarrollo físico, mental o moral de los menores sólo podrá realizarse entre las veintidós horas del día y las seis horas del día siguiente, y deberá ser objeto de advertencia sobre su contenido por medios acústicos y ópticos.
Cuando tales programas se emitan sin codificar, deberán ser identificados mediante la presencia de un símbolo visual durante toda su duración.
Lo aquí dispuesto será también de aplicación a las emisiones dedicadas a la publicidad, a la televenta y a la promoción de la propia programación.
3. Al comienzo de la emisión de cada programa de televisión y al reanudarse la misma, después de cada interrupción para insertar publicidad y anuncios de televenta, una advertencia, realizada por medios ópticos y acústicos, y que contendrá una calificación orientativa, informará a los espectadores de su mayor o menor idoneidad para los menores de edad.
En el caso de películas cinematográficas esta calificación será la que hayan recibido para su difusión en salas de cine o en el mercado del vídeo, de acuerdo con su regulación específica. Ello se entiende sin perjuicio de que los operadores de televisión puedan completar la calificación con indicaciones más detalladas para mejor información de los padres o responsables de los menores. En los restantes programas, corresponderá a los operadores, individualmente o de manera coordinada, la calificación de sus emisiones.
En el supuesto de que en el plazo de tres meses desde la entrada en vigor de la Ley, los operadores de televisión no se hubieran puesto de acuerdo respecto de un sistema uniforme de presentación de estas calificaciones, el Gobierno dictará las normas precisas para asegurar su funcionamiento.
4. En las emisiones realizadas por operadores de televisión bajo jurisdicción española, habrán de respetarse, en todo caso, los preceptos constitucionales.

Capítulo V:
Derechos de los espectadores a la información

Artículo 18. Derecho a la información.
De acuerdo con lo previsto en el artículo 2.1 d), de la Ley 26/1984, de 19 de julio, General para la Defensa de los Consumidores y Usuarios, constituye un derecho de los telespectadores, en cuanto usuarios, el conocer, con antelación suficiente, la programación de televisión, incluidas las películas cinematográficas y la retransmisión de espectáculos. El Gobierno y los órganos competentes de las Comunidades Autónomas, en sus respectivos ámbitos competenciales, desarrollarán reglamentariamente el procedimiento para hacer efectivo este derecho.

Art. 17 Schutz der Minderjährigen gegenüber dem Programm

(I) Fernsehsendungen dürfen weder Programme, Szenen oder Nachrichten gleich welcher Art enthalten, die die körperliche, seelische oder sittliche Entwicklung von Minderjährigen ernsthaft verletzen können, noch dürfen Sendungen Haß, Verachtung oder Diskriminierungen wegen Geburt, Rasse, Geschlecht, Religion, Staatsangehörigkeit, Meinung oder jedweden anderen persönlichen oder sozialen Umstandes fördern.

(II) Die Ausstrahlung von Programmen, die empfänglich dafür sind, die körperliche, geistige oder sittliche Entwicklung von Minderjährigen zu verletzen, darf nur zwischen 22 Uhr und 6 Uhr durchgeführt werden und es muß durch akustische und optische Mittel auf ihren Inhalt hingewiesen werden.

Werden derartige Programme in unverschlüsselter Form gesendet, so müssen sie während der gesamten Sendezeit durch ein visuelles Symbol gekennzeichnet werden.

Diese Regeln gelten auch für die Ausstrahlung von Werbung, Teleshopping und Eigenprogrammwerbung.

(III) Zu Beginn der Ausstrahlung eines jeden Fernsehprogramms und bei Wiederbeginn nach jeder Werbe- oder Teleshoppingunterbrechung muß eine optische und akustische Mitteilung erfolgen, die zur Information der Zuschauer eine Einstufung über die große oder geringe Eignung des Programms für Minderjährige enthält.

Bezüglich der Kinofilme ist diese Einstufung im Einklang mit den speziellen Regelungen dieselbe, die sie für die Ausstrahlung in Kinos oder den Verkauf als Video erhalten haben. Die Fernsehveranstalter können diese Einstufung jedoch durch detailliertere Indikatoren zur besseren Information der Eltern oder Erziehungsberechtigten von Minderjährigen vervollständigen. Bezüglich der restlichen Programme obliegt es den Fernsehveranstaltern, individuell oder in koordinierter Art und Weise eine Einstufung ihrer Sendungen vorzunehmen.

Falls innerhalb einer Dreimonatsfrist nach Inkrafttreten dieses Gesetzes (Anm. gemeint ist das Änderungsgesetz, das am 09.06.1999 in Kraft trat, die Frist lief also am 09.09.99 ab) sich die Fernsehveranstalter auf kein einheitliches System zur Präsentation dieser Einstufung geeinigt haben sollten, wird die Regierung die genauen Normen erlassen, um ihr Funktionieren sicherzustellen.

(IV) Die Sendungen von Fernsehveranstaltern, die unter spanischer Rechtshoheit stehen, müssen immer die Vorschriften der Verfassung beachten.

KAPITEL FÜNF: Informationsrechte der Fernsehzuschauer

Art. 18 Recht auf Information[9]

Im Einklang mit dem im Artikel 2.I lit. d) der Ley 26/1984, de 19.07.84, General para la Defensa de los Consumidores y Usuarios (Allgemeines Gesetzes 26/1984 zur Verteidigung der Verbraucher und Benutzer) Geregelten gibt es das Recht der Fernsehzuschauer, mit ausreichendem zeitlichen Vorlauf das Fernsehprogramm inklusive der Kinospielfilme und Übertragungen von Ereignissen zu erfahren. Die Regierung und die zuständigen Organe der Autonomieregionen entwickeln regelmäßig innerhalb ihrer Zuständigkeiten die Vorgehensweise, um dieses Recht umzusetzen.

---

[9] S. dazu das Real Decreto 1462/1999, das im Anhang zu diesem Gesetz unter III.A. abgedruckt ist.

Sólo serán posibles las modificaciones en la programación anunciada que sean consecuencia de sucesos ajenos a la voluntad del operador de televisión y que no hubieran podido ser razonablemente previstas, en el momento de hacerse pública su programación.

Capítulo VI:
Del Régimen Sancionador

Artículo 19. Sujetos pasivos y competencias de control y sanción.
1. El régimen sancionador establecido en este capítulo, será de aplicación a los operadores públicos o privados de televisión a los que se refieren los apartados 1, 2 y 3 del artículo 2 de la presente Ley.
2. Las Comunidades Autónomas ejercerán el control y la inspección para garantizar el cumplimiento de lo previsto en esta Ley y, en su caso, tramitarán los correspondientes procedimientos sancionadores e impondrán las oportunas sanciones en relación con los servicios de televisión cuyos ámbitos de cobertura, cualquiera que sea el medio de transmisión empleado, no sobrepasen sus respectivos límites territoriales. También serán competentes en relación con los servicios de televisión cuya prestación se realice directamente por ellas o por entidades a las que hayan conferido un título habilitante dentro del correspondiente ámbito autonómico.
Corresponden al Estado las competencias para garantizar el cumplimiento de las disposiciones de esta Ley, en los restantes servicios de televisión.
Las funciones de inspección y control, en el caso de los servicios de televisión contemplados en el párrafo anterior, se ejercerán por el Ministerio de Fomento. En este supuesto, la imposición de las sanciones por el incumplimiento de lo dispuesto en esta Ley, corresponderá, en el caso de infracciones graves, al Ministro de Fomento y en el de infracciones muy graves, al Consejo de Ministros, a propuesta de aquél.
3. Los órganos competentes para la inspección y el control podrán requerir de los operadores públicos o privados los datos que estimen necesarios para el ejercicio de sus funciones.
A estos efectos, todos los operadores de televisión deberán archivar durante un plazo de seis meses a contar desde la fecha de su primera emisión, todos los programas emitidos, incluidas la publicidad y la televenta, y registrar los datos relativos a tales programas.
La información así obtenida será confidencial, y no podrá utilizarse para fines distintos a los previstos en esta Ley.
4. Cuando un tercero, incluidos los nacionales de otros Estados miembros de la Unión Europea, se considere perjudicado por el presunto incumplimiento por parte de un operador de televisión de alguna de las obligaciones previstas en esta Ley, podrá presentar denuncia motivada ante el órgano competente para la inspección y control de la entidad supuestamente infractora, el cual, tras la instrucción del correspondiente expediente, elevará, en su caso, propuesta razonada de resolución al órgano competente para la imposición de las correspondientes sanciones.
La resolución que adopte este órgano pondrá fin a la vía administrativa.

Veränderungen im angekündigten Programm sind nur möglich, wenn sie auf Vorfällen beruhen, die außerhalb des Willens der Fernsehveranstalter liegen und zur Zeit der Veröffentlichung des Programms nicht vernünftigerweise vorhersehbar waren.

KAPITEL SECHS: Rechtsrahmen der Sanktionen

Art. 19 Passivsubjekte und Kompetenzen für Kontrolle und Sanktionen
(I) Die Sanktionen, die dieses Kapitel vorsieht, finden auf diejenigen öffentlichen und privaten Fernsehveranstalter Anwendung, auf die sich Art. 2 Absätze 1, 2 und 3 dieses Gesetzes beziehen.
(II) Die Autonomen Gemeinschaften üben die zur Erfüllung dieses Gesetzes erforderliche Kontrolle und Überwachungstätigkeit aus, sie handeln die dazugehörenden Sanktionen aus und erlassen sie gegenüber den Fernsehanbietern, deren Reichweite die jeweiligen Territorialgrenzen nicht überschreiten, gleich welche Übertragungstechnik diese verwenden. Sie sind dazu auch befugt gegenüber Fernsehanbietern, deren Abwicklung sie selbst durchführen (Anm.: die Dritten) oder gegenüber Firmen, denen ein ermächtigender Titel innerhalb des jeweiligen autonom geregelten Gebiets verliehen wurde.
Bezüglich aller übrigen Fernsehanbieter ist der Staat befugt, die Erfüllung der Regelungen dieses Gesetzes zu garantieren.
Die Beaufsichtigung und die Kontrolle werden im Falle der im vorigen Absatz enthaltenen Fernsehdienste durch das Ministerio de Fomento ausgeübt. Die Anordnung von Sanktionen wegen Nichterfüllung obliegt im Falle von schweren Verstößen gegen die Regelungen dieses Gesetzes dem Ministerio de Fomento, bei sehr schweren Verstößen dem Ministerrat auf dessen Vorschlag hin.
(III) Die zuständigen Aufsichts- und Kontrollorgane können von den öffentlichen oder privaten Veranstaltern Daten anfordern, die sie für die Ausführung ihrer Aufgaben für erforderlich halten.
Dazu müssen alle Fernsehveranstalter alle ausgestrahlten Programme, inklusive Werbung und Teleshopping, 6 Monate lang ab dem Erstausstrahlungsdatum aufbewahren und die Daten, die sich auf diese Programme beziehen, registrieren. Die so gewonnenen Informationen sind vertraulich zu behandeln und dürfen nicht für Ziele außerhalb dieses Gesetzes benutzt werden.
(IV) Wenn sich ein Dritter, einschließlich eines Staatsangehörigen eines anderen EG-Mitgliedstaates, durch eine vermeintliche Nichterfüllung einer Verpflichtung dieses Gesetzes durch einen Fernsehveranstalter verletzt fühlt, kann er eine begründete Beschwerde bei dem für den möglicherweise verstoßenden Anbieter zuständigen Aufsichts- und Kontrollorgan einreichen, welches durch Einleitung des jeweiligen Verfahrens ermittelt und gegebenenfalls dem zuständigen Organ einen Lösungsvorschlag für die jeweils durchzuführenden Sanktionen macht. Die Lösung, die dieses Organ beschließt, geschieht auf dem Verwaltungswege.

Artículo 20. Infracciones y sanciones.

1. La potestad sancionadora regulada en esta Ley se ejercerá de conformidad con los principios establecidos en el Título IX de la Ley 30/1992, de Régimen Jurídico de las Administraciones Públicas y del Procedimiento Administrativo Común.

2. Se considerará infracción grave, la contravención de las obligaciones y prohibiciones establecidas en los artículos 5, 6, 8 a 16, 17.2 y 3, 18, 19.3 y en la disposición adicional quinta de esta Ley.

Se considerará infracción muy grave, la contravención de las obligaciones y prohibiciones impuestas en los apartados 1 y 4 del artículo 17 y en la disposición adicional segunda de esta Ley.

Igualmente, se considerará infracción muy grave la comisión, en el plazo de un año, de dos o más infracciones graves sancionadas con carácter definitivo.

3. Las infracciones graves a lo previsto en la presente Ley serán sancionadas con multa de hasta 50.000.000 de pesetas y las muy graves con multa desde 50.000.001 pesetas hasta 100.000.000 de pesetas.

Las infracciones muy graves al apartado número 1 del artículo 17, en razón de sus circunstancias, podrán dar lugar a la suspensión de eficacia del título habilitante para la prestación del servicio de televisión y, en caso de reiteración, a la revocación del mismo.

En todo caso, la cuantía de la sanción que se imponga, dentro de los límites indicados, se graduará teniendo en cuenta, además de lo previsto en el artículo 131.3 de la Ley 30/1992, de 26 de noviembre, de Régimen Jurídico de las Administraciones Públicas y del Procedimiento Administrativo Común, lo siguiente:

a) La repercusión social de la infracción.

b) El beneficio que haya reportado al infractor la conducta sancionada.

c) La gravedad del incumplimiento.

Disposiciones Adicionales:

1.ª Requerimientos de información.

Las Comunidades Autónomas deberán remitir al Gobierno, a su requerimiento, los datos que resulten necesarios para informar a la Comisión Europea del grado de cumplimiento de lo dispuesto en los artículos 5 y 6 de esta Ley por parte de los servicios de televisión respecto de los que tengan competencia, de acuerdo con lo previsto en el apartado 2 del artículo 19 de esta Ley.

En el caso de que de los datos se desprenda la existencia de incumplimientos por parte de operadores de televisión, el órgano competente del Estado y de las Comunidades Autónomas indicarán, dentro de sus respectivas competencias, las medidas adoptadas para corregirlos.

Art. 20 Verstöße und Sanktionen

(I) Die Sanktionsbefugnis dieses Gesetzes ist im Einklang mit den Prinzipien, die der Abschnitt IX der Ley 30/1992, de Régimen Jurídico de las Administraciones Públicas y del Procedimiento Común (Gesetz 30/1992 über den Rechtsrahmen der öffentlichen Verwaltungen und die gemeinsame verwaltungsmäßige Vorgehensweise) regelt, auszuüben.

(II) Die Verletzung der Verpflichtungen und Verbote, die in den Artikeln 5, 6, 8 bis 16, 17 II und III, 18, 19 III und in der Fünften Zusatzbestimmung entwickelt werden, werden als schwerer Verstoß angesehen.

Die Zuwiderhandlung gegen die Verpflichtungen und Verbote des Artikels 17 I und IV und der Zweiten Zusatzbestimmung wird als sehr schwerer Verstoß angesehen.

Zwei oder mehr endgültige schwere Verstöße innerhalb eines Jahres werden gleichermaßen als sehr schwerer Verstoß angesehen.

(III) Die in diesem Gesetz geregelten schweren Verstöße werden mit einer Geldbuße von bis zu 50.000.000 Peseten (Anm.: ca. 60.000,- €), und die sehr schweren Verstöße werden mit Geldbuße von 50.000.001 bis 100.000.000 Peseten (Anm.: 60.000,- bis 120.000,- €) bestraft.

Die sehr schweren Verstöße aus Art. 17 I können zu einer Aussetzung des zur Ausübung des Fernsehdienstes berechtigenden Rechtstitels führen und im Wiederholungsfalle den Widerruf desselben nach sich ziehen.

In jedem Fall muß sich die Höhe der auferlegten Sanktionen in den genannten Grenzen bewegen und es muß abgesehen von dem in Artikel 131 III der Ley 30/1992, de Régimen Jurídico de las Administraciones Públicas y del Procedimiento Común (Gesetz 30/1992, vom 26.11.92, über den Rechtsrahmen der öffentlichen Verwaltungen und die gemeinsame verwaltungsmäßige Vorgehensweise) Geregelten Folgendes berücksichtigt werden:

a) Die gesellschaftliche Auswirkung des Verstoßes.
b) Der Gewinn, den der Verstoßende durch das sanktionierte Verhalten gemacht hat.
c) Die Schwere der Zuwiderhandlung.

ZUSATZBESTIMMUNGEN

1.) Anforderung von Informationen

Die Autonomieregionen müssen der Regierung auf deren Anforderung hin die Daten übermitteln, die notwendig sind, um die Europäische Kommission über den Grad der Erfüllung des in den Artikeln 5 und 6 dieses Gesetzes Geregelten durch die Fernsehveranstalter, auf die sich ihre Befugnis nach Art. 19 II dieses Gesetzes bezieht, zu informieren.

In dem Falle, daß sich aus den Daten die Existenz von Nichterfüllungen durch die Fernsehveranstalter ergibt, gibt das zuständige Organ des Staates und der Autonomieregionen innerhalb seiner jeweiligen Zuständigkeiten an, welche Mittel zur Korrektur dessen ergriffen wurden.

2.ª Ejercicio de los derechos exclusivos.
Ningún operador de televisión podrá ejercer los derechos exclusivos de retransmisión de eventos que haya adquirido con posterioridad al 30 de julio de 1997, de manera que restrinja los derechos de una parte sustancial del público de otro Estado miembro de la Unión Europea a su libre acceso por televisión, cuando hayan sido considerados de interés general en dicho Estado. Estos derechos tendrán el alcance y el contenido que les reconozca la Comisión Europea, mediante cualquier acto o resolución publicado en el "Diario Oficial de las Comunidades Europeas".

3.ª Promoción de la autorregulación.
Con independencia de lo previsto en el capítulo VI de esta Ley los poderes públicos promoverán el desarrollo de organizaciones de autorregulación del sector, pudiendo acudir, también, a ellas cualesquiera personas o entidades que se consideren perjudicadas.

4.ª Medidas adicionales de protección a la juventud y a la infancia.
En la medida que el desarrollo tecnológico lo permita, el Gobierno, para la mejor protección de la juventud y de la infancia, podrá establecer la obligación de que los receptores incorporen mecanismos automáticos de desconexión y exigir a los servicios de televisión que incluyan en sus emisiones los códigos que permitan activar dichos mecanismos, a voluntad del receptor.

5.ª Obligaciones complementarias de información.
Los operadores de servicios de acceso condicional o de redes de telecomunicaciones habilitados para prestar el servicio de difusión de televisión y, en general, todos aquellos que dispongan de título habilitante para la prestación del servicio de difusión de televisión, informarán preceptivamente sobre las características de cada uno de los canales de televisión que ofrezcan, identificando si dichos canales son propios o han sido suministrados por un tercero y, en este último caso, el responsable editorial de los mismos. Se informará, igualmente, de si se trata de la retransmisión de un canal cuya emisión primaria se está realizando por otra vía, indicando, en ese caso, si el responsable editorial del mismo se encuentra o no bajo la jurisdicción de un Estado miembro de la Unión Europea.
Esta información deberá actualizarse en cada momento y será remitida al órgano administrativo que tiene atribuidas las competencias de inspección y control previstas en esta Ley.

Disposiciones Transitorias:

1.ª Plazo de reserva de obra europea:
La reserva establecida en el número 1 del Art. 5° para la difusión de obras europeas podrá alcanzarse por las entidades de televisión de forma gradual, de manera que al término de cuarto año contado a partir de la entrada en vigor de esta Ley o, en su caso, del comienzo da las emisiones, la reserva alcance 40 por 100 del tiempo de emisión. No obstante, será preciso cubrir tal porcentaje gradualmente
Trancurrido el señalado plazo. La reserva deberá incrementarse anualmente hasta alcanzar la proporción de reserva determinada an el Art. 5.I.

2.) Ausübung von Exklusivrechten
Kein Fernsehveranstalter kann die nach dem 30.07.1997 erworbenen exklusiven Übertragungsrechte von Ereignissen in der Weise ausüben, daß er einem erheblichen Teil des Publikums eines anderen EG-Mitgliedstaates die Reche auf freien Zugang zum Fernsehen beschneidet, wenn diese Ereignisse in dem betreffenden Staat als von generellem Interesse angesehen werden. Diese Rechte haben die Reichweite und den Inhalt, die ihnen die Europäische Kommission durch einen Rechtsakt oder Beschluß zuerkennt, der im Amtsblatt der Europäischen Gemeinschaften veröffentlicht ist.

3.) Förderung der Selbstregulierung
Unabhängig von den Regeln des Kapitels VI dieses Gesetzes fördern die öffentlichen Gewalten die Entwicklung von Selbstregulierungsorganisationen des Sektors, und es können auch alle Personen oder Körperschaften, die sich verletzt fühlen, an diesen teilnehmen.

4.) Zusätzliche Mittel für den Jugend- und Kindheitsschutz
Soweit es die technische Entwicklung erlaubt, kann die Regierung für dem optimalen Jugend- und Kindheitsschutz eine Pflicht einführen, daß die Zuschauer automatische Unterbrechungsmechanismen einbauen und von den Fernsehdiensten verlangen, daß sie bei ihren Sendungen auch die Codes mitübertragen, die die Aktivierung dieser Mechanismen erlauben, wenn die Zuschauer es wünschen.

5.) Zusätzliche Informationspflichten
Die Veranstalter eines Dienstes mit bedingten Zugangsvoraussetzungen oder von Telekommunikationsnetzen, die in der Lage sind, einen Dienst der Fernsehausstrahlung anzubieten, und generell alle die, die über einen Rechtstitel zur Fernsehausstrahlung verfügen, haben vorschriftsmäßig über die Charakteristika jedes einzelnen der von ihnen angebotenen Fernsehkanäle zu informieren, indem sie offenlegen, ob diese Kanäle eigene sind oder durch einen Dritten geliefert wurden und im letzteren Falle, wer die Herausgeberhaftung hat. Es ist ebenso darüber zu informieren, ob es sich um die Übertragung eines Kanals handelt, dessen ursprüngliche Ausstrahlung auf anderem Wege durchgeführt wird, und in diesem Falle ist anzugeben, ob der haftende Herausgeber sich unter der Rechtshoheit eines EG-Mitgliedstaates befindet oder nicht.
Diese Information muß jederzeit aktualisiert und dem Verwaltungsorgan, das die in diesem Gesetz vorgesehenen Aufsichts- und Kontrollkompetenzen hat, mitgeteilt werden.

ÜBERGANGSBESTIMMUNGEN
1.) Frist der Reservierung für europäische Werke
Die Quote, die Artikel 5 I für die Ausstrahlung europäischer Werke vorschreibt, kann durch die Fernsehanbieter allmählich („de forma gradual“) angestrebt werden, indem sie am Ende des vierten Jahres nach Inkrafttreten dieses Gesetzes (Anm.: 1998) oder ggf. nach Sendebeginn 40 Prozent der Sendezeit erreicht. Jedoch muß dieser Prozentsatz nach und nach erreicht werden.
Nach Verstreichen der genannten Frist muß die Quote jährlich ansteigen, bis sie die in Art. 5.I genannte Quote erreicht.

2.ª Plazo para reserva de producción independiente:
La reserva establecida en el Art. 6° podrá alcanzarse de forma progresiva. A tal efecto, las entidades que presten el servicio público de televisión, constituidas antes de 1989, podrán mantener en el año de entrada en vigor de esta Ley la proporción de emisión de obras europeas comprobada por cada uno de ellos durante 1988, debiendo incrementar anualmente la reserva de emisión de tales obras hasta el logro de la proporción exigida en el Art. 6°, en un máximo de 4 ños.
Los órganos o entidades constituidos después del 31 de diciembre de 1988 tomarán como año de referencia a los efectos del párrafo anterior el añn de su constitución.

3.ª Período transitorio para interrupciones publicitarias:
Las previsiones contenidas en el número 1 del Art. 13 comenzarán a aplicarse transurridos seis meses desde la entrada en vigor de la presente Ley.
Las previsiones contenidas en los números 2,3 y 4 del citado artículo comenzarán a aplicarse transcurridos doce meses a contar desde la entrada an vigor de esta Ley.

(Disposición Derogatoria Única...)

Disposiciones finales:

1.ª Fundamento constitucional.
Esta Ley se divta al amparo de lo establecido por el art. 149.I.1.,21. y 27. de la Constitución, teniendo, por tanto, el carácter de norma básica.

2.ª Habilitaciones al Gobierno.
1. Sin perjuicio de las obligaciones internacionales contraídas por España, se faculta al Gobierno para establecer, por vía reglamentaria, las medidas necesarias que garanticen que las emisiones de los operadores de televisión que no están bajo la jurisdicción de ningún Estado miembro de la Unión Europea y puedan ser recibidas en territorio español, no resulten contrarias a lo dispuesto en el artículo 16 y en los apartados 1 y 2 del artículo 17.
A efectos de lo previsto en el segundo párrafo del artículo 4, en el supuesto de recepción en España de emisiones de un operador de televisión bajo la jurisdicción de otro Estado miembro de la Unión Europea, si se detectara una posible infracción de lo dispuesto en los apartados 1 y 2 del artículo 17 de esta Ley, el Ministerio de Fomento abrirá expediente informativo para comprobar los hechos. Si, de las diligencias efectuadas, se dedujere que se ha producido una infracción manifiesta y grave de lo dispuesto en los apartados citados, se cursará notificación al operador extranjero, dando traslado de la misma al Estado miembro de la Unión Europea bajo cuya jurisdicción se encuentre y a los servicios correspondientes de la Comisión Europea.
2. El Gobierno dictará las disposiciones que sean necesitarias para el desarrollo y aplicación de esta Ley.
3. Las cuantías señaladas en el primer párrafo del apartado 2 del artículo 20, serán actualizadas periódicamente por el Gobierno teniendo en cuenta la variación de los índices de precios al consumo.
4. La presente Ley entrará an vigor al día siguiente de su públicación en el B.O.E.

2.) Frist für die Reservierung unabhängiger Produktionen
Die Quote, die Artikel 6 vorschreibt, kann kontinuierlich („de forma progresiva") erreicht werden. Dazu können die Körperschaften, die den öffentlichen Dienst des Fernsehens anbieten und vor 1989 gegründet wurden, im Jahre des Inkrafttretens dieses Gesetzes (Anm.: 1994) den Anteil der Sendezeit für europäische Werke, den diese jeweils im Jahre 1988 erfüllten, beibehalten, sie müssen aber jedes Jahr den für die Ausstrahlung dieser Werke reservierten Anteil erhöhen, bis zum Erreichen der in Artikel 6 vorgeschriebenen Quote innerhalb von vier Jahren.

3.) Übergangszeit für Werbeunterbrechungen
Die Vorschriften, die in Artikel 13 I vorgesehen sind, beginnen angewendet zu werden, wenn sechs Monate ab dem Inkrafttreten dieses Gesetzes verstrichen sind. (Anm.: also ab dem 15.01.1995).
Die Vorschriften, die in Artikel 13 II, III und IV vorgesehen sind, beginnen angewendet zu werden, wenn zwölf Monate ab dem Inkrafttreten dieses Gesetzes verstrichen sind. (Anm.: also ab dem 15.07.1995)

(Eine Außerkraftsetzungsbestimmung...)

SCHLUßBESTIMMUNGEN

1.) Verfassungsbasis
Dieses Gesetz wird unter dem Schutz des Artikels 149 I Nr. 21 und 27 CE erlassen und hat den Charakter einer Basisnorm.

2.) Befugniserteilung für die Regierung
(I) Unbeschadet der internationalen vertraglichen Verpflichtungen Spaniens wird die Regierung befugt, auf dem Verordnungswege die notwendigen Mittel anzuordnen, die notwendig sind zu garantieren, daß die Sendungen der Fernsehveranstalter, die nicht unter der Rechtshoheit eines EU-Mitgliedstaates stehen und in Spanien empfangen werden können, nicht gegen das in Artikel 16 I und 17 I und II Geregelte verstoßen.
Wegen des in Artikel 4 II Vorgesehenen eröffnet das Ministerio de Fomento im Falle des Empfangs von Sendungen eines Fernsehveranstalters unter der Rechtshoheit eines anderen EU-Mitgliedstaates in Spanien, wenn eine mögliche Verletzung des Artikel 17 I und II dieses Gesetzes aufgedeckt wird, ein Informationsverfahren zur Überprüfung der Vorfälle. Wenn sich aus den Ermittlungen ergibt, daß ein offenbarer und schwerer Verstoß des in den genannten Artikeln Geregelten vorliegt, wird eine Beschwerde an den ausländischen Veranstalter geleitet, ferner eine Abschrift derselben an den EU-Mitgliedstaat, unter dessen Rechtshoheit er sich befindet, und an die entsprechenden Stellen der Europäischen Kommission.
(II) Die Regierung erläßt die zur Entwicklung und Anwendung dieses Gesetzes notwendigen Normen.
(III) Die Mengen, die Artikel 20 III S.1 vorschreibt, werden regelmäßig durch die Regierung unter Beachtung der Preisindizes für den Konsum aktualisiert.
(IV) Das vorliegende Gesetz tritt am Tage nach seiner Veröffentlichung im B.O.E. in Kraft.

Disposición transitoria única (de la Ley 22/1999).
El ejercicio de derechos exclusivos adquiridos después del 30 de julio de 1997 y con anterioridad a la entrada en vigor de esta Ley, de forma diferente a la señalada en la disposición adicional segunda de la Ley 25/1994, modificada por la presente Ley, no será constitutivo de infracción si el operador puede probar que concurren las circunstancias siguientes:
a) Que no tiene capacidad para cumplir directamente con la obligación impuesta por la citada disposición adicional segunda, mediante la emisión en abierto del evento para el que tenga los derechos, en las condiciones establecidas en las relaciones aprobadas por la Comisión Europea.
b) Que ha realizado todos los esfuerzos razonables para cumplir esta obligación por medios indirectos, ofreciendo, de forma pública y abierta, a un precio razonable, la cesión de derechos a los operadores en situación de cumplir las citadas condiciones.
c) Que, pese a ello, su oferta no ha sido aceptada por ningún operador en situación de cumplir las condiciones expresadas en el precedente apartado a).

III.A. DAS REAL DECRETO 1462/1999 ZUR LID

(Real Decreto 1462/1999, de 17.09.99, que aprueba el Reglamento que regula el derecho de los usuarios del servicio de televisión a ser informados de la programación a emitir, y desarrolla otros artículos de la Ley 25/1994, de 12.07.1994, modificada por la Ley 22/1999, de 07.06.1999)
(B.O.E. núm. 233, de 29.09.1999, S. 34660)

(Texto...)

Artículo único. Aprobación del Reglamento que regula el derecho de los usuarios del servicio de televisión a ser informados de la programación a emitir, y se desarrollan determinados artículos de la Ley 25/1994, de 12 de julio, modificada por la Ley 22/1999, de 7 de junio.
Se aprueba el Reglamento, que se incorpora como anexo, por el que se regula el derecho de los usuarios del servicio de televisión a ser informados de la programación a emitir, y se desarrollan determinados artículos de la Ley 25/1994, de 12 de julio, modificada por la Ley 22/1999, de 7 de junio.
Disposición final única. Entrada en vigor.
Este Real Decreto entrará en vigor el día siguiente al de su publicación en el «Boletín Oficial del Estado».

Einzige Übergangsbestimmung des Änderungsgesetzes, Ley 22/1999:
Die Ausübung von Exklusivrechten, die nach dem 30.07.1997 und vor dem Inkrafttreten dieses Gesetzes (Anm.: 09.06.1999) erworben wurden, in anderer Form als in der Zweiten Zusatzbestimmung der Ley 25/1994 geregelt, bedeutet dann keine Gesetzesverletzung, wenn der Veranstalter das Vorliegen folgender Umstände beweisen kann:
a) Er hat nicht die Möglichkeit, direkt die durch die genannte Zweite Übergangsbestimmung auferlegte Verpflichtung zu erfüllen, dadurch daß er das Ereignis für den, der die Rechte hat, unter den Bedingungen der durch die Kommission geprüften Berichte frei zugänglich ausstrahlt.
b) Er hat alle angemessenen Anstrengungen unternommen, diese Verpflichtung auf indirektem Wege zu erfüllen, indem er in öffentlicher und offener Form zu einem angemessenen Preis den Erwerb der Rechte den Veranstaltern angeboten hat, die die genannten Bedingungen erfüllen.
c) Sein Angebot wurde trotzdem von keinem Veranstalter, der in der Lage wäre, die Bedingungen des Absatzes a) zu erfüllen, angenommen.

III.A. DAS REAL DECRETO 1462/1999 ZUR LID

(Real Decreto 1462/1999, de 17.09.99, que aprueba el Reglamento que regula el derecho de los usuarios del servicio de televisión a ser informados de la programación a emitir, y desarrolla otros artículos de la Ley 25/1994, de 12.07.1994, modificada por la Ley 22/1999, de 07.06.1999)
(B.O.E. núm. 233, de 29.09.1999, S. 34660)

(Vortext...)

Einziger Artikel Bestätigung der Regelung, die das Recht der Fernsehzuschauer, über das Programm informiert zu sein, einführt und Entwicklung bestimmter Artikel der Ley 25/1994, de 12.07.94, geändert durch die Ley 22/1999, de 07.06.99
Die Regelung, die als Anhang eingeführt wird, und mit der das Recht der Zuschauer des Dienstes Fernsehen, über die auszustrahlenden Programme informiert zu sein sowie bestimmte Artikel der Ley 25/1994, de 12.07.94, geändert die durch die Ley 22/1999, de 07.06.99, entwickelt werden, wird gebilligt.

Einzige Schlußbestimmung Inkrafttreten
Dieses Real Decreto tritt am Tage nach seiner Veröffentlichung im „B.O.E." in Kraft (Anm.: also am 30.09.1999).

ANEXO

Reglamento que regula el derecho de los usuarios del servicio de televisión a ser informados de la programación a emitir, y se desarrollan otros artículos de la Ley 25/1994, de 12 de julio, modificado por la Ley 22/1999, de 7 de junio

Artículo 1. Ambito de aplicación.
Están sujetos a lo dispuesto en este Reglamento los operadores de televisión cuya inspección y control sea competencia del Ministerio de Fomento de acuerdo con lo dispuesto en el apartado 2 del artículo 19 de la Ley 25/1994, de 12 de julio, modificada por la Ley 22/1999, de 7 de junio.

Artículo 2. Alcance del derecho de información.
1. Para hacer efectivo el derecho de información regulado en el vigente artículo 18 de la Ley 25/1994, de 12 de julio, los operadores de televisión habrán de hacer pública su programación diaria con una antelación de, al menos, once días respecto del día al que la citada programación se refiera.
2. Se estimará cumplida la previsión establecida en el apartado anterior, desde el momento que el operador de televisión haga pública su programación por cualquier medio.

Artículo 3. Contenido de la información.
1. La programación a que se hace referencia en el artículo anterior deberá informar, como mínimo, sobre el título y el tipo o el género de todos los programas que se prevé emitir, salvo los de duración inferior a quince minutos. En el caso de largometrajes cinematográficos, identificará concretamente el título, el director y el año de producción. En las restantes obras de ficción, como películas para televisión, series, telecomedias y novelas, se indicará el título de la obra o el episodio a emitir y, en el supuesto de retransmisiones, el espectáculo concreto y, si éste fuere musical, los principales participantes que intervendrán en él.
2. Lo dispuesto en el apartado anterior se entiende sin perjuicio de los acuerdos a los que se pueda llegar entre los operadores de televisión y los titulares de medios de comunicación, respecto del suministro de cualquier información adicional.
3. Sólo serán posibles las modificaciones en la programación anunciada que sean consecuencia de sucesos ajenos a la voluntad del operador de televisión y que no hubieran podido ser razonablemente previstas, en el momento de hacerse pública la programación.

Artículo 4. Autopromoción y promoción de los propios programas.
1. A efectos de lo establecido en el artículo 13.4 de la Ley 25/1994, de 12 de julio, tendrán la consideración de anuncios realizados por el operador de televisión en relación con sus propios programas, aquellos que se refieran únicamente a la programación del operador, identificando éste.
2. En el supuesto de que dichos anuncios incluyeran la autopromoción de otros productos o servicios del operador distintos de sus programas, se regirán por lo previsto en el párrafo primero del apartado 2 del artículo 13 de la Ley.

ANHANG

Reglement, das das Recht der Fernsehzuschauer normiert, über die auszustrahlenden Programme informiert zu sein, und das andere Artikel der Ley 25/1994, de 12.07.99 (Anm.: LID), **geändert durch Ley 22/1999, de 07.06.99, entwickelt**

Art. 1 Anwendungsrahmen
Adressaten dieses Reglamento sind die Fernsehveranstalter, deren Beaufsichtigung und Kontrolle im Einklang mit Artikel 19 II der Ley 25/1994, de 12.07.94, die durch Ley 22/1999, de 07.06.99 geändert wurde, Aufgabe des Ministerio de Fomento ist.

Art. 2 Reichweite des Informationsrechts
(I) Um das Informationsrecht, das im aktuellen Artikel 18 der Ley 25/1994, de 12.07.94, geregelt ist, wirksam werden zu lassen, müssen die Fernsehveranstalter ihr tägliches Programm mit einem Vorlauf von mindestens 11 Tagen in bezug auf den Tag, auf den es sich bezieht, veröffentlichen.
(II) Das im vorigen Absatz Vorgesehene wird ab dem Moment, in dem der Fernsehveranstalter sein Programm durch jedwedes Medium bekanntgibt, als erfüllt angesehen.

Art. 3 Inhalt der Information
(I) Das Programm, auf das sich der vorige Artikel bezieht, muß zumindest über den Titel und den Typ bzw. die Art aller Programme informieren, die zu senden beabsichtigt sind, außer bei Programmenteilen, die weniger als 15 Minuten andauern. Im Falle von Kinospielfilmen sind der Titel, der Regisseur und das Produktionsjahr genau anzugeben. Bei den übrigen Werken der Fiktion, z.B. Fernsehfilmen, Serien, Fernsehkomödien und –spielen ist der Titel des Werkes oder die auszustrahlende Episode, und im Falle von Übertragungen die konkrete Veranstaltung anzugeben, bei musikalischen Veranstaltungen die wichtigsten Teilnehmer, die dort auftreten.
(II) Das im vorigen Absatz Geregelte versteht sich unbeschadet der Vereinbarungen, die zwischen den Fernsehveranstaltern und den Inhabern der Kommunikationsmedien bezüglich der Lieferung jedweder zusätzlichen Information bestehen können.
(III) Veränderungen im angekündigten Programm sind nur möglich, wenn sie auf Vorfällen beruhen, die außerhalb des Willens der Fernsehveranstalter liegen und zur Zeit der Veröffentlichung des Programms nicht vernünftigerweise vorhersehbar waren.

Art. 4 Eigenwerbung und Eigenprogrammwerbung
(I) Bezüglich des in Artikel 13 IV der Ley 25/1994, de 12.07.94, Geregelten werden die Werbungen als solche, die der Fernsehveranstalter in bezug auf seine eigenen Programme macht, eingeschätzt, die sich ausschließlich auf das Programm dieses Fernsehveranstalters beziehen und ihn angeben.
(II) Falls diese Werbungen Eigenwerbung für andere Produkte oder Dienste des Veranstalters beinhalten, die außerhalb seines Programms liegen, regeln sie sich nach dem in Artikel 13 II S.1 des Gesetzes Geregelten.

Artículo 5. Obligaciones de información de los operadores de servicios de acceso condicional.

1. En el plazo de dos meses, desde la entrada en vigor de este Reglamento, los operadores de servicios de televisión mediante acceso condicional, cuyo ámbito de cobertura sobrepase el territorio de una Comunidad Autónoma, deberán remitir a la Secretaría General de Comunicaciones del Ministerio de Fomento la información sobre los canales de televisión difundidos, conforme a lo previsto en la disposición adicional quinta de la Ley 25/1994, de 12 de julio, incorporada por la Ley 22/1999, de 7 de junio.

2. La actualización de dicha información deberá realizarse con una antelación mínima de diez días al momento en el que se vaya a producir la modificación.

Artículo 6. Verificación del cumplimiento de las obligaciones de los operadores de televisión.

1. Los operadores de televisión deberán, antes del día 30 de junio de cada año natural, remitir a la Secretaría General de Comunicaciones, un informe indicando la forma en que han dado cumplimiento a la obligación de financiar largometrajes cinematográficos y películas para televisión, según lo previsto en el segundo párrafo del apartado 1 del artículo 5 vigente de la Ley 25/1994, de 12 de julio.

2. A la vista de los citados informes, la Secretaría General de Comunicaciones podrá requerir de los operadores de televisión, con arreglo a lo dispuesto en el vigente artículo 19.2 y 3 de la Ley 25/1994, de 12 de julio, los datos adicionales, con el detalle que fuese preciso, que permitan comprobar el cumplimiento de la citada obligación.

3. Tanto el informe inicial como las informaciones adicionales requeridas tendrán carácter confidencial, de acuerdo con lo dispuesto en el tercer párrafo del apartado 3 del artículo 19 de la Ley 25/1994, en su actual redacción.

Artículo 7. Regímenes especiales.

1. Para poder acogerse a lo dispuesto en los vigentes apartados 1, 2 y 3 del artículo 14 de la Ley 25/1994, los operadores de televisión que tengan la responsabilidad editorial de canales de televisión a los que sea de aplicación lo dispuesto en dichos apartados, deberán notificarlo por escrito, a la Secretaría General de Comunicaciones del Ministerio de Fomento, con una antelación de treinta días al comienzo de su difusión.

2. Los operadores de televisión que tengan la responsabilidad editorial de canales de televisión que, en virtud de lo dispuesto en el vigente apartado 1 del artículo 7 de la Ley 25/1994, entendiesen que se encuentran exentos del régimen previsto en los artículos 5 y 6 de la citada Ley, o que les es de aplicación el régimen especial de cómputo previsto en el apartado 2 del citado artículo 7, deberán comunicarlo con una antelación de, al menos, treinta días al del comienzo de su difusión, mediante escrito razonado dirigido a la Secretaría General de Comunicaciones del Ministerio de Fomento.

3. En el supuesto de canales que se encontrasen operando en la fecha de entrada en vigor de la Ley 22/1999, de 7 de junio, el plazo para presentar la notificación será de dos meses desde la entrada en vigor de este Reglamento.

Art. 5 Informationspflichten der Veranstalter von Diensten mit bedingtem Zugang
(I) Innerhalb von zwei Monaten nach Inkrafttreten dieses Reglamentos müssen die Veranstalter von Fernsehdiensten mit bedingtem Zugang (z.B. Pay-TV-Dienste), deren Reichweite das Gebiet einer Autonomieregion überschreitet, dem Generalsekretariat für Kommunikation („Secretaría General de Comunicaciones") des Ministerio de Fomento die Informationen über die ausgestrahlten Fernsehkanäle überbringen, im Einklang mit der 5. Zusatzbestimmung der Ley 25/1994, de 12.07.94, die durch die Ley 22/1999, de 07.06.99 eingeführt wurde.
(II) Die Aktualisierung dieser Information muß mit einem Vorlauf von mindestens 10 Tagen vor dem Moment, in dem die Änderung erfolgen soll, durchgeführt werden.

Art. 6 Kontrolle der Erfüllung der Verpflichtungen der Fernsehveranstalter
(I) Die Fernsehveranstalter müssen vor dem 30.06. eines jeden Jahres der Secretaría General de Comunicaciones (Generalsekretariat für Kommunikation) eine Information zukommen lassen, inwiefern die Verpflichtung der Finanzierung von Kino- und Fernsehfilmen nach Artikel 5 I S.2 der Ley 25/1994, de 12.07.94, erfüllt wurde.
(II) Angesichts dieser Informationen kann die Secretaría General de Comunicaciones (Generalsekretariat für Kommunikation) in Ausführung des Artikels 19 II und III der Ley 25/1994, de 12.07.94, die zusätzlichen Daten und genauen Details von den Fernsehveranstaltern anfordern, die die Erfüllung der genannten Verpflichtung beweisen.
(III) Sowohl die anfänglichen Informationen als auch die zusätzlich angeforderten Informationen sind vertraulich zu behandeln, in Einklang mit Artikel 19 III S.3 der Ley 25/1994 in dessen aktueller Fassung.

Art. 7 Spezielle Regelungen
(I) Um das im Artikel 14 I, II und II der Ley 25/1994 Geregelte anwenden zu können, müssen die Fernsehveranstalter, die die Herausgeberhaftung für die Fernsehkanäle haben, auf die sich diese Absätze beziehen, dem Generalsekretariat für Kommunikation (Secretaría General de Comunicaciones) des Ministerio de Fomento dies schriftlich und mit einem Vorlauf von 30 Tagen vor Sendebeginn mitteilen.
(II) Die Fernsehveranstalter, die die Herausgeberhaftung für Fernsehkanäle haben, die in Anwendung des Artikels 7 I der Ley 25/1994 so verstanden werden, daß sie sich außerhalb der in den Artikeln 5 und 6 des zitierten Gesetzes vorgesehenen Regeln befinden, oder auf die die spezielle Zählungsregel des Artikels 7 II anzuwenden ist, müssen dies mit einem Vorlauf von mindestens 30 Tagen vor Sendebeginn mittels begründeten Schreibens dem Generalsekretariat für Kommunikation (Secretaría General de Comunicaciones) des Ministerio de Fomento mitteilen.
(III) In dem Falle, daß Kanäle zum Zeitpunkt des Inkrafttretens der Ley 22/1999, de 07.06.99, (Inkrafttreten Ley 22/1999: 09.09.1999) bereits arbeiten, beträgt die Frist der Bekanntgabe zwei Monate ab Inkrafttreten dieses Reglamento (Inkrafttreten des R.: 30.09.1999).

Disposición adicional única. Aprobación de formularios.

Por Orden del Ministro de Fomento podrán establecerse los modelos de los formularios a cumplimentar para hacer efectivas las obligaciones de información reguladas en este Reglamento.

Einzige Zusatzbestimmung Billigung der Formulare
Durch Orden (Anordnung) des Ministerio de Fomento können Modelle für die Formulare zur Erfüllung der in diesem Reglamento geregelten Informationspflichten ausgearbeitet werden.

IV. DIE LEY 21/1997: DAS GESETZ ZUR REGELUNG DES RECHTS AUF KURZBERICHTERSTATTUNG UND DER ÜBERTRAGUNG SPORTLICHER EREIGNISSE GENERELLER BEDEUTUNG

(Ley 21/1997, de 03.07.97, reguladora de las emisiones y retransmisiones de competiciones y acontecimientos deportivos)
(B.O.E. núm.159, de 04.07.1997, S. 20742)

(Exposición de Motivos...)

Artículo 1.
Las disposiciones de la presente Ley son aplicables a las retransmisiones o emisiones realizadas por radio o televisión, de acontecimientos o competiciones deportivas en las que concurran alguna de las siguientes circunstancias:
a) Que sean oficiales, de carácter profesional y ámbito estatal, de acuerdo con lo dispuesto en la Ley 10/1990, de 15 de octubre, del Deporte.
b) Que correspondan a las selecciones nacionales de España.
c) Que tengan especial relevancia y transcendencia social.

Artículo 2.
1. La cesión de los derechos de retransmisión o emisión, tanto si se realiza en exclusiva como si no tiene tal carácter, no puede limitar o restringir el derecho a la información. Para hacer efectivo tal derecho, los medios de comunicación social dispondrán de libre acceso a los estadios y recintos deportivos.
2. El ejercicio del derecho de acceso a que se refiere el número anterior, cuando se trate de la obtención de noticias o imágenes para la emisión por televisión de breves extractos, libremente elegidos, en telediarios, no estarán sujetos a contraprestación económica, sin perjuicio de los acuerdos que puedan formalizarse entre programadores y operadores. La emisión de dichos extractos tendrá una duración máxima de tres minutos por cada competición.
Los diarios o espacios informativos radiofónicos no estarán sujetos a las limitaciones de tiempo y de directo contempladas en el párrafo anterior.

Artículo 3.
1. Los titulares de los derechos de explotación audiovisual de los acontecimientos o competiciones deportivas, ya sean clubes, sociedades deportivas, programadores u operadores, podrán autorizar las emisiones y retransmisiones por radio y televisión de programas deportivos especializados, no comprendidos en el artículo 2.2 de la presente Ley.
2. Los programas a que se refiere el número anterior se realizarán sobre la base de las imágenes o noticias obtenidas, directa o indirectamente, en los recintos donde se celebren los acontecimientos deportivos y darán derecho a una contraprestación económica en favor de los correspondientes titulares.

IV. DIE LEY 21/1997: DAS GESETZ ZUR REGELUNG DES RECHTS AUF KURZBERICHTERSTATTUNG UND DER ÜBERTRAGUNG SPORTLICHER EREIGNISSE GENERELLER BEDEUTUNG

(Ley 21/1997, de 03.07.97, reguladora de las emisiones y retransmisiones de competiciones y acontecimientos deportivos)
(B.O.E. núm.159, de 04.07.1997, S. 20742)

(Vortext...)

Art. 1
Die Regelungen dieses Gesetzes sind anwendbar auf Weiterverbreitungen und Sendungen in Radio und Fernsehen, die sportliche Ereignisse oder Wettkämpfe betreffen, die einen der folgenden Umstände erfüllen:

a) Wenn sie offiziell, professionell und im staatlichen Rahmen sind, übereinstimmend mit den Regelungen des Sportgesetzes 10/1990, vom 15.10.1990.
b) Wenn sie eine spanische Nationalmannschaft betreffen.
c) Wenn sie eine spezielle gesellschaftliche Relevanz und Bedeutung aufweisen.

Art. 2
(I) Die Übertragung von Sende- oder Übertragungsrechten kann nicht das Recht auf Information begrenzen oder einschränken, egal, ob sie exklusiv erfolgt oder nicht.
Um diesem Recht Wirksamkeit zu verleihen, erhalten die sozialen Kommunikationsmedien den freien Zugang zu den Stadien und Sportbereichen.
(II) Wenn es sich um den Erhalt von Nachrichten oder Bildern für eine Fernsehsendung in Form von frei gewählten Kurzberichten in Nachrichtensendungen handelt, erfolgt die Ausübung des Zugangsrechts aus Absatz 1 ohne eine geldwerte Gegenleistung, jedoch ohne eine Verletzung möglicher Übereinkünfte zwischen Sendern und Veranstaltern. Die Sendung dieser Kurzberichte hat pro Wettkampf eine maximale Länge von drei Minuten.
Für tägliche Nachrichten und Nachrichtenprogramme im Hörfunk gilt diese Zeitbegrenzung nicht.

Art. 3
(I) Die Inhaber der Rechte zur audiovisuellen Nutzung der sportlichen Ereignisse oder Wettkämpfe, seien es Vereine, Sport-Aktiengesellschaften, Sender oder Veranstalter, können Sendungen und Übertragungen in Radio und Fernsehen in spezialisierten Sportprogrammen, die nicht in Artikel 2.II dieses Gesetzes enthalten sind, zulassen.
(II) Die Sendungen, auf die sich der vorige Artikel bezieht, werden auf der Grundlage der direkt oder indirekt in den Bereichen, in denen die sportlichen Ereignisse stattfinden, erhaltenen Bilder oder Nachrichten, durchgeführt, und sie geben den entsprechenden Rechtsinhabern das Recht auf eine geldwerte Gegenleistung.

3. Si se autorizan las emisiones y retransmisiones a que se refiere el número 1, los titulares de los derechos deberán facilitar las imágenes o el acceso de los equipos profesionales necesarios para realizar los programas a cualquier operador o programador interesado, mediante el abono, en su caso, de una contraprestación económica, que se fijará en función del tiempo total emitido, de la franja horaria de emisión, de la importancia del acontecimiento deportivo, de la cobertura territorial de la emisión y, en su caso, del coste de adquisición de los derechos.

Artículo 4.

1. Tendrán la consideración de catalogados como de interés general las competiciones o acontecimientos deportivos que, por su relevancia y transcendencia social, se celebren con periodicidad, pero no frecuentemente, se incluyan en el Catálogo que a tal efecto elabore, al inicio de cada temporada de cada deporte, el Consejo para las Emisiones y Retransmisiones Deportivas, previo informe preceptivo de la Comisión Directiva del Consejo Superior de Deportes y audiencia de las entidades organizadoras, de los operadores, programadores, usuarios y demás interesados, en la forma que reglamentariamente se establezca.

2. A efectos de lo previsto en el número anterior, para la inclusión en el catálogo de competiciones o acontecimientos deportivos de interés general deberán tenerse en cuenta, al menos, los siguientes criterios:

a) Atracción sobre la audiencia de los operadores de radio y televisión.

b) Importancia en el ámbito deportivo nacional.

c) Tradición de la competición o acontecimiento.

3. Las competiciones o acontecimientos deportivos de interés general deberán retransmitirse en directo, en emisión abierta y para todo el territorio del Estado. No obstante, por razones excepcionales y cuando así se prevea en el Catálogo a que se refiere el apartado 1, podrán emitirse con cobertura diferida total o parcial.

4. Los operadores o programadores de televisión, cuyas emisiones no cubran la totalidad del territorio del Estado, podrán adquirir derechos exclusivos de retransmisión con la obligación de ceder los mismos, en régimen de pública concurrencia, a todos los demás operadores o programadores, a los efectos de extender la transmisión al expresado ámbito territorial, sin perjuicio de los acuerdos que puedan existir entre operadores y programadores. La contraprestación económica no será inferior, salvo acuerdo en contrario, a la que corresponda al porcentaje de población del territorio de cobertura del operador o programador concurrente respecto a la del conjunto del territorio del Estado aplicado al coste del derecho de retransmisión. En caso de que ningún operador o programador esté interesado en adquirir estos derechos, quedará sin efecto la obligación de cubrir todo el territorio del Estado.

5. Con el fin de atender a las diferentes lenguas oficiales del Estado, todas las competiciones o acontecimientos deportivos catalogados de interés general podrán ser retransmitidos en la lengua oficial propia de la correspondiente Comunidad Autónoma. Si el titular de los derechos no desea realizarlo, deberá ceder sus derechos a favor de los demás operadores o programadores interesados, en régimen de pública concurrencia. La contraprestación económica quedará fijada siguiendo los mismos criterios establecidos en el apartado 4 de este artículo.

(III) Wenn Sendungen und Übertragungen im Sinne des Absatzes 1 zugelassen werden, müssen die Rechteinhaber jedem interessierten Veranstalter oder Sender die Nutzung der Bilder oder den Zugang für das erforderliche Sendepersonal erlauben, und zwar mittels einer Vergütung, gegebenenfalls durch eine geldwerte Gegenleistung, die anhand der Gesamtsendezeit, der Ausstrahlungszeit, der Wichtigkeit des Sportereignisses, der Reichweite der Sendung und gegebenenfalls anhand der Kosten des Rechtserwerbs festgelegt wird.

Art. 4

(I) Es werden diejenigen sportlichen Ereignisse oder Wettkämpfe als von generellem Interesse angesehen, die wegen ihrer gesellschaftlichen Relevanz und Bedeutung regelmäßig, aber nicht häufig, stattfinden und in der Liste enthalten sind, die zu diesem Zweck zu Beginn jeder Saison einer jeden Sportart durch den Rat für sportliche Sendungen und Übertragungen nach vorheriger Information der Richtungskommission des hohen Sportrates und regulärer Anhörung der Organisationsfirmen, Sender, Veranstalter, Zuschauer und weiterer Interessierter, ausgearbeitet wurde.

(II) In diesem Sinne müssen zur Einbeziehung in die Liste der sportlichen Wettkämpfe oder Ereignisse von generellem Interesse zumindest die folgenden Kriterien erfüllt sein:

a) Anreiz zur Anwesenheit von Radio- und Fernsehveranstaltern.

b) Wichtigkeit im nationalen sportlichen Rahmen.

c) Tradition des Wettkampfs oder Ereignisses.

(III) Die sportlichen Wettkämpfe oder Ereignisse von generellem Interesse müssen live, im Free-TV und im ganzen Staatsgebiet übertragen werden. Jedoch können sie mit ganz oder teilweise abweichender Reichweite übertragen werden, wenn Ausnahmegründe bestehen und wenn die in Absatz 1 vorgesehene Liste dies so vorsieht.

(IV) Fernsehveranstalter oder –sender, deren Sendungen nicht das gesamte Staatsgebiet abdecken, können exklusive Übertragungsrechte nur mit der Verpflichtung erwerben, diese durch öffentliche Ausschreibung an alle anderen Veranstalter oder Sender abzutreten, um die Übertragung auf das genannte Gebiet zu erweitern, unbeschadet der Vereinbarungen, die zwischen Sendern und Veranstaltern existieren können.

Außer bei gegenteiliger Vereinbarung darf die geldwerte Gegenleistung dafür nicht geringer sein als die, die dem Prozentsatz der Bevölkerung in der Reichweite des konkurrierenden Veranstalters oder Senders in bezug auf die im gesamten Staatsgebiet anfallenden Kosten der Übertragungsrechte entspricht. Für den Fall, daß kein Sender oder Veranstalter diese Rechte erwerben will, entfällt die Verpflichtung, das ganze Staatsgebiet abzudecken.

(V) Mit dem Ziel der Beachtung der verschiedenen offiziellen Sprachen Spaniens können alle sportlichen Wettkämpfe oder Ereignisse, die als von generellem Interesse aufgelistet sind, in der eigenen offiziellen Sprache der jeweiligen Autonomieregion übertragen werden. Wenn der Rechteinhaber dies nicht umsetzen möchte, muß er seine Rechte durch öffentliche Ausschreibung an die anderen interessierten Veranstalter oder Sender abtreten. Die geldwerte Gegenleistung wird nach den Kriterien des Absatzes 4 dieses Artikels festgesetzt.

Artículo 5.

1. En el supuesto de las competiciones deportivas de liga o copa, se considerará de interés general un encuentro por cada jornada, que deberá ser retransmitido en directo, en abierto, y para todo el territorio del Estado, siempre que haya algún operador o programador interesado en hacerlo.
2. Los operadores o programadores interesados en la retransmisión en abierto de este encuentro tendrán derecho preferente de elección, en el sistema de reparto de encuentros de una misma jornada de cada competición, frente a los operadores que emitan en otros sistemas.
3. Será aplicable, en este supuesto, lo establecido en el artículo 4, apartados 4 y 5.
4. Reglamentariamente, y en atención a los intereses deportivos y mercantiles afectados, podrán establecerse límites de días y horario para estas retransmisiones.

Artículo 6.

1. Se entiende por pago por consumo, a los efectos de esta Ley, el abono de las contraprestaciones económicas fijas y variables establecidas por la recepción individualizada de determinados programas o retransmisiones.
2. Para poder realizar esta retransmisión, los operadores negociarán con los titulares de los derechos, respetando los principios de publicidad y libre concurrencia, las condiciones de la oferta y el abono de una contraprestación económica, que se fijarán teniendo en cuenta los siguientes criterios:

a) La estabilidad económica de los clubes y sociedades anónimas deportivas.
b) La viabilidad de la competición.
c) El interés de los usuarios.
d) Las condiciones de la retransmisión y la franja horaria de la emisión.
e) La importancia del acontecimiento, competición o espectáculo deportivo.

Artículo 7.

1. El derecho a la información deportiva previsto en esta Ley será objeto de tutela de acuerdo con lo establecido en la Ley 62/1978, de 26 de diciembre, de Protección Jurisdiccional de los Derechos Fundamentales.
2. Los conflictos derivados de la aplicación de esta Ley y especialmente los relativos a los artículos 3.2, 4.2, 4.4, 4.5 y 6.2 podrán someterse a arbitraje del Tribunal de Defensa de la Competencia en los términos previstos en el artículo 25 d) de la Ley 16/1989, de 17 de julio, sin perjuicio de la aplicación de esta última Ley cuando los hechos constituyeren prácticas restrictivas de la competencia.

Se entenderá aceptada la sumisión al arbitraje, si no se manifiesta expresamente lo contrario, por alguna de las partes, dentro de los veinte días siguientes a la notificación de la formalización del arbitraje ante el Tribunal de Defensa de la Competencia.

(Disposicion adicional, Disposición transitoria, Disposiciones finales...)

Art. 5

(I) Bei sportlichen Wettkämpfen der Liga oder des Pokals wird immer, wenn ein Veranstalter oder Sender an der Durchführung interessiert ist, pro Tag eine Begegnung als von generellem Interesse angesehen, die live, im Free-TV und im gesamten Staatsgebiet ausgestrahlt werden muß.

(II) Die an einer Free-TV-Ausstrahlung dieser Begegnung interessierten Veranstalter oder Sender haben gegenüber den Veranstaltern, die in anderen Systemen ausstrahlen, ein bevorzugtes Wahlrecht im System der Zuteilung der Begegnungen desselben Tages bei jedem einzelnen Wettkampf.

(III) In diesem Falle ist das in Artikel 4 Absätze 4 und 5 Geregelte anzuwenden.

(IV) Durch Verordnung und unter Berücksichtigung der Sport- und Marktinteressen können Tages- und Stundengrenzen für diese Übertragungen entwickelt werden.

Art. 6

(I) Im Sinne dieses Gesetzes bedeutet Zahlung für den Verbrauch die Vergütung der festen und variablen geldwerten Gegenleistungen, die für die individuelle Entgegennahme bestimmter Programme oder Gegenleistungen durchgeführt wird.

(II) Um diese Übertragung umsetzen zu können, verhandeln die Veranstalter mit den Rechteinhabern unter Berücksichtigung der Prinzipien der Werbung und des freien Wettbewerbs die Bedingungen und die Vergütung einer geldwerten Gegenleistung aus, die im Bewußtsein der folgenden Kriterien festzulegen ist:

a) Die finanzielle Stabilität der Vereine und Sport-Aktiengesellschaften.
b) Die Durchführbarkeit des Wettbewerbs.
c) Das Interesse der Zuschauer.
d) Die Bedingungen der Übertragung und der Ausstrahlungszeit.
e) Die Wichtigkeit des sportlichen Ereignisses, Wettkampfs oder Spektakels.

Art. 7

(I) Das in diesem Gesetz vorgesehene Recht auf sportliche Information ist ein Objekt der Staatsaufsicht im Einklang mit dem im Gesetz 62/1978 vom 26.12.78 über den Schutz der Grundrechte durch die Rechtsprechung, Geregelten.

(II) Die Konflikte, die durch die Anwendung dieses Gesetzes, speziell der Artt. 3.II, 4.II, 4.IV, 4.V und 6.II, entstehen, können durch Schiedsspruch des Gerichts zur Verteidigung des freien Wettbewerbs in den Grenzen des in Artikel 25 lit. d) des Gesetzes 16/1989 vom 17.07.89 gelöst werden, unbeschadet der Anwendung des letztgenannten Gesetzes, falls die Ereignisse wettbewerbsstörende Praktiken beinhalten sollten.

Als Annahme des Schiedsspruchs wird es verstanden, wenn das Gegenteil nicht wörtlich von einer der beiden Parteien innerhalb der ersten 20 Tage nach der Zustellung des Schiedsspruchs vor dem Gericht zur Verteidigung des freien Wettbewerbs erklärt wird

(Zusatz-, Übergangs- und Schlußbestimmungen...)

V. DIE LEY ORGÁNICA 2/1984: DAS GEGENDARSTELLUNGSGESETZ

(Ley Orgánica 2/1984, de 26.03.84, reguladora del Derecho de Rectificación)
(B.O.E. núm. 74, de 27.03.1984, S. 8387, Berichtigung in B.O.E. núm. 90, de 14.04.1984, S. 10661)

Artículo 1.
Toda persona, natural o jurídica, tiene derecho a rectificar la información difundida, por cualquier medio de comunicación social, de hechos que le aludan, que considere inexactos y cuya divulgación pueda causarle perjuicio.
Podrán ejercitar el derecho de rectificación el perjudicado aludido o su representante y, si hubiese fallecido aquél, sus herederos o los representantes de éstos.

Artículo 2.
El derecho se ejercitará mediante la remisión del escrito de rectificación al director del medio de comunicación dentro de los siete días naturales siguientes al de publicación o difusión de la información que se desea rectificar, de forma tal que permita tener constancia de su fecha y de su recepción.
La rectificación deberá limitarse a los hechos de la información que se desea rectificar. Su extensión no excederá sustancialmente de la de ésta, salvo que sea absolutamente necesario.

Artículo 3.
Siempre que el derecho se ejercite de conformidad con lo establecido en el artículo anterior, el director del medio de comunicación social deberá publicar o difundir íntegramente la rectificación, dentro de los tres días siguientes al de su recepción, con relevancia semejante a aquélla en que se publicó o difundió la información que se rectifica, sin comentarios ni apostillas.
Si la información que se rectifica se difundió en publicación cuya periodicidad no permita la divulgación de la rectificación en el plazo expresado, se publicará ésta en el número siguiente.
Si la noticia o información que se rectifica se difundió en espacio radiofónico o de televisión que no permita por la periodicidad de su emisión, divulgar la rectificación en el plazo de tres días, podrá exigir el rectificante que se difunda en espacio de audiencia y relevancia semejantes, dentro de dicho plazo.
La publicación o difusión de la rectificación será siempre gratuita.

V. DIE LEY ORGÁNICA 2/1984: DAS GEGENDARSTELLUNGSGESETZ

(Ley Orgánica 2/1984, de 26.03.84, reguladora del Derecho de Rectificación)
(B.O.E. núm. 74, de 27.03.1984, S. 8387, Berichtigung in B.O.E. núm. 90, de 14.04.1984, S. 10661)

Art.1
Jede natürliche oder juristische Person hat ein Recht auf Gegendarstellung der verbreiteten Information durch jedwedes Kommunikationsmedium bezüglich der Dinge die sie betreffen, die sie als unrichtig empfindet, und deren Verbreitung ihr schaden kann.
Der betreffende Geschädigte oder sein Vertreter können das Recht der Gegendarstellung ausüben, und falls dieser verstorben ist, können dies seine Erben oder deren Vertreter.

Art. 2
Dieses Recht wird durch schriftliche Gegendarstellungs-Nachricht (= Beschwerde) an den Geschäftsführer des Kommunikationsmittels ausgeübt, und zwar innerhalb von sieben natürlichen Tagen seit Veröffentlichung oder Ausstrahlung der Information, die richtiggestellt werden soll und in einer Form, die eine Feststellung ihres Datums und ihres Empfangs erlaubt.
Die Gegendarstellung muß sich auf die erfolgte Information, die sie richtigstellen will, beschränken. Ihr Ausmaß übersteigt nicht das der zu korrigierenden Information, außer wenn es absolut notwendig sein sollte.

Art. 3
Immer wenn das Recht in Anwendung der Regeln des vorangegangenen Artikels ausgeübt wird, muß der Geschäftsführer des Kommunikationsmittels die Gegendarstellung vollständig veröffentlichen oder verbreiten, und zwar innerhalb von drei Tagen nach ihrem Erhalt und mit gleicher Hervorhebung wie die Veröffentlichung oder Ausstrahlung der richtigzustellenden Information, ohne Kommentierungen oder Erläuterungen.
Wenn die richtigzustellende Information durch eine Veröffentlichung verbreitet wurde, deren Häufigkeit die Verbreitung der Gegendarstellung zur genannten Zeit nicht erlaubt, ist diese in der nachfolgenden Ausgabe zu veröffentlichen.
Wenn die richtigzustellende Nachricht oder Information im Bereich des Hörfunks oder des Fernsehens ausgestrahlt wurde, der es wegen der Häufigkeit seiner Ausstrahlung nicht erlaubt, die Gegendarstellung innerhalb von drei Tagen bekanntzumachen, kann der Richtigstellende verlangen, daß sie innerhalb der genannten Zeit im Rahmen einer ähnlichen Hörerschaft und Wichtigkeit ausgestrahlt wird.
Die Veröffentlichung oder Ausstrahlung der Gegendarstellung ist immer kostenlos.

Artículo 4.
Si, en los plazos señalados en el artículo anterior, no se hubiera publicado o divulgado la rectificación o se hubiese notificado expresamente por el director o responsable del medio de comunicación social que aquélla no será difundida, o se haya publicado o divulgado sin respetar lo dispuesto en el artículo anterior, podrá el perjudicado ejercitar la acción de rectificación dentro de los siete días hábiles siguientes ante el Juez de Primera Instancia de su domicilio o ante el del lugar donde radique la dirección del medio de comunicación.

Artículo 5.
La acción se ejercitará mediante escrito, sin necesidad de Abogado ni Procurador, acompañando la rectificación y la justificación de que se remitió en el plazo señalado;se presentará igualmente la información rectificada si se difundió por escrito; y, en otro caso, reproducción o descripción de la misma tan fiel como sea posible.
El Juez, de oficio y sin audiencia del demandado, dictará auto no admitiendo a trámite la demanda si se considera incompetente o estima la rectificación manifiestamente improcedente. En otro caso convocará al rectificante, al director del Medio de Comunicación o a sus representantes a juicio verbal, que se celebrará dentro de los siete días siguientes al de la petición. La convocatoria se hará telegráficamente, sin perjuicio de la urgente remisión, por cualquier otro medio, de la copia de la demanda a la parte demandada.
Cuando el Juez de Primera Instancia hubiese declarado su incompetencia podrá el perjudicado acudir al órgano competente dentro de los siete días hábiles siguientes al de la fecha de notificación de la correspondiente resolución, en la cual se deberá expresar el órgano al que corresponda el conocimiento del asunto.

Artículo 6.
El Juicio se tramitará conforme a lo establecido en la Ley de Enjuiciamiento Civil para los juicios verbales, con las siguientes modificaciones:
a) El Juez podrá reclamar de oficio que el demandado remita o presente la información enjuiciada, su grabación o reproducción escrita.
b) Sólo se admitirán las pruebas que, siendo pertinentes, puedan practicarse en el acto.
c) La sentencia se dictará en el mismo o al siguiente día del juicio.
El fallo se limitará a denegar la rectificación o a ordenar su publicación o difusión en la forma y plazos previstos en el artículo 3.° de esta Ley, contados desde la notificación de la sentencia que impondrá el pago de las costas a la parte cuyos pedimentos hubiesen sido totalmente rechazados.
La sentencia estimatoria de la petición de rectificación deberá cumplirse en sus propios términos.

Art. 4
Wenn die Gegendarstellung nicht innerhalb der Fristen des vorangegangenen Artikels veröffentlicht oder ausgestrahlt wurde oder wenn durch den Geschäftsführer oder Verantwortlichen des Kommunikationsmittels bekanntgegeben wurde, daß sie nicht ausgestrahlt werde, oder wenn sie ohne Beachtung des im vorangegangenen Artikel Geregelten veröffentlicht oder verbreitet wurde, kann der Verletzte innerhalb der folgenden sieben Werktage eine Gegendarstellungs-Klage vor dem Richter der Ersten Instanz an seinem Wohnort oder an dem Ort, an dem die Geschäftsführung des Kommunikationsmittels ihren Sitz hat, erheben.

Art. 5
Die Klageerhebung hat schriftlich zu erfolgen, ohne Notwendigkeit eines Rechtsanwalts oder Prozeßbevollmächtigten, durch Hinzufügen der Gegendarstellung und eines Beweises der fristgerechten Einsendung der Gegendarstellung; falls die zu korrigierende Information schriftlich verbreitet wurde, ist sie gleichermaßen hinzuzufügen; anderenfalls ist eine Aufnahme oder eine möglichst genaue Beschreibung derselben hinzuzufügen.
Der Richter erläßt den Nichtzulassungsbeschluß von Amts wegen und ohne Anhörung des Beklagten, wenn er sich für unzuständig hält oder die Gegendarstellung für offensichtlich unbegründet erachtet. Anderenfalls lädt er den, der die Gegendarstellung begehrt und den Geschäftsführer des Kommunikationsmittels oder dessen Vertreter zur mündlichen Verhandlung, die innerhalb von sieben Tagen ab Klageerhebung durchzuführen ist. Die Ladung ist telegraphisch durchzuführen, unbeschadet der dringenden Zustellung auch durch jedes andere Medium, mit einer Kopie der Klageschrift für die beklagte Seite.
Falls der Richter der ersten Instanz seine Unzuständigkeit erklärt haben sollte, kann der Geschädigte innerhalb von sieben Werktagen ab Zustellung des Nichtzulassungsbeschlusses, der das zuständige Organ benennen muß, vor dem zuständigen Organ erscheinen.

Art. 6
Der Prozeß wird im Einklang mit den Regeln durchgeführt, die das Zivilprozeßgesetz für mündliche Verhandlungen vorsieht, jedoch mit den folgenden Modifikationen:
a) Der Richter kann von Amts wegen verlangen, daß der Beklagte die in Streit stehende Information, ihre Aufnahme oder eine schriftliche Reproduktion abspielt oder vorzeigt.
b) Es sind nur Beweise zugelassen, die, wenn es angebracht ist, der Beweisaufnahme zugänglich sind.
c) Das Urteil ist an demselben oder dem Tag nach der Verhandlung zu fällen.
Der Urteilsspruch begrenzt sich darauf, die Gegendarstellung abzulehnen oder ihre Veröffentlichung oder Ausstrahlung in der Form und Frist, die Artikel 3 dieses Gesetzes vorsieht, anzuordnen; die Frist wird gerechnet ab der Zustellung des Urteils, das die Kostentragung der Partei auferlegt, deren Forderungen völlig zurückgewiesen wurden.
Das Urteil, das dem Gegendarstellungs-Antrag stattgibt, muß mit seinen eigenen Bestimmungen umgesetzt werden.

El objeto de este proceso es compatible con el ejercicio de las acciones penales o civiles de otra naturaleza que pudieran asistir al perjudicado por los hechos difundidos.

Artículo 7.
No será necesario la reclamación gubernativa previa cuando la información que se desea rectificar se haya publicado o difundido en un medio de comunicación de titularidad pública.

Artículo 8.
No serán susceptibles de recurso alguno las resoluciones que dicte el Juez en este proceso, salvo el auto al que se refiere el párrafo 2.° del artículo 4.° bis, que será apelable en ambos efectos y la sentencia, que lo será en un sólo efecto dentro de los tres y cinco días siguientes, respectivamente, al de su notificación, conforme a lo dispuesto en las secciones primera y tercera del Título 6.° del libro II de la Ley de Enjuiciamiento Civil. La apelación contra el auto a que se refiere el artículo 4.° bis se sustanciará sin audiencia del demandado.

(Disposición derogatoria...)

Der Gegenstand dieses Prozesses kann mit der Ausübung der straf- und zivilrechtlichen Klagen oder Rechtsbehelfen anderer Natur, die dem Verletzten wegen der ausgestrahlten Sachverhalte zu Seite stehen könnten, verbunden werden.

Art. 7
Wenn die richtigzustellende Information durch ein öffentliches Kommunikationsmittel veröffentlicht oder ausgestrahlt wurde, ist ein verwaltungsrechtlicher Widerspruch unnötig.

Art. 8
Die Entscheidungen, die der Richter in diesem Prozeß fällt, sind nicht mit Rechtsmitteln angreifbar, außer der (Nichtzulassungs-)Beschluß, auf den sich Art. 5.II bezieht, der in beiden Hinsichten mit der Berufung angreifbar ist, und das Urteil, das innerhalb der 3 bis 5 Tage nach Zustellung einzig in einer Hinsicht angreifbar ist, die im Einklang mit den Regelungen des ersten und dritten Abschnitts des Titels VI des Buches II des Zivilprozeßgesetzes steht. Die Berufung gegen den Beschluß, auf den sich Artikel 5 bezieht, ist ohne die Anwesenheit des Beklagten abzuwickeln.

(Außerkraftsetzungsbestimmung...)

VI. DIE LEY 17/1997: DAS UMSETZUNGSGESETZ ZUR RICHTLINIE 95/47/EG

(Ley 17/1997, de 03.05.97, por la que se incorpora al Derecho Español la Directiva 95/47/CE, de 24.10.95, del Parlamento Europeo y del Consejo, sobre el uso de normas para la transmisión de señales de televisión y se aprueban medidas adicionales para la liberalización del sector)
(B.O.E. núm. 108, de 06.05.1997, S. 14153)

(Exposición de Motivos...)
Artículo 1. Aprobación de la incorporación al Derecho español de las especificaciones técnicas contenidas en la Directiva 95/47/CE, de 24 de octubre, del Parlamento Europeo y del Consejo, sobre el uso de normas para la transmisión de señales de televisión.
1. Se aprueba la incorporación al Derecho español de las especificaciones técnicas contenidas en la Directiva 95/47/CE, de 24 de octubre, del Parlamento Europeo y del Consejo, sobre el uso de normas para la transmisión de señales de televisión.
2. Con el fin de conocer el cumplimiento de las especificaciones técnicas contenidas en esta Ley, los operadores de los servicios de acceso condicional deberán inscribirse en el Registro que, para ello, se crea en la Comisión del Mercado de las Telecomunicaciones. Este Registro, que tendrá carácter público, contendrá los datos personales de los operadores, las características de los medios técnicos que empleen y la declaración responsable por ellos formulada de ajustarse a las citadas especificaciones técnicas, a las que se unirá la oportuna documentación que lo acredite. Su estructura y funcionamiento se establecerán mediante Real Decreto.
3. A los efectos de esta Ley, se entenderá por:
Sistema de acceso condicional: los medios, dispositivos o procedimientos lógicos utilizados para seleccionar la entrada de determinadas señales destinadas a un receptor terminal.
Servicio de acceso condicional: aquel que se presta mediante la utilización de un sistema de acceso condicional.

Artículo 2. Situaciones de dominio del mercado.
Cuando se considere que se producen situaciones de abuso de dominio en el mercado o de posición hegemónica en el servicio de acceso condicional dentro del territorio nacional que afecten o puedan afectar al funcionamiento y desarrollo de un mercado libre competitivo de servicios de difusión de televisión, la Dirección General de Telecomunicaciones del Ministerio de Fomento estará obligada a denunciar éstas ante la Comisión del Mercado de las Telecomunicaciones para que actúe con arreglo al artículo 1.dos.2.d) del Real Decreto-ley 6/1996, de 7 de junio, o, en su caso, ante el Servicio de Defensa de la Competencia, conforme al artículo 36.1 de la Ley 16/1989, de 17 de julio, de Defensa de la Competencia, al objeto de que se inicie el oportuno procedimiento ante el Tribunal de Defensa de la Competencia.

VI. DIE LEY 17/1997: DAS UMSETZUNGSGESETZ ZUR RICHTLINIE 95/47/EG

(Ley 17/1997, de 03.05.97, por la que se incorpora al Derecho Español la Directiva 95/47/CE, de 24.10.95, del Parlamento Europeo y del Consejo, sobre el uso de normas para la transmisión de señales de televisión y se aprueban medidas adicionales para la liberalización del sector)
(B.O.E. núm. 108, de 06.05.1997, S. 14153)

(Vortext...)
Art. 1 Billigung der Einbindung der technischen Spezifikationen der Richtlinie 95/47/EG, vom 24.10.95, des Europaparlaments und des Rates, über den Gebrauch der Normen für die Übertragung von Fernsehsignalen in das spanische Recht
(I) Die Einbindung der technischen Spezifikationen der Richtlinie 95/47/EG, vom 24.10.95, des Europaparlaments und des Rates, über den Gebrauch der Normen für die Übertragung von Fernsehsignalen in das spanische Recht wird angeordnet.
(II) Mit dem Ziel der Erfüllung der technischen Spezifikationen, die dieses Gesetz enthält, müssen sich die Anbieter der Dienste mit bedingtem Zugang in das Register eintragen, das dafür bei der „Comisión del Mercado de las telecomunicaciones" (Telekommunikationsmarktkommission) geschaffen wird. Dieses Register öffentlichen Charakters enthält die persönlichen Daten der Anbieter, die Charakteristika der technischen Medien, die sie benutzen, und eine von ihnen formulierte Verpflichtungserklärung, sich an die genannten technischen Spezifikationen zu halten, und der ein geeigneter Nachweis beigefügt wird, der dies bestätigt.
Die Struktur und Funktionsweise (Anm.: des Registers) wird per Real Decreto angeordnet.
(III) Im Sinne dieses Gesetzes versteht man unter:
„System mit bedingtem Zugang" (bzw. „Zugangsberechtigungssystem"): Die Medien, Geräte oder logischen Verfahren, die benutzt werden, um den Zugang von bestimmten Signalen, die für einen Endempfänger reserviert sind, auszuwählen.
„Dienst mit bedingtem Zugang": Der, der mittels der Benutzung eines Systems mit bedingtem Zugang betrieben wird.

Art. 2 Situationen dominierender Marktstellung
Wenn festgestellt wird, daß Situationen des Mißbrauchs einer dominierenden Marktstellung oder einer Hegemonialposition beim Dienst mit bedingtem Zugang innerhalb des nationalen Gebiets entstehen, die das Funktionieren und die Entwicklung eines Marktes des freien Wettbewerbs des Dienstes der Fernsehausstrahlung betreffen oder betreffen können, ist die „Dirección General de Telecomunicaciones" (Telekommunikations-Generaldirektion) des Ministerio de Fomento verpflichtet, dies der „Comisión del Mercado de las Telecomunicaciones" (Telekommunikationsmarktkommission) anzuzeigen, damit diese nach Artikel 1 II Nr. 2 lit. d) des Real Decreto-Ley 6/1996, de 17.06.96, handelt oder gegebenenfalls im Einklang mit Artikel 36 I der Ley 16/1989, de 17.06.89, de Defensa de la Competencia (Wettbewerbsschutzgesetz) dem „Servicio de Defensa de la Competencia" (der Wettbewerbsschutzkommission) die Sache anzeigt, damit dieser das geeignete Verfahren vor dem „Tribunal de Defensa de la Competencia" (Wettbewerbsschutzgericht) einleitet.

Artículo 3. Supuestos especiales de autorización para la prestación de servicios de televisión por satélite.
La prestación de servicios de televisión por satélite con tecnología digital que sean de acceso condicional exigirá el otorgamiento de la correspondiente autorización, que se regirá por su normativa específica. En todo caso, el acto de autorización dependerá de la constatación del cumplimiento de los requisitos establecidos en la presente Ley y en las normas reglamentarias que resulten de aplicación.

Artículo 4. Obligaciones de los prestadores de servicios de difusión de televisión digital que reciban contraprestación económica de los usuarios.
Los prestadores de servicios de difusión de televisión digital que reciban contraprestación económica de los usuarios habrán de garantizar la continuidad del servicio y su adecuada prestación a aquéllos, mediante la asunción de las siguientes obligaciones:
1. La de resarcimiento a los usuarios por suspensión de la prestación del servicio por el importe de la contraprestación económica que debieran éstos satisfacer durante el tiempo de la interrupción o en el que el mismo no se preste adecuadamente.
2. Las cantidades entregadas por los usuarios como garantía de una obligación, o aquellas otras que por cualquier concepto pudieran resultar reembolsables, deberán ingresarse por los operadores, bajo su responsabilidad, en una cuenta especial que se abrirá a tal efecto a nombre de la Comisión del Mercado de las Telecomunicaciones, en el plazo máximo de quince días a partir del cobro de la cantidad satisfecha por el usuario, tanto si se percibiera por el propio operador o por un tercero por cuenta de aquél.
Se supeditará la actuación en el mercado de las sociedades prestadoras de televisión de acceso condicional al cumplimiento de las obligaciones previstas en el párrafo anterior.

Artículo 5. Requisitos aplicables a los servicios de televisión.
Todos los servicios de televisión transmitidos por cable, por satélite o por redes terrestres deberán cumplir los siguientes requisitos:
a) Para sistemas que tengan formato ancho en 625 líneas y no sean totalmente digitales deberán utilizar el sistema de transmisión D2-MAC 16:9 o un sistema de transmisión 16:9 plenamente compatible con los sistemas PAL o SECAM.
Un servicio de televisión de formato ancho está constituido por programas producidos y editados para ser presentados al público en una pantalla de formato ancho.
El formato 16:9 es el formato de referencia del servicio de televisión de formato ancho.
b) Para sistemas de alta definición, no totalmente digitales, deberán utilizar el sistema de transmisión HD-MAC.

Art. 3 Spezielle Genehmigungsvoraussetzungen für den Betrieb des Dienstes des Satellitenfernsehens
Der Betrieb des Dienstes des Satellitenfernsehens mit Digitaltechnik, der mit bedingtem Zugang ausgerüstet ist, erfordert die Erteilung der entsprechenden Genehmigung, die sich nach ihrer speziellen Gesetzgebung richtet (Anm.: Die LTS, Ley 37/1995). In jedem Falle hängt der Akt der Genehmigung vom Nachweis des Erfüllens der Anforderungen ab, die sich aus der Erfüllung dieses Gesetzes und der vorschriftsmäßigen Normen ableiten.

Art. 4 Verpflichtungen der Anbieter der Ausstrahlungsdienste des Digitalfernsehens, die eine finanzielle Gegenleistung von ihren Nutzern erhalten
Die Anbieter von Ausstrahlungsdiensten des Digitalfernsehens, die eine finanzielle Gegenleistung von ihren Nutzern erhalten, müssen die Kontinuität des Dienstes und dessen geeigneten Betrieb ihnen gegenüber beweisen, indem sie folgende Verpflichtungen übernehmen:
1. Die einer Entschädigung der Nutzer bei einer Unterbrechung des Betriebs des Dienstes wegen der finanziellen Gegenleistung, die diese während der Unterbrechungszeit oder während einer Zeit, innerhalb derer nicht adäquat geleistet wird, leisten müssen.
2. Die von den Nutzern als Garantie einer Verpflichtung eingebrachten Geldmengen oder andere, die aus irgendeinem Grund möglicherweise zurückzuerstatten sind, müssen von den Anbietern unter ihrer Verantwortung auf ein spezielles Konto eingezahlt werden, das zu diesem Zweck auf den Namen der „Comisión del Mercado de las Telecomunicaciones“ innerhalb einer Frist von maximal 15 Tagen ab der Zahlung der ausreichenden Geldmenge durch den Nutzer einzurichten ist, egal, ob es für den eigenen Betreiber oder für einen Dritten auf dessen Rechnung eingezogen wurde.
Die Tätigkeit auf dem Markt der Betriebsgesellschaften des Fernsehens mit bedingtem Zugang wird von der Erfüllung der Verpflichtungen des vorigen Absatzes abhängig gemacht.

Art. 5 Anforderungen an die Fernsehdienste
Alle Fernsehdienste, die über Kabel, Satellit oder terrestrische Netze übertragen werden, müssen folgende Anforderungen erfüllen:
a) Für Systeme im Breitbildschirmformat mit 625 Zeilen, die nicht volldigital sind, muß das 16:9-D2-MAC-Übertragungssystem oder ein 16:9-Übertragungssystem verwendet werden, das mit PAL oder SECAM voll kompatibel ist.
Ein Breitbildschirm-Fernsehdienst besteht aus Programmen, die hergestellt und vertrieben werden, um dem Publikum auf einem Breitbildschirm dargestellt zu werden.
Das Format 16:9 ist das Bezugsformat der Breitbildschirm-Fernsehdienste.
b) Für hochauflösende Systeme, die nicht volldigital sind, muß das HD-MAC-Übertragungssystem verwendet werden.

c) Para sistemas totalmente digitales deberán utilizar un sistema de transmisión que haya sido normalizado por un organismo europeo de normalización reconocido. A este respecto, se considera que los sistemas de transmisión incluyen los siguientes elementos: formación de las señales de programa (codificación en origen de las señales de audio, codificación en origen de las señales de vídeo, multiplexación de las señales) y adaptación a los medios de transmisión (codificación de canal, modulación y, en su caso, dispersión de energía).
Las redes de transmisión completamente digitales, abiertas al público para la distribución de servicios de televisión, deberán tener la capacidad de distribuir los servicios de formato ancho.

Artículo 6. Conexión de interfaz abierto en los aparatos receptores de televisión.
Todos los aparatos receptores de televisión con una pantalla de visualización integral de diagonal visible superior a 42 centímetros, que se pongan en el mercado con fines de venta o de alquiler, deberán contar, al menos, con una conexión de interfaz abierto, normalizada por un organismo europeo de normalización reconocido, que permita conectar con facilidad equipos periféricos, especialmente descodificadores adicionales y receptores digitales.

Artículo 7. Requisitos aplicables al acceso condicional a los servicios de televisión digital.
En relación con el acceso condicional a los servicios de televisión digital, se deberán cumplir los siguientes requisitos, con independencia del medio de transmisión:
a) Todos los equipos que incorporen un sistema de acceso condicional destinado a los servicios de televisión digital, y que estén disponibles para el público en general, por cualquier modalidad contractual, dispondrán de capacidad para:
Descodificar dichas señales con arreglo al algoritmo común europeo, suministrado por un organismo europeo de normalización reconocido.
Reproducir las señales transmitidas sin codificar, a condición de que, en el caso de que el equipo sea alquilado, el arrendatario se atenga al contrato de alquiler.
Los sistemas y los descodificadores para el acceso condicional que se comercialicen habrán de ser inmediata y automáticamente abiertos y compatibles, en los terminos establecidos en esta Ley. El carácter inmediata y automáticamente abierto y compatible de los sistemas y de los descodificadores para el acceso condicional ha de resultar de las características de éstos o de un acuerdo entre los operadores.
En relación con el cumplimiento y efectividad de lo dispuesto en el párrafo anterior, se atribuyen a la Comisión del Mercado de las Telecomunicaciones las siguientes competencias:

c) Für volldigitale Systeme muß ein Übertragungssystem verwendet werden, das von einer europäischen Normierungsorganisation genormt wurde. Bezüglich dieses Kontexts versteht man unter Übertragungssystemen solche, die die folgenden Elemente enthalten: Erzeugung von Programmsignalen (Quellkodierung der Audio-Signale, Quellkodierung der Video-Signale, Multiplierung der Signale) und Anpassung an die Übertragungsmedien (Kanalkodierung, Modulation und gegebenenfalls Verteilung der Energie).
Volldigitale Übertragungsnetze, die dem Publikum für die Verteilung von Fernsehdiensten offenstehen, müssen für die Übertragung von Diensten des Breitbildschirmformats geeignet sein.

Art. 6 Offene Schnittstelle in den Fernseh-Empfangsgeräten
Alle Fernseh-Empfangsgeräte mit einem Bildschirm, dessen sichtbare Bildschirmdiagonale 42 cm überschreitet und die auf dem Markt mit dem Ziel des Verkaufs oder der Vermietung angeboten werden, müssen mindestens mit einer Anschlußbuchse für offene Schnittstellen ausgerüstet sein, die von einer anerkannten europäischen Normierungsorganisation genormt wurde und den einfachen Anschluß von Peripheriegeräten, speziell zusätzlichen Decodern und Digitalempfängern, ermöglicht.

Art. 7 Anforderungen an den bedingten Zugang zu Digitalfernsehdiensten
Bezüglich des bedingten Zugangs zu den Digitalfernsehdiensten müssen unabhängig vom Übertragungsmodus die folgenden Anforderungen erfüllt werden:
a) Alle Geräte, die ein System des bedingten Zugangs zu den Digitalfernsehdiensten enthalten und für das Publikum allgemein zugänglich sind, müssen bei jedweder Vertragsart in der Lage sein:
Diese Signale entsprechend dem gemeinsamen europäischen (Verwürfelungs-Algorithmus, für den eine anerkannte europäische Normierungsorganisation als Verwalter fungiert, zu dekodieren.
Unverschlüsselte Signale wiederzugeben, unter der Bedingung, daß im Falle, daß das Gerät gemietet wurde, der Mieter sich an den Mietvertrag hält.
Die Systeme und Decoder für den bedingten Zugang, die vertrieben werden, müssen in den Worten dieses Gesetzes unmittelbar und automatisch offen und kompatibel sein.
Der unmittelbare und automatisch offene und kompatible Charakter der Systeme und Decoder für den bedingten Zugang muß sich aus deren technischen Charakteristika oder aus einer Vereinbarung zwischen den Veranstaltern ergeben.
Bezüglich der Erfüllung und Effektivität des im vorigen Absatz Geregelten werden der „Comisión del Mercado de las Telecomunicaciones“ (Telekommunikationsmarkt-kommission) folgende Befugnisse verliehen:

1. Aprobar los modelos de los contratos que los distribuidores y los operadores celebren con los usuarios para el uso de los descodificadores y la prestación del servicio de televisión digital mediante acceso condicional. En estos modelos, se hará constar, destacadamente, si el carácter abierto y compatible de los sistemas y de los descodificadores ofrecidos deriva de las condiciones técnicas o requiere, para producirse, su adaptación o un acuerdo entre los distintos operadores y, en este último caso, si se ha celebrado o no y a cuáles de aquellos afecta, indicándose las consecuencias que del acuerdo o de la falta de éste se deriven para el usuario. Todo contrato de cesión, por cualquier título, de la posesión de descodificadores y de prestación de servicio de televisión digital mediante acceso condicional habrá de constar en documento ajustado al modelo aprobado por la Comisión, con expresión de la fecha de la resolución aprobatoria. Necesariamente, habrán de figurar en el documento los nombres y domicilios del operador, del distribuidor o del suministrador y los del cliente.

2. Autorizar, previamente, todos los contratos que celebren entre sí los operadores respecto del uso compartido de sistemas y de descodificadores que no sean técnicamente abiertos y compatibles, con objeto de garantizar que no impidan o limiten la libre concurrencia en el sector y no imposibiliten a los usuarios la recepción, a través de un solo descodificador, de los programas emitidos por todos los operadores que actúen en el mercado.

3. Establecer, a instancia de cualquier operador, las condiciones jurídicas, técnicas y económicas equitativas, razonables y no discriminatorias que garanticen el carácter inmediata y automáticamente abierto y compatible de los sistemas en servicio y de los descodificadores instalados o que se ofrezcan, distribuyan o suministren en el futuro, y controlar y, en su caso, exigir el cumplimiento de tales condiciones. A tal fin, la Comisión podrá adoptar, entre otras, las siguientes medidas: 1.° Imponer, si se hubiera frustrado el acuerdo entre operadores a que se refiere el precedente número 2, el régimen jurídico, técnico y económico aplicable al uso compartido de los descodificadores que no sean técnicamente abiertos y compatibles. 2.° Exigir a los ditribuidores o suministradores, con o sin establecimiento abierto al público, que informen, por escrito y en su publicidad, a sus clientes del carácter técnicamente abierto y compatible o no de los sistemas y descodificadores que se les ofrezcan y, en este último caso, de la existencia o inexistencia de acuerdo entre los operadores para su uso compartido con indicación de aquellos que lo hayan otorgado, así como de las consecuencias que del acuerdo, o de la falte de éste, se deriven para los usuarios.
No tendrán efecto alguno los contratos que los distribuidores y los operadores celebren con los usuarios, ni los que lleven a cabo los operadores entre sí, sin cumplir lo previsto en los apartados 1 y 2 de este artículo. El incumplimiento de las resoluciones que la Comisión del Mercado da las Telecomunicaciones dicte, imponiendo las condiciones para el uso compartido de los descodificadores o de las que establezcan las garantías del carácter automáticamente abierto y compatible de los sistemas o de los descodificadores, se considerará como infracción muy grave, con arreglo a lo previsto en el artículo 33.2.i) de la Ley de Ordenación de las Telecomunicaciones.

1. Der Erlaß der Vertragsmodelle, die die Betreiber und Veranstalter mit den Nutzern für den Gebrauch der Decoder und den Betrieb des Digitalfernsehdienstes mittels bedingten Zugangs schließen. In diesen Modellen muß hervorgehoben festgestellt werden, ob sich der offene und kompatible Charakter der angebotenen Systeme und Decoder von den technischen Bedingungen ableitet oder ob zu seiner Herstellung seine Anpassung oder eine Vereinbarung zwischen den verschiedenen Anbietern erforderlich ist, und im letzteren Fall, ob die Vereinbarung geschlossen wurde oder nicht, und welche er betrifft, unter Angabe der Konsequenzen des Beschlusses oder seines Fehlens für den Nutzer. Jeder Zessionsvertrag über jedweden Anspruch des Besitzes von Decodern und den Betrieb des Digitalfernsehdienstes mittels bedingten Zugangs muß aus einem Dokument bestehen, das dem von der Kommission (Tk.-marktkommission) erlassenen Modell angepaßt ist, mit Ausweisung des Datums des Erlaßbeschlusses. Im Dokument müssen notwendigerweise die Namen und der Sitz des Anbieters, des Verbreitenden oder des Unterstützenden und des Kunden enthalten sein.
2. Die vorherige Genehmigung aller Verträge, die die Veranstalter bezüglich des gemeinsamen Gebrauchs von Systemen und Decodern, die nicht technisch offen und kompatibel sind, untereinander schließen, um zu garantieren, daß sie nicht den freien Wettbewerb auf dem Sektor verhindern oder begrenzen, und um den Nutzern nicht den Empfang der Programme, die alle Anbieter dieses Markts senden, über einen (einzigen) Decoder zu nehmen.
3. Die Entwicklung der gleichen rechtlichen, technischen und wirtschaftlichen, vernünftigen und nichtdiskriminierenden Bedingungen auf Antrag eines jeden Anbieters, die den unmittelbar und automatisch offenen und kompatiblen Charakter der betriebenen Systeme und der installierten Decoder, oder derer, die in Zukunft angeboten, vertrieben oder unterstützt werden, garantieren, und zu kontrollieren und gegebenenfalls die Erfüllung dieser Bedingungen einzufordern. Dafür kann die Kommission unter anderem die folgenden Mittel beschließen:
Erstens: Der Erlaß des rechtlichen, technischen und wirtschaftlichen Rahmens für den gemeinsamen Gebrauch der Decoder, die nicht technisch offen und kompatibel sind, falls die Vereinbarung zwischen den Anbietern, auf die sich die vorliegende Nummer 2 bezieht, scheitern sollte. Zweitens: Die Einforderung von den Verbreitungsdiensten und Lieferern mit oder ohne Unternehmen, das dem Publikum offensteht, daß sie schriftlich und in ihrer Werbung ihre Kunden darüber informieren, ob die Systeme und Decoder, die sie anbieten, den technisch offenen und kompatiblen Charakter erfüllen oder nicht, und im letzteren Falle über die Existenz oder Nichtexistenz einer Vereinbarung zwischen den Anbietern über ihren gemeinsamen Gebrauch mit Angabe, von welchen dieser gefaßt wurde und ebenso der Konsequenzen, die der Beschluß oder sein Fehlen für die Nutzer mit sich bringt.
Weder die Verträge, die die Verbreitungsdienste und die Anbieter mit den Nutzern schließen, noch die, die die Veranstalter untereinander schließen, sind ohne die Erfüllung der Nummern 1 und 2 dieses Artikels rechtswirksam. Die Nichterfüllung der von der „Comisión del Mercado de las Telecomunicaciones“ erlassenen Beschlüsse, die die Bedingungen für den gemeinsamen Gebrauch der Decoder aufstellen, oder derer, die die Garantien des automatisch offenen und kompatiblen Charakters der Systeme oder Decoder entwickeln, wird als ein sehr schwerer Verstoß im Sinne des Artikels 33 II lit. i) der Ley de Ordenación de las telecomunicaciones angesehen.

b) Los sistemas de acceso condicional contarán con la capacidad técnica necesaria para trasladar, a un precio equitativo y razonable, el control en las cabeceras de la red por cable, a los operadores de televisión por cable en el ámbito local o regional, de manera que se permita a éstos la posibilidad de un control completo de los servicios que empleen dichos sistemas de acceso condicional.

c) Los operadores de los servicios de acceso condicional, con independencia del medio de transmisión, facilitarán a todos los programadores independientes y entidades de difusión en general, en condiciones equitativas, razonables y no discriminatorias, los medios técnicos que permitan que sus servicios de televisión digital sean captados por televidentes autorizados mediante descodificadores gestionados por los operadores de servicios, con arreglo a las normas de la competencia, especialmente en los supuestos de posición dominante. A estos efectos:

La Comisión del Mercado de las Telecomunicaciones dictará las resoluciones oportunas que tendrán carácter vinculante, siendo de obligado cumplimiento por las partes, cuando la aplicación de los preceptos establecidos en el párrafo anterior genere conflictos entre éstas.

Los precios por el empleo de los descodificadores por los programadores serán fijados libremente por las partes y deberán orientarse a costes. En caso de que no existiera acuerdo entre ellos, decidirá, con carácter vinculante, la Comisión del Mercado de las Telecomunicaciones, sin perjuicio de lo dispuesto en la disposición transitoria segunda de esta Ley.

Los operadores de los servicios de acceso condicional, con independencia del medio de transmisión empleado, garantizarán al menos el 40 por 100 de la capacidad de transmisión de la que dispongan a los programadores independientes siempre que la demanda de éstos sea suficiente y de calidad adecuada.

d) Los operadores de los servicios de acceso condicional llevarán una contabilidad financiera distinta en lo que se refiere a su actividad de suministro de servicios de acceso condicional.

Las empresas de difusión publicarán una lista de los precios para los televidentes, que tendrán en cuenta si se suministran o no otros materiales anejos.

Un servicio digital de televisión sólo podrá ampararse en la presente disposición si los servicios propuestos cumplen la legislación europea vigente.

e) Las licencias que los titulares de los derechos de propiedad industrial relativos a los sistemas y productos de acceso condicional concedan a los fabricantes de material destinado al público general, se otorgarán en condiciones equitativas razonables y no discriminatorias.

La concesión de licencias tendrá en cuenta los factores técnicos y comerciales y los propietarios de los derechos no podrán someterla a condiciones tales que prohíban, disuadan o desalienten la inclusión en el mismo producto, sea de una interfaz común que permita la conexión de varios sistemas de acceso distinto a éste, sea de medios de otros sistemas de acceso, cuando el titular respete las condiciones razonables y apropiadas que garanticen, por lo que a él se refiere, la seguridad de las transacciones de los operadores de acceso condicional.

b) Die Systeme des bedingten Zugangs müssen die notwenigen technischen Möglichkeiten für die Übergabe der Kontrollfunktionen an den Kopfstellen der Kabelnetze zu einem gerechten und vernünftigen Preis aufweisen, um den Kabelfernsehbetreibern auf lokaler oder regionaler Ebene eine vollständige Kontrolle der Dienste zu ermöglichen, die solche Systeme des bedingten Zugangs verwenden.
c) Die Anbieter der Dienste mit bedingtem Zugang bieten unabhängig vom Übertragungsmedium allen unabhängigen Programmherstellern und generell allen Sendekörperschaften unter chancengleichen, vernünftigen und nichtdiskriminierenden Bedingungen die technischen Mittel an, die es ermöglichen, daß deren digitale Fernsehdienste von zugangsberechtigten Zuschauern mit Hilfe von Decodern, die von den Anbietern von Diensten verwaltet werden, empfangen werden, unter Beachtung des Wettbewerbsrechts der Gemeinschaft, speziell in den Fällen einer dominierenden Position. Dazu:
Erläßt die „Comisión del Mercado de las Telecomunicaciones" die geeigneten Beschlüsse mit Bindungswirkung, die die Parteien zur Erfüllung verpflichten, wenn die Anwendung der Vorschriften des vorigen Absatzes (Wohl Absatz c)) Konflikte zwischen diesen hervorrufen sollte.
Die Preise für die Lieferung der Decoder durch die Anbieter sind durch die Vertragsparteien frei festlegbar und müssen sich an den Kosten orientieren. Im Falle, daß zwischen ihnen keine Einigkeit bestehen sollte, erläßt sie die „Comisión del Mercado de las Telecomunicaciones" mit Bindungswirkung, unbeschadet der Zweiten Übergangsbestimmung dieses Gesetzes.
Die Veranstalter der Dienste mit bedingtem Zugang garantieren unabhängig vom gelieferten Übertragungsmedium mindestens 40 Prozent der ihnen zur Verfügung stehenden Übertragungskapazität für unabhängige Programmhersteller, immer wenn die Nachfrage dieser ausreichend und von geeigneter Qualität ist.
d) Die Anbieter der Dienste mit bedingtem Zugang müssen eine getrennte Buchführung in bezug auf ihre Tätigkeit der Lieferung von Diensten mit bedingtem Zugang vornehmen.
Die Sendefirmen veröffentlichen eine Preisliste für die Fernsehzuschauer, bei der anzugeben ist, ob sie fremde (Zusatz-)Geräte liefern oder nicht.
Ein digitaler Fernsehdienst kann sich nur auf die vorliegende Bestimmung berufen, wenn die angebotenen Dienste die geltenden europäischen Rechtsvorschriften erfüllen.
e) Bei der Vergabe von Lizenzen an Hersteller von Kundengeräten müssen Inhaber von Industrieeigentumsrechten an Systemen und Produkten mit bedingtem Zugang diese zu chancengleichen, vernünftigen und nichtdiskriminierenden Bedingungen vergeben.
Die Vergabe von Lizenzen, bei der technische und handelsspezifische Faktoren zu berücksichtigen sind, darf von den Rechtsinhabern nicht an Bedingungen geknüpft werden, mit denen der Einbau entweder einer gemeinsamen Schnittstelle, die den Anschluß mehrerer anderer Zugangssysteme ermöglicht, oder von Elementen, die einem anderen Zugangssystem eigen sind, sofern der Lizenznehmer die vernünftigen und angemessenen Bedingungen einhält, mit denen die Sicherheit der Transaktionen der Anbieter von Systemen bedingten Zugangs sichergestellt wird, in ein Gerät untersagt, verhindert oder entmutigt werden soll.

Los receptores de televisión, que contengan un descodificador digital integrado, serán aptos para instalar, como mínimo, una conexión normalizada, que permita una conexión al descodificador digital del sistema de acceso condicional y de otros elementos de un sistema de televisión digital.

Artículo 8. Servicios de televisión de formato ancho 16:9.
En los servicios de televisión de formato ancho 16:9, a que se refiere el artículo 6, si se distribuyen mediante sistemas de televisión, la distribución habrá de realizarse, por lo menos en formato ancho 16:9, lo que no excluye su difusión simultánea en formato 4:3.

Artículo 9. Consumidores y usuarios.
En todo caso, los prestadores de servicios que utilicen descodificadores habrán de ajustarse, en cuanto a la publicidad de sus ofertas y a la información a los usuarios, a las condiciones previstas en la normativa sobre defensa de los consumidores y usuarios.
Igualmente, los contratos que se celebren con los usuarios del servicio respetarán lo dispuesto en la normativa sobre condiciones generales de contratación y sobre defensa de los consumidores y usuarios. Particularmente, con arreglo al artículo 2.1, f) de la Ley 26/1984, de 19 de julio, General para la Defensa de los Consumidores y Usuarios, garantizarán el derecho de los usuarios a causar baja en el servicio en cualquier momento y no podrán establecer cláusula alguna que paralice, condicione o limite este derecho. Al amparo de esta misma norma legal, si el precio a cobrar por la cesión de un descodificador o por el acceso restringido a una determinada programación se hiciera derivar de su tiempo de uso o de recepción de la señal, deberá facilitarse al usuario por el operador un contador que determine, en cada momento, la deuda generada. Con arreglo al artículo 10.c).12, de la citada Ley 26/1984, los operadores de servicios de acceso condicional no podrán supeditar la contratación de los servicios a la utilización de sus propios equipos de descodificación y de control de la facturación.

Artículo 10. Régimen del Impuesto sobre el Valor Añadido.
Se suprime el número 8.° del apartado uno.2 del artículo 91 de la Ley 37/1992, de 28 de diciembre, del Impuesto sobre el Valor Añadido.

Die Fernsehempfänger mit einem integrierten digitalen Decoder müssen den Einbau von mindestens einer genormten Steckbuchse erlauben, die den Anschluß von Systemen bedingten Zugangs und anderen Elementen eines digitalen Fernsehens an die digitalen Decoder ermöglicht.

Art. 8 Fernsehdienste des Breitbildschirmformats 16:9
Die Fernsehdienste des Breitbildschirmformats 16:9, auf die sich Artikel 6 bezieht, müssen, wenn sie mittels Fernsehsystemen ausgestrahlt werden, zumindest im Breitbildschirmformat 16:9 ausgestrahlt werden, was ihre gleichzeitige Ausstrahlung im 4:3-Format nicht ausschließt.

Art. 9 Verbraucher und Nutzer
In jedem Fall müssen sich die Betreiber der Dienste, die Decoder benutzen, bei der Werbung für ihre Angebote und bei der Information der Nutzer an die Bedingungen der Gesetzgebung über die Verteidigung der Konsumenten und Nutzer (Anm.: Ley 26/1984, de 19.07.84, General para la Defensa de los Consumidores y Usuarios) halten.
Gleichermaßen müssen die Verträge, die mit den Nutzern des Dienstes geschlossen werden, die Gesetzgebung über Allgemeine Vertragsbedingungen (Anm.: Ley 7/1998, de 30.04.98, entspricht dem AGBG) und über die Verteidigung der Verbraucher und Nutzer (Anm.: Ley 26/1984, de 19.07.84, General para la Defensa de los Consumidores y Usuarios) einhalten. Teilweise garantieren diese, mit der Regelung des Artikels 2 I lit. f) der Ley 26/1984, de 19.07.84, General para la Defensa de los Consumidores y Usuarios (Allgemeines Gesetz für die Verteidigung der Konsumenten und Nutzer), das Recht der Nutzer, zu jedwedem Zeitpunkt dem Dienst zu kündigen und sie können keine Klausel vereinbaren, die dieses Recht aufhebt, verändert oder begrenzt. Zum Schutz ebendieser Gesetzesnorm muß dem Nutzer durch den Anbieter ein Zähler beschafft werden, der jederzeit die zu begleichende Schuld angibt, wenn der Preis für die Zession eines Decoders oder für den begrenzten Zugang zu einem bestimmten Programm von der Zeit des Gebrauchs oder des Empfangs des Signals abhängt. In Anwendung des Artikels 10 lit. c) Nr. 12 des zitierten Gesetzes 26/1984 dürfen die Anbieter von Diensten bedingten Zugangs den Vertragsabschluß für die Dienste nicht von der Nutzung ihrer eigenen Geräte zur Dekodierung und zur Rechnungskontrolle abhängig machen.

Art. 10 Rechtsrahmen der Mehrwertsteuer
Artikel 91 II S.2 Nr.8 der Ley 37/1992, de 28.12.92, del Impuesto sobre el valor añadido (Mehrwertsteuergesetz) ist aufgehoben.

Disposición adicional única. Régimen sancionador.
La comercialización, distribución, cesión temporal o alquiler de aparatos, equipos, descodificadores o cualquier sistema regulado en esta Ley sin la previa certificación que acredite el cumplimiento de las normas, que en ella se establecen, se sancionará con arreglo a los apartados 2, h) y 3, c) del artículo 33 de la Ley 31/1987, de Ordenación de las Telecomunicaciones, modificada por la Ley 32/1992, de 3 de diciembre, como infracción muy grave o grave. En el expediente sancionador que se instruya se podrán adoptar, en su caso, las medidas cautelares previstas en los apartados 2 y 3 del artículo 34, de la referida Ley e imponerse las sanciones que en este mismo precepto se recogen.

Disposición transitoria primera. Régimen aplicable a los descodificadores ya instalados.
Respecto a los sistemas ya en servicio y los descodificadores ya instalados, en el supuesto previsto en el artículo 7.a).3, segundo inciso, de esta Ley, la Comisión del Mercado de las Telecomunicaciones, a instancia de cualquier operador, podrá exigir a los distribuidores o suministradores, con o sin establecimiento abierto al público, que informen por escrito a sus respectivos clientes, en el plazo que al efecto se les otorgue, sobre si los descodificadores cedidos son técnicamente abiertos y compatibles y, si no lo fueran, si hay o no acuerdo entre los operadores para su uso compartido, con indicación, en su caso, de los operadores que lo hayan otorgado y de las consecuencias que del acuerdo, o de la falta de éste, se deriven para el usuario.

Disposición transitoria segunda. Tarifas por el empleo de descodificadores.
A fin de garantizar la competencia efectiva y hasta la plena liberalización de las telecomunicaciones el 1 de diciembre de 1998, la Comisión del Mercado de las Telecomunicaciones fijará las tarifas de empleo de descodificadores por los programadores.

Disposición transitoria tercera. Rectificación de cuotas sobre el Impuesto sobre el Valor Añadido.
A efectos de lo dispuesto en esta Ley, la rectificación de las cuotas impositivas repercutidas se efectuará de acuerdo con lo dispuesto en el vigente apartado tres, número 1.°, del artículo 89, de la Ley 37/1992, de 28 de diciembre, del Impuesto sobre el Valor Añadido, pudiendo constar la rectificación en la factura o documento equivalente correspondiente al período mensual siguiente a la entrada en vigor de esta Ley.

Disposición transitoria cuarta. Participación máxima en el capital social.
Hasta que no se apruebe por el Gobierno, previo informe vinculante de la Comisión del Mercado de las Telecomunicaciones, una situación efectiva de competencia en el sector se aplicará a los operadores de televisión por satélite con tecnología digital lo previsto en el artículo 19.3 de la Ley 10/1988, de 3 de mayo, sobre televisión privada, respecto de la participación máxima en el capital social.

(Disposición derogatoria única, Disposiciones finales...)

EINZIGE ZUSATZBESTIMMUNG Sanktionsrahmen
Der Absatz, der Vertrieb, die zeitweilige Abtretung oder Vermietung von Geräten, Ausrüstungsgegenständen, Decodern oder irgendeines Systems, die in diesem Gesetz geregelt sind ohne den vorherigen Nachweis, der die Erfüllung der Normen enthält, die in diesem Gesetz enthalten sind, wird als schwerer oder sehr schwerer Verstoß im Anwendung des Artikels 33 II lit. h) und III lit. c) der Ley 31/1987, de Ordenación de las Telecomunicaciones sanktioniert. Bei dem Sanktionsverfahren, das eingeleitet werden kann, können gegebenenfalls die Vorsichtsmaßnahmen des Artikels 34 II und III des genannten Gesetzes ergriffen und die Sanktionen dieser Norm auferlegt werden.

ÜBERGANGSBESTIMMUNGEN
1.) Regelung für die bereits installierten Decoder
Bezüglich der bereits betriebenen Systeme und bereits installierten Decoder, und unter der Voraussetzung des Artikels 7 lit. a) Nr. 3 „Zweitens" dieses Gesetzes, kann die „Comisión del Mercado de las Telecomunicaciones" auf Antrag eines jeden Veranstalters von den Vertreibern und Lieferern mit oder ohne publikumsoffenem Verfahren verlangen, daß sie schriftlich und innerhalb einer Frist, die dafür angeordnet wird, ihre jeweiligen Kunden darüber informieren, ob die gelieferten Decoder technisch offen und kompatibel sind, und wenn sie es nicht sind, ob es eine Vereinbarung zwischen den Veranstaltern über den gemeinsamen Gebrauch gibt oder nicht, gegebenenfalls mit Angabe der Veranstalter, die der Vereinbarung angehören und der Konsequenzen für den Nutzer, falls es sie gibt oder nicht.

2.) Tarife für den Gebrauch der Decoder
Um den effektiven Wettbewerb garantieren zu können und bis zur vollständigen Liberalisierung des Telekommunikationswesens am 01.12.1998, legt die „Comisión del Mercado de las Telecomunicaciones" die Tarife für den Gebrauch der Decoder für die Programmtätigen fest.

3.) Richtigstellung der Quoten für die Mehrwertsteuer
Bezüglich der Regelungen dieses Gesetzes bestimmt sich die Richtigstellung der sich auswirkenden Steuerquoten nach den Regeln des Artikels 89 III Nr. 1 der Ley 37/1992, de 28.12.92, del Impuesto sobre el Valor Añadido (Mehrwertsteuergesetz), und die Richtigstellung kann aus der Rechnung oder einem gleichwertigen Dokument bestehen, das aus dem Monatszeitraum nach Inkrafttreten dieses Gesetzes stammt.

4.) Maximale Beteiligung am Gesellschaftskapital
Solange nicht von der Regierung nach vorheriger bindender Information der „Comisión del Mercado de las Telecomunicaciones" eine tatsächliche Wettbewerbssituation auf diesem Sektor angeordnet wurde, wird für die Veranstalter des digitalen Satellitenfernsehens Artikel 19 III der Ley 10/1988, de 03.05.88, sobre la televisión privada (LTP) bezüglich der maximalen Beteiligung am Gesellschaftskapital angewandt.

(Außerkraftsetzungsbestimmung, Schlußbestimmungen...)

VII. DAS ERTV: LEY 4/1980, DAS RADIO- UND FERNSEHSTATUT

(Ley 4/1980, de 10.01.80, del Estatuto de la Radio y la Televisión)
(B.O.E. núm. 11, de 12.01.1980, S. 844)

(Exposición de Motivos...)

CAPITULO I.-Principios generales y ámbito de aplicación.
Artículo 1.
1. Los medios de comunicación social a que se refiere el presente Estatuto son la radiodifusión y la televisión.
2. La radiodifusión y la televisión son servicios públicos esenciales cuya titularidad corresponde al Estado.
3. Se entiende por radiodifusión la producción y difusión de sonidos mediante emisiones radioeléctricas a través de ondas o mediante cables, destinadas mediata o inmediatamente al público en general o bien a un sector del mismo, con fines políticos, religiosos, culturales, educativos, artísticos, informativos, comerciales, de mero recreo o publicitarios.

Artículo 2.
1. El presente Estatuto y sus disposiciones complementarias de orden técnico constituyen las normas básicas del régimen de los servicios públicos de radiodifusión y televisión y serán de aplicación general en todo el territorio nacional.
2. El Gobierno podrá conceder a las Comunidades Autónomas, previa autorización por Ley de las Cortes Generales, la gestión directa de un canal de televisión de titularidad estatal que se cree específicamente para el ámbito territorial de cada Comunidad Autónoma.
3. La organización y el control parlamentario del tercer canal regional previsto en el párrafo anterior, así como de la radiodifusión y televisión en el mismo ámbito territorial, se articulará orgánica y funcionalmente de acuerdo con los criterios establecidos en los arts. 5.° a 12 y 26 del presente Estatuto, y según Ley de la Comunidad Autónoma.
4. La atribución de frecuencias se efectuará por el Gobierno en aplicación de los acuerdos y convenios internacionales y de las resoluciones o directrices de los Organismos internacionales que vinculen al Estado español.

Artículo 3. El presente Estatuto se interpretará y aplicará con arreglo a los criterios de respeto, promoción y defensa de los valores del ordenamiento constitucional.

Artículo 4. La actividad de los medios de comunicación social del Estado se inspirará en los siguientes principios:
a) La objetividad, veracidad e imparcialidad de las informaciones.

VII. DAS ERTV: LEY 4/1980, DAS RADIO- UND FERNSEHSTATUT

(Ley 4/1980, de 10.01.80, del Estatuto de la Radio y la Televisión)
(B.O.E. núm. 11, de 12.01.1980, S. 844)

(Vortext...)

KAPITEL I: Allgemeine Prinzipien und Anwendungsrahmen

Art. 1

(I) Die sozialen Kommunikationsmedien, auf die sich dieses Statut bezieht, sind Hörfunk und Fernsehen.

(II) Hörfunk und Fernsehen sind wichtige öffentliche Dienste, deren Rechtsinhaberschaft der Staat innehat.

(III) Hörfunk ist die Herstellung und Verbreitung von Geräuschen durch radioelektrische Ausstrahlung durch Wellen oder Kabel, die mittelbar oder unmittelbar für das Publikum oder einen Bereich desselben bestimmt ist, und zwar mit politischen, religiösen, kulturellen, erzieherischen, künstlerischen oder kommerziellen Zielen, oder zur einfachen Unterhaltung oder Werbung.

Art. 2

(I) Das vorliegende Statut und die es ergänzenden technischen Regelungen dazu sind die Grundnormen der Regelung der öffentlichen Dienste Hörfunk und Fernsehen und finden generelle Anwendung im ganzen nationalen Territorium.

(II) Die Regierung kann nach gesetzlicher Befugniserteilung durch die Cortes Generales (Anm. Ober- und Unterhaus des spanischen Parlaments) den Autonomieregionen die direkte Betreibung eines Fernsehkanals in öffentlicher Trägerschaft abtreten, der speziell für den territorialen Raum jeder Autonomiegemeinschaft geschaffen wird.

(III) Organisation und parlamentarische Kontrolle des im vorgenannten Absatz genannten dritten regionalen Kanals sind, genauso wie Hörfunk und Fernsehen desselben territorialen Raums, bezüglich seiner Organe und seiner Funktionsweise im Einklang mit den Kriterien, die Artikel 5 bis 12 und 26 dieses Statuts aufstellt, und nach dem Gesetz der Autonomieregion zu regeln.

(IV) Die Zuteilung von Frequenzen erfolgt durch die Regierung in Anwendung der Vereinbarungen und internationalen Verträge und der Beschlüsse und Richtlinien der internationalen Organisationen, die den spanischen Staat binden.

Art. 3 Dieses Statut ist in Anwendung der Kriterien des Respekts, der Weiterentwicklung und der Verteidigung der verfassungsmäßigen Werte zu interpretieren und anzuwenden.

Art. 4

Die Tätigkeit der sozialen Kommunikationsmedien des Staates gestaltet sich nach folgenden Prinzipien:

a) Der Objektivität, der Wahrhaftigkeit und Unparteilichkeit der Informationen.

b) La separación entre informaciones y opiniones, la identificación de quienes sustentan estas últimas y su libre expresión, con los límites del apartado 4 del art. 20 de la Constitución.
c) El respeto al pluralismo político, religioso, social, cultural y lingüístico.
d) El respeto al honor, la fama, la vida privada de las personas y cuantos derechos y libertades reconoce la Constitución.
e) La protección de la juventud y de la infancia.
f) El respeto de los valores de igualdad recogidos en el art. 14 de la Constitución .

CAPITULO II.-Organización.
Sección 1.ª-Del Ente público RTVE.
Artículo 5.
1. La gestión directa de los servicios públicos de radiodifusión y de televisión se ejercerá a través del Ente público RTVE.
2. RTVE, como Entidad de Derecho público, con personalidad jurídica propia, estará sometida exclusivamente a este Estatuto y a sus disposiciones complementarias. En sus relaciones jurídicas externas, en las adquisiciones patrimoniales y contratación estará sujeta, sin excepciones, al Derecho privado.
3. Las funciones que se atribuyen al Ente público Radiotelevisión Española se entenderán sin perjuicio de las atribuidas en este Estatuto al Gobierno, o a las Cortes Generales y de las que en período de campaña electoral desempeñe la Junta Electoral Central.

Sección 2.ª-De los Organos del Ente público RTVE.
Artículo 6.
El Ente público RTVE se estructura, a efectos de su funcionamiento, administración general y alta dirección en los siguientes órganos:
a) Consejo de Administración.
b) Consejeros asesores de Radio Nacional de España (RNE), Radio Cadena Española (RCE) y Televisión Española (TVE).
c) Director general.

Sección 3.ª-Del Consejo de Administración.
Artículo 7.
1. El Consejo de Administración estará compuesto por doce miembros, elegidos para cada Legislatura, la mitad por el Congreso y la mitad por el Senado, mediante mayoría de dos tercios de la Cámara, entre personas de relevantes méritos profesionales.
2. Las vacantes que se produzcan serán cubiertas por la Cámara correspondiente, de acuerdo con el procedimiento establecido en el párrafo anterior.
3. Los acuerdos del Consejo de Administración se adoptarán por mayoría de miembros presentes, salvo en los supuestos en que el presente Estatuto exija mayoría cualificada.

b) Der Trennung zwischen Information und Meinung, der Identifizierung, von wem letztere (=Meinung) stammt, und ihr freier Ausdruck innerhalb der Grenzen des Artikels 20.IV der Verfassung.
c) Des Respekts des politischen, religiösen, sozialen, kulturellen und sprachlichen Pluralismus.
d) Des Respekts der Ehre, des Rufs, des Privatlebens der Personen und der Rechte und Freiheiten, die die Verfassung kennt.
e) Des Schutzes der Jugend und der Kindheit.
f) Des Respekts der Gleichheitsgrundrechte des Artikels 14 der Verfassung.

KAPITEL II: Organisation
Erster Abschnitt: Über die Körperschaft des öffentlichen Rechts RTVE
Art. 5
(I) Der direkte Betrieb der öffentlichen Dienste Radio und Fernsehen wird durch die öffentliche Körperschaft RTVE („Ente público Radiotelevisión Española") ausgeübt.
(II) Radiotelevisión Española ist eine Körperschaft des öffentlichen Rechts mit eigener Rechtspersönlichkeit und ausschließlich an dieses Statut und die es ergänzenden Regelungen gebunden. Bezüglich ihrer Rechtsbeziehungen nach außen und ihrer vermögensmäßigen Erwerbungen und Verträge ist sie ausnahmslos ein Rechtssubjekt des Privatrechts.
(III) Die Aufgaben, die der öffentlichen Körperschaft RTVE auferlegt werden, verstehen sich unbeschadet derer, die ihr Regierung oder Parlament in diesem Statut zuweisen, und derer, die in Wahlkampfzeiten der zentrale Wahlausschuß erläßt.

Zweiter Abschnitt: Über die Organe der öffentlichen Körperschaft RTVE
Art. 6 Die öffentliche Körperschaft RTVE gliedert sich bezüglich seiner Funktionsweise, seiner allgemeinen Verwaltung und seiner hohen Geschäftsführung in folgende Organe:
a) Der Verwaltungsrat
b) Die Beiräte von Radio Nacional de España (RNE), Radio Cadena Española (RCE) und Televisión Española (TVE).
c) Der Generaldirektor.

Dritter Abschnitt: Der Verwaltungsrat
Art. 7
(I) Der Verwaltungsrat setzt sich aus 12 Mitgliedern zusammen, die für jede Legislaturperiode je zur Hälfte durch das Unterhaus und zur Hälfte durch den Senat mit Zweidrittelmehrheit der Kammern aus den Reihen der entsprechenden verdienten Fachleute zu wählen sind.
(II) Etwaige freie Stellen werden durch die entsprechende Kammer nach der im vorherigen Absatz entwickelten Vorgehensweise besetzt.
(III) Die Beschlüsse des Verwaltungsrats werden durch die Mehrheit der anwesenden Mitglieder gefaßt, außer wenn das vorliegende Statut eine qualifizierte Mehrheit vorschreibt.

4. La condición de miembros del Consejo de Administración será incompatible con cualquier vinculación directa o indirecta a Empresas publicitarias, de producción de programas filmados, grabados en magnetoscopios o radiofónicos, casas discográficas o cualquier tipo de Entidades relacionadas con el suministro o dotación de material o programas a RTVE y sus Sociedades. También será incompatible con todo tipo de prestación de servicios o relación laboral en activo con RTVE y sus Sociedades.
5. La Presidencia del Consejo de Administración será puramente funcional y se ejercerá de forma rotativa por meses entre sus miembros.
6. Los miembros del Consejo de Administración cesarán en sus cargos al término de la correspondiente Legislatura, aunque seguirán ejerciendo sus funciones hasta la toma de posesión de los nuevos Vocales.

Artículo 8.

1. Corresponderán al Consejo de Administración las siguientes competencias:
a) Velar por el cumplimiento, en la programación, de lo dispuesto en el capítulo I de la presente Ley.
b) Emitir su parecer sobre el nombramiento del Director general, que para ser afirmativo deberá formularse por acuerdo de dos tercios de sus miembros. Si no se alcanzara la mayoría indicada, se entenderá que el Consejo de Administración se abstiene de emitir su parecer sobre el nombramiento de Director general, dándose por cumplido el trámite.
c) Recibir notificación previa del nombramiento y cese de los Directores de RTVE y de sus Sociedades.
d) Aprobar, a propuesta del Director general de RTVE, el plan de actividades del Ente público, fijando los principios básicos y las líneas generales de la programación, así como el plan de actuación de las distintas Sociedades de RTVE.
e) Aprobar la Memoria anual relativa al desarrollo de las actividades de RTVE, así como de las Sociedades estatales establecidas en este Estatuto.
f) Aprobar, con carácter definitivo, las plantillas de RTVE y sus modificaciones, así como las de sus Sociedades.
g) Aprobar el régimen de retribuciones del personal de RTVE y de sus Sociedades.

h) Aprobar el anteproyecto de presupuesto de RTVE y de sus Sociedades.
i) Informar los proyectos de disposición que se proponga dictar el Gobierno en materia de publicidad.

j) Dictar normas reguladoras respecto a la emisión de publicidad por RTVE, atendidos el control de calidad de la misma, el contenido de los mensajes publicitarios y la adecuación del tiempo de publicidad a la programación y a las necesidades de los medios.
k) Determinar semestralmente el porcentaje de horas de programación destinadas a los grupos políticos y sociales significativos, fijando los criterios de distribución entre ellos en cumplimiento de lo establecido en el artículo 20 de la Constitución.

(IV) Das Amt der Mitglieder des Verwaltungsrats ist unvereinbar mit jeder direkten oder indirekten Bindung an Unternehmen der Werbung, der Produktion von gefilmten oder magnetisch oder radiotechnisch aufgezeichneten Programmen, an Plattenfirmen oder jede Art von Firmen, die mit der Zulieferung oder Ausstattung von Material oder Programmen der RTVE und ihrer Gesellschaften in Bezug stehen. Es ist auch unvereinbar mit jeder Art der Dienstleistung oder aktiven Arbeitsbeziehung zu RTVE und ihren Gesellschaften.
(V) Der Vorsitz des Verwaltungsrats ist rein funktional und wird durch seine Mitglieder nach einem monatlichen Rotationssystem ausgeübt.
(VI) Die Mitglieder des Verwaltungsrats werden am Ende der entsprechenden Legislaturperiode aus ihren Ämtern entlassen, üben aber bis zur Neubesetzung ihrer Sitze durch die Neuberufenen ihre Funktionen aus.

Art. 8

(I) Folgende Befugnisse werden durch den Verwaltungsrat ausgeübt:

a) Die Überwachung der Erfüllung des im Kapitel I dieses Gesetzes Festgelegten im Programm
b) Die Bekanntmachung seiner Meinung über die Benennung des Generaldirektors, welche, um aussagekräftig zu sein, von zwei Dritteln der Verwaltungsratsmitglieder getragen werden muß. Wenn sich die genannte Mehrheit nicht erreichen läßt, ist dies so zu verstehen, daß der Verwaltungsrat sich der Bekanntmachung seiner Meinung über den Generaldirektor enthält; er selbst hat sich eine Verfahrensordnung zur Erfüllung zu geben.
c) Der Empfang einer Vorankündigung über die Ernennung oder Entlassung der Direktoren der RTVE und ihrer Gesellschaften.
d) Die Verabschiedung des Aktivitätenplans der öffentlichen Körperschaft auf Vorschlag des Generaldirektors der RTVE, die Festlegung der Grundprinzipien und der Grundlinien des Programms, ebenso wie der Arbeitsplan der verschiedenen Gesellschaften der RTVE.
e) Die Verabschiedung des Jahresberichts über die Aktivitäten der RTVE und der staatlichen Gesellschaften, die in diesem Statut etabliert werden.
f) Die endgültige Verabschiedung der Stellenpläne und ihrer Änderungen bei RTVE und ihren Gesellschaften.
g) Die Verabschiedung der Vergütungsregelungen für das Personal der RTVE und ihrer Gesellschaften.
h) Die Verabschiedung des Vorentwurfs des Haushalts der RTVE und ihrer Gesellschaften.
i) Das Informieren über die anstehenden Gesetzesprojekte, die sich die Regierung vornimmt, auf dem Gebiet der Werbung zu erlassen.
j) Der Erlaß von Normen zur Regelung der Werbeausstrahlung durch RTVE, unter Beachtung der Qualitätskontrolle derselben, des Inhalts der Werbenachrichten (und) der Entsprechung der Zeit der Werbung in bezug auf das Programm und die Notwendigkeiten der Medien.
k) Die halbjährliche Festlegung des Prozentsatzes der Programmstunden für politisch und gesellschaftlich signifikante Gruppen, unter Festlegung der Kriterien ihrer Aufteilung in Erfüllung des in Artikel 20 der Verfassung Geregelten.

l) Conocer y resolver en la forma prevista en el apartado 2 del artículo 25 los conflictos que puedan plantearse en relación con el derecho de rectificación.
m) Determinar anualmente el porcentaje de producción propia que deberá incluirse en la programación de cada medio.
n) Conocer de aquellas cuestiones que, aun no siendo de su competencia, el Director general de RTVE someta a su consideración.
2. Los acuerdos a que se refieren los apartados d), f), g), h) y k) se adoptarán por mayoría de dos tercios de los miembros del Consejo de Administración. Por lo que se refiere al apartado d), bastará la mayoría absoluta de miembros del Consejo de Administración una vez haya transcurrido un mes sin recaer acuerdo por mayoría cualificada. Por lo que respecta al apartado h), y en el caso de que no se alcance acuerdo por mayoría de dos tercios, el anteproyecto del presupuesto se remitirá al Gobierno en el plazo legal, haciendo constar el sentido del voto de cada uno de los miembros del Consejo de Administración.

Sección 4.ª-De los Consejos Asesores.
Artículo 9.
1. Los Consejos Asesores de RNE, RCE y TVE estarán compuestos por los siguientes miembros:
a) Cinco representantes de los trabajadores designados por las secciones de las Centrales Sindicales más representativas, según criterios de proporcionalidad.
b) Cinco representantes designados por el Instituto de España, de acuerdo con el Consejo de Administración, entre personas con relevantes méritos culturales.
c) Cinco representantes de la Administración Pública, designados por el Gobierno.
d) Cinco representantes de otras tantas Entidades autónomas o preautonómicas, designadas por éstas en la forma que reglamentariamente se determine y que garantice la presencia sucesiva de todas en cada Consejo Asesor.

2. El Consejo Asesor de cada medio será convocado al menos semestralmente por el Consejo de Administración y emitirá opinión o dictamen cuando le fueren expresamente requeridos por el Consejo de Administración y, en todo caso, con respecto a las competencias que sobre programación se atribuyen en el artículo 8.° al Consejo de Administración.

Sección 5.ª-Del Director general del Ente público.
Artículo 10.
1. El Director general será nombrado por el Gobierno, oído el Consejo de Administración.
2. El mandato de Director general será de cuatro años, salvo disolución anticipada de las Cortes Generales. En este supuesto continuará en su cargo hasta la designación de Director general.

l) Die Kenntnis und Lösung von Konflikten, die sich in Bezug auf das Gegendarstellungsrecht ergeben können, in der Form, die Artikel 25.II vorsieht[10].
m) Die jährliche Bestimmung des Prozentsatzes an Eigenproduktionen, der im Programm jedes einzelnen Mediums zu erfüllen ist.
n) Die Kenntnis der Einzelfragen, die der Generaldirektor der RTVE seiner eigenen Einschätzung unterwirft, obwohl sie nicht innerhalb seiner Kompetenz liegen.

(II) Die Beschlüsse, auf die sich die Absätze d), f), g), h) und k) beziehen, werden mit Zweidrittelmehrheit der Verwaltungsratsmitglieder gefaßt. Für das, worauf sich Absatz d) bezieht, reicht die absolute Mehrheit der Verwaltungsratsmitglieder, wenn nach Ablauf eines Monats nicht der Beschluß mit qualifizierter Mehrheit geändert wird. Für das, was Absatz h) berücksichtigt, und in dem Falle, daß sich ein Beschluß mit Zweidrittelmehrheit nicht erreichen läßt, wird der Vorentwurf für den Haushalt innerhalb der gesetzlichen Frist an die Regierung weitergeleitet, die bezüglich jedes einzelnen Mitglieds des Verwaltungsrats die Gründe seines Abstimmungsverhaltens feststellt.

Vierter Abschnitt: Über die Beiräte
Art. 9

(I) Die Beiräte von RNE, RCE und TVE setzen sich aus folgenden Mitgliedern zusammen:
a) Fünf Repräsentanten der Arbeitnehmer, die durch die repräsentativsten Zentralgewerkschaften nach dem Kriterium der Proportionalität ernannt werden.
b) Fünf Repräsentanten, die durch das Instituto de España in Übereinstimmung mit dem Verwaltungsrat aus dem Kreis der Personen mit entsprechenden kulturellen Verdiensten ernannt werden.
c) Fünf Repräsentanten der öffentlichen Verwaltung, die von der Regierung ernannt werden.
d) Fünf Repräsentanten der vielen anderen unabhängigen oder halbunabhängigen Firmen, die durch jene in regelgerechter Form ernannt werden, und die die sukzessive Anwesenheit aller in jedem Beirat garantiert.

(II) Der Beirat jeden Mediums wird mindestens halbjährlich durch den Verwaltungsrat zusammengerufen und erklärt seine Meinung oder Ansicht, wenn diese ausdrücklich vom Verwaltungsrat erbeten wird, und dies in jedem Falle unter Beachtung der Befugnisse, die Artikel 8 dem Verwaltungsrat bezüglich der Programmtätigkeit verleiht.

Fünfter Abschnitt: Der Generaldirektor der öffentlichen Körperschaft
Art. 10

(I) Der Generaldirektor wird nach Anhörung des Verwaltungsrates durch die Regierung ernannt.

(II) Das Amt des Generaldirektors dauert sechs Jahre, außer bei vorzeitiger Ablösung durch die Cortes Generales (Anm.: Ober- und Unterhaus des spanischen Parlaments). In diesem Falle dauert das Amt bis zur Ernennung eines (neuen) Generaldirektors.

---

[10] Art. 25 ERTV ist inzwischen gegenstandslos und im speziellen Gegendarstellungsgesetz aufgegangen, s.u. D.IV.

3. El Director general será el órgano ejecutivo de RTVE y asistirá con voz y voto a las reuniones de su Consejo de Administración, con la sola excepción de las cuestiones que el afecten personalmente.
4. El cargo de Director general será incompatible con el mandato parlamentario y con cualquier vinculación directa o indirecta a Empresas publicitarias, de producción de programas filmados, grabados en magnetoscopio o radiofónicos, casas discográficas o cualquier otro tipo de Entidades relacionadas con el suministro o dotación de material o programas al RTVE y sus Sociedades.

Artículo 11.

Corresponderán al Director general las siguientes atribuciones:

a) Cumplir y hacer cumplir las disposiciones que rijan el Ente público, así como los acuerdos adoptados por el Consejo de Administración en las materias que sean competencia de este órgano colegiado.

b) Someter a la aprobación del Consejo de Administración con antelación suficiente el plan anual de trabajo y la Memoria económica anual, así como los anteproyectos de presupuestos del Ente público y de las Sociedades estatales.

c) Impulsar, orientar, coordinar e inspeccionar los servicios de RTVE y de las Sociedades estatales y dictar las disposiciones, instrucciones y circulares relativas al funcionamiento o a la organización interna de las mismas, sin perjuicio todo ello de las competencias del Consejo de Administración.

d) Actuar como órgano de contratación de RTVE y de sus Sociedades.

e) Autorizar los pagos y gastos de RTVE y de sus Sociedades.

f) Organizar la dirección y nombrar con criterios de profesionalidad al personal directivo de RTVE y de sus Sociedades notificando con carácter previo dichos nombramientos al Consejo de Administración de RTVE.

g) La ordenación de la programación de conformidad con los principios básicos aprobados por el Consejo de Administración.

Artículo 12.

1. El Gobierno podrá cesar al Director general, oído el Consejo de Administración, mediante resolución motivada por alguna de las siguientes causas:

a) Imposibilidad física o enfermedad superior en su duración a seis meses continuos.

b) Incompetencia manifiesta o actuación contraria a los criterios, principios u objetivos a que se refieren los artículos 3.° y 4.° de este Estatuto.

c) Condena por delito doloso.

2. El Gobierno podrá cesar al Director general a propuesta del Consejo de Administración adoptada por mayoría de dos tercios y fundada en alguna de las causas establecidas en este artículo.

(III) Der Generaldirektor ist das Exekutivorgan der RTVE und nimmt mit Stimme und Stimmrecht an den Sitzungen des Verwaltungsrats teil, außer bei Fragen, die ihn persönlich betreffen.
(IV) Das Amt des Generaldirektors ist unvereinbar mit einem Parlamentsmandat und jeder direkten oder indirekten Bindung an Unternehmen der Werbung, der Produktion von gefilmten oder magnetisch oder radiotechnisch aufgezeichneten Programmen, Plattenfirmen oder jeder Art von Firmen, die mit der Zulieferung oder Ausstattung von Material oder Programmen der RTVE und ihrer Gesellschaften in Bezug stehen.

Art. 11
Dem Generaldirektor obliegen folgende Aufgaben:
a) Das Erfüllen und Erfüllenlassen der Normen, die die öffentliche Körperschaft lenken, ebenso wie der Beschlüsse des Verwaltungsrates in Materien, die in die Kompetenz dieses Kollegialorgans fallen.
b) Die ausreichend frühzeitige Vorlage des jährlichen Arbeitsplans und des jährlichen Finanzjahresberichts sowie der Vorentwürfe der Haushalte der öffentlichen Körperschaft und der staatlichen Gesellschaften zum Zwecke der Bewilligung durch den Verwaltungsrat.
c) Das Anspornen, Ordnen, Koordinieren und Beaufsichtigen der Dienste der RTVE und der staatlichen Gesellschaften und das Diktieren der Normen, Anweisungen und Rundschreiben, die sich auf das Funktionieren oder die innere Organisation dieser bezieht, dies alles unbeschadet der Befugnisse des Verwaltungsrats.
d) Das Handeln als vertragschließendes Organ der RTVE und ihrer Gesellschaften.
e) Die Genehmigung der Zahlungen und Ausgaben der RTVE und ihrer Gesellschaften.
f) Die Organisation der Geschäftsführung und die Benennung des geschäftsführenden Personals der RTVE und ihrer Gesellschaften nach Kriterien der Professionalität, mit vorheriger Bekanntgabe dieser Benennungen an den Verwaltungsrat der RTVE.
g) Das Ordnen der Programmtätigkeit im Einklang mit den Grundprinzipien, die durch den Verwaltungsrat verabschiedet werden.

Art. 12
(I) Die Regierung kann nach Anhörung des Verwaltungsrats den Generaldirektor wegen nachfolgender Gründe durch einen Beschluß entlassen:
a) Körperliche Unfähigkeit oder erhebliche Krankheit, die sechs Monate ununterbrochen anhält.
b) Offensichtliche Inkompetenz oder ein Handeln gegen die Kriterien oder Prinzipien, auf die sich die Artikel 3 und 4 dieses Statuts beziehen.
c) Strafurteil wegen eines vorsätzlichen Delikts.
(II) Die Regierung kann den Generaldirektor aufgrund des Vorschlags des Verwaltungsrats entlassen, der durch Zweidrittelmehrheit beschlossen wurde und sich auf einen der Gründe dieses Artikels bezieht.

Sección 6.ª-De la organización territorial de RTVE.
Artículo 13.
RTVE, a través de su organización territorial, deberá elaborar una propuesta de programación específica de radio y televisión que será emitida en el ámbito territorial de la nacionalidad o región que corresponda, salvaguardando el porcentaje y distribución de las horas establecidas para la programación nacional que el Gobierno fijará anualmente a propuesta conjunta del Consejo de Administración y del Director general de RTVE.

Artículo 14.
1. En cada Comunidad Autónoma existirá un Delegado territorial de RTVE nombrado por el Director general de RTVE, oído el órgano representativo que con estos fines se constituya en la Comunidad Autónoma. En su caso, existirá también un Director de cada uno de los Medios (RNE, RCE y TVE), nombrados por el Director general de RTVE.
2. El Delegado territorial estará asistido por un Consejo Asesor nombrado por el órgano de Gobierno de la Comunidad Autónoma, y cuya composición se determinará por ley territorial. El Consejo Asesor estudiará las necesidades y capacidades de la Comunidad Autónoma en orden de la adecuada descentralización de los servicios de radio y televisión y en especial de la Sociedad estatal RCE, y formulará, a través del Delegado territorial, las recomendaciones que estime oportunas al Consejo de Administración de RTVE.

Artículo 15.
El Delegado territorial, previa audiencia del Consejo Asesor de la Comunidad Autónoma, elevará al Director general de RTVE una propuesta anual sobre la programación y el horario de emisión en el ámbito territorial correspondiente. El Director general de RTVE, junto con su informe, someterá la propuesta al Consejo de Administración de RTVE.

CAPITULO III.-Modos de gestión.
Sección 1.ª-Gestión pública.
Artículo 16.
1. La gestión de los servicios públicos de radiodifusión y televisión que corresponde al Ente público RTVE, se regirá por las disposiciones de este Estatuto y se realizará mediante la adscripción de los servicios comunes que reglamentariamente se establezcan.
2. De los acuerdos que dicten los órganos de gobierno del Ente público RTVE y de las pretensiones que en relación con ellos se deduzcan conocerá la jurisdicción que en cada caso corresponda sin necesidad de formular la reclamación previa en vía gubernativa.

Sechster Abschnitt: Die territoriale Organisation der RTVE

Art. 13 RTVE muß durch ihre territoriale Organisation einen Vorschlag über ein spezielles Programmschema in Radio und Fernsehen erarbeiten, das im Gebiet der Nation oder Region auszustrahlen ist, unter Sicherstellung des Prozentsatzes und der Ausstrahlung in Stunden für das nationale Programmschema, das die Regierung jährlich auf gemeinsamen Vorschlag des Verwaltungsrates und des Generaldirektors der RTVE hin festlegt.

Art. 14

(I) In jeder Autonomieregion gibt es einen Gebietsbeauftragten der RTVE, der durch den Generaldirektor der RTVE nach Anhörung des zuständigen Organs, das mit diesem Ziel in der Autonomieregion gebildet wird, ernannt wird. Gegebenenfalls gibt es auch einen Geschäftsführer jedes einzelnen Mediums (RNE, RCE und TVE), der durch den Generaldirektor der RTVE benannt wird.

(II) Dem Gebietsbeauftragten steht ein Beirat zur Seite, der durch ein Regierungsorgan der Autonomieregion ernannt wird und dessen Zusammensetzung durch Regionalgesetz festzulegen ist. Der Beirat bearbeitet die Notwendigkeiten und Möglichkeiten der Autonomieregion nach Maßgabe der entsprechenden Dezentralisation der Dienste Radio und Fernsehen und speziell der staatlichen Gesellschaft RCE, und er formuliert durch den Gebietsbeauftragten die Empfehlungen für den Verwaltungsrat der RTVE, die er für zweckdienlich hält.

Art. 15 Der Gebietsbeauftragte erstellt nach Anhörung des Beirats der Regionalgemeinschaft dem Generaldirektor der RTVE einen jährlichen Vorschlag über das Programm und die Sendezeiten in dem entsprechenden Gebiet. Der Generaldirektor der RTVE legt den Vorschlag zusammen mit seiner Einschätzung dem Verwaltungsrat der RTVE vor.

KAPITEL III: Der Betrieb

Erster Abschnitt: Öffentlicher Betrieb

Art. 16

(I) Der Betrieb der öffentlichen Dienste Hörfunk und Fernsehen, der der öffentlichen Körperschaft RTVE obliegt, bestimmt sich nach den Regeln dieses Statuts und wird durch eine Zuweisung an die gemeinsamen Dienste umgesetzt, die regelgerecht zu errichten sind.

(II) Bei Beschlüssen, die die Verwaltungsorgane der öffentlichen Körperschaft RTVE erlassen und bei Ansprüchen, die sich in bezug auf diese ableiten lassen, ist die Rechtsprechung in jedem Fall und ohne die Notwendigkeit eines verwaltungsrechtlichen Widerspruchs zuständig.

Sección 2.ª-Gestión mercantil.

Artículo 17.

1. La gestión del servicio público de radiodifusión se realizará por las siguientes Sociedades estatales:

-Radio Nacional de España (RNE).

-Radio Cadena Española (RCE), que comprenderá las emisoras bajo el indicativo REM-CAR y CES.

2. La gestión del servicio público de Televisión se realizará por una Sociedad estatal, que se denominará Televisión Española (TVE).

Artículo 18.

El capital de las Sociedades a que se refiere el artículo anterior será íntegramente estatal, pertenecerá en su totalidad al Ente público RTVE y no podrá enajenarse, hipotecarse, gravarse, pignorarse o cederse en cualquier forma onerosa o gratuita.

Artículo 19.

1. Las Sociedades estatales, encargadas de la gestión de los servicios públicos de Radiodifusión y Televisión, estarán regidas por el Derecho privado, sin más excepciones que las recogidas en el presente Estatuto.

2. Establecerán en sus Estatutos el cargo de Administrador único, que será el Director del Medio, nombrado y separado por el Director general, previa notificación al Consejo de Administración. Los Directores de los Medios, bajo la supervisión del Director general, serán responsables de la programación.

3. El cargo de Director de un Medio será incompatible con cualquier vinculación directa o indirecta a Empresas publicitarias de producción de programas filmados, grabados en magnetoscopio o radiofónicos, casas discográficas o cualquier otro tipo de Entidades relacionadas con el suministro o dotación de material o programas a RTVE y sus Sociedades.

Artículo 20.

1. El Gobierno, a propuesta del Director general, y de acuerdo con el Consejo de Administración de RTVE, podrá crear Sociedades filiales en las áreas de comercialización, cable y medios análogos, con objeto de garantizar la más eficaz gestión.

2. La organización y gestión de la red de difusión se acomodará en todo caso a las exigencias que derivan de la supremacía del interés del Estado en la propia red.

3. Las Sociedades filiales que se creen serán, en todo caso, de capital íntegramente estatal y con los privilegios y prohibiciones a que se refieren los artículos anteriores.

CAPITULO IV.-Programación y control.

Sección 1.ª-Directrices de programación.

Artículo 21.

El Gobierno podrá fijar periódicamente las obligaciones que se derivan de la naturaleza de servicio público de RTVE, previa consulta al Consejo de Administración, hacerlas cumplir.

Zweiter Abschnitt: Marktbetrieb

Art. 17 (I) Der Betrieb des öffentlichen Dienstes Hörfunk ist durch die folgenden staatlichen Gesellschaften durchzuführen:

- Radio Nacional de España (RNE).
- Radio Cadena Española (RCE), die die Sender unter dem Zeichen REM-CAR und CES umfaßt.

(II) Der Betrieb des öffentlichen Dienstes Fernsehen ist durch eine staatliche Gesellschaft durchzuführen, die Televisión Española (TVE) heißt.

Art. 18 Das Kapital der im vorigen Artikel genannten Gesellschaften ist vollständig staatlich, es gehört vollständig der öffentlichen Körperschaft RTVE und kann in keiner vergüteten oder kostenlosen Form enteignet, mit einer Hypothek oder sonstwie belastet, verpfändet oder abgetreten werden.

Art. 19

(I) Die mit dem Betrieb des öffentlichen Dienstes Radio und Fernsehen beauftragten staatlichen Gesellschaften werden durch das Privatrecht geregelt, ohne weitere Ausnahmen als die, die dieses Statut enthält.

(II) Sie entwickeln in ihren Statuten nach vorheriger Benachrichtigung des Verwaltungsrats das Amt des einzigen Verwalters, der der Geschäftsführer des Mediums ist. Die Verwalter der Medien stehen unter der Aufsicht des Generaldirektors und sind die Programmverantwortlichen.

(III) Das Amt des Verwalters eines Mediums ist unvereinbar mit einem Parlamentsmandat und jeder direkten oder indirekten Bindung an Unternehmen der Werbung, der Produktion von gefilmten oder magnetisch oder radiotechnisch aufgezeichneten Programmen, Plattenfirmen oder jeder Art von Firmen, die mit der Zulieferung oder Ausstattung von Material oder Programmen der RTVE und ihrer Gesellschaften in Bezug stehen.

Art. 20

(I) Die Regierung kann auf Vorschlag des Generaldirektors und mit Zustimmung des Verwaltungsrats der RTVE auf den Gebieten des Handels, des Kabelrundfunks und der analogen Medien Tochtergesellschaften gründen, um einen möglichst effektiven Betrieb zu garantieren.

(II) Organisation und Betrieb der Sendernetze sind in jedem Fall den Forderungen anzupassen, die sich aus der Überlegenheit des staatlichen Interesses am eigenen Netz ableiten.

(III) Die geschaffenen Tochtergesellschaften haben in jedem Fall ein vollständig staatliches Kapital und die Privilegien und Verbote, auf die sich die vorherigen Artikel beziehen.

KAPITEL IV: Programm und Kontrolle

Erster Abschnitt: Richtlinien des Programms

Art. 21 Die Regierung kann regelmäßig die Verpflichtungen festlegen, die sich aus der Rechtsnatur der RTVE als öffentlicher Dienst ableiten, und sie kann sie nach vorheriger Beratung des Verwaltungsrates erfüllen lassen.

Artículo 22.
El Gobierno podrá hacer que se programen y difundan cuantas declaraciones o comunicaciones oficiales de interés público estime necesarias, con indicación de su origen. Por razones de urgencia, apreciadas por el propio Gobierno, estos comunicados y declaraciones tendrán efecto inmediato.

Sección 2.ª-Períodos y campañas electorales.
Artículo 23.
Durante las campañas electorales se aplicará el régimen especial que prevean las normas electorales. Su aplicación y su control se defieren a la Junta Electoral Central, que cumplirá su cometido a través del Consejo de Administración y del Director general.

Sección 3.ª-Pluralismo democrático y acceso a los medios de comunicación.
Artículo 24.
La disposición de espacios en RCE, RNE y TVE se concretará de modo que accedan a estos medios de comunicación los grupos sociales y políticos más significativos. A tal fin, el Consejo de Administración, de acuerdo con el Director general, en el ejercicio de sus respectivas competencias, tendrán en cuenta criterios objetivos, tales como representación parlamentaria, implantación sindical, ámbito territorial de actuación y otros similares.

Sección 4.ª-Derecho de rectificación.
(Artículo 25.)

Sección 5.ª-Control Parlamentario directo.
Artículo 26.
Se constituirá una Comisión Parlamentaria del Congreso de los Diputados de conformidad con lo que disponga el Reglamento de la Cámara. Esta Comisión ejercerá el control de la actuación de RNE, RCE y TVE de tal modo que no impida el funcionamiento de los medios.

CAPITULO V.-Presupuestos y financiación.
Artículo 27.
El presupuesto del Ente público RTVE se ajustará a lo previsto en la Ley General Presupuestaria, sin perjuicio de las singularidades previstas en este Estatuto.

Artículo 28.
1. RNE, RCE y TVE tendrán presupuestos separados, que adjuntos a los Presupuestos Generales del Estado serán objeto de aprobación por las Cortes Generales.
2. Las Sociedades filiales a que se refiere el artículo 20 del presente Estatuto estarán sujetas a igual régimen presupuestario.

Art. 22 Die Regierung kann veranlassen, daß alle offiziellen Veröffentlichungen und Bekanntmachungen, die sie als für das öffentliche Interesse notwendig erachtet, mit einer Angabe ihres Ursprungs ins Programm aufgenommen und ausgestrahlt werden. Aus Gründen der Eile haben diese Veröffentlichungen und Bekanntmachungen sofortige Wirkung, wenn sie durch die eigene Regierung so eingestuft werden.

Zweiter Abschnitt: Wahlkampfzeiten und Wahlkämpfe
Art. 23 Während der Wahlkampfzeiten sind die speziellen Regeln anzuwenden, die die Wahlgesetze vorsehen. Ihre Anwendung und ihre Kontrolle verschiebt sich auf die Zentrale Wahlkommission, die ihren Auftrag über den Verwaltungsrat und den Generaldirektor erfüllt.

Dritter Abschnitt: Demokratischer Pluralismus und Zugang zu den Kommunikationsmedien
Art. 24 Die Zuteilung der Sendezeiten in RCE, RNE und TVE ist auf die Art zu konkretisieren, die ihnen die gesellschaftlich und politisch bedeutendsten Gruppen zuordnet. Zur Erreichung dieses Ziels behält der Verwaltungsrat in Absprache mit dem Generaldirektor bei der Ausübung seiner jeweiligen Kompetenzen objektive Kriterien wie die parlamentarische Repräsentation, die gewerkschaftliche Verwurzelung, den territorialen Geltungsbereich und ähnliche im Gedächtnis.

(Vierter Abschnitt: Gegendarstellungsrecht, Art. 25 ist außer Kraft[11])

Fünfter Abschnitt: Die direkte parlamentarische Kontrolle
Art. 26 Es wird eine Parlamentarische Kommission des Unterhauses geschaffen, in Übereinstimmung mit dem in der Geschäftsordnung dieser Kammer (Anm.: des Unterhauses) Geregelten[12]. Diese Kommission übt die Kontrolle der Handlungen von RNE, RCE und TVE auf eine Art aus, die das Funktionieren der Medien nicht unterbindet.

KAPITEL V: Haushalt und Finanzen
Art. 27 Der Haushalt der öffentlichen Körperschaft RTVE ist aufgrund des im Allgemeinen Haushaltsgesetz Geregelten und unbeschadet der in diesem Statut vorgesehenen Einzelheiten festzulegen.

Art. 28
(I) RNE, RCE und TVE haben getrennte Haushalte, die zusammen mit den allgemeinen Staatshaushalten der Bewilligung durch die Cortes Generales unterliegen.
(II) Die Tochtergesellschaften, auf die sich Artikel 20 dieses Statuts bezieht, sind gleichermaßen Teil des Haushaltssystems.

---

[11] S. die Besprechung des speziellen Gegendarstellungsgesetzes, Ley Orgánica 2/1984, de 26.03.84, reguladora del derecho de rectificación unter D.IV. und die Übersetzung der Norm in diesem Anhang unter E.V.

[12] „Comisión Parlamentaria del Congreso de los Diputados"; vgl. dazu die Resolución de la Presidencia sobre la aplicación de las normas reglamentarias en el funcionamiento de la comisión de contról parlamentario sobre RTVE, de 14.12.1983 (B.O. de las Cortes Generales, Congreso de los Diputados, Serie E núm. 17, de 23.12.1983) – Geschäftsordnung dieser Parlamentskommission zur Beaufsichtigung der RTVE.

Artículo 29.
1. El presupuesto de cada medio y, en su caso, de cada Sociedad filial, se elaborará y gestionará bajo el principio de equilibrio presupuestario.
2. La contabilidad se ajustará a las normas legales aplicables a las Sociedades estatales.

Artículo 30.
1. Se rendirán cuentas periódicamente de la gestión presupuestaria ante la Comisión Parlamentaria a que se refiere el artículo 26 del presente Estatuto.
2. En los términos que establezca su Ley orgánica, el Tribunal de Cuentas informará a la Comisión Parlamentaria sobre la gestión económica y presupuestaria, tanto del Ente público RTVE como de las Sociedades estatales RNE, RCE y TVE y, en su caso, de las Sociedades filiales que se creen.

Artículo 31.
Sin perjuicio del presupuesto del Ente público RTVE y de los presupuestos de las Sociedades anónimas estatales, se establecerá un presupuesto consolidado con el fin de evitar déficit de caja eventuales o definitivos y de permitir su cobertura mediante el superávit de los Organismos y Entidades integradas en este presupuesto consolidado.
Se autoriza, por virtud del presente Estatuto, el régimen de minoración de ingresos respecto del presupuesto del Ente público RTVE.

Artículo 32.
1. El Ente público RTVE se financiará con cargo a los Presupuestos Generales del Estado y mediante los ingresos y rendimientos de las actividades que realice.
2. La financiación de las Sociedades gestoras de los servicios públicos de Radiodifusión y de TVE se realizarán del siguiente modo:
a) RCE, mediante subvenciones consignadas en los Presupuestos Generales del Estado e ingresos comerciales propios.
b) RNE, mediante subvenciones consignadas en los Presupuestos Generales del Estado e ingresos comerciales propios.
c) TVE, mediante subvenciones consignadas en los Presupuestos Generales del Estado, la comercialización y venta de sus productos, una participación limitada en el mercado de la publicidad y, en su caso, mediante una tasa o canon sobre la tenencia de receptores que inicialmente sólo gravará la de los televisores en color.

Artículo 33.
El régimen de contratación de las Sociedades anónimas estatales se sujetará en todo caso al derecho privado, sin excepción en cuanto a los actos separables y al régimen de responsabilidad contractual o aquiliana.

Art. 29
(I) Der Haushalt jeden einzelnen Mediums und gegebenenfalls jeder Tochtergesellschaft ist unter dem Prinzip des haushaltsmäßigen Gleichgewichts auszuarbeiten und zu betreiben.
(II) Die Buchführung ist an die gesetzlichen Normen, die auf staatliche Gesellschaften anzuwenden sind, anzupassen.

Art. 30
(I) Regelmäßig werden Rechnungen des Haushaltsbetriebs der Parlamentskommission vorgelegt, auf die sich Artikel 26 diese Statuts bezieht.
(II) Der Rechnungshof informiert zu den Zeiten, die sein Organgesetz vorschreibt, die Parlamentskommission über den wirtschaftlichen Betrieb und Haushalt sowohl der öffentlichen Körperschaft RTVE als auch ihrer staatlichen Gesellschaften RNE, RCE und TVE und gegebenenfalls der Tochtergesellschaften, die diese gründen.

Art. 31 Unbeschadet des Haushalts der öffentlichen Körperschaft RTVE und der Haushalte der staatlichen Aktiengesellschaften ist ein konsolidierter Haushalt mit dem Ziel zu entwickeln, ein eventuelles oder definitives Kassendefizit zu verhindern und es zu erlauben, seine Deckung durch den Überschuß der Organe und Körperschaften, die in diesen konsolidierten Haushalt integriert sind, zu erreichen.
Aufgrund dieses Statuts wird eine Verringerung der Einnahmen im Haushalt der öffentlichen Körperschaft RTVE zugelassen.

Art. 32
(I) Die öffentliche Körperschaft RTVE finanziert sich zulasten der allgemeinen Staatshaushalte und mittels der Einnahmen und Erträge ihrer Aktivitäten.
(II) Die Finanzierung der Gesellschaften, die die öffentlichen Dienste des Hörfunks und der TVE betreiben, geschieht auf folgende Weise:
a) RCE durch Subventionen, die aus den allgemeinen Staatshaushalten gezahlt werden und aus eigenen wirtschaftlichen Einkünften.
b) RNE durch Subventionen, die aus den allgemeinen Staatshaushalten gezahlt werden und aus eigenen wirtschaftlichen Einkünften.
c) TVE durch Subventionen, die aus den allgemeinen Staatshaushalten gezahlt werden, die Vermarktung und den Verkauf ihrer Produkte, einer begrenzten Teilnahme am Werbemarkt und gegebenenfalls durch ein Entgelt oder eine Gebühr auf den Besitz von Empfangsgeräten, die anfangs nur den Besitz von Farbfernsehgeräten belasten soll.

Art. 33
Der Bereich der Vertragschlüsse der staatlichen Aktiengesellschaften unterfällt in jedem Fall dem Privatrecht, ohne Ausnahme bezüglich abtrennbarer Vertragsteile und der vertraglichen und außervertraglichen Haftung.

CAPITULO VI.-Patrimonio.
Artículo 34.
1. Tanto el patrimonio del Ente público RTVE, como el de las Sociedades de capital íntegramente estatal, tendrán la consideración de dominio público, como patrimonio afecto al servicio público correspondiente y, en su consecuencia, estarán exentos de toda clase de tributos o gravámenes, tanto del Estado u otros Entes públicos como de las Comunidades autónomas u otros Entes locales. No tendrán valor ni efecto jurídico los pactos mediante los cuales se pretenda cambiar el sujeto pasivo del tributo.
2. Aparte de los servicios de contabilidad e intervención del Estado en la gestión económica, y en particular en la contracción de los créditos y en la aprobación de los gastos, el Ente público RTVE, así como las Sociedades estatales, se sujetarán al control del Tribunal de Cuentas, en los términos que establezca su Ley orgánica.
3. Sin perjuicio de las facultades que corresponden al Ministerio de Hacienda, el Inventario General será controlado por el Ente público RTVE.

CAPITULO VII.-Personal.
Artículo 35.
1. Las relaciones laborales en el Ente público RTVE y en las Sociedades estatales a que se refiere el presente Estatuto se regirán por lo dispuesto en la legislación laboral con sujeción al principio de autonomía de las partes.
2. La pertenencia al Consejo de Administración o a las Comisiones Asesoras no generará en ningún caso derechos laborales respecto de RTVE y sus Sociedades.
3. Los funcionarios que se incorporen al Ente público RTVE o a cualquiera de las Sociedades estatales lo harán en situación de destino si perteneciesen a Cuerpos Generales. Si perteneciesen al Cuerpo General de Técnicos de Información y Turismo quedarán también adscritos en situación de destino y los pertenecientes a otros Cuerpos Especiales, salvo los de Intervención y Abogacía del Estado, lo serán en situación de supernumerarios en el Cuerpo general de RTVE, sin perjuicio de las competencias del Consejo de Administración, para solicitar la adscripción de destino o la comisión de servicio de los funcionarios de los Cuerpos Generales o Especiales que estime necesarios para el desarrollo de las tareas encomendadas al Ente público RTVE en este Estatuto.
4. El ingreso en situación de fijo en RTVE y en las Sociedades estatales que se creen sólo podrá realizarse mediante las correspondientes pruebas de admisión establecidas y convocadas por el Director general de RTVE, de acuerdo con el Consejo de Administración.

KAPITEL VI: Vermögen
Art. 34

(I) Sowohl das Vermögen der öffentlichen Körperschaft RTVE als auch das der Gesellschaften mit reinem Staatskapital sind eingestuft als öffentliches Eigentum, wie ein Vermögen, das für den entsprechenden öffentlichen Dienst bestimmt ist und mit der Konsequenz, daß diese Vermögen von jeder Art der Besteuerung oder Belastung sowohl durch den Staat als auch durch andere öffentliche Körperschaften der Autonomieregionen oder andere lokale Körperschaften ausgeschlossen sind.
(II) Neben den Diensten des Rechnungswesens und der staatlichen Eingriffe in den wirtschaftlichen Betrieb, insbesondere in die Kreditaufnahme und die Bewilligung der Ausgaben, unterliegt die öffentliche Körperschaft RTVE ebenso wie die staatlichen Gesellschaften der Kontrolle des Rechnungshofes in den Grenzen, die dessen Organgesetz vorsieht.
(III) Unbeschadet der Befugnisse des Finanzministeriums wird das gesamte Inventar durch die öffentliche Körperschaft RTVE kontrolliert.

KAPITEL VII: Personal
Art. 35

(I) Die arbeitsrechtlichen Beziehungen innerhalb der öffentlichen Körperschaft RTVE und der staatlichen Gesellschaften, auf die sich dieses Gesetz bezieht, regelt sich nach dem in der Arbeitsgesetzgebung Geregelten, in Abhängigkeit vom Prinzip der Vertragsautonomie.
(II) Die Zugehörigkeit zum Verwaltungsrat oder zu den Beiräten bewirkt keinesfalls arbeitsrechtliche Rechte gegenüber RTVE und ihren Gesellschaften.
(III) Die Beamten, die sich der öffentlichen Körperschaft RTVE oder irgendeiner der staatlichen Gesellschaft eingliedern, tun dies unter Verbleib in den Beamtenschaften der Allgemeinen Verwaltung. Wenn sie in der Allgemeinen Beamtenschaft der Techniker des Informations- und Tourismusbereiches bleiben, behalten sie wie auch die Angehörigen anderer spezieller Beamtenschaften ihre Stellung, außer die Beamten der Beamtenschaften der Rechnungshöfe und der Finanzstaatsanwälte[13], die als Beamtenanwärter in ihrer ursprünglichen Beamtenschaft verbleiben.
Unbeschadet der Befugnisse des Verwaltungsrats wird zu diesem Zwecke der Generaldirektor der RTVE zur Lösung der Zuordnung der Stellung oder des Status' der Beamten der Allgemeinen oder speziellen Beamtenschaften, die er zur Entwicklung der in diesem Gesetz der öffentlichen Körperschaft RTVE aufgetragenen Aufgaben für notwendig erachtet, ermächtigt
(IV) Die Übernahme in eine Festanstellung bei RTVE und bei den geschaffenen staatlichen Gesellschaften ist allein durch die entsprechenden Zulassungsprüfungen, die durch den Generaldirektor der RTVE im Einklang mit dem Verwaltungsrat entwickelt und einberufen werden, zu realisieren.

[13] Dies keine Staatsanwälte im Sinne der §§ 141 ff. GVG: Sie sind nicht mit der Strafrechtspflege betraut, sondern sind Anwälte des Staates in fiskalischen Verfahren, z.B. in Amtshaftungssachen.

Artículo 36.
1. Se fomentará especialmente el desarrollo de la formación profesional como sistema de promoción en los distintos Medios del Ente público RTVE, a través del Instituto Oficial de Radio y Televisión.
2. El Gobierno a iniciativa propia o a propuesta de las Comunidades Autónomas, podrá crear con carácter de filial, y en el ámbito del territorio de aquéllas, los correspondientes Institutos oficiales de Radio y Televisión.

Disposiciones adicionales.
1.ª La gestión del servicio público de radiodifusión se realizará también asumiendo la situación actual por las Sociedades privadas a quienes se conceda o prorrogue durante los próximos diez años dicha gestión en los términos que establezca la legislación vigente y los acuerdos internacionales suscritos por España. En todo caso, corresponde al Gobierno la atribución de frecuencias y potencias de conformidad con tales acuerdos.

2.ª
1. Queda suprimido el actual Organismo autónomo RTVE, quedando subrogado el Ente público RTVE, y en cada caso la Sociedad estatal que corresponda en su patrimonio, créditos activos y pasivos, material, presupuestos, subvenciones y dotaciones.
2. Se realizará inventario actualizado de todos los bienes muebles e inmuebles integrados en el patrimonio de RTVE.

3.ª Las Sociedades gestoras de los servicios públicos de Radiodifusión y Televisión podrán emitir obligaciones sin las limitaciones impuestas por el artículo 111 de la Ley de Sociedades Anónimas de 17 de julio de 1951. El régimen de emisión de estas obligaciones se regulará según lo dispuesto en la citada Ley, sin más excepciones que la anteriormente consignada. Ello no obstante, las obligaciones que se emitan por estas Sociedades, podrán ser computadas como títulos públicos a los efectos prevenidos en la Ley Presupuestaria de 4 de enero de 1977, siempre que así lo autorice el Gobierno por Real Decreto.

4.ª En lo que respecta a televisión, RTVE en un principio articulará en la forma prevista en este Estatuto la programación especifica destinada a cada nacionalidad o región de forma complementaria a la programación nacional que se emita por las dos cadenas existentes. Posteriormente, extendida la cobertura técnica de ambas cadenas a todo el territorio español, el Gobierno, en los términos previstos en el artículo segundo del presente Estatuto, autorizará a RTVE a tomar las medidas necesarias para la puesta en funcionamiento de un tercer canal regional para el ámbito territorial de cada Comunidad Autónoma.

Art. 36
(I) Das Instituto Oficial de Radio y Televisión fördert speziell die Entwicklung der Berufsausbildung in einem Beförderungssystem innerhalb der verschiedenen Medien der öffentlichen Körperschaft RTVE.
(II) Die Regierung kann auf eigene Initiative oder auf Vorschlag der Autonomieregionen hin als Tochterunternehmen und in deren Gebiet die entsprechenden Institutos Oficiales de Radio y Televisión gründen.

ZUSATZBESTIMMUNGEN
1.) Der Betrieb des öffentlichen Dienstes Rundfunk geschieht in Anpassung an die aktuelle Situation auch durch die privaten Gesellschaften, denen innerhalb der kommenden 10 Jahre (Anm.: 1981 – 1991) dieser Betrieb nach den Regeln des geltenden Rechts und der durch Spanien unterzeichneten internationalen Verträge übertragen oder verlängert wird.
In jedem Falle obliegt der Regierung die Zuteilung von Frequenzen und Frequenzstärken im Einklang mit diesen Verträgen.

2.)
(I) Der derzeitige Autonome Organismus RTVE ist abgeschafft, als Ersatz entsteht die öffentliche Körperschaft RTVE und in jedem Fall die staatliche Gesellschaft, die ihrem Vermögen, ihren Aktiva und Passiva, ihrem Material, ihrem Haushalt und ihren Subventionen und Ausstattungen entspricht.
(II) Das Inventar aller mobilen und immobilen Güter wird dem Vermögen der RTVE einverleibt.

3.) Die Gesellschaften, die die öffentlichen Dienste Hörfunk und Fernsehen betreiben, können ohne die Begrenzungen des Artikels 111 des Aktiengesetzes Obligationsscheine herausgeben. Die Ausgabe dieser Obligationsscheine bestimmt sich nach dem im genannten (Aktien-)Gesetz Geregelten, ohne weitere Ausnahmen als die oben Genannte. Wenn die Regierung es durch Real Decreto erlaubt, können jedoch die durch diese Gesellschaften herausgegebenen Obligationsscheine als öffentliche Titel mit der im Haushaltsgesetz[14] vorgesehenen Wirkung gezählt werden.

4.) Bezüglich des Fernsehens formuliert RTVE als Prinzip in der in diesem Gesetz vorgesehenen Weise die spezielle Programmgestaltung für jede Nationalität oder Region als Ergänzung zur landesweiten Programmgestaltung , die durch die existierenden Kanäle ausgestrahlt werden. Vorher, nach Ausweitung der technischen Reichweite beider Kanäle auf das ganze spanische Gebiet, ermächtigt die Regierung nach den in Artikel 2 dieses Gesetzes vorgesehenen Regeln die RTVE, die notwendigen Mittel zur Inbetriebnahme eines Dritten Regionalkanals für die Regionalreichweite jeder einzelnen Autonomieregion aufzuwenden.

---

[14] Real Decreto Legislativo 1091/1988, de 23.09.88, por el que se aprueba el texto refundido de la Ley General Presupuestaria; B.O.E. núm. 234, de 29.09.1988, S. 28406, Berichtigung in B.O.E. núm. 275, de 16.11.1988, S. 32596.

5.ª Una vez constituidas legalmente, y con las condiciones que se determinen, las asociaciones de radioyentes y de telespectadores, dos representantes de la mismas designados al efecto formarán parte de los Consejos a que se refiere el artículo noveno de este Estatuto.

6.ª El personal de Radiotelevisión Española y de sus Sociedades que acceda al Consejo de Administración y que, como consecuencia del artículo séptimo, apartado cuatro, de esta Ley, tuviera que abandonar su puesto de trabajo, tendrá garantizada la reserva de plaza y se computará su antigüedad como si se tratara de excedencia forzosa o especial.

7.ª La adscripción administrativa del Ente público RTVE se establecerá por Real Decreto.

(Disposiciones transitorias...)

Disposición final.
Se autoriza al Gobierno, previa audiencia del Consejo de Estado, a dictar las disposiciones reglamentarias precisas para el desarrollo de lo previsto en este Estatuto, sin perjuicio de las facultades reglamentarias autónomas reconocidas en el mismo y de las instrucciones y circulares que el Ente público RTVE pueda dictar para el correcto y coordinado funcionamiento de las Sociedades estatales.

5.) Wenn sie einmal rechtmäßig errichtet wurden unter den Voraussetzungen, die sie bestimmen, entsenden die Verbände der Radiohörer und Fernsehzuschauer zwei ihrer zu diesem Zweck abgestellten Repräsentanten in die Beiräte, auf die sich Artikel 9 dieses Gesetzes bezieht.

6.) Das Personal von RTVE und ihrer Gesellschaften, das zum Verwaltungsrat zugelassen wird und das als Konsequenz des Artikels 7 IV dieses Gesetzes seinen Arbeitsplatz räumen muß, erhält die Garantie der Reservierung des Arbeitsplatzes und ihr Dienstalter wird wie bei einer notwendigen oder speziellen Beurlaubung gezählt.

7.) Die verwaltungsmäßige Erschaffung der öffentlichen Körperschaft RTVE ist durch Königliches Dekret zu entwickeln.

(Übergangsbestimmungen...)

SCHLUßBESTIMMUNG:
Die Regierung ist befugt, nach Anhörung des Staatsrats die rechtmäßigen konkreten Bestimmungen zur Entwicklung des in diesem Gesetz Vorgesehenen zu erlassen, unbeschadet der rechtmäßigen Autonomiebefugnisse, die in demselben zugestanden werden und unbeschadet der Anweisungen und Rundschreiben, die die öffentliche Körperschaft RTVE zum korrekten und koordinierten Funktionieren der staatlichen Gesellschaften erlassen kann.

VIII. DIE LTC: LEY 46/1983 ZUR REGELUNG DES DRITTEN FERNSEHKANALS

(Ley 46/1983, de 26.12.83, reguladora del Tercer Canal de Televisión)
(B.O.E. núm. 4, de 05.01.1984, S. 274)

CAPITULO I.-Principios generales de la concesión.

Artículo 1.
Se autoriza al Gobierno para que tome las medidas necesarias para la puesta en funcionamiento de un tercer canal de televisión de titularidad estatal y para otorgarlo, en régimen de concesión, en el ámbito territorial de cada Comunidad Autónoma, previa solicitud de los órganos de gobierno de éstas, y en los términos previstos en los respectivos Estatutos de Autonomía, en el Estatuto de la Radio y la Televisión, en sus disposiciones complementarias de orden técnico y en la presente Ley.

Artículo 2.
El Estado proporcionará a cada Comunidad Autónoma la infraestructura técnica de una red para la difusión del tercer canal.
A tal fin, se pondrá en funcionamiento la red de emisiones, enlaces y reemisores que garanticen la cobertura del territorio afectado, salvaguardando el respeto a las obligaciones derivadas de los acuerdos, convenios internacionales y resoluciones y directrices de órganos internacionales a los cuales España pertenece.

Artículo 3.
El Gobierno, en el plazo de seis meses desde la entrada en vigor de la presente Ley, aprobará un Plan Nacional de cobertura para el tercer canal, cuyo ritmo de ejecución se efectuará en función de la fecha de publicación de los Estatutos de las Comunidades Autónomas que lo soliciten.
Asimismo propondrá a las Cortes Generales las dotaciones presupuestarias que posibiliten la realización de las instalaciones y explotación a que se refiere el párr. 2 del art. 2.° de la presente Ley.
La red del tercer canal deberá explotarse de acuerdo con las necesidades y horarios fijados por el Organismo de gestión del tercer canal de Televisión de la Comunidad Autónoma correspondiente.

Artículo 4. El Organismo de gestión del tercer canal de cada Comunidad Autónoma vendrá obligado a satisfacer, al vencimiento de cada año, un canon por la utilización de la red, cuya cuantía se calculará de forma tal que absorba los costes de mantenimiento, explotación y amortización de los equipos y parte proporcional de la infraestructura de la misma.

VIII. DIE LTC: LEY 46/1983 ZUR REGELUNG DES DRITTEN FERNSEHKANALS

(Ley 46/1983, de 26.12.83, reguladora del Tercer Canal de Televisión)
(B.O.E. núm. 4, de 05.01.84, S. 274)

KAPITEL EINS: Allgemeine Prinzipien der Zulassung

Art. 1 Die Regierung ist befugt, die notwendigen Maßnahmen zu ergreifen, um das Funktionieren eines Dritten Fernsehkanals in staatlicher Trägerschaft sicherzustellen und zu genehmigen, dies im Rahmen eines Konzessionsverfahrens auf dem Gebiet jeder Autonomieregion nach vorherigem Antrag der Regierungsorgane derselben, und in den Grenzen, die in den jeweiligen Autonomiestatuten, im Estatuto de la Radio y la Televisión (ERTV), dessen technischen Ergänzungsnormen und im vorliegenden Gesetz enthalten sind.

Art.2
(I) Der Staat verschafft jeder Autonomieregion die technische Infrastruktur eines Sendenetzes für die Ausstrahlung eines Dritten Fernsehkanals.
(II) Zu diesem Zweck ist ein Netz von Sendern, Verbindungen und Wiedergabestationen in Betrieb zu nehmen, die die Reichweite über das betroffene Gebiet garantieren, unter Respektierung der Verpflichtungen, die sich aus internationalen Vereinbarungen und Verträgen und Beschlüssen und Richtlinien internationaler Organe, denen Spanien angehört, ergeben.

Art. 3
(I) Die Regierung erläßt innerhalb einer Frist von sechs Monaten nach Inkrafttreten dieses Gesetzes den „Plan Nacional de cobertura para el tercer canal“ (Nationaler Reichweiteplan für den Dritten Kanal)[15], dessen Ausführungszeit sich nach dem Veröffentlichungsdatum der Autonomiestatute der Autonomieregionen, die dies wünschen, bestimmt.
(II) Gleichermaßen schlägt sie den Cortes Generales die haushaltsmäßigen Ausstattungen vor, die die Umsetzung der Errichtungen und des Betriebs, auf die sich Artikel 2 II dieses Gesetzes bezieht, ermöglichen.
(III) Das Sendenetz des Dritten Kanals muß im Einklang mit den Notwendigkeiten und Sendezeiten, die durch den Betriebsorganismus des Dritten Fernsehkanals der entsprechenden Autonomieregion festgelegt werden, genutzt werden.

Art. 4 Der Betriebsorganismus des Dritten Kanals jeder Autonomieregion ist verpflichtet, nach Fälligkeit jedes Jahres eine Gebühr für die Benutzung des Netzes zu bezahlen, deren Höhe so berechnet wird, daß sie die Kosten der Erhaltung, der Nutzung und der Tilgung der Ausrüstung und einen Anteil der Infrastruktur derselben abdeckt.

---

[15] S. Absatz 3 lit c.) des Real Decreto 1362/1988, de 11.11.88, por el que se aprueba el Plan Técnico Nacional de la Televisión Privada; B.O.E. núm 275, de 16.11.1988, S. 32599, Berichtigung in B.O.E. núm. 288, de 01.12.1988, S. 34029.

Artículo 5.
La actividad de los terceros canales de televisión regulados en la presente Ley se inspirará en los siguientes principios:
a) La objetividad, veracidad e imparcialidad de las informaciones.
b) La separación entre informaciones y opiniones, la identificación de quienes sustenten estas últimas y su libre expresión con los límites del apartado cuarto del art. 20 de la Constitución.
c) El respeto al pluralismo político, religioso, social, cultural y lingüístico.
d) El respeto al honor, la fama, la vida privada de las personas y cuantos derechos y libertades reconoce la Constitución.
e) La protección de la juventud y la infancia.
f) El respeto a los valores de igualdad recogidos en el art. 14 de la Constitución.

Artículo 6.
La concesión del tercer canal faculta a la Comunidad Autónoma para la libre fijación del horario de utilización de la red, sin más limitaciones que las que se derivan de la presente Ley y de las normas con rango de Ley que, dentro de sus competencias, puedan establecer las Comunidades Autónomas.
La gestión que se concede no podrá ser transferida, bajo ninguna forma, total o parcialmente, a terceros, correspondiendo directa e íntegramente el desarrollo de la organización, ejecución y emisión del tercer canal a la Sociedad anónima constituida al efecto en cada Comunidad Autónoma.

Artículo 7.
Con carácter previo a la concesión, y sin perjuicio de la actividad encomendada a las Comisiones mixtas, la Comunidad Autónoma solicitante regulará mediante Ley la organización y el control parlamentario del tercer canal de acuerdo con las previsiones de la Ley 4/1980.

CAPITULO II.-La gestión.
Artículo 8.
La gestión del tercer canal de televisión se regirá por lo dispuesto en el Estatuto de la Radio y la Televisión, en la presente Ley y demás del Estado y de las Comunidades Autónomas que por razón de la materia sean de aplicación.

Artículo 9. La gestión mercantil del servicio público de televisión del tercer canal se realizará por una Sociedad anónima.
El capital de la Sociedad a que se refiere el apartado anterior y de las Sociedades filiales que, en su caso, se constituyan, será público en su totalidad suscrito íntegramente por la Comunidad Autónoma y no podrá enajenarse, hipotecarse, gravarse, pignorarse o cederse en cualquier forma onerosa o gratuita. Dicha Sociedad se regirá por el Derecho privado, sin más excepciones que las previstas en la legislación vigente.

Art. 5 Die Aktivität der Dritten Fernsehkanäle, die in diesem Gesetz geregelt werden, orientiert sich an den folgenden Prinzipien:

a) Die Objektivität, die Wahrhaftigkeit und Unparteilichkeit der Informationen.
b) Die Trennung zwischen Information und Meinung, die Identifizierung, von wem letztere (Meinung) stammt, und ihr freier Ausdruck innerhalb der Grenzen des Artikels 20.IV der Verfassung.
c) Der Respekt des politischen, religiösen, sozialen, kulturellen und sprachlichen Pluralismus.
d) Der Respekt der Ehre, des Rufs, des Privatlebens der Personen und der Rechte und Freiheiten, die die Verfassung kennt.
e) Der Schutz der Jugend und der Kindheit.
f) Der Respekt der Gleichheitsgrundrechte des Artikels 14 der Verfassung.

Art. 6

(I) Die Konzession des Dritten Kanals berechtigt die Autonomieregion zur freien Festsetzung der Nutzungszeiten des Netzes, ohne weitere Begrenzungen als die, die dem vorliegenden Gesetz entspringen und den Normen mit Gesetzesrang, die innerhalb ihrer Kompetenzen von den Autonomieregionen erlassen werden können.

(II) Der zugelassene Betrieb darf in keiner Form ganz oder teilweise auf Dritte übertragen werden, die Entwicklung der Organisation, Ausübung und Ausstrahlung des Dritten Kanals obliegt direkt und vollständig der Aktiengesellschaft, die zu diesem Zweck in jeder einzelnen Autonomieregion gegründet wird.

Art. 7 Vor Erlaß der Konzession und unbeschadet der den Mischkommissionen[16] aufgegebenen Aktivität, regelt die antragstellende Autonomieregion durch Gesetz die Organisation und parlamentarische Kontrolle des Drittel Kanals im Einklang mit den Vorschriften der Ley 4/1980 (Anm.: ERTV).

KAPITEL ZWEI: Der Betrieb

Art. 8 Der Betrieb des Dritten Fernsehkanals bestimmt sich nach den Regeln des Estatuto de la Radio y la Televisión (ERTV), dieses Gesetzes und den weiteren Gesetzen des Staates und der Autonomieregionen, die in der Materie anwendbar sind.

Art. 9

(I) Der marktmäßige Betrieb des öffentlichen Dienstes des Dritten Kanals wird durch eine Aktiengesellschaft durchgeführt.

(II) Das Kapital der Gesellschaft, auf die sich der vorige Absatz bezieht, und das der Tochtergesellschaften, die sich eventuell bilden, ist öffentlich und vollständig von der Autonomieregion gegenzuzeichnen, und es kann nicht in irgendeiner kostenpflichtigen oder nicht kostenpflichtigen Form enteignet, mit einer Hypothek belastet, besteuert, verpfändet oder abgetreten werden. Die genannte Gesellschaft wird durch das Privatrecht bestimmt, ohne weitere Ausnahmen als die im geltenden Recht Vorgesehenen.

---

[16] S. zu den Mischkommissionen die Übergangsbestimmung der LTC.

Se aplicará a los cargos directivos de los órganos de gobierno y de las Sociedades de explotación del tercer canal el mismo régimen de incompatibilidades que, para RTVE y sus Sociedades, prevé el art. 7.° de la Ley 4/1980.

Artículo 10.
El ejercicio de la gestión directa concedido por la presente Ley incluirá la propiedad, financiación y explotación de instalaciones de producción de programas, comercialización y venta de sus productos y actividades de obtención de recursos mediante publicidad, así como cualquiera otra actividad patrimonial, presupuestaria, financiera o comercial.

CAPITULO III.-Programación y control.
Artículo 11.
Las normas técnicas de grabación, transmisión y calidad del tercer canal se ajustarán a las que se establezcan para el territorio español por los Organismos competentes de la Administración del Estado en materia de radio y televisión.

Artículo 12.
El Ente Público Radiotelevisión Española y cada Organismo autónomo creado para la gestión del servicio público del tercer canal, así como estos Organismos autonómicos entre sí, podrán establecer convenios sobre conexiones de las emisiones entre las diferentes cadenas y sobre la recepción de los servicios internacionales de noticias y transmisiones, así como para el intercambio de programas y servicios.
Igualmente y con los Organismos citados que lo deseen, podrán suscribirse convenios de cesión temporal de medios y servicios del Ente Público RTVE, previo acuerdo con éste y tras el establecimiento y abono del canon correspondiente, que será fijado por acuerdo entre ambos Organismos de televisión.

Artículo 13.
El Gobierno podrá hacer que se difunda cuantas declaraciones o comunicaciones oficiales de interés público estimen necesarias, con indicación de su origen, las cuales se expresarán en castellano y en la otra lengua oficial de la Comunidad Autónoma correspondiente. Por razones de urgencia apreciadas por el propio Gobierno, estos comunicados y declaraciones tendrán efecto inmediato.

Artículo 14.
Durante las campañas electorales se aplicará el régimen especial que prevean las normas electorales. Su aplicación y su control se defieren a la Junta Electoral que corresponda.

(III) Auf die Verwaltungsämter der Leitungsorgane und der Gesellschaften, die den Dritten Kanal ausüben, sind dieselben Inkompatibilitätsregeln anzuwenden, die für RTVE und ihre Gesellschaften im Artikel 7 IV der Ley 4/1980 (ERTV) vorgesehen sind.

Art. 10 Die Ausübung des direkten Betriebs, der durch dieses Gesetz zugestanden wird, schließt das Eigentum, die Finanzierung und die Nutzung der Einrichtungen der Programmproduktion, die Kommerzialisierung und den Verkauf ihrer Produkte und Aktivitäten des Mittelerwerbs mittels Werbung, ebenso wie jede andere Sponsoring-, Haushalts-, Finanz- oder Kommerz-Aktivität mit ein.

KAPITEL DREI: Programm und Kontrolle

Art. 11 Die technischen Normen der Aufzeichnung, Übertragung und Qualität des Dritten Kanals sind an die anzupassen, die für das spanische Gebiet durch die zuständigen Verwaltungsorgane des Staates in der Materie Radio und Fernsehen erlassen werden.

Art. 12
(I) Die öffentliche Körperschaft RTVE und jeder Organismus der Autonomieregionen, der für den Betrieb des öffentlichen Dienstes des Dritten Kanals erschaffen wurde, und auch diese Organismen der Autonomieregionen untereinander können Abkommen über Verbindungen der Sendungen zwischen den verschiedenen Programmen und über die Übernahme der internationalen Nachrichtendienste und Übertragungen, ebenso wie für den Austausch von Programmen und Diensten schließen
(II) Gleichermaßen und mit den genannten Organismen, die dies wünschen, können Übereinkommen über die zeitweilige Übertragung von Medien und Diensten der öffentlichen Körperschaft RTVE geschlossen werden, dies nach vorheriger Absprache mit dieser und durch die Entwicklung und Zahlung der entsprechenden Gebühr, die durch Beschluß zwischen beiden Fernseh-Organismen festzulegen ist.

Art. 13 Die Regierung kann veranlassen, daß alle offiziellen Veröffentlichungen und Bekanntmachungen, die sie als für das öffentliche Interesse notwendig erachtet, mit einer Angabe ihres Ursprungs ausgestrahlt werden, und zwar auf Kastilisch und in der anderen offiziellen Sprache der jeweiligen Autonomieregion. Aus Gründen der Eile haben diese Veröffentlichungen und Bekanntmachungen sofortige Wirkung, wenn sie durch die eigene Regierung so eingestuft werden.

Art. 14 Während der Wahlkampfzeiten sind die speziellen Regeln anzuwenden, die die Wahlgesetze vorsehen. Ihre Anwendung und ihre Kontrolle verschiebt sich auf die Zentrale Wahlkommission, die deren Auftrag über den Verwaltungsrat und den Generaldirektor erfüllt.

Artículo 15.
1. Con el fin de ordenar la concurrencia entre las distintas sociedades de gestión del servicio público de televisión en la adquisición de programas en el exterior, se podrá constituir por el Gobierno una Comisión coordinadora, compuesta por representantes de todas las sociedades concesionarias del tercer canal y del ente público Radio Televisión Española. Dicha comisión conocerá las condiciones de adquisición de programas, ordenando y resolviendo los posibles conflictos, en la forma y con los efevtos que reglamentariamente se determinen.
2. Cuando existe concurrencia para la adquisición de un mismo programa entre una sociedad concesionaria de un tercer canal, de und Comunidad Autónoma con lengua propia y el ente público Radio Televisión Española, aquélla podrá, en cualquier caso, adquirir al mismo programa para emisión exklusivamente an la lengua propia de la Comunidad.

Artículo 16.
1. Las Sociedades concesionarias del tercer canal no podrán adquirir en exclusiva programas que impidan su proyección en un ámbito territorial distinto del de su propia Comunidad.
2. Las Sociedades concesionarias del tercer canal no podrán contratar en exclusiva la retransmisión de acontecimientos de interés nacional o la retransmisión en directo de acontecimientos deportivos de ámbito internacional.

CAPITULO IV.-Presupuesto y financiación.
Artículo 17.
El Presupuesto del tercer canal se ajustará a lo previsto en la normativa general presupuestaria, sin perjuicio de las singularidades previstas en esta Ley.
La financiación del funcionamiento efectivo del tercer canal de Televisión se hará mediante subvenciones consignadas en los presupuestos de las Comunidades Autónomas, la comercialización y venta de sus productos y la participación en el mercado de la publicidad.

Artículo 18.
Las Sociedades gestoras del tercer canal gozarán del mismo trato arancelario y fiscal que la legislación vigente otorgue al Ente Público Radiotelevisión Española.

Disposiciones adicionales.
1.ª La emisión y transmisión de señales del tercer canal de televisión se efectuará a través de ondas, conforme a lo dispuesto en el art. 2.° números 2 y 4 de la Ley 4/1980, de 10 enero (reiterada), quedando reservado en exclusiva a RTVE para todo el territorio español los sistemas de emisión y transmisión mediante cable, satélite o cualquier otro procedimiento de difusión destinado mediata o inmediatamente al público.

Art. 15
(I) Durch die Regierung kann eine Koordinations-Kommission („Comisión coordinatora“) gegründet werden mit dem Ziel, den Wettbewerb zwischen den verschiedenen Betriebsgesellschaften des öffentlichen Dienstes Fernsehen bei dem äußeren Erwerb von Programmen zu ordnen, welche aus Repräsentanten aller konzessionierten Gesellschaften des Dritten Kanals und der öffentlichen Körperschaft RTVE zusammengesetzt ist. Diese Kommission kennt die Bedingungen des Programmerwerbs und ordnet und löst die möglichen Konflikte in der Form und mit den Wirkungen, die vorschriftsmäßig festgelegt werden.
(II) Wenn eine Konkurrenzsituation bezüglich des Erwerbs desselben Programms zwischen einer konzessionierten Gesellschaft eines Dritten Kanals einer Autonomieregion mit eigener Sprache und der öffentlichen Körperschaft RTVE besteht, dann kann jene in jedem Falle das Programm zur ausschließlichen Ausstrahlung in der der Region eigenen Sprache erwerben.

Art. 16
(I) Die konzessionierten Gesellschaften des Dritten Kanals können nicht auf Exklusivbasis Programme erwerben, die ihre Ausstrahlung in einem anderen Gebiet als der eigenen Autonomieregion verhindert.
(II) Die konzessionierten Gesellschaften des Dritten Kanals können nicht auf Exklusivbasis die Übertragung von Ereignissen nationalen Interesses oder die Liveübertragung von internationalen Sportereignissen erwerben.

KAPITEL IV: Haushalt und Finanzierung

Art. 17
(I) Unbeschadet der in diesem Gesetz vorgesehenen Einzelheiten muß sich der Haushalt des Dritten Kanals an der generellen Haushaltsgesetzgebung[17] orientieren.
(II) Die Finanzierung des effektiven Funktionierens des Dritten Fernsehkanals gestaltet sich durch Subventionen aus den Haushalten der Autonomieregionen, aus der Kommerzialisierung und dem Verkauf ihrer Produkte und aus der Teilnahme am Werbemarkt.
Art. 18 Die Gesellschaften, die den Dritten Kanal betreiben, genießen dieselbe tarifliche und fiskalische Behandlung, die das geltende Recht der öffentlichen Körperschaft RTVE gewährt.

ZUSATZBESTIMMUNGEN

1.) Die Ausstrahlung und Übertragung von Sendesignalen des Dritten Fernsehkanals wird mittels Wellen im Einklang mit Artikel 2 II und IV der Ley 4/1980, de 10.01.80 (Anm.: ERTV) durchgeführt, wobei exklusiv für RTVE für das ganze spanische Territorium die Sende- und Übertragungssysteme via Kabel, Satellit oder jedwedem anderen Ausstrahlungsverfahren, das direkt oder indirekt für das Publikum bestimmt ist, reserviert bleiben.

[17] Vgl. das Allgemeine Haushaltsgesetz, Real Decreto Legislativo 1091/1988, de 23.09.88, por el que se aprueba el texto refundido de la Ley General Presupuestaria; B.O.E. núm. 234, de 29.09.1988, S. 28406, Berichtigung in B.O.E. núm. 275, de 16.11.1988, S. 32596.

2.ª La atribución y asignación de frecuencias, potencias y emplazamientos de las instalaciones radioeléctricas del tercer canal se entenderán sometidos a las normas que establezcan las disposiciones nacionales e internacionales que en cada momento puedan obligar a la Administración española y a los sucesivos Planes Técnicos Nacionales de Televisión. En este sentido para obtener los más altos rendimientos de las frecuencias otorgadas al Estado, el Gobierno podrá disponer la modificación de las frecuencias, potencias, emplazamientos y demás características técnicas del tercer canal, sin perjuicio del normal funcionamiento de la concesión.

3.ª Los órganos del Gobierno y las Sociedades de gestión del tercer canal de Televisión quedan sometidos al cumplimiento de las Leyes y demás disposiciones de protección a la industria nacional.

4.ª Las cuestiones litigiosas que surjan con motivo de las concesiones del tercer canal, reguladas en la presente Ley, se resolverán en vía administrativa, y, en su caso, en la contencioso-administrativa.

5.ª Siendo de la exclusiva competencia del Gobierno español la representación del Estado en los Organismos intergubernamentales internacionales, las Sociedades concesionarias del tercer canal que lo soliciten al Gobierno podrán participar en las organizaciones profesionales internacionales de Radio y Televisión. A tal efecto, el Gobierno regulará por Real Decreto la coordinación de todos los Organismos de Televisión existentes, en orden a su participación en las organizaciones profesionales internacionales de Radio y Televisión.

6.ª Los Gobiernos de las Comunidades Autónomas solicitarán la concesión de la gestión directa del tercer canal de Televisión ante el Gobierno, quien la concederá, mediante Real Decreto, ordenando que se desarrollen las acciones necesarias para la puesta en funcionamiento del mismo. El Real Decreto de concesión se ajustará a las disposiciones de esta Ley, y a las previsiones, que, en su caso, establecen los respectivos Estatutos de Autonomía.

7.ª Las Comunidades Autónomas podrán celebrar convenios de colaboración para permitir la emisión de uno o varios programas de su televisión autonómica en el ámbito geográfico de otras, siempre que los espacios radioeléctricos correspondientes a sus ámbitos territoriales sean colindantes y que utilicen las frecuencias que tengan asignadas por el Ministerio de Fomento.

Disposición transitoria.

Cumplidos los requisitos fijados en el art. 3.º y en la disposición adicional sexta, se constituirá una Comisión Mixta, compuesta por cuatro miembros del Ente Público de Radiotelevisión Española y otros cuatro de la correspondiente Sociedad gestora del tercer canal. Dicha Comisión Mixta tendrá como funciones la de fijar los ritmos de establecimiento de cada red, así como resolver cuantos problemas técnicos relacionados con la gestión directa, pública o mercantil del tercer canal se susciten en los términos de la presente Ley.

Disposición Final.

Queda autorizado el Gobierno a dictar las disposiciones reglamentariamente precisas para el desarrollo, dentro de sus competencias, de lo previsto en esta Ley.

2.) Die Übertragung und Zuweisung von Frequenzen, Frequenzstärken und Standorten der radioelektrischen Einrichtungen des Dritten Kanals verstehen sich als gebunden an die Normen, die die nationalen und internationalen Regeln entwickeln, und die jederzeit die spanische Verwaltung und die nachfolgenden nationalen Fernsehpläne („Planes Técnicos Nacionales de Televisión") verpflichten können. In diesem Sinne kann die Regierung unbeschadet des normalen Funktionierens der Zulassung die Änderung der Frequenzen, Frequenzstärken, Standorte und der anderen technischen Charakteristika des Dritten Kanals anordnen, um die höchsten Leistungen der dem Staat zugeteilten Frequenzen zu erzielen.
3.) Die Regierungsorgane und die Betriebsgesellschaften des Dritten Fernsehkanals sind an die Erfüllung der Gesetze und der weiteren Normen zum Schutz der nationalen Industrie gebunden.
4.) Die strittigen Fragen, die im Rahmen der in diesem Gesetz geregelten Konzessionen des Dritten Kanals auftauchen, sind auf dem Verwaltungswege und gegebenenfalls auf dem Verwaltungsrechtswege zu lösen.
5.) Es bleibt die ausschließliche Kompetenz der spanischen Regierung, den Staat vor den internationalen Organismen zu vertreten, jedoch können die konzessionierten Gesellschaften des Dritten Kanals, die dies von der Regierung wünschen, bei den internationalen Berufsorganisationen für Radio und Fernsehen teilnehmen.
Dazu regelt die Regierung durch Real Decreto (Rechtsverordnung) die Koordination aller existierenden Organismen des Fernsehens, für ihre Teilnahme an den internationalen Berufsorganisationen für Radio und Fernsehen.
6.) Die Regierungen der Autonomieregionen beantragen die Konzession für den direkten Betrieb des Dritten Fernsehkanals bei der Regierung, die diese durch Real Decreto erteilt und anordnet, daß die für das Funktionieren derselben notwenigen Aktivitäten entfaltet werden. Das Real Decreto der Konzession richtet sich nach den Regeln dieses Gesetzes und gegebenenfalls nach den in den Autonomiestatuten Vorgesehenen.
7.) Die Autonomieregionen können Zusammenarbeitsabkommen abschließen, um die Ausstrahlung eines oder verschiedener Programme ihres autonomen Fernsehens auf dem Gebiet anderer Autonomieregionen zu ermöglichen, immer wenn die radioelektrischen Frequenzspektren, die ihren Gebieten entsprechen, benachbart sind und die Frequenzen benutzt werden, die ihnen durch das Ministerio de Fomento zugeteilt wurden.

ÜBERGANGSBESTIMMUNG
Wenn die Anforderungen des Artikels 3 und der 6. Zusatzbestimmung erfüllt sind, versammelt sich eine Mischkommission, die aus vier Mitgliedern der öffentlichen Körperschaft RTVE und weiteren vier der jeweiligen Betriebsgesellschaft des Dritten Kanals zusammengesetzt ist. Diese Mischkommission hat die Festlegung der Ausführungszeit jeden Netzes und die Lösung aller technischen Probleme, die der direkte öffentlich Betrieb oder der marktmäßige Betrieb des Dritten Kanals nach den Worten dieses Gesetzen verursacht, zur Aufgabe.

SCHLUßBESTIMMUNG
Die Regierung ist befugt, regelmäßig die genauen Normen für die Entwicklung des in diesem Gesetz Vorgesehenen innerhalb ihrer Kompetenzen zu erlassen.

VIII.A. ANHANG ZU LEY 46/1983:

Disposición Adicional Primera (de la Ley 22/1999, de 07.06.99)
(B.O.E. núm. 136, de 08.06.99, S. 21765)

Las referencias efectuadas a un tercer canal de televisión en la Ley 46/1983, de 26 de diciembre, se entenderán aplicables a un máximo de hasta dos canales de televisión por Comunidad Autónoma, en función de las disponibilidades de espectro radioeléctrico, de acuerdo con lo establecido por el Plan Nacional de Televisión Digital Terrenal, aprobado por el Real Decreto 2169/1998, de 9 de octubre.

VIII.A. ANHANG ZU LEY 46/1983:

Erste Zusatzbestimmung der Ley 22/1999, de 07.06.1999
(B.O.E. núm. 136, de 08.06.99, S. 21765)

Die Angaben, die in der Ley 46/1983, de 26.12.83 (LTC) gemacht werden, sind so zu verstehen, daß sie sich auf ein Maximum von bis zu zwei Fernsehkanälen pro Autonomieregion beziehen, in Ausübung der Verfügbarkeiten des radioelektrischen Frequenzspektrums und im Einklang mit dem im Plan Nacional de Televisión Digital Terrenal Geregelten, der durch das Real Decreto 2169/1988, de 09.10.88, erlassen wurde.

VIII.B. ZU BEACHTEN SIND ZUSÄTZLICH NEBEN DER LTC DIE GESETZE DER AUTONOMIEREGIONEN ZUR ERRICHTUNG DES DRITTEN KANALS:

Im Baskenland: Ley de la Comunidad Autónoma del País Vasco 5/1982, de 20.05.82, de creación del Ente Público „Radiotelevisión Vasca"; B.O.P.V. núm. 71, de 02.06.1982;
In Katalonien: Ley de la Comunidad Autónoma de Cataluña 10/1983, de 10.05.83, de creación del Ente Público „Corporación Catalana de Radio y Televisión"; B.O.E. núm. 160, de 06.07.1983, S. 18912;
In Galizien: Ley de la Comunidad Autónoma de Galicia 9/1984, de 11.07.84, de creación de la Compañía de Radiotelevisión de Galicia; B.O.E. núm. 139, de 11.06.1985, S. 17745;
In Andalusien: Ley de la Comunidad Autónoma de Andalucía 8/1987, de 09.12.87, de creación de la Empresa pública de la Radio y la Televisión de Andalucía y regulación de los servicios gestionados por la Junta de Andalucía; B.O.E. núm. 14, de 16.01.1988, S. 1593;
In Murcia: Ley de la Comunidad Autónoma de la Región de Murcia 7/1994, de 17.11.94, por la que se extingue Radio Televisión Murciana y se regula el Servicio Público de Radiodifusión de la Región de Murcia, su organización y control parlamentario; B.O.E. núm. 31, de 06.02.1995, S. 3647.
In Valencia: Ley de la Comunidad Valenciana 7/1984, de 04.07.84, de creación de la Entidad pública „Radiotelevisión Valenciana" y regulación de los servicios de la Generalidad Valenciana; B.O.E. núm. 213, de 05.09.1984, S. 25739;
In Aragon: Ley de la Comunidad Autónoma de Aragón 8/1987, de 15.04.87, de creación, organización y control parlamentario de la Corporación Aragonesa de Radio y Televisión; B.O.E. núm. 107, de 05.05.1987, S. 12986;
Auf den kanarischen Inseln: Ley de la Comunidad Autónoma de Canarias 8/1984, de 11.12.84, de régimen de los servicios dependientes de la Comunidad Autónoma de Canarias y participación de la misma en RTVE; B.O.E. núm. 43, de 19.02.1985, S. 4267;
In Navarra: Ley Foral 16/1985, de 27.09.85, de creación, organización y control parlamentario del Ente público Radiotelevisión navarra; B.O.E. núm. 28, de 01.02.1986, S. 4553;
Auf den Balearen: Ley de la Comunidad Autónoma de las Islas Baleares 7/1985, de 22.05.85, de creación de la Compañía de Radiotelevisión de las Islas Baleares; B.O.E. núm. 213, de 05.09.1985, S. 28145;
In Madrid: Ley de la Comunidad Autónoma de Madrid 13/1984, de 30.06.84, de creación, organización y control parlamentario del Ente público de Radiodifusión y Televisión de Madrid; B.O.E. núm. 181, de 30.07.1984, S. 22226.

IX. DIE LTP: LEY 10/1988, DAS PRIVATFERNSEHGESETZ

(Ley 10/1988, de 03.05.88, de Televisión Privada)
(B.O.E. núm. 108, de 05.05.1988, S. 13666)
(Preámbulo...)

CAPITULO PRIMERO Disposiciones generales
Artículo 1.
Es objeto de la presente Ley regular la gestión indirecta del servicio público esencial de la televisión, cuya titularidad corresponde al Estado.

Artículo 2.
La gestión indirecta del servicio público de la televisión se realizará por sociedades anónimas, en régimen de concesión administrativa, conforme a lo previsto por la presente Ley.

Artículo 3.
La gestión indirecta por parte de las Sociedades concesionarias se inspirará en los principios expresados en el artículo 4.º de la Ley 4/1980, de 10 de enero, de Estatuto de la Radio y la Televisión.

Artículo 4.
1. El objeto de la concesión administrativa será la emisión de programas con una cobertura nacional.
2. La concesión deberá, asimismo, prever la emisión de programas para cada una de las zonas territoriales que se delimiten en el Plan Técnico Nacional de la Televisión Privada.
3. El número de las concesiones será de tres.

Artículo 5.
1. El Plan Técnico Nacional de la Televisión Privada será aprobado, mediante Real Decreto, por el Gobierno.
2. El Plan Técnico Nacional de la Televisión Privada comprenderá la regulación de las condiciones de carácter técnico que sean necesarias para garantizar la adecuada prestación del servicio y, entre ellas, las siguientes:
a) Sistemas de transporte y difusión de señales previstos para la prestación del servicio por parte de las sociedades concesionarias.
b) Bandas, canales, frecuencias y potencias reservadas para la emisión de los programas de tales sociedades, así como emplazamientos y diagramas de radiación de los centros emisores y reemisores.
c) La delimitación de las zonas territoriales a que se refiere el artículo anterior.

Artículo 6.
1. Las concesiones se entenderán sometidas, a efectos exclusivos de la emisión y transporte de las señales, a las eventuales modificaciones de las condiciones técnicas contenidas en el Plan Técnico Nacional de la Televisión.

IX. DIE LTP: LEY 10/1988, DAS PRIVATFERNSEHGESETZ

(Ley 10/1988, de 03.05.88, de Televisión Privada)
(B.O.E. núm. 108, de 05.05.1988, S. 13666)
(Präambel...)

KAPITEL EINS: Allgemeine Bestimmungen
Art. 1 Objekt des vorliegenden Gesetzes ist die Regelung des indirekten Betriebs des wesentlichen öffentlichen Dienstes Fernsehen, dessen Rechtsinhaberschaft der Staat innehat.

Art. 2 Der indirekte Betrieb des öffentlichen Dienstes Fernsehen wird durch Aktiengesellschaften im Rahmen einer Verwaltungskonzession im Einklang mit dem in diesem Gesetz Vorgesehenen betrieben.

Art. 3 Der indirekte Betrieb durch die konzessionierten Gesellschaften hat die Prinzipien zu beachten, die Artikel 4 der Ley 4/1980, de 10.01.80, de Estatuto de la Radio y la Televisión (Anm.: das ERTV) enthält.

Art. 4
(I) Objekt der Verwaltungskonzession ist die Ausstrahlung von Programmen mit nationaler Reichweite.
(II) Gleichermaßen muß die Konzession die Ausstrahlung von Programmen für jede einzelne der Regionalzonen, die im Plan Técnico Nacional de la Televisión Privada definiert sind, vorsehen.
(III) Die Anzahl der Konzessionen beträgt drei.

Art. 5
(I) Der Plan Técnico Nacional de la Televisión Privada wird durch die Regierung mittels Real Decreto erlassen.
(II) Der Plan Técnico Nacional de la Televisión Privada enthält die Regelung der technischen Bedingungen, die notwendig sind, um den angemessenen Betrieb des Dienstes sicherzustellen, und unter ihnen auch folgende:
- a) Die Systeme der Übermittlung und Ausstrahlung der Signale, die für den Betrieb des Dienstes durch die konzessionierten Gesellschaften vorgesehen sind.
- b) Frequenzbandbreiten, Kanäle, Frequenzen und Frequenzstärken, die zur Ausstrahlung der Programme dieser Gesellschaften reserviert sind, ferner die Standorte und Ausstrahlungsdiagramme der Sende- und Weiterverbreitungszentren.
- c) Die Begrenzung der Regionalzonen, auf die sich der vorherige Artikel bezieht.

Art. 6
(I) Die Konzessionen sind bezüglich der Ausstrahlung und des Transports der Signale an die eventuellen Modifikationen der technischen Bedingungen im Plan Técnico Nacional de la Televisión Privada gebunden.

2. Las concesiones y las sociedades concesionarias estarán sujetas, en todo caso, a los acuerdos internacionales suscritos por España en materia de telecomunicaciones y comunicación social.
3. En ningún supuesto el otorgamiento de una nueva concesión administrativa para la emisión de programas con una cobertura nacional podrá alegarse como alteración del equilibrio económico financiero de las concesiones ya otorgadas, ni dará motivo a indemnización de clase alguna.

Artículo 7.
1. Corresponde al Ministerio de Transportes, Turismo y Comunicaciones el cumplimiento de las siguientes funciones:
a) La elaboración y propuesta al Gobierno del Plan Técnico Nacional de la Televisión Privada, así como de las modificaciones que en dicho Plan se considere oportuno introducir, a cuyo efecto le corresponderán asimismo las tareas de seguimiento del Plan.
b) La contratación y, en su caso, la gestión de los sistemas de transporte y difusión de señales televisivas, en la medida que, de conformidad con el Plan Técnico Nacional de la Televisión Privada, hayan de utilizarse para el funcionamiento de las Entidades concesionarias.
c) El control e inspección de la observancia, por parte de las sociedades concesionarias, de las reglas contenidas en la presente Ley y en sus normas de desarrollo, así como de las condiciones de la concesión.
d) Cualquier otra que le sea atribuida por la presente Ley o que, en orden a garantizar un mejor funcionamiento de la televisión privada, le sea encomendada por el Gobierno.
2. A los efectos de cumplir sus funciones, el Ministerio de Transportes, Turismo y Comunicaciones podrá requerir cuantos datos y documentos estime oportuno de las sociedades concesionarias y de las sociedades accionistas de aquéllas.
La información así obtenida será confidencial y no podrá ser utilizada para fines distintos a los propios de la Ley.

CAPITULO II Del régimen jurídico de la concesión
Artículo 8.
1. El otorgamiento de las concesiones para la gestión indirecta del servicio público de la televisión corresponderá al Gobierno mediante el oportuno concurso público.
2. Este concurso público se convocará por acuerdo del Consejo de Ministros, con sujeción a lo dispuesto en la presente Ley y en el Plan Técnico Nacional de la Televisión Privada al que haya de ajustarse el funcionamiento de las sociedades concesionarias.

Artículo 9.
1. La adjudicación por el Gobierno de las concesiones atenderá a los siguientes criterios:
a) Necesidad de garantizar una expresión libre y pluralista de ideas y de corrientes de opinión.

(II) Die Konzessionen und konzessionierten Gesellschaften sind in jedem Fall gebunden an die internationalen Abkommen auf dem Gebiet des Telekommunikationswesens und der sozialen Kommunikation, die Spanien unterschrieben hat.
(III) Auf keinen Fall kann die Erteilung einer neuen Verwaltungskonzession für die Ausstrahlung von Programmen nationaler Reichweite als Störung des finanziellen Gleichgewichts der bereits erteilten Konzessionen geltend gemacht werden, ebensowenig begründet sie irgendeine Art des Schadensersatzes.

Art. 7
(I) Dem Ministerio de Fomento obliegt die Erfüllung folgender Aufgaben:
a) Die Ausarbeitung und der Vorschlag des Plan Técnico Nacional de la Televisión Privada für die Regierung, ebenso wie die Modifikationen, die es für diesen Plan für erforderlich hält, wozu es gleichermaßen die Aufgabe der Erfüllung des Plans erhält.
b) Die Vertragschlüsse mit den Transport- und Ausstrahlungssystemen für Fernsehsignale - und gegebenenfalls ihr Betrieb -, je nachdem, ob sie in Übereinstimmung mit dem Plan Técnico Nacional de la Televisión Privada für das Funktionieren der konzessionierten Körperschaften benötigt werden.
c) Die Kontrolle und Aufsicht der Einhaltung der Regeln dieses Gesetzes und seiner Ausführungsnormen durch die konzessionierten Gesellschaften, ferner der Konzessionsbedingungen.
d) Jede andere Funktion, die ihm durch das vorliegende Gesetz zugeteilt oder mit dem Zweck der Garantie des besten Funktionierens des Privatfernsehens durch die Regierung aufgegeben wird.
(II) Damit das Ministerio de Fomento seine Aufgaben erfüllen kann, kann es alle Daten und Dokumente, die es für erforderlich hält, von den konzessionierten Gesellschaften und deren Aktionärsgesellschaften einfordern.
Die so gewonnenen Informationen sind vertraulich zu behandeln und dürfen nicht für diesem Gesetz fremde Zwecke verwendet werden.

KAPITEL ZWEI: Rechtsrahmen der Konzession

Art. 8
(I) Die Erteilung der Konzessionen für den indirekten Betrieb des öffentlichen Dienstes Fernsehen obliegt der Regierung mittels der angemessenen öffentlichen Ausschreibung.
(II) Diese öffentliche Ausschreibung wird durch Beschluß des Ministerrats einberufen, unter Bezugnahme auf das in diesem Gesetz Geregelte und auf den Plan Técnico Nacional de la Televisión Privada, an den das Funktionieren der konzessionierten Gesellschaften anzupassen ist.

Art. 9
(I) Die Vergabe der Konzessionen durch die Regierung hat folgende Kriterien zu beachten:
a) Die Notwendigkeit, die freie und pluralistische Äußerung von Ideen und Meinungsströmungen zu garantieren.

b) Viabilidad técnica y económica del proyecto atendiendo, entre otros factores, al capital social escriturado y desembolsado y a las previsiones financieras durante todo el período de la concesión.
c) Relación en los proyectos de programación entre la producción nacional, europea comunitaria y extranjera, dándose preferencia a la de expresión originaria española y a la europea comunitaria.
d) Capacidad de las sociedades solicitantes para atender las necesidades de programación con una cobertura limitada a cada una de las zonas territoriales a que se refiere el apartado 2 del artículo 4 de la presente Ley.
e) Previsiones de las sociedades solicitantes para satisfacer en el conjunto de su programación las diversas demandas y los plurales intereses del público.
2. El Gobierno apreciará en su conjunto las ofertas presentadas y su idoneidad para satisfacer los criterios enunciados en el párrafo anterior. El Gobierno adjudicará las concesiones en favor de las ofertas más ventajosas para el interés público, valorando prioritariamente las garantías ofrecidas por los concurrentes a fin de salvaguardar la pluralidad de ideas y corrientes de opinión, así como la necesidad de diversificación de los agentes informativos y el objetivo de evitar tanto los abusos de posición dominante como las prácticas restrictivas de la libre competencia.

Artículo 10.
En ningún caso podrán ser concesionarias las siguientes sociedades:
a) Las comprendidas en algunas de las circunstancias previstas en el artículo 9 de la Ley de Contratos del Estado.
b) Las que no se hallen al corriente de pago de sus obligaciones tributarias o de la Seguridad Social.
c) Aquéllas a las que se hubiere extinguido con anterioridad una concesión como consecuencia de sanción por infracción calificada de muy grave por la presente Ley.
d) Aquéllas cuyos accionistas hubieran sido a su vez, en un porcentaje superior al 10 por 100, accionistas de sociedades concesionarias cuya concesión se hubiese extinguido a consecuencia de sanción por infracción calificada de muy grave por la presente Ley.
e) Las que sean titulares de otra concesión, así como las que participen mediante acciones o controlen efectivamente otra sociedad concesionaria.

Artículo 11.
La concesión se otorgará por un plazo de diez años y podrá ser renovada por el Gobierno sucesivamente por períodos iguales.

Artículo 12.
La concesión obliga a la explotación directa del servicio público objeto de la misma y será intransferible.

b) Die technische und wirtschaftliche Durchführbarkeit des beantragten Projekts, und neben anderen Faktoren das gegengezeichnete und eingezahlte Gesellschaftskapital und während der gesamten Konzessionsdauer die finanziellen Vorhersagen.
c) Die Beziehung zwischen den Programmprojekten innerhalb der nationalen, EG-gemeinschaftlichen und ausländischen Produktion, unter Bevorzugung der Projekte, die ursprünglich in einer spanischen oder EG-Sprache produziert werden.
d) Die Fähigkeit der antragstellenden Gesellschaften zur Beachtung der Notwendigkeiten des Programms mit einer Reichweite, die auf jede einzelne Regionalzone begrenzt ist, auf die sich Artikel 4 II dieses Gesetzes bezieht.
e) Die Fürsorge der antragstellenden Gesellschaften für die Erfüllung der verschiedenen Forderungen und vielschichtigen Interessen des Publikums in ihrem Gesamtprogramm.

(II) Die Regierung beurteilt die gestellten Anträge in ihrer Gesamtheit und ihre Eignung zur Erfüllung der im vorigen Absatz geregelten Kriterien. Die Regierung erteilt die Konzessionen zugunsten der für das öffentliche Interesse vorteilhaftesten Anträge, unter bevorzugter Gewichtung der Garantien für den Schutz der Pluralität von Ideen und Meinungsströmungen, die von den Konkurrenten angeboten werden, sowie der Notwendigkeit der Verschiedenartigkeit der Informationsquellen und der Vermeidung sowohl des Mißbrauchs einer dominierenden Position als auch der Praktiken, die den freien Wettbewerb behindern.

Art. 10

Folgende Gesellschaften dürfen auf keinen Fall konzessioniert werden:

a) Solche, die einen der Umstände des Artikels 9 der Ley de Contratos del Estado (Anm.: das Verwaltungsvertragsgesetz, Ley 13/1995) erfüllen.
b) Solche, die nicht ununterbrochen ihre steuerlichen Verpflichtungen oder die der Sozialversicherung bezahlen.
c) Alle, deren Konzession vormals als Konsequenz der Sanktion einer durch dieses Gesetz als sehr schwer eingestuften Verletzung erloschen ist.
d) Alle, deren Aktionäre zu mindestens 10 Prozent Aktionäre von konzessionierten Gesellschaften sind, deren Konzession als Konsequenz der Sanktion einer durch dieses Gesetz als sehr schwer eingestuften Verletzung erloschen ist.
e) Solche, die Inhaber einer anderen Konzession sind, sowie solche, die durch Aktien Teilhaber oder tatsächlich Kontrollierende einer anderen konzessionierten Gesellschaft sind.

Art. 11

Die Konzession wird für einen Zeitraum von zehn Jahren erteilt und kann durch die Regierung sukzessiv für gleiche Zeiträume verlängert werden.

Art. 12

Die Konzession verpflichtet zur direkten Nutzung des öffentlichen Dienstes, der Objekt derselben ist, und sie ist nicht übertragbar.

Artículo 13.
Los gastos derivados de la contratación y, en su caso, de la explotación, mantenimiento y reposición de los sistemas de transporte y difusión de señales previstos para el funcionamiento de la televisión privada, serán abonados por las sociedades concesionarias, según tarifas cuya autorización o modificación corresponderá al Gobierno.

Artículo 14.
1. Cada una de las sociedades concesionarias estará obligada a emitir programas televisivos durante un mínimo de cuatro horas diarias y treinta y dos semanales. A estos efectos se computarán tanto los programas emitidos con una cobertura nacional como con una cobertura limitada para cada una de las zonas territoriales a que se refiere el apartado 2 del artículo 4 de la presente Ley. En ningún caso la duración diaria de la programación con dicha cobertura limitada podrá exceder la duración diaria de los programas con cobertura nacional.
2. No se considerarán programas televisivos, a los efectos previstos por el apartado anterior, las emisiones meramente repetitivas o las consistentes en imágenes fijas ni los tiempos destinados a la publicidad.
(3. y 4.)
5. El acceso a fuentes internacionales de imagen por parte de las sociedades concesionarias no podrá alterar en ningún caso las condiciones de la concesión.
6. Los titulares de las concesiones deberán archivar durante un plazo de seis meses, a contar desde la fecha de su primera emisión, todos los programas emitidos por las respectivas emisoras de televisión y registrar los datos relativos a tales programas, así como su origen y a las peculiaridades de la labor de producción, a efectos de facilitar su inspección por las autoridades competentes y su consulta por los particulares conforme a la regulación general en esta materia.

(Artículo 15.)

Artículo 16.
Las sociedades concesionarias estarán obligadas a difundir, gratuitamente y con indicación de su origen, los comunicados y declaraciones que en cualquier momento y en razón de su interés público, el Gobierno estime necesarios.

Artículo 17.
1. Las concesiones otorgadas al amparo de la presente Ley se extinguen:
a) Por transcurso del plazo de concesión, sin haberse tramitado su renovación.
b) Por incumplimiento de los requisitos establecidos por los artículos 18 y 19 de la presente Ley.
c) Por declaración de quiebra o de suspensión de pagos, o acuerdo de disolución de la sociedad concesionaria.
d) Por consecuencia de pérdidas que dejen reducido el patrimonio de la sociedad concesionaria a una cantidad inferior a la cifra del capital social inicial, a no ser que éste se reintegre en los términos previstos en la Ley de Sociedades Anónimas.

Art. 13
Die Kosten, die durch die Vertragsschlüsse und gegebenenfalls durch die Nutzung, Erhaltung und Reparatur der Transport- und Sendesysteme für das Funktionieren des Privatfernsehens entstehen, werden durch die konzessionierten Gesellschaften nach den Tarifen, deren Verabschiedung und Änderung der Regierung obliegt, bezahlt.

Art. 14
(I) Jede konzessionierte Gesellschaft ist verpflichtet, Fernsehprogramme mit einer Dauer von mindestens vier Stunden täglich und 32 Stunden wöchentlich auszustrahlen. Dazu werden sowohl landesweit ausgestrahlte Programme als auch die Programme mit einer auf eine der Regionalzonen im Sinne des Artikels 4 II dieses Gesetzes beschränkten Reichweite gezählt. Keinesfalls darf die tägliche Dauer der Sendezeit mit begrenzter Reichweite die tägliche Dauer der Programme mit nationaler Reichweite übertreffen.
(II) Im Sinne des vorigen Absatzes werden weder Sendungen, die aus einfachen Wiederholungen oder feststehenden Bildern bestehen, noch Werbesendezeiten als Fernsehprogramme angesehen.
(III und IV sind außer Kraft)
(V) Der Zugang zu internationalen Bildquellen durch die konzessionierten Gesellschaften kann keinesfalls die Bedingungen der Konzession verändern.
(VI) Die Konzessionsinhaber müssen während einer Frist von 6 Monaten, gezählt ab dem Datum der Erstausstrahlung, alle von den jeweiligen Fernsehkanälen ausgestrahlten Sendungen archivieren und die auf diese Sendungen bezogenen Daten, ferner ihren Ursprung und die Umstände der Produktion registrieren, um ihre Kontrolle durch die zuständigen Behörden und ihre Einsicht durch Privatpersonen im Einklang mit der allgemeinen Regelung in dieser Materie zu ermöglichen.

(Art. 15 ist außer Kraft)

Art. 16
Die konzessionierten Gesellschaften sind verpflichtet, kostenfrei und unter Nennung ihres Ursprungs jederzeit diejenigen Meldungen und Bekanntmachungen, die die Regierung wegen ihres öffentlichen Interesses für notwendig erachtet, auszustrahlen.

Art. 17
(I) Die nach diesem Gesetz erteilten Konzessionen erlöschen:
a) Durch Überschreiten der Konzessionsfrist ohne Verlängerungsantrag.
b) Durch Nichterfüllung der Erfordernisse, die Artikel 18 und 19 dieses Gesetzes entwickeln.
c) Durch Bankrotterklärung oder Zahlungseinstellung oder Auflösungsbeschluß der konzessionierten Gesellschaft.
d) Als Konsequenz von Verlusten, die das Kapital der konzessionierten Gesellschaft auf eine Höhe reduzieren, die geringer ist als das anfängliche Gesellschaftskapital, falls dieses nicht nach den im Aktiengesetz vorgesehenen Regeln wiederhergestellt wird.

e) Por no haber iniciado, sin causa justificada, las emisiones dentro del plazo fijado en la concesión.
f) Por suspensión injustificada de las emisiones durante más de quince días en el período de un año.
2. El incumplimiento sobrevenido de los límites establecidos en el artículo 19 dará lugar a la extinción de la concesión, a menos que, en el plazo de un mes desde el requerimiento que la Administración dirija a la sociedad, ésta subsane dicho incumplimiento.
3. La extinción de la concesión se declarará por acuerdo del Consejo de Ministros, a propuesta del de Transportes, Turismo y Comunicaciones, y dará lugar, en su caso, a la convocatoria de nuevo concurso público.

CAPITULO III De las sociedades concesionarias

Artículo 18.

1. Las sociedades concesionarias habrán de revestir la forma de sociedades anónimas y tendrán como objeto social la gestión indirecta del servicio público de televisión, con arreglo a los términos de la concesión. Las acciones de estas sociedades serán nominativas.
2. Las sociedades deberán tener un capital mínimo de 1.000 millones de pesetas, totalmente suscrito y desembolsado, al menos, en un 50 por 100. Al tiempo de otorgarse la concesión deberá acreditarse haber sido desembolsada la totalidad del capital social.
3. Sin perjuicio de lo previsto en el derecho comunitario europeo, las sociedades concesionarias deberán tener la nacionalidad española y estar domiciliadas en España.
4. En el caso en que el objeto social mencionado en el apartado 1 de este artículo no sea exklusivo, deberán presentar contabilidades separadas en lo que se refiere a la explotación de la concesión prevista en la Ley 10/1988, de 03 de mayo, de Televisión Privada.

Artículo 19.

1. Ninguna persona física o jurídica podrá ser titular, directa o indirectamente, de acciones en más de una sociedad concesionaria o que respeten más del 49 % de su capital.
2. Las personas físicas o jurídicas residentes o nacionales de países extranjeros que no sean miembros de la Unión Europea, sólo podrán participar en el capital de una sociedad concesionaria en aplicación del principio de reciprocidad, respetando en todo caso los límitas establecidos en el apartado anterior.

Artículo 20.

1. Se crea en el Ministerio de Transportes, Turismo y Comunicaciones el Registro Especial de Sociedades Concesionarias, de carácter público, y cuya regulación se hará por Real Decreto.

e) Durch ungerechtfertigten Nichtbeginn der Ausstrahlungen innerhalb der in der Konzession festgelegten Frist

f) Durch ungerechtfertigte Unterbrechung der Sendungen für mehr als 15 Tage innerhalb eines Jahres.

(II) Die später eintretende Nichterfüllung der in Artikel 19 entwickelten Grenzen zieht das Erlöschen der Konzession nach sich, falls nicht innerhalb Monatsfrist ab der Aufforderung der Verwaltung an die Gesellschaft die Nichterfüllung von ihr behoben wird.

(III) Das Erlöschen der Konzession wird erklärt durch Beschluß des Ministerrates auf Vorschlag des Ministers für Transport, Tourismus und Kommunikation und zieht gegebenenfalls die Einberufung eines neuen öffentlichen Ausschreibungsverfahrens nach sich.

KAPITEL DREI: Die konzessionierten Gesellschaften

Art. 18

(I) Die konzessionierten Gesellschaften müssen die Gesellschaftsform der Aktiengesellschaften annehmen und haben als Gesellschaftszweck den indirekten Betrieb des öffentlichen Dienstes Fernsehen, in Übereinstimmung mit den Bestimmungen der Konzession. Die Aktien dieser Gesellschaften sind Namensaktien.

(II) Die Gesellschaften müssen ein Mindestkapital von 1.000 Millionen Peseten (Anm.: ca. 6 Mio. €) aufweisen, das zumindest zu 50 Prozent vollständig gegengezeichnet und eingezahlt sein muß. Zum Zeitpunkt der Konzessionserteilung muß nachgewiesen werden, daß das gesamte Gesellschaftskapital eingezahlt wurde.

(III) Unbeschadet der Regelungen des Europäischen Gemeinschaftsrechts müssen die konzessionierten Gesellschaften die spanische Nationalität und ihren Sitz in Spanien haben.

(IV) Im dem Falle, daß der in Absatz I dieses Artikels genannte Gesellschaftszweck nicht der einzige ist, müssen sie getrennte Buchführungen vorweisen, in denen auf den Betrieb der im Privatfernsehgesetz vorgesehenen Konzession Bezug genommen wird.

Art. 19 (I) Keine natürliche oder juristische Person kann direkter oder indirekter Inhaber von Aktien von mehr als einer konzessionierten Gesellschaft sein oder von Aktien, die mehr als 49 Prozent ihres Kapitals repräsentieren.

(II) Natürliche oder juristische Personen, die Hauptsitz oder Nationalität in Nichtmitgliedstaaten der EU haben, können am Kapital einer konzessionierten Gesellschaft nur in Anwendung des Gegenseitigkeitsgrundsatzes teilhaben, in jedem Falle unter Beachtung der im vorigen Absatz geregelten Grenzen.

Art. 20

(I) Innerhalb des Ministerio de Fomento wird ein spezielles öffentliches Register der konzessionierten Gesellschaften geschaffen, deren Regelung durch Real Decreto (Königliche Rechtsverordnung) erfolgt[18].

---

[18] S. Real Decreto 951/1989, de 28.07.89, por el que se desarrolla el artículo 20 de la Ley 10/1988 de 03.05.89, regulando el Registro Especial de Sociedades Concesionarias para la gestión indirecta del servicio público esencial de la televisión; B.O.E. núm. 180 de 29.07.1989, S. 24351.

2. En dicho Registro Especial deberán inscribirse la correspondiente concesión y las sociedades concesionarias, mediante la aportación de la correspondiente escritura y Estatutos sociales.
3. Cualquier modificación de la escritura o de los Estatutos sociales de las sociedades concesionarias habrá de comunicarse al Registro Especial, así como la composición de sus órganos de administración. Tales circunstancias requerirán para su inscripción en el Registro Mercantil haber sido comunicadas previamente al Registro Especial.

Artículo 21.
1. Toda persona física o jurídica que pretenda adquirir, directa o indirectamente, una participación significativa en el capital de una sociedad concesionaria deberá informar previamente de ello al Ministerio de Fomento, indicando el porcentaje de dicha participación, los términos y condiciones de la adquisición y el plazo máximo en el que pretenda realizar la operación.
Se entenderá por participación significativa en una entidad concesionaria del servicio esencial de televisión aquella que alcance, de forma directa o indirecta, al menos el 5 por 100 del capital o de los derechos de voto vinculados a las acciones de la entidad.
2. También derberá informar previamente al Ministerio de Fomento, en los términos señalados en el apartado 1, quien pretenda incrementar, directa o indirectamente, su participación de tal forma que su porcentaje de capital o derechos de voto alcance o sobrepase alguno de los siguientes porcentajes: 5, 10, 15, 20, 25, 30, 35, 40 y 45 por 100.
3. El Ministerio de Fomento dispondrá de un plazo máximo de tres meses, a contar desde la fecha en que haya sido informado, para, en su caso, denegar la adquisición pretendida. La denegación podrá fundarse en la falta de transparencia de la estructura del grupo al que eventualmente pueda pertenecer la entidad adquirente o en la inexistencia de vinculaciones entre la persona o entidad que pretenda la adquisición y otra entidad concesionaria del servicio esencial de televisión que puedan entrañar perturbación al principio de no concentración de medios que inspira la presente Ley.
4. La adquisición deberá consumarse en el plazo máximo de un mes a contar desde que se produzca la referida aceptación.
5. Lo dispuesto en este artículo se entiende sin perjuicio de la aplicación de las normas sobre participaciones significativas, contenidas en la Ley 24/1988, de 28 de julio, del Mercado de Valores.
6. Efectuada la adquisición sujeta al procedimiento de notificación previa regulado en este artículo, se comunicará por el adquirente al Ministerio de Fomento que instará su inscripción en el Registro Especial de Sociedades Concesionarias.
Será igualmente obligatoria para que inste su inscripción registral, la comunicación por el transmitente al Ministerio de Fomento, de todo acto de transmisión de acciones de la sociedad concesionaria que determine que aquél minore uno de los porcentajes de participación recogidos en el apartado 2 precedente.

(II) In dieses spezielle Register müssen die jeweilige Konzession und die konzessionierten Gesellschaften durch Beifügen der entsprechenden Gründungsurkunde und der Gesellschaftssatzung eingetragen werden.
(III) Jedwede Änderung der Gründungsurkunde oder der Gesellschaftssatzung der konzessionierten Gesellschaften müssen ebenso wie die Zusammensetzung ihrer Verwaltungsorgane dem speziellen Register mitgeteilt werden. Derartige Umstände erfordern zu ihrer Einschreibung in das Handelsregister die vorherige Mitteilung an das spezielle Register.

Art. 21
(I) Jede natürliche oder juristische Person, die beabsichtigt, direkt oder indirekt eine erhebliche Beteiligung am Kapital einer konzessionierten Gesellschaft zu erwerben, muß darüber vorher den Ministro de Fomento informieren, unter Angabe des Prozentsatzes dieses Anteils, des Verfahrens und der Bedingungen des Erwerbs und der maximalen Frist, in der sie die Umsetzung des Erwerbs beabsichtigt.
Als erhebliche Beteiligung an einer konzessionierten Körperschaft des essentiellen öffentlichen Dienstes Fernsehen versteht sich eine, die in direkter oder indirekter Form zumindest 5 Prozent des Kapitals oder der an Aktien gebundenen Stimmrechtsanteile der Körperschaft übersteigt.
(II) Im Verfahren nach Absatz 1 muß der Ministro de Fomento auch darüber vorab informiert werden, wer es direkt oder indirekt beabsichtigt, seinen Anteil so zu erhöhen, daß sein Prozentsatz des Kapitals oder der Stimmrechtsanteile einen der folgenden Prozentsätze erreicht oder übersteigt: 5, 10, 15, 20, 25, 30, 35, 40, 45 Prozent.
(III) Das Ministerio de Fomento verfügt innerhalb einer Frist von drei Monaten ab dem Datum, an dem die entsprechende Information bei irgendeinem der Register der Abteilung eingegangen ist, ob der beantragte Erwerb genehmigt oder gegebenenfalls abgelehnt wird. Eine Ablehnung kann sich begründen auf die fehlende Transparenz der Struktur der Gruppe, der eventuell die erworbene Körperschaft gehören könnte, oder auf das Bestehen von Bindungen zwischen der den Erwerb beabsichtigenden Person oder Körperschaft und einer anderen konzessionierten Körperschaft des essentiellen Dienstes Fernsehen, die eine Störung des Prinzips der Nichtkonzentration der Medien, das dem vorliegenden Gesetz zugrundeliegt, herbeiführen können.
(IV) Der Erwerb muß innerhalb einer Frist von maximal einem Monat ab der Bekanntgabe der jeweiligen Erlaubnis umgesetzt werden.
(V) Das in diesem Artikel Geregelte versteht sich unbeschadet der Anwendung der Normen über erhebliche Anteile, die im Gesetz 24/1988, de 28.07.88, del Mercado de Valores (Marktwertgesetz) geregelt sind.
(VI) Wenn der Erwerb nach dem Verfahren der vorherigen Bekanntmachung, das in diesem Artikel geregelt ist, erfolgt ist, setzt sich der Erwerber mit dem Ministerio de Fomento in Verbindung, das dessen Einschreibung in das spezielle Register der konzessionierten Gesellschaften anordnet.
Für die Anordnung der Registereintragung ist gleichermaßen eine Mitteilung an das Ministerio de Fomento durch den Erwerber verpflichtend, dies bei allen Akten der Übertragung von Aktien der konzessionierten Gesellschaft, die bewirken, daß jemand einen der im vorigen Absatz II vorgesehenen Prozentsätze seines Geschäftsanteils verringert.

Las comunicaciones de la adquisición y de la transmisión a las que se refiere este apartado, habrán de realizarse en el plazo de un mes desde que se produzcan.

Artículo 22.
Las sociedades concesionarias deberán someterse a una auditoría externa con una periodicidad anual. Los resultados de cada auditoría serán remitidos por las sociedades concesionarias al Ministerio de Transportes, Turismo y Comunicaciones.

Artículo 23.
A los efectos previstos por la presente Ley serán considerados supuestos de interposición o de participación indirecta todos aquéllos en los que, mediante acuerdos, decisiones o prácticas concertadas, se produzca el resultado del control o dominación efectiva del capital en proporción superior a la autorizada por esta Ley.

CAPITULO IV Del régimen de infracciones y sanciones

Artículo 24.
1. Las infracciones de lo previsto en la presente Ley se clasifican en muy graves, graves y leves.
2. Serán infracciones muy graves:
a) El incumplimiento de lo previsto en los artículos 3, 10, 20 y 21, que sea imputable a las sociedades concesionarias.
b) La violación reiterada de los deberes de programación y de los límites y exigencias de la emisión de publicidad.
c) La violación, declarada en resolución firme, de la normativa vigente sobre el derecho al honor, a la intimidad personal y a la propia imagen, campañas electorales, difusión de sondeos y ejercicio del derecho de rectificación.
d) La transmisión de mensajes cifrados, convencionales o de carácter subliminal.
e) La reiteración en la producción deliberada de interferencias perjudiciales definidas en acuerdos o convenios internacionales suscritos por España.
f) La negativa, resistencia u obstrucción que impida, dificulte o retrase el ejercicio de las facultades de inspección de la Administración previstas en el artículo 7,1, c) de esta Ley.
g) La comisión de una infracción grave, cuando hubiere sido sancionada, en el plazo de un año, por dos o más infracciones graves o muy graves.
3. Serán infracciones graves:
a) La utilización de equipos y aparatos que no cumplan las especificaciones técnicas y condiciones de homologación que reglamentariamente se internacionales suscritos por España.
b) La alteración o manipulación reiterada de las características técnicas de los equipos o aparatos, así como de sus signos de identificación.
c) La utilización reiterada de bandas, canales, potencias o sistemas radiantes para cuyo uso no se está facultado.

Die Erwerbs- und Übertragungsmitteilungen, auf die sich dieser Absatz bezieht, sind innerhalb einer einmonatigen Frist ab dem Ereignis zu machen.

Art. 22 Die konzessionierten Gesellschaften müssen sich einer jährlichen externen Rechnungsprüfung unterziehen. Die Ergebnisse jeder Rechnungsprüfung sind durch die konzessionierten Gesellschaften dem Ministerio de Fomento vorzulegen.

Art. 23 Im Sinne dieses Gesetzes werden als Fälle des indirekten Kontrollierens oder der indirekten Beteiligung alle diejenigen gezählt, die mittels Beschlüssen, Entscheidungen oder bestimmten Techniken im Ergebnis die Kontrolle oder tatsächliche Beherrschung des Kapitals in einem höheren als dem durch dieses Gesetz erlaubten Anteil innehaben.

KAPITEL VIER: Rechtsrahmen der Verstöße und Sanktionen

Art. 24

(I) Die Verstöße des in diesem Gesetz Vorgesehenen sind in sehr schwere, schwere und leichte einzuteilen.

(II) Sehr schwere Verstöße sind:

a) Die Nichterfüllung des in den Artikeln 3, 10, 20 und 21 Vorgesehenen, die den konzessionierten Gesellschaften zuzuschreiben ist.

b) Die wiederholte Verletzung der Programmpflichten und der Grenzen und Anforderungen der Ausstrahlung von Werbung.

c) Die in einer rechtskräftigen Entscheidung aufgedeckte Verletzung der geltenden Regelungen bezüglich des Ehrenrechts, des Rechts auf persönliche Intimität, des Rechts am eigenen Bild, des Wahlkampfrechts, der Verbreitung von Umfragen und der Ausübung des Gegendarstellungsrechts.

d) Die Verbreitung von chiffrierten, abgesprochenen oder subliminalen Botschaften.

e) Eine Wiederholung der verhandelten Erzeugung von schädigenden Interferenzen, die in internationalen Beschlüssen oder Verträgen, die von Spanien unterschrieben wurden, definiert sind.

f) Eine Verweigerung, Widerstandshaltung oder Behinderung, die die Ausübung der Kontrollbefugnisse der Verwaltung, die in Artikel 7 I c) dieses Gesetzes vorgesehen sind, verhindert, erschwert oder verzögert.

g) Die Begehung eines schweren Verstoßes, wenn innerhalb eines Zeitraums von einem Jahr bereits zwei oder mehr schwere oder sehr schwere Verstöße sanktioniert wurden.

(III) Schwere Verstöße sind:

a) Der Gebrauch von Ausrüstungen und Geräten, die nicht die technischen Besonderheiten und Freigabebedingungen erfüllen, die regelmäßig in den internationalen Beschlüssen und Verträgen, die von Spanien unterschrieben wurden, entwickelt werden oder sich aus ihnen ergeben.

b) Die wiederholte Störung oder Manipulation der technischen Charakteristika der Ausrüstungen und Geräte, ebenso ihrer Identifikationsmerkmale.

c) Die wiederholte Benutzung von Frequenzen, Kanälen, Frequenzstärken oder Sendesystemen, zu deren Benutzung keine Berechtigung besteht.

d) La producción de interferencias perjudiciales que impliquen perturbaciones de importancia, en la utilización de frecuencias, salvo que deba considerarse como infracción muy grave conforme a lo previsto en el apartado anterior.
e) La emisión de señales de identificación falsas o engañosas.
f) El incumplimiento reiterado de las condiciones esenciales de la concesión salvo que deba considerarse como infracción muy grave conforme a lo previsto en el apartado anterior.
g) La comisión de una falta leve, cuando hubiere sido sancionada, en el plazo de un año, por dos o más infracciones leves, graves o muy graves.
4. Serán infracciones leves las acciones u omisiones contrarias a las condiciones de la concesión y no comprendidas en los apartados anteriores, con resultados dañosos que sean fácilmente subsanables y no tengan consecuencias graves en la prestación del servicio público televisivo, ni impliquen perturbaciones importantes en la utilización del espectro de frecuencia.
5. Se entiende, a los efectos de este artículo, que hay reiteración cuando el titular de la concesión desatienda por dos veces los apercibimientos que le sean dirigidos por el Ministerio de Transportes, Turismo y Comunicaciones en el plazo de un año, o dichos apercibimientos no sean atendidos en cuatro ocasiones durante el tiempo de disfrute de la concesión.
6. El incumplimiento por parte de los fedatarios públicos de las obligaciones que les impone esta Ley será considerado como infracción muy grave en su respectivo Estatuto disciplinario.

Artículo 25.
1. Las infracciones serán sancionadas:
a) Las leves, con multa de 500.000 hasta 2.000.000 de pesetas.
b) Las graves, con multa de 2.00.001 a 15.000.000 de pesetas.
c) Las muy graves, con multa de 15.000.001 a 50.000.000 de pesetas, suspensión temporal de las emisiones por plazo máximo de quince días o extinción de la concesión. Esta última sanción sólo podrá imponerse, en los supuestos del apartado 2, a) y g), del artículo anterior, cuando el titular de la concesión hubiera sido previamente objeto, en el período de un año, de una sanción de suspensión temporal de quince días.
2. La imposición de las sanciones se ajustará al procedimiento sancionador regulado en la Ley de Procedimiento Administrativo y su instrucción corresponderá al Ministerio de Transportes, Turismo y Comunicaciones.
3. Corresponderá al Ministro de Transportes, Turismo y Comunicaciones la sanción de las infracciones leves y graves y al Consejo de Ministros la de las infracciones muy graves.
4. La sanción de las infracciones cometidas por los fedatarios públicos corresponderá a la autoridad que ejerza la potestad disciplinaria sobre los mismos mediante el procedimiento establecido para ello.

d) Das Erzeugen von schädigenden Interferenzen, die erhebliche Störungen mit sich bringen, außer, daß dies im Einklang mit dem im vorigen Absatz Geregelten als sehr schwere Verletzung eingestuft werden muß.
e) Die Sendung von falschen oder irreführenden Identifikationssignalen.
f) Die wiederholte Nichterfüllung der essentiellen Bedingungen der Konzession, außer, daß dies im Einklang mit dem im vorigen Absatz Geregelten als sehr schwerer Verstoß eingestuft werden muß.
g) Die Begehung eines leichten Verstoßes, wenn innerhalb eines Zeitraums von einem Jahr bereits zwei oder mehr leichte, schwere oder sehr schwere Verstöße sanktioniert wurden.
(IV) Leichte Verstöße sind Handlungen oder Unterlassungen, die gegen die Bedingungen der Konzession gerichtet und nicht in den vorigen Absätzen enthalten sind, die schädigende und leicht zu behebende Ergebnisse bringen und weder schwere Konsequenzen für den Betrieb des öffentlichen Dienstes Fernsehen noch wichtige Störungen beim Gebrauch des Frequenzspektrums erzeugen.
(V) Im Sinne dieses Artikels versteht sich unter Wiederholung, wenn der Inhaber der Konzession zweimal innerhalb eines Jahres die Anordnungen des Ministerio de Fomento mißachtet, oder wenn diese Anordnungen viermal während der Geltungszeit der Konzession mißachtet werden.
(VI) Eine Nichterfüllung der ihnen durch dieses Gesetz aufgegebenen Pflichten durch die öffentlichen Urkundspersonen wird als sehr schwerer Verstoß in ihren jeweiligen Disziplinarstatuten eingestuft.

Art. 25
(I) Die Verstöße werden folgendermaßen sanktioniert:
a) Die leichten mit einem Bußgeld von 500.000 bis zu 2.000.000 Peseten (Anm.: ca. 3.000,- € bis zu 12.000,- €).
b) Die schweren mit einem Bußgeld von 2.000.001 bis zu 15.000.000 Peseten (Anm.: ca. 12.000,- € bis zu 90.000,- €).
c) Die sehr schweren mit einem Bußgeld von 15.000.001 bis zu 50.000.000. Peseten (Anm.: ca. 90.000,- € bis zu 300.000, - €), mit einer zeitweiligen Aussetzung der Sendungen innerhalb einer Frist von maximal 15 Tagen, oder mit Erlöschen der Konzession. Die letztgenannte Sanktion kann nur bei Vorliegen der Voraussetzungen des Absatzes 2 a) und g) des vorigen Artikels auferlegt werden, wenn der Inhaber der Konzession innerhalb eines Jahres selbst Adressat einer Maßnahme der zeitweiligen Aussetzung über 15 Tage war.
(II) Die Auferlegung der Sanktionen richtet sich nach dem Sanktionsverfahren, das in der Ley de Procedimiento Administrativo (Ley 30/1992) geregelt ist, und ihre Weisung obliegt dem Ministerio de Fomento.
(III) Dem Ministro de Fomento obliegt die Sanktion der leichten und schweren Verstöße, und dem Ministerrat die der sehr schweren Verstöße.
(IV) Die Sanktion der genannten Verstöße vonseiten der öffentlichen Notare obliegt der Behörde, die in einem dafür bestimmten Verfahren die Disziplinargewalt über dieselben ausübt.

Artículo 26.
Las emisiones televisivas realizadas sin la obtención de la previa concesión administrativa, o las realizadas cuando dicha concesión se encuentre suspendida o se hubiese extinguido, darán lugar a que por la autoridad gubernativa se proceda al cierre inmediato de la emisora y a la incautación de equipos y aparatos utilizados en la emisión.

Disposición Adicional
1. Se autoriza al Gobierno para dictar las disposiciones necesarias para el desarrollo y ejecución de la presente Ley.
2. Se autoriza al Gobierno para actualizar la cuantía del capital social mínimo previsto en el artículo 18.2 para tomar parte en el oportuno concurso público, así como la cuantía de las multas previstas en el artículo 25, en función de las variaciones que experimente el índice del coste de la vida.

Disposiciones Transitorias
(1.ª...)
2.ª-En tanto no sea regulada con carácter general la publicidad referida al consumo de alcohol, tabaco y cualquier otra sustancia nociva para la salud, su emisión a través de la televisión privada quedará sometida a las mismas normas que las vigentes para el Ente Público Radiotelevisión Española.

Art. 26 Fernsehsendungen, die ohne den Erhalt einer eigenen Verwaltungskonzession durchgeführt werden, oder solche, die durchgeführt werden, wenn diese Konzession versagt wurde oder erloschen ist, geben Anlaß zu einer sofortigen Schließung des Senders und einer Beschlagnahme der Ausrüstungen und Geräten, die bei der Sendung benutzt wurden, durch die Regierungsautorität.

ZUSATZBESTIMMUNG

(I) Die Regierung ist befugt, die notwendigen Regelungen für die Entwicklung und Ausübung des vorliegenden Gesetzes anzuordnen.

(II) Die Regierung ist befugt, die Höhe des Mindestgesellschaftskapitals, die in Artikel 18 II zur Teilnahme an einem gerechten öffentlichen Ausschreibungsverfahren vorgesehen ist, zu aktualisieren, ebenso die Höhe der Geldbußen, die Artikel 25 vorsieht, wegen der Veränderungen, die der Lebenshaltungsindex erlebt.

ÜBERGANGSBESTIMMUNGEN

(1.)...)

2.) Solange nicht mit allgemeinem Charakter die Werbung für Alkohol, Tabakprodukte oder andere gesundheitsschädliche Substanzen geregelt ist, bleibt ihre Ausstrahlung im Privatfernsehen an dieselben Normen, die für die öffentliche Körperschaft RTVE gelten, gebunden.

X. DIE LTS: LEY 37/1995, DAS SATELLITENFERNSEHGESETZ

(Ley 37/1995, de 12.12.95, de Telecomunicaciones por Satélite)
(B.O.E. núm. 297, de 13.12.1995, S. 35705)

(Exposición de Motivos...)

Artículo 1. Servicios de telecomunicaciones por satélite.
1. Los servicios de telecomunicaciones para cuya prestación se utilicen de forma principal redes de satélites de comunicaciones no tendrán la consideración de servicio público.
2. Estos servicios podrán prestarse mediante servicios portadores de telecomunicaciones por satélite o por medio de redes de satélite de titularidad del propio prestador del servicio.
(...)

Artículo 2. Servicio portador de telecomunicaciones por satélite.
Se entiende por servicio portador de telecomunicaciones por satélite el suministro a terceros del transporte de señales a través de redes de satélite.

Artículo 3. Autorización para la prestación de servicios.
1. Las autorizaciones para la prestación de los servicios previstos en los artículos 1 y 2, se otorgarán por el Ministerio de Obras Públicas, Transportes y Medio Ambiente, de conformidad con lo dispuesto en el Reglamento técnico y de prestación del servicio, por orden de presentación de las correspondientes solicitudes.
2. Las autorizaciones se entenderán denegadas una vez transcurridos cuatro meses desde la presentación de las solicitudes.
3. En aquellos supuestos en que exista limitación de los recursos disponibles para tal prestación, las autorizaciones se otorgarán por concurso público.
4. No obstante lo dispuesto en los apartados anteriores, reglamentariamente podrá preverse la posibilidad de que, ante una solicitud de autorización, se abra un período de información pública, pudiendo otorgarse la autorización por adjudicación directa en ausencia de otros interesados en la prestación del servicio o, en caso de existir otros interesados, mediante concurso, de acuerdo con criterios de objetividad, transparencia y no discriminación; criterios que serán, en todo caso, aplicables a las condiciones para la prestación de los servicios de telecomunicaciones por satélite.
5. En todo caso, las autorizaciones a que se hace referencia en los apartados anteriores llevarán aparejadas la concesión de dominio público radioeléctrico necesaria para su prestación.

Artículo 4. Servicios no incluidos.
Lo dispuesto en la presente Ley no será de aplicación a la prestación de los siguientes servicios, aunque para ello se utilicen en parte redes de telecomunicación por satélite:

X. DIE LTS: LEY 37/1995, DAS SATELLITENFERNSEHGESETZ

(Ley 37/1995, de 12.12.95, de Telecomunicaciones por satélite)
(B.O.E. núm. 297, de 13.12.1995, S. 35705)

(Vortext...)

Art. 1 Satellitentelekommunikationsdienste
(I) Die Telekommunikationsdienste, für deren Angebot hauptsächlich Netze von Telekommunikationssatelliten benutzt werden, werden nicht als öffentlicher Dienst eingestuft.
(II) Diese Dienste können mittels Weiterverbreitungsdiensten der Satellitentelekommunikation oder durch Satellitennetze in Rechtsinhaberschaft des eigenen Anbieters des Dienstes betrieben werden.
(...)

Art.2 Weiterverbreitungsdienst für Telekommunikationsleistungen durch Satellit
Man versteht unter Weiterverbreitungsdienst für Telekommunikationsleistungen durch Satellit die Unterstützung Dritter beim Signaltransport über Satellitennetze.

Art. 3 Genehmigung zum Anbieten von Diensten
(I) Die Genehmigungen zum Anbieten von Diensten im Sinne der Artikel 1 und 2 werden durch das Ministerio de Fomento in Anwendung dessen, was die technischen Regeln und die Regeln zum Betrieb des Dienstes vorschreiben, erteilt, und zwar aufgrund des Eingangs der entsprechenden Anträge.
(II) Die Genehmigungen sind als abgelehnt zu verstehen, wenn seit dem Eingang der Anträge vier Monate verstrichen sind.
(III) Falls eine Begrenzung der zur Verfügung stehenden Ressourcen für diesen Betrieb besteht, werden die Genehmigungen nach öffentlicher Ausschreibung erteilt.
(IV) Trotz des in den vorigen Absätzen Geregelten kann regelmäßig die Möglichkeit vorgesehen werden, daß vor einem Genehmigungsantrag ein Zeitraum für die öffentliche Information anberaumt wird, um die Genehmigung bei Abwesenheit weiterer Interessenten durch direkten Zuschlag für den Betrieb des Dienstes, oder falls weitere Interessenten existieren, durch Ausschreibung, im Einklang mit den Kriterien der Objektivität, Transparenz und ohne Diskriminierung zu erteilen; (diese) Kriterien sind in jedem Fall auf die Bedingungen für den Betrieb der Satellitentelekommunikationsdienste anzuwenden.
(V) In jedem Fall bringen die Genehmigungen, auf die sich die vorherigen Absätze beziehen, die Konzession des öffentlichen radioelektrischen Luftraums mit sich, die für ihren Betrieb notwendig ist.

Art. 4 Nicht eingeschlossene Dienste
Die Regelungen dieses Gesetzes finden keine Anwendung auf den Betrieb folgender Dienste, auch wenn für sie teilweise Satelliten-Telekommunikationsnetze benutzt werden:

-El servicio telefónico básico.
-Los servicios de radiodifusión sonora terrenal.
-Los servicios de difusión de televisión contemplados en las Leyes 4/1980, de 10 de enero, de Estatuto de la Radio y la Televisión; 46/1983, de 26 de diciembre, reguladora del Tercer Canal de Televisión, y 10/1988, de 3 de mayo, de Televisión Privada.
-El servicio portador de los servicios de difusión de televisión mencionados en el guión anterior.
A estos efectos, se entenderá que el servicio portador de esos servicios de difusión de televisión incluye exclusivamente los siguientes aspectos:
a) La distribución de las señales de los servicios públicos de difusión de televisión desde los centros de continuidad de las entidades gestoras de este servicio público hasta los centros emisores que constituyen la red de difusión primaria.
b) La emisión de las señales de esos servicios públicos de difusión de televisión, mediante redes de difusión primaria, constituidas por centros emisores, y secundaria, constituidas por centros reemisores, en la correspondiente zona de servicio.

Artículo 5. Canon por reserva del dominio público radioeléctrico.
Las entidades autorizadas que utilicen redes propias y los prestadores de servicios portadores de telecomunicaciones por satélite estarán obligados al pago del canon por reserva del dominio público radioeléctrico a que se refiere el artículo 7.3 de la Ley 31/1987, de 18 de diciembre, de Ordenación de las Telecomunicaciones.

Artículo 6. Equipos terminales.
Los equipos necesarios para la recepción y el acceso a los servicios de telecomunicación por satélite tendrán la consideración de equipo terminal de telecomunicaciones y les será de aplicación lo dispuesto para estos equipos en la Ley 31/1987, de 18 de diciembre, de Ordenación de las Telecomunicaciones.

Artículo 7. Interconexión con redes públicas.
1. Se podrán interconectar las redes de satélite con las redes públicas de telecomunicación o con las redes establecidas en aplicación del artículo 23 de la Ley 31/1987, de 18 de diciembre, de Ordenación de las Telecomunicaciones, para prestar servicios de telecomunicación distintos a los mencionados en el artículo 4 de la presente Ley.
(2. und 3.)

Disposiciones adicionales.
(1.ª, 2.ª y 4.ª)
(3.ª y 5.ª ...)

- Der einfache Telefondienst.
- Die terrestrischen Hörfunkdienste.
- Die Fernsehausstrahlungsdienste, die in den folgenden Gesetzen geregelt werden: Ley 4/1980, de 10.01.80, de Estatuto de la Radio y la Televisión (Anm.: ERTV); Ley 46/1983, de 26.12.83, reguladora del Tercer Canal de Televisión (Anm. LTC); und Ley 10/1988, de 03.05.88, de Televisión Privada (Anm. LTP).
- Der Weiterverbreitungsdienst der vorgenannten Fernsehausstrahlungsdienste. Zu diesem Zweck ist es so zu verstehen, daß der Weiterverbreitungsdienst dieser Fernsehausstrahlungsdienste ausschließlich folgende Aspekte enthält:

  a) Die Verbreitung der Signale der öffentlichen Dienste der Fernsehausstrahlung ausgehend von den Sendezentren der Körperschaften, die den öffentlichen Dienst betreiben, bis zu den Sendezentren, die das primäre Sendenetz darstellen.

  b) Die Ausstrahlung der Signale dieser öffentlichen Dienste der Fernsehausstrahlung über primäre Sendenetze, die aus Sendezentren zusammengesetzt sind, und die in zweiter Linie durch Wiederausstrahlungszentren im entsprechenden Dienstbereich zusammengesetzt sind.

Art. 5 Benutzungsgebühr für das Bereithalten des öffentlichen radioelektrischen Eigentums

Die autorisierten Körperschaften, die eigene Netze benutzen, und die Betreiber von Weiterverbreitungsdiensten für Satelliten-Telekommunikationsleistungen sind verpflichtet, eine Benutzungsgebühr für das Bereithalten des öffentlichen radioelektrischen Luftraums, auf die sich Artikel 7 III der Ley 31/1987, de 18.12.87, de Ordenación de las Telecomunicaciones bezieht, zu entrichten.

Art. 6 Endgeräte

Die für den Empfang und den Zugang zu den Satelliten-Telekommunikationsdiensten notwendige Ausrüstung wird als Telekommunikations-Endausrüstung angesehen, auf sie ist das für diese Ausrüstungen im Gesetz 31/1987, de 18.12.87, de Ordenación de las Telecomunicaciones Geregelte anzuwenden.

Art. 7 Verbindung mit öffentlichen Netzen

(I) Die Satellitennetze können mit den öffentlichen Telekommunikationsnetzen oder mit den Netzen, die in Anwendung des im Artikel 23 des Gesetzes 31/1987, de 18.12.87, de Ordenación de las Telecomunicaciones (LOT) Geregelten errichtet werden, verbunden werden, um andere Telekommunikationsdienste als die in Artikel 4 dieses Gesetzes Genannten anzubieten.

(Abs. (II) und (III) sind außer Kraft)

ZUSATZBESTIMMUNGEN:

(1., 2. und 4. Zusatzbestimmung sind außer Kraft)

(3. und 5. Zusatzbestimmung... unerheblich)

Disposición adicional sexta. Delimitación del alcance de las Leyes 4/1980, de 10 de enero; 46/1983, de 26 de diciembre, y 10/1988, de 3 de mayo.
La limitación de los servicios de difusión de televisión, en lo que se refiere a su ámbito territorial de prestación, contemplada en el artículo 2.2 de la Ley 4/1980, de 10 de enero, del Estatuto de la Radio y la Televisión, y en el artículo 1 de la Ley 46/1983, de 26 de diciembre, reguladora del Tercer Canal de Televisión, deberá entenderse referida a los servicios de difusión de televisión terrenal por ondas hertzianas. En ese sentido, a la prestación por las entidades concesionarias del tercer canal de televisión de servicios de difusión de televisión por satélite, le será de aplicación lo dispuesto en esta Ley.

Disposición adicional séptima. Programación de los servicios de televisión.
La programación de los servicios de difusión de televisión por satélite, sea o no codificada, deberá respetar, en todo caso, los principios contemplados en el artículo 4 de la Ley 4/1980, de 10 de enero, del Estatuto de la Radio y la Televisión.

(Disposición transitoria única...)

Disposición derogatoria única. Derogación normativa.
Queda derogada la Ley 35/1992, de 22 de diciembre, de Televisión por Satélite.

(Disposiciones finales...)

X.A. AUSZÜGE AUS DEM REAL DECRETO 136/1997 ZUR LTS:

(Real Decreto 136/1997, de 31.01.97, por el que se aprueba el Reglamento Técnico y de Prestación del Servicio de Telecomunicaciones por Satélite)
B.O.E. núm. 28, de 01.02.1997, S. 3178, Berichtigungen in B.O.E. núm. 39, de 14.02.1997, S. 5055)

(Preámbulo...)

Artículo 1. Aprobación del Reglamento Técnico y de Prestación del Servicio de Telecomunicaciones por Satélite.
1. Se aprueba el Reglamento Técnico y de Prestación del Servicio de Telecomunicaciones por Satélite que figura como anexo de este Real Decreto.
2. La regulación sobre el servicio de telecomunicaciones por satélite contenida en este Real Decreto y en el Reglamento que figura como anexo se refiere únicamente a los satélites de órbita geoestacionaria. Para los satélites de órbita baja y media se estará a lo dispuesto en las normas que transpongan al derecho interno la normativa comunitaria aprobada al efecto.

6. Zusatzbestimmung Abgrenzung des Geltungsbereichs der Gesetze 4/1980, de 10.01.80; 46/1983, de 26.12.83, und 10/1988, de 03.05.88
Die in den Artikeln 2 II der Ley 4/1980 (Anm.: ERTV) und in Artikel 1 der Ley 46/1983 (Anm.: LTC) enthaltene Begrenzung der Fernsehausstrahlungsdienste muß, wenn sie sich auf ihren Gebietsrahmen des Betriebs bezieht, so verstanden werden, daß sie sich auf die Ausstrahlung terrestrischen Fernsehens durch hertz´sche Wellen bezieht. In diesem Sinne sind auf den Betrieb von Satelliten-Fernsehausstrahlungsdiensten durch konzessionierte Körperschaften des dritten Fernsehkanals die Regeln dieses Gesetzes anzuwenden.

7. Zusatzbestimmung Programm der Fernsehdienste
Das Programm der kodierten oder unkodierten Satelliten-Fernsehausstrahlungsdienste muß in jedem Fall die Prinzipien, die in Artikel 4 der Ley 4/1980, de 10.01.80, del Estatuto de la Radio y la Televisión (ERTV) genannt sind, respektieren.

(1 Übergangsbestimmung...)

Einzige Außerkraftsetzungsbestimmung
Die Ley 35/1992, de 22.09.92, de Televisión por Satélite (Anm.: das alte Satellitenfernsehgesetz) wird außer Kraft gesetzt.

(2 Schlußbestimmungen...)

X.A. AUSZÜGE AUS DEM REAL DECRETO 136/1997 ZUR LTS:

(Real Decreto 136/1997, de 31.01.97, por el que se aprueba el Reglamento Técnico y de Prestación del Servicio de Telecomunicaciones por Satélite)
B.O.E. núm. 28, de 01.02.1997, S. 3178, Berichtigungen in B.O.E. núm. 39, de 14.02.1997, S. 5055)

(Vortext...)

Art. 1 Verabschiedung des Reglamento Técnico y de Prestación del Servicio de Telecomunicaciones por Satélite
(I) Das „Reglamento Técnico y de Prestación del Servicio de Telecomunicaciones por Satélite“ (Technik- und Betriebsreglement der Satelliten-Telekommunikationsdienste), das als Anhang dieses Real Decreto gestaltet ist, wird verabschiedet.
(II) Die Regulierung des Satelliten-Telekommunikationsdienstes, die in diesem Real Decreto und dem Reglamento, das als Anhang gestaltet ist, enthalten ist, bezieht sich allein auf die Satelliten in geostationärer Laufbahn. Für die Satelliten der tiefen und mittleren Umlaufbahn gelten die Regelungen, die die dazu erlassene gemeinschaftsrechtliche Gesetzgebung in inneres Recht übertragen.

3. Los prestadores de servicios de telecomunicaciones por satélite dirigidos a prestar servicios al público deberán garantizar el secreto de las comunicaciones, de conformidad con el artículo 18.3 de la Constitución, y el cumplimiento, en su caso, de lo establecido en el artículo 55.2 de la Norma Fundamental y en el artículo 579 de la Ley de Enjuiciamiento Criminal. Para ello, deberán adoptar los medios técnicos que estén establecidos o se establezcan por la normativa vigente en función de las características técnicas de la infraestructura utilizada.
Asimismo, deberán garantizar la protección de los datos personales, conforme a lo dispuesto en la Ley Orgánica 5/1992, de 29 de octubre, de Regulación del Tratamiento Automatizado de los Datos de Carácter Personal, así como en las normas que desarrollan esta Ley y en las disposiciones que le sean complementarias.

Artículo 2. Registro de operadores de servicios de acceso condicional para la televisión digital.
1. El Registro de operadores de servicios de acceso condicional para la televisión digital, creado por el Real Decreto-ley 1/1997, de 31 de enero, por el que se incorpora al Derecho Español la Directiva 95/47/CE, de 24 de octubre, del Parlamento Europeo y del Consejo, sobre el uso de normas para la transmisión de señales de televisión y se aprueban medidas adicionales para la liberalización del sector, se llevará por la Comisión del Mercado de las Telecomunicaciones y tendrá por objeto la inscripción obligatoria de las personas físicas o jurídicas que operen mediante la comercialización, distribución, cesión temporal o alquiler de descodificadores.
(...)

(3 Disposiciones Adicionales...)
(Disposición derogatoria única.)
(2 Disposiciones Finales...)

ANEXO
Reglamento Técnico y de Prestación del Servicio de Telecomunicaciones por Satélite

TITULO I Reglamento de prestación del servicio
Artículo 1. Objeto y ámbito.
Este Reglamento tiene por objeto la regulación de los requisitos técnicos y del régimen de prestación de los servicios de telecomunicaciones por satélite entendiendo por tales aquellos servicios de telecomunicaciones para cuya prestación se utilicen de forma principal redes de satélites de comunicaciones de conformidad con lo dispuesto en la Ley 37/1995, de 12 de diciembre, de Telecomunicaciones por Satélite. (...)

(III) Die Betreiber der Satelliten-Telekommunikationsdienste, die dazu bestimmt sind, Dienste für die Öffentlichkeit zu betreiben, müssen im Einklang mit Artikel 18 III der Verfassung (Anm.: CE) das Kommunikationsgeheimnis garantieren, und gegebenenfalls die Erfüllung des Artikels 55 II der Grundnorm (CE) und des Artikels 579 des Strafprozeßgesetzes. Dazu müssen sie die technischen Mittel verwenden, die von der gültigen Gesetzgebung bezüglich der technischen Charakteristika der verwendeten Infrastruktur entwickelt wurden oder werden.
Gleichermaßen müssen sie den Schutz der persönlichen Daten im Einklang mit der Ley Orgánica 5/1992, de 29.10.92, de Regulación del Tratamiento Automatizado de los Datos de Carácter Personal (Organgesetz 5/1992 zur Regelung der automatischen Verarbeitung persönlicher Daten) garantieren.

Art. 2 Register der digitalen Pay-TV-Betreiber
(I) Das Register der digitalen Pay-TV-Betreiber, das durch das Real Decreto-ley 1/1997, de 31.01.97, por el que se incorpora al Derecho Español la Directiva 95/47/CE, de 24.10.95, del Parlamento Europeo y del Consejo, sobre el uso de normas para la transmisión de señales de televisión y se adoptan medidas urgentes para garantizar el derecho de los ciudadanos a la libertad de opción de servicios de televisión por setélite (Real Decreto-ley 1/1997 zur Umsetzung der Richtlinie 95/47/EG in das spanische Recht) geschaffen wurde, wird von der „Comisión del Mercado de las Telecomunicaciones" (Telekommunikations-Marktkommission) geführt und hat die obligatorische Einschreibung der natürlichen oder juristischen Personen, die mittels der Kommerzialisierung, des Vertriebs, der zeitweiligen Zession oder Vermietung der Decoder arbeiten, zur Aufgabe.
(...)

(3 Zusatzbestimmungen...)
(Eine Außerkraftsetzungsbestimmung...)
(2 Schlußbestimmungen...)

ANHANG
TECHNIK- UND BETRIEBSREGLEMENT DES DIENSTES DER SATELLITEN-TELEKOMMUNIKATION

Abschnitt I: Das Betriebsreglement des Dienstes

Art. 1 Regelungsobjekt und Anwendungsrahmen
Dieses Reglement hat als Objekt die Regelung der technischen Erfordernisse und des Rechtsrahmens zum Betrieb der Satelliten-Telekommunikationsdienste, unter welchen diejenigen Dienste zu verstehen sind, für deren Betrieb hauptsächlich Netze von Kommunikations-Satelliten im Einklang mit den Regeln der Ley 37/1995, de 12.12.95, de Telecomunicaciones por Satélite (LTS) benutzt werden. (...)

Artículo 2. Naturaleza jurídica.

De acuerdo con lo establecido en el artículo 1 de la Ley 37/1995, de 12 de diciembre, de Telecomunicaciones por Satélite, los servicios objeto de este Reglamento no tendrán la consideración de servicio público. Para la prestación de estos servicios se requerirá autorización administrativa previa y, en los términos que se establecen en este Reglamento, para la utilización del dominio público radioeléctrico será necesaria la obtención de la correspondiente concesión demanial, que se otorgará aparejada a la autorización.

Estas autorizaciones administrativas para la prestación de servicios y, en su caso, la concesión demanial aneja, podrán solicitarse por los interesados separada o conjuntamente y deberán ser resueltas por la Administración, cuando la solicitud sea conjunta, en una única Resolución que resuelva sobre las distintas solicitudes formuladas.

(...)

Artículo 5. De la autorización para la prestación de servicios de telecomunicaciones por satélite.

Para la prestación de los servicios de telecomunicaciones por satélite será necesaria la previa obtención de autorización administrativa que, en su caso, deberá ir acompañada de concesión del dominio público necesario para la prestación del servicio.

En virtud de lo expresado por el interesado en su solicitud, la autorización deberá establecer si habilita para la prestación de todos o algunos de los siguientes servicios:

1.° Servicio portador de telecomunicaciones por satélite. En este supuesto, la autorización habilita a su titular únicamente para el suministro de capacidad de transporte de señales pero no para la prestación de los servicios que discurran por esa capacidad. La autorización deberá llevar aparejada en este caso concesión de dominio público radioeléctrico.

(2.° ...)

3.° Servicios de difusión de televisión por satélite que utilicen un servicio portador propio o ajeno de telecomunicaciones por satélite:

Si se utiliza un servicio portador propio, la autorización llevará aparejada la concesión demanial que se otorgará individualizada, salvo que el solicitante haya pedido conjuntamente autorización del número 1.° de este artículo, y se le otorgue esta autorización.

En todo caso, cuando sea preciso asignar una capacidad de espectro indivisible para prestar el servicio de difusión de televisión, el titular de este servicio deberá obtener la autorización para la prestación del servicio portador de telecomunicaciones por satélite previsto en el citado número 1 cuyo régimen le será plenamente aplicable.

En todo caso, cuando sea preciso asignar una capacidad de espectro indivisible para prestar el servicio de difusión de televisión, el titular de este servicio deberá obtener la autorización para la prestación del servicio portador de telecomunicaciones por satélite previsto en el citado número 1 cuyo régimen le será plenamente aplicable.

En cualquier caso, quien solicite la autorización deberá, asimismo, hacer constar lo siguientes extremos:

La organización y sistema de satélite que se piensa utilizar.

Art. 2 Rechtsnatur
Im Einklang mit den Regeln des Artikels 1 der Ley 37/1995, de 12.12.95, de Telecomunicaciones por satélite (Anm.: LTS), tragen die Dienste, die Objekte dieses Reglamento sind, nicht die Einstufung als öffentliche Dienste. Für den Betrieb dieser Dienste ist eine vorherige Verwaltungsgenehmigung erforderlich, und in den Worten dieses Reglamento ist für die Benutzung des öffentlichen radioelektrischen Luftraums die Erteilung der entsprechenden das öffentliche Eigentum betreffenden Konzession notwendig, die passend zu der Genehmigung erteilt wird.
Diese Verwaltungsgenehmigungen zum Betrieb der Dienste und gegebenenfalls die das öffentliche Eigentum betreffende angehängte Konzession können von den Interessenten getrennt oder gemeinsam beantragt werden und müssen, wenn der Antrag gemeinsam gestellt wird, durch die Verwaltung in einer einzigen Entscheidung über die verschiedenen formulierten Anträge beschieden werden.

(...)

Art. 5 Über die Genehmigung zum Betrieb der Dienste der Satelliten-Telekommunikation
Zum Betrieb der Satelliten-Telekommunikationsdienste ist die vorherige Erteilung der Verwaltungsgenehmigung erforderlich, die gegebenenfalls von einer Konzession des radioelektrischen öffentlichen Luftraums begleitet werden muß, die zum Betrieb des Dienstes notwendig ist.
Aufgrund der Formulierung des Antragstellers in seinem Antrag muß die Genehmigung regeln, ob sie zum Betrieb aller oder nur einzelner der folgenden Dienste berechtigt:
1. Weiterverbreitungsdienst der Satelliten-Telekommunikation.
In diesem Falle berechtigt die Genehmigung ihren Inhaber allein zur Lieferung der Transportkapazität für Signale, aber nicht zum Betrieb der Dienste, die über diese Kapazität laufen. Die Genehmigung muß in diesem Falle die Konzession des öffentlichen radioelektrischen Luftraums enthalten.
(2. ...betrifft nicht das Fernsehen.)
3. Satelliten-Fernsehausstrahlungsdienste, die einen eigenen oder einen fremden Weiterverbreitungsdienst der Satelliten-Telekommunikation benutzen:
Wenn ein eigener Weiterverbreitungsdienst benutzt wird, bringt die Genehmigung die das öffentliche Eigentum betreffende Konzession, die in individueller Form erteilt wird, mit sich, außer, der Antragsteller hat zusätzlich eine Genehmigung nach Nr. 1 dieses Artikels beantragt und ihm wird diese Genehmigung erteilt.
In jedem Falle muß der Inhaber dieses (Fernsehausstrahlungs-)Dienstes, wenn es erforderlich sein sollte, eine Kapazität des unteilbaren Frequenzspektrums zum Betrieb des Fernsehausstrahlungsdienstes zuzuteilen, die Genehmigung für den Betrieb des Weiterverbreitungsdienstes der Satelliten-Telekommunikation erhalten, die in Nr. 1 vorgesehen ist und deren Regelungen vollständig anzuwenden sind.
In jedem Falle muß der, der die Genehmigung beantragt, gleichermaßen die folgenden Punkte darlegen:
Die Organisation und das Satellitensystem, das er zu benutzen gedenkt.

La capacidad de satélite utilizaba, así como los transpondedores y las características técnicas en que se va a prestar el servicio.
Cuando el titular del servicio portador de telecomunicaciones por satélite preste un servicio de difusión de televisión, será de aplicación lo dispuesto en este número 3.°
La autorización para este tipo de servicios no incluye las modalidades de servicios codificados, sean temáticos o no, ni de vídeo bajo demanda o análogos, cuya prestación se entenderá cubierta por la autorización para la prestación de servicios a terceros.
Las autorizaciones de servicios que se otorguen deberán expresar las obligaciones que comportan, en función de los servicios de que se trate y lo dispuesto para cada uno de ellos en este Reglamento, y se otorgarán por un plazo de cinco años, que podrá prorrogarse por períodos sucesivos de la misma duración, previa solicitud del interesado formulada el mes anterior a su vencimiento.

(...)

Artículo 7. De las obligaciones aplicables en la prestación del servicio de difusión de televisión por satélite.
En la prestación de servicios de difusión de televisión por satélite, tanto si se utiliza un servicio portador propio como ajeno, serán de aplicación las siguientes obligaciones:
a) La programación de los servicios de difusión de televisión por satélite, sea codificada o no, que incluya en su ámbito de cobertura la totalidad o parte del territorio nacional deberá respetar, en todo caso, los principios contemplados en el artículo 4 de la Ley 4/1980, de 10 de enero, del Estatuto de la Radio y la Televisión.
b) La programación de carácter generalista de los servicios de televisión por satélite cubiertos por la autorización a la que se refiere el apartado 3.° del artículo 5 de este Reglamento que incluya en su ámbito de cobertura todo o parte del territorio de la Unión Europea, estará sometida a lo dispuesto en la Ley 25/1994, de 12 de julio, por la que se incorpora al ordenamiento jurídico español la Directiva 89/552/CEE sobre coordinación de disposiciones legales, reglamentarias y administrativas de los Estados miembros relativas al ejercicio de actividades de radiodifusión televisiva. Los plazos contenidos en la disposición transitoria de dicha Ley se contarán a partir de la entrada en vigor de la Ley 37/1995, de Telecomunicaciones por Satélite.
A efectos de lo dispuesto en el párrafo anterior se entenderá por programación generalista la dirigida al público en general con independencia del tipo de programas emitidos.
c) El cumplimiento de lo dispuesto en la legislación nacional y comunitaria en materia de propiedad intelectual.
d) Los prestadores de servicios de difusión de televisión por satélite deberán, en su caso, facilitar a la Dirección General de Telecomunicaciones, sin coste alguno para ésta y a efectos de inspección de los programas, los correspondientes descodificadores.

(...)

Die Kapazität des zu benutzenden Satelliten sowie der Transponder und der technischen Charakteristika, mit denen er den Dienst betreiben wird.
Wenn der Inhaber des Weiterverbreitungsdienstes der Satelliten-Telekommunikation einen Fernsehausstrahlungsdienst betreibt, sind die Regeln dieser Nr. 3 anzuwenden.
Die Genehmigung für diesen Diensttyp schließt weder die Modalitäten der kodifizierten Dienste, seien sie thematisch oder nicht, mit ein, noch Video-on-demand- oder analoge Dienste, deren Betrieb als durch die Genehmigung zum Betrieb von Diensten für Dritte (nach Nr.2) abgedeckt zu verstehen ist.
Die Genehmigungen der Dienste, die erteilt werden, müssen die Verpflichtungen ausdrücken, die sie bezüglich der Dienste, um die es sich handelt, mit sich bringen, sowie die für jeden einzelnen in diesem Reglamento enthaltenen Regeln, und sie werden für einen Zeitraum von fünf Jahren erteilt, der sukzessiv für gleiche Zeiträume verlängert werden kann, nach vorherigem Antrag des Interessenten, der im Monat vor ihrem Ablauf zu formulieren ist.

(...)

Art. 7 Über die Pflichten, die beim Betrieb der Satelliten-Fernsehausstrahlungsdienste anwendbar sind
Beim Betrieb der Satellitenfernsehausstrahlungsdienste finden sowohl bei Nutzung eines eigenen als auch bei Nutzung eines fremden Weiterverbreitungsdienstes die folgenden Pflichten Anwendung:
a) Das Programm der Satellitenfernseh-Ausstrahlungsdienste, sei es Pay-TV oder nicht, das in dem Gebiet seiner Reichweite das ganze oder einen Teil des nationalen Territoriums einschließt, muß in jedem Fall die Prinzipien berücksichtigen, die in Artikel 4 der Ley 4/1980, de 10.01.80, del Estatuto de la Radio y la Televisión (Anm.: ERTV) betrachtet werden.
b) Das Programm allgemeinen Charakters der unter dem Schutz der Genehmigung des Artikels 5 Nr.3 dieses Reglamentos stehenden Satelliten-Fernsehdienste, das in dem Gebiet seiner Reichweite das ganze oder einen Teil des Territoriums der Europäischen Union einschließt, ist gebunden an die Regelungen der Ley 25/1994, de 12.07.94, por la que se incorpora al ordenamiento jurídico español la Directica 89/552/CEE sobre la coordinación de disposiciones legales, reglamentarias y administrativas de los Estados miembros relativas al ejercicio de actividades de radiodifusión televisiva (Anm.: LID). Die Fristen, die in der Übergangsbestimmung dieses Gesetzes enthalten sind, werden gezählt ab dem Inkrafttreten der Ley 37/1995, de Telecomunicaciones por satélite (Anm.: LTS).
Bezüglich der Regelungen des vorigen Unterabsatzes versteht sich unter allgemeinem Programm das, das allgemein an das Publikum gerichtet ist, unabhängig vom Typ der ausgestrahlten Programme.
c) Die Erfüllung der Regelungen aus der nationalen und gemeinschaftsrechtlichen Gesetzgebung auf dem Gebiet des intellektuellen Eigentums.
d) Die Betreiber der Satellitenfernseh-Ausstrahlungsdienste müssen gegebenenfalls der Dirección General de Telecomunicaciones zur Beaufsichtigung der Programme und ohne jegliche Kosten für diese die entsprechenden Decoder beschaffen.
(...)

Artículo 10. De los procedimientos de otorgamiento, modificación y extinción de las autorizaciones.

1. El otorgamiento, modificación y extinción de las autorizaciones a que se refiere este Reglamento se regirá con carácter general por lo dispuesto en el Real Decreto 1778/1994, de 5 de agosto, por el que se adecuan a la Ley 30/1992, de Régimen Jurídico de las Administraciones Públicas y del Procedimiento Administrativo Común, las normas reguladores de los procedimientos de otorgamiento, modificación y extinción de las autorizaciones y por el anexo I del Real Decreto 1773/1994, de 5 de agosto, que contiene el Reglamento de especialidades del procedimiento de autorizaciones en materia de telecomunicaciones.
A falta de resolución expresa, las autorizaciones podrán entenderse desestimadas transcurridos cuatro meses, desde la fecha de entrada de la solicitud en cualquiera de los Registros del órgano administrativo competente.

2. No obstante lo dispuesto en el epígrafe anterior, con carácter previo al otorgamiento de autorizaciones en las que, de conformidad con el Cuadro Nacional de Atribución de Frecuencias, el número de frecuencias reservadas para la prestación del servicio esté limitado, la Dirección General de Telecomunicaciones, de oficio o a instancia de parte interesada, abrirá un período de información pública a efectos de determinar los posibles interesados en la prestación del servicio.
El período de información pública se abrirá con un anuncio público en el «Boletín Oficial del Estado» y en dos diarios de difusión nacional, estableciendo un plazo no inferior a un mes ni superior a cuatro, para que los interesados en la prestación del servicio formulen solicitudes. Los costes de los anuncios efectuados serán por cuenta de la persona física o jurídica que obtenga la autorización definitiva.
Una vez recibidas la solicitudes con la documentación exigida y en los plazos establecidos en la normativa aplicable de acuerdo con el número 1 de este artículo, se examinará si todas las solicitudes recibidas pueden atenderse o no con la capacidad de frecuencias disponibles. En el primer caso, se otorgarán las autorizaciones con arreglo al procedimiento recogido en el Real Decreto 1778/1994 y en el anexo I del Real Decreto 1773/1994. Si por el contrario, las solicitudes recibidas superan la capacidad de frecuencias disponibles, se convocará por el Ministerio de Fomento el correspondiente concurso público.
En los concursos públicos convocados para el otorgamiento de la autorización del servicio y concesión demanial aneja será de aplicación lo dispuesto en la legislación de contratos de las Administraciones Públicas, en lo relativo a la convocatoria, pliego de bases, adjudicación, modificación y extinción de las concesiones para la gestión de servicios públicos, no siendo de aplicación, sin embargo, lo relativo a las obligaciones de servicio público impuestas al concesionario.

Art. 10 Über die Verfahren der Erteilung, Änderung und des Erlöschens der Genehmigungen

(I) Die Erteilung, Änderung und das Erlöschen der Genehmigungen, auf die sich dieses Reglement bezieht, bestimmt sich allgemein nach den Regelungen des Real Decreto 1.773/1994, de 05.08.94, por el que se adecuan a la Ley 30/1992, de Régimen Jurídico de las Administraciones Públicas y del Procedimiento Administrativo Común (Real Decreto 1.773/1994 zu Anpassung an die Ley 30/1992 (Verwaltungsverfahrensgesetz)), nach den Normen zur Regelung der Verfahren zur Erteilung, Änderung und zum Erlöschen der Genehmigungen und nach dem Anhang I des Real Decreto 1.773/1994, de 05.08.94, der das Reglement über Besonderheiten des Verfahrens bei Genehmigungen in der Materie des Telekommunikationswesens enthält.

Mangels ausdrücklichen Bescheids sind die Genehmigungen nach Ablauf von vier Monaten ab dem Eingang des Genehmigungsantrags bei jedwedem Register des zuständigen Verwaltungsorgans als abgelehnt anzusehen.

(II) Unbeschadet der Regelungen des vorigen Absatzes eröffnet die „Dirección General de Telecomunicaciones“ (Telekommunikations-Generaldirektion) vor Erteilung der Genehmigungen, in denen im Einklang mit dem nationalen Frequenzverteilungsplan die Anzahl der für den Betrieb des Dienstes reservierten Frequenzen beschränkt werden, von Amts wegen oder auf Antrag einer interessierten Partei einen Zeitraum zur öffentlichen Information zur Bestimmung der am Betrieb des Dienstes möglicherweise Interessierten.

Der Zeitraum zur öffentlichen Information wird eröffnet mit einer öffentlichen Anzeige im Boletín Oficial del Estado (B.O.E.) und in zwei landesweiten Tageszeitungen, in denen eine Frist von einem bis vier Monaten angegeben ist, damit die am Betrieb des Dienstes Interessierten Anträge stellen. Die Kosten der getätigten Anzeigen gehen zu Lasten der natürlichen oder juristischen Person, die die endgültige Genehmigung erhält.

Nach Eingang der Anträge mitsamt den verlangten Nachweisen und innerhalb der Fristen, die in der anzuwendenden Gesetzgebung im Einklang mit Nummer 1 dieses Artikels niedergelegt sind, wird geprüft, ob mit der Kapazität der verfügbaren Frequenzen allen eingegangenen Anträgen stattgegeben werden kann oder nicht. Im ersten Falle werden die Genehmigungen nach den Verfahrensregelungen des Real Decreto 1.773/1994 und des Anhangs I des Real Decreto 1.773/1994 erteilt. Anderenfalls, wenn die erhaltenen Anträge die Kapazität der verfügbaren Frequenzen übersteigt, wird durch das Ministerio de Fomento das entsprechende öffentliche Ausschreibungsverfahren einberufen.

Innerhalb der öffentlichen Ausschreibungsverfahren, die zur Erteilung der Genehmigung für den Dienst und der angehängten, das öffentliche Eigentum betreffenden Konzession einberufen werden, sind die Regelungen aus der Gesetzgebung über Verträge der öffentlichen Verwaltung (Anm.: Ley 13/1995) in bezug auf die Einberufung, Vertragsbedingungen, Erteilung, Änderung und Erlöschen der Konzessionen für den Betrieb öffentlicher Dienste anzuwenden, jedoch ohne Anwendung der Regeln, die sich auf die dem Konzessionär auferlegten Verpflichtungen des öffentlichen Dienstes beziehen.

3. Serán causas de extinción de la autorización:
a) El incumplimiento de las obligaciones establecidas en la resolución autorizatoria de conformidad con lo dispuesto en este Reglamento y en el Real Decreto que lo aprueba.
b) La revocación de la reserva provisional de frecuencias o de la concesión demanial definitiva.
c) La extinción del plazo de otorgamiento, en su caso, de la concesión de dominio público radioeléctrico, sin haberse prorrogado.

Artículo 11. De los procedimientos de otorgamiento de la concesión demanial aneja.
En los casos en que, de acuerdo con este Reglamento, el titular de la autorización para prestar servicios de telecomunicaciones por satélite, deba obtener una concesión demanial aneja a la autorización será de aplicación lo siguiente:
1. En las autorizaciones para la prestación del servicio portador de telecomunicaciones por satélite, la autorización llevará aparejada la correspondiente concesión de dominio público radioeléctrico, concesión que se otorgará globalmente y para cuya delimitación servirá de base la solicitud inicial formulada por el peticionario de la autorización.
2. Toda autorización que precise concesión demanial aneja se sustanciará mediante el otorgamiento de la correspondiente reserva provisional de frecuencias que se otorgará conjuntamente con la autorización. La validez de la reserva provisional quedará condicionada a que en el plazo de cuatro meses desde el otorgamiento de la autorización la Administración de Telecomunicaciones transforme la reserva provisional en asignación definitiva. En todo caso, el plazo máximo para resolver por parte de la Administración de acuerdo con lo dispuesto en el artículo 16 del anexo II del Real Decreto 1773/1994, de 5 de agosto, será de ocho meses desde la presentación de la solicitud. La no transformación en dicho plazo de la reserva provisional en asignación definitiva por razones de carácter técnico, podrá dar lugar a la anulación de la autorización otorgada y de la concesión demanial que lleva aparejada.
La no transformación de la reserva provisional en asignación definitiva, tan sólo procederá cuando se den razones excepcionales de carácter técnico de incompatibilidad del dominio público radioeléctrico que se pretende utilizar. Dichas razones deberán ser expresamente delimitadas en la resolución que se dicte. La Administración en estos supuestos de incompatibilidad propondrá, en su caso, la utilización de otras frecuencias que permitan la prestación del servicio autorizado.

(III) Gründe zum Erlöschen der Genehmigung sind:
a) Die Nichterfüllung der in dem Genehmigungsschreiben geregelten Verpflichtungen, im Einklang mit den Regeln dieses Reglements und des Real Decreto, das es verabschiedet.
b) Der Widerruf der provisorischen Frequenzreservierung oder der endgültigen, das öffentliche Eigentum betreffenden Konzession.
c) Gegebenenfalls der Fristablauf der Konzession des öffentlichen radioelektrischen Luftraums, ohne daß sie verlängert wurde.

Art. 11 Über das Verfahren der Erteilung der angehängten, das öffentliche Eigentum betreffenden Konzession
In den Fällen, in denen im Einklang mit diesem Reglamento der Inhaber der Genehmigung zum Betrieb von Satelliten-Telekommunikationsdiensten eine der Genehmigung angehängte, das öffentliche Eigentum betreffende Konzession erhalten muß, ist Folgendes anzuwenden:
(I) Bei den Genehmigungen zum Betrieb des Satelliten-Weiterverbreitungsdienstes enthält die Genehmigung die entsprechende Konzession des öffentlichen radioelektrischen Luftraums, eine Konzession, die global erteilt wird und für deren Begrenzung der Antrag, der ursprünglich durch den Antragsteller der Genehmigung gestellt wurde, als Grundlage dient.
(II) Jede Genehmigung, die eine angehängte, das öffentliche Eigentum betreffende Konzession benötigt, begründet sich auf die Erteilung der entsprechenden provisorischen Frequenzreservierung, die zusammen mit der Genehmigung erteilt wird. Die Gültigkeit der provisorischen Reservierung bleibt abhängig davon, daß innerhalb einer Frist von vier Monaten ab Genehmigungserteilung die Telekommunikations-Verwaltung die provisorische Reservierung in eine endgültige Erteilung umwandelt. In jedem Fall ist die maximale Frist zur Lösung durch die Verwaltung im Einklang mit den Regeln des Artikels 16 des Anhangs II des Real Decreto 1.773/1994, de 05.08.94 acht Monate ab Antragstellung. Die Nicht-Umwandlung der provisorischen Frequenzreservierung in eine endgültige Erteilung innerhalb dieser Frist aus Gründen technischer Art kann die Annullierung der erteilten Genehmigung und der enthaltenen, das öffentliche Eigentum betreffenden Konzession nach sich ziehen.
Die Nicht-Umwandlung der provisorischen Frequenzreservierung in eine endgültige Erteilung wird nur vorgenommen, wenn ausnahmsweise technische Gründe der Inkompatibilität des öffentlichen radioelektrischen Luftraums, der benutzt werden soll, bestehen. Diese Gründe müssen ausdrücklich in dem Bescheid, der dies mitteilt, angegeben werden. Die Verwaltung schlägt gegebenenfalls unter diesen Voraussetzungen der Inkompatibilität den Gebrauch anderer Frequenzen vor, die den Betrieb des genehmigten Dienstes erlauben.

3. En cualquier caso, tanto la reserva provisional de frecuencias como la asignación definitiva se otorgarán previo examen de la no existencia de incompatibilidad con otros servicios autorizados y de que el sistema de satélites que se pretende utilizar haya efectuado la correspondiente coordinación técnica y económica con el Estado español y se reconozca, en el país de origen de la persona física o jurídica solicitante de la autorización, en virtud del principio de reciprocidad a las sociedades y ciudadanos españoles el derecho a prestar servicios similares. La constatación de una incompatibilidad sobrevenida con otros servicios autorizados o el incumplimiento de las exigencias anteriormente citadas podrá dar lugar a la revocación de la autorización otorgada y de la concesión demanial que lleva aparejada.
4. Las concesiones demaniales anejas a las autorizaciones se otorgarán por un plazo de cinco años renovables, debiendo solicitarse por el titular de la concesión la renovación de la misma por igual período con un mes de antelación a la fecha de su finalización. La no renovación de la concesión demanial que, en todo caso, deberá ser motivada, dará lugar a la extinción de la autorización correspondiente.
5. Los titulares de autorizaciones para la prestación de servicios de telecomunicaciones por satélite podrán solicitar nuevas frecuencias necesarias para los servicios que presten, o la modificación de las ya otorgadas en los términos establecidos en el Reglamento que desarrolla la Ley 31/1987, de Ordenación de las Telecomunicaciones, en relación con el dominio público radioeléctrico aprobado por Real Decreto 844/1989, de 7 de julio.
6. A las concesiones de dominio público radioeléctrico para la prestación del servicio de telecomunicaciones por satélite les será de plena aplicación lo dispuesto en el Reglamento citado en el punto anterior y en sus normas de desarrollo y, en especial, el Cuadro Nacional de Atribución de Frecuencias.
7. Serán causas de revocación de la concesión demanial a que se refiere este artículo:
a) En los supuestos de concesión demanial individualizada, la revocación de la autorización para la que se encuentre afectado el dominio público correspondiente.
(b) und c)).

Artículo 12. De las facultades de la Administración.
La Dirección General de Telecomunicaciones y la Comisión del Mercado de las Telecomunicaciones, en el ámbito de sus competencias, podrán requerir tanto de los solicitantes, como de los titulares de autorizaciones de telecomunicaciones por satélite, cuanta documentación consideren necesaria para comprobar el cumplimiento de lo dispuesto en este Reglamento, sobre el servicio, la autorización y la concesión demanial.

Artículo 13. Causas de denegación de las autorizaciones.
Serán causas de denegación de autorizaciones:
a) El incumplimiento de los requisitos exigidos en este Reglamento para formular la solicitud.

(III) In jedem Fall werden sowohl die provisorische Frequenzreservierung als auch die endgültige Erteilung nach vorheriger Prüfung der Nichtexistenz einer Inkompatibilität mit anderen genehmigten Diensten und wenn das Satellitensystem, das zu benutzen beabsichtigt wird, die entsprechende technische und wirtschaftliche Koordination mit dem spanischen Staat aufweist, erteilt, wenn in dem Heimatland der natürlichen oder juristischen Person, die den Genehmigungsantrag stellt, im Sinne des Gegenseitigkeitsgrundsatzes den spanischen Gesellschaften und Bürgern das Recht zusteht, ähnliche Dienste zu betreiben. Die Feststellung einer später eintretenden Inkompatibilität mit anderen genehmigten Diensten oder der Nichterfüllung der zuvor zitierten Erfordernisse, kann den Widerruf der erteilten Genehmigung und der angehängten, das öffentliche Eigentum betreffenden Konzession nach sich ziehen.
(IV) Die angehängten, das öffentliche Eigentum betreffenden Konzessionen werden für eine verlängerbare Frist von 5 Jahren erteilt, dazu muß der Inhaber der Konzession die Verlängerung derselben für einen gleichen Zeitraum einen Monat vor ihrem Auslaufen beantragen. Die Nicht-Verlängerung der das öffentliche Eigentum betreffenden Konzession, die in jedem Falle begründet werden muß, zieht das Erlöschen der entsprechenden Genehmigung nach sich.
(V) Die Inhaber der Genehmigungen zum Betrieb der Satelliten-Telekommunikationsdienste können neue Frequenzen, die sie zum Betrieb ihrer Dienste benötigen oder die Abänderung der bereits erteilten beantragen, entsprechend dem Reglamento, das die Ley 31/1987, de Ordenación de las Telecomunicaciones (LOT) bezüglich des öffentlichen radioelektrischen Luftraums entwickelt, welches durch das Real Decreto 844/1989, de 07.07.89, verabschiedet wurde.
(VI) Bezüglich der Konzessionen der öffentlichen radioelektrischen Luftraums zum Betrieb des Satelliten-Telekommunikationsdienstes sind die Regeln des im vorigen Absatz zitierten Reglamentos und dessen Entwicklungsnormen und speziell der Nationale Frequenzverteilungsplan vollständig anzuwenden.
(VII) Gründe des Widerrufs der das öffentliche Eigentum betreffenden Konzession, auf die sich dieser Artikel bezieht, sind:
a) In den Fällen der individuellen, das öffentliche Eigentum betreffenden Konzession der Widerruf der Genehmigung, durch die der entsprechende öffentliche Luftraum betroffen wird. (b) und c) ... unwichtig).

Art. 12 Über die Befugnisse der Verwaltung
Die Dirección General de Telecomunicaciones (Telekommunikations-Generaldirektion des Ministerio de Fomento) und die Comisión del Mercado de las Telecomunicaciones (Telekommunikations-Marktkommission) können im Rahmen ihrer Kompetenzen sowohl von den Antragstellern als auch von den Inhabern der Genehmigungen des Satelliten-Telekommunikationswesens alle Unterlagen anfordern, die sie für die Überprüfung der Erfüllung der Regelungen dieses Reglamentos über den Dienst, die Genehmigung und die Konzession für notwendig erachten."

Art. 13 Gründe für die Ablehnung der Genehmigung
Es gibt folgende Gründe für die Ablehnung der Genehmigungen:
a) Die Nichterfüllung der in diesem Reglamento (Anh. des R.D. 136/1997) verlangten Anforderungen der Antragstellung.

b) La negativa del solicitante a aportar la información requerida por la Administración, a que se refiere el artículo anterior, así como el incumplimiento de lo dispuesto en el artículo 6 de este Reglamento.
c) La no obtención, en su caso, de la asignación provisional de frecuencias o de la asignación definitiva de dominio público radioeléctrico, de conformidad con lo previsto en el artículo 11 de este Reglamento.
d) El incumplimiento de los requisitos exigidos en este Reglamento, según el tipo de servicio autorizado.

Artículo 14. Inspección de la Administración.
La explotación de los servicios de telecomunicaciones por satélite estará sometida al régimen de inspecciones previstas en materia de telecomunicaciones, y a las que establezca, en cualquier momento, la Inspección de Telecomunicaciones del Ministerio de Fomento, para vigilar el cumplimiento de las condiciones y requisitos impuestos en los títulos habilitantes autorizatorios, así como para garantizar la eficaz utilización y protección del dominio público radioeléctrico.
La negativa a ser inspeccionado o la obstaculización de las inspecciones establecidas en el párrafo anterior, será considerado incumplimiento de las obligaciones de la autorización, a efectos de lo prescrito en el número 3 del artículo 10.
A tales efectos, por la Inspección de Telecomunicaciones se realizarán cuantos controles estime necesarios(...).

Artículo 15. Régimen sancionador.
La vulneración de lo dispuesto en la Ley 37/1995, de 12 de diciembre, de Telecomunicaciones por Satélite, y en este Reglamento se regirá por lo establecido en el título IV de la Ley 31/1987, de 18 de diciembre, de Ordenación de las Telecomunicaciones, y, en lo que resulte aplicable, en la Ley 25/1994, de 12 de julio, por la que se incorpora al ordenamiento jurídico español la Directiva 89/552/CEE, sobre la coordinación de disposiciones legales, reglamentarias y administrativas de los Estados miembros relativas a actividades de radiodifusión televisiva.
La competencia para la imposición de las sanciones corresponderá al Ministro de Fomento para las infracciones muy graves, al Secretario general de Comunicaciones para las graves y al Director general de Telecomunicaciones para las leves.
El procedimiento para la imposición de sanciones se regirá por lo dispuesto en el Reglamento de procedimiento para el ejercicio de la potestad sancionadora, aprobado por Real Decreto 1398/1993, de 4 de agosto, con las especialidades previstas en el anexo III del Real Decreto 1773/1994, de 5 de agosto, por el que se adecuan determinados procedimientos administrativos en materia de telecomunicaciones a la Ley 30/1992, de 26 de noviembre, de Régimen Jurídico de las Administraciones Públicas y del Procedimiento Administrativo Común.

b) Die Weigerung des Antragstellers, der Behörde die angeforderten Informationen, auf die sich der vorige Artikel bezieht, zu übermitteln.
c) Gegebenenfalls der Nichterhalt der provisorischen Frequenzzuweisung oder der endgültigen Frequenzzuweisung des öffentlichen radioelektrischen Luftraums, im Einklang mit den Regeln des Artikels 11 dieses Reglamentos.
d) Die Nichterfüllung der in diesem Reglamento je nach Typ des genehmigten Dienstes verlangten Anforderungen.

Art. 14 Beaufsichtigung durch die Verwaltung
Die Nutzung der Satelliten-Telekommunikationsdienste ist gebunden an das Beaufsichtigungssystem, das in der Materie der Telekommunikation vorgesehen ist und jederzeit durch die „Inspección de Telecomunicaciones del Ministerio de Fomento“ (Telekommunikations-Inspektion des Ministerio de Fomento) entwickelt werden kann, um die Erfüllung der Bedingungen und Anforderungen zu überwachen, die in den erteilten genehmigten Rechtstiteln auferlegt werden, und um gleichermaßen den effektiven Gebrauch und den Schutz des öffentlichen radioelektrischen Luftraums zu garantieren.
Die Weigerung, beaufsichtigt zu werden oder die Behinderung der Beaufsichtigungen, die im vorigen Absatz entwickelt werden, wird als eine Nichterfüllung der Pflichten der Genehmigung angesehen, mit den Wirkungen der Vorschrift des Artikels 10 III.
Dazu werden durch die „Inspección de Telecomunicaciones“ (Telekommunikations-Inspektion des Ministerio de Fomento) so viele Kontrollen durchgeführt, wie diese für erforderlich hält (...).

Art. 15 Sanktionsrahmen
Die Verletzung der Regeln aus der Ley 37/1995, de 12.12.95, de Telecomunicaciones por satélite (Anm.: LTS) und aus diesem Reglamento (Anm.: Anh. des R.D. 136/1997) bestimmt sich nach den Regeln aus dem Abschnitt IV der Ley 31/1987, de 18.12.87, de Ordenación des las Telecomunicaciones (Anm.: LOT), und, soweit anwendbar, aus der Ley 25/1994, de 12.07.94, por la que se incorpora al ordenamiento jurídico español la Directica 89/552/CEE sobre la coordinación de disposiciones legales, reglamentarias y administrativas de los Estados miembros relativas al ejercicio de actividades de radiodifusión televisiva (Anm.: LID).
Die Befugnis zur Auferlegung der Sanktionen obliegt dem Ministerio de Fomento für die sehr schweren Verstöße, dem „Secretario general de Comunicaciones“ (Generalsekretär für Kommunikation) für die schweren, und dem „Director general de Telecomunicaciones“ (Generaldirektor für Telekommunikation) für die leichten Verstöße.
Das Verfahren zur Auferlegung der Sanktionen richtet sich nach den Regeln des Reglamento de procedimiento para el ejercicio de la potestad sancionadora (Reglement des Verfahrens zur Ausübung der Sanktionsbefugnis), das durch das Real Decreto 1.398/1993, de 04.08.93 verabschiedet wurde, mit den Spezialregeln, die im Anhang III des Real Decreto 1.773/1994, de 05.08.94, por el que se adecuan a la Ley 30/1992, de Régimen Jurídico de las Administraciones Públicas y del Procedimiento Administrativo Común (Real Decreto 1.773/1994 zur Anpassung an die Ley 30/1992 (Verwaltungsverfahrensgesetz) vorgesehen sind.

TITULO II Requisitos técnicos

Artículo 16. Servicios de difusión de televisión analógica por satélite.

1. El servicio de difusión de televisión por satélite de ámbito nacional y comunitario deberá prestarse, en caso de utilizarse modulación analógica, utilizando la norma G/PAL o L/SECAM, conforme a la recomendación UIT-R BT.470 de la Unión Internacional de Telecomunicaciones.

2. Los servicios de difusión de televisión por satélite de 625 líneas en formato ancho que utilicen sistemas de televisión que no sean totalmente digitales deberán utilizar el sistema de televisión D2-MAC, conforme a la recomendación UIT-R BO.650 de la Unión Internacional de Telecomunicaciones.

3. Los sistemas de codificación que se utilicen para la emisión codificada de programas, en servicios de ámbito nacional o comunitario, deberán tener en cuenta las directrices de la recomendación UIT-R BT.810 de la Unión Internacional de Telecomunicaciones, así como la normativa de la Unión Europea que le sea de aplicación, garantizándose, en todo caso, la compatibilidad con la norma de emisión.

4. Asimismo, se podrán prestar servicios de distribución de televisión analógica mejorada por satélite cuando utilicen sistemas de televisión plenamente compatibles con los referenciados en el punto 1. En particular, los sistemas de televisión mejorada en formato ancho deberán utilizar el formato 16: 9.

Artículo 17. Servicios de difusión de televisión digital por satélite.

1. Los servicios de difusión de televisión por satélite que sean totalmente digitales, de ámbito nacional y comunitario, deberán utilizar un sistema de transmisión que haya sido normalizado por un organismo europeo de normalización reconocido.

En particular, serán de aplicación las normas ETS 300 421 y asociadas sobre codificación y modulación de canal para televisión digital por satélite, en correspondencia con la recomendación UIT-R BO.1211 de la Unión Internacional de Telecomunicaciones.

2. En relación con el acceso condicional a los servicios de difusión de televisión digital, los módulos de abonado que se utilicen dispondrán de capacidad para desenredar las señales de televisión digital, con arreglo al algoritmo común, de descodificación, administrado por un organismo europeo de normalización reconocido.

Artículo 18. Especificaciones aplicables a las estaciones terrenas para los servicios de difusión de televisión.

Las estaciones terrenas receptoras de televisión por satélite deberán cumplir las especificaciones contenidas en el anexo de este Reglamento.

Artículo 19. Certificación de equipos.

Los equipos utilizados en las estaciones terrenas de telecomunicaciones por satélite deberán estar en posesión del correspondiente certificado de aceptación, según lo dispuesto en el Reglamento por el que se establece el procedimiento de certificación de los equipos de telecomunicación a que se refiere el artículo 29 de la Ley 31/1987, de 18 de diciembre, de Ordenación de las Telecomunicaciones, aprobado por Real Decreto 1787/1996, de 19 de julio.

(...)

Abschnitt II: Technische Anforderungen

Art. 16 Analoge Fernsehausstrahlungsdienste

(I) Der Satelliten-Fernsehausstrahlungsdienst, der im nationalen oder EU-weiten Rahmen sendet, muß im Falle der Benutzung analoger Modulation unter Verwendung der Norm G/PAL oder L/SECAM betrieben werden, im Einklang mit der Empfehlung UIT-R BT.470 der Internationalen Telekommunikationsunion.

(II) Die Satelliten-Fernsehausstrahlungsdienste in 625 Zeilen im Breitformat, die Fernsehsysteme benutzen, die nicht volldigital sind, müssen das Fernsehsystem D2-MAC, im Einklang mit der Empfehlung UIT-R BO.650 der Internationalen Telekommunikationsunion benutzen.

(III) Die Kodifizierungssysteme, die im nationalen oder EU-weiten Rahmen für die kodifizierte Programmausstrahlung benutzt werden, müssen die Richtlinien der Empfehlung UIT-R BT.810 der Internationalen Telekommunikationsunion sowie die Gesetzgebung der Europäischen Union, die für sie anwendbar ist, die in jedem Fall die Kompatibilität mit der Emissionsnorm garantieren muß, berücksichtigen.

(IV) Gleichermaßen können verbesserte analoge Fernsehausstrahlungsdienste betrieben werden, wenn Systeme verwendet werden, die vollständig kompatibel mit denen sind, auf die sich Absatz I bezieht. Insbesondere müssen die verbesserten Fernsehsysteme im Breitformat das Format 16:9 verwenden.

Art. 17 Digitale Fernsehausstrahlungsdienste

(I) Die volldigitalen Satelliten-Fernsehausstrahlungsdienste, die im nationalen oder EU-weiten Rahmen senden, müssen ein Übertragungssystem benutzen, das von einer bekannten europäischen Normierungsorganisation genormt wurde.
Insbesondere sind die Normen ETS 300 421 und die verbundenen Normen über die Modulation des Kanals für das digitale Satellitenfernsehen anzuwenden, in Abhängigkeit von der Empfehlung UIT-R BO.1211 der Internationalen Telekommunikationsunion.

(II) In Bezug auf den Pay-TV-Zugang zu den digitalen Fernsehausstrahlungsdiensten verfügen die Zugangsmodule über die Fähigkeit, die Signale des Digitalfernsehens gemäß des gemeinsamen europäischen Decodierungsalgorythmus, der durch eine bekannte europäische Normierungsorganisation erlassen wird, zu entschlüsseln.

Art. 18 Auf die Bodenstationen für die Fernsehausstrahlungsdienste anwendbare Spezifikationen

Die als Empfänger des Satellitenfernsehens dienenden Bodenstationen müssen die Spezifikationen aus dem Anhang dieses Reglamento erfüllen.

Art. 19 Zertifizierung der Ausrüstungsgegenstände: Die in den Bodenstationen der Satelliten-Telekommunikation verwendeten Ausrüstungsgegenstände müssen das entsprechende Bestätigungs-Zertifikat besitzen, nach den Regeln des Reglamento por el que se establece el procedimiento de certificación de los equipos de telecomunicacion (Reglement zur Entwicklung des Bestätigungs-verfahrens der Telekommunikations-Ausrüstungsgegenstände), auf das sich Artikel 29 der Ley 31/1987, de 18.12.87, de Ordenación de las Telecomunicaciones (LOT) bezieht, welches durch das Real Decreto 1.787/1996, de 19.07.96, verabschiedet wurde. (...)

XI. DIE LTCC: LEY 42/1995, DAS KABELFERNSEHGESETZ

(Ley 42/1995, de 22.12.95, de las Telecomunicaciones por Cable)
(B.O.E. núm. 306, de 23.12.95, S. 36790)

(Preámbulo...)

CAPITULO I Objeto y régimen jurídico
Artículo 1. Objeto y régimen jurídico.
1. La presente Ley tiene por objeto el establecimiento del régimen jurídico del servicio público de telecomunicaciones por cable y de las redes que le sirven de soporte.
2. Se entiende por servicio de telecomunicaciones por cable el conjunto de servicios de telecomunicación consistente en el suministro, o en el intercambio, de información en forma de imágenes, sonidos, textos, gráficos o combinaciones de ellos, que se prestan al público en sus domicilios o dependencias de forma integrada mediante redes de cable.
3. El servicio de telecomunicaciones por cable se regirá por lo dispuesto en esta Ley y por lo establecido en la Ley 31/1987, de 18 de diciembre, de Ordenación de las Telecomunicaciones, así como por la modificación parcial de esta última a través de la Ley 32/1992, de 3 de diciembre.
4. Se entiende por redes de cable aquellas infraestructuras de telecomunicación que, utilizando principalmente cables de comunicaciones, sean capaces de transportar cualquier tipo de señales de sonido, datos, imágenes, o combinación de ellas, al público, en el ámbito de una determinada demarcación territorial.
La instalación y explotación de las redes de cable, incluido lo relativo a los sistemas, aparatos y equipos terminales necesarios para acceder al servicio, se regirá por lo dispuesto en esta Ley y por lo establecido en la Ley 31/1987, de 18 de diciembre, de Ordenación de las Telecomunicaciones, y en la Ley 32/1992, de 3 de diciembre, de modificación parcial de aquélla.

CAPITULO II Del ámbito territorial de prestación del servicio
Artículo 2. Ambito territorial de prestación del servicio.
1. El servicio de telecomunicaciones por cable se prestará por demarcaciones territoriales. Se entiende por demarcación el ámbito territorial continuo en el que un operador de cable puede prestar el servicio en los términos de lo establecido en la presente Ley.
2. Las demarcaciones deberán comprender, como mínimo, una población de cincuenta mil habitantes. A estos efectos, los municipios que no alcancen dicha población deberán agruparse con otros para presentar conjuntamente una propuesta de demarcación que supere aquel límite mínimo.
Esa limitación no será aplicable a los territorios insulares cuya población sea inferior al mínimo establecido.
Ninguna demarcación podrá superar una población de dos millones de habitantes.

XI. DIE LTCC: LEY 42/1995, DAS KABELFERNSEHGESETZ

(Ley 42/1995, de 22.12.95, de las Telecomunicaciones por Cable)
(B.O.E. núm. 306, de 23.12.95, S. 36790)

(Präambel...)

KAPITEL I: Regelungsobjekt und Rechtsrahmen
Art. 1 Regelungsobjekt und Rechtsrahmen
(I) Das vorliegende Gesetz hat als Regelungsobjekt die Entwicklung des Rechtsrahmens für den öffentlichen Dienst der Kabel-Telekommunikation und für die Netze, die zu ihrer Übertragung dienen.
(II) Man versteht unter „Dienst der Kabel-Telekommunikation" die Gesamtheit der Telekommunikationsdienste, die in der Lieferung oder dem Austausch von Informationen in Form von Bildern, Tönen, Texten, Grafiken oder Kombinationen derselben bestehen, die dem Publikum in seine Häuser oder Geschäfte in integrierter Form mittels Kabelnetzen geliefert werden.
(III) Der Dienst der Kabel-Telekommunikation bestimmt sich nach dem in diesem Gesetz, im Gesetz 31/1987, de 18.12.87, de Ordenación de las Telecomunicaciones (LOT) und dem durch die Teiländerung des letzteren durch das Gesetz 32/1992, de 03.12.92, Geregelten.
(IV) Man versteht unter „Kabelnetzen" diejenigen Telekommunikations-Infrastrukturen, die unter hauptsächlicher Nutzung von Kommunikationskabeln in der Lage sind, jegliche Art von Ton-, Daten-, oder Bildsignalen oder einer Kombination davon dem Publikum im Rahmen einer bestimmten Gebietsabgrenzung anzuliefern.
Die Errichtung und Ausnutzung der Kabelnetze und auch das, was sich auf die für den Zugang zum Dienst notwendigen Systeme, Geräte und Endausrüstungen bezieht, regelt sich nach dem in diesem Gesetz, im Gesetz 31/1987, de 18.12.87, de Ordenación de las Telecomunicaciones (LOT) und dem durch die Teiländerung des letzteren durch das Gesetz 32/1992, de 03.12.92, Geregelten.

KAPITEL II: Über den Gebietsrahmen zum Betrieb des Dienstes
Art. 2 Der Gebietsrahmen zum Betrieb des Dienstes
(I) Der Dienst der Kabel-Telekommunikation ist innerhalb territorialer Bezirke zu leisten. Man versteht unter „Bezirk" das zusammenhängende Gebiet, in dem ein Kabelbetreiber den Dienst nach den in diesem Gesetz festgelegten Regeln betreiben darf.
(II) Die Bezirke müssen mindestens eine Bevölkerungszahl von 50.000 Einwohnern umfassen. Dazu müssen sich die Gemeinden, die nicht diese Bevölkerungszahl erreichen, mit anderen zusammenschließen, um einen Vorschlag für eine Abgrenzung vorzulegen, die dieses Minimum überschreitet.
Diese Beschränkung findet keine Anwendung auf die Inselgebiete, deren Bevölkerung geringer als das genannte Minimum ist. Kein Bezirk darf eine Bevölkerung von mehr als zwei Millionen Einwohnern umfassen.

3. Las demarcaciones serán aprobadas por los Ayuntamientos respectivos, mediante acuerdo del pleno de la Corporación Municipal, previo informe de la Comunidad Autónoma a la que pertenezcan, cuando no excedan del término municipal. La totalidad del término municipal deberá estar integrada en una o en varias demarcaciones territoriales. En el caso en que la demarcación incluya más de un término municipal, la aprobación de la demarcación corresponderá, a propuesta de los Ayuntamientos interesados en la prestación del servicio, a la Comunidad Autónoma a la que pertenezcan dichos municipios. Si la demarcación incluyera Municipios de distintas Comunidades Autónomas la aprobación corresponderá al Ministerio de Obras Públicas, Transportes y Medio Ambiente, previo informe vinculante de las Comunidades Autónomas a las que pertenezcan dichos Municipios.
La resolución que deniegue la aprobación de una demarcación será motivada y sólo procederá cuando concurran razones graves contrarias al interés público.
4. La alteración del ámbito de las demarcaciones ya constituidas y en las que existan concesiones otorgadas, se llevará a cabo, previo informe de la Comunidad Autónoma correspondiente, por los Ayuntamientos que las hubieran aprobado, siempre que las demarcaciones resultantes no excedan de su respectivo términos municipales. El acuerdo de alteración de la demarcación deberá notificarse al órgano competente para otorgar la concesión a los efectos que procedan en relación con las concesiones vigentes.
Cuando la demarcación resultante afecte a varios municipios de uns misma Comunidad Autónoma, la aprobación corresponderá, previa solicitud de los Ayuntamientos interesados, a dicha Comunidad Autónoma, quien deberá realizar la notificación a que se refiere el párrafo anterior.
Si la demarcación incluyera Municipios de distintas Comunidades Autónomas, la aprobación corresponderá al Ministerio de Fomento, a solicitud de los Ayuntamientos interesados y previo informe vinculante de las Comunidades Autónomas a las que aquéllos pertenezcan.
Las demarcaciones resultantes de este proceso no estarán sujetas a los límites establecidos en el apartado 2 de este artículo.
5. A partir del 1 de enero de 1998, el Ministerio de Obras Públicas, Transportes y Medio Ambiente, previo informe de las Comunidades Autónomas afectadas, podrá establecer nuevas demarcaciones o ampliar las existentes para la prestación del servicio de telecomunicaciones por cable, a partir de los Municipios que en esa fecha no formasen parte de ninguna demarcación.
Las demarcaciones así formadas o modificadas, no estarán sujetas a los límites establecidos en el apartado 2 de este artículo.
6. El establecimiento o modificación de las demarcaciones según lo previsto en los apartados 4 y 5 del presente artículo, cuando represente una alteración de los términos de una concesión otorgada, deberá realizarse respetando el equilibrio económico-financiero de las concesiones afectadas.

(III) Wenn die Bezirke das Gemeindegebiet nicht überschreiten, werden sie durch die entsprechenden Gemeinden durch Beschluß der Gemeinderatsversammlung nach vorheriger Information der Autonomieregion, der sie angehören, angenommen. Die Gesamtheit des Gemeindegebiets muß in einem oder verschiedenen Bezirken integriert sein.
In dem Falle, daß der Bezirk mehr als ein Gemeindegebiet umfaßt, obliegt die Annahme des entsprechenden Bezirks, auf Vorschlag der am Betrieb des Dienstes interessierten Gemeindeverwaltungen, der Autonomieregion, zu der die betroffenen Gemeinden gehören. Wenn der Bezirk Gemeinden verschiedener Autonomieregionen umfassen sollte, obliegt die Annahme dem Ministerio de Obras Públicas, Transportes y Medio Ambiente, nach vorheriger bindender Information der Autonomieregionen, denen die entsprechenden Gemeinden angehören.
Ein Beschluß, der die Annahme eines Bezirks ablehnt, darf nur motiviert sein und nur dann so beschieden werden, wenn schwere Gründe bestehen, die dem öffentlichen Interesse zuwiderlaufen.
(IV) Die Änderung des Gebiets eines Bezirks, der bereits besteht und in der bereits erteilte Konzessionen vorliegen, wird nach vorheriger Information der entsprechenden Autonomieregion von den Gemeindeverwaltungen durchgeführt, die die Bezirke angenommen hatten, immer dann, wenn die neuentstehenden Bezirke nicht ihr jeweiliges Gemeindegebiet überschreiten. Der den Bezirk abändernde Beschluß muß wegen der Wirkungen, die in bezug auf die gültigen Konzessionen entstehen können, dem für die Konzessionserteilung zuständigen Organ bekanntgegeben werden.
Wenn der neuentstehende Bezirk verschiedene Gemeinden derselben Autonomieregion betrifft, obliegt die Annahme nach vorherigem Antrag der interessierten Gemeindeverwaltungen der entsprechenden Autonomieregion, die die Bekanntgabe, auf die sich der vorige Unterabsatz bezieht, durchführen muß.
Wenn der Bezirk Gemeinden verschiedener Autonomieregionen umfassen sollte, obliegt die Annahme dem Ministerio de Obras Públicas, Transportes y Medio Ambiente, auf Antrag der interessierten Gemeindeverwaltungen und nach vorheriger bindender Information der Autonomieregionen, denen die entsprechenden Gemeinden angehören.
Die Bezirke, die in diesem Verfahren neu entstehen, sind nicht den im Absatz II dieses Artikels entwickelten Grenzen unterworfen.
(V) Ab dem 01.01.1998 kann das Ministerio de Fomento nach vorheriger Information der betroffenen Autonomieregionen neue Bezirke entwickeln oder die für den Betrieb des Dienstes der Telekommunikationsleistungen über Kabel bereits Existierenden erweitern, und zwar für die Gemeinden, die zu diesem Zeitpunkt noch nicht Teil eines Bezirks sind.
Die so entstandenen oder veränderten Bezirke sind nicht den im Absatz II dieses Artikels entwickelten Grenzen unterworfen.
(VI) Eine Entwicklung oder Abänderung der Bezirke nach dem in Absätzen 4 und 5 dieses Artikels Vorgesehenen muß, wenn sie eine Veränderung des Wortlauts einer erteilten Konzession mit sich bringt, unter Respektierung des wirtschaftlich-finanziellen Gleichgewichts der betroffenen Konzessionen durchgeführt werden.

CAPITULO III De los operadores de cable

Artículo 3. Gestión del servicio de telecomunicaciones por cable.
El servicio de telecomunicaciones por cable se prestará por los operadores de cable en régimen de gestión indirecta, mediante concesión administrativa que será otorgada por el Ministerio de Obras Públicas, Transportes y Medio Ambiente, previa la convocatoria por éste del oportuno concurso público.

Artículo 4. Operadores de cable.
1. Sólo pueden ser operadores de cable aquellas sociedades anónimas cuyo objeto social sea la prestación del servicio de telecomunicaciones por cable, en una o más demarcaciones, posean el capital mínimo que se determine reglamentariamente en función del tamaño y de la población de la demarcación o demarcaciones en que hayan de prestar el servicio y dispongan de la correspondiente concesión administrativa por demarcación.
2. Las sociedades operadoras de cable deberán estar domiciliadas en España. La participación en su capital de personas físicas extranjeras o de personas jurídicas domiciliadas en el extranjero se ajustará a lo establecido en el artículo 15.2 de la Ley 31/1987, de 18 de diciembre, de Ordenación de las Telecomunicaciones, para los servicios portadores y finales, así como a la normativa sobre inversiones extranjeras. No obstante, y a los solos efectos de lo previsto en este número, el servicio prestado por los operadores de cable no tendrá la consideración de servicio final o portador.
3. Ninguna persona física o jurídica podrá, directa o indirectamente, participar o ser titular del capital de una o más sociedades adjudicatarias de concesiones del servicio de telecomunicaciones por cable que conjuntamente alcancen a más de un millón y medio de abonados en el territorio del Estado español. Tampoco podrá, directa o indirectamente, ostentar el control sobre las mismas en los términos que establece el artículo 42.1 del Código de Comercio, en la redacción dada por la Ley 19/1989, de 25 de julio.
El límite de abonados previstos en el párrafo anterior no afectará a las actividades de los operadores relativas a telefonía básica vocal y servicios de valor añadido.
Las sociedades concesionarias estarán obligadas a aportar al Ministerio de Obras Públicas, Transportes y Medio Ambiente los datos que les requiera y a colaborar con él en cualquier investigación tendente a la verificación de lo estipulado en el párrafo anterior.
4. Las sociedades adjudicatarias de las concesiones requerirán la previa autorización administrativa de todos los actos y negocios jurídicos que impliquen la transmisión, disposición o gravamen de sus acciones. Será requisito constitutivo de los actos o negocios jurídicos mencionados la formalización mediante documento autorizado por fedatario público, quien no intervendrá o autorizará documento alguno sin que se acredite la preceptiva autorización administrativa. La autorización a que se refiere el presente apartado será otorgada por el Ministerio de Obras Públicas, Transportes y Medio Ambiente.

KAPITEL III: Über die Kabelbetreiber

Art. 3 Betrieb des Dienstes der Kabel-Telekommunikation

Der Dienst der Kabel-Telekommunikation wird von den Kabelbetreibern im Rahmen des indirekten Betriebs mittels Verwaltungskonzession betrieben, die durch das Ministerio de Fomento nach vorheriger Einberufung eines geeigneten öffentlichen Ausschreibungsverfahrens durch dieses erteilt wird.

Art. 4 Kabelbetreiber

(I) Kabelbetreiber können nur diejenigen Aktiengesellschaften sein, deren Gesellschaftszweck im Betrieb des Dienstes der Telekommunikationsleistungen über Kabel in einem oder mehreren Bezirken besteht, die über ein Mindestkapital verfügen, das sich vorschriftsmäßig nach der Größe und der Bevölkerungszahl des Bezirks oder der Bezirke richtet, in denen sie den Dienst anbieten, und die über die entsprechende Verwaltungskonzession für den Bezirk verfügen.

(II) Die Kabelbetriebsgesellschaften müssen in Spanien beheimatet sein. Die kapitalmäßige Beteiligung ausländischer natürlicher Personen oder von juristischen Personen, die im Ausland beheimatet sind, bestimmt sich nach dem im Artikel 15 II der Ley 31/1987, de 18.12.87, de Ordenación de las Telecomunicaciones (LOT) über die Weiterverbreitungs- und Enddienste Geregelten, ebenso wie nach der Gesetzgebung über ausländische Investitionen. Jedoch und nur für die Wirkungen des in diesem Absatz (II) Vorgesehenen hat der Dienst, den die Kabelbetreiber ausführen, nicht die Einstufung eines End- oder Weiterverbreitungsdienstes.

(III) Keine natürliche oder juristische Person kann direkt oder indirekt Teilhaber oder Inhaber des Kapitals von einer oder mehreren Gesellschaften sein, denen eine Konzession des Dienstes der Telekommunikationsleistungen über Kabel erteilt wurde und die zusammen mehr als anderthalb Millionen Abonnenten auf spanischem Territorium erreicht. Sie können auch nicht direkt oder indirekt die Kontrolle über dieselben ausüben, in den Worten des Artikels 42 I des Código de Comercio (Handelsgesetzbuch) in der Fassung, die er durch die Ley 19/1989, de 25.07.89 erhalten hat.

Die im vorigen Absatz vorgesehene Grenze der Abonnenten betrifft nicht die Tätigkeit der Anbieter des Basis-Telefondienstes und die Dienste zusätzlicher Telekommunikationsleistungen.

Die konzessionierten Gesellschaften sind verpflichtet, der „Comisión del Mercado de las Telecomunicaciones" (Telekommunikations-Marktkommission) die Daten, die diese anfordert, zu übermitteln und mit ihr bei jedweder Handlung zusammenzuarbeiten.

Auf Vorschlag der „Comisión del Mercado de las Telecomunicaciones", in der die Kriterien festgelegt werden, die eine dominierende Stellung oder einen Marktmißbrauch definieren, kann die Regierung die im vorigen Absatz entwickelten Verbote aufheben oder abändern.

(IV) Die Gesellschaften, denen die Konzessionen erteilt wurden, beantragen eine eigene Verwaltungserlaubnis für alle Rechtsakte und Rechtsgeschäfte, die die Übertragung, Verfügung oder Belastung ihrer Aktien mit sich bringen. Konstitutives Element der genannten Rechtsakte oder Rechtsgeschäfte ist die Ausfertigung mittels eines vom „fedatario público" (öff. Urkundsperson) genehmigten Dokuments, der ohne Vorlage der entsprechenden Verwaltungsgenehmigung kein Dokument prüft oder autorisiert. Die Erlaubnis, auf die sich dieser Absatz bezieht, wird durch das Ministerio de Fomento erteilt.

Artículo 5. Del Registro Especial de Operadores de Cable.

1. Se crea en el Ministerio de Obras Públicas, Transportes y Medio Ambiente el Registro Especial de Operadores de Cable, de carácter público, y cuya regulación se hará por Real Decreto.

2. En dicho Registro Especial deberán inscribirse las concesiones y las sociedades concesionarias, mediante la aportación de la correspondiente escritura de constitución, así como la composición inicial de sus órganos de administración.

3. Cualquier modificación de la escritura de constitución, de los estatutos sociales de las sociedades concesionarias o de la composición de los órganos de administración habrá de comunicarse al Registro Especial. Sin dicha comunicación, no podrán inscribirse en el Registro Mercantil.

Artículo 6. Concesión para la prestación del servicio.

1. Se otorgará una concesión en cada demarcación territorial, sin perjuicio de lo previsto en la disposición adicional segunda, mediante la convocatoria del correspondiente concurso, previa aprobación del Reglamento técnico y de prestación del servicio.

2. Los pliegos de bases administrativas y condiciones técnicas serán aprobados por el órgano de contratación, previo informe vinculante de las Comunidades Autónomas afectadas en aquellos aspectos relacionados con sus competencias.

3. Las concesiones para el servicio de telecomunicaciones por cable se otorgarán de acuerdo con lo dispuesto en la Ley 13/1995, de 18 de mayo, de Contratos de las Administraciones Públicas.

No obstante lo anterior, la mesa de contratación que se constituya, de acuerdo con lo dispuesto en el párrafo anterior, para la adjudicación de la concesión se sujetará a las siguientes reglas:

a) Los miembros de la mesa de contratación con derecho a voto serán cuatro, un Presidente y tres vocales nombrados por el órgano de contratación, de acuerdo con los siguientes criterios:

-El Presidente y un vocal serán libremente elegidos por el órgano de contratación.

-Un vocal lo será a propuesta de la Administración o Administraciones de las Comunidades Autónomas afectadas.

-Un vocal lo será a propuesta de la Administración o Administraciones municipales afectadas.

El voto del Presidente dirimirá las votaciones en caso de empate.

b) Con carácter excepcional, el número de miembros con derecho a voto podrá ser superior al establecido en el caso anterior, siempre que se mantengan las mismas proporciones.

c) El vocal al que corresponda asesorar jurídicamente al órgano de contratación, y el vocal interventor, no tendrán derecho a voto, si bien podrán emitir informes particulares que, en su caso, serán adjuntados a la propuesta de la mesa de contratación.

d) El órgano de contratación únicamente podrá resolver de forma diferente a la propuesta de la mesa de contratación, por razones de interés general. En este caso, la resolución deberá ser motivada.

Art. 5 Spezielles Register der Kabelbetreiber

(I) Beim Ministerio de Fomento wird ein Spezielles Register der Kabelbetreiber mit öffentlichem Charakter geschaffen, dessen Regelung durch Real Decreto vorzunehmen ist.

(II) In diesem Speziellen Register müssen die Konzessionen und die konzessionierten Gesellschaften eingetragen werden, und zwar mittels Einbringung der entsprechenden Gründungsurkunde und auch der Anfangszusammensetzung ihrer Verwaltungsorgane.

(III) Jede Änderung der Gründungsurkunde, der Gesellschaftssatzung der konzessionierten Gesellschaften oder der Zusammensetzung der Verwaltungsorgane muß dem Speziellen Register mitgeteilt werden. Ohne diese Mitteilung können sie nicht in das Registro Mercantil (Marktregister) eingetragen werden.

Art. 6 Die Konzession für den Betrieb des Dienstes

(I) Unbeschadet der Zweiten Zusatzbestimmung wird eine Konzession in jedem Bezirk erteilt, und zwar mittels Einberufung des entsprechenden Ausschreibungsverfahrens und nach vorherigem Bestehen der technischen Regeln und der Regeln des Dienstbetriebs.

(II) Die verwaltungsmäßigen Grundbedingungen und technischen Bedingungen werden durch das vertragschließende Organ genehmigt, nach vorheriger bindender Information der betroffenen Autonomieregionen über die Aspekte, auf die sich ihre Kompetenzen beziehen.

(III) Die Konzessionen für den Dienst der Kabel-Telekommunikation werden im Einklang mit den Regeln der Ley 13/1995, de 18.05.95, de Contratos de las Administraciones Públicas (Verwaltungsvertragsgesetz) erteilt.

Unbeschadet des Vorgenannten richtet sich die Vertragsverhandlung für die Erteilung der Konzession im Einklang mit dem im vorigen Absatz Geregelten nach folgenden Regeln:

a) Es gibt vier Mitglieder des Verhandlungstisches mit Stimmrecht, einen Vorsitzenden und drei Beisitzer, die vom vertragschließenden Organ im Einklang mit folgenden Kriterien benannt werden:

- Der Vorsitzende und ein Beisitzer werden vom vertragschließenden Organ frei ausgewählt.
- Ein Beisitzer wird auf Vorschlag der Verwaltung oder Verwaltungen der betroffenen Autonomieregionen bestimmt.
- Ein Beisitzer wird auf Vorschlag der Verwaltung oder Verwaltungen der betroffenen Gemeinden bestimmt.

Bei Pattsituationen entscheidet die Stimme des Vorsitzenden.

b) Ausnahmsweise kann die Anzahl der stimmberechtigten Mitglieder höher sein als im vorgenannten Fall, jedoch muß immer dasselbe Verhältnis beibehalten werden.

c) Der Beisitzer, dem die juristische Beratung des vertragschließenden Organs obliegt, und der beaufsichtigende Beisitzer haben kein Stimmrecht, jedoch können sie Teilberichte herausgeben, die gegebenenfalls dem Vorschlag des Verhandlungstisches beigefügt werden.

d) Allein das vertragschließende Organ kann aus Gründen des Allgemeininteresses vom Vorschlag des Verhandlungstisches abweichend entscheiden. In diesem Fall muß die Lösung begründet werden.

4. Para el otorgamiento de las concesiones, se tendrán en cuenta, fundamentalmente, los siguientes criterios:
a) La viabilidad técnica y económica de la explotación de la red mediante los ingresos generados por los servicios que el licitador ofrezca prestar en cada momento, supuesta la previa obtención de título habilitante según la normativa vigente en su momento.
b) Las previsiones de cobertura de la demarcación y los plazos para alcanzarla.
c) El menor impacto ambiental y sobre el dominio público, así como, en particular, el mayor aprovechamiento de las infraestructuras utilizables existentes.
d) El nivel tecnológico y la calidad y variedad de la oferta de servicios avanzados de telecomunicaciones por cable que el licitador ofrezca prestar.
e) Los niveles de tarifas y plazos de vigencia de las mismas que el licitador se comprometa a aplicar a los usuarios.
f) El grado de las aportaciones económicas, tecnológicas e industriales a la economía nacional del proyecto presentado, así como la contribución del mismo a la creación de empleo y al desarrollo regional.
g) Los demás que se establezcan reglamentariamente.
5. Las concesiones se otorgarán por un plazo de quince años y podrán renovarse por períodos sucesivos de cinco años, previa petición del concesionario un año antes de su expiración, en los términos que se determine reglamentariamente.
6. En el caso de las demarcaciones creadas al amparo del apartado 5 del artículo 2 que no sean resultado de ampliación de otras ya existentes, el Ministerio de Obras Públicas, Transportes y Medio Ambiente convocará el concurso público para el otorgamiento de la concesión correspondiente a solicitud del Ayuntamiento o Ayuntamientos afectados o de parte interesada en la prestación del servicio de telecomunicaciones por cable en dicha demarcación.

Artículo 7. Establecimiento de la red de cable.
1. Una vez adjudicada la concesión, el concesionario deberá establecer la red de cable necesaria para la prestación del servicio, a cuyo efecto podrá utilizar redes e infraestructuras ya existentes o construir las infraestructuras necesarias para el transporte y distribución de las señales en su demarcación.
2. El establecimiento y la explotación de las redes de cable estarán sujetos a lo que determine el Reglamento técnico y de prestación del servicio, siéndoles de aplicación lo dispuesto en los artículos 17 y 18 de la Ley 31/1987, de 18 de diciembre, de Ordenación de las Telecomunicaciones.

Artículo 8. Interconexión de redes de cable.
1. Los concesionarios del servicio, previa autorización del Ministerio de Obras Públicas, Transportes y Medio Ambiente, podrán interconectar sus redes con el fin de prestar servicios cuyo título habilitante sea válido para ámbitos territoriales superiores al de la demarcación.

(IV) Für die Erteilung der Konzessionen sind grundsätzlich folgende Kriterien zu beachten:
a) Die technische und wirtschaftliche Durchführbarkeit der Nutzung des Netzes mittels der Einnahmen durch die Dienste, die der Bieter durch sein jederzeitiges Angebot unter der Annahme der vorherigen Erteilung des wirksamen Titels nach der zu diesem Zeitpunkt gültigen Rechtslage erzielt.
b) Die Vorschriften über die Reichweite des Bezirks und die Fristen, um diese abzudecken.
c) Die geringsten Auswirkungen für die Umwelt und das öffentliche Eigentum, sowie speziell die maximale Nutzung der nutzbaren bereits bestehenden Infrastruktur.
d) Das technologische Niveau und die Qualität und Vielfalt des Serviceangebots, das der Bieter zu betreiben anbietet.
e) Die Tarifniveaus und die Gültigkeitsfristen derselben, die der Bieter bei seinen Nutzern anzuwenden verspricht.
f) Der Grad der ökonomischen, technologischen und industriellen Beiträge des vorgestellten Projekts für die nationale Wirtschaft, sowie die Beiträge desselben zur Schaffung von Arbeitsplätzen und zur Regionalentwicklung.
g) Die weiteren Kriterien, die regelgerecht erlassen werden.
(V) Die Konzessionen werden für eine Frist von bis zu 25 Jahren erteilt, die sich nach den für die Nutzung des Dienstes notwendigen Investitionen richtet, und sie können auf Antrag des Konzessionärs, der ein Jahr vor ihrem Auslaufen entsprechend den bestehenden Normen zu stellen ist, sukzessive für Fünfjahreszeiträume verlängert werden.
(VI) Im Falle der Bezirke, die nach dem Verfahren des Artikels 2 V geschaffen werden und nicht als Ergebnis der Ausweitung bereits bestehender Abgrenzungen entstehen, beruft das Ministerio de Fomento das öffentliche Ausschreibungsverfahren für die Erteilung der entsprechenden Konzession auf Wunsch der betroffenen Verwaltung oder Verwaltungen oder des am Betrieb des Dienstes der Telekommunikationsleistungen über Kabel in dieser Abgrenzung interessierten Teils ein.

Art. 7 Errichtung des Kabelnetzes
(I) Wenn einmal die Konzession erteilt wurde, muß der Konzessionär das für den Betrieb des Dienstes notwendige Kabelnetz errichten, wozu er bereits existierende Netze und Infrastrukturen benutzen oder die für den Transport und die Ausstrahlung der Signale innerhalb seines Bezirks notwendigen Infrastrukturen errichten kann.
(II) Die Errichtung und Nutzung der Kabelnetze sind gebunden an die Regelungen des Reglamento técnico y de prestación del servicio (Technik- und Betriebsregelment, Real Decreto 2066/1996), Artikel 17 und 18 der Ley 31/1987, de 18.12.87, de Ordenación de las Telecomunicaciones bleiben anwendbar.

Art. 8 Verbindung der Kabelnetze
(I) Die Konzessionäre des Dienstes können nach vorheriger Genehmigung des Ministerio de Fomento ihre Netze verbinden, um Dienste anzubieten, deren wirksamer Rechtstitel für Gebiete gültig ist, die größer sind als die Bezirke.

Para realizar esta interconexión, deberán utilizar los servicios portadores regulados en el artículo 14 de la Ley 31/1987, de 18 de diciembre, de Ordenación de las Telecomunicaciones, excepto cuando las demarcaciones sean colindantes y pertenezcan a un mismo término municipal o, tratándose de Municipios distintos, exista continuidad de edificación, en cuyo caso la interconexión podrá hacerse con medios propios de los operadores de cable de esas demarcaciones.
2. Las infraestructuras de telecomunicación de titularidad de las Comunidades Autónomas, que fuesen utilizables a efectos de la interconexión a que hace referencia el apartado anterior, podrán ser utilizadas para dichos fines, mediante los correspondientes acuerdos con los titulares de servicios portadores.

Artículo 9. Derechos del concesionario.
1. El operador de cable tendrá los siguientes derechos:
a) Prestar el servicio de telecomunicaciones por cable en su demarcación.
b) Instalar los equipos necesarios para la prestación de dicho servicio, con sujeción a lo que se disponga en el Reglamento técnico y de prestación del servicio.
c) Elaborar por sí mismo, o contratar con terceros, los contenidos de los servicios a prestar.
d) Percibir las correspondientes tarifas de sus abonados.
e) Utilizar su red de cable:
- Para prestar servicios de valor añadido, cuando tenga el correspondiente título habilitante.
- Para prestar servicios portadores a otros servicios de telecomunicación.
A estos efectos, se entenderá que la concesión del operador de cable incluye la habilitación para prestar cualquier tipo de servicio portador en el ámbito de su demarcación. Cuando el operador de cable actúe como prestador de servicios portadores, le será de aplicación la normativa general que para este tipo de servicios establece la Ley 31/1987, de 18 de diciembre, de Ordenación de las Telecomunicaciones, y sus normas de desarrollo.
- Para prestar servicios finales de telecomunicaciones por cable en el ámbito de su demarcación, incluido el servicio telefónico básico en los términos establecidos en la disposición transitoria segunda de esta Ley.
Cuando el operador de cable actúe como prestador de servicios finales le será, asimismo, de aplicación lo dispuesto en la Ley 31/1987, de 18 de diciembre, de Ordenación de las Telecomunicaciones (LOT), y sus normas de desarrollo para cada uno de dichos servicios.
2. Las tarifas del servicio prestado por el operador de cable serán libremente fijadas por éste, excepto en lo referente a los servicios definidos en el artículo 11.1, letras e), f) y g).
El operador podrá dejar de prestar el servicio, desconectando del sistema a los abonados que no se encuentren al corriente en el pago de las tarifas en los términos que se determinen reglamentariamente.
Las tarifas de este servicio serán públicas.

Um diese Verbindung herzustellen, müssen die im Artikel 14 der Ley 31/1987, de 18.12.87, de Ordenación de las Telecomunicaciones (Anm.: LOT) geregelten Weiterverbreitungsdienste benutzt werden, außer, wenn die Bezirke aneinander grenzen und zu demselben Gemeindegebiet gehören oder, wenn es sich um verschiedene Gemeinden handelt, falls eine zusammenhängende Bebauung besteht, kann die Verbindung mit eigenen Mitteln der Kabelbetreiber dieser Bezirke hergestellt werden.

(II) Die Telekommunikations-Infrastrukturen in Inhaberschaft der Autonomieregionen, die zum Zwecke der Verbindungen im Sinne des vorigen Absatzes nutzbar wären, können mittels der entsprechenden Vereinbarungen mit den Inhabern der Weiterverbreitungsdienste für diese Zwecke genutzt werden.

Art. 9 Rechte des Konzessionärs

(I) Der Kabelbetreiber hat folgende Rechte:

a) Das Betreiben des Dienstes der Telekommunikationsleistungen über Kabel innerhalb seines Bezirks.

b) Die Errichtung der für den Betrieb dieses Dienstes notwendigen Ausrüstungen, in Abhängigkeit von den Regeln des „Reglamento técnico y de prestación del servicio“ (Technik- und Betriebsreglement, Real Decreto 2066/1996).

c) Die Herstellung der Inhalte der anzubietenden Dienste entweder durch ihn selbst oder durch Vertragschluß mit Dritten.

d) Das Einziehen der entsprechenden Tarife von seinen Abonnenten.

e) Die Nutzung seines Kabelnetzes:

- Zum Anbieten von Diensten zusätzlicher Telekommunikationsleistungen, wenn er den entsprechenden wirksamen Rechtstitel dazu besitzt.
- Zum Anbieten von Weiterverbreitungsdiensten für andere Telekommunikationsdienste.

Zu diesem Zwecke ist es so zu verstehen, daß die Konzession des Kabelbetreibers die Ermächtigung zum Anbieten jeglicher Art der Weiterverbreitungsdienste im Gebiet ihrer Abgrenzung mit einschließt. Wenn der Kabelbetreiber wie ein Anbieter von Weiterverbreitungsdiensten handelt, ist auf ihn die allgemeine Gesetzgebung, die für diesen Typ des Dienstes die Ley 31/1987, de 18.12.87, de Ordenación de las Telecomunicaciones (LOT) und ihre Entwicklungsnormen vorsehen, anzuwenden.

- Zum Anbieten von Enddiensten der Telekommunikation über Kabel innerhalb seiner Abgrenzung, einschließlich des Basis-Telefondienstes in den Worten, die die Zweite Übergangsbestimmung dieses Gesetzes vorsieht.

Wenn der Kabelbetreiber wie ein Anbieter von Enddiensten handelt, sind auf ihn gleichermaßen die Ley 31/1987, de Ordenación de las Telecomunicaciones (LOT) und ihre Entwicklungsnormen für jeden einzelnen dieser Dienste anzuwenden.

(II) Die Tarife des Dienstes, der durch den Kabelbetreiber geleistet wird, sind durch diesen frei festlegbar, außer bezüglich der Dienste, die in Artikel 11 I e), f) und g) definiert werden.

Der Betreiber kann den Betrieb des Dienstes unterlassen und diejenigen Abonnenten vom System trennen, die nicht regelmäßig die Zahlung der in den Reglamentos festgelegten Tarife leisten.

Die Tarife dieses Dienste sind öffentliche.

Artículo 10. Programadores independientes.

1. Los operadores de cable distribuirán mediante su red programas audiovisuales propiedad de programadores independientes, en los términos establecidos en la presente Ley y en la normativa que las Comunidades Autónomas dicten en el ámbito de sus competencias.

A estos efectos, se entenderá por programadores independientes las personas físicas o jurídicas propietarias de programas audiovisuales o de datos distribuidos por el operador de cable que no sean objeto de influencia dominante de éste, directa o indirectamente, por razones de propiedad o participación financiera.

Se considera que existe una influencia dominante cuando se den los supuestos de hecho regulados en el artículo 3, apartado g), de la Ley 25/1994, de 12 de julio.

2. La relación del operador de cable con los programadores independientes será libremente pactada entre ellos en el marco de la normativa que dicte el Estado o, en su caso, las Comunidades Autónomas en el ámbito de sus competencias.

3. Cuando se presenten situaciones de dominio del mercado de redes de cable en una determinada demarcación que afecten al desarrollo de un mercado competitivo de servicios de telecomunicación por cable, el Ministerio de Obras Públicas, Transportes y Medio Ambiente o, en su caso, las Comunidades Autónomas con competencias en medios de comunicación social, dispondrán las medidas reguladoras y de arbitraje necesarias para garantizar a los usuarios una oferta variada de servicios competitivos. Estas medidas deberán ser proporcionales, transparentes y no discriminatorias.

Todo ello, sin perjuicio de la aplicación de la Ley 16/1989, de Defensa de la Competencia, en los términos que en la misma se establecen, a las prácticas contrarias a la libertad de competencia realizadas por los operadores de cable y los programadores independientes.

Artículo 11. Obligaciones del concesionario.

1. El operador de cable tendrá las siguientes obligaciones:

a) Mantener niveles de calidad uniformes en la prestación del servicio de telecomunicaciones por cable, facilitando el acceso a todos los abonados de la demarcación en condiciones de igualdad.

El Reglamento técnico y de prestación del servicio determinará las circunstancias técnicas y económicas bajo las cuales podrán existir temporalmente áreas no cubiertas por el servicio dentro de la respectiva demarcación territorial.

b) Cumplir con lo dispuesto en la legislación sobre propiedad intelectual.

c) Disponer un trato no discriminatorio hacia los programadores independientes y prestadores de servicios, poniendo en su conocimiento aquellos aspectos de la gestión comercial relacionados con su oferta.

d) Asignar, desde el mismo inicio de sus actividades, un mínimo del cuarenta por ciento del total de la oferta audiovisual distribuida por su red a programadores independientes, salvo que no exista una oferta suficiente.

En ese supuesto, el operador de cable podrá, previa justificación de la falta de disponibilidad de programación, solicitar la reducción del porcentaje establecido en el párrafo anterior al órgano competente de la Comunidad Autónoma afectada o, en caso de tratarse de una demarcación que afecte a varias Comunidades Autónomas, al Ministerio de Obras Públicas, Transportes y Medio Ambiente.

Art. 10 Unabhängige Programmanbieter

(I) Die Kabelbetreiber verbreiten mittels ihres Netzes audiovisuelle Programme, die Eigentum von unabhängigen Programmanbietern sind, entsprechend diesem Gesetz und der Normen, die die Autonomieregionen im Rahmen ihrer Befugnisse erlassen.

Dazu sind unter unabhängigen Programmanbietern die natürlichen oder juristischen Personen zu verstehen, die Eigentümer von audiovisuellen Programmen oder Daten sind, die durch den Kabelbetreiber verbreitet werden, und die nicht direkt oder indirekt aus Gründen des Eigentums oder finanzieller Teilhabe von diesen (Kabelbetreibern) erheblich beeinflußt werden.

Eine erhebliche Beeinflussung wird angenommen, wenn die Voraussetzungen des Artikels 3 lit. g) der Ley 25/1994, de 12.07.94 (LID) gegeben sind.

(II) Die Geschäftsbeziehung des Kabelbetreibers mit den unabhängigen Programmanbietern ist frei zwischen ihnen im Rahmen der Normen, die der Staat oder gegebenenfalls die Autonomieregionen im Rahmen ihrer Kompetenzen vorgeben, zu schließen.

(III) Wenn sich Situationen einer marktbeherrschenden Stellung von Kabelnetzen in einem bestimmten Gebiet ergeben, die die Entwicklung des Marktwettbewerbs der Kabeltelekommunikationsdienste betreffen, verfügt das Ministerio de Fomento oder gegebenenfalls die Autonomieregionen bei sozialen Kommunikationsmedien die notwendigen Regulierungsmaßnahmen und Schiedsverfahren, um den Nutzern ein vielfältiges Angebot von konkurrierenden Diensten zu garantieren.

Dies alles geschieht unbeschadet der Anwendung der Ley 16/1989, de Defensa de la Competencia (Wettbewerbsschutzgesetz), in den Grenzen, die in derselben entwickelt werden, gegen die Praktiken wider den freien Wettbewerb, die von den Kabelbetreibern und unabhängigen Programmierern angewendet werden.

Art. 11 Pflichten des Konzessionärs

(I) Dem Kabelbetreiber obliegen folgende Pflichten:

a) Die Erhaltung gleichbleibender Qualitätsniveaus beim Betrieb des Dienstes der Kabel-Telekommunikation durch Ermöglichen des Zugangs für alle Abonnenten des Bezirks nach gleichen Bedingungen.

Das Reglamento técnico y de prestación del servicio (Technik- und Betriebsregelment, Anh. des Real Decreto 2066/1996) bestimmt die technischen und wirtschaftlichen Umstände, unter denen zeitweise Gebiete bestehen können, die nicht durch den Dienst innerhalb des entsprechenden Bezirks abgedeckt werden.

b) Die Erfüllung des in der Gesetzgebung über intellektuelles Eigentum Geregelten.

c) Die Anordnung eines nicht-diskriminierenden Umgangs mit den unabhängigen Programmanbietern und Anbietern des Dienstes, im Bewußtsein der Aspekte des handelsmäßigen Betriebs in bezug auf ihr Angebot.

d) Von Anbeginn der Aktivität die Zuweisung eines Minimums von 40 Prozent des audiovisuellen Gesamtangebots ihres Netzes an unabhängige Programmanbieter, außer wenn kein dazu ausreichendes Angebot vorliegt.

In diesem Fall kann der Kabelbetreiber nach vorherigem Nachweis der fehlenden Verfügbarkeit der Programme die Reduktion des im vorigen Unterabsatz geregelten Prozentsatzes beim zuständigen Organ der betroffenen Autonomieregion oder, falls es sich um einen Bezirk handelt, der verschiedene Autonomieregionen umfaßt, beim Ministerio de Fomento beantragen.

e) Distribuir a todos los abonados conectados a la red, el conjunto de servicios de difusión de televisión por ondas regulados en las Leyes 4/1980, de 10 de enero, y 10/1988, de 3 de mayo.
f) Distribuir a todos los abonados conectados a la red los servicios de difusión de televisión gestionados por la Comunidad o Comunidades Autónomas a las que pertenezca la demarcación territorial.
g) Distribuir a todos los abonados de cada Municipio conectados a la red los servicios de difusión de televisión local correspondientes al mismo, si sus titulares lo solicitan. Este mandato no le supondrá al operador de cable la obligación de suministrar la programación de este servicio, si sus gestores lo solicitan.
2. Las tarifas a abonar por los usuarios finales del servicio de telecomunicaciones por cable deberán ser transparentes y no discriminatorias, debiendo ser comunicadas a la autoridad concesional con carácter previo a su entrada en vigor.
Las contraprestaciones económicas entre los operadores de redes de cable y los gestores de los servicios mencionados en las letras e), f) y g) del apartado anterior, por la distribución de estos servicios, serán acordadas libremente entre las partes, en el marco de la normativa que dicte el Estado o, en su caso, las Comunidades Autónomas con competencias en materia de medios de comunicación social. En caso de desacuerdo resolverá la autoridad concesional.
3. Transcurridos tres años desde el otorgamiento de la concesión, la autoridad concesional podrá establecer tarifas máximas para los servicios de telecomunicaciones por cable en los términos que se determine reglamentariamente.

CAPITULO IV De los contenidos de la programación audiovisual

Artículo 12. De los contenidos de la programación audiovisual.
(1.)
2. Los programas de televisión, en particular, y los servicios de telecomunicaciones por cable, en general, que puedan atentar contra las normas de protección de la juventud y de la infancia y otros bienes o derechos protegidos, deberán ofrecerse a los abonados de forma independiente, en los términos que se establezcan reglamentariamente.

CAPITULO V Régimen sancionador

Artículo 13. Régimen sancionador.
1. Las infracciones a lo establecido en esta Ley y en sus normas de desarrollo serán sancionadas de conformidad con lo dispuesto en el título IV de la Ley 31/1987, de 18 de diciembre, de Ordenación de las Telecomunicaciones.
2. La competencia para la imposición de las sanciones corresponderá al Secretario general de Comunicaciones, para infracciones muy graves; y al Director general de Telecomunicaciones, para el resto de infracciones.
3. Lo dispuesto en los apartados anteriores se entiende sin perjuicio de lo que se establezca en las normas que aprueben las Comunidades Autónomas en el ámbito de sus competencias.
4. Corresponderá acordar la revocación de las concesiones al mismo órgano que las otorgó.

e) Die Ausstrahlung der Gesamtheit der terrestrischen Fernsehausstrahlungsdienste, die in den Leyes 4/1980, de 10.01.80 (ERTV) und 10/1988, de 03.05.88 (LTP) geregelt sind, an alle dem Netz angeschlossenen Abonnenten.
f) Die Ausstrahlung der Fernsehausstrahlungsdienste, die von den Autonomieregionen betrieben werden, denen die Bezirke angehören, an alle dem Netz angeschlossenen Abonnenten.
g) Die Ausstrahlung an alle dem Netz angeschlossenen Abonnenten jeder Gemeinde – der lokalen Fernsehausstrahlungsdienste, die ihnen (den Gemeinden) entsprechen, wenn ihre Rechtsinhaber es wünschen.
Dieser Auftrag gibt dem Kabelbetreiber nicht die Verpflichtung auf, das Programm dieses Dienstes zu befördern, wenn dessen Betreiber es wünschen.
(II) Die Tarife, die die Endnutzer des Dienstes der Telekommunikationsleistungen über Kabel zu zahlen haben, müssen transparent und nicht-diskriminierend sein, sie müssen der Konzessionsbehörde vor ihrem Inkrafttreten mitgeteilt werden.
Die wirtschaftlichen Gegenleistungen zwischen den Kabelnetzbetreibern und den Betreibern der in den Buchstaben e), f) und g) des vorigen Absatzes genannten Dienste für die Verbreitung dieser werden frei zwischen den Vertragsparteien im Rahmen der Gesetzgebung, die der Staat oder gegebenenfalls die Autonomieregionen mit Befugnissen in der Materie der sozialen Kommunikationsmedien erläßt, vereinbart. Konfliktfälle löst die Konzessionsbehörde.
(III) Nach Ablauf von drei Jahren ab Erteilung der Konzession kann die Konzessionsbehörde Maximaltarife für die Dienste der Telekommunikationsleistungen über Kabel durch Reglement festlegen.

KAPITEL IV: Über die Inhalte der audiovisuellen Programme
Art. 12 Inhalte der audiovisuellen Programme
((I) außer Kraft)
(II) Die Fernsehprogramme im Speziellen und die Kabeltelekommunikationsdienste im Allgemeinen, die gegen die Normen des Jugend- und Kinderschutzes und andere geschützte Güter und Rechte verstoßen könnten, müssen sich den Abonnenten in unabhängiger Form präsentieren, in den Worten, die regelmäßig entwickelt werden.

KAPITEL V: Rechtsrahmen der Sanktionen
Art. 13 Rechtsrahmen der Sanktionen
(I) Die Verstöße gegen das in diesem Gesetz und seinen Entwicklungsnormen Geregelte werden im Einklang mit den Regeln des Abschnitts IV der Ley 31/1987, de 18.12.87, de Ordenación de las Telecomunicaciones (LOT) sanktioniert.
(II) Die Befugnis zur Anordnung von Sanktionen obliegt bei sehr schweren Verstößen dem „Secretario general de Comunicaciones“ (Generalsekretär für Kommunikation des Ministerio de Fomento); für die anderen Verstöße obliegt sie dem „Director general de Telecomunicaciones“ (Generaldirektor für Telekommunikation).
(III) Das in den vorigen Absätzen Geregelte versteht sich unbeschadet dessen, was in den Normen, die die Autonomieregionen im Rahmen ihrer Kompetenzen erlassen, entwickelt wird.
(IV) Die Anordnung des Widerrufs der Konzessionen obliegt demselben Organ, das sie erteilt.

Disposiciones Adicionales

1.ª Canon para la prestación del servicio.

El canon establecido en el artículo 15.3 de la Ley de Ordenación de las Telecomunicaciones será también aplicable a los operadores de cable.

(...)

3.ª Normativa básica sobre medios de comunicación social.

1. Lo dispuesto en los artículos 10, 11.1.d), e), f), g) y 12 de la presente Ley tiene carácter de normativa básica en materia de contenidos sobre medios de comunicación social en los términos del artículo 149.1.27.ª de la Constitución, correspondiendo a las Comunidades Autónomas el desarrollo y ejecución de esta normativa.

2. Si en el momento de convocar el concurso correspondiente para la concesión del servicio de telecomunicaciones por cable en una demarcación, de acuerdo con lo establecido en la disposición transitoria tercera, no existiera una regulación aprobada por la Comunidad Autónoma de la demarcación afectada, o si la demarcación contuviera Municipios de diferentes Comunidades Autónomas, la regulación sobre contenidos aplicable al concesionario será la establecida en esta Ley con carácter de norma básica.

3. En el supuesto de que la normativa de desarrollo elaborada por la Comunidad Autónoma alterase el equilibrio económico-financiero de la concesión, la responsabilidad de restaurar ese equilibrio corresponderá a dicha Comunidad Autónoma.

(...)

Disposiciones Transitorias

(1.ª ...)

Disposición transitoria segunda. Servicio telefónico básico.

A partir del 1 de enero de 1998, los operadores de cable podrán prestar el servicio telefónico básico, previa obtención del correspondiente título habilitante de acuerdo con la normativa vigente en ese momento.

Disposición transitoria tercera. Previsiones de desarrollo de la Ley.

1. El Gobierno aprobará el correspondiente Reglamento técnico y de prestación del servicio de telecomunicaciones por cable en el plazo de dos meses desde la entrada en vigor de esta Ley.

2. Los concursos para la concesión del servicio de telecomunicaciones por cable deberán ser convocados por el Ministerio de Obras Públicas, Transportes y Medio Ambiente en el plazo que reglamentariamente se determine a partir de la aprobación de cada demarcación o, en su caso, de la notificación al Ministerio de Obras Públicas, Transportes y Medio Ambiente de la misma por parte de los Ayuntamientos o de las Comunidades Autónomas.

Los plazos para aprobar los concursos a que hace referencia el párrafo anterior podrán ser distintos en atención a las características de población de las demarcaciones aprobadas.

(...)

ZUSATZBESTIMMUNGEN:

1.) Konzessionssteuer für den Betrieb des Dienstes

Die Konzessionssteuer, die in Artikel 15 III der Ley de Ordenación de las Telecomunicaciones (LOT) geregelt ist, ist auch auf die Kabelbetreiber anzuwenden.

(...)

3.) Basisnorm für soziale Kommunikationsmedien

(I) Das in den Artikeln 10, 11.I d),e),f),g) und 12 dieses Gesetzes Geregelte hat den Charakter einer Basisnorm in der Materie der Inhalte für soziale Kommunikationsmedien in den Worten des Artikels 149 I Nr. 27 CE, und es obliegt den Autonomieregionen die Entwicklung und Ausführung dieser Norm.

(II) Wenn zum Zeitpunkt der Einberufung des entsprechenden Ausschreibungsverfahrens für die Konzession des Kabel-Telekommunikationsdienstes in einem Gebiet (im Einklang mit der Regelung der Dritten Übergangsbestimmung) keine Regelung für die betreffende Gebietsabgrenzung durch die Autonomieregion erlassen wurde, oder wenn das Gebiet Gemeinden verschiedener Autonomieregionen enthält, ist die Regelung über Inhalte, die für den Konzessionär anwendbar ist, das in diesem Gesetz Entwickelte mit dem Charakter einer Basisnorm.

(III) Falls die entwickelnde Gesetzgebung, die von einer Autonomieregion erlassen wird, das wirtschaftlich-finanzielle Gleichgewicht der Konzession verändert, obliegt dieser Autonomieregion die Verantwortung zur Wiederherstellung dieses Gleichgewichts.

(...)

ÜBERGANGSBESTIMMUNGEN:

(1.) ...)

2.) Basis-Telefondienst

Ab dem 01. Januar 1998 können die Kabelbetreiber in ihren jeweiligen Bezirken allen Nutzern einen Enddienst für Basis-Telefonleistungen anbieten, nach vorheriger Überprüfung der Erfüllung der Anforderungen, die durch Vorschrift für diesen Dienst festgelegt werden, durch das Ministerio de Fomento. (...)

3.) Voraussichtliche Entwicklung des Gesetzes

(I) Die Regierung erläßt das entsprechende „Reglamento técnico y de prestación del servicio de telecomunicaiones por cable“ (Verordnung über das Reglement zur Technik und zum Betrieb des Dienstes der Telekommunikationsleistungen über Kabel, das im Anhang abgedruckte Real Decreto 2.066/1996) innerhalb einer Frist von zwei Monaten ab Inkrafttreten dieses Gesetzes.

(II) Die Ausschreibungsverfahren für die Konzession des Dienstes der Kabel-Telekommunikation müssen durch das Ministerio de Fomento innerhalb der Frist einberufen werden, die vorschriftsmäßig bestimmt wird ab der Genehmigung jeder einzelnen Abgrenzung oder gegebenenfalls ab der Bekanntgabe derselben an das Ministerio de Fomento durch die Gemeindeverwaltungen oder die Autonomieregionen. Die Fristen für die Genehmigung der Ausschreibungsverfahren, auf die sich der vorige Absatz bezieht, können mit Blick auf die Charakteristika der Bevölkerung der genehmigten Abgrenzungen variieren.

(...)

XI.A. AUSZÜGE AUS DEM REAL DECRETO 2.066/1996 ZUR LTCC:

(Real Decreto 2.066/1996, de 13.09.96, por el que se aprueba el Reglamento Técnico y de Prestación del Servicio de Telecomunicación por Cable)
(B.O.E. núm. 233, de 26.09.1996, S. 28738)

(Exposición de Motivos...)

Artículo 1.
Se aprueba el Reglamento Técnico y de Prestación del Servicio de Telecomunicaciones por Cable, que se incluye como anexo a este Real Decreto.

Artículo 2.
Los concesionarios del servicio de telecomunicaciones por cable deberán garantizar el secreto de las comunicaciones y el cumplimiento, en su caso, de lo establecido en los artículos 18.3 y 55.2 de la Constitución y 579 de la Ley de Enjuiciamiento Criminal. Para ello deberán adoptar los medios técnicos que estén establecidos o se establezcan por la normativa vigente en función de las características técnicas de la infraestructura utilizada.
Asimismo, los concesionarios del servicio de telecomunicaciones por cable deberán garantizar la protección de los datos personales, conforme a lo dispuesto en la Ley Orgánica 5/1992, de 29 de octubre, de Regulación del Tratamiento Automatizado de los Datos de Carácter Personal, en las normas dictadas en su desarrollo y disposiciones complementarias.
(Disposición derogatoria única...)
(3 Disposiciones finales...)

ANEXO
Reglamento Técnico y de Prestación del Servicio de Telecomunicaciones por Cable
(...)
Artículo 3. Régimen jurídico de la concesión.
El régimen jurídico fundamental por el que se regirán las concesiones del servicio de telecomunicaciones por cable está constituido por la Ley 42/1995, de 22 de diciembre, de las Telecomunicaciones por Cable, por la Ley 31/1987, de 18 de diciembre, de Ordenación de las Telecomunicaciones, por el Real Decreto-ley 6/1996, de 7 de junio, de Liberalización de las Telecomunicaciones, por la Ley 13/1995, de 18 de mayo, de Contratos de las Administraciones Públicas, así como por las normas de carácter reglamentario dictadas en desarrollo de las Leyes citadas, y por aquellas que puedan dictar las Comunidades Autónomas en el ejercicio de sus competencias, y en particular, en desarrollo y ejecución de lo dispuesto en los artículos 10, 11.1.d), e), f) y g), y 12 de la Ley de las Telecomunicaciones por Cable, como normativa básica del Estado en materia de medios de comunicación social. (...)

XI.A. AUSZÜGE AUS DEM REAL DECRETO 2.066/1996 ZUR LTCC:

(Real Decreto 2.066/1996, de 13.09.96, por el que se aprueba el Reglamento Técnico y de Prestación del Servicio de Telecomunicación por Cable)
(B.O.E. núm. 233, de 26.09.1996, S. 28738)

(Vortext...)
Art. 1
Das „Reglamento Técnico y de Prestación del Servicio de Telecomunicaciones por Cable" (Verordnung über Technik und Betrieb des Kabel-Telekommunikationsdienstes), das als Anhang in diesem Real Decreto enthalten ist, wird hiermit erlassen.

Art. 2
Die Konzessionäre des Kabel- Telekommunikationsdienstes müssen das Kommunikationsgeheimnis und seine Erfüllung, gegebenenfalls nach den Regeln der Artt. 18 III und 55 II der CE und des Art. 579 der Ley de Enjuiciamiento Criminal (Strafprozeßgesetz) garantieren. Dazu müssen sie die technischen Mittel verwenden, die durch die gültige Gesetzgebung für die technischen Charakteristika der benutzten Infrastruktur entwickelt wurden oder werden.
Gleichermaßen müssen die Konzessionäre des Dienstes der Kabel-Telekommunikation den Schutz der persönlichen Daten im Einklang mit den Regeln der Ley Orgánica 5/1992, de 29.10.92, de Regulación del Tratamiento automatizado de los Datos de Carácter Personal (Organgesetz 5/1992 über die automatische Verarbeitung persönlicher Daten), ferner ihrer Ausführungsgesetze und Zusatzbestimmungen garantieren.
(Außerkraftsetzungsbestimmung...)
(3 Schlußbestimmungen...)

ANHANG
TECHNIK- UND BETRIEBSREGLEMENT DES DIENSTES DER KABEL-TELEKOMMUNIKATION

(...)
Art. 3 Rechtsrahmen der Konzession
Der zugrundeliegende Rechtsrahmen, nach dem sich die Konzessionen des Dienstes der Kabel-Telekommunikation richten, wird durch die Ley 42/1995, de 22.12.95, de las Telecomunicaciones por Cable (Anm.: die LTCC, das Kabelfernsehgesetz), durch die Ley 31/1987, de 18.12.87, de Ordenación de las Telecomunicaciones (Anm.: die LOT), durch das Real Decreto-ley 6/1996, de 07.06.96, de Liberalización de las Telecomunicaciones (Real Decreto-Ley 6/1996 über die Liberalisierung des Telekommunikationswesens), durch die Ley 13/1995, de 18.05.95, de Contratos de las Administraciones Públicas (Verwaltungsvertragsgesetz), ferner durch die Regelungsnormen in Ausführung der genannten Gesetze, und durch die Normen aufgestellt, die die Autonomieregionen in Ausübung ihrer Kompetenzen erlassen, speziell in Entwicklung und Ausübung der Regeln der Artt. 10, 11 I lit. d), e), f) und g) und 12 der Ley 42/1995 als Basisnormen des Staates in der Materie der sozialen Kommunikationsmedien. (...)

Artículo 6. Actuaciones posteriores del Ministerio de Fomento sobre la demarcación.
Recibida por el Ministerio de Fomento la resolución estableciendo la demarcación territorial, junto con la documentación que se detalla en el artículo anterior, o dictada la resolución por dicho departamento ministerial cuando le corresponda la competencia, éste procederá a adscribir las demarcaciones en el plazo máximo de un mes a una de las siguientes categorías, de acuerdo a su población, calculada tal como se establece en el artículo 4 de este Reglamento:
Categoría A: demarcaciones cuya población supere los 500.000 habitantes.
Categoría B: demarcaciones cuya población esté comprendida entre 200.000 y 500.000 habitantes.
Categoría C: demarcaciones cuya población esté comprendida entre 100.000 y 199.999 habitantes.
Categoría D: demarcaciones cuya población sea inferior a 100.000 habitantes.

(...)

Artículo 12. Del concesionario.
1. Sólo pueden ser operadores de cable las sociedades anónimas cuyo objeto social sea la prestación del servicio de telecomunicaciones por cable, que dispongan de las correspondientes concesiones administrativas y que cumplan los siguientes requisitos:
a) Los operadores de cable deben poseer el capital mínimo que se establece para las siguientes categorías de demarcaciones:
Demarcaciones ..... Capital mínimo
Categoría A ..... 1.000 millones de pesetas.
Categoría B ..... 400 millones de pesetas.
Categoría C ..... 200 millones de pesetas.
Categoría D ..... 100 millones de pesetas.
b) En las demarcaciones formadas en Ceuta y Melilla y territorios insulares cuya población sea inferior al límite de 50.000 habitantes, constituidas al amparo de lo dispuesto en el artículo 2.2 de la Ley 42/1995, de Telecomunicaciones por Cable, el capital mínimo exigible será el resultado de multiplicar la población de la demarcación por 2.000 pesetas.
c) Los operadores de cable estarán obligados a tener suscrito y desembolsado el 50 por 100 del capital mínimo exigible en el momento de la firma del contrato de concesión y el otro 50 por 100 dos años después.
d) Cuando un mismo operador de cable disponga de varias concesiones en diferentes demarcaciones, el capital mínimo exigible será la suma de los mínimos exigibles correspondientes a cada una de sus demarcaciones, pero nunca será superior a 3.000 millones de pesetas.

Art. 6 Vorherige Handlungen des Ministerio de Fomento bezüglich des Bezirks
Wenn das Ministerio de Fomento den Beschluß, der den Bezirk entwickelt, zusammen mit den Nachweisen, die im vorigen Artikel ausführlich beschrieben werden, erhalten hat, oder wenn es den Beschluß durch diese ministerielle Abteilung, wenn dieser die Befugnis obliegt, erlassen wurde, bewirkt dieses die Zuordnung der Bezirke innerhalb der maximalen Frist von einem Monat in eine der folgenden Kategorien im Einklang mit seiner Bevölkerung, die so gezählt wird, wie in Artikel 4 dieses Reglamento geregelt:

Kategorie A: Bezirke, deren Bevölkerung 500.000 Einwohner überschreitet.
Kategorie B: Bezirke, deren Bevölkerung zwischen 200.000 und 500.000 Einwohner umfaßt.
Kategorie C: Bezirke, deren Bevölkerung zwischen 100.000 und 199.000 Einwohner umfaßt.
Kategorie D: Bezirke, deren Bevölkerung 100.000 Einwohner unterschreitet.

(...)

Art. 12 Über den Konzessionär
(I) Kabelbetreiber können allein die Aktiengesellschaften sein, deren Gesellschaftszweck im Betrieb des Dienstes der Kabel-Telekommunikation besteht, die über die entsprechenden Verwaltungskonzessionen verfügen, und die die folgenden Anforderungen erfüllen:
a) Die Kabelbetreiber müssen über ein Mindestkapital verfügen, das für die folgenden Kategorien der Abgrenzungen entwickelt wird:
- Bezirke der Kategorie A: 1.000 Mio. Peseten (ca. 6 Mio. €).
- Bezirke der Kategorie B: 400 Mio. Peseten (ca. 2,4 Mio. €).
- Bezirke der Kategorie C: 200 Mio. Peseten (ca. 1,2 Mio. €).
- Bezirke der Kategorie D: 100 Mio. Peseten (ca. 0,6 Mio. €).

b) In den Bezirken, die in Ceuta und Melilla und in Inselgebieten mit weniger als 50.000 Einwohnern gebildet werden, die unter dem Schutz der Regelung des Artikels 2 II der Ley 42/1995, de Telecomunicaciones por Cable (Kabelfernsehgesetz) geschaffen wurden, ist das geforderte Mindestkapital das Ergebnis der Multiplizierung der Bevölkerungszahl in der Abgrenzung mit 2.000 Peseten.
c) Die Kabelbetreiber sind verpflichtet, zum Zeitpunkt der Unterzeichnung des Konzessionsvertrags 50 Prozent des geforderten Mindestkapitals gezeichnet und eingezahlt zu haben, und die anderen 50 Prozent innerhalb der folgenden zwei Jahre.
d) Wenn derselbe Kabelbetreiber über mehrere Konzessionen in verschiedenen Bezirken verfügt, ist das geforderte Mindestkapital die Summe der geforderten Mindestkapitale, die jeder einzelnen seiner Abgrenzungen entspricht, aber niemals mehr als 3.000 Mio. Peseten (ca. 18 Mio. €).

2. Las sociedades operadoras de cable deberán estar domiciliadas en España. La participación en el capital de los operadores de cable de personas físicas extranjeras o de personas jurídicas domiciliadas en el extranjero se ajustará a lo establecido en el artículo 15.2 de la Ley 31/1987, de 18 de diciembre, de Ordenación de las Telecomunicaciones, modificado por el Real Decreto-ley 6/1996, de 7 de junio, de Liberalización de las Telecomunicaciones, y por lo establecido en la normativa sobre inversiones extranjeras, en especial, el Real Decreto 671/1992, de 2 de julio, sobre inversiones extranjeras en España. A estos efectos, el capital procedente de un Estado miembro de la Unión Europea se equiparará al capital español.

3. Los plazos de presentación de ofertas, una vez convocado el concurso para el otorgamiento de la concesión, serán los siguientes:
Demarcaciones ..... Plazo de presentación de ofertas
Categoría A ..... Tres meses.
Categoría B ..... Tres meses.
Categoría C ..... Dos meses.
Categoría D ..... Un mes.

El pliego de bases administrativas y condiciones técnicas determinará, con sujeción a lo indicado en este apartado, la duración concreta del plazo de presentación de ofertas en cada concurso.

4. Ninguna persona física o jurídica podrá participar o ser titular del capital, directa o indirectamente, u ostentar el control en los términos que establece el artículo 42.1 del Código de Comercio, sobre las sociedades adjudicatarias de concesiones del servicio de telecomunicaciones por cable que conjuntamente alcancen a más de 1.500.000 abonados en el territorio español. Dicho límite de abonados afectará únicamente a los servicios de difusión de televisión por cable, quedando excluidas las actividades de los operadores relativas a los servicios finales y a los servicios de valor añadido de telecomunicaciones por cable. Estos servicios se entenderán en los términos definidos en el artículo 42 de este Reglamento.

A efectos del seguimiento y control de lo dispuesto en el párrafo anterior, las sociedades concesionarias del servicio de telecomunicaciones por cable deberán comunicar al Ministerio de Fomento las adquisiciones y transmisiones de acciones que igualen o superen la cuantía establecida en el artículo 1 del Real Decreto 377/1991, de 15 de marzo, de comunicación de participaciones significativas en sociedades cotizadas y de adquisición por éstas de acciones propias.

De conformidad con lo establecido en el apartado dos del artículo 3 del Real Decreto-ley 6/1996, de 7 de junio, de Liberalización de las Telecomunicaciones, el Gobierno, a propuesta de la Comisión del Mercado de las Telecomunicaciones en la que se determinen los criterios que definan la posición de dominio o de abuso en el mercado, podrá suprimir o modificar las prohibiciones establecidas en el párrafo primero de este apartado.

(II) Die Kabelbetriebs-Gesellschaften müssen in Spanien beheimatet sein. Der Anteil von ausländischen natürlichen Personen oder von juristischen Personen aus dem Ausland am Kapital der Kabelbetreiber bestimmt sich nach den Regeln des Artikels 15 II der Ley 31/1987, de 18.12.87, de Ordenación de las Telecomunicaciones (altes LOT), das durch den Real Decreto-ley 6/1996, de 07.06.96, de Liberalización de las Telecomunicaciones geändert wurde, und nach den Regeln der Gesetzgebung über ausländische Investitionen, speziell nach dem Real Decreto 671/1992, de 02.07.92, sobre inversiones extranjeras en España (Rechtsverordnung über ausländische Investitionen in Spanien). In diesem Sinne kann sich das Kapital aus einem EG-Mitgliedstaat mit dem spanischen Kapital die Waage halten.

(III) Die Fristen zur Abgabe der Angebote ab der Einberufung des Ausschreibungsverfahrens zur Erteilung der Konzession sind die folgenden:
Bezirke. . . Frist zur Abgabe der Angebote
- Bezirke der Kategorie A: 3 Monate.
- Bezirke der Kategorie B: 3 Monate.
- Bezirke der Kategorie C: 2 Monate.
- Bezirke der Kategorie D: 1 Monat.

Der Katalog der Verwaltungs- und technischen Grundbedingungen bestimmt mit Blick auf die Regelungen dieses Absatzes die genaue Dauer der Frist zur Abgabe der Angebote in jedem Ausschreibungsverfahren.

(IV) Keine natürliche oder juristische Person kann direkt oder indirekt Teilhaber oder Kapitalinhaber sein oder die Kontrolle nach den Worten des Artikels 42 I des Código de Comercio (Handelsgesetzbuch) ausüben über die Gesellschaften, denen Konzessionen für den Dienst der Kabel-Telekommunikation erteilt wurden, die zusammen mehr als 1,5 Mio. Abonnenten auf spanischem Gebiet erreichen. Diese Grenze betrifft allein die Dienste der Fernsehausstrahlung über Kabel, unter Ausschluß der Aktivitäten der Betreiber bezüglich der Telekommunikations-End- und Zusatzdienste über Kabel. Diese Dienste sind in den Worten, die in Artikel 42 dieser Verordnung definiert sind, zu verstehen.

Zur Befolgung und Kontrolle der Regelungen des vorigen Unterabsatzes müssen die Konzessionsgesellschaften des Dienstes der Kabel-Telekommunikation dem Ministerio de Fomento die Erwerbungen und Übertragungen von Aktien mitteilen, die die Menge, die in Artikel 1 des Real Decreto 377/1991, de 15.03.91, de comunicación de participaciones significativas en sociedades cotizadas y de adquisición por éstas de acciones propias (Rechtsverordnung 377/1991 über die Mitteilung von erheblichen Beteiligungen an notierten Gesellschaften und über den Erwerb eigener Aktien durch diese) geregelt ist, erreichen oder überschreiten.

Die Regierung kann im Einklang mit den Regeln des Artikels 3 II des Real Decreto-ley 6/1996, de 07.06.96, de Liberalización de las Telecomunicaiones auf einen Vorschlag der Comisión del Mercado de las Telecomunicaciones (Telekommunikations-Marktkommission) hin, in dem die Kriterien bestimmt werden, die eine marktbeherrschende Position oder die eines Marktmißbrauchs definiert, die Verbote, die im ersten Unterabsatz dieses Absatzes entwickelt werden, streichen oder abändern.

Las sociedades concesionarias requerirán autorización administrativa previa para adoptar o celebrar cualesquiera actos o negocios jurídicos que supongan la transmisión, disposición o gravamen de sus acciones. Será requisito constitutivo de la validez de los mencionados actos o negocios su formalización, mediante documento autorizado por fedatario público, quien no intervendrá o autorizará documento alguno sin que se acredite la obtención de la preceptiva autorización. Esta autorización será otorgada por el Ministerio de Fomento.
Las sociedades concesionarias estarán obligadas a aportar al Ministerio de Fomento los datos que éste les requiera y a colaborar con él en cualquier investigación tendente a la verificación de lo estipulado en el párrafo anterior.

Artículo 13. Valoración.
1. Será requisito previo al otorgamiento de la concesión, a efectos de valoración, la presentación de un anteproyecto técnico de la red de cable ofertada, firmado por técnico titulado competente.
2. Para el otorgamiento de las concesiones se podrán establecer grupos de valoración, tales como el anteproyecto técnico, el plan económico y financiero, la contribución tecnológica e industrial, la contribución a la creación de empleo, la orientación al cliente o los aspectos culturales, lingüísticos y educativos de los contenidos, entre otros.
3. Se tendrán en cuenta, fundamentalmente, los siguientes criterios:
a) Viabilidad técnica y económica de la explotación de la red mediante los ingresos generados por los servicios que el licitador ofrezca prestar en cada momento supuesta la previa obtención del título habilitante según la normativa vigente en cada momento.
b) Niveles de tarifas y plazos de vigencia de las mismas que el licitador se comprometa a aplicar a los usuarios.
c) Compromisos de inversión y solvencia económico-financiera.
d) El nivel tecnológico y la calidad y variedad de la oferta de los servicios avanzados de telecomunicaciones por cable que el licitador ofrezca prestar.
e) La calidad de la red de cable ofertada y de los servicios de mantenimiento de la red y, en particular, la capacidad de la tecnología y la tipología de red elegidas para soportar servicios interactivos y de correspondencia, además de los de difusión.
f) Medios con los que se dote a la red para ofrecer capacidades interactivas que permitan ofrecer en el futuro la incorporación de nuevos servicios a medida que la regulación y las necesidades del mercado lo demanden. En particular, se considerará un criterio técnico fundamental que las redes que den soporte a los servicios de telecomunicaciones por cable puedan evolucionar fácilmente hasta convertirse en redes de acceso a la red digital de servicios integrados de banda ancha.
Este criterio se concretará en condiciones que podrán afectar a la estructura de la red y al soporte físico empleado en sus diferentes partes. Como criterio general, se valorará positivamente el uso de la fibra óptica.

Die Konzessionsgesellschaften müssen eine vorherige Verwaltungserlaubnis beantragen, um jedweden Akt oder jedwedes Rechtsgeschäft zu ergreifen oder umzusetzen, die die Übertragung, Verfügung oder Belastung ihrer Aktien mit sich bringen. Konstitutiver Bestandteil der Wirksamkeit der genannten Akte oder Rechtsgeschäfte ist deren Abzeichnung mittels genehmigenden Dokuments eines fedatario público (öffentliche Urkundsperson), der ohne einen Nachweis des Erwerbs der entsprechenden Erlaubnis kein Dokument prüfen oder genehmigen darf.
Die Konzessionsgesellschaften sind verpflichtet, dem Ministerio de Fomento die Daten zu übermitteln, die dieses anfordert, und mit ihm bei jedweder beabsichtigten Erforschung zur Verifizierung der Voraussetzungen des vorigen Unterabsatzes zusammenzuarbeiten.

Art. 13 Bewertung: **(I)** Ein Erfordernis vor Erteilung der Konzession ist zum Zwecke einer Bewertung die Vorstellung eines technischen Vorentwurfs des angebotenen Kabelnetzes, der durch einen als zuständig bezeichneten Techniker gezeichnet wird.
(II) Für die Erteilung der Konzessionen können Bewertungsgruppen wie z.B. der technische Vorentwurf, der wirtschaftliche und finanzielle Plan, der technologische und industrielle Beitrag, der Beitrag zur Schaffung von Arbeitsplätzen, die Kundenorientierung oder u.a. die kulturellen, sprachlichen und erzieherischen Aspekte der Inhalte, entwickelt werden.
(III) Grundlegend sind die folgenden Kriterien mit einzubeziehen:
a) Die technische und wirtschaftliche Durchführbarkeit der Nutzung des Netzes mittels der Einnahmen, die erreicht werden durch Dienste, die der Bieter unter Annahme des vorherigen Erhalts des nach jeweils gültiger Gesetzgebung befähigenden Rechtstitels jederzeit zu betreiben anbietet.
b) Die Tarifniveaus und die Gültigkeitsdauer derselben, die der Bieter gegenüber seinen Nutzern anzubieten verspricht.
c) Die Versprechungen bezüglich der Investitionen und der ökonomisch-finanziellen Zahlungsfähigkeit.
d) Das technologische Niveau und die Qualität und Verschiedenartigkeit des Angebots der fortgeschrittenen Kabel-Telekommunikationsdienste, die der Bieter anzubieten verspricht.
e) Die Qualität des angebotenen Kabelnetzes und der Erhaltungsdienste für das Netz und speziell die Kapazität der Technologie und Typologie des Netzes, die zur Unterstützung der interaktiven, der Korrespondenz- und außerdem der Ausstrahlungsdienste, ausgewählt werden.
f) Die Mittel, mit denen das Netz zum Anbieten von interaktiven Kapazitäten ausgestattet wird, die zukünftig die Einbindung neuer Dienste erlauben, in dem Maße, welches die Regulierung und die Notwendigkeiten des Marktes erfordern. Speziell wird es als technisches Grundkriterium angesehen, daß die Netze, die als Träger der Kabel-Telekommunikationsdienste dienen, einfach fortentwickelt werden können, bis hin zur Umwandlung in Zugangsnetze zum digitalen Netz der integrierten Breitband-Kabelnetze.
Dieses Kriterium wird in Bedingungen konkretisiert, die die Struktur des Netzes und des verwendeten physischen Trägers in ihren verschiedenen Teilen betreffen können. Als allgemeines Kriterium wird die Verwendung von Glasfasern positiv bewertet.

g) En el supuesto de que el proyecto presentado prevea la aplicación de tecnologías distintas a la del cable, bien con carácter transitorio o permanente en determinadas zonas, la previsión de evolución de dicha tecnología hacia el cable u otras tecnologías que permitan la prestación de servicios interactivos.
h) Experiencia del licitador en la instalación y explotación de redes.
i) Previsiones de cobertura de la demarcación y plazos para alcanzarla.
j) El menor impacto ambiental y sobre el dominio público y, en particular, el mayor aprovechamiento de las infraestructuras utilizables ya existentes. En este apartado se valorarán específicamente los compromisos que asuman en la oferta los participantes en el concurso en relación con la canalización subterránea y financiación propia de dicha canalización por encima de las obligaciones mínimas establecidas en el artículo 18 de la Ley 31/1987, de Ordenación de las Telecomunicaciones.
k) Previsiones y planificación sobre la programación que se ofrecerá a los usuarios.
l) Calendario de implantación del servicio, servicios postventa y servicios de atención al cliente.
m) La utilización, mediante subcontratación o acuerdos con terceros, de infraestructuras alternativas distintas de las que puedan utilizar para la prestación de servicios de telecomunicación por cable al amparo de la disposición adicional primera.
n) Los aspectos que puedan favorecer las actividades de investigación y desarrollo a nivel local.
ñ) El grado de las aportaciones económicas, tecnológicas e industriales a la economía nacional del proyecto presentado, así como la contribución del mismo a la creación de empleo y al desarrollo regional.
o) Cualesquiera otros relativos a la mejor prestación del servicio y a la satisfacción de los intereses de los ciudadanos.

(...)

Artículo 19. De la cesión de la concesión.
El Ministro de Fomento podrá autorizar, expresamente y con carácter previo, la cesión a un tercero de los derechos y obligaciones derivados del contrato en los términos previstos en el artículo 115 de la Ley 13/1995, de Contratos de las Administraciones Públicas, siempre que el cedente haya realizado la explotación, al menos, durante el plazo de una quinta parte del tiempo de duración del contrato.

Artículo 20. De la extinción de la concesión.
La extinción de la concesión se regirá por lo establecido:
a) En los artículos 112 y siguientes de la Ley 13/1995, de Contratos de las Administraciones Públicas, en lo que le sea de aplicación.
b) En los artículos 165 y siguientes de la citada Ley, relativos a los efectos y extinción del contrato de gestión de servicios públicos.
c) En el artículo 34.3 de la Ley de Ordenación de las Telecomunicaciones.

(...)

g) Falls das vorgestellte Projekt übergangsweise oder in bestimmten Zonen dauerhaft die Verwendung anderer als der Kabel-Technologien vorsehen sollte, die Voraussage der Entwicklung dieser Technologie in Richtung des Kabels oder anderer Technologien, die den Betrieb interaktiver Dienste erlaubt.

h) Erfahrung des Bieters bei der Errichtung und dem Betrieb von Netzen.

i) Die Voraussagen über die Reichweite des Bezirks und die Fristen, diese zu erreichen.

j) Der geringste Schaden für die Umwelt und das öffentliche Eigentum, und speziell die höchste Ausnutzung der bereits existierenden nutzbaren Infrastruktur. In diesem Absatz werden speziell die Kompromisse bewertet, die im Angebot der Teilnehmer der Ausschreibung in bezug auf die unterirdische Kanalisation und eine eigene Finanzierung dieser Kanalisation aufgrund der Minimalverpflichtungen des Artikels 18 der Ley 31/1987, de Ordenación de las Telecomunicaciones (Anm.: LOT) erreicht werden.

k) Die Voraussagen und Planungen bezüglich des Programms, das den Nutzern angeboten werden wird.

l) Der Zeitplan der Einführung des Dienstes, der Instandhaltungsdienste und der Kundenservicedienste.

m) Mittels Unterverträgen oder Vereinbarungen mit Dritten der Gebrauch von alternativen Infrastrukturen, die anders sind als die, die für den Betrieb des Kabel-Telekommunikationsdienstes unter dem Schutz der 1. Zusatzbestimmung verwendet werden können.

n) Die Aspekte, die die Aktivitäten der Forschung und der Entwicklung auf lokalem Niveau begünstigen können.

ñ) Der Grad der wirtschaftlichen, technologischen und industriellen Beiträge des vorgestellten Projekts für die nationale Wirtschaft, sowie der Beitrag desselben zur Schaffung von Arbeitsplätzen und zur Regionalentwicklung.

o) Jedwede anderen Kriterien bezüglich der besten Nutzung des Dienstes und der Befriedigung der Bürgerinteressen. (...)

Art. 19 Über die Zession der Konzession

Der Ministro de Fomento kann vorher und ausdrücklich die Zession der Rechte und Pflichten aus dem Vertrag gemäß Artikel 115 der Ley 13/1995 (Anm.: Verwaltungsvertragsgesetz) an einen Dritten genehmigen, immer wenn der Zedent die Nutzung zumindest während eines Fünftels der Vertragsdauer durchgeführt hat.

Art. 20 Über das Erlöschen der Konzession

Das Erlöschen der Konzession richtet sich nach dem Folgenden:

a) Nach den Artikeln 112 ff. der Ley 13/1995, de Contratos de las Administraciones Públicas (Verwaltungsvertragsgesetz), sofern diese anwendbar sind.

b) Nach den Artikeln 165 ff. des genannten Gesetzes bezüglich der Wirkungen und des Erlöschens des Vertrags zum Betrieb öffentlicher Dienste.

c) Nach Artikel 34 III der Ley de Ordenación de las Telecomunicaciones (Anm.: LOT).

(...)

Artículo 23. Plazo de instalación y puesta en servicio.
Una vez adjudicada la concesión, el concesionario deberá proceder al establecimiento de la red de cable necesaria para la prestación del servicio, a cuyo efecto podrá utilizar redes e infraestructura ya existentes o construir las infraestructuras necesarias para el transporte y distribución de las señales en su demarcación.
El establecimiento y la explotación de las redes de cable estarán sujetos a lo que determina este Reglamento en su Título III, siéndoles de aplicación, en todo caso, lo dispuesto en los artículos 17 y 18 de la Ley de Ordenación de las Telecomunicaciones
El plazo máximo desde la adjudicación del concurso hasta la puesta en funcionamiento del servicio será el que se establezca en los respectivos pliegos de bases y condiciones técnicas.
El concesionario vendrá obligado, con carácter previo a la puesta en funcionamiento del servicio, a presentar el correspondiente proyecto técnico, debidamente visado, a la Dirección General de Telecomunicaciones para su aprobación.
Una vez aprobado el proyecto y ejecutadas las obras, el concesionario podrá iniciar la explotación del servicio con carácter provisional en tanto se realice la inspección de las redes e infraestructuras y demás instalaciones por el Ministerio de Fomento.
Si de dicha inspección se dedujere alguna deficiencia subsanable, el concesionario deberá corregirla en el plazo máximo de dos meses.
Si las deficiencias detectadas fuesen gravemente negativas en relación con el proyecto técnico aprobado, se procederá a la apertura del correspondiente expediente de resolución por incumplimiento del contrato, en los términos que se establecen en la Ley de Ordenación de las Telecomunicaciones y en la Ley de Contratos de las Administraciones Públicas.
Por otro lado, se podrán establecer plazos diferentes en el caso de que se autoricen despliegues por medios distintos de la red de cable, con carácter provisional o definitivo, según lo establecido en los pliegos de bases y de condiciones técnicas y en este Reglamento.

(...)

Artículo 25. Derechos del concesionario.
El operador de cable, como titular de la concesión, tiene los siguientes derechos:
a) Prestar en su demarcación, los servicios de telecomunicaciones enumerados en el artículo 28, en las condiciones que en el mismo se señalan.
b) Instalar los equipos necesarios para la prestación de dichos servicios con sujeción a lo que se dispone en el Título III.
c) Elaborar por sí mismo o contratar con terceros, los contenidos de los servicios a prestar en el ámbito de su demarcación.
d) Percibir las correspondientes tarifas de sus abonados.

Art. 23 Die Frist zur Errichtung und Inbetriebnahme
Wenn einmal die Konzession erteilt wurde, muß der Konzessionär die Entwicklung des für den Betrieb des Dienstes notwendigen Kabelnetzes vornehmen, wozu er bereits existierende Netze und Infrastrukturen nutzen oder die für den Transport und die Verbreitung der Signale in seinem Bezirk notwendige Infrastruktur errichten kann.
Die Errichtung und Nutzung der Kabelnetze sind an die Regeln dieses Reglements in seinem Abschnitt III (Anm.: Artt.42 - 52) gebunden, während in jedem Fall die Regeln der Artikel 17 und 18 der Ley de Ordenación de las Telecomunicaciones (Anm.: LOT) anwendbar bleiben.
Die maximale Frist ab dem Zuschlag des Ausschreibungsverfahrens bis zur Inbetriebnahme des Dienstes ist die, die in den entsprechenden Vertrags-Grundbedingungen und technischen Bedingungen entwickelt werden.
Der Konzessionär wird verpflichtet, vor Inbetriebnahme des Dienstes der Dirección General de Telecomunicaciones (Telekommunikations-Generaldirektion) das entsprechende technische Projekt, das besichtigt werden muß, für dessen Zulassung zu präsentieren.
Wenn das Projekt einmal zugelassen und die Arbeiten ausgeführt wurden, kann der Konzessionär provisorisch den Betrieb des Dienstes beginnen, bis die Inspektion der Netze, der Infrastruktur und der weiteren Installationen durch das Ministerio de Fomento durchgeführt wurde.
Falls diese Inspektion einen behebbaren Mangel offenlegen sollte, muß der Konzessionär ihn innerhalb einer Frist von maximal zwei Monaten beheben.
Falls sich die aufgedeckten Mängel als schwer negativ im Verhältnis zu dem zugelassenen technischen Projekt erweisen, wird der entsprechende Auflösungsvorgang wegen Nichterfüllung des Vertrags vorgenommen, entsprechend dem in der Ley de Ordenación de las Telecomunicaciones (Anm.: LOT) und in der Ley de Contratos de las Administraciones Públicas (Verwaltungsvertragsgesetz) Vorgesehenen.
Andererseits können andere Fristen erlassen werden für den Fall, daß nach den Regeln der Vertrags-Grundbedingungen und der technischen Bedingungen provisorisch oder endgültig andere Entfaltungen mittels anderer Medien als dem Kabelnetz genehmigt werden.

(...)
Art. 25 Rechte des Konzessionärs
Der Kabelbetreiber hat als Inhaber der Konzession folgende Rechte:
a) Das Betreiben der Telekommunikationsdienste, die in Art. 28 aufgezählt sind, unter den dort genannten Bedingungen innerhalb seiner Abgrenzung.
b) Das Errichten der Ausrüstungsgegenstände, die für den Betrieb dieser Dienste unter Beachtung der Regeln des Dritten Abschnitts (Artt. 42 - 52) notwendig sind.
c) Die Herstellung der Inhalte der Dienste zum Betrieb im Rahmen seiner Abgrenzung entweder durch ihn selbst oder durch Vertragsschluß mit Dritten.
d) Die Einziehung der entsprechenden Tarife von seinen Abonnenten.

Artículo 26. De las obligaciones del concesionario.

El operador de cable como titular de la concesión tendrá las siguientes obligaciones:

a) Mantener niveles de calidad uniformes en la prestación del servicio de telecomunicaciones por cable, facilitando el acceso de todos los abonados de la demarcación en condiciones de igualdad.

Podrán existir, no obstante, áreas temporalmente no cubiertas por el servicio dentro de una demarcación territorial concedida, atendiendo a dificultades derivadas de características técnicas de la red, de la topografía del terreno o de la viabilidad económica del proyecto en su despliegue inicial.

Asimismo, y en razón a las circunstancias y dificultades reseñadas en el párrafo anterior, podrán existir áreas territoriales cubiertas con tecnologías distintas a las del cable, bien transitoriamente o de carácter permanente. Las tecnologías diferentes a las del cable que se utilicen deberán someterse a lo previsto en el Título III.

En los pliegos de bases y condiciones técnicas de los concursos deberán quedar establecidos los límites a la aplicación de las excepciones establecidas en los párrafos anteriores, así como los criterios para su admisibilidad y para la valoración de los proyectos en los que se presenten estas previsiones. En dicha valoración se tomará en consideración la duración temporal de estas soluciones alternativas y la viabilidad de que estas fórmulas tecnológicas atiendan inicialmente o puedan evolucionar para prestar servicios de correspondencia.

b) Cumplir con lo dispuesto en la legislación sobre propiedad intelectual.

c) Dispensar un trato no discriminatorio hacia los programadores independientes y los prestadores de servicios, poniendo en su conocimiento aquellos aspectos de la gestión comercial relacionados con su oferta.

d) Asignar, desde el inicio de sus actividades, un mínimo del 40 por 100 del total de la oferta audiovisual distribuida por su red a programadores independientes, salvo que no exista una oferta suficiente.

En el supuesto de que no exista oferta suficiente de programadores independientes, el operador de cable podrá, previa justificación de la falta de disponibilidad de programación, solicitar la reducción del porcentaje establecido en el párrafo anterior al órgano competente de la Comunidad Autónoma afectada o, en su caso, al Ministerio de Fomento

e) Distribuir a todos los abonados al servicio de difusión de televisión por cable conectados a la red, como mínimo, el conjunto de servicios de difusión de televisión por ondas regulados en las Leyes 4/1980, de 10 de enero, y 10/1988, de 3 de mayo.

f) Distribuir a todos los abonados al servicio de difusión de televisión por cable conectados a la red, los servicios de difusión de televisión gestionados por la Comunidad o Comunidades Autónomas a las que pertenezca la demarcación territorial.

g) Distribuir a todos los abonados de cada municipio conectados a la red, los servicios de difusión de televisión local correspondientes al mismo si sus titulares lo solicitan. Este mandato no supondrá al operador de cable la obligación de suministrar la programación de este servicio, si sus gestores lo solicitan.

Art. 26 Über die Pflichten des Konzessionärs

Dem Kabelbetreiber obliegen als Inhaber der Konzession folgende Pflichten:

a) Die Erhaltung gleichbleibender Qualitätsstandards beim Betrieb des Dienstes der Kabel-Telekommunikation, unter Ermöglichen des Zugangs aller Abonnenten der Abgrenzung unter gleichen Bedingungen.

Jedoch können Teilgebiete bestehen, die zeitweilig dem Dienst innerhalb eines konzessionierten Bezirks nicht offenstehen, und zwar bei Schwierigkeiten wegen technischer Charakteristika des Netzes, der Topographie des Gebiets oder der wirtschaftlichen Durchführbarkeit des Projekts während seines anfänglichen Aufbaus.

Gleichermaßen und wegen der im vorigen Unterabsatz genannten Umstände können Teilgebiete bestehen, die mit anderen Technologien als der des Kabels abgedeckt werden, entweder vorübergehend oder dauerhaft. Die verwendeten Technologien, die anders sind als per Kabel, müssen die Regeln des Dritten Abschnitts (Artt. 42 - 52) erfüllen.

In den grundsätzlichen und technischen Ausschreibungsbedingungen müssen die Grenzen der Anwendung der in den vorigen Unterabsätzen entwickelten Ausnahmen geregelt werden, ebenso wie die Kriterien für ihre Zulässigkeit und für die Bewertung der Projekte, in denen diese Voraussetzungen präsentiert werden. Bei dieser Bewertung wird die zeitliche Dauer dieser Alternativlösungen und die Durchführbarkeit, nach der diese die technologischen Formeln anfänglich befolgen oder für den Betrieb von Korrespondenzdiensten entwickelt werden können, mit einbezogen.

b) Die Erfüllung der Regelungen der Gesetzgebung über geistiges Eigentum.

c) Das Gewähren einer nichtdiskriminierenden Behandlung gegenüber den unabhängigen Programm- und den Diensteanbietern, unter Beachtung der Aspekte des marktmäßigen Betriebs bezüglich ihres Angebots.

d) Von Anbeginn der Aktivität die Zuweisung eines Minimums von 40 Prozent des audiovisuellen Gesamtangebots ihres Netzes an unabhängige Programmhersteller, außer wenn kein dazu ausreichendes Angebot vorliegt.

Falls kein ausreichendes Angebot der unabhängigen Programmanbieter besteht, kann der Kabelbetreiber nach vorherigem Beweis des Fehlens der programmlichen Verfügbarkeit die Reduzierung des im vorigen Unterabsatz geregelten Prozentsatzes beim zuständigen Organ der betroffenen Autonomieregion oder gegebenenfalls beim Ministerio de Fomento beantragen.

e) Die Ausstrahlung - an alle angeschlossenen Abonnenten des Dienstes der Fernsehausstrahlung über Kabel - von mindestens der Gesamtheit der terrestrischen Fernsehausstrahlungsdienste, die in den Gesetzen 4/1980, de 10.01.80 (ERTV) und 10/1988, de 03.05.88 (LTP) geregelt sind.

f) Die Ausstrahlung - an alle angeschlossenen Abonnenten des Dienstes der Fernsehausstrahlung über Kabel - der Fernsehausstrahlungsdienste, die von der Autonomieregion oder den Autonomieregionen betrieben wird, der/ denen die Gebietsabgrenzung angehört.

g) Die Ausstrahlung - an alle angeschlossenen Abonnenten des Dienstes der Fernsehausstrahlung über Kabel - der lokalen Fernsehausstrahlungsdienste, die ihnen (den Gemeinden) entsprechen, wenn ihre Rechtsinhaber es wünschen.

Dieser Auftrag gibt dem Kabelbetreiber nicht die Verpflichtung auf, das Programm dieses Dienstes zu befördern, wenn dessen Betreiber es wünschen.

h) Cumplir la normativa de las Comunidades Autónomas dictada en el ámbito de sus competencias para el desarrollo de la normativa básica sobre medios de comunicación social.

Artículo 27. Riesgo, ventura y equilibrio económico financiero de la concesión.
El contrato será a riesgo y ventura del concesionario, siendo de su cuenta la indemnización de todos los daños que se causen, tanto a la Administración contratante como a terceros, como consecuencia de las actuaciones que requiera la ejecución del contrato, salvo de aquellas que sean efecto directo e inmediato de una orden de la Administración o cuando el daño se produzca por causa imputable a la misma. El concesionario responderá de cualquier reclamación judicial o extrajudicial de terceros dirigida contra la Administración derivada de la actividad de aquél.
El servicio se prestará en régimen de libre competencia, y no supondrá alteración del equilibrio económico-financiero, ni dará derecho a indemnización por alteración del mismo, la entrada de nuevos competidores en la prestación del servicio ni la alteración de las condiciones de prestación que se deriven de disposiciones legales o de normativa comunitaria.
(...)

(Artículo 28.)

Artículo 29. Régimen de tarifas.
Las tarifas a abonar por los usuarios finales del servicio de telecomunicaciones por cable deberán ser transparentes y no discriminatorias, debiendo ser comunicadas a la Dirección General de Telecomunicaciones con carácter previo a su entrada en vigor.
(...)
Los concesionarios del servicio deberán comunicar a la Administración de telecomunicaciones y a las asociaciones de consumidores y usuarios legalmente establecidas, las tarifas que vayan a percibir de los usuarios del servicio, así como las modificaciones de las mismas, quince días antes de su entrada en vigor.
El operador podrá dejar de prestar el servicio desconectando del sistema a los abonados por la demora en el pago de un plazo superior a veinte días naturales desde la fecha de presentación o puesta al cobro del documento de cargo cuyo impago determina la suspensión.
La suspensión del servicio no podrá realizarse en día festivo ni en víspera del mismo.
El operador restablecerá el servicio al abonado dentro de los dos días laborables siguientes al día en que tenga conocimiento de haberse satisfecho el importe que se le adeuda. El abonado deberá satisfacer la cuota establecida para la rehabilitación, salvo que demuestre que no le es imputable el impago.
Transcurridos veinte días naturales desde la suspensión del servicio, y previo requerimiento al abonado concediéndole un plazo de diez días para satisfacer la deuda, el operador podrá resolver el contrato y dar de baja al abonado.

(...)

h) Die Erfüllung der Gesetzgebung der Autonomieregionen, die sie im Rahmen ihrer Kompetenzen zur Entwicklung der Basisgesetzgebung über soziale Kommunikationsmedien erlassen.

Art. 27 Risiko, Schicksal und wirtschaftlich-finanzielles Gleichgewicht der Konzession

Der (Konzessions-)Vertrag besteht auf Risiko und Schicksal des Konzessionärs, zu seinen Lasten fällt der Ersatz aller Schäden, die sowohl bei der vertragschließenden Verwaltung als auch bei Dritten als Konsequenz der Handlungen, die die Vertragserfüllung mit sich bringt, entstehen, außer bei denen, die direkt und unmittelbar auf einer Anordnung der Verwaltung beruhen oder wenn der Schaden durch einen nicht zurechenbaren Grund entsteht. Der Konzessionär haftet für jedweden gerichtlichen oder außergerichtlichen Anspruch, den Dritte gegen die Verwaltung richten und der sich aus seiner Aktivität ableitet.

Der Dienst wird im Rahmen des freien Wettbewerbs betrieben und weder der Eintritt neuer Wettbewerber in den Betrieb des Dienstes noch die Veränderung der Betriebsbedingungen, die sich aus den Gesetzesvorschriften oder der Gesetzgebung der EG ergeben, werden als eine Veränderung des wirtschaftlich-finanziellen Gleichgewichts angenommen oder begründen ein Recht auf Schadensersatz wegen Veränderung derselben. (...)

(Art. 28 ist außer Kraft)

Art. 29 Rechtsrahmen der Tarife

Die Tarife, die von den Endnutzern des Kabel-Telekommunikationsdienst zu zahlen sind, müssen transparent und nicht-diskriminierend sein und vor ihrem Gültigkeits-eintritt der Dirección General de Telecomunicaciones (Tele-kommunikations-General-direktion) mitgeteilt werden. (...)

Die Konzessionäre des Dienstes müssen der Telekommunikations-Verwaltung und den Verbraucher- und Nutzerverbänden die Tarife, die sie von den Nutzern des Dienstes einziehen werden, sowie die Änderungen derselben, 15 Tage vor Gültigkeitseintritt bekanntgeben.

Der Betreiber kann den Dienstbetrieb einstellen, indem er die Abonnenten wegen Zahlungsverzugs vom System trennt, wenn (der Verzug) 20 natürliche Tage ab dem Datum der endgültigen Zahlungsaufforderung mit dem Hinweis auf die Trennung andauert.

Die Einstellung des Dienstes darf nicht an einem Feiertag oder dessen Vortag durchgeführt werden.

Der Betreiber stellt den Dienst für den Abonnenten innerhalb der zwei Arbeitstage nach dem Tag der Kenntnisnahme, daß der geschuldete Betrag beglichen wurde, wieder her. Der Abonnent muß die Quote, die für die Wiederaufnahme entwickelt wird, begleichen, außer, er legt dar, daß er nicht für die Nichtzahlung verantwortlich ist.

Nach Ablauf von 20 natürlichen Tagen ab der Unterbrechung des Dienstes und nach vorheriger Aufforderung an den Abonnenten, die ihm eine Frist von 10 Tagen zu Begleichung der Schuld einräumt, kann der Betreiber den Vertrag lösen und den Abonnenten abmelden.

(...)

Artículo 38. De los programadores independientes.
1. A efectos del cumplimiento por el operador de cable de la obligación de reservar el 40 por 100 de su programación a programadores independientes, establecida en el artículo 11.1.d) de la Ley de las Telecomunicaciones por Cable, que tiene el carácter de normativa básica sobre medios de comunicación social, serán de aplicación las normas que, para su desarrollo, sean dictadas por las Comunidades Autónomas correspondientes.
2. Con carácter supletorio, en el caso de ausencia de normativa específica de las Comunidades Autónomas, o cuando corresponda ejercer la competencia al Ministerio de Fomento por estar radicada la demarcación en el territorio de varias Comunidades Autónomas, será de aplicación lo siguiente:
a) El cómputo se efectuará sobre el número total de canales ofertados en los servicios de difusión de televisión por cable.
b) Cuando existan dudas razonables sobre la forma de contabilizar el 40 por 100 de la programación deberá solicitarse por el operador dictamen del organismo competente de la Comunidad Autónoma afectada, o, si la demarcación estuviera radicada en varias Comunidades Autónomas, de la Secretaría General de Comunicaciones.
c) En el supuesto de que el operador de cable pretenda hacer uso de la excepción de la obligación de suministro del 40 por 100 a programadores independientes, de conformidad con lo dispuesto en la Ley de las Telecomunicaciones por Cable, la carga de la prueba de la falta de disponibilidad de programación recaerá sobre el operador, que deberá demostrarlo ante el órgano competente conforme a lo determinado en el apartado anterior. La resolución de dicho órgano agotará la vía administrativa.
La prueba consistirá en acreditar que no ha recibido ofertas suficientes de programadores independientes, habiendo solicitado, con difusión bastante, el suministro de programación, ofreciendo un precio equitativo.
3. Los operadores de cable deberán suministrar a los programadores independientes, como mínimo, la siguiente información:
a) Número de abonados suscritos en cada municipio a cada canal de difusión de televisión por cable de los programadores independientes. b) En caso de disponer de ella, los resultados de los análisis de audiencia sobre los canales de televisión por cable de los programadores independientes.
c) Actividades de comercialización realizadas por el operador de cable respecto a los canales de televisión por cable de programadores independientes distribuidos por su red.
d) Estructura de su oferta de servicios de difusión de televisión por cable y de la posición en ella de los canales de los programadores independientes.

(...)

Artículo 40. Normativa aplicable.
En todas las programaciones distribuidas a través de las redes de cable objeto de este Reglamento serán de aplicación los preceptos establecidos en el Título II de la Ley 34/1988, de 11 de noviembre, General de Publicidad y lo dispuesto en la Ley 16/1989, de 17 de julio, de Defensa de la Competencia.

Art. 38 Die unabhägigen Programmanbieter
(I) Zur Erfüllung der Verpflichtung des Kabelbetreibers aus Artikel 11 I lit. d) der Ley de las Telecomunicaciones por cable (Anm.: LTCC), die den Charakter einer Basisnorm für soziale Kommunikationsmedien hat, 40 Prozent seines Programms für unabhängige Programmanbieter zu reservieren, sind die Normen, die zu ihrer Entwicklung von den Autonomieregionen erlassen werden, anzuwenden.
(II) Mit ergänzendem Charakter, in dem Falle, daß eine spezielle Gesetzgebung der Autonomieregionen fehlt, oder wenn es dem Ministerio de Fomento zusteht, die Kompetenz auszuüben, weil sich der Bezirk auf dem Gebiet verschiedener Autonomieregionen befindet, ist Folgendes anzuwenden:
a) Die Zählung bezieht sich auf die Gesamtzahl der angebotenen Kanäle in den Kabelfernseh-Ausstrahlungsdiensten.
b) Wenn nachvollziehbare Zweifel an der Form der Verbuchung der 40 Prozent für unabhängige Programmanbieter bestehen, muß der Betreiber die Meinung des zuständigen Organismus' der betroffenen Autonomieregion, oder, wenn sich der Bezirk auf dem Gebiet verschiedener Autonomieregionen befindet, der Secretaría General de Comunicaciones (Kommunikations-Generalsekretariat), anfordern.
c) Falls der Kabelbetreiber beabsichtigt, im Einklang mit den Regeln der Ley de las Telecomunicaciones por Cable (Anm.: LTCC) von der Ausnahme von der Verpflichtung zur Lieferung von 40 Prozent von unabhängigen Programmanbietern Gebrauch zu machen, obliegt die Beweislast des Fehlens der Verfügbarkeit des Programms dem Betreiber, der dies vor dem zuständigen Organ im Einklang mit den Regeln des vorigen Absatzes beweisen muß. Die Entscheidung dieses Organs fällt auf dem Verwaltungswege.
Der Beweis besteht daraus, zu verbürgen, daß er keine ausreichenden Angebote von unabhängigen Programmanbietern erhalten hat, nachdem er mit ausreichender Verbreitung die Lieferung von Programmen unter Anbieten eines angemessenen Preises erbeten hatte.
(III) Die Kabelbetreiber müssen den unabhängigen Programmanbietern zumindest folgende Informationen geben:
a) Die Anzahl der Abonnenten, die in jeder einzelnen Gemeinde jeden Kanal der Kabelfernsehausstrahlung unabhängiger Programmanbieter abonniert haben.
b) Die Ergebnisse einer Publikumsanalyse über die Kabelfernsehkanäle unabhängiger Programmanbieter, wenn sie über eine solche verfügen.
c) Die Kommerzialisierungsaktivitäten, die der Kabelbetreiber bezüglich der Kabelfernsehkanäle unabhängiger Programmanbieter betreibt, die in seinem Netz verbreitet werden.
d) Die Struktur des Angebots der Kabelfernseh-Ausstrahlungsdienste und der Position der Kanäle unabhängiger Programmanbieter in ihr.
(...)

Art. 40 Anzuwendende Gesetze
Für alle Programme, die über die in diesem Reglement geregelten Kabelnetze verbreitet werden, finden die Vorschriften des Abschnitts II der Ley 34/1988, de 11.11.88, General de Publicidad (Allgemeines Werbegesetz) und die Regelungen der Ley 16/1989, de 17.07.89, de Defensa de la Competencia, Anwendung.

Cuando la distribución por cable de un mismo canal de televisión alcance a más del 50 por 100 de los hogares abonados en el territorio de una Comunidad Autónoma, o del 25 por 100 de los hogares abonados en el conjunto del territorio nacional, la programación de ese canal estará sujeta a la normativa general reguladora del régimen de publicidad y del patrocinio en televisión contenida en la Ley 25/1994, de 22 de julio, por la que se incorpora al ordenamiento jurídico español la Directiva 89/552/CEE, sobre la coordinación de disposiciones legales, reglamentarias y administrativas de los Estados miembros relativas al ejercicio de actividades de radiodifusión televisiva, y a las normas de desarrollo y ejecución que, en su caso, dicten las Comunidades Autónomas competentes.

Artículo 41. Protección específica y control de contenidos.
1. Los programas de televisión y los servicios de difusión de televisión por cable deberán cumplir lo establecido en el capítulo IV de la Ley 25/1994, de 22 de julio, en relación a la protección de la juventud y de la infancia, y en las demás normas aplicables a otros bienes y derechos protegidos.
2. Los programas de televisión, los servicios de difusión de televisión por cable y los servicios de valor añadido de telecomunicaciones por cable que puedan atentar contra las normas a que se refiere el apartado anterior, se deberán ofrecer a los abonados contratándose de forma independiente y no podrán formar parte del paquete básico de contratación.
3. El desarrollo y ejecución de lo establecido en los apartados anteriores de este artículo en relación a los programas del servicio de difusión de televisión por cable, vídeo bajo demanda y vídeo a la carta, corresponderá a las Comunidades Autónomas dentro del respeto a la libertad de retransmisión de radiodifusión televisiva que reconoce la Directiva 89/552/CEE.

(...)

Wenn die Kabelverbreitung ein- und desselben Fernsehkanals mehr als 50 Prozent der angeschlossenen Haushalte auf dem Gebiet einer Autonomieregion oder mehr als 25 Prozent der angeschlossenen Haushalte im gesamten nationalen Territorium erreicht, ist das Programm dieses Kanals an die allgemeine Gesetzgebung zur Regelung des Rechtsrahmens der Werbung und des Sponsorings im Fernsehen, die in der Ley 25/1994, de 22.07.94, por la que se incorpora al ordenamiento jurídico español la Directiva 89/552/CEE, sobre la coordinación de disposiciones legales, reglamentarias y administrativas de los Estados miembros relativas al ejercicio de actividades de radiodifusión televisiva (die LID) und an die Normen zur Entwicklung und Ausführung, die gegebenenfalls die befugten Autonomieregionen erlassen, gebunden.

Art. 41 Spezieller Schutz und Kontrolle der Inhalte

(I) Die über Kabel verbreiteten Fernsehprogramme und –ausstrahlungsdienste müssen die Regeln des Kapitels IV der Ley 25/1994, de 22.07.94 (LID) in bezug auf den Jugend- und Kindheitsschutz und der weiteren Normen zum Schutz anderer geschützter Güter und Rechte erfüllen.

(II) Die über Kabel verbreiteten Fernsehprogramme und –ausstrahlungsdienste und zusätzlichen Kabel-Telekommunikationsdienste, die gegen die Normen, auf die sich der vorige Absatz bezieht, verstoßen könnten, müssen den Abonnenten in unabhängiger Form zum Vertragsschluß angeboten werden und dürfen nicht Teil eines Basisvertrags-Paketes sein.

(III) Die Entwicklung und Ausübung der Regeln der vorigen Absätze bezüglich der Programme des Dienstes der Kabelfernsehausstrahlung, des Video-on-demand und des Near-Video-on-demand obliegt den Autonomieregionen unter Beachtung der Fernsehweiterverbreitungsfreiheit nach der Richtlinie 89/552/EWG.

(...)

XII. DIE LTL: LEY 41/1995, DAS LOKALFERNSEHGESETZ

(Ley 41/1995, de 22.12.95, de Televisión local por ondas terrestres)
(B.O.E. núm. 309, de 27.12.1995, S. 36940)

(Preámbulo...)

TITULO I Disposiciones generales

Artículo 1. Objeto. Esta Ley tiene por objeto la regulación del régimen jurídico del servicio de televisión local por ondas terrestres. Se entiende por tal aquella modalidad de televisión consistente en la emisión o transmisión de imágenes no permanentes dirigidas al público sin contraprestación económica directa por medio de ondas electromagnéticas propagadas por una estación transmisora terrenal en el ámbito territorial señalado en el artículo 3 de esta Ley.

Artículo 2. Naturaleza y régimen jurídico.
La televisión local por ondas terrestres como medio audiovisual de comunicación social tiene la naturaleza de servicio público y se regirá por lo dispuesto en esta Ley y por lo establecido en la Ley 31/1987, de 18 de diciembre, de Ordenación de las Telecomunicaciones, y sus respectivas normas de desarrollo; por la Ley 34/1988, de 11 de noviembre, General de Publicidad; por la Ley 25/1994, de 22 de julio, por la que se incorpora al ordenamiento jurídico español la Directiva 89/552/CEE, sobre la coordinación de disposiciones legales, reglamentarias y administrativas de los Estados miembros relativas al ejercicio de actividades de radiodifusión televisiva, en los términos resultantes de los artículos 6.8 y 16 de la presente Ley, así como por las normas que puedan dictar las Comunidades Autónomas en el ámbito de sus competencias.

Artículo 3. Ambito territorial de cobertura.
1. El ámbito territorial cubierto por cada una de las televisiones locales por ondas terrestres vendrá delimitado por el núcleo urbano principal de población del Municipio correspondiente.
2. El ámbito de cobertura podrá extenderse a otros núcleos de población del mismo Municipio, cuando así lo aconseje el número de habitantes de su población, mediante la instalación de otras estaciones transmisoras que cubran estrictamente estos núcleos y siempre que exista disponibilidad de espectro radioeléctrico para ello, en los términos que reglamentariamente se determine.
3. Excepcionalmente, y en los términos previstos en el apartado 4 del artículo 7 de esta Ley, las Comunidades Autónomas competentes podrán autorizar coberturas que superen el estricto ámbito territorial de una televisión local por ondas terrestres.

Artículo 4. Número de concesiones.
El número de concesiones para la prestación del servicio de televisión local por ondas terrestres se fija en uno por cada ámbito territorial de cobertura del servicio.
No obstante, podrán otorgarse un máximo de dos concesiones en un solo ámbito territorial de cobertura cuando no resulte incompatible con las disponibilidades del espectro radioeléctrico.

XII. DIE LTL: LEY 41/1995, DAS LOKALFERNSEHGESETZ

(Ley 41/1995, de 22.12.95, de Televisión local por ondas terrestres)
(B.O.E. núm. 309, de 27.12.1995, S. 36940)

(Vortext...)

ERSTER ABSCHNITT: Allgemeine Bestimmungen

Art. 1 Regelungsgegenstand: Dieses Gesetz hat als Gegenstand die Regelung des Rechtsrahmens des lokalen, terrestrisch ausgestrahlten Fernsehdienstes. Darunter versteht man jene Eigenart des Fernsehens, die in der Ausstrahlung oder Übertragung bewegter Bilder besteht, die ohne eine geldwerte Gegenleistung an das Publikum gerichtet ist und mittels elektromagnetischer Schwingungen, die von einer terrestrischen Übertragungsstation in dem in Artikel 3 dieses Gesetzes genannten Gebiet verbreitet werden.

Art. 2 Rechtsnatur und Rechtsrahmen
Das terrestrische Lokalfernsehen hat als audiovisuelles soziales Kommunikationsmedium die Rechtsnatur eines öffentlichen Dienstes, und es regelt sich nach den Regeln dieses Gesetzes und nach dem in der Ley 31/1987, de 18.12.87, de Ordenación de las Telecomunicaciones und seinen jeweiligen Ableitungsnormen Geregelten; nach der Ley 34/1988, de 11.11.84, General de Publicidad (Allgemeines Werbegesetz); nach der Ley 25/1994, de 22.12.94, por la que se incorpora al ordenamiento jurídico español la Directiva 89/552/CEE, sobre la coordinación de disposiciones legales, reglamentarias y administrativas de los Estados miembros relativas al ejercicio de actividades de radiodifusión televisiva (Anm.: die LID), nach den Grenzen, die aus den Artikeln 6, 8 und 16 dieses Gesetzes resultieren, und nach den Normen, die die Autonomieregionen im Rahmen ihrer Befugnisse erlassen können.

Art. 3 Territoriale Reichweite: **(I)** Die territoriale Reichweite, die jeder einzelne terrestrische Lokalfernsehsender abdeckt, ist begrenzt durch den hauptsächlichen Bevölkerungskern der jeweiligen Gemeinde.
(II) Die Reichweite kann auf andere Bevölkerungskerne derselben Gemeinde ausgeweitet werden, wenn dies dessen Bevölkerung so beschließt, und zwar mittels der Einrichtung anderer Übertragungsstationen, die genau diese Bevölkerungskerne abdecken und immer wenn dafür ein Freiraum im Frequenzspektrum offensteht und in den Grenzen, die in den Regeln festgelegt sind.
(III) Nur ausnahmsweise und in den in Artikel 7 IV dieses Gesetzes festgelegten Grenzen können die zuständigen Autonomieregionen Reichweiten genehmigen, die den strengen Gebietsrahmen eines terrestrischen Lokalfernsehens überschreiten.

Art. 4 Anzahl der Konzessionen
Die Anzahl der Konzessionen für den Betrieb des Dienstes terrestrisches Lokalfernsehen ist festgelegt auf eine (Konzession) für jedes Gebiet der Reichweite des Dienstes. Jedoch kann ein Maximum von zwei Konzessionen für ein Gebiet der Reichweite genehmigt werden, wenn sich dies nicht als unvereinbar mit den Verfügbarkeiten des Frequenzspektrums erweist.

Artículo 5. Gestión del servicio.

El servicio de televisión local por ondas terrestres será gestionado por los Municipios mediante alguna de las formas previstas en el artículo 85.3 de la Ley 7/1985, de 2 de abril, reguladora de las Bases del Régimen Local, o por personas naturales o jurídicas, con o sin ánimo de lucro, previa la obtención en ambos casos de la correspondiente concesión.

Artículo 6. Principios inspiradores.

La prestación del servicio de televisión local por ondas terrestres se inspirará en los siguientes principios:

a) La objetividad, veracidad e imparcialidad de las informaciones.

b) La separación entre informaciones y opiniones, la identificación de quienes sustenten estas últimas y su libre expresión con los límites del apartado 4 del artículo 20 de la Constitución.

c) El respeto al pluralismo político, religioso, social, cultural y lingüístico.

d) El respeto al honor, la fama, la vida privada de las personas y cuantos derechos y libertades reconoce la Constitución.

e) La protección de la juventud y de la infancia, de conformidad con lo establecido en el capítulo IV de la Ley 25/1994.

f) El respeto de los valores de igualdad recogidos en el artículo 14 de la Constitución.

g) La promoción de los intereses locales, impulsando para ello la participación de grupos sociales de tal carácter, con objeto de fomentar, promover y defender la cultura y la convivencia locales.

Artículo 7. Prohibición de emisión en cadena.

1. Las televisiones locales por ondas terrestres no podrán emitir o formar parte de una cadena de televisión.

2. A estos efectos se entenderá que forman parte de una cadena aquellas televisiones en las que exista una unidad de decisión, considerándose que esta unidad de decisión existe, en todo caso, cuando uno o varios socios, mediante la agrupación de acciones, ejerzan la administración de dos o más sociedades gestoras del servicio, posean en éstas la mayoría de los derechos de voto, o tengan derecho a nombrar o destituir a la mayoría de los miembros de sus respectivos consejos de administración.

3. Se entenderá que emiten en cadena aquellas televisiones locales que emitan la misma programación durante más del 25 por 100 del tiempo total de emisión semanal, aunque sea en horario diferente.

4. No obstante lo anterior, las Comunidades Autónomas competentes podrán autorizar, previa conformidad de los plenos de los Municipios afectados, emisiones en cadena en atención a características de proximidad territorial y de identidades sociales y culturales de dichos Municipios. En tal supuesto se requerirá la conformidad de los gestores del servicio.

Art. 5 Betrieb des Dienstes
Der Dienst des terrestrischen Lokalfernsehens wird von den Gemeinden mittels einer der Formen, die Artikel 85 III der Ley 7/1985, de 02.04.85, Reguladora de las Bases del Régimen Local vorsieht, betrieben, oder durch natürliche oder juristische Personen mit oder ohne Gewinnabsicht, in beiden Fällen nach vorheriger Erteilung der jeweiligen Konzession.

Art. 6 Leitprinzipien
Der Betrieb des Dienstes des terrestrischen Lokalfernsehens geschieht nach den folgenden Prinzipien:
a) Die Objektivität, Wahrhaftigkeit und Unparteilichkeit der Informationen.
b) Die Trennung zwischen Information und Meinung, die Identifizierung, von wem letztere stammt, und ihr freier Ausdruck innerhalb der Grenzen des Artikels 20.IV der Verfassung.
c) Der Respekt des politischen, religiösen, sozialen, kulturellen und sprachlichen Pluralismus.
d) Der Respekt der Ehre, des Rufs, des Privatlebens der Personen und der Rechte und Freiheiten, die die Verfassung kennt.
e) Der Schutz der Jugend und der Kindheit, im Einklang mit dem in Kapitel IV der Ley 25/1994 (LID) Entwickelten
f) Der Respekt der Gleichheitsgrundrechte des Artikels 14 der Verfassung.
g) Die Förderung der lokalen Interessen, indem dafür die Teilnahme sozialer Gruppen dieses Charakters angeregt werden, mit dem Ziel der Förderung, der Weiterentwicklung und des Schutzes der Kultur und des lokalen Zusammenlebens.

Art. 7 Verbot der Ausstrahlung über Fernsehkanäle
(I) Die terrestrischen Lokalfernsehsender dürfen nicht über einen (Anm.: landesweiten) Fernsehkanal ausstrahlen oder ihm angehören.
(II) Zu diesem Zweck werden die (Lokal-)Fernsehsender als Angehörige eines Fernsehkanals angesehen, bei denen eine Entscheidungseinheit besteht, unter der Berücksichtigung, daß diese Entscheidungseinheit jedenfalls dann besteht, wenn einer oder mehrere Gesellschafter mittels der Zusammenstellung ihrer Aktien die Verwaltung von zwei oder mehr Betriebsgesellschaften dieses Dienstes ausüben, in diesen die Mehrheit der Stimmrechte besitzen oder das Recht zur Ernennung oder Entlassung der Mehrheit der jeweiligen Verwaltungsratsmitglieder haben.
(III) Als über einen Fernsehkanal Ausstrahlende werden die Lokalfernsehsender verstanden, die dasselbe Programm (Anm.: wie der landesweite Fernsehkanal) während mehr als 25 Prozent der wöchentlichen Gesamtsendezeit senden, wenngleich auch zu unterschiedlicher Uhrzeit.
(IV) Nicht im Gegensatz zum Vorangegangenen können die zuständigen Autonomieregionen nach vorheriger Absprache mit den Gemeinderäten der betroffenen Gemeinden Sendungen auf einem (Anm.: landesweiten) Fernsehkanal mit Aufmerksamkeit für Charakteristika der territorialen Nähe und der gesellschaftlichen und kulturellen Identitäten der genannten Gemeinden genehmigen. In diesem Falle wäre die Einigkeit der Betreiber des Dienstes erforderlich.

Artículo 8. Régimen de publicidad.
1. Las Comunidades Autónomas podrán establecer límites a la emisión de publicidad por los servicios de televisión local por ondas terrestres.
(2.).

TITULO II De la gestión del servicio
Artículo 9. Modo de gestión.
1. Los Municipios, dentro del plazo que a tal efecto señalen las Comunidades Autónomas, podrán acordar la gestión por sí del servicio de televisión local por ondas terrestres. En este caso, las Comunidades Autónomas, de conformidad con lo previsto en el artículo 4, podrán determinar el otorgamiento de una segunda concesión.
En el supuesto de que en el citado plazo los Municipios no acuerden gestionar por sí el servicio, las Comunidades Autónomas podrán determinar que aquél sea prestado por personas naturales o jurídicas, en los términos del artículo 13.
En uno y otro caso corresponde a las Comunidades Autónomas el otorgamiento de las correspondientes concesiones para la prestación del servicio.
2. La concesión para la prestación del servicio de televisión local incluirá el derecho a establecer y explotar las estaciones emisoras y los enlaces necesarios.

Artículo 10. Frecuencias radioeléctricas.
1. No podrá otorgarse concesión para la prestación del servicio por parte de las Comunidades Autónomas sin que previamente hayan obtenido de la Administración General del Estado la reserva provisional de frecuencias. Finalizado el proceso concesional por aquéllas, la Administración General del Estado, una vez cumplidos los requisitos establecidos en el artículo 11, efectuará la asignación definitiva de frecuencias a favor de quien hubiera obtenido la concesión del servicio.
2. Los procedimientos de reserva y asignación de frecuencias se establecerán reglamentariamente por el Gobierno en función de las disponibilidades del espectro radioeléctrico.
3. El pliego de explotación del respectivo servicio de televisión local por ondas terrestres deberá comprender el valor de la frecuencia reservada, la potencia y las restantes características técnicas a que habrá de ajustarse la instalación de la estación transmisora y, en su caso, de las estaciones repetidoras, no pudiendo publicarse el citado pliego hasta haberse obtenido de la Administración General del Estado la reserva provisional de frecuencia, y la determinación de la potencia y demás características de la estación transmisora.

Artículo 11. Aprobación de proyectos técnicos e inspección.
En cualquier caso, con carácter previo al comienzo de las emisiones, será requisito indispensable la aprobación por el Ministerio de Obras Públicas, Transportes y Medio Ambiente de los correspondientes proyectos o propuestas técnicas de las instalaciones y la inspección satisfactoria de las mismas.

Art. 8 Rechtsrahmen der Werbung
(I) Die Autonomieregionen können Grenzen für die Sendung von Werbung durch die terrestrischen Lokalfernsehsender entwickeln.
((II) außer Kraft)

ZWEITER ABSCHNITT: Über den Betrieb des Dienstes
Art. 9 Art des Betriebs
(I) Die Gemeinden können innerhalb der Frist, die dafür die Autonomieregionen vorschreiben, den Betrieb des Dienstes terrestrisches Lokalfernsehen durch sie selbst übernehmen. In diesem Fall können die Autonomieregionen in Übereinstimmung mit dem in Artikel 4 Vorgesehenen die Erteilung einer zweiten Konzession bestimmen.
In dem Falle, daß innerhalb der genannten Frist die Gemeinden nicht den Betrieb selbst übernehmen, können die Autonomieregionen bestimmen, daß dieser durch natürliche oder juristische Personen in den Grenzen des Artikels 13 betrieben wird.
Im einen oder anderen Falle sind die Autonomieregionen zur Erteilung der entsprechenden Konzessionen zum Betrieb des Dienstes befugt.
(II) Die Konzession für den Betrieb des Dienstes Lokalfernsehen schließt das Recht ein, die Sendestationen und notwendigen Verbindungen aufzubauen und zu nutzen.

Art. 10 Radioelektrische Frequenzen
(I) Durch die Autonomieregionen kann keine Konzession zum Betrieb des Dienstes erteilt werden, ohne daß nicht vorher eine provisorische Frequenzreservierung durch die Allgemeine Verwaltung des (spanischen) Staats erteilt wurde. Nach Beendigung des Konzessionsverfahrens bewirkt die Verwaltung des (spanischen) Staats, wenn einmal die Voraussetzungen des Artikels 11 vorliegen, die endgültige Zuteilung der Frequenz zugunsten dessen, der die Konzession für den Dienst bekommen hatte.
(II) Die Verfahren der Reservierung und Erteilung der Frequenzen werden regelmäßig durch die Regierung in Ausübung der Verfügbarkeiten des Frequenzspektrums entwickelt.
(III) Die Vertragsbedingungen für die Nutzung des jeweiligen Dienstes des terrestrischen Lokalfernsehens müssen den Wert der reservierten Frequenz, die Frequenzstärke und die übrigen technischen Charakteristika, an die die Errichtung der Sendestation und gegebenenfalls der Weitergabestationen anzupassen ist, enthalten, und die genannten Vertragsbedingungen dürfen nicht veröffentlicht werden, bis die Verwaltung des (spanischen) Staats die provisorische Frequenzerteilung und die Benennung der Frequenzstärke und weiterer Charakteristika der Übertragungsstation vorgenommen hat.

Art. 11 Abnahme der technischen Projekte und Inspektion
In jedem Fall ist es unbedingte und eine vor Sendebeginn vorzunehmende Notwendigkeit, daß die Genehmigung der entsprechenden Projekte und technischen Vorschläge der Errichtung und eine zufriedenstellende Inspektion derselben durch das Ministerio de Fomento durchgeführt wird.

Artículo 12. Gestión del servicio por los Municipios.
Cuando el servicio de televisión local por ondas terrestres se gestione por los Municipios, el control de las actuaciones de la entidad gestora del servicio se efectuará por el pleno de la Corporación Municipal, que igualmente velará por el respeto a los principios enumerados en el artículo 6 de esta Ley.

Artículo 13. Gestión del servicio por particulares.
1. En el supuesto de que el servicio se gestione mediante concesión administrativa por particulares, ésta se otorgará por el procedimiento de concurso público.
2. Podrán presentarse al concurso las personas naturales de nacionalidad española o de los demás Estados miembros de la Unión Europea, así como las sociedades españolas y las entidades sin ánimo de lucro de la misma nacionalidad. Las entidades sin ánimo de lucro que concurran para la gestión indirecta del servicio serán valoradas positivamente en la forma que establezcan las Comunidades Autónomas.
3. Si se trata de sociedades, su objeto social deberá incluir la gestión indirecta de este servicio de televisión. Las acciones de estas sociedades serán nominativas y la participación en su capital de personas que no sean nacionales de algún Estado miembro de la Unión Europea no podrá superar directa o indirectamente el 25 por 100 de su cuantía.
4. La concesión obliga a la explotación directa del servicio y será intransferible.
En el supuesto de sociedades concesionarias, requerirán la previa autorización administrativa todos los actos y negocios jurídicos que impliquen la transmisión, disposición o gravamen de sus acciones. Será requisito constitutivo de los actos y negocios jurídicos mencionados, su formalización mediante documento autorizado por fedatario público, quien no intervendrá o autorizará documento alguno sin que se acredite la preceptiva autorización administrativa. La autorización a que se refiere el presente párrafo será acordada por la Administración competente para el otorgamiento de la concesión.

Artículo 14. Duración de la prestación del servicio en sus distintas modalidades.
La concesión para la prestación del servicio se otorgará por un período máximo de cinco años prorrogables por otros cinco a petición del concesionario, en función de las disponibilidades de espectro radioeléctrico, de otras necesidades y usos de éste y del desarrollo de la televisión por cable. Con carácter previo a la prórroga, corresponderá a la Administración General del Estado la valoración de estas circunstancias y la previa renovación de la asignación de frecuencia ya otorgada o, en su caso, la asignación de una nueva y, a las Comunidades Autónomas, valorar los aspectos de su competencia.

Artículo 15. Extinción de la concesión.
La concesión se extinguirá por cualquiera de las siguientes causas:
a) Por transcurso del plazo, sin haberse otorgado su renovación.
b) Por incumplimiento sobrevenido de los requisitos esenciales de la misma señalados en los artículos 5, 10 y 13.
c) Por sanción firme, acordada por el órgano competente.

Art. 12 Der Betrieb des Dienstes durch die Gemeinden
Wenn der Dienst des terrestrischen Lokalfernsehens durch die Gemeinden betrieben wird, wird die Kontrolle der Handlungen der den Dienst ausführenden Körperschaft durch den Rat der kommunalen Körperschaft durchgeführt, der gleichermaßen über die Respektierung der im Artikel 6 dieses Gesetzes genannten Prinzipien wacht.

Art. 13 Betrieb des Dienstes durch Privatpersonen
(I) Falls der Dienst mittels Verwaltungskonzession durch Privatpersonen betrieben wird, wird diese (Konzession) im Verfahren der öffentlichen Ausschreibung erteilt.
(II) Am Ausschreibungsverfahren können sich natürliche Personen spanischer Nationalität oder aus den anderen EU-Mitgliedstaaten beteiligen, ebenso spanische Gesellschaften und die Körperschaften derselben (spanischen) Nationalität ohne Gewinnerzielungsabsicht. Die Körperschaften ohne Gewinnerzielungsabsicht, die um den indirekten Betrieb des Dienstes konkurrieren, werden in der Form, die die Autonomieregionen entwickeln, positiv bewertet.
(III) Wenn es sich um Gesellschaften handelt, muß ihr Gesellschaftszweck den indirekten Betrieb dieses Fernsehdienstes beinhalten. Die Aktien dieser Gesellschaften sind Namensaktien und die Beteiligung an ihrem Kapital durch Personen, die nicht Angehörige eines EU-Mitgliedstaates sind, darf weder direkt noch indirekt 25 Prozent des Gesellschaftskapitals übersteigen.
(IV) Die Konzession verpflichtet zur direkten Nutzung des Dienstes und ist unübertragbar. Im Falle von konzessionierten Gesellschaften erfordern alle Akte und Rechtsgeschäfte, die die Übertragung, Verfügung oder Belastung ihrer Aktien mit sich bringen, eine vorherige Erlaubnis der Verwaltung. Konstitutiver Bestandteil der genannten Akte und Rechtsgeschäfte ist ihre Gegenzeichnung durch einen fedatario público, der kein Dokument ohne den Nachweis der entsprechenden Erlaubnis der Verwaltung überprüft oder gutheißt. Die Erlaubnis, auf die sich dieser Absatz bezieht, wird durch die für die Konzessionserteilung zuständige Behörde erteilt.

Art. 14 Dauer des Betriebs des Dienstes in seinen verschiedenen Modalitäten
Die Konzession für den Betrieb des Dienstes wird erteilt für einen maximalen Zeitraum von fünf Jahren, sie ist auf Antrag des Konzessionärs verlängerbar für weitere fünf Jahre, in Ausführung der Verfügbarkeiten des radioelektrischen Frequenzspektrums, anderer Notwendigkeiten und Nutzungen desselben und der Entwicklung des Kabelfernsehens. Vor Erteilung einer Verlängerung obliegt der Allgemeinen Verwaltung des Zentralstaats die Bewertung dieser Umstände und die vorherige Erneuerung der bereits erteilten Frequenzzuteilung oder gegebenenfalls die Erteilung einer neuen Frequenz, und die Bewertung der Aspekte ihres Kompetenzbereichs obliegt den Autonomieregionen.

Art. 15 Erlöschen der Konzession
Die Konzession erlischt aus einem jeden der folgenden Gründe:
a) Durch Zeitablauf, wenn ihre Erneuerung nicht genehmigt wurde.
b) Durch spätere Nichterfüllung der essentiellen Voraussetzungen derselben, die in den Artikeln 5, 10 und 13 angezeigt sind.
c) Durch rechtskräftige Sanktion, die durch das zuständige Organ erlassen wurde.

d) Por las causas previstas en la legislación de contratos de las Administraciones públicas.
e) Por las fijadas por las Comunidades Autónomas en el ámbito de sus competencias.
f) Por no haber iniciado, sin causa justificada, las emisiones dentro del plazo fijado en la concesión.
g) Por suspensión injustificada de las emisiones durante más de quince días en el plazo de un año.

TITULO III Régimen sancionador

Artículo 16. Infracciones y sanciones.
1. El régimen de infracciones y sanciones será el establecido en la Ley 31/1987, de 18 de diciembre de Ordenación de las Telecomunicaciones; en la Ley 25/1994, de 22 de julio, así como en las correspondientes normas de las Comunidades Autónomas, sin perjuicio de los efectos jurídicos y las responsabilidades que para el concesionario pudieran derivarse del incumplimiento de la legislación de contratos de las Administraciones públicas.
2. Además, se considerarán infracciones muy graves, que serán sancionadas con multa de hasta 10.000.000 de pesetas, las siguientes:
a) El incumplimiento por el concesionario de los principios que inspiran la prestación del servicio de televisión local por ondas terrestres señalados en el artículo 6.
b) La violación reiterada de la prohibición de emisión en cadena.
c) La violación, declarada en resolución firme, de las normas vigentes sobre protección del derecho al honor, a la intimidad personal y a la propia imagen, campañas electorales y difusión de sondeos y ejercicio del derecho de rectificación.
d) La transmisión de mensajes cifrados, convencionales o de carácter subliminal.

Artículo 17. Competencia sancionadora.
La Administración General del Estado ejercerá su competencia sancionadora de acuerdo con lo previsto en el artículo 36.1 de la Ley de Ordenación de las Telecomunicaciones, en lo que se refiere a las infracciones que puedan cometerse contra la normativa reguladora de aspectos técnicos y de protección del espectro radioeléctrico, sin perjuicio de las potestades sancionadoras por parte de las Comunidades Autónomas, que se realizarán por los órganos que ellas mismas determinen.

TITULO IV Criterios técnicos aplicables a las televisiones locales por ondas terrestres

Artículo 18. Frecuencias.
La gama de frecuencias a utilizar por las televisiones locales por ondas terrestres será la de UHF, dentro de las bandas atribuidas internacionalmente al servicio de televisión en el Reglamento de Radiocomunicaciones.

d) Aus Gründen, die in der Gesetzgebung der Verträge der öffentlichen Verwaltung vorgesehen sind (Anm.: Ley 13/1995).
e) Aus Gründen, die durch die Autonomieregionen im Rahmen ihrer Kompetenzen festgelegt werden.
f) Durch Nichtbeginn der Sendungen innerhalb der in der Konzession angegebenen Frist, ohne berechtigten Grund.
g) Durch unberechtigte Unterbrechung der Sendungen für mehr als 15 Tage innerhalb Jahresfrist.

DRITTER ABSCHNITT: Rechtsrahmen der Sanktionen

Art. 16 Verstöße und Sanktionen

(I) Der Rechtsrahmen der Verstöße und Sanktionen wird in der Ley 31/1987, de 18.12.87, de Ordenación de las Telecomunicaciones entwickelt; ferner in der Ley 25/1994, de 22.07.94 (LID), sowie in den entsprechenden Normen der Autonomieregionen, unbeschadet der Rechtsfolgen und der Verantwortlichkeiten, die sich für den Konzessionär aus der Nichterfüllung der Gesetzgebung über Verträge der öffentlichen Verwaltung ergeben können.

(II) Darüberhinaus werden folgende Verstöße als sehr schwere angesehen und mit einem Bußgeld von bis zu 10.000.000 Peseten (ca. 60.000 €) geahndet:
a) Die Nichterfüllung der Prinzipien, die den Betrieb des Dienstes terrestrisches Lokalfernsehen leiten und in Artikel 6 aufgezeigt sind, durch den Konzessionär.
b) Die wiederholte Verletzung des Verbots der Ausstrahlung in Fernsehkanälen.
c) Die durch rechtskräftige Entscheidung aufgedeckte Verletzung der geltenden Regelungen bezüglich des Ehrenrechts, des Rechts auf persönliche Intimität, des Rechts am eigenen Bild, des Wahlkampfrechts, der Verbreitung von Umfragen und der Ausübung des Gegendarstellungsrechts.
d) Die Verbreitung von chiffrierten, abgesprochenen oder subliminalen Botschaften.

Art. 17 Sanktionsbefugnis

Die Allgemeine Verwaltung des Zentralstaats übt ihre Sanktionskompetenz im Einklang mit dem in Artikel 36 I der LOT Vorgesehenen bezüglich dessen, was sich auf die Verstöße gegen die Normen, die technische Aspekte regeln und auf den Schutz des radioelektrischen Frequenzspektrums bezieht, aus, unbeschadet der Sanktionsmöglichkeiten der Autonomieregionen, die durch die Organe, die dieselben benennen, ausgeübt werden.

VIERTER ABSCHNITT: Auf terrestrisches Lokalfernsehen anwendbare technische Kriterien

Art. 18 Frequenzen

Die von den terrestrischen Lokalfernsehsendern zu benutzende Frequenzskala ist UHF, dies innerhalb der Frequenzbandbreiten, die international dem Fernsehdienst im Reglamento de Radiocomunicaiones zugeteilt wurden.

Artículo 19. Prioridades de la asignación de frecuencias.

La asignación de frecuencias en cada localidad se efectuará por el órgano competente de la Administración General del Estado en función de las disponibilidades del espectro radioeléctrico, debiendo quedar garantizada, en todo caso, la cobertura en aquella localidad de los distintos canales de la televisión estatal, de la televisión autonómica y de los canales de la televisión privada de ámbito nacional.

Artículo 20. Número de estaciones transmisoras.

1. El número de estaciones transmisoras de cada servicio de televisión local por ondas terrestres queda limitado a uno por concesión. Sin embargo, podrá excepcionalmente admitirse la instalación de alguna estación adicional, en el supuesto y condiciones indicados en el artículo 3.

2. El emplazamiento de la estación transmisora deberá situarse dentro del núcleo urbano de población que se pretende cubrir. Excepcionalmente, siempre que las disponibilidades del espectro radioeléctrico lo permitan y se garantice la compatibilidad con otras emisoras de televisión existentes o planificadas, se podrá autorizar su instalación en otro lugar del término municipal, o, en aquellas poblaciones que, por su orografía lo precisen, en un Municipio vecino.

Artículo 21. Características técnicas de transmisión.

La Administración General del Estado fijará las características técnicas de la estación transmisora local, de forma que permitan la cobertura total del núcleo o núcleos de población del mismo término municipal, según lo señalado en el artículo 3. Asimismo, conjuntamente a la asignación de frecuencias, fijará la potencia radiada aparente de la estación transmisora y la altura efectiva de la antena de la misma.

Artículo 22. Equipos y aparatos de las instalaciones.

Los equipos y aparatos componentes de las instalaciones de las televisiones locales por ondas terrestres deberán cumplir las especificaciones técnicas y condiciones de homologación establecidas reglamentariamente.

Artículo 23. Normas de la asignación de frecuencias.

La asignación de frecuencias estará sometida a las normas que establezcan las disposiciones nacionales e internacionales que en cada momento puedan obligar a la Administración española.

En este sentido, para lograr una mayor eficacia en la gestión del espectro radioeléctrico, el Gobierno podrá disponer la modificación de las características técnicas de las asignaciones, sin perjuicio del normal funcionamiento de la concesión.

Art. 19 Prioritäten bei der Frequenzzuteilung
An jedem Ort erfolgt die Frequenzzuteilung durch das zuständige Organ der Allgemeinen Verwaltung des (spanischen) Staates in Ausübung der Verfügbarkeiten des radioelektrischen Frequenzspektrums, wobei in jedem Fall die Reichweite der verschiedenen staatlichen Fernsehkanäle, der Fernsehkanäle der Autonomieregionen und der Privatfernsehkanäle mit nationaler Reichweite an diesem Ort garantiert bleiben muß.

Art. 20 Anzahl der Übertragungsstationen
(I) Die Anzahl der Übertragungsstationen für jeden terrestrischen Lokalfernsehdienst wird auf eine pro Konzession begrenzt. Jedoch kann unter den in Artikel 3 genannten Bedingungen ausnahmsweise die Errichtung einer zusätzlichen Station gestattet werden.
(II) Die Plazierung der Übertragungsstation muß innerhalb des bevölkerungsmäßigen Stadtkerns, der abgedeckt werden soll, erfolgen. Wenn die Verfügbarkeiten des radioelektrischen Frequenzspektrums dies erlauben und die Kompatibilität mit anderen existierenden oder geplanten Fernsehsendern garantiert ist, kann ausnahmsweise ihre Errichtung an einer anderen Stelle innerhalb der Gemeinde, oder, in den Orten, die dies wegen ihres Reliefs benötigen, in einer Nachbargemeinde genehmigt werden.

Art. 21 Technische Charakteristika der Übertragung
Die Allgemeine Verwaltung des (spanischen) Staats legt die technischen Charakteristika der lokalen Übertragungsstation fest, damit sie die komplette Reichweite über den oder die bevölkerungsmäßigen Stadtkerne innerhalb des Gemeindegebiets nach dem in Artikel 3 Geregelten erreichen. Ebenso legt sie zusammen mit der Frequenzzuteilung die vorgegebene Frequenzstärke der Übertragungsstation und die tatsächliche Sendefrequenz des Kanals derselben fest.

Art. 22 Ausrüstungen und Maschinen der Errichtung
Die Ausrüstungsgegenstände und Maschinen, die Teile der Errichtung der terrestrischen Lokalfernsehsender sind, müssen die technischen Spezifikationen und Freigabebedingungen, die regelmäßig entwickelt werden, erfüllen.

Art. 23 Normen der Frequenzzuteilung
Die Frequenzzuteilung ist an die Normen, die die nationalen und internationalen Regeln entwickeln und jederzeit die spanische Verwaltung verpflichten können, gebunden.
In diesem Sinne kann die Regierung unbeschadet des normalen Funktionierens der Konzession eine Änderung der technischen Charakteristika der Zuteilungen anordnen, um eine größtmögliche Effektivität beim Betrieb des radioelektrischen Frequenzspektrums zu erreichen.

Disposición adicional única. Habilitación constitucional.
Esta Ley se dicta al amparo de lo dispuesto en el artículo 149.1, cláusulas 21.ª y 27.ª de la Constitución.

Disposición transitoria única. Televisiones locales existentes.
1. Las emisoras de televisión local, que estén emitiendo por ondas terrestres con anterioridad al 1 de enero de 1995, deberán obtener, para continuar con su actividad, la correspondiente concesión con arreglo a esta Ley.
2. El otorgamiento de la concesión para la prestación del servicio se verificará previa la asignación de frecuencias y demás características técnicas que se determinen de acuerdo con lo dispuesto en esta Ley.
3. La solicitud para el otorgamiento de la concesión se dirigirá por los respectivos Ayuntamientos a la Comunidad Autónoma correspondiente.
4. En caso de no obtenerse dicha concesión, tales emisoras dejarán de emitir en un plazo de ocho meses a contar desde la resolución del concurso.

Disposiciones finales
1.ª Facultades de desarrollo.
Sin perjuicio de las facultades normativas que corresponden a las Comunidades Autónomas de acuerdo con sus respectivos Estatutos, se autoriza al Gobierno para dictar las disposiciones necesarias para el desarrollo y la aplicación de esta Ley.

2.ª Entrada en vigor.
Esta Ley entrará en vigor al día siguiente de su publicación en el «Boletín Oficial del Estado».

EINZIGE ZUSATZBESTIMMUNG Verfassungsmäßige Ermächtigung
Dieses Gesetz wird unter dem Schutz des Artikels 149 I Nummern 21 und 27 CE erlassen.

EINZIGE ÜBERGANGSBESTIMMUNG Bereits existierende Lokalfernsehen
(I) Die Lokalfernsehsender, die bereits vor dem 01.01.1995 terrestrisch ausstrahlten, müssen zur Fortsetzung ihrer bisherigen Aktivität die entsprechende Konzession, die in diesem Gesetz geregelt ist, erteilt bekommen.
(II) Die Erteilung der Konzession zum Betrieb des Dienstes wird durch die vorherige Zuteilung der Frequenzen und der anderen technischen Charakteristika, die im Einklang mit diesem Gesetz festzulegen sind, umgesetzt.
(III) Der Antrag auf Erteilung der Konzession ist von den jeweiligen Rathäusern an die entsprechende Autonomieregion zu stellen.
(IV) Im Falle der Ablehnung dieser Konzession müssen diese Sender innerhalb einer Frist von acht Monaten ab der Entscheidung im Ausschreibungsverfahren ihre Sendungen einstellen.

SCHLUßBESTIMMUNGEN
1.) Befugnis zur Weiterentwicklung
Unbeschadet der gesetzlichen Befugnisse, die den Autonomieregionen im Einklang mit ihren jeweiligen Autonomiestatuten zustehen, wird die Regierung befugt, die für die Weiterentwicklung und Anwendung dieses Gesetzes notwendigen Regelungen zu erlassen.

2.) Inkrafttreten
Dieses Gesetz tritt am Tage nach seiner Veröffentlichung im B.O.E. in Kraft (Anm.: also am 28.12.1995).

XIII. DIE LTDT UND WEITERE NORMEN ZUM TERRESTRISCHEN DIGITALFERNSEHEN

XIII.1. DIE LTDT: 44. ZUSATZBESTIMMUNG DER LEY 66/1997

(Disposición Adicional cuadragésima cuarta de la Ley 66/1997, de 30.12.97, de medidas fiscales, administrativas y del orden social)
(B.O.E. núm. 313, de 31.12.1997, S. 38517, Berichtigungen in B.O.E. núm. 157, de 02.07.1998, S. 21886)

Disposición adicional cuadragésima cuarta. Régimen jurídico de la radiodifusión sonora digital terrenal y de la televisión digital terrenal.
1. Los servicios de radiodifusión sonora digital terrenal y de televisión digital terrenal, podrán ser explotados a través de redes de frecuencia única o de multifrecuencia, de ámbito nacional, autonómico y, en su caso, local. (...)
2. La explotación de los servicios de radiodifusión sonora digital terrenal y de televisión digital terrenal requerirá el correspondiente título habilitante.
3. Con carácter previo al comienzo de la prestación de los servicios de radiodifusión sonora digital terrenal y de televisión digital terrenal, serán requisitos indispensables la aprobación por el Ministerio de Fomento de los correspondientes reglamentos técnicos y de prestación de los servicios y, atenidos a éstos, de los proyectos o propuestas técnicas respecto de las instalaciones y la comprobación de que estas últimas se ajustan a la vigente normativa.
4. Las concesiones para la gestión indirecta de los servicios públicos de radiodifusión y de televisión con tecnología digital terrenal por entidades privadas, serán las que resulten técnicamente posibles, según la disponibilidad del espectro radioelectrico y con arreglo a los planes técnicos para la prestación de los servicios de radiodifusión y televisión digital terrenal que aprueba el Gobierno. Su otorgamiento se llevará a cabo por el Estado si du ámbito es estatal y por las Comunidades Autónomas si es autonómico o local.

XIII.2. DIE RECHTSVERORDNUNG 2169/1998, DER NATIONALE TECHNIKPLAN DES TERRESTRISCHEN DIGITALFERNSEHENS

(Real Decreto 2169/1988, de 09.10.98, por el que se aprueba el Plan Técnico Nacional de la Televisión Digital Terrenal)
(B.O.E. núm. 248, de 16.10.1998, S. 34244, Berichtigungen in B.O.E. núm. 255, de 24.10.1998, S. 35150)

(Preámbulo...)
Artículo único. Aprobación del Plan Técnico Nacional de la Televisión Digital Terrenal.
Se aprueba el Plan Técnico Nacional de la Televisión Digital Terrenal que figura como anexo a este Real Decreto.

XIII. DIE LTDT UND WEITERE NORMEN ZUM TERRESTRISCHEN DIGITALFERNSEHEN

XIII.1. DIE LTDT: 44. ZUSATZBESTIMMUNG DER LEY 66/1997

(Disposición Adicional cuadragesima cüarta de la Ley 66/1997, de 30.12.97, de medidas fiscales, administrativas y del orden social)
(B.O.E. núm. 313, de 31.12.1997, S. 38517, Berichtigungen in B.O.E. núm. 157, de 02.07.1998, S. 21886)

44. Zusatzbestimmung Rechtsrahmen des terrestrischen Digitalhörfunks und des terrestrischen Digitalfernsehens
(I) Die Dienste des erdgebundenen digitalen Hörfunks und des erdgebundenen Digitalfernsehens können über Einfrequenz- oder Multifrequenznetze genutzt werden, und zwar im Rahmen des nationalen Gebiets, oder im Rahmen der Autonomieregionen oder gegebenenfalls auf lokalem Gebiet. (... S.2 betrifft nur den Hörfunk)
(II) Die Nutzung der Dienste des erdgebundenen digitalen Hörfunks und des erdgebundenen Digitalfernsehens erfordert den entsprechenden berechtigenden Rechtstitel.
(III) Vor Nutzungsbeginn der Dienste des erdgebundenen digitalen Hörfunks und des erdgebundenen Digitalfernsehens sind der Erlaß der entsprechenden Reglements über Technik und Betrieb der Dienste durch das Ministerio de Fomento und, unter Beachtung dieser, der technischen Projekte und Vorschläge bezüglich der Errichtungen und die Überprüfung, daß die letzteren (Vorschläge) dem geltenden Recht entsprechen, unerläßliche Bestandteile.
(IV) Die Konzessionen für den indirekten Betrieb der öffentlichen Dienste des Hörfunks und des Fernsehens mit erdgebundener Digitaltechnik durch private Körperschaften sind die, die sich nach der Verfügbarkeit des radioelektrischen Frequenzspektrums als technisch möglich erweisen und im Einklang mit den technischen Plänen für den Betrieb der Dienste des erdgebundenen digitalen Hörfunks und Fernsehens stehen, die die Regierung erläßt. Ihre Erteilung (Anm.: der Konzessionen) wird durch den Staat durchgeführt, wenn ihr Gebiet staatsweit ist, und durch die Autonomieregionen, wenn es lokal oder innerhalb der Autonomieregion ist.

XIII.2. DIE RECHTSVERORDNUNG 2169/1998, DER NATIONALE TECHNIKPLAN DES TERRESTRISCHEN DIGITALFERNSEHENS

(Real Decreto 2169/1988, de 09.10.98, por el que se aprueba el Plan Técnico Nacional de la Televisión Digital Terrenal)
(B.O.E. núm. 248, de 16.10.1998, S. 34244, Berichtigungen in B.O.E. núm. 255, de 24.10.1998, S. 35150)
(Präambel...)
Einziger Artikel Verabschiedung des Plan Técnico Nacional de la Televisión Digital Terrenal
Der Plan Técnico Nacional de la Televisión Digital Terrenal (Nationaler Technikplan des terrestrischen Digitalfernsehens), der als Anhang zu dieser Rechtsverordnung enthalten ist, wird hiermit erlassen.

Disposiciones Adicionales

1.ª Cambio de la tecnología analógica por la tecnología digital.

1. Cada una de las actuales concesionarias, con arreglo a la Ley 10/1988, de 3 de mayo, de Televisión Privada, del servicio público de televisión, accederá, si le fuere renovada la concesión, a un programa dentro de un canal múltiple digital, con objeto de permitir que emita, simultáneamente y por el período al que afecte la renovación, con tecnología analógica y con tecnología digital. El acceso al citado programa se producirá por un plazo igual al de la renovación de la concesión.

A estos efectos, el canal múltiple correspondiente habrá de repartirse de tal modo que a cada una de las actuales concesionarias les corresponda, en exclusiva, la posibilidad de emitir programación, veinticuatro horas al día, mediante el empleo de un programa del canal múltiple.

Con el fin de dar cumplimiento a lo previsto en este apartado, dentro de los canales múltiples de cobertura estatal disponibles, con arreglo al Plan Técnico Nacional de la Televisión Digital Terrenal, a partir del 31 de octubre de 1999, se reservan tres programas en uno de ellos, para su explotación por las actuales concesionarias del servicio público esencial de televisión.

2. Dos programas dentro de uno de los canales múltiples de cobertura nacional disponibles a partir del 31 de octubre de 1999, conforme al Plan Técnico Nacional de la Televisión Digital Terrenal, se reservan, para su explotación en régimen de gestión directa, al Ente Público Radiotelevisión Española, con objeto de permitir a éste simultanear sus emisiones con tecnología analógica y con tecnología digital.

3. De igual modo, cada una de las entidades públicas que explotan, con arreglo a la Ley 46/1983, de 26 de diciembre, del tercer canal de televisión, un canal de cobertura autonómica, accederá a dos programas dentro de un canal múltiple digital de la misma cobertura, con la finalidad indicada en el apartado 1.

4. En los supuestos previstos en los apartados 1 y 2, siempre que la disponibilidad de programas lo permita, se podrá sustituir el programa inicialmente asignado por otro en un canal múltiple de cobertura estatal que permita la desconexión territorial. La sustitución se llevará a cabo con arreglo a criterios de objetividad y transparencia.

5. La concesión o las concesiones para la explotación del servicio mediante el empleo de los restantes canales y programas de cobertura estatal no reservados con arreglo a los apartados precedentes, se adjudicarán por el Consejo de Ministros mediante concurso público. Los concursos para la adjudicación de estas concesiones se convocarán por el Consejo de Ministros que también aprobará el oportuno pliego de bases por el que habrán de regirse.

ZUSATZBESTIMMUNGEN

1.) Austausch der Analogtechnik durch Digitaltechnik

(I) Jeder der Konzessionäre des öffentlichen Dienstes Fernsehen im Einklang mit der Ley 10/1988, de 03.05.88, de Televisión Privada (Anm.: LTP) betreibt, wenn ihm die Konzession verlängert werden sollte, ein Programm innerhalb eines multiplen Digitalkanals, um zu ermöglichen, daß gleichzeitig und für die Dauer der Verlängerung mit Analog- und Digitaltechnik ausgestrahlt wird. Der Zugang zu dem genannten Programm wird für eine Frist, die der Verlängerung der Konzession entspricht, hergestellt.

Dazu muß der entsprechende multiple Kanal so aufgeteilt werden, daß jeder einzelne der derzeitigen Konzessionäre exklusiv die Möglichkeit hat, mittels Nutzung eines Programms des multiplen Kanals 24 Stunden täglich ein Programm auszustrahlen.

Mit dem Ziel der Erfüllung der Regeln dieses Absatzes werden innerhalb der verfügbaren landesweiten multiplen Kanäle im Einklang mit den Plan Técnico Nacional de la Televisión Digital Terrenal ab dem 31.10.1999 drei Programme in einem dieser (Kanäle) für die Nutzung der derzeitigen Konzessionäre des essentiellen öffentlichen Dienstes Fernsehen reserviert.

(II) Zwei Programme innerhalb eines der verfügbaren landesweiten multiplen Kanäle werden ab dem 31.10.1999 im Einklang mit den Plan Técnico Nacional de la Televisión Digital Terrenal für seine Nutzung im Rahmen des direkten Betriebs der Ente Público Radiotelevisión Española (RTVE) reserviert, damit es dieser ermöglicht wird, ihre Sendungen gleichzeitig mit Analog- und Digitaltechnik auszustrahlen.

(III) Gleichermaßen werden allen öffentlichen Körperschaften, die im Einklang mit der Ley 46/1983, de 26.12.83, de tercer canal de televisión (Anm.: LTC) einen Kanal mit der Reichweite einer Autonomieregion betreiben, mit dem gleichen Ziel wie in Absatz I zwei Programme innerhalb eines multiplen Digitalkanals dieser Reichweite zugestanden.

(IV) In den in Absätzen I und II vorhergesehenen Fällen kann, wenn die Verfügbarkeit der Programme dies erlaubt, das anfänglich zugewiesene Programm durch ein anderes in einem multiplen Kanal landesweiter Reichweite, der eine territoriale Ausschaltung erlaubt, ersetzt werden. Die Ersetzung wird im Einklang mit den Kriterien der Objektivität und Transparenz durchgeführt.

(V) Die Konzession oder die Konzessionen zur Nutzung des Dienstes mittels der Verwendung der übrigen Kanäle und Programme landesweiter Reichweite, die nicht in Anwendung der vorstehenden Absätze reserviert werden, werden durch den „Consejo de Ministros“ (Ministerrat) mittels öffentlicher Ausschreibung erteilt. Die Ausschreibungsverfahren zur Erteilung dieser Konzessionen werden durch den Consejo de Ministros einberufen, der auch die entsprechenden Vertrags-Grundbedingungen, nach dem sie sich richten müssen, erläßt.

6. En cuanto a la explotación de los canales múltiples de cobertura autonómica y local, disponibles con arreglo al Plan Técnico Nacional de la Televisión Digital Terrenal, cada una de las Comunidades Autónomas, en el ámbito de sus competencias, otorgarán la concesión o las concesiones que correspondan para la explotación del servicio, en régimen de gestión indirecta. No obstante, con objeto de permitir lo dispuesto en el apartado 1, dentro de los canales múltiples de cobertura autonómica disponibles con arreglo al Plan Técnico Nacional de la Televisión Digital Terrenal, a partir del 31 de octubre de 1999, se reservan dos programas en uno de ellos para su explotación por cada entidad pública actualmente habilitada para emitir con tecnología analógica, en el ámbito autonómico respectivo. Mediante dicha explotación, habrán de simultanear la emisión de su programación con tecnología analógica y con tecnología digital.

7. A efectos de esta norma, cada canal múltiple de cobertura nacional o autonómica integrará, inicialmente, al menos cuatro programas susceptibles de ser explotados las veinticuatro horas del día. En función del desarrollo tecnológico futuro, el Ministerio de Fomento podrá, mediante Orden, establecer un número mayor de programas por canal.

8. Las entidades que accedan al aprovechamiento de programas dentro de un mismo canal, sin perjuicio del derecho exclusivo a su explotación, podrán asociarse entre sí para la mejor gestión de todo lo que afecte al canal múltiple en su conjunto o establecer conjuntamente las reglas para esa finalidad.

9. Las entidades públicas a las que se refieren los apartados 2 y 3 de esta disposición adicional y las entidades privadas titulares de las correspondientes concesiones a las que se refiere su apartado 1, en el momento en que cesen en sus emisiones con tecnología analógica, tendrán derecho, si existe una mayor concurrencia en el mercado nacional y se respetan la naturaleza y las características de sus títulos habilitantes y los derechos y las obligaciones de las entidades concesionarias, a seguir empleando las bandas que a tal efecto utilizasen u otras que se determinen por el Ministerio de Fomento, de modo tal que puedan explotar con tecnología digital, cada una de ellas, un canal múltiple. Se entiende, a estos efectos, que se producirá una mayor concurrencia en el mercado nacional cuando exista, al menos, una nueva concesionaria explotando el servicio con cobertura estatal.

2.ª Régimen aplicable a las actuales concesionarias del servicio público esencial de televisión.

1. Si las actuales concesionarias del servicio público esencial de televisión obtuvieren la renovación de su título, se les impondrá la obligación de que, en un plazo no superior a dos años desde la renovación, emitan empleando la tecnología digital.

(VI) Bezüglich der Nutzung der multiplen Kanäle lokaler oder autonomieregionsweiter Reichweite, die im Einklang mit dem Plan Técnico Nacional de la Televisión Digital Terrenal verfügbar sind, erteilt jede einzelne der Autonomieregionen im Rahmen ihrer Kompetenzen die Konzession oder die Konzessionen zur Nutzung des Dienstes im Rahmen des indirekten Betriebs. Jedoch werden, um das in Absatz I Geregelte zu ermöglichen, innerhalb der im Einklang mit dem Plan Técnico Nacional de la Televisión Digital Terrenal verfügbaren multiplen Kanäle autonomieregionsweiter Reichweite ab dem 31.10.1999 zwei Programme in einem dieser für die Nutzung für jede öffentliche Körperschaft, die zur Zeit befähigt ist, mit Analogtechnik auszustrahlen, im entsprechenden autonomieregionsweiten Rahmen reserviert. Mittels dieser Nutzung muß die Ausstrahlung ihres Programms mit Analog- und Digitaltechnik simultanisiert werden.
(VII) Im Sinne dieser Norm enthält jeder multiple Kanal landesweiter oder autonomieregionsweiter Reichweite anfangs mindestens vier Programme, die täglich 24 Stunden lang genutzt werden können. Zur zukünftigen technologischen Entwicklung kann das Ministerio de Fomento mittels „Orden" (Anordnung) eine höhere Programmanzahl pro Kanal anordnen.
(VIII) Die Körperschaften, die die Nutzung von Programmen innerhalb desselben Kanals betreiben, können sich unbeschadet des Exklusivrechts zur Nutzung zur besseren Nutzung aller Dinge, die den multiplen Kanal insgesamt betreffen, untereinander zusammenschließen oder gemeinsam Regeln zu diesem Zwecke entwickeln.
(IX) Die öffentlichen Körperschaften, auf die sich die Absätze II und III dieser Zusatzbestimmung beziehen, und die privaten Körperschaften, die Inhaber der entsprechenden Konzessionen sind, auf die sich Absatz I bezieht, haben zu dem Zeitpunkt, zu dem sie ihre Sendungen in Analogtechnik beenden, das Recht, wenn eine größere Konkurrenz auf dem nationalen Markt besteht und die Natur und Charakteristika ihrer befähigenden Rechtstitel und der Rechte und Pflichten der konzessionierten Gesellschaften beachtet werden, die Nutzung der Bandbreiten, die sie dazu benutzen oder anderer, die durch das Ministerio de Fomento bestimmt werden, fortzusetzen, damit jede einzelne dieser mit Digitaltechnik einen multiplen Kanal nutzen kann. In diesem Sinne versteht man, daß eine größere Konkurrenz auf dem nationalen Markt hergestellt wird, wenn mindestens ein neuer Konzessionär existiert, der den Dienst mit landesweiter Reichweite ausübt.

2.) Auf die derzeitigen Konzessionäre des essentiellen öffentlichen Dienstes Fernsehen anwendbarer Rechtsrahmen
(I) Wenn die derzeitigen Konzessionäre des essentiellen öffentlichen Dienstes Fernsehen eine Verlängerung ihres Rechtitels erhalten sollten, wird ihnen die Verpflichtung auferlegt, innerhalb einer Frist von maximal zwei Jahren ab der Verlängerung unter Nutzung der Digitaltechnik auszustrahlen.

Las actuales concesionarias, en la emisión del programa que se les asigne a cada una para su explotación con tecnología digital, se habrán de ajustar a las mismas condiciones que se establecen en los contratos concesionales que ahora les afectan, emitiendo, en consecuencia, en abierto o mediante acceso condicional, según las condiciones, a cuyo cumplimiento se hubiesen obligado en los referidos contratos. En caso de que, conforme a ellos, una parte de la programación se emitiese por las concesionarias en abierto y otra mediante acceso condicional, habrán de ser coincidentes y simultáneos los horarios de emisión en abierto a través del canal que exploten con tecnología analógica con arreglo a los términos actuales de su concesión, y mediante el programa que exploten con tecnología digital.
2. Para permitir el cumplimiento de lo previsto en el anterior apartado, la renovación de cualquiera de las tres concesiones vigentes incluirá el derecho de cada concesionario para la explotación de un programa dentro de un determinado canal múltiple, conforme al apartado 1 de la disposición adicional primera.

3.ª Selección de la programación por el usuario final.
La concesión que se otorgue para la explotación del servicio público de televisión digital terrenal mediante el sistema de acceso condicional, incluirá la facultad del concesionario de prestar el servicio consistente en la difusión de emisiones audiovisuales en que el usuario final se comunica a través de la red para acceder, en un momento prefijado exclusivamente por el difusor, al programa deseado. Sin embargo, la referida concesión para prestar el servicio público de televisión digital, no integrará la facultad de prestar servicios consistentes en la distribución de una emisión audiovisual en los que el usuario final se comunica a través de la red para seleccionar el programa deseado y el momento del suministro y recepción. Para otorgar los títulos habilitantes que faculten para prestar estos últimos servicios, será competente, en todo caso, el Estado de acuerdo con la legislación sobre telecomunicaciones.

4.ª Empleo de servicios portadores.
Las entidades habilitadas, con arreglo a este Real Decreto, para emitir programas de televisión empleando tecnología digital podrán hacerlo con sus propios servicios portadores o contratando el uso de éstos con terceros, respetando, en todo caso, lo establecido en la disposición transitoria séptima de la Ley 11/1998, de 24 de abril, General de Telecomunicaciones. En todo caso, el servicio portador habrá de prestarse por una entidad que haya obtenido la oportuna licencia individual con arreglo a la Ley General de Telecomunicaciones y sus disposiciones de desarrollo.
Hasta el 31 de diciembre del año 2002, se sujetará el régimen de las tarifas que la entidad pública empresarial Red Técnica Española de Televisión cobre por la prestación del servicio portador, a intervención administrativa, no pudiendo incrementarse aquéllas por encima del incremento anual del índice de precios al consumo que fije el Instituto Nacional de Estadística.

Die derzeitigen Konzessionäre müssen sich bei der Programmausstrahlung, die jedem von ihnen für die Nutzung mit Digitaltechnik aufgegeben wird, an dieselben Bedingungen anpassen, die in den Konzessionsverträgen, die sie heute betreffen, entwickelt werden, mit der Konsequenz der Ausstrahlung als Free-TV oder als Pay-TV, nach den Bedingungen, zu deren Erfüllung sie in den genannten Verträgen verpflichtet wurden. Falls im Einklang mit diesen (Konzessionsverträgen) ein Teil des Programms von den Konzessionären als Free-TV und ein anderer als Pay-TV ausgestrahlt wird, müssen die Free-TV-Ausstrahlungszeiten über den Kanal, den sie mit Analogtechnik im Einklang mit den aktuellen Bestimmungen ihrer Konzession nutzen und mittels des Programms, das sie mit Digitaltechnik nutzen, übereinstimmend und gleichzeitig sein.
(II) Um die Erfüllung des im vorigen Absatz Vorgesehenen zu ermöglichen, beinhaltet die Verlängerung jeder der drei gültigen Konzessionen das Recht jedes Konzessionärs zur Nutzung eines Programms innerhalb eines bestimmten multiplen Kanals im Einklang mit Absatz I der 1. Zusatzbestimmung.

3.) Die Programmauswahl durch den Endnutzer
Die Konzession, die für die Nutzung des öffentlichen Dienstes des terrestrischen Digitalfernsehens mittels Zugangsberechtigungssystem erteilt wird, schließt die Befugnis des Konzessionärs mit ein, einen Dienst zu betreiben, der aus der Ausstrahlung von audiovisuellen Sendungen besteht, in der der Endnutzer sich über das Netz mitteilt, um zu einem Zeitpunkt, der ausschließlich durch den Sendenden festgelegt wird, dem gewünschten Programm zuzustimmen. Jedoch enthält die genannte Konzession zum Betrieb des öffentlichen Dienstes des Digitalfernsehens nicht die Befugnis, Dienste anzubieten, die in der Lieferung einer audiovisuellen Sendung bestehen, in denen sich der Endnutzer über das Netz mitteilt, um das gewünschte Programm und den Moment der Lieferung und Annahme auszuwählen. Zur Erteilung der befähigenden Rechtstitel, die zum Betrieb der letztgenannten Dienste berechtigen, ist in jedem Falle der Staat im Einklang mit der Telekommunikations-Gesetzgebung zuständig.

4.) Nutzung von Weiterverbreitungsdiensten
Die im Einklang mit diesem Real Decreto zur Ausstrahlung von Fernsehprogrammen durch Digitaltechnik befähigten Körperschaften können dies mit ihren eigenen Weiterverbreitungsdiensten tun oder durch Vertragsschluß über den Gebrauch derselben mit Dritten, in jedem Falle unter Beachtung der Regeln der 7. Übergangsbestimmung der Ley 11/1998, de 24.04.98, General de Telecomunicaciones (Anm.: LGT). In jedem Falle muß der Weiterverbreitungsdienst durch eine Körperschaft betrieben werden, die die erforderliche und in der Ley General de Telecomunicaciones und ihren Entwicklungsnormen geregelte Individuallizenz erteilt bekommen hat.
Bis zum 31.12.2002 bindet der Tarifrahmen, den die öffentliche Betriebskörperschaft „Red Técnica Española de Televisión“ (Entidad Pública Retevisión) auf Verwaltungseingriff hin für den Betrieb des Weiterverbreitungsdienst berechnet, und diese (Tarife) können nicht aufgrund des jährlichen Anwachsens des Konsumpreisindex′ erhöht werden, den das Instituto Nacional de Estadística (Nationales Statistikinstitut) festlegt.

Disposiciones Transitorias
(1.ª ...)

2.ª Cambio de los canales de emisión de la televisión analógica.
Las estaciones de televisión analógica que dispongan de asignación de frecuencias en la banda 758 a 830 MHz que se encuentren en funcionamiento y deban cambiar su canal de emisión, como consecuencia de la planificación de canales radioeléctricos de la televisión digital terrenal, podrán seguir emitiendo en otro canal de la misma banda de frecuencias, previa autorización del Ministerio de Fomento.

3.ª Desarrollo de la tecnología analógica en la televisión de ámbito autonómico.
Las estaciones del servicio público de televisión de ámbito autonómico, que no se encontrasen emitiendo antes del 1 de enero de 1998, sólo podrán iniciar su emisión si ésta no obstaculiza el desarrollo del Plan Técnico Nacional de la Televisión Digital Terrenal.
Si existiera disponibilidad de espectro radioeléctrico para la implantación de nuevos programas del servicio público de televisión autonómica analógica, a solicitud de los órganos competentes de las comunidades autónomas y de acuerdo con la legislación en cada momento vigente, el Ministerio de Fomento realizará las reservas de dominio público radioeléctrico correspondientes.

(Disposición final única...)

ANEXO
Plan Técnico Nacional de la Televisión Digital Terrenal

Artículo 1. Bandas de frecuencias.
1. El servicio de televisión digital terrenal se explotará en las siguientes bandas de frecuencias:
a) 470 a 758 MHz (canales 21 a 56).
b) 758 a 830 MHz (canales 57 a 65).
c) 830 a 862 MHz (canales 66 a 69).
2. Los canales múltiples de la banda de frecuencias 830 a 862 MHz se destinan al establecimiento de redes de frecuencia única de ámbito nacional.
3. Los canales múltiples de la banda de frecuencias 758 a 830 MHz se destinan, principalmente, al establecimiento de redes de frecuencia única de ámbito territorial autonómico y provincial y de redes de transmisor único de cobertura local.
4. Los canales múltiples de la banda de frecuencias 470 a 758 MHz se destinan, principalmente, al establecimiento de redes multifrecuencia y de redes de transmisor único de cobertura local.

ÜBERGANGSBESTIMMUNGEN
(1.)... unerheblich)

2.) Änderung der Sendekanäle des Digitalfernsehens
Die Stationen des Analogfernsehens, die über eine Frequenzzuteilung innerhalb der Bandbreite von 758 bis 830 MHz verfügen, in Betrieb sind und als Konsequenz der Planung der radioelektrischen Kanäle des terrestrischen Digitalfernsehens ihre Sendekanäle ändern müssen, können nach vorheriger Genehmigung des Ministerio de Fomento auf einem anderen Kanal derselben Frequenzbandbreite weiterhin ausstrahlen.

3.) Entwicklung der Analogtechnik für das Fernsehen in autonomieregionsweiten Rahmen
Die Stationen des öffentlichen Dienstes des Fernsehens im autonomieregionsweiten Rahmen, die noch nicht vor dem 01.01.1998 sendeten, können ihre Sendung nur beginnen, wenn dies nicht die Entwicklung des Plan Técnico Nacional de la Televisión Digital Terrenal behindert.
Wenn eine Verfügbarkeit des radioelektrischen Spektrums für die Einführung neuer Programme des öffentlichen Dienstes des analogen autonomieregionsweiten Fernsehens besteht, setzt das Ministerio de Fomento auf Antrag der zuständigen Organe der Autonomieregionen und im Einklang mit der derzeit wirksamen Gesetzgebung die Reservierung des entsprechenden radioelektrischen öffentlichen Luftraums um.

(Schlußbestimmung...)

ANHANG
DER NATIONALE TECHNIKPLAN DES TERRESTRISCHEN DIGITAL-FERNSEHENS

Art. 1 Frequenzbandbreiten
(I) Der Dienst des terrestrischen Digitalfernsehens wird innerhalb der folgenden Frequenzbandbreiten ausgeübt:
a) 470 bis 758 MHz (Kanäle 21 bis 56).
b) 758 bis 830 MHz (Kanäle 57 bis 65).
c) 830 bis 862 MHz (Kanäle 66 bis 69).
(II) Die multiplen Kanäle der Frequenzbandbreite 830 bis 862 MHz sind für die Entwicklung der Einfrequenznetze im landesweiten Rahmen bestimmt.
(III) Die multiplen Kanäle der Frequenzbandbreite 758 bis 830 MHz sind anfänglich für die Entwicklung der Einfrequenznetze im autonomieregionsweiten und provinzweiten Gebietsrahmen und die Netze des einzigen Überträgers lokaler Reichweite bestimmt.
(IV) Die multiplen Kanäle der Frequenzbandbreite 470 bis 758 MHz sind anfänglich für die Entwicklung der Multifrequenznetze und der Netze des einzigen Überträgers lokaler Reichweite bestimmt.

Artículo 2. Disponibilidad de espectro radioeléctrico.

1. La introducción del servicio de televisión digital terrenal se iniciará en la banda 830 a 862 MHz. A estos efectos, los actuales usuarios de esta banda deben abandonarla completamente antes del 30 de junio de 1999, pudiendo solicitar nueva concesión o afectación de dominio público radioeléctrico en otra banda que sea utilizable de acuerdo con el Cuadro Nacional de Atribución de Frecuencias.

2. La banda de frecuencias 758 a 830 MHz deberá estar disponible para el servicio de televisión digital terrenal a partir del 31 de octubre de 1999. No se realizarán nuevas asignaciones de frecuencias a estaciones de televisión analógica en los canales planificados para el establecimiento de las redes de frecuencia única de ámbito territorial autonómico o provincial en sus respectivos ámbitos de cobertura. Las estaciones de televisión analógica que no se encuentren todavía en servicio y dispongan de reserva de dominio público radioeléctrico en esos canales no iniciarán sus emisiones hasta disponer de un canal radioeléctrico alternativo en la banda 470 a 758 MHz.

3. Las estaciones de televisión analógica actualmente existentes en las bandas 470 a 758 MHz y 758 a 830 MHz cesarán en sus emisiones antes del 1 de enero del año 2012. Sin embargo, si en esa fecha no se hubiere alcanzado la cobertura con tecnología digital prevista en el artículo 7 de este Plan, dicho plazo podría ser prorrogado mediante Orden del Ministro de Fomento.

Artículo 3. Objetivos de cobertura.

1. Con el objetivo de alcanzar la mayor cobertura nacional, mediante estaciones de televisión digital terrenal, se explotarán:

a) Cada uno de los canales radioeléctricos 66, 67, 68 y 69, formando cuatro canales múltiples en redes de frecuencia única.

b) Los canales radioeléctricos 57, 58, 59, 60, 61, 62, 63, 64 y 65, con los que se formará un canal múltiple nacional con posibilidad de efectuar desconexiones territoriales, conforme a lo establecido en el anexo I de este Plan Técnico.

Además, estos nueve últimos canales permitirán la existencia de una red de cobertura territorial autonómica equivalente a un canal múltiple en cada territorio autonómico, conforme a lo establecido en el anexo II de este Plan Técnico.

2. El resto de los canales se explotarán con el objetivo de alcanzar, con el empleo de hasta tres canales múltiples en cada emplazamiento transmisor, las mayores coberturas territoriales autonómicas que permitan efectuar desconexiones regionales, provinciales o comarcales, mediante redes multifrecuencia de estaciones de televisión digital terrenal que estarán disponibles antes del 31 de diciembre del año 2000.

3. En la medida en que la capacidad del espectro radioeléctrico lo permita, se introducirán otras estaciones de televisión digital terrenal con el objetivo de alcanzar coberturas locales mediante el uso de hasta dos canales múltiples que estarán disponibles antes del 31 de diciembre del año 2000.

4. Igualmente, en la medida en que la capacidad del espectro radioeléctrico lo permita, se introducirán otras estaciones de televisión digital terrenal con el objetivo de incrementar el número de canales múltiples disponibles para las distintas coberturas territoriales.

Art. 2 Verfügbarkeit des radioelektrischen Spektrums

(I) Die Einführung des Dienstes des terrestrischen Digitalfernsehens beginnt in der Bandbreite von 830 bis 862 MHz. Dazu müssen die derzeitigen Nutzer dieser Bandbreite sie komplett bis zum 30.06.1999 freigeben, sie können eine neue Konzession oder Belegung des öffentlichen radioelektrischen Luftraums in einer anderen Bandbreite, die im Einklang mit dem „Cuadro Nacional de Atribución de Frecuencias“ (Nationalplan der Frequenzzuteilung) nutzbar ist, beantragen.

(II) Die Frequenzbandbreite von 758 bis 830 MHz muß für den Dienst des terrestrischen Digitalfernsehens ab dem 31.10.1999 verfügbar sein. Es werden keine neuen Frequenzzuteilungen für Stationen des Analogfernsehens in den Kanälen, die für die Entwicklung der Einfrequenznetze autonomieregionsweiter oder provinzweiter Gebiete in ihren entsprechenden Ausstrahlungsgebieten vorgesehen sind, mehr vorgenommen. Die Stationen des Analogfernsehens, die noch nicht in Betrieb sind und über eine Reservierung des öffentlichen radioelektrischen Luftraums innerhalb dieser Kanäle verfügen, beginnen ihre Sendungen solange nicht, bis sie über einen alternativen radioelektrischen Kanal der Bandbreite 470 bis 758 MHz verfügen.

(III) Die derzeit innerhalb der Bandbreite 470 bis 758 MHz und 758 bis 830 MHz existierenden Stationen des Analogfernsehens beenden ihre Sendungen vor dem 01.01.2012. Jedoch kann diese Frist mittels Anordnung des Ministerio de Fomento verlängert werden, wenn zu diesem Zeitpunkt nicht die Reichweite mit Digitaltechnik, die in Art. 7 dieses Plans vorgesehen ist, erreicht wurde.

Art. 3 Objekte der Reichweite

(I) Zum Zwecke des Erreichens der maximalen nationalen Reichweite werden mittels Stationen des terrestrischen Digitalfernsehens genutzt:

a) Jeder einzelne der radioelektrischen Kanäle 66, 67, 68 und 69 zur Bildung von vier multiplen Kanälen in Einfrequenznetzen.

b) Die radioelektrischen Kanäle 57, 58, 59, 60, 61, 62, 63, 64 und 65, mit denen ein multipler nationaler Kanal mit der Möglichkeit territorialer Ausschaltungen, im Einklang mit den Regeln des Anhangs I dieses Plan Técnico geschaffen wird.

Zusätzlich erlauben diese 9 letztgen. Kanäle die Existenz eines Netzes autonomieregionsweiter Reichweite, das einem multiplen Kanal auf dem Gebiet jeder Autonomieregion entspricht, im Einklang mit den Regeln des Anhangs II dieses Plan Técnico.

(II) Zum Zwecke der Erreichung der maximalen autonomieregionsweiten Reichweiten, die die Herstellung regionaler, provinzialer oder lokaler Ausschaltungen erlauben, wird der Rest der Kanäle unter Nutzung von bis zu drei multiplen Kanälen in jedem Übertragungsstandort betrieben, mittels Multifrequenznetzen von Stationen des terrestrischen Digitalfernsehens, die bis zum 31.12.2000 verfügbar sein müssen.

(III) In dem Maße, in dem die Kapazität des radioelektrischen Spektrums es erlaubt, werden andere Stationen des terrestrischen Digitalfernsehens eingeführt, zum Zwecke der Erreichung lokaler Reichweiten mittels des Gebrauchs von bis zu zwei multiplen Kanälen, die bis zum 31.12.2000 verfügbar sein müssen.

(IV) Gleichermaßen werden in dem Maße, in dem die Kapazität des radioelektrischen Spektrums es erlaubt, andere Stationen des terrestrischen Digitalfernsehens eingeführt, zum Zwecke der Erhöhung der Anzahl multipler Kanäle, die für verschiedenen territorialen Reichweiten zur Verfügung stehen.

5. La determinación de las frecuencias utilizadas para los distintos canales múltiples, en lo no previsto en los anexos I y II, se llevará a cabo por Orden del Ministerio de Fomento.

Artículo 4. Especificaciones técnicas de los transmisores.
Las especificaciones técnicas de los transmisores de las estaciones de televisión digital terrenal serán conformes con el modo 8k de la norma europea de telecomunicaciones EN 300 744.

Artículo 5. Características técnicas de las estaciones.
Las características técnicas de las estaciones de televisión digital terrenal en cada emplazamiento serán las establecidas por el Ministerio de Fomento.

Artículo 6. Coordinación internacional.
Las características técnicas de las estaciones de televisión digital terrenal estarán sujetas a las modificaciones que pudieran derivarse de la aplicación de los procedimientos de coordinación internacional previstos en el Acuerdo de Estocolmo de 23 de junio de 1961, en el Acuerdo de Ginebra de 8 de diciembre de 1989 y en el Acuerdo de Chester de 25 de julio de 1997, así como en cualesquiera otros Acuerdos internacionales que pudieran vincular al Estado español en el marco de la Unión Internacional de Telecomunicaciones (UIT) o de la Conferencia Europea de Administraciones de Correos y Telecomunicaciones (CEPT).

Artículo 7. Fases de introducción.
La introducción e implantación del servicio de televisión digital terrenal se realizará en las siguientes fases:
1. Primera fase: se iniciará en los canales 66, 67, 68 y 69, a más tardar, el 30 de junio de 1999 y tendrá una duración de doce meses, con el objetivo de alcanzar, al menos, una cobertura del 50 por 100 de la población en su ámbito territorial de cobertura.
2. Segunda fase: se iniciará en los canales 57 a 65 el 31 de octubre de 1999 y tendrá una duración de ocho meses, con el objetivo de alcanzar, al menos, una cobertura del 50 por 100 de la población en su ámbito territorial de cobertura.
3. Tercera fase: se iniciará en los canales 57 a 69, a más tardar, el 30 de junio del año 2000 y tendrá una duración de dieciocho meses, con el objetivo de completar, al menos, una cobertura acumulada del 80 por 100 de la población en su ámbito territorial de cobertura.
4. Cuarta fase: se iniciará en los canales 57 a 69, a más tardar, el 31 de diciembre del año 2001 y tendrá una duración de diez años, con el objetivo de completar, al menos, una cobertura acumulada del 95 por 100 de la población en su ámbito territorial de cobertura.
5. Por Orden del Ministerio de Fomento se establecerán las localidades a cubrir en cada fase.

(ANEXO I, ANEXO II ...)

(V) Die Bestimmung der Frequenzen, die für die verschiedenen multiplen Kanäle benutzt werden, wird durch Anordnung des Ministerio de Fomento durchgeführt, sofern sie nicht in den Anhängen I und II vorgesehen ist.

Art. 4 Technische Spezifikationen der Sender
Die technischen Spezifikationen der Sender der Stationen des terrestrischen Digitalfernsehens entsprechen dem Modus 8 k der europäischen Telekommunikationsnorm EN 300 744.

Art. 5 Technische Charakteristika der Stationen
Die technischen Charakteristika der Stationen des terrestrischen Digitalfernsehens an jedem Standort werden durch das Ministerio de Fomento entwickelt.

Art. 6 Internationale Koordination
Die technischen Charakteristika der Stationen des terrestrischen Digitalfernsehens sind gebunden an die Änderungen, die sich aus der Anwendung der internationalen Koordinationsverfahren ergeben können, die im Stockholmer Abkommen vom 23.06.1961, dem Genfer Abkommen vom 08.12.1989 und dem Abkommen von Chester vom 25.07.1997 sowie in jedwedem anderen internationalen Abkommen enthalten sind, das den spanischen Staat im Bereich der Internationalen Telekommunikationsunion (UIT) oder der Europäischen Konferenz der Verwaltungen von Post und Telekommunikation binden kann.

Art. 7 Phasen der Einführung
Die Einleitung und Einführung des Dienstes des terrestrischen Digitalfernsehens geschieht in folgenden Phasen:
(I) Erste Phase: Sie beginnt mit den Kanälen 66, 67, 68 und 69 spätestens am 30.06.1999 mit einer Dauer von 12 Monaten, zum Zwecke der Erreichung einer Reichweite von mindestens 50 Prozent der Bevölkerung im Gebiet ihrer Reichweite.
(II) Zweite Phase: Sie beginnt mit den Kanälen 57 bis 65 am 31.10.1999 mit einer Dauer von 8 Monaten, zum Zwecke der Erreichung von mindestens 50 Prozent der Bevölkerung im Gebiet ihrer Reichweite.
(III) Dritte Phase: Sie beginnt mit den Kanälen 57 bis 69 spätestens am 30.06.2000 mit einer Dauer von 18 Monaten, zum Zwecke der Vervollständigung von mindestens 80 Prozent der erhöhten Reichweite der Bevölkerung im Gebiet ihrer Reichweite.
(IV) Vierte Phase: Sie beginnt mit den Kanälen 57 bis 69 spätestens am 31.12.2001 mit einer Dauer von 10 Jahren, zum Zwecke der Vervollständigung von mindestens 95 Prozent der erhöhten Reichweite der Bevölkerung im Gebiet ihrer Reichweite.
(V) Durch Anordnung des Ministerio de Fomento[19] werden die Orte entwickelt, die in jeder Phase abzudecken sind.

(Anhang I und Anhang II...)

---

[19] S. Orden de 16.12.1998 (Ministerio de Fomento), por la que se establecen las localidades a cubrir en las fases de intreducción de la televisión digital terrenal, B.O.E. núm. 313, de 31.12.1998, S. 44565.

XIII.3. DIE ANORDNUNG VOM 09.10.1998 ZUM ERLAß DES TECHNIK- UND BETRIEBSREGLEMENTS DES TERRESTRISCHEN DIGITAL-FERNSEHENS

(Orden de 09.10.1998 por la que se aprueba el Reglamento Técnico y de Prestación del Servicio de Televisión Digital Terrenal)
(B.O.E. núm. 248 vom 16.10.1998, S. 34248)
(Preámbulo...)
Artículo 1. Formas de gestión del servicio de televisión digital terrenal.
La explotación del servicio de televisión digital terrenal se podrá llevar a cabo mediante gestión directa o mediante gestión indirecta en régimen de concesión administrativa.

Artículo 2. Gestión directa.
Para la gestión directa del servicio, con arreglo al artículo 5.1 de la Ley 4/1980, de 10 de enero, del Estatuto de la Radio y la Televisión, se asignarán dos programas dentro de un canal, por el Ministerio de Fomento, al Ente Público Radiotelevisión Española, de acuerdo con el Real Decreto 2169/1998, de 9 de octubre, por el que se aprueba el Plan Técnico Nacional de Televisión Digital Terrenal.
Para la gestión del servicio, con arreglo a la Ley 46/1983, de 26 de diciembre, reguladora del Tercer Canal de Televisión, se asignarán, por el Ministerio de Fomento dos programas dentro de un canal a la sociedad anónima a que se refiere el artículo 9 de la citada Ley, con arreglo al apartado 1 de la disposición adicional primera del citado Real Decreto.

Artículo 3. Gestión indirecta.
La gestión indirecta del servicio por entidades privadas, se ajustará a lo dispuesto en la Ley 10/1988, de 3 de mayo, de Televisión Privada, en lo no modificado por la disposición adicional cuadragésimo cuarta de la Ley 66/1997, de 30 de diciembre, y, en particular, a lo establecido en su capítulo II, sobre el régimen jurídico de la concesión, en su capítulo III, sobre las sociedades concesionarias, y en su capítulo IV, sobre el régimen de infracciones y sanciones.
La explotación del servicio, se llevará a cabo mediante la asignación por el Ministerio de Fomento de los canales múltiples disponibles al efecto o de los programas que integran dichos canales. El otorgamiento de las concesiones para la explotación del servicio, se realizará por el Estado si su ámbito es estatal y por las Comunidades Autónomas si es autonómico o local, en el marco previsto por el Real Decreto 2169/1998, de 9 de octubre, por el que se aprueba el Plan Técnico Nacional de Televisión Digital Terrenal y con el calendario que en éste se determina.

Artículo 4. Otorgamiento de los títulos habilitantes.
Los concursos para la adjudicación de las concesiones para la explotación del servicio de televisión digital terrenal, se convocarán y se resolverán por el Consejo de Ministros o por el órgano competente de cada Comunidad Autónoma, conforme a lo determinado en la disposición adicional cuadragésimo cuarta de la Ley 66/1997, de 30 de diciembre, de Medidas Fiscales, Administrativas y de Orden Social.

XIII.3. DIE ANORDNUNG VOM 09.10.1998 ZUM ERLAß DES TECHNIK- UND BETRIEBSREGLEMENTS DES TERRESTRISCHEN DIGITAL-FERNSEHENS

(Orden de 09.10.1998 por la que se aprueba el Reglamento Técnico y de Prestación del Servicio de Televisión Digital Terrenal)
(B.O.E. núm. 248 vom 16.10.1998, S. 34248)
(Präambel...)
Art. 1 Betriebsformen des Dienstes des terrestrischen Digitalfernsehens
Die Nutzung des Dienstes des terrestrischen Digitalfernsehens kann mittels direkten Betriebs oder mittels indirekten Betriebs im Rahmen einer Verwaltungskonzession umgesetzt werden.

Art. 2 Direkter Betrieb
Für den direkten Betrieb des Dienstes gemäß Artikel 5 I der Ley 4/1980, de 10.01.80, del Estatuto de la Radio y la Televisión (Anm.: ERTV) werden durch das Ministerio de Fomento zwei Programme innerhalb eines Kanals der öffentlichen Körperschaft RTVE zugeteilt, im Einklang mit dem Real Decreto 2169/1998, de 09.10.98, por el que se aprueba el Plan Técnico nacional de la Televisión Digital Terrenal.
Für den Betrieb des Dienstes gemäß der Ley 46/1983, de 26.12.83, reguladora del Tercer Canal de Televisión (Anm.: LTC) werden durch das Ministerio de Fomento zwei Programme eines Kanals der Aktiengesellschaft, auf die sich Artikel 9 des genannten Gesetzes bezieht, gemäß Absatz I der 1. Zusatzbestimmung des genannten Real Decreto zugeteilt.

Art. 3 Indirekter Betrieb
Der indirekte Betrieb des Dienstes durch private Körperschaften richtet sich nach den Regeln der Ley 10/1988, de 03.05.88, de Televisión privada (Anm.: LTP), soweit sie nicht durch die 44. Zusatzbestimmung der Ley 66/1997, de 30.12.97 modifiziert wurde, und speziell nach den Regeln ihres Kapitels II über den Rechtsrahmen der Konzession, ihres Kapitels III über die Konzessionsgesellschaften und ihres Kapitels IV über den Rechtsrahmen der Verstöße und Sanktionen.
Die Nutzung des Dienstes wird mittels der Zuweisung durch das Ministerio de Fomento zweier dafür verfügbarer multipler Kanäle oder der Programme, die diese Kanäle beinhalten, umgesetzt. Die Erteilung der Konzessionen für die Nutzung des Dienstes geschieht durch den Staat, wenn ihr Rahmen staatlich ist, oder durch die Autonomieregionen, wenn er autonomieregionsweit oder lokal ist, im Rahmen der Regeln des Real Decreto 2169/1998, de 09.10.98, por el que se aprueba el Plan Técnico nacional de la Televisión Digital Terrenal und mit dem Kalender, der darin festgelegt ist.

Art. 4 Erteilung der befähigenden Rechtstitel
Die Ausschreibungsverfahren zu Erteilung der Konzessionen zur Nutzung des Dienstes des terrestrischen Digitalfernsehens werden durch den Ministerrat oder das zuständige Organ jeder Autonomieregion einberufen und durchgeführt, im Einklang mit den Regeln der 44. Zusatzbestimmung der Ley 66/1997, de 30.12.97, de Medidas Fiscales, Administrativas y del Orden Social.

Artículo 5. Régimen jurídico de la concesión.

1. El Plazo de vigencia de la concesión será de diez años y podrá ser renovada por el órgano que la otorgó, por sucesivos períodos iguales.

2. Conforme al apartado 2 de la disposición adicional cuadragésimo cuarta de la Ley 66/1997, de 30 de diciembre, la concesión faculta al concesionario para la explotación de los servicios de televisión digital terrenal. La explotación del servicio se llevará a cabo a través de los canales y programas correspondientes, con arreglo al Real Decreto 2169/1998, de 9 de octubre, que aprueba el Plan Técnico Nacional de Televisión Digital Terrenal.

3. La concesión se regirá por la legislación indicada en el artículo 3, por el Real Decreto 2169/1998, de 9 de octubre, que aprueba el Plan Técnico Nacional de Televisión Digital Terrenal, por el presente Reglamento y por el pliego de bases que sea aprobado por el Consejo de Ministros o, en su caso, por el órgano competente de cada Comunidad Autónoma.

4. Las nuevas sociedades concesionarias del servicio de televisión digital terrenal, estarán obligadas a emitir en abierto programas de televisión, como mínimo cuatro horas diarias y treinta y dos horas semanales. Durante el resto del día y de la semana, se podrá emitir televisión en abierto o mediante acceso condicional, con arreglo al contenido de los contratos concesionales. Los descodificadores que se empleen habrán de ser, conforme a la legislación vigente, abiertos y compatibles.

(Disposición final...)

Art. 5 Rechtsrahmen der Konzession

(I) Die Gültigkeitsfrist der Konzession beträgt 10 Jahre und kann durch das erteilende Organ sukzessiv für gleiche Zeiträume verlängert werden.

(II) Im Einklang mit Absatz II der 44. Zusatzbestimmung der Ley 66/1997, de 30.12.97, berechtigt die Konzession den Konzessionär zur Nutzung der Dienste des terrestrischen Digitalfernsehens. Die Nutzung des Dienstes wird über entsprechende Kanäle und Programme umgesetzt, im Einklang mit dem Real Decreto 2169/1998, de 09.10.98, por el que se aprueba el Plan Técnico nacional de la Televisión Digital Terrenal.

(III) Die Konzession bestimmt sich nach der in Artikel 3 genannten Gesetzgebung, nach dem Real Decreto 2169/1998, de 09.10.98, por el que se aprueba el Plan Técnico nacional de la Televisión Digital Terrenal, nach diesem Reglamento und nach den Vertrags-Grundbedingungen, die durch den Ministerrat oder gegebenenfalls durch das zuständige Organ jeder Autonomieregion erlassen werden.

(IV) Die neuen Konzessionsgesellschaften des Dienstes des terrestrischen Digitalfernsehens sind verpflichtet, mindestens vier Stunden täglich und 32 Stunden wöchentlich Fernsehprogramme als Free-TV auszustrahlen. In der restlichen Zeit des Tages und der Woche kann gemäß des Inhalts der Konzessionsverträge Free-TV oder Pay-TV ausgestrahlt werden. Die verwendeten Decoder müssen im Einklang mit der gültigen Gesetzgebung offen und kompatibel sein.

(Schlußbestimmung...)

LITERATURVERZEICHNIS

Abad Alcalá, Leopoldo: „El servicio público de televisión ante el siglo XXI", 1. Aufl., Madrid 1999
(Zit.: „Abad Alcalá, El servicio público, 1999, S.")

Blanke, Herrmann-Josef: „Föderalismus und Integrationsgewalt. Die Bundesrepublik Deutschland, Spanien, Italien und Belgien als dezentralisierte Staaten in der EG", 1. Aufl., Berlin 1991
(Zit.: Blanke, Föderalismus und Integrationsgewalt, 1991, S.")

Bundschuh, Anja: „Fernsehen und Jugendschutz in Europa. Eine Politikfeldanalyse zum Verhältnis von staatlicher Regulierung und Selbstkontrolle", 1. Aufl., Baden-Baden 1998/99
(Zit.: Bundschuh, Fernsehen und Jugendschutz in Europa, 1998, S.")

Calvo Charro, María: „La televisión por cable", 1. Aufl., Madrid 1997
(Zit.: „Calvo Charro, La televisión por cable, 1997, S.")

Carlón Ruiz, Matilde: „Régimen jurídico de las telecomunicaciones. Una perspectiva convergente en el estado de las autonomías", 1. Aufl., Madrid 2000
(Zit.: „Carlón Ruiz, Régimen jurídico de las telecomunicaciones, 2000, S.")

Chinchilla Marín, Carmen: „La radiotelevisión como servicio público esencial", 1. Aufl., Madrid 1988
(Zit.: „Chinchilla Marín, La radiotelevisión como servicio público esencial, 1988, S.")

Cremades García, Javier: „Das Grundrecht der Meinungsfreiheit in der spanischen Verfassung", 1. Aufl., Berlin 1994
(Zit.: „Cremades, Das Grundrecht der Meinungsfreiheit in der spanischen Verfassung, 1994, S.")

Cremades García, Javier/ **Sánchez Pintado**, Emilio: „Marco jurídico de la nueva televisión digital terrenal“ in: REDETI 1998, S. 65 – 96 (Zit.: „Cremades/ Sánchez, Marco jurídico de la nueva televisión digital terrenal, REDETI 1998, S.“)

Díaz Mancisidor, Alberto/ **Diezhandino**, Pilar: „Das private Fernsehen in Spanien“, in: RuF 1988, S. 508 – 513 (Zit.: „Díaz Mancisidor/ Diezhandino, Das private Fernsehen, RuF 1988, S. “)

Dörr, Dieter: „Spanien“ in: **Schiwy**, Peter/ **Schütz**, Walter J.: "Medienrecht. Lexikon für Wissenschaft und Praxis", 3. Aufl., Neuwied 1994, S. 263-266 (Zit.: „Dörr, Medienrecht, 1994, S.“)

Dörr, Dieter: „Das Nettoprinzip für die Unterbrechung von Spiel- und Fernsehfilmen durch Werbung und das europäische Medienrecht“, in: ZUM 1994, S. 342 - 351 (Zit.: „Dörr, Das Nettoprinzip für die Unterbrechung von Spiel- und Fernsehfilmen durch Werbung, ZUM 1994, S.“)

Dörr, Dieter: „Auf dem Weg zur europäischen Informationsgesellschaft ?“, in: **Dörr**, Dieter/ **Dreher**, Meinrad (Hrsg.): „Europa als Rechtsgemeinschaft“, 1.Aufl., Baden-Baden 1997,S. 73 – 88 (Zit.: „Dörr, Auf dem Weg zur europäischen Informationsgesellschaft, 1997, S.“)

Dörr, Dieter/ **Beucher**, Klaus/ **Eisenbeis**, Jochen/ **Jost**, Eberhard: „Die Einflüsse europarechtlicher Einwirkungen auf das Bund-Länder-Verhältnis im Rundfunkwesen“, 1.Aufl., München, Berlin, 1992 (Zit.: „Dörr, Einflüsse europarechtlicher Entwicklungen, 1992, S.“)

Engel, Christoph: „Die Geltung des Brutto-Prinzips für die Unterbrechung von Spiel- und Fernsehfilmen durch Werbung“, in: ZUM 1994, S. 335 – 342 (Zit.: „Engel, Die Geltung des Bruttoprinzips, ZUM 1994, S.“)

Engels, Stefan: „Das Recht der Fernsehwerbung für Kinder. Rechtliche Regulierung der Fernsehwerbung unter dem Aspekt des Kinder- und Jugendschutzes“, 1. Aufl., Hamburg, Baden-Baden 1997
(Zit.: „Engels, Das Recht der Fernsehwerbung für Kinder, 1997, S.“)

Engels, Stefan: „Der Trennungsgrundsatz in der dualen Rundfunkordnung. Rechtlicher Gehalt und tatsächliche Durchsetzung durch die Landesmedienanstalten“, in: RuF 1997, S. 214 - 230
(Zit.: „Engels, Der Trennungsgrundsatz, RuF 1997, S.“)

Esteve Pardo, José: „Régimen jurídico-administrativo da la televisión“, 1. Aufl., Alcala de Henares, Madrid 1984
(Zit.: „Esteve Pardo, Régimen jurídico-administrativo da la televisión, 1984, S.“)

Faus Belau, Angel: „La era audiovisual. Historia de los primeros cien años de la radio y la televisión“, 1. Aufl., Barcelona 1995
(Zit.: „Faus Belau, La era audiovisual, 1995, S.“)

Faus Belau, Angel: „Die Entwicklung des spanischen Rundfunksystems“, in: **Hans-Bredow-Institut für Rundfunk und Fernsehen** (Hrsg.): "Internationales Handbuch für Hörfunk und Fernsehen 1986/87", 18. Aufl., Baden-Baden 1986, S.E 168 - E 177.
(Zit.: „Faus Belau, Internationales Handbuch 1986/87, S.“)

Fernández Farreres, Germán: „El paisaje televisivo en España. Características e insuficiencias del ordenamiento da la televisión“, 1.Aufl., Pamplona 1997
(Zit.: „Fernández Farreres, El paisaje televisivo en España, 1997, S.“)

Frowein, Jochen Abraham/ **Peukert**, Wolfgang: „Europäische Menschenrechtskonvention. EMRK-Kommentar“, 2. Aufl., Kehl, Straßburg, Arlington, 1996
(Zit.: Frowein/ Peukert, EMRK-Kommentar, 1996, S.“)

García de Enterría, Eduardo/ **Fernández**, Tomás-Ramón: „Curso de Derecho Administrativo, Tomo (Bd.) I“, 8. Aufl., Madrid 1997
(Zit.: „García de Enterría/ Fernández, Curso de Derecho Administrativo I, 1997, S.“)

García Llovet, Enrique: „El régimen jurídico de la radiodifusión“, 1. Aufl., Madrid 1991
(Zit.: „;García Llovet, El régimen jurídico, 1991, S.")

Gay Fuentes, Celeste: „La televisión ante el derecho internacional y comunitario“, 1.Aufl., Madrid 1994
(Zit.: „Gay Fuentes, La televisión, 1994, S.“)

Godoy García, Antonio: „El derecho da la televisión sin fronteras", 1. Aufl., Alicante 1995
(Zit.: „Godoy, El derecho da la televisión sin fronteras, 1995, S.“)

González Ballesteros, Teodoro: „El derecho de réplica y rectificación en prensa, radio y televisión“, 1.Aufl., Madrid 1981
(Zit.: „González Ballesteros, El derecho de réplica, 1981, S.“)

González Navarro, Francisco: „Televisión pública y televisión privada“, 1. Aufl., Madrid 1982
(Zit.: „González Navarro, Televisión pública y televisión privada, 1982, S.“)

Hartstein, Reinhard/ **Ring**, Wolf-Dieter/ **Kreile**, Johannes/ **Dörr**, Dieter/ **Stettner**, Rupert: „Rundfunkstaatsvertrag Kommentar“, 2 Ordner Loseblattsammlung, München, Berlin, Stand 3. EL (Mai 2000)
(Zit.: „Hartstein/ Ring/ Kreile/ Dörr/ Stettner, Rundfunkstaatsvertrag, Abschnitt, S.“)

Haubrich, Walter: „Nur noch eine ferne Erinnerung. Spanien 25 Jahre nach Francos Tod“,
in: FAZ, Beilage „Bilder und Zeiten“ vom 18.11.2000, S. I f.
(Zit.: „Haubrich, Nur noch eine ferne Erinnerung. Spanien 25 Jahre nach Francos Tod, S.“)

Haubrich, Walter: „Spanien will Franco vergessen. Nur wenige erregt der 25. Todestag des ehemaligen Diktators“,
in: FAZ vom 21.11.2000, S. 8
(Zit.: „Haubrich, Spanien will Franco vergessen, FAZ vom 21.11.2000, S. 8“)

Hess, Wolfgang: „Medienkonzentrationsrecht nach dem neuen Rundfunkstaatsvertrag“,
in: AfP1997, S. 680 – 688 (Teil I)
und AfP 1997, S. 777 – 784 (Teil II)
(Zit.: Hess, Medienkonzentrationsrecht nach dem neuen Rundfunkstaatsvertrag, AfP 1997, S.“)

Holznagel, Bernd: „Rundfunkrecht in Europa. Auf dem Weg zu einem Gemeinrecht europäischer Rundfunkordnungen“; 1. Aufl., Tübingen 1996
(Zit.: „Holznagel, Rundfunkrecht, 1996, S.“)

Höfling, Herbert/ **Möwes**, Bernd/ **Pechstein**, Matthias (Hrsg.): „Europäisches Medienrecht; insbesondere EG-Fernsehrichtlinie (89/552/EWG) und Europarats-Fernsehübereinkommen in Gegenüberstellung der Einzelregelungen“, Textausgabe u. erl. Hinweise, 1. Aufl., München 1991
(Zit.: „Höfling/ Möwes/ Pechstein, Europäisches Medienrecht, 1991, S.“)

Jarass, Hans D.: „Fernsehwerbung im deutschen und europäischen Recht“,
in: ZUM 1997, S. 769 – 778
(Zit.: „Jarass, Fernsehwerbung im deutschen und europäischen Recht, ZUM 1997, S.“)

Jarass, Hans D.: „Rundfunkbegriffe im Zeitalter des Internet. Zum Anwendungsbereich der Rundfunkfreiheit, des Rundfunkstaatsvertrags und des Mediendienste-Staatsvertrags“,
in: AfP 1998, S. 133 – 141
(Zit.: „Jarass, Rundfunkbergriffe im Zeitalter des Internet, AfP 1999, S.“)

Kimmel, Adolf: „Die Verfassungen der EG-Mitgliedstaaten“, 4. Aufl., München 1996
(zit.: „Kimmel, Die Verfassungen der EG-Mitgliedstaaten, 1996, S.“)

Kleinsteuber, Hans J./ **Rosenbach**, Marcel: „Digitales Fernsehen in Europa: Eine Bestandsaufnahme“,
in: RuF 1998, S. 24 – 57
(Zit.: Kleinsteuber/ Rosenbach, Digitales Fernsehen in Europa, RuF 1998, S.“)

Kleinsteuber, Hans J./ **Roßmann**, Thorsten: „Europa als Kommunikationsraum. Akteure, Strukturen und Konfliktpotentiale in der europäischen Medienpolitik“, 1. Aufl., Opladen 1994
(Zit.: „Kleinsteuber/ Roßmann, Europa als Kommunikationsraum, 1994, S.“)

Knothe, Matthias/ **Bashayan**, Hassan: „Die Revision der EG-Fernsehrichtlinie. Ein europäischer Entscheidungsprozeß im Lichte nationaler Kompetenzen“,
in: AfP 1997, S. 849 -857
(Zit.: „Knothe/ Bashayan, Die Revision, AfP 1997, S.“)

Kreile, Johannes: „Die Reform des Rundfunkstaatsvertrags – Neue Wege bei der Vielfaltsicherung im privaten Rundfunk“,
in: NJW 1997, S. 1329 – 1334
(Zit.: Kreile, Die Reform des Rundfunkstaatsvertrags – Neue Wege bei der Vielfaltsicherung im privaten Rundfunk, NJW 1997, S.“)

Laguna de Paz, José Carlos: „Régimen jurídico de la televisión privada“, 1. Aufl., Madrid 1994
(Zit.: „Laguna de Paz, Régimen jurídico, 1994, S.“)

Laguna de Paz, José Carlos: „Televisión y Competencia“, 1. Aufl., Madrid 2000
(Zit.: Laguna de Paz, Televisión y Competencia, 2000, S.“)

Laguna de Paz, José Carlos: „Privates Fernsehen in Spanien: Zum Erfordernis eines neuen Fernsehmodells“, in: DöV 1995, S. 501 - 508 (Zit.: „Laguna de Paz, Privates Fernsehen in Spanien, DöV 1995, S.“)

Lavilla Rubira, Juan José: „El fenómeno de las telecomunicaciones en la jurisprudencia del Tribunal Constitucional“, in: Cuadernos de Derecho Judicial 1997, S. 275 – 295 (Zit.: Lavilla Rubira, El fenómeno, 1997, S.“)

López-Escobar, Esteban: „(Chapter 11:) Vulnerable Values in Spanish Multichannel Television“, in: **Blumler**, Jay G. (Hrsg.): "Television and the public interest. Vulnerable Values in European Broadcasting", 1.Aufl., London, Newbury Park, New Delhi 1992, S. 161 - 172 (zit.: „López-Escobar, Vulnerable Values, 1992, S.“)

López Pina, Antonio: „Der gerichtliche Grundrechtsschutz in Spanien“, in: KritV (Kritische Vierteljahresschrift für Gesetzgebung und Rechtswissenschaft) 1990, S. 34 – 61 (Zit.: „López Pina, Der gerichtliche Grundrechtsschutz in Spanien, KritV 1990, S.“)

Martín y Pérez de Nanclares, José: „Die EG-Fernsehrichtlinie. Rechtsgrundlage, Kommentierung und Umsetzung in das Recht der EG-Miegliedstaaten sowie Österreichs und der Schweiz“, 1. Aufl., Frankfurt/ M. 1995 (Zit.: „Martín y Perez de Nanclares, EG-Fernsehrichtlinie, 1995, S. “)

De Mateo, Rosario: "Das Rundfunksystem Spaniens", in: **Hans-Bredow-Institut für Rundfunk und Fernsehen** (Hrsg.): "Internationales Handbuch für Hörfunk und Fernsehen 1998/99", 24. Aufl., Baden-Baden 1998, S. 536 – 543 (Zit.: „De Mateo, Internationales Handbuch 1998/99, S.“)

Möwes, Bernd/ **Schmitt-Vockenhausen**, Monika: „Europäische Medienordnung im Lichte des Fernsehübereinkommens und der EG-Fernsehrichtlinie 1989“, in: EuGRZ 1990, 121 – 129
(Zit.: „Möwes/ Schmitt-Vockenhausen, Europäische Medienordnung, EuGRZ 1990, S.“)

Montero, Juan J./ **Brokelmann**, Helmut: „Telecomunicaciones y Televisión. La nueva regulación en España“, 1. Aufl., Valencia 1999
(Zit.: „Montero/ Brokelmann, Telecomunicaciones y Televisión, 1999, S.“)

Montoro Chiner, María Jesús: „Spanische Kompetenzverteilung im Bereich von Kultur, Bildung und Medien im Hinblick auf die EG-Rechtsetzung“, in: **Merten**, Detlef (Hrsg.): "Föderalismus und Europäische Gemeinschaften unter besonderer Berücksichtigung von Umwelt und Gesundheit, Kultur und Bildung", 1. Aufl., Berlin 1990, S. 183 - 211
(Zit.: „Montoro Chiner, Spanische Kompetenzverteilung im Bereich von Kultur, Bildung und Medien, 1990, S.“)

Morell Ocaña, Luis: „Curso de Derecho Administrativo Tomo (Bd.) II. La Actividad de las Administraciones Públicas. Su Control Administrativo y Jurisdiccional“, 4. Aufl., Pamplona 1999
(Zit.: „Morell Ocaña, Curso de Derecho Administrativo II, 1999, S.“)

Muñoz Machado, Santiago: „Público y privado en el mercado de la Televisión“, 1. Aufl., Madrid 1993
(Zit.: „Muñoz Machado, Público y privado, 1993, S.“)

Muñoz Machado, Santiago: „Servicio público y mercado. III: La televisión“, 1. Aufl., Madrid 1998
(Zit.: „Muñoz Machado, Servicio público III, 1998, S.“)

Petersen, Nikolaus: „Rundfunkfreiheit und EG-Vertrag. Die Einwirkungen des Europäischen Rechts auf die Ausgestaltung der nationalen Rundfunkordnungen“, 1.Aufl., Baden-Baden 1994
(Zit.: „Petersen, Rundfunkfreiheit und EGV, 1994, S.“)

Prats-Canut, José Miguel: „Spanien“
in: **Grabitz**, Eberhard (Hrsg.): „Grundrechte in Europa und USA. Band I: Strukturen nationaler Systeme. Ergebnisse eines Forschungsprojektes des Instituts für Integrationsforschung der Stiftung Europa-Kolleg Hamburg“, 1.Aufl., Kehl, Straßburg, Arlington, 1986, S. 651 - 714
(Zit.: „Prats-Canut, Spanien, 1986, S.“)

Quadra-Salcedo y Fernández del Castillo, Thomás: „El servicio público de la televisión“, 1. Aufl., Madrid 1976
(Zit.: „Quadra Salcedo, El servicio público, 1976, S.")

Ring, Wolf-Dieter (Hrsg.): „Medienrecht. Rundfunk, Neue Medien, Presse, Technische Grundlagen, Internationales Recht, Bundesrepublik Deutschland, Österreich, Schweiz“, 3 Ordner Loseblattsammlung, München, Berlin, Stand 61. EL (Oktober 1999)
(Zit.: „Ring, Medienrecht, Abschnitt, S.“)

Rosado Iglesias, Gema: „La Televisión Pública en España. Régimen jurídico y control“, 1. Aufl., Barcelona 1999
(Zit.: Rosado Iglesias, La televisión pública en España, 1999, S.“)

Rosenthal, Michael: „Die Kompetenz der Europäischen Gemeinschaften für den rechtlichen Rahmen der Informationsgesellschaft“, 1. Aufl., Berlin 1998
(Zit.: „Rosenthal, Die Kompetenz der EG, 1998, S.“)

Salamanca O., Daniel: „Aktuelle Bestandsaufnahme von Presse, Hörfunk und Fernsehen: Spaniens Medien auf dem Weg zu Konzentration und Konsolidierung“,
in: MP 04/1996, S. 209 – 223
(Zit.: „Salamanca O., Spaniens Medien, MP 1996, S.“)

Schellenberg, Martin: „Rundfunk-Konzentrationsbekämpfung zur Sicherung des Pluralismus im Rechtsvergleich. Rundfunkstaatsvertrag und Landesmediengesetze im Vergleich mit den Kontrollsystemen in Frankreich, Italien und Großbritannien“, 1. Aufl., Baden-Baden 1997
(Zit.: „Schellenberg, Rundfunk-Konzentrationsbekämpfung, 1997, S.“)

Sommermann, Karl-Peter: „Der Schutz der Grundrechte in Spanien nach der Verfassung von 1978. Ursprünge, Dogmatik Praxis“, 1.Aufl., Berlin 1984
(Zit.: „Sommermann, Schutz der Grundrechte, 1984, S.“)

Souvirón Morenilla, José María: „Derecho público de los medios audiovisuales: radiodifusión y televisión“, 1. Aufl., Granada 1999
(Zit.: „Souvirón Morenilla, Derecho público de los medios audiovisuales, 1999, S.“)

Spangenberg, Peter M.: "Die Liberalisierung des Fernsehen . Iberische Variationen über kulturelle, politische und wirtschaftliche Interessenlagen",
in: **Bernecker**, Walter L./ **Dirscherl**, Klaus (Hrsg.): "Spanien heute. Politik, Wirtschaft, Kultur", 1.Aufl., Frankfurt/Main 1998, S. 609 - 640
(Zit.: „Spangenberg, Die Liberalisierung des Fernsehens, 1998, S.“)

Tornos Mas, Joaquín: „Las autoridades de regulación de lo audiovisual“, 1. Aufl., Madrid/ Barcelona 1999
(Zit.: „Tornos Mas, Las autoridades de regulación de lo audiovisual, 1999, S.“)

Tschentscher, Thomas/ **Klee**, Dirk: „Aktuelle Rechtsprobleme der Werbung im privaten Rundfunk“,
in: ZUM 1994, S. 146 - 158
(Zit.: „Tschentscher/ Klee, Aktuelle Rechtsprobleme der Werbung im privaten Rundfunk, ZUM 1994, S.“)

Uwer, Dirk: "Medienkonzentration und Pluralismussicherung im Lichte des europäischen Menschenrechts der Pressefreiheit", 1. Aufl., Berlin, Baden-Baden 1998
(Zit.: „Uwer, Medienkonzentration, 1998, S.“)

Villagrasa, José María: "(Chapter 12:) Spain: The emergence of commercial television",
in: **Silj**, Alessandro: "The new television in Europe", 1.Aufl., London, Paris, Rom 1992, S. 337 – 426
(Zit.: „Villagrasa, 1992, S.“)

Weber, Albrecht: "Die Spanische Verfassung von 1978", in: JöR Bd. 29 (1980), S. 209 - 278 (zit.: „Weber, Die spanische Verfassung von 1978, JöR 1980, S.“)

SCHLAGWORTVERZEICHNIS

Schlagwort	Seite(n)
Antena 3 TV	37, 39, 248, 253, 263, 268, 280, 313, 343
Aufbewahrungspflicht	154, **157**, 159, 161
Ausschreibungsverfahren, öffentliches	100, 249, 287, 300 f., 304, 327 f., 340 f., 344, 346 f.
Autonomieregion	**35 f.**, 37, 72, 82, 90 – 98, 100 – 106, 108, 152, 155 f., 160, 162, 168 f., 185, 188 – 192, 199, 211 – 213, 219 f., **231**, 232 – 238, 247, 280, 299, 304, 309 f., 313 – 320, 322, 324, 326, 328 – 332, 334 – 338, 340 f., 343, 345, 347 f.
Aznar, José María	41, 244, 253, 257
Basisgesetzgebung	**91**, 95, 315
Baskenland	36, 92 – 94, 169, 189 – 191, 232 – 236, 313
Bekanntmachungen, offizielle der Regierung	102, **219**, 238, 255 f., **257**, 264, 319
Beschwerderecht	154, **157**
Blockwerbegebot	129, **132 f.**
Bruttoprinzip	139
BVerfG	43, 82 f., 108, 195, 230
Calvo Sotelo, Leopoldo	34, 37 f.
Canal Plus	39, 248, 253, 263, 268, 280, 313, 343
CE	35, 38 f., **81**, 82 – 86, 88, **90**, 91 – 93, 95, 97, 108, 185 f., 188, 191, 195 – 197, 204, 221 f., 239, 299, 319, 329, 336, 347
CSD (Canal Satélite Digital)	282, 346
Dauerwerbesendungen	59, 131 f., **133**, 141
Dienst, öffentlicher	31, 35, **86**, 87 – 89, 94, 99, **100**, 101, 108, 185, **186**, 187, 198 f., 211, 215 – 218, 239 f., 248, 254, 278 f., 281, 284, 296 - 298
Digitalfernsehen, terrestrisches	41, 96, 99, **342 ff.**
Digital-Pay-TV	74, **180 - 182**
Diskriminierung	62, 67, 128, 148 – 150, 186, 282, 315
Dritte (Fernsehprogramme)	35 f., 93, 98, 104, 117, 156, 189 – 191, 199, 219, **231 ff.**, 280

Drittland 48, 56 – 58, 112, 122
EG-Fernsehrichtlinie (FRL) 40 f., **43 f.**, **45 ff.**, 77 – 80, 103, 109 – 115, 117 – 123, 127, 130, 132, 137 – 143, 147, 149 f., 152 f., 157, 160, 164, 167 f., 170, 172, 228, 293, 318; **(s. den Abdruck in B.I.2.)**
EGMR 75 - 77
EGV 43, 79 f., 89
Eigentum, geistiges/ intellektuelles 294, 312
Einflußnahme 33, 56, 102, 105, 119 f., 219, 229, 257, 315, 335
EMRK (insbes. Art. 10) **74**, 75 - 77
Entwicklungs- /Ausführungsgesetzgebung **91 f.**
Ereignisse erheblichen gesellschaftl. Interesses 41, 43 f., 160, **167 f.**, 168 - 171
ERTV 35 f., 40, 84, 86 f., 92 – 95, 98 f., 101 – 103, 105 f., 177, **184 ff.**, 231, 233 – 241, 248, 257, 270, 280, 292, 312 f., 316, 324, 326, 331 f., 346; **(s. die Übersetzung in E.VII)**
EuGH 78, 80, 139
Europarat 43, 56 f., 74, **77 f.**, 122, 191
Europaratskonvention über das grenzüberschreitende Fernsehen: s. „FSÜ“
Exklusivrechte 53, 80, 159, **160**, 170 f.
Fernsehmonopol 38, 86 f., 99 f., 108, 189, 240
Fernsehsender, illegale 37, 275 f., 341
Fernsehsystem, duales 37 f., 109
Fernsehwerbung 45 f., 59, 62 – 64, 109 f., **117 f.**, **127 f.**, 129 – 133, 136, 146, 148, 227 f.
Finanzierung der Dritten (Fernsehprogramme) 36, 231, 236 f.
Finanzierung der RTVE 33, 102, 108, 186, **225 ff.**
FORTA 36, 238
Franco, Francisco 31, **32 f.**, 34 – 36, 184, 190, 193
Frequenzzuteilung 191, 243, 287, 329 f., 336, 347
FRL/ EG-FRL: s. „EG-Fernsehrichtlinie“
FSÜ 74, **77 ff.**
Gegendarstellungsklage **175 f.**
Gegendarstellungsrecht 41, 44, 98, **172 ff.**, 203, 256, 269, 271, 333, 338 f.
Genehmigung, LTS- 107, 159 161, **281 ff.**, 290 f., 293
Generaldirektor (RTVE) 34, 102, 105, 194, 200, 202 – 205, **201 ff.**, 215 – 221

Generaldirektor (Rundfunkanstalten der Autonomieregionen) 234 f., **236**, 238
Gesetz zum Schutze der Ehre, der Intimsphäre und des eigenen Bildes 42, 81
González, Felipe 38, 40
Gottesdienstübertragungen 138
Hersteller, unabhängige 56, 96, 119 f., **126**, 181 f.
Hörfunk 31 – 33, 36 f., 87, 95, 97, 99, 113, 165 f., 174, 185 f., **187**, 188, 199, 215, 219, 236, 239
Informationspflichten 153, 157, 159 - 163
Jugendschutz 40, 43, 79, 96, 101, 104, 116, 121, **146 ff.**, 293, 318 f., 331 f.
Kabelfernseh-Bezirke 96, **299 f.**, 302, 309 – 312, 318
Kabelfernsehen 40, 87 f., 96, 108, 187, 188, 199, 215, 219, 236, 239
Kapitalbeteiligungen (nach LTCC) 301 - 303
Kapitalbeteiligungen (nach LTP) 262, 265, 267
Katalonien 36, 96, 169, 189 f., 232 – 234, 247, 299, 319
KEK 262
Kennzeichnungsgebot 64 f., 68, 129, **132**, 133
Kommission, europäische 49, 53 – 56, 69 f., 169, 170
Konzentrationsbegrenzung 39, **107 f.**, 258, **260 f.**, 302
Konzession, allgemein 31 f., 36, 86, 88 f., 93 f., 100, 161, 187
Konzession, LTC- 93, 231 f., **233 f.**
Konzession, LTCC- 297, 299, **300 ff.**, 320
Konzession, LTDT- 343, **344 ff.**
Konzession, LTL- 324, **328 ff.**, 336, 340 f.
Konzession, LTP- 39, 106 – 108, 239 – 243, 245, **246 ff.**, 274 – 276, 343 f.
Kurzberichterstattung 41, 52, 98, **165 f.**
Ley 13/1995: s. „Verwaltungsvertragsgesetz“
Ley 17/1997 41, 74, 98, **177 ff.**, 277, 294, 347; **(s. die Übersetzung in E.VI.)**
Ley 21/1997 44, 52, 98, 160, **164 ff.**; **(s. die Übersetzung in E.IV.)**
Ley Orgánica 2/1984: s. „Gegendarstellungsrecht“; **(s. die Übersetzung in E.V.)**
LGT 89 f., 97, 106, 182 f., 219, 254, 277 – 281, 291, 295, 297 f., 300, 302, 308, 310 f., 320, 324, 338, 345

LID 40 f., 44, **45 ff.**, 95, 98, 193 f., **110 ff.**, 170 – 172, 200, 204, 228, 251, 270 – 272, 292 – 295, 315, 317 – 321, 324, 331 – 333, 337 – 339, 347;
(s. die Übersetzung in B.I.2. und E.III.)
LOT 90, 97 f., 100, 113 f., 117, 182 f., 187, 219, 294 f., 301 f., 311, 316, 320, 323 f., 334, 338;
(s. die Übersetzung in E.II.)
LTC 35 f., 92 f., 95, 98 f., 103, 105, 156, 189, 191 f., 219, **231 ff.**, 280;
(s. die Übersetzung in E.VIII.)
LTCC 41, 86 f., 96, 99, 102, 106 – 108, 187, 240, 277, 284, **296 ff.**;
(s. die Übersetzung in E.XI.)
LTDT 96, 99, 322, **342 ff.**;
(s. die Übersetzung in E.XIII.)
LTL 40, 87, 95, 99, 101, 106, 109, 187, 192, 239 f., 276, 284, 313, **322 ff.**;
(s. die Übersetzung in E.XII.)
LTP 38 – 40, 35 – 88, 98 f., 101 – 103, 106 – 108, 185, 192, 219, **239 ff.**, 280, 284, 301 – 304, 316, 319, 326, 328, 343;
(s. die Übersetzung in E.IX.)
LTS 40, 89, 98 – 102, 107, 187, 192, **277 ff.**, 297;
(s. die Übersetzung in E.X.)
LTS-Genehmigung 107, 161, **281 ff.**, 292 f.
Meinungsäußerung, freie 31, 74, 79, 82, 195, 245, 250 f., 261
Meinungsmacht 107, 182, 261, 303, 314, 335
Meinungsvielfalt 83, 107, 261 f., 266 f., 316
Menschenwürde 62, 79, 128
Mindestsendezeiten 39, 255, **256**, 270
Ministerio de Ciencia y Tecnología 143, 156, 160, 162 f., 180, **243 – 246**, 255 f., 258, 263, 266 – 268, 270, 272 f., 275 f., 283, 287, 290 f., 294, 299 f., 303 – 305, 309, 314, 320, 329, 336 – 338, 340, 348
Ministerio de Fomento 49 f., 62, 120, 135, 143, 154, 156, 163, 180, **243**, 255, 262, 264, 268 f., 274, 282, 287 f., 290, 294, 299 – 301, 309 f., 314, 320, 336, 340, 342, 346, 348

Ministerrat 38, 50, 154, 156, **157**, 249, 253, 268, 274 f., 345
Nettoprinzip 139
Net TV 344
Organgesetz **38**, 39, 81, 85, 88, 92, 223, 339
Parlamentskontrolle öffentlicher Rundfunkveranstalter **106**, 108, 188, 190, 199, 202, 209 f., **223 f.**, 226, 233 - 235
Parteien, politische 34, 82, 103, 202, 208 f., 220, 222
Pay-TV 39, 54, 74, 126 f., 161 f., 164, 170 f., 177, **178 – 182**, 248, 277, 279, 281, 291 f., 294, 299, 313, 345 f.
Pluralismus 77, 81, 83 f., 86, 101, 192, 196 f., 201, 205, 220 f., 238, 331, 333
Pornographie 67, 79, 150, 276, 341
PP 208, 253
Privatrecht 31, 45, 105, 114, 199 f., 214 f., 225, 236
Product placement **119**, 129, 132
Programmanbieter, unabhängige 314 - 316
Programmgrundsätze, allgemeine 79, 101 f., 109, **192 ff.**, 203, 220, 224, 235, 237, 239 – 241, 270, 327, 331 f., 339, 346
Propaganda 32, 34, 184
PSOE 38
Quotenregelungen zur Förderung europäischer audiovisueller Werke 79, 103, 112, 116, **121 ff.**, 142 f., 160, 163, 251, 332
RCE 34, **200**, 205 f., 211, 214, 220, 223, 226 f.
Rechtshoheit 47 – 50, 52 f., 55, 58, 62, 65, 67 f., 70, 111 f., **115 f.**, 120, 149, 152, 155, 161 f., 164
Regierungsmacht 34, **102**, **104 f.**, 208, 219, 238, 257
Regionalfensterprogramm 103, 212 f., 242, 247, 256
RfStV 44, 108 f., 125, 132, 137 f., 139, 151, 157, 166, 168, 170, 193, 229, 261 f.
RNE 32 – 35, 184, 188, 200, 205 f., 208 f., 211 f., 214, **215 f.**, 217 – 221, 223 - 229
RTVE 34 f., 38, 98, 100, 105 f., 184 – 186, 188, 195, **199 ff.**, 219 – 229, 231, 234 – 237, 343
Rundfunk- /Teilnehmergebühren 33, 229 f., 237
Rundfunkfreiheit 75 f., 82, 84, 101, 192 f.
Rundfunkgeschichte 31 ff.

Rundfunksystem, duales 31, 37 f., 93
Sanktionsvorschriften, Ley 17/1997 177, **182 ff.**
Sanktionsvorschriften, LID- 50, **154 ff.**, 272
Sanktionsvorschriften, LTCC- 299, **320 f.**
Sanktionsvorschriften, LTDT- **344**
Sanktionsvorschriften, LTL- 331, 333, 337 ff.
Sanktionsvorschriften, LTP- 239, 246, **268 ff.**
Sanktionsvorschriften, LTS- 281, **294 f.**
Satellitenfernsehen 39 – 41, 89, 99 f., 107, 177, 187, 254, **277 ff.**, 324
Schleichwerbung 46, 59, 117, **118 f.**, 128 f., 133
Sendestaatsprinzip 78, 103, 115, **120 f.**
Sendezeit, programmierte 60 f., 135, 137 f., **139**
Sendungen, ernsthaft jugendgefährdende **149 f.**
Sendungen, jugendgefährdende **151 f.**
SER 32, 37
Sponsoring 40, 43, 46, 59, 65, 80, 96, 104, 109 – 112, 117, **119**, 127, **143 ff.**, 159, 293, 316, 318, 332 f.
Sportsendungen 60, 135, **136**, 165
Sportübertragungen 54, 56, 59 f., 125, 131, 134 f., **136**, 165
Sprachen 36, 81, 84, 167, 169, 190, 196 f., 221, 231, 234, 319
Staatsferne 34, 108, 208, 229
Staatsfreiheit 82
Staatsmonopol (s. auch „Fernsehmonopol"/ „Dienst, öffentlicher") 31 – 33, 36, 240
Suárez, Adolfo 34, 37, 187
Subvention 102, 105, 227 – 229, 237
TC (span. Verfassungsgericht) 38 f., **82 ff.**, 94 f., 191, 213, 222, 240
Techniken, subliminale 59, 103, **128 f.**, 269, 271 f., 317, 338 f.
Tele Cinco 39, 133, 248, 253, 263, 266, 268, 280
Telekommunikationswesen 89 f., 242, 245, 254, 277 f., 288, 296, 310
Teleshopping 43, 46, 50, 54, 56, 59 – 68, 104, 109, 111 f., 117, **120**, 125, **127 ff.**, 143 – 149, 151, 155, 159, 163, 293, 331
Teleshoppingverbote **127 ff.**
Trennungsgebot 103, 129, **132**, 133 f., 144
TVE 33 f., 105, 184, 200, 206, 209, 211 f., 214 f., **216 f.**, 218 – 221, 223 – 229, 280, 313, 343
UCD 34, 37 f., 184 f.

VD (Vía Digital) 282
Veo Televisión 344
Verbraucherschutz 110 f., 179
Verwaltungsrat (RTVE) 34, 105, 193 – 195, **200 ff.**
Verwaltungsrat (Rundfunkanstalten der Autonomieregionen) 234, **235**, 238
Verwaltungsvertrag 100 f., 225, 248 f., 287, 304, 306 f., 311, 326, 339
Verwaltungsvertragsgesetz (Ley 13/1995) 100, **248**, 249, 284, 287, 304, 306 f., 311, 326, 330, 339, 346
Video comunitario 39, **113**, 114, 116 f.
Vollprogramm 247, 251, 293
Wahlgesetz 42, 63, 103, 129, 196, 219 f., 238, 271, 323, 333, 339
Wahlwerbung 42, **103**, 118, 220, 271, 317, 333, 339
Weiterverbreitung 40, 43, 45, 48, 76, 79, **120 f.**, 165, 241 f., 280, 282 f., 305 f.
Werbegesetz, allgemeines 41, 59, 103, **128 f.**, 316 f., 319, 324, 334
Werberegeln 40, 95, **127 ff.**, 142, 145, 204, 228, 235, 323, 332
Werbeshow 59, 131, **133**
Werbeverbote 116, **128 ff.**, 317
Werbung, indirekte 46, 117, **118 f.**, 128
Zensur 32 f., 81, 104
Zugangsrechte 165 f., 221 f.
Zuschauer(markt)anteilsmodell 108, 261
Zuschauerinformationsrecht **152**, 159, 293

Volkmar Teichmann

Die Finanzbeziehungen zwischen den öffentlich-rechtlichen Rundfunkanstalten der Bundesrepublik Deutschland

Bestandsaufnahme und Reformvorschläge

Frankfurt/M., Berlin, Bern, Bruxelles, New York, Oxford, Wien, 2001.
226 S., 14 Abb., 16 Tab.
Schriften des Instituts für Finanzen. Universität Leipzig.
Herausgegeben von Udo Hielscher und Thomas Lenk. Bd. 5
ISBN 3-631-38011-9 · br. DM 74.– / € 37.80*

Ausgehend von der historischen Entwicklung wird der öffentlich-rechtliche Rundfunk der Bundesrepublik Deutschland auf bestehende Strukturprobleme hin untersucht. Dabei werden Vor- und Nachteile eines dezentralen Rundfunkangebots gegeneinander abgewogen. Den Schwerpunkt bildet eine Analyse der Kostenwirtschaftlichkeit und der Kostenwirksamkeit der Landesrundfunkanstalten. Die Analyseergebnisse bilden die Grundlage für einen Vorschlag zur Reform der Finanzbeziehungen und zur Neuverteilung der Gebühreneinnahmen.

Aus dem Inhalt: Charakteristika des Rundfunkangebots · Vor- und Nachteile eines dezentralen Rundfunkangebots · Beurteilung der Struktur des bundesdeutschen öffentlich-rechtlichen Rundfunks · Reformalternativen für den öffentlich-rechtlichen Rundfunk

MIX
Papier | Fördert gute Waldnutzung
FSC® C083411

Kolibri 360 GmbH
Ferdinand-Jühlke-Straße 7
99095 Erfurt, Deutschland
produktsicherheit@kolibri360.de

Druck:
CPI Druckdienstleistungen GmbH
im Auftrag der
Kolibri 360 GmbH
Ferdinand-Jühlke-Str. 7
99095 Erfurt